suhrkamp taschenbuch
wissenschaft 1888

Bilder sind in unserer Kultur allgegenwärtig und gewinnen auch in den Wissenschaften zunehmend an Bedeutung. Entsprechend war in den vergangenen Jahrzehnten wiederholt von einer Wende zum Bild – vom *visualistic* oder *pictorial turn* – die Rede, ohne daß der damit verbundene Anspruch bislang ausreichend begründet worden wäre. Er bleibt daher zunächst nur Ausdruck des rasanten Anstiegs von bildhaften Darstellungen in allen wichtigen Bereichen der Gesellschaft. In diesem Band werden die tieferen Wurzeln der Bildthematik ausgelotet, um ihre theoretische Fundierung zu ermöglichen. Hierbei geht es zum einen um die anthropologischen Grundlagen der Bildthematik, etwa um die Neurobiologie der Bildwahrnehmung oder den Zusammenhang zwischen Bild und Evolution, zum anderen um eine kurze Theoriegeschichte der wichtigsten bildwissenschaftlichen Traditionen. Der Band schließt mit einer ersten Bilanz der derzeit aktuellen Diskussion zur visuellen Kultur.

Klaus Sachs-Hombach, geboren 1957, ist Professor für Philosophie an der Universität Chemnitz. Im Suhrkamp Verlag erschien außerdem: *Bildwissenschaft. Disziplinen, Themen, Methoden* (stw 1751).

Bildtheorien

Anthropologische und kulturelle Grundlagen des Visualistic Turn

Herausgegeben von
Klaus Sachs-Hombach

Suhrkamp

Bibliografische Information der Deutschen Nationalbibliothek
Die Deutsche Nationalbibliothek verzeichnet diese Publikation in der Deutschen Nationalbibliografie; detaillierte bibliografische Daten sind im Internet über http://dnb.d-nb.de abrufbar.

suhrkamp taschenbuch wissenschaft 1888
Erste Auflage 2009

Umschlag nach Entwürfen von Willy Fleckhaus und Rolf Staudt
Satz: Hümmer GmbH, Waldbüttelbrunn
Druck: Druckhaus Nomos, Sinzheim
Printed in Germany
ISBN 978-3-518-29488-8

3 4 5 6 7 8 – 16 15 14 13 12 11

Inhalt

Einleitung

Die in allen gesellschaftlichen Bereichen gestiegene Relevanz von und vor allem die zunehmend intensivere wissenschaftliche Beschäftigung mit Bildern hat dazu geführt, in mehreren Varianten von einem *turn* zu sprechen. Die bekannteren Adjektive, die diese Varianten einer Wendung zum Bild charakterisieren, lauten »pictorial«, »iconic«, »imagic« und »visualistic«. Das Aufkommen dieser Bezeichnungen ist sicherlich Ausdruck der rasanten Vermehrung bildhafter Darstellungen und der damit verbundenen bildmedialen Durchdringung fast aller wichtigen Bereiche der Gesellschaft. Ob es aber berechtigt ist, diese Rede vom *turn* mit einem dem *linguistic turn* vergleichbaren Erklärungsanspruch zu verbinden, ist bisher unklar geblieben. Im Unterschied zur Einschätzung des *linguistic turn* ist entsprechend die Ansicht vertreten worden, daß die gesellschaftliche Relevanz der Bilder zwar ihre verstärkte Erforschung und damit die Ausbildung einer Bildwissenschaft verlange, daß dies aber keineswegs rechtfertige, hierin einen fundamentalen Wandel des grundsätzlichen wissenschaftlichen Paradigmas zu sehen.[1] Trifft diese Ansicht zu, dann wäre die (in den letzten Dekaden in vielen Bereichen doch recht inflationär verwendete) Rede vom *turn* eine bloße *façon de parler* und entsprechend bestenfalls als Werbemaßnahme um das knappe Gut der Aufmerksamkeit zu bewerten.

Um den Stellenwert und die Berechtigung einer Wende zum Bild beurteilen zu können, ist es zunächst wichtig, die Rede von einem *turn* besser zu verstehen, was am aussichtsreichsten mit Blick auf den *linguistic turn* erfolgen wird, weil dessen Bedeutung in der Regel unstrittig ist. Hierbei bieten sich nun mehrere zugespitzte Lesarten an. Zum einen ließe sich der *linguistic turn* als ein rein methodisches Programm verstehen, mit dem folglich kein neues inhaltliches Forschungsgebiet verbunden oder gar eröffnet wird. Natürlich hat der *linguistic turn* die (damals bereits etablierte) Linguistik befördert und genauere Untersuchungen zum Aufbau und zur Funktionsweise von Sprachen begünstigt. Wichtiger ist für sein Verständnis in der ersten Lesart aber, daß die Sprachanalyse als methodisches Paradigma

1 Siehe etwa Lüdeking, K. (2005). »Was unterscheidet den pictorial turn vom linguistic turn?«, in: *Bildwissenschaft zwischen Reflexion und Anwendung*. Hg. von K. Sachs-Hombach. Köln: Halem, S. 122-131.

von Forschungen ganz allgemein verstanden wird. In der Philosophie, die den *linguistic turn* bekanntlich hervorgebracht hat, bedeutete dies, daß zumindest viele der traditionellen philosophischen Aporien als Sprachprobleme formulierbar und entsprechend über eine Sprachanalyse lös- beziehungsweise auflösbar sein sollten. Auf die Problematik, daß die Sprache uns mitunter ›verhext‹, indem bestimmte Formulierungen zur unkritischen Übernahme irriger Annahmen verleiten (etwa die Rede vom Sein des Seienden als eigenständige Entität), hat insbesondere Wittgenstein oft hingewiesen. Für dieses Verständnis des *linguistic turn* ist daher entscheidend, daß erstens unsere Erkenntnisbemühungen in der Regel als sprachlich vermittelt gesehen werden, aber Sprache zweitens kein in der traditionell unterstellten Weise neutrales Ausdrucksmedium zur Formulierung von Erkenntnissen ist. Auf Sprache muß also, wenn sie schon nicht in ›gereinigter‹ Form als eine Art Begriffsschrift möglich ist, reflektiert werden, um sich der vermittelten Inhalte wie auch bereits der Fragestellungen intersubjektiv vergewissern zu können. Und da das sprachliche Verfassen und Vermitteln von Erkenntnissen keineswegs nur für die Philosophie, sondern für alle Wissenschaften charakteristisch ist, wird als drittes wichtiges Merkmal eine möglichst fachübergreifende Relevanz gelten können. Demnach führt dieser Lesart zufolge der *linguistic turn* in Form der Sprachanalyse zu einer allgemeinen, auch für die empirische Forschung wichtigen erkenntnis- und wissenschaftstheoretischen Neuorientierung.

Die zweite mögliche Lesart steht nicht im Gegensatz zur ersten und ließe sich entsprechend mit ihr kombinieren. Sie legt aber eine inhaltliche Ausrichtung nahe: Die Bedeutung der Sprache kann nicht nur in der sprachlichen Verfaßtheit unserer Erkenntnisbemühungen gesehen werden, was dann geeignete methodische Maßnahmen erforderlich macht, sondern darüber hinaus in ihrer Funktion als inhaltliches Modell, das einen Leitfaden zur Erforschung auch derjenigen Phänomene bereitzustellen erlaubt, die bisher nicht als Sprache im engeren Sinne gegolten haben. Entsprechend wurde von der Lesbarkeit der Welt,[2] vom Code der menschlichen Erbinformation oder auch von der Gesellschaft als Text gesprochen. Werden diese Umschreibungen nicht als schmückende Metaphern genommen, so ist den damit verbundenen Bemühungen die Annahme gemeinsam, daß

2 Vgl. schon Galilei, der vom Buch der Natur sprach, das in der Sprache der Mathematik geschrieben sei.

zahlreiche Phänomene einen systematischen, regelhaft verfaßten Aufbau aus Elementen besitzen, dessen Systematik sich analog zu Alphabet und Grammatik beschreiben läßt und mit vergleichsweise geringem Inventar unendlich viele Erscheinungsformen zu generieren erlaubt. Dieser zweiten Lesart zufolge zeichnet sich der *linguistic turn* auch oder sogar primär durch ein solches inhaltlich orientiertes Sprachparadigma aus, das ein strukturierendes Modell zur Erforschung zahlreicher Phänomene bereitstellt. Es sind vermutlich diese Lesart und die entsprechenden wissenschaftlichen Bemühungen, die in besonderer Weise Gegenstand der Kritik geworden sind und mit Betonung der jeweiligen Eigenheiten bestimmter Phänomene eine Neuorientierung beziehungsweise einen neuen *turn* begünstigen.

Den Intentionen der sprachanalytischen Philosophie scheint mir nur die erste Lesart zu entsprechen. Die epistemologisch-wissenschaftstheoretischen Forderungen, die damit verbunden sind und die in der Philosophiegeschichtsschreibung nach Antike und Neuzeit zum Sprachparadigma der Moderne geführt haben, halte ich zudem für weitgehend berechtigt. In diesem Sinne ist meines Erachtens ein vergleichbarer *turn* zum Bild nicht gegeben und vermutlich auch nicht möglich. Sicherlich übernehmen Bilder auch in epistemischen Kontexten wichtige Funktionen, die reflektiert werden sollten. In der Regel treten Bilder im wissenschaftlichen Kontext aber immer im Zusammenhang mit Sprache auf. Schon aus diesem Grunde ist der Einfluß der Bilder begrenzt und nicht selten relativierbar. Bilder modifizieren vor allem in ihrer erkenntnisleitenden und erkenntnisstrukturierenden Funktion die jeweiligen Entdeckungszusammenhänge (und halten uns in dieser Funktion mitunter gefangen); in Geltungszusammenhängen, also etwa zur Begründung von Gesetzesaussagen, besitzen sie, wie ich meine, aber eine höchstens untergeordnete Bedeutung. Obschon zur (didaktischen) Vermittlung von großem Wert, ist es daher schwer vorstellbar, daß sie jemals die Rolle übernehmen können, die der Sprache traditionell zukommt bei der intersubjektiven Prüfung unserer Erkenntnisse.

Die methodischen Ansprüche, die mit einer Wende zum Bild in der ersten Lesart verbunden wären, halte ich also für nicht einlösbar. Auch eine Übertragung der zweiten Lesart scheint mir problematisch, aber aus einem anderen Grunde. So wie es aus meiner Sicht durchaus fruchtbar und angemessen sein kann, das Sprachparadigma auf andere Bereiche zu übertragen, sollte eine solche Übertragung ebenfalls für das Bildparadigma eingeräumt werden. Wissenschaftsgeschichtlich ist der Transfer von Modellen aus etablierten Wissenschaften in neue Forschungsgebiete ein bekanntes und viel praktiziertes Verfahren. Ob es im Einzelfall sinnvoll und fruchtbar ist, werden letztlich immer nur die Ergebnisse der jeweiligen Forschungen entscheiden können. Demgemäß ist es prinzipiell möglich, daß ebenfalls das Bildparadigma als strukturierendes Modell zur Erforschung neuer Phänomene fruchtbar gemacht wird. Alltagssprachlich ist uns dies in der Rede vom Vorbild oder vom Weltbild auch geläufig. Allerdings sollte zuvor die nötige Klarheit darüber erlangt werden, was dieses Paradigma genau auszeichnet. Vermutlich wären für Bilder der spezielle Zusammenhang von Figur und Grund sowie die speziellen Formen der Komposition entscheidend, also insbesondere die jeweiligen Teil-Ganzes-Zusammenhänge. Sollten sich diese Aspekte zur Modellbildung eignen, müßten sie nicht notwendig in Konkurrenz zum Sprachparadigma gestellt werden. Nichts schließt aus, daß sie ergänzende Betrachtungsweisen ermöglichen. Die Rede von einem *turn* ist in der zweiten Lesart daher insgesamt eher mißverständlich, da eine Anwendung beziehungsweise Übertragung neuer Modelle das übliche Geschäft jedes Wissenschaftlers ist und bestenfalls von einem Paradigmenwechsel zu sprechen berechtigt, der lokal in einzelnen Disziplinen auftritt und dessen Berechtigung ausschließlich aus seiner wissenschaftlichen Fruchtbarkeit folgt.

Es ergibt sich also zusammenfassend zunächst, daß die Erwartungen, die wir mit einem *turn* zu verbinden geneigt sind, nur in der ersten Lesart gerechtfertigt erscheinen, in dieser Lesart aber für das Bildparadigma nicht zutreffen. Allerdings läßt sich mindestens eine weitere Lesart formulieren, und in dieser Lesart, so möchte ich behaupten, ist es auch gerechtfertigt, von einer Wende zum Bild zu sprechen. Der dritten Lesart zufolge ergibt sich die Berechtigung der Rede von einem *turn* aus der fundamentalen Stellung, die einem Phänomen für das menschliche Selbstverständnis eingeräumt wird. Der *linguistic turn* kann in diesem Sinne als anthropologisches Paradigma verstanden werden, das die Sprache (und nicht das Denken, wie in der Neuzeit noch üblich) als das grundlegende und konstitutive Merkmal im Begriff des Menschen behauptet. Die Rede von der Unhintergehbarkeit der Sprache läßt sich so verstehen. Wenn es nun berechtigt sein sollte, in der dritten Lesart für den Bildbereich eine dem *linguistic turn* vergleichbare Wende auszurufen, dann wäre damit der Anspruch erhoben, daß es vor allem (oder zumindest in demselben Maße) die Bildkompetenz (und nicht nur die Sprachkompetenz) ist, die uns als Menschen auszeichnet.

Vermutlich bleibt es für die konkrete bildwissenschaftliche Forschung eher von untergeordneter Bedeutung, ob wir berechtigt sind, von einer solchen Wende zum Bild zu sprechen, wie ja auch die Entwicklung der Linguistik nicht vom Ausrufen eines *linguistic turn* abhing. Und insofern intendieren die folgenden Aufsätze auch weniger, eine Klärung des Status der Bildwissenschaft zu erreichen.[3] Gleichwohl ist ein klares Bewußtsein der Stellung der Bildthematik keine bloß akademische Spielerei. Über eine Verbesserung des Verständnisses der bildwissenschaftlichen Forschung hinaus wird sich je nach Lesart zum einen durchaus eine unterschiedliche Architektur der verschiedenen Bildwissenschaften nahelegen oder ableiten lassen, zum anderen betreffen diese Klärungen vor allem das individuelle menschliche Selbstverständnis.

Für den vorliegenden Band bin ich in der Vorbereitung von der dritten Lesart ausgegangen und habe unter dem Arbeitstitel *Bild und menschliches Selbstverständnis* den Versuch unternehmen wollen, zur Klärung der tieferen Wurzeln und der fundamentalen Stellung der Bildthematik beizutragen. Ist Bildgebrauch, ließe sich entsprechend und mit Blick auf den berühmten *Homo-Pictor*-Aufsatz von Hans Jonas[4] fragen, in demselben Maße wie Sprachgebrauch ein unverwechselbares und notwendiges Merkmal des Menschen? Träfen wir auf eine Gruppe von Organismen, die keine Sprache in dem uns bekannten anspruchsvollen Sinne haben, hätten wir sicherlich Zweifel, sie als Menschen anzusehen. Hätten wir diese Zweifel auch, wenn wir auf eine Sprachgemeinschaft ohne Bilder stoßen würden? Vermutlich nicht in demselben Maße. Aber dies mag auch mit der immer noch bestehenden Hochschätzung der Sprache zusammenhängen, mag also ein Vorurteil sein, das es zu revidieren gilt. Interessanterweise scheint al-

3 Vgl. hierzu den von mir 2005 herausgegebenen Suhrkamp-Band *Bildwissenschaft. Disziplinen, Themen, Methoden.*

4 Dieser Aufsatz, den Gottfried Boehm unter diesem Titel in seinem Sammelband *Was ist ein Bild?* aufgenommen hat, erschien ursprünglich 1961 unter dem Titel »Die Freiheit des Bildens – *Homo pictor* und die *differentia* des Menschen«, in: *Zeitschrift für Philosophische Forschung*, Bd. 15, S. 161-176, und wurde bereits wiederabgedruckt in: Jonas, H. (1987). *Zwischen Nichts und Ewigkeit – Zur Lehre vom Menschen.* Göttingen: Vandenhoeck & Ruprecht, S. 26-43.

len Wesen, die zur Sprache fähig sind, auch im entsprechenden Maße Bildkompetenz zuzukommen, wie Lebewesen mit Herzen zugleich Nieren besitzen. Bei den Grenzfällen – etwa bei den Primaten –, bei denen wir unsicher sind, ob (bzw. in welchem Sinne) wir ihnen Sprachfähigkeit zusprechen wollen, sind wir ebenso unsicher hinsichtlich ihrer Bildfähigkeit. Was bedeutet dies für das Verhältnis von Bild und Sprache? Ist die Bildfähigkeit ein später evolutionärer Zusatz, der sich aus der Sprachfähigkeit entwickelt hat? Oder ist die Bildfähigkeit gleichursprünglich mit der Sprachfähigkeit?

Wird der Ausdruck »Bild« zunächst nur im Sinne materieller, externer Repräsentationen verstanden, dann scheinen sie im ontogenetischen Sinne nicht unverzichtbar zu sein. Bilderlose Gesellschaften sind sicherlich denkbar. Wie psychologische Versuche für das frühe Kindesalter zeigen, können Kinder auch ohne Bilder heranwachsen und mittels der Sprache angemessene personale Selbstverhältnisse herausbilden. Dieselben Versuche zeigen allerdings, daß sich eine Bildkompetenz trotz des Fehlens von Bildern entwickelt, diese also zumindest in bestimmten Aspekten nicht erlernt werden muß.[5] Vielleicht ist Bildfähigkeit daher im phylogenetischen Sinne unverzichtbar, insofern sie eine der Bedingungen der Sprachentwicklung liefert und als solche in versteckter Weise in der Sprachfähigkeit enthalten bleibt. Ontogenetisch wäre die Bildfähigkeit dann verzichtbar, weil es ja bereits sprachbegabte Erwachsene gibt, deren Interaktionen den Mangel an Bildnutzung ausgleichen würden.

Ausgehend von diesen gegenwärtig sicherlich nicht befriedigend zu beantwortenden Fragen habe ich in Zusammenarbeit mit dem damaligen Lektor des Suhrkamp Verlages, Herrn Dr. Bernd Stiegler, ein konkretes Konzept entwickelt, das unter dem nun geänderten Titel *Bildtheorien. Anthropologische und kulturelle Grundlagen des Visualistic Turn* prominente Autoren der Bilddiskussion versammelt. Die ursprüngliche Idee ergänzend, ist intendiert, daß der Band zudem einen guten Überblick zur neueren Geschichte sowie zu den gegenwärtigen Positionen der Bildtheorie gibt, also wichtige Eckpunkte der Bildtheorie und Bilddiskussion in systematischer Weise zusammenfaßt. Während die grundsätzlicheren Fragen bevorzugt Gegenstand der Beiträge des ersten Teils sind, behandeln die beiden an-

5 Vgl. etwa Hochberg, J./Brooks, V. (1962). »Pictorial recognition as an unlearned ability: A study of one child's performance«, in: *The American journal of psychology*, Vol. 75, S. 624-628.

deren Teile die Theoriegeschichte und die aktuellen Tendenzen der Bilddiskussion, wie sie sich vor allem in den *Visual Culture Studies* zeigen. Hierbei habe ich, soweit das vernünftig schien, jeweils chronologische Ordnungen gewählt, beispielsweise also im ersten Teil einen Beitrag an den Anfang des Bandes gesetzt, der die frühesten Bildzeugnisse thematisiert. Die einzelnen Autoren haben sich darum bemüht, einen Überblick zu den jeweiligen Themen zu geben und vor diesem Hintergrund den eigenen theoretischen Ansatz zu skizzieren. Der Band will somit den Leser anhand eines historischen und systematischen Überblicks zur Bildtheorie auch in die aktuellen Fragestellungen der gegenwärtigen Bildtheoretiker einführen.

Anders als der 2005 erschienene Band *Bildwissenschaft* möchte der vorliegende Band von disziplinären und methodischen sowie methodologischen Problemen weitgehend absehen. Insbesondere soll es nicht um den Streit zwischen den Disziplinen und deren bildwissenschaftlichen Rang gehen oder um die Fragen, ob beziehungsweise wie sich die unterschiedlichen interdisziplinären Perspektiven auf das Bild verbinden lassen und ob beziehungsweise wie die Bildforschung als ein in sich eventuell homogenes Forschungsfeld verstanden werden kann. Dieses Mal habe ich einfach als selbstverständlich vorausgesetzt, daß eine halbwegs vollständige wissenschaftliche Bearbeitung des Bildphänomens nur im Rahmen eines interdisziplinären Ansatzes sinnvoll und angemessen ist. Alle weiteren nach wie vor kontrovers diskutierten Probleme der Interdisziplinarität, der methodischen Ausrichtung und der institutionellen Verankerung werden zugunsten eines betont theoretischen Blicks auf die Phänomene zurückgestellt.

Bei der formalen Gestaltung der Manuskripte ist mir die unterschiedliche Verwendung von Anführungszeichen aufgefallen. Da mein Versuch einer Vereinheitlichung vermutlich nicht immer befriedigend ausgefallen ist, möchte ich diese abschließend kurz erläutern. Doppelte Anführungszeichen wurden immer bei nachgewiesenen Zitaten verwendet sowie – heutigen Gepflogenheiten gemäß – bei der Erwähnung von sprachlichen Ausdrücken (etwa: das Wort »Bild«). Einfache Anführungszeichen wurden dagegen verwendet, wenn es sich um Anspielung, Distanzierung, Ironisierung und ähnliches handelt oder auch um die Bezeichnung abstrakter Gegenstände (etwa: der Begriff ›Bild‹). Es gab einige Grenzfälle, insbesondere die nicht nachgewiesenen Kurzzitate. Hier bitte ich mir nachzusehen, wenn diese nicht immer wie Zitate behandelt wurden. Mein besonderer Dank gilt Frau Jeannine Erler für ihre große Hilfe bei der formalen Gestaltung und Überarbeitung der Manuskripte und Herrn Dr. Bernd Stiegler für die großzügige Unterstützung während der konzeptionellen Planung des Bandes.

Klaus Sachs-Hombach
Chemnitz, September 2008

I. Anthropologische Grundlagen

Franz M. Wuketits

Bild und Evolution

Bilder: des Menschen andere Sprache

»Das Bild ist ein Modell der Wirklichkeit.«[1]

»Allein die Verbreitung künstlerischer Gebilde über alle Zeiten und Völker hinweg rät bereits zu der Vermutung, daß wir es mit einem echten menschlichen Wesensmerkmal zu tun haben, etwa der Sprache vergleichbar.«[2]

»Der entscheidende Schritt in der Anthropogenese war die Entwicklung symbolischer Verhaltensweisen.«[3]

»Menschenwerk ist [...] vielfältig. In der Malerei, der Plastik, in der Dichtkunst, auch in den Wissenschaften gibt es eine große Zahl sehr verschiedener Traditionen.«[4]

Wir Menschen sind von Symbolen und Bildern umgeben, die wir uns selbst geschaffen haben. Dieser Umstand ist so offenkundig, daß wir ihn kaum noch wahrnehmen.

Allenfalls sticht uns ein besonders ›schönes‹ oder ›häßliches‹ Bild ins Auge, oder wir werden gezwungen, bestimmte Zeichen und Bilder zu beachten, zum Beispiel – neuerdings immer häufiger – die Abbildung einer durchgestrichenen Zigarette als Hinweis auf ein Rauchverbot. Ohne Zeichen und Bilder, so scheint es, würden wir uns in der Welt überhaupt nicht mehr zurechtfinden. Der Mensch ist gleichsam ein symbolisches Lebewesen, und es ist vielleicht keine Übertreibung, die Symbolbildung und ›symbolische Verhaltensweisen‹ als den entscheidenden Schritt in der Menschwerdung aufzufas-

1 Wittgenstein 1963, S. 16.
2 Gehlen 1961, S. 120.
3 Bertalanffy 1968, S. 134.
4 Feyerabend 1984, S. 40.

sen[5] und im Zeichnen – im symbolischen Abbilden – von Dingen und Vorgängen der uns umgebenden Welt des Menschen andere Sprache zu sehen.[6]

Im vorliegenden Beitrag möchte ich die Bedeutung der Bilder in der Evolution des Menschen behandeln. Meine Darstellung kann freilich nur als Skizze zur Annäherung an einen faszinierenden Gegenstand aufgefaßt werden, wobei ich allerdings hoffe, zumindest die wichtigsten ›Punkte‹ treffen zu können. Der Rahmen, in dem mein Beitrag angesiedelt ist, ist die *evolutionäre Ästhetik*, eine evolutionäre Beschreibung und Erklärung der Entstehung und Entwicklung ästhetischer Urteile und Präferenzen. Um Mißverständnissen vorzubeugen, ist zu bemerken, daß es dabei nicht darum geht, die Ästhetik auf die (Evolutions-)Biologie zu ›reduzieren‹. Wenn wir aber den (unbestreitbaren) Umstand zur Kenntnis nehmen, daß der Mensch, wie alle anderen Organismenarten, ein Resultat der Evolution durch natürliche Auslese ist, dann müssen wir nach den Anfängen und Bedingungen *aller* seiner Merkmale in den Tiefen seiner Stammesgeschichte suchen, woraus sich gleichsam automatisch Verbindungen zwischen der Biologie und den Kultur- und Sozialwissenschaften ergeben.[7] Alle kulturellen beziehungsweise sozialen Leistungen des Menschen, wie komplex sie auch sein mögen, gehen sozusagen auf bescheidene Anfänge zurück und spiegeln die Möglichkeiten und Grenzen eines Lebewesens wider, das seine Natur weder durch die Kultur ›überformen‹ (wie das so gern gesagt wird) noch gar hinter sich lassen kann. Dies wäre auch, aus evolutionstheoretischer Perspektive, ein Widerspruch.

Andererseits zeigt die Entwicklung von Kulturen insoweit einen eigendynamischen Verlauf, als sie durch die effektive ›Transportation‹ von Ideen (›Memen‹), die zwischen einzelnen Kulturen frei austauschbar sind,[8] von der Weitergabe genetischer Information gleichsam entkoppelt ist. Entscheidend dabei ist, daß die Kulturentwicklung auf der Erzeugung von Ideen beruht, die auf außerkörperlichen Trägern (Felsen, Tontafeln, Papyrusrollen, Büchern usw.) aufgezeichnet werden können und so auch unabhängig von der physischen Präsenz ih-

5 Vgl. Bertalanffy 1968.
6 Vgl. Steiner 1986.
7 Vgl. Wuketits/Antweiler 2004.
8 Vgl. z. B. Benzon 1996.

res Erzeugers sozusagen abrufbar bleiben,[9] nicht mit ihrem Erzeuger sterben, sondern erst verschwinden, wenn der außerkörperliche Träger zerstört wird. Solche ›Aufzeichnungen‹ sind – und damit kommen wir zum Thema – beispielsweise Bilder.

1. Die Anfänge

Im Anfang war das Wort – oder doch das Bild? Es kann hier nicht bezweckt sein, über die überaus vielfältigen Kommunikationssysteme in der Tierwelt zu schreiben, betont sei nur, daß bei verschiedenen Tierarten akustische oder optische (oder beide) Signale eine hervorragende Rolle spielen. Eine andere Frage ist aber, wie und wann sich bei Lebewesen die Fähigkeit herausgebildet hat, Gegenstände oder Vorgänge der sie umgebenden realen Welt in Bilder zu fassen und also symbolisch nachzubilden. Sehr weit scheint diese Fähigkeit in der Evolution nicht zurückzureichen. ›Kritzeleien‹ und ›Malereien‹ verschiedener Affenarten, insbesondere Schimpansen, geben zwar seit langem zu erkennen, daß die Verwendung farbiger Gebilde als Symbole keine spezifisch menschliche Eigenschaft ist,[10] aber Leonardo da Vincis *Mona Lisa* zu malen beziehungsweise ›nachzumalen‹ würde einen Schimpansen doch ziemlich überfordern. Die Kulturfähigkeit unseres nächsten Verwandten in der Tierwelt wird unter Anthropologen und Primatologen heute nicht bestritten,[11] was jedoch nicht bedeuten kann, daß er auch *alle* (kulturellen) Fähigkeiten besitzt, die uns Menschen zukommen. Aber Schimpansen gingen ihren Evolutionsweg, der Mensch seinen.

Der Evolutionsweg des Menschen jedenfalls ist gekennzeichnet durch die zunehmende Kreation und Verwendung von Bildern. Dabei stellt die Höhlenkunst der Eiszeit nicht den Anfang,[12] sondern bereits einen ersten Höhepunkt menschlicher, also vom Menschen erzeugter Bilderwelten dar. Wann in der Evolutionsgeschichte ein ›menschenartiges Wesen‹ zum ersten Mal ein Bild, eine Zeichnung angefertigt hat, entzieht sich – naturgemäß – unserer Kenntnis oder ist jedenfalls schwer auszumachen. Wenn Schimpansen kritzeln und

9 Vgl. z. B. Wuketits 1989 und 1997.

10 Vgl. Premack/Premack 1983; Rensch 1973a und b.

11 Vgl. z. B. Sommer 2000 und 2008.

12 Vgl. z. B. Biedermann 1984; Kühn 1954; Müller-Beck 1998.

malen können, dann dürfen wir allerdings annehmen, daß zu der Zeit, als sich ihr ›Stammbaumast‹ von dem des Menschen trennte (oder umgekehrt), also vor sechs oder sieben Jahrmillionen,[13] bereits die eine oder andere Kreatur (von Schimpansen oder Menschen) auch schon imstande war, irgend etwas zu kritzeln oder zu malen (freilich nur unter der Voraussetzung, daß sie die erforderlichen Werkzeuge zur Hand hatte).[14]

Es sei mir erlaubt, hier ein wenig zu spekulieren. Was mag die erste – schimpansen- oder menschenähnliche – Kreatur gezeichnet, gemalt haben? Wahrscheinlich ein sie besonders beeindruckendes Objekt oder Ereignis ihrer Umgebung.[15] Dabei spielten ästhetische Komponenten wohl eine untergeordnete Rolle. Wenn man sich vergegenwärtigt, daß für jedes Lebewesen eine Orientierung in der es umgebenden Welt von lebenserhaltender Bedeutung ist, kann man sich auch vorstellen, daß die ersten Zeichnungen Ausdruck mentaler Repräsentation von Objekten oder Vorgängen in der externen Realität waren und der Orientierung dienten. Wie andere Lebewesen erfahren auch wir Menschen die Welt *gestalthaft*, wir abstrahieren aus der Fülle wahrnehmbarer Objekte und Ereignisse in erster Linie solche, auf die Bezug zu nehmen mehr oder weniger lebenswichtig ist. Und es entspricht einer ›Ökonomie der Wahrnehmung‹, daß wir, um ein uns bekanntes Objekt wiederzuerkennen, nur wenige – die essentiellen – seiner Merkmale wahrnehmen müssen. Wir bilden *All-*

13 Vgl. Henke 2005.

14 Unter ›Menschen‹ werden hier die in neuerer (paläo)anthropologischer Literatur als »Hominini« bezeichneten Gattungen und Arten verstanden, die alle direkte Vorläufer unserer eigenen Art beziehungsweise Unterart (*Homo sapiens sapiens*) und natürlich diese selbst umfassen (siehe auch Henke/Rothe 1998). Das Gebiet der Paläoanthropologie, das Studium des fossilen Menschen, ist in den letzten Jahren sehr in Bewegung. Neue Fossilfunde und die neue Interpretation alter Fossilfunde verändern das Bild von unserer eigenen Stammesgeschichte im Detail immer wieder. Für das vorliegende Thema sind diese Details allerdings nur bedingt von Interesse.

15 Dafür spricht, daß die Zeugnisse frühester und früher bildender Kunst zwar nicht ausschließlich, aber doch auf bemerkenswerte Weise in Tierbildern überliefert sind und etwa Hirsche, Bären, (Wild-)Pferde und andere Tiere darstellen, die für unsere prähistorischen Ahnen zweifelsohne auch ihre Bedeutung hatten. Im übrigen lassen sich aus solchen Darstellungen und dem Wechsel der Bildmotive für uns auch gewisse ökologische Rückschlüsse ziehen. So deutet beispielsweise in der Zentral-Sahara die Darstellung des Flußpferdes und des Krokodils auf eine ausgeprägte Feuchtzeit hin (vgl. Hallier 2002).

gemeinbegriffe, so daß wir beispielsweise alle Tiere mit bestimmten Merkmalen als »Katzen« bezeichnen (und als solche erkennen, wenn wir auch nur das eine oder andere Exemplar dieser Säugetierfamilie jemals zu Gesicht bekommen haben!). Obschon »nichts, was wahrgenommen wird, seinen eigenen, sondern nur einen relativen Maßstab gewinnt«,[16] kommen wir im Alltag meist ganz gut damit zurecht, daß wir die Welt vereinfacht wahrnehmen, verallgemeinern und uns auf diese Vereinfachungen und Verallgemeinerungen verlassen.

Um aber nicht vom eigentlichen Thema zu weit abzuschweifen, sei gleich festgehalten, daß die vom (alt)steinzeitlichen Menschen produzierten Bilder keineswegs bloß einen wiedergebenden Naturalismus erkennen lassen, sondern daß aus den meisten von ihnen »der Wille zu einer klaren stilisierenden Durchprägung spricht«.[17] Die frühesten Zeugnisse bildender Kunst beim Menschen zeigen klar die Neigung zu einer abstrakten, symbolischen Repräsentation und nicht zu einer ›realistischen‹ Abbildung der Wirklichkeit.[18] Hierfür liefert die afrikanische Felskunst zahlreiche eindrucksvolle Beispiele.[19] Die abstrakte Darstellung von Tieren und Menschen und ihrer verschiedenen Aktivitäten mag dabei an ›moderne‹ Kunst denken lassen und nicht an Zeichnungen, die vor Jahrtausenden entstanden sind. Aber hier zeigt sich eben die Fähigkeit des Menschen zur Gestaltwahrnehmung und Abstraktion, die nicht im 20. Jahrhundert entstanden ist, sondern tief in unsere Evolutionsgeschichte zurückreicht und bildhafte Darstellungen von Anfang an beeinflußt – und überhaupt erst ermöglicht hat.

Lange vor den Höhlenbildern produzierten unsere stammesgeschichtlichen Vorfahren andere Kunstwerke, die zwar wenig bis nichts mit Bildern zu tun haben, im vorliegenden Zusammenhang aber auch nicht uninteressant sind. Gemeint sind Steinwerkzeuge (Faustkeile), die in erster Linie praktischen und nicht ästhetischen Zwekken dienten, bemerkenswerterweise aber durchaus auch ästhetische Komponenten erkennen lassen,[20] und zwar vor allem *Symmetrie*. Es scheint, daß das Wahrnehmen und Repräsentieren von Symmetrie

16 Riedl 1986, S. 68.
17 Narr 1973, S. 40.
18 Vgl. Sütterlin 2003.
19 Vgl. z. B. Clark 1959; Scherz/Scherz 1974.
20 Vgl. Mithen 2003.

von Anfang an unsere Bildproduktion beflügelt hat.[21] Dafür spricht, daß die Erzeugung von symmetrischen Mustern in praktisch allen Kulturen anzutreffen ist.[22] Ganz allgemein sind das Wahrnehmen von *Ordnung* und das Bedürfnis, Ordnung zu erzeugen, wohl als menschliches Grundbedürfnis zu erkennen.[23] Phantasiegestalten, wie sie Hieronymus Bosch erzeugte,[24] empfinden wir im allgemeinen als unheimlich und abstoßend – und sind beruhigt zu wissen, daß sie real ja nicht existieren. Das hat natürlich wieder damit zu tun, daß der Mensch (wie andere Organismenarten) einige Orientierungslinien im Leben braucht, auf die er sich im Dienste seines Überlebens auch verlassen kann. Nur aus Ordnung sind Prognosen möglich, und so strebt der Mensch danach, Ordnung zu erkennen, wenngleich ihn dieses Bestreben auch in die Irre führen und täuschen kann.[25] Er konstruiert Ordnung, Symmetrie, um das Gefühl zu gewinnen, in einer ›runden Welt‹, einem berechenbaren Universum zu leben, in dem seine Chancen um so besser stehen, je besser er es begreift.[26] Die Erzeugung von Bildern steht mithin in einem größeren Zusammenhang mit dem tiefen menschlichen Bedürfnis nach Ordnung und Sinn.

2. Der Zweck von Bildern

Evolutionstheoretiker sind gewohnt, angesichts jedes Phänomens folgende zwei Fragen zu stellen: Erstens, wie ist es entstanden und wie hat es sich entwickelt? Zweitens, worin besteht sein Nutzen? Diese Fragen sind aus evolutionstheoretischer Perspektive natürlich auch auf die Erzeugung von Bildern anzuwenden.

Die Antwort auf die erste Frage ist relativ einfach. Menschen und andere Primaten sind sozusagen Augentiere, sie orientieren sich – wenn auch natürlich nicht ausschließlich – auf optischem Weg, senden und empfangen optische Signale; sie nehmen die Welt um sie herum bildhaft wahr und *repräsentieren* sie auch in Bildern, sofern ihr

21 Siehe dazu die überaus umfassende Darstellung von Hahn 1989.

22 Vgl. Engler 1992.

23 Vgl. auch Wuketits 1985.

24 Vgl. Holländer 1976.

25 Vgl. Riedl 1986.

26 Siehe Wuketits 1996.

Gehirn und andere anatomische beziehungsweise physiologische Voraussetzungen eine Bildproduktion (also eine Zeichnung, ein Gemälde und so weiter) erlauben. Die menschliche Kulturgeschichte ist jedenfalls stark von Bildern geprägt. Natürlich dürfen wir die Bedeutung akustischer Signale und ihre kulturgeschichtliche Ausformung (Theater, Musik) nicht unterschätzen, aber ohne Bilder wäre unsere Kulturgeschichte nicht vorstellbar. Damit kommen wir auch zu einer Antwort auf die zweite Frage.

Wenn der Kunst insgesamt im Grunde eine »vitale Funktion des Gemeinschaftslebens«[27] zugeschrieben werden kann und sie in der (soziokulturellen) Evolution des Menschen für die Bildung von personaler und gesellschaftlicher beziehungsweise kultureller Identitäten von Bedeutung war[28] – was ja durchaus einleuchtet –, dann gilt das für Bilder in besonderem Maße. »Ein Bild sagt mehr als tausend Worte« ist keineswegs irgendein dummer Spruch. Ein Bild kann wortreiche und komplizierte Beschreibungen und Erklärungen von Objekten oder Sachverhalten ersetzen oder jedenfalls verbale Präsentationen sinnvoll ergänzen. Dabei ist in der Evolution der Primaten und insbesondere des Menschen auch die Bedeutung der Farben beziehungsweise der Farbwahrnehmung hervorzuheben.[29]

Die Vorstellung, daß Bilder die reale Welt gleichsam naturgetreu abbilden sollen oder können, wäre freilich naiv. Wie bereits bemerkt wurde, zeigen schon die vom prähistorischen Menschen produzierten Bilder die Neigung ihres Erzeugers zur Abstraktion. Zu allen Zeiten der Menschheitsgeschichte spielte die bildhafte Repräsentation der den Menschen umgebenden Natur eine große Rolle. Auch in der systematischen Naturforschung ist das Bemühen nicht zu übersehen, die Natur oder, besser, jeweils ihre konkreten Phänomene bildhaft darzustellen.[30] Dabei spiegeln die jeweils erzeugten Bilder keineswegs einfach ›die Realität‹ wider, sondern sind zugleich Ausdruck von subjektiven Interpretationen, Projektionen und Idealisierungen. Sie geben die ›Realität‹ keinesfalls naturgetreu wieder, sondern werfen vielmehr Licht auf die Art und Weise, wie der jeweilige Betrachter das Gesehene erlebt. Hierzu genügt es beispielsweise, alte illustrierte Tierbücher durchzublättern. Wölfe etwa erscheinen dabei meist als grim-

27 Huizinga 1956, S. 217.
28 Vgl. Ralevski 2000.
29 Siehe Sölch 1998.
30 Vgl. Elsner 2007; Taylor/Blum 1991; Voss 2007.

mig dreinblickende, heimtückische Bestien – so, wie man eben die längste Zeit auch ihr Wesen interpretierte. Das hat nichts damit zu tun, daß Zeichnungen nicht so wirklichkeitsgetreu sein können wie Photographien, die ein Spätprodukt in der Entwicklungsgeschichte der Bilder sind. Auch ein heutiger Illustrator von Tierbüchern, dem bloß Bleistift oder Pinsel zur Verfügung stehen, zeichnet oder malt einen Wolf anders, als Vertreter seiner Zunft vor hundert oder zweihundert Jahren diese Kreatur bildhaft repräsentiert haben. Weil sich uns heute eben der Wolf aufgrund verschiedener neuerer zoologischer Erkenntnisse anders ›darstellt‹.

Bilder haben, zumal in den Wissenschaften – aber auch in anderen Lebensbereichen – nicht zuletzt auch die Funktion, Unanschauliches *anschaulich* zu machen. Unser Erkenntnisapparat ist nur imstande, *mesokosmische* Objekte wahrzunehmen, weil die längste Zeit unserer Evolution andere Objekte auch keine Rolle spielten. Der Mesokosmos entspricht im wesentlichen dem Gegenstandsbereich unserer gewöhnlichen Alltagswelt und umfaßt – im optischen Bereich – nur Dinge, die wir auch tatsächlich sehen können, nicht aber Entitäten des Mikrokosmos, etwa Atome. Diese sind im wahrsten Sinne des Wortes *unanschaulich*.[31] Aber in Bildern – ein Blick in Lexika oder populärwissenschaftliche Physikbücher kann jeden davon überzeugen – erscheinen sie als kleine Kügelchen, was sie in Wirklichkeit nicht zu sein brauchen und nicht sind; sie werden damit bloß ›anschaulich‹ gemacht. Das Augentier Mensch ist bestrebt, selbst dem Unanschaulichen eine Bildform zu verleihen.

Hier ist schließlich auch zu erwähnen, daß die *Schrift*, die materielle Manifestation des gesprochenen Wortes, als *Bilderschrift* begann.[32] Damit wurde eine, wenn man so will, ›Ökonomisierung‹ der Kommunikation möglich: Denn durch ein Bild kann schnell viel an Information weitergegeben werden. Während eine sprachliche Mitteilung die längste Zeit – jedenfalls vor den modernen Tonträgern – von der körperlichen Präsenz des Sprechers abhängig war, konnte ein Bild stets sozusagen für sich sprechen. Die (gesprochene) Sprache diente ursprünglich der Augenblicksinformation,[33] während ein Bild in der Regel immer länger Bestand hatte und hat. Selbst eine bloß flüchtig angefertigte Skizze, mit der ein Sprecher Gesagtes ergänzt

31 Vgl. Vollmer 1982.

32 Vgl. z. B. Haarmann 2002; Salberg-Steinhardt 1983.

33 Vgl. Winkler/Schweikhardt 1982.

oder zu veranschaulichen versucht und die nicht für die Dauer bestimmt ist, kann der Informationsempfänger mitnehmen und bei Gelegenheit noch einmal studieren, während sich das Gesprochene schneller verflüchtigt.

3. Die Bedeutung von Bildern für die soziokulturelle Evolution des Menschen[34]

Wie schon bemerkt wurde, kommt Bildern durchaus eine ›identitätsstiftende‹ Bedeutung zu. Wenn für die Sprache gilt, daß der, der eine bestimmte Sprache nicht versteht, auch nicht ›dazugehört‹, so gilt das für bildhafte Darstellungen auf analoge Weise. Wer beispielsweise einen Picasso mit einem Monet verwechselt, wird keine Aufnahme in einen Kreis von Kunstkennern oder Kunstliebhabern finden. Umgekehrt, sozusagen positiv gewendet, verbindet die mehr oder weniger profunde Kenntnis der Malerei Menschen, die ansonsten nichts miteinander zu tun haben müssen. Ein prähistorischer Mensch, der auf einer Höhlenwand ein Mammut abbildete, das von seinen Gruppengenossen auch als solches verstanden wurde, bildete einen ›Kommunikationskreis‹ und trug damit zur besseren Verständigung innerhalb seiner Gruppe bei. Dabei kam es nicht zuletzt darauf an, daß seine Abbildung auch ›ansprechend‹ war. Die Abbildung mag andere dazu inspiriert haben, auch ein Mammut zu zeichnen. Schließlich ist die Imitation, das Nachahmen, eine der Voraussetzungen für die Bildung von (kulturellen) Traditionen.

Aus der Sicht der evolutionären Ästhetik ist es erklärlich, daß der Mensch früh Präferenzen für bestimmte (Bild-)Formen entwickelt hat, die uns heute nach wie vor begleiten.[35] Landschaftsmotive, Bäume mit weit ausholendem Geäst und dichtem Blätterwerk (›Schutzdach‹!) sowie Wasser vermitteln ein Gefühl der Sicherheit. Hier tun sich breite (evolutions)psychologische Perspektiven auf. Ist Natur ›als solche‹ keineswegs ein paradiesischer Garten, sondern ein Prozeß

34 Da kulturelle Entwicklung stets an die Bildung von Sozietäten gebunden war und ist und ›Kulturprodukte‹ Gesellschaftsstrukturen maßgeblich mitbestimmen, ist es sinnvoll, statt von kultureller *und/oder* sozialer Evolution von soziokultureller Evolution zu sprechen.

35 Vgl. Coss 2003.

fortgesetzter Zerstörung und Selbstzerstörung,[36] so schaffen wir in unserer Wahrnehmung gern ein ›Gegenbild‹ der Natur, das sich in einer *Naturästhetik* manifestiert: Die Natur wird ästhetisch gerettet.[37]

Allerdings vermögen die meisten Menschen an Ratten, Würmern, Engerlingen, Schmetterlingsraupen und vielen anderen Geschöpfen wenig Ästhetisches zu entdecken. Unsere Naturästhetik bezieht sich also jeweils nicht auf die ganze Natur, sondern nur auf bestimmte ihrer Objekte. Auch das hat wiederum mit unseren Präferenzen für manche Strukturen und Formen zu tun. Die Natur selbst ist ästhetisch völlig neutral, sie ist genauso wenig schön oder häßlich, wie sie gut oder böse ist. Aber das wäre schon wieder ein anderes Thema.

Mit der Erzeugung von Bildern hat sich der Mensch jedenfalls früh eine Möglichkeit geschaffen, Wahrgenommenes nicht einfach nur zu repräsentieren, sondern auch zu interpretieren. So wie unser erkenntnisgewinnender Apparat im allgemeinen die Welt um uns herum nicht nur *rekonstruiert*, sondern auch *interpretiert* und Welten *konstruiert*, so ist die Produktion von Bildern beides: zum einen der Versuch, die Wirklichkeit abzubilden, zum anderen ein Ausdruck der Art und Weise, wie die Wirklichkeit gesehen wird. Damit können Bilder freilich ihre eigene Wirklichkeit entwickeln. Dazu paßt vielleicht eine Anekdote über Matisse. Als ihn einmal eine Dame in seinem Atelier aufsuchte und, auf ein Frauenbildnis verweisend, meinte, daß der Arm der Frau doch viel zu lang sei, soll Matisse geantwortet haben: »Sie verstehen das falsch. Das hier ist keine Frau, sondern ein Bild.«[38]

Bilder lassen sich auch als soziokulturelle Paradigmen verstehen. Sie beeinflussen die Sichtweise auf bestimmte Dinge. Man denke nochmals an den Wolf, das heißt die Art und Weise, auf die er die längste Zeit abgebildet wurde. Die ohnehin schon existierende Auffassung, daß Wölfe bösartige Geschöpfe seien, wurde durch die Bilder noch verstärkt. Jeder, der einen Wolf nur aus illustrierten Tierbüchern kannte, mußte sich dieser Auffassung anschließen. In praktisch allen Epochen der Menschheitsgeschichte spielten Bilder auch die Rolle, bestimmte Ansichten der Welt zu stützen und zu verbrei-

36 Vgl. Wuketits 1999.

37 Siehe Rauh 2000.

38 Zitiert in Gombrich 1960, S. 115.

ten.[39] Bilder konnten und können Angst und Schrecken erzeugen, moralische Urteile beeinflussen, ein Gefühl der Sicherheit oder Unsicherheit vermitteln – und sind daher richtungsweisende Faktoren der soziokulturellen Evolution. In dieser Funktion stehen Bilder dem gesprochenen beziehungsweise geschriebenen Wort kaum nach, sondern können dieses durch die besondere, ihnen eigene Ausdruckskraft noch übertreffen.

Wenn sich der Naturforscher und der Künstler in einer Person vereinen, wie das bei Leonardo da Vinci der Fall war, dann erkennt man Paradigmen und sich anbahnende Paradigmenwechsel besonders deutlich in Wort und Bild zugleich. Leonardo war aufgebrochen, um – unter anderem – verschiedene geologische Phänomene zu studieren und zu interpretieren und entwickelte schließlich eine Theorie der ›lebendigen Erde‹.[40] Er hat auf vielen Gebieten der Naturforschung – von der Physik zur Anatomie – wißbegierig gearbeitet und Neuland betreten, was auch in seinen entsprechenden Skizzen und Bildern seinen Niederschlag gefunden hat.[41] Sein Beispiel ist meiner Meinung nach besonders gut geeignet, um die Bedeutung von Bildern auch für wissenschaftliche Paradigmen und Paradigmenwechsel hervorzuheben, die ihrerseits ja (zumindest in den letzten paar Jahrtausenden der Menschheitsgeschichte) entscheidende Antriebskräfte der soziokulturellen Evolution waren.

Unsere Zivilisation heute ist nun dadurch gekennzeichnet, daß uns Bilder besonders schrill entgegentreten. Die Möglichkeiten der modernen Bildproduktion übertreffen alle bisherigen – an sich schon und in jeder Hinsicht bemerkenswerten – ›Bilderwelten‹, appellieren aber doch wiederum nur an unser Steinzeitgehirn, das sich seit vielen Jahrtausenden nicht nennenswert geändert hat und dessen ›Anfälligkeit‹ für Bilder, wie die Geschichte zeigt, auch ideologisch mißbraucht werden kann. Da das Bild, so viel läßt sich voraussagen, auch in Zukunft unsere soziokulturelle Evolution stark beeinflussen wird, sind weitgehende *kulturkritische* Überlegungen vonnöten. Bilder beflügeln die Vorstellungskraft des Menschen und fördern seine kreative Phantasie – sie können aber auch zu ideologischen Entgleisungen und zur Verdummung der Massen beitragen.

39 Zahlreiche Beispiele dazu finden sich bei Gombrich 1960.

40 Vgl. Gould 1997.

41 Vgl. z. B. Zammattio et al. 1985.

4. Schluß

Am Ende seines *Tractatus* findet sich bei Wittgenstein der berühmte Satz: »Wovon man nicht sprechen kann, darüber muss man schweigen.«[42] Bekanntlich war der Philosoph auch davon überzeugt, daß alles, was sich sagen läßt, auch *klar* gesagt werden kann. In einer Abwandlung dazu läßt sich wohl auch festhalten: Alles, was sich abbilden läßt, läßt sich klar abbilden – und was man nicht abbilden kann, darüber muß man schweigen. Aber, frei nach Goethe, eben wo Begriffe fehlen, stellt ein Bild zur rechten Zeit sich ein.

Literatur

Benzon, W. (1996). »Culture as an Evolutionary Arena«, in: *Journal of Social and Evolutionary Systems*, Vol. 19, S. 321-362.

Bertalanffy, L. von (1968). »Symbolismus und Anthropogenese«, in: *Handgebrauch und Verständigung bei Affen und Frühmenschen*. Hg. von B. Rensch. Bern/Stuttgart: Huber, S. 131-143.

Biedermann, H. (1984). *Höhlenkunst der Eiszeit. Wege zur Sinndeutung der ältesten Kunst Europas.* Köln: DuMont.

Clark, J. D. (1959). *The Prehistory of Southern Africa.* Harmondsworth: Penguin Books.

Coss, R. G. (2003). »The Role of Evolved Perceptual Biases in Art and Design«, in: *Evolutionay Aesthetics*. Hg. von E. Voland u. K. Grammer. Berlin/Heidelberg/New York: Springer, S. 69-130.

Elsner, N. (2007) (Hg.). *Bilderwelten. Vom farbigen Abglanz der Natur.* Göttingen: Wallstein.

Engler, G. (1992). »From Symmetry to Perception (Abstract)«, in: *Symmetry: Culture and Science*, Vol. 3, S. 14-15.

Feyerabend, P. (1984). *Wissenschaft als Kunst.* Frankfurt/M.: Suhrkamp.

Gehlen, A. (1961). *Anthropologische Forschung. Zur Selbstbegegnung und Selbstentdeckung des Menschen.* Reinbek bei Hamburg: Rowohlt.

Gombrich, E. H. (1960). *Art and Illusion. A Study in the Psychology of Pictorial Representation.* Princeton: Princeton University Press.

Gould, S. J. (1997). »Leonardo's Living Earth«, in: *Natural History*, Vol. 5(97), S. 18-21 und 58-64.

Haarmann, H. (2002): *Geschichte der Schrift.* München: Beck.

42 Wittgenstein 1963, S. 115.

Hahn, W. (1989). *Symmetrie als Entwicklungsprinzip in Natur und Kunst.* Königstein: Langewiesche.

Hallier, U.W. (2002). »Steinzeitliche Felsbilder – Anfertigungs-Techniken und Datierung«, in: *Naturwissenschaftliche Rundschau*, Vol. 55, S. 588-595.

Henke, W. (2005). »Human Biological Evolution«, in: *Handbook of Evolution.* Bd. 2: *The Evolution of Living Systems (Including Hominids).* Hg. von F. M. Wuketits u. F. J. Ayala. Weinheim: Wiley-VCH, S. 117-222.

Henke, W./Rothe, H. (1998). *Stammesgeschichte des Menschen. Eine Einführung.* Berlin/Heidelberg/New York: Springer.

Holländer, H. (1976). *Hieronymus Bosch. Weltbilder und Traumwerk.* Köln: DuMont.

Huizinga, J. (1956). *Homo Ludens. Vom Ursprung der Kultur im Spiel.* Reinbek bei Hamburg: Rowohlt.

Kühn, H. (1954). *Das Erwachen der Menschheit.* Frankfurt/M.: Fischer.

Mithen, S. (2003). »Handaxes: The First Aesthetic Artefacts«, in: *Evolutionary Aesthetics.* Hg. von E. Voland u. K. Grammer. Berlin/Heidelberg/New York: Springer, S. 261-275.

Müller-Beck, H. (1998). *Die Steinzeit. Der Weg des Menschen in die Geschichte.* München: Beck.

Narr, K. J. (1973). »Beiträge der Urgeschichte zur Kenntnis der Menschennatur«, in: *Neue Anthropologie*, Bd. 4: *Kulturanthropologie.* Hg. von H.-G. Gadamer u. P. Vogler. München/Stuttgart: Deutscher Taschenbuch Verlag/Thieme, S. 3-62.

Premack, D./Premack, A. J. (1983). *The Mind of an Ape.* New York/London: Norton.

Ralevski, E. (2000). »Aesthetics and Art from an Evolutionary Perspective«, in: *Evolution & Cognition*, Vol. 6(1), S. 84-103.

Rauh, H. D. (2000). »Sinnhorizont Natur. Ansichten einer Naturästhetik«, in: *Der Blaue Reiter: Journal für Philosophie*, Nr. 12, S. 31-35.

Rensch, B. (1973a). *Gedächtnis, Begriffsbildung und Planhandlungen bei Tieren.* Berlin/Hamburg: Parey.

Rensch, B. (1973b). »Ästhetische Grundprinzipien bei Mensch und Tier«, in: *Kreatur Mensch. Moderne Wissenschaft auf der Suche nach dem Humanum.* Hg. von G. Altner. München: Deutscher Taschenbuch Verlag, S. 265-286.

Riedl, R. (1986). *Begriff und Welt. Biologische Grundlagen des Erkennens und Begreifens.* Berlin/Hamburg: Parey.

Salberg-Steinhardt, B. (1983). *Die Schrift: Geschichte – Gestaltung – Anwendung.* Köln: DuMont.

Scherz, E. R./Scherz, A. (1974). *Afrikanische Felskunst. Malereien auf Felsen in Südwest-Afrika.* Köln: DuMont.

Sölch, R. (1998). *Die Evolution der Farben. Goethes Farbenlehre in neuem Licht.* Leipzig: Ravensburger.

Sommer, V. (2000). *Von Menschen und anderen Tieren. Essays zur Evolutionsbiologie.* Stuttgart/Leipzig: Hirzel.

Sommer, V. (2008). *Schimpansenland. Wildes Leben in Afrika.* München: Beck.

Steiner, G. (1986). *Zeichnen – des Menschen andere Sprache.* Berlin/Hamburg: Parey.

Sütterlin, C. (2003). »From Sign and Schema to Iconic Representation. Evolutionary Aesthetics of Pictorial Art«, in: *Evolutionary Aesthetics.* Hg. von E. Voland u. K. Grammer. Berlin/Heidelberg/New York: Springer, S. 131-170.

Taylor, P. J./Blum, A. S. (1991). »Pictorial Representations in Biology«, in: *Biology & Philosophy,* Vol. 2, S. 125-134.

Vollmer, G. (1982). »Probleme der Anschaulichkeit«, in: *Philosophia Naturalis,* Vol. 19, S. 277-314.

Voss, J. (2007). *Darwins Bilder. Ansichten der Evolutionstheorie 1837-1874.* Frankfurt/M.: Fischer Taschenbuch Verlag.

Winkler, E.-M./Schweikhardt, J. (1982). *Expedition Mensch. Streifzüge durch die Anthropologie.* Wien/Heidelberg: Ueberreuter.

Wittgenstein, L. (1963). *Tractatus-logico-philosophicus. Logisch-philosophische Abhandlung* (1921). Frankfurt/M.: Suhrkamp.

Wuketits, F. M. (1985). *Zustand und Bewusstsein. Leben als biophilosophische Synthese.* Hamburg: Hofmann und Campe.

Wuketits, F. M. (1989). »Biologische und kulturelle Evolution – Analogie oder Homologie?«, in: *Schriftenreihe der Freien Akademie Wiesbaden,* Bd. 9. Berlin: Freie Akademie, S. 241-258.

Wuketits, F. M. (1996). »Evolution und Symmetrie. Symmetrie als Evolutionsfaktor?«, in: *Evolutionäre Symmetrietheorie. Selbstorganisation und Dynamische Systeme.* Hg. von W. Hahn u. P. Weibel. Stuttgart: Hirzel/Wissenschaftliche Verlagsgesellschaft, S. 13-23.

Wuketits, F. M. (1997). »Anthroposemiose«, in: *Semiotik. Ein Handbuch zu den zeichentheoretischen Grundlagen von Natur und Kultur,* 1. Teilbd. Hg. von R. Posner, K. Robering u. T. A. Sebeok. Berlin/New York: de Gruyter, S. 532-548.

Wuketits, F. M. (1999). *Die Selbstzerstörung der Natur. Evolution und die Abgründe des Lebens.* Düsseldorf: Patmos.

Wuketits, F. M./Antweiler, C. (2004). *Handbook of Evolution,* Bd. 1: *The Evolution of Human Societies and Cultures.* Weinheim: Wiley-VCH.

Zammattio, C./Marinoni, A./Brizio, A. M. (1985). *Leonardo. Der Forscher.* Darmstadt: Wissenschaftliche Buchgesellschaft.

Gerhard Bosinski

Das Bild in der Altsteinzeit

In der Jüngeren Altsteinzeit (Jungpaläolithikum) vor 35 000 bis 12 500 v. Chr. führten die Umweltverhältnisse – die wildreiche Lößsteppe – und die Lebensweise – die effektive Jagd mit der Speerschleuder – in den mittleren und südlichen Breiten Europas zur Herausbildung grandioser Jägerkulturen.[1] Zu den Zeugnissen dieser Zeit gehören viele geritzte, gemalte oder skulptierte Bilder, die an Höhlenwänden, auf Stein- und Knochenplatten oder an Waffen und Geräten angebracht sind.[2]

Am häufigsten sind die Bilder von Tieren. Besonders zahlreich sind die Darstellungen von Pferden und Rindern (Wisent und Ur). Nach Raum und Zeit unterschiedlich sind auch Hirsch und Ren, Mammut und Wollnashorn gut vertreten, Löwen sind nur in der Grotte Chauvet (Ardèche) und in Roucadour (Lot) häufig, kommen aber sonst ebenso wie andere Raubtiere (Wolf, Bär, Vielfraß, Fuchs) nur gelegentlich vor. Der Steinbock ist in Angles-sur-l'Anglin (Vienne), Rouffignac (Dordogne) und Niaux (Ariège) ein wichtiges Motiv. Bilder vom Riesenhirsch gibt es aus dem älteren Teil des Jungpaläolithikums; in Cougnac und Roucadour (Lot) nehmen sie eine zentrale Position ein. Saiga-Antilope und Gemse sind dagegen überall selten. Vögel sind nur vereinzelt dargestellt worden und nur in Gönnersdorf (Rheinland) mit 22 Bildern häufiger. Auch Fische gehören zu den selteneren Bildern; im Abri du Poisson (Dordogne) ist ein Lachs allerdings die zentrale Darstellung. Robben kennen wir vor allem aus der Kleinkunst, so von Gönnersdorf. In der Grotte Cosquer bei Marseille und in einigen anderen Höhlen am Mittelmeer und in Kantabrien sind sie auch an den Höhlenwänden abgebildet.

Käfer gibt es vereinzelt in der Kleinkunst (Laugerie Basse, Keßlerloch, Petersfels). Nur mit einem Beispiel kennen wir Darstellungen der Larve einer Rentierdasselfliege (Kleine Scheuer), einer Heuschrecke (Enlène) und eines Frosches (Gönnersdorf). Schließlich gibt es gelegentlich Nachbildungen von Fossilien – einen Seelilienstengel aus Elfenbein von Gönnersdorf, Seeigel und Seeigelstacheln aus Ga-

1 Vgl. Bosinski 1990.

2 Vgl. Leroi-Gourhan 1995; Lorblanchet 1997.

gat aus dem Keßlerloch (Kanton Schaffhausen) –, die auch zu den *Bildern* gehören.

Die Tiere sind einzeln oder in Gruppen dargestellt. Sie stehen, traben, galoppieren oder springen. Manchmal ist das Gelände, auf dem sich die Tiere bewegen, durch einen Felssockel oder eine Linie angedeutet. Sonst fehlt jedoch jeglicher Hinweis auf die umgebende Landschaft. Es gibt auch so gut wie keine Bilder von Pflanzen.

Ein Vergleich der Tierbilder mit den Jagdbeuteresten zeigt deutliche Unterschiede der vertretenen Tierarten und läßt entnehmen, daß es keinen unmittelbaren Bezug zwischen der Jagd und den Bildern gab.

Die Tiere sind so, wie sie aussahen, abgebildet worden. Dabei gibt es für verschiedene Zeiten und Gebiete unterschiedliche Darstellungskonventionen (siehe unten), doch es ist niemals ein Problem, die Tiere zu erkennen.

Die Menschen sind dagegen entweder mit übertriebenen Attributen oder abgekürzt und schematisiert oder nur mit einzelnen Körperteilen oder kombiniert mit tierischen Attributen dargestellt worden. Abgesehen vielleicht von einigen Statuetten des Mittleren Jungpaläolithikums und den Bildern von La Marche (Vienne) zeigt uns keines dieser Bilder, wie die Menschen damals aussahen.

Es fällt schwer, die Menschendarstellungen in einem Überblick zu ordnen. Am Anfang (im Aurignacien) gibt es *Löwenmenschen* mit menschlichem Körper und Löwenkopf (Stadel, Hohle Fels). Eine eindrucksvolle Darstellung am Ende der Grotte Chauvet, in der der Körper mit einem Schamdreieck versehen ist, zeigt, daß es sich um *Löwenfrauen* handelt. In der gleichen Zeit gibt es an den Höhlenwänden und auf Steinblöcken Darstellungen von Schamdreiecken (siehe Abb. 19) und manchmal auch Phalli.

In das Mittlere Jungpaläolithikum gehören die weithin bekannten *Venusfiguren*, deren Prototyp die *Venus von Willendorf* ist. Meist sind es Darstellungen schwangerer Frauen, die die weibliche Fruchtbarkeit und das Wunder der Geburt betonen.

Im Späten Jungpaläolithikum sind zunächst die Halbreliefs zu nennen. In La Magdeleine (Tarn) sind in der Manier von Ernst Barlach zwei Frauen, die ihren Kopf auf die Hand stützen, dargestellt. In Angles-sur-l'Anglin (Vienne) sind die Frauen von vorn gesehen aus dem Felsen herausgearbeitet. In die gleiche Zeit gehören die Zeichnungen von Männern und Frauen auf den Platten von La Marche (Vienne), die in ihren unterschiedlichen Körperhaltungen manchmal wie Karikaturen wirken.

Für das Spätmagdalénien sind die kopflosen Frauen vom Gönnersdorfer Typ charakteristisch, die weiter unten ausführlicher beschrieben werden.

Die zahlreichen Symbole (*Zeichen*) sind so verschieden, daß sie einzeln beschrieben werden müßten. Punkte und Striche kommen überall vor, komplexere Zeichen nur in einigen Zeiten und Gebieten (siehe unten).

Die *naturnahen* Tiere, die *verfremdeten* Menschen und die verschiedenen *Zeichen* gehören zusammen und bilden die wichtigsten Komponenten der altsteinzeitlichen Kunst. Dabei stehen die weithin bekannten Tierbilder für die umgebende Natur, in die die anders dargestellten Menschen und die von ihnen erdachten Symbole nicht wirklich integriert sind.

Ich möchte aus diesem Material einige Aspekte herausgreifen, die mir für das Thema *Bildtheorie* interessant erscheinen.

1. Zur Entstehung der Bilder

Möglicherweise waren es zunächst Naturformen, die Menschen oder Tieren ähnlich waren und vielleicht auch durch geringe Veränderungen gestaltet wurden. Schon aus dem Altpaläolithikum vor mehr als 300 000 Jahren werden solche Stücke beschrieben. Im Mittelpaläolithikum vor 300 000 bis 40 000 Jahren wurden auffallende Gegenstände wie Fossilien oder deren Abdrücke mit zum Wohnplatz gebracht. Rote (Eisenoxyd) und schwarze (Manganoxyd) Farbstücke mit Abreibfazetten dienten vielleicht nicht nur zur Körperbemalung, sondern auch für erste Darstellungen auf Steinplatten, wie entsprechende Paletten aus La Ferrassie und Le Moustier (Dordogne) belegen könnten.[3]

Am Anfang des Jungpaläolithikums ist der Fundplatz Sungir' bei Vladimir östlich von Moskau für unser Thema besonders wichtig.[4] Hier wurden flache Elfenbeinfiguren von Tieren gefunden (siehe Abb. 1). Der Umriß der Tiere – zwei ›Pferde‹, ein Mammut, ein ›Wi-

3 Vgl. Lorblanchet 1999.

4 Vgl. Bader 1998.

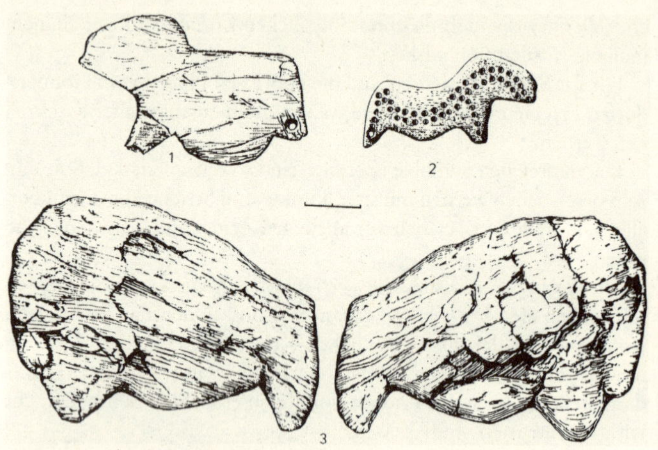

Abb. 1: Sungir' (Rußland); Elfenbeinfiguren (1998).
Abbildung aus: Bader, O. N.: »Sungir'. Paleolitičeskie pogrebenija«, in: *Pozdnepaleolitičeskoe ›poselenie Sungir‹ (pogrebenija i okružajuščija sreda)*. Hg. von N. O. Bader. Moskau: Akademia Nauk 1998, diverse Seiten.

sent‹ – bleibt trotz der sorgfältigen Zuarbeitung der Stücke vage. Die beiden ›Pferde‹ sind am Hinterbein durchbohrt und waren Anhänger. Auf einem der ›Pferde‹ sind Reihen von Grübchen angebracht, die den Tierkörper in einer geschwungenen Linie durchziehen und außerdem in die Beine führen.

Von Sungir' gibt es ferner flache Steingerölle mit einer Durchbohrung, die sich mehrfach seitlich der Symmetrieachse der Stücke befindet. So entsteht die Vermutung, daß diese flachen Gerölle ursprünglich bemalt waren und zum Beispiel Tiere darstellten. Ein von meinem kleinen Sohn auf diese Weise gestalteter Hundekopf illustriert das Gemeinte (siehe Abb. 2). Es ist nicht sehr wahrscheinlich, daß einfache Flußgerölle durchbohrt und als Anhänger getragen wurden. Wenn diese flachen Gerölle aber nach ihrer Form ausgewählt und mit Farbe zum Beispiel als Tiere gestaltet wurden, machte dies und auch die asymmetrische Bohrung einiger Stücke Sinn.

Die zunächst beschriebenen flachen Elfenbeinfiguren wären dann die Umsetzung der Gerölle in Elfenbein. Dies könnte die flache Form und den vagen Umriß dieser Figuren erklären.

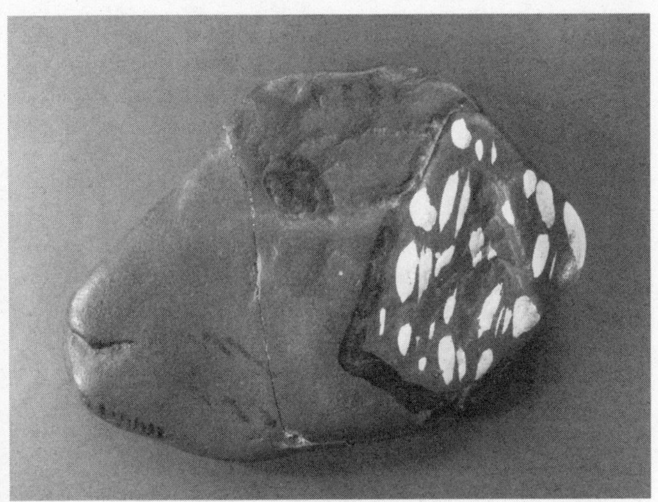

Abb. 2: Uwes Hund (eigenes Photo).

So zeigen uns die Funde von Sungir' den wichtigen Schritt vom Auswählen und Umgestalten (Bemalen) von Naturformen zum Gestalten von Figuren aus Elfenbein.

Nach der Stratigraphie am Fundplatz und nach den Formen der Steinwerkzeuge gehören die Funde von Sungir' an den Anfang des Jungpaläolithikums. Die vorliegenden, sehr unterschiedlichen ^{14}C-Daten sind jedoch jünger. Dies führte dazu, daß die Bedeutung von Sungir' für die Entstehung der Bilder oft nicht erkannt wurde. Die Elfenbeinfiguren von Sungir' könnten die Vorformen der phantastischen Elfenbeinstatuetten aus dem Vogelherd und Stadel im Lonetal und dem Geissenklösterle und Hohle Fels im Achtal (Schwaben) sein.[5] Es scheint ausgeschlossen, daß diese hervorragend modellierten Elfenbeinfiguren aus den schwäbischen Höhlen vorbereitungslos am Anfang der Kunst standen.

5 Vgl. Hahn 1986; Conard 2005.

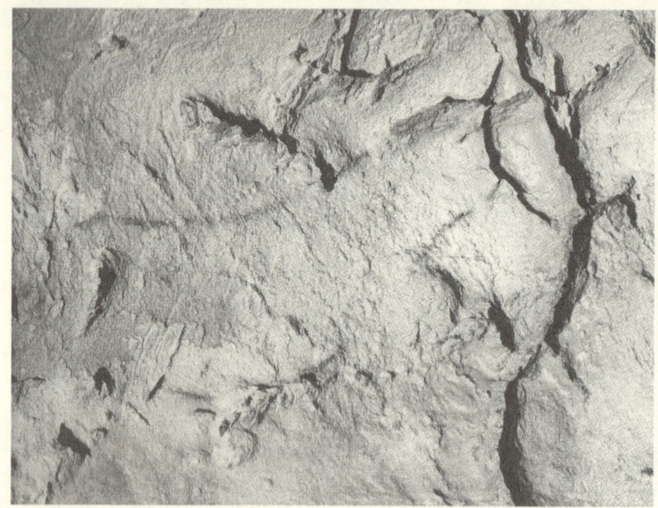

Abb. 3: Ekain (spanisches Baskenland); Pferd aus Rissen und Schuppen der Felswand, die durch Linien miteinander verbunden wurden.
Abbildung aus: Altuna, J.: *Ekain und Altxerri bei San Sebastian. Zwei altsteinzeitliche Bilderhöhlen im spanischen Baskenland*, Speläo 3. Sigmaringen: Thorbecke Verlag 1996, S. 83.

2. Bilder und Felsbildungen

Es ist oft zu beobachten, daß Vorsprünge, Vertiefungen oder Spalten der Höhlenwände mit in die Darstellungen einbezogen wurden. In Ekain (spanisches Baskenland) besteht ein Pferd vor allem aus Rissen und Schuppen der Felswand, die durch schwarze Linien für Rücken, Hals und Bauch miteinander verbunden das Bild des Tieres ergeben (siehe Abb. 3). An der gegenüberliegenden Wand wird die Rückenlinie eines Wisents durch eine natürliche Felskante gebildet, an die die Kopfpartie und der untere Körperteil des Tieres mit Farbe angefügt wurden (siehe Abb. 4). In der Seitengalerie von Font de Gaume (Dordogne) bestehen die Beine eines Pferdes aus Sinterfalten.[6]

Es gibt viele ähnliche Beispiele. Dies ließ vermuten, daß das Relief

6 Vgl. Capitan/Breuil/Peyrony 1910.

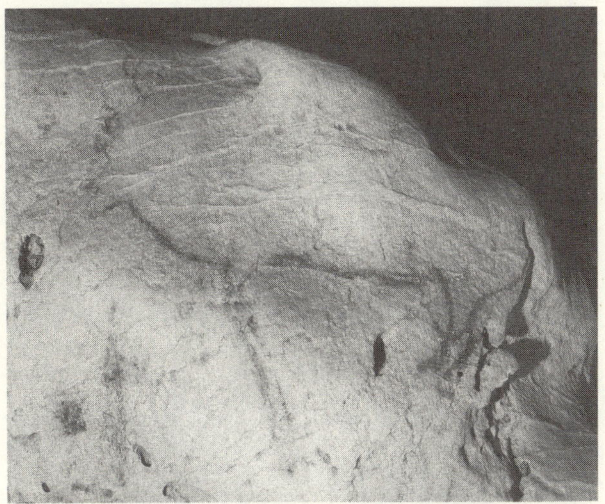

Abb. 4: Ekain (spanisches Baskenland); Wisent, dessen Rückenlinie von einer Felskante gebildet wird.
Abbildung aus: Altuna, J.: *Ekain und Altxerri bei San Sebastian. Zwei altsteinzeitliche Bilderhöhlen im spanischen Baskenland*, Speläo 3. Sigmaringen: Thorbecke Verlag 1996, S. 58.

der Höhlenwand die Bilder inspiriert habe; prosaischer, daß die Tiere aus dem Fels erwüchsen. Demnach führten die Höhlenwände selbst zu dieser oder jener Darstellung.

Wahrscheinlich trifft dies aber nicht zu, denn es ist sehr wohl möglich, in dem Relief einer Felswand das *vorgesehene* Bild oder doch dessen Teile zu finden und zu gestalten. Viele Versuche – nicht nur an den Höhlenwänden, sondern zum Beispiel auch in den Wolkenbildungen – haben gezeigt, daß man das *beabsichtigte* Motiv in diesen Bildungen wiederfinden oder doch Teile dieser Bildungen für das Motiv verwenden kann. Es ist auch möglich, ein und dieselbe Felsbildung in verschiedener Weise, für verschiedene Tiere zu verwenden. So wurde in Les Fieux (Lot) eine Stalagmitenbildung, die einem Tierkörper ähnelt, zunächst als ein Steinbock, später aber als ein Mammut gestaltet.[7]

7 Vgl. Lorblanchet 1997, S. 206.

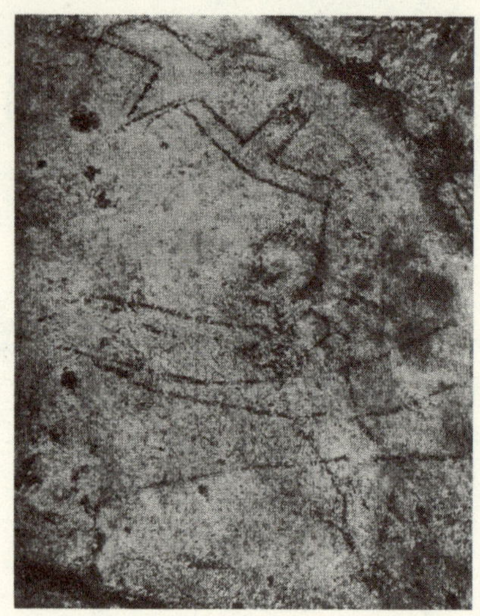

Abb. 5: Pech Merle (Lot); klammerförmiges Zeichen und gespeerter Mensch. Abbildung aus: Leroi-Gourhan, A.: *Préhistoire de l'art occidental. Nouvelle édition revue et augmentée par B. et G. Delluc*. Paris: Verlag Citadelles & Mazenod 1995, S. 354.

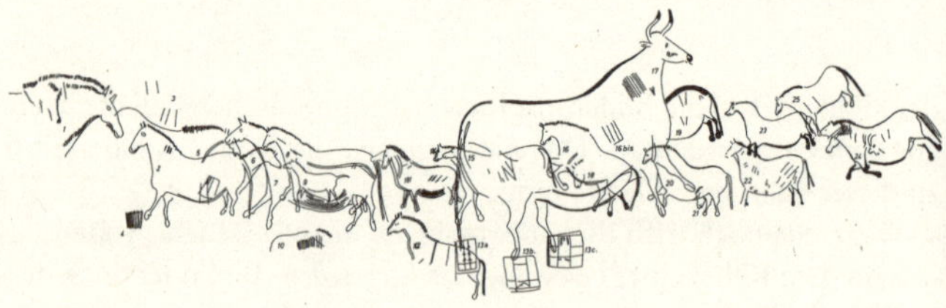

Abb. 6: Lascaux (Dordogne); Pferde, Schwarze Kuh und Quadrate im Schiff. Abbildung aus: Vialou, D.: »Les gravures de la grotte: Le passage et l'abside«, in: *Lascaux inconnu*. Hg. von A. Leroi-Gourhan & J. Allain. Paris: CNRS 1979, S. 314f.

Es scheint sicher, daß die Höhle für die beabsichtigten Bilder eigens gesucht und ausgewählt wurde. Ganz im Sinne der *Caverne participante* von André Leroi-Gourhan bilden die Höhle und die in ihr angebrachten Bilder eine Einheit. In einer Höhle, in der die Bild-

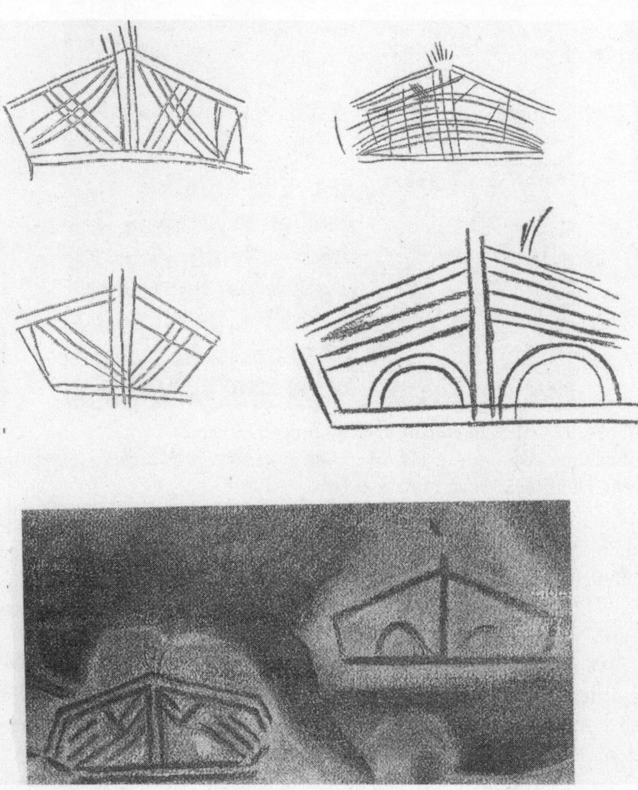

Abb. 7: Font de Gaume (Dordogne); gravierte (1-4) und gemalte hausförmige Zeichen.
Abbildung aus: Capitan, L./Breuil, H./Peyrony, D.: *La caverne de Font de Gaume aux Eyzies (Dordogne)*. Monaco: Chene 1910, diverse Seiten.

felder einer Gruppe erklärt werden sollten, mußte entsprechend Platz für die Betrachter sein, und der umgebende Höhlenraum mit seinen Schächten und Pfeilern wurde zu einem wichtigen Teil des Ensembles. Es ist kein Zufall, daß diese damals zur Betrachtung bestimmten Bilderhöhlen auch die heutigen Schauhöhlen der Touristen sind.

Dagegen brauchte man für die aus dem Fels gehauenen Reliefs eine halbbogenförmige Felswand oder für die nur von einzelnen aufge-

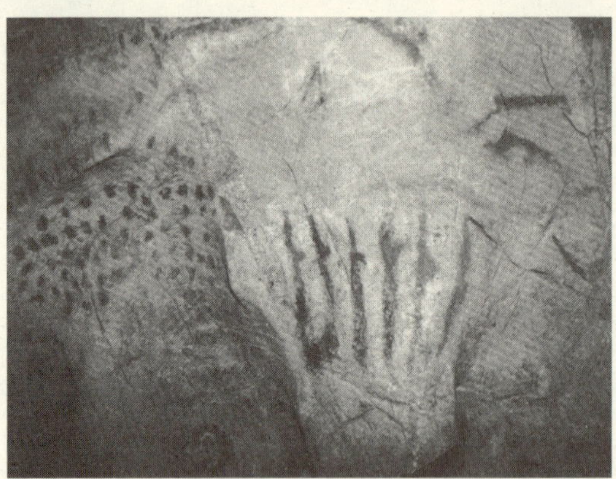

Abb. 8: Pindal (Kantabrien); keulenförmige Zeichen.
Abbildung aus: Lorblanchet, M.: *Höhlenmalerei. Ein Handbuch*. Sigmaringen: Thorbecke Verlag 1997, S. 51.

suchten und mit Darstellungen versehenen entlegenen Plätze enge Höhlengänge. Entdeckungen der letzten Jahre lassen darüber hinaus vermuten, daß es ähnliche *Sets* auch an Felsen außerhalb von Höhlen gab.

Wenn der Ort – die Höhle – für die Darstellungen ausgewählt war, wurden die Bilder in der geplanten Art und Abfolge angebracht. Nur so konnten die überlieferten Geschichten erzählt und erklärt werden.

Es ist wahrscheinlich, daß bei der Suche nach der geeigneten Höhle auch die beabsichtigten Bilder eine Rolle spielten. So scheint es, als sei Ekain für ein Heiligtum mit vielen Pferden deshalb ausgewählt worden, weil sich hier in dem zentralen Saal (*Erdialde*) ein größerer Felsblock befindet, der wie ein Pferdekopf aussieht und in seiner natürlichen Form Maul, Nase und Auge sowie ein Ohr erkennen läßt.[8]

Dies heißt aber, daß man nach einer geeigneten Höhle für das Pferdeheiligtum gesucht hat, und nicht, daß dieser Block in der Höhle zu einem Pferdeheiligtum inspirierte.

8 Altuna 1996, S. 55f.

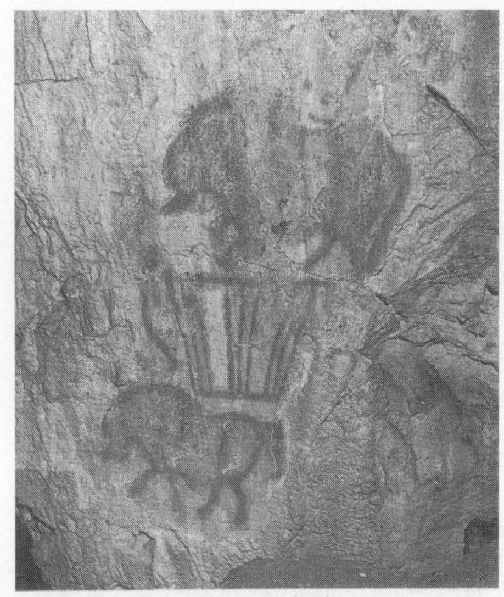

Abb. 9: Kapova-Höhle (Ural); Pferde und Trapez mit Ohren im Chaos-Saal. Abbildung aus: Ščelinskij, V. E./Širokov, V. N.: *Höhlenmalerei im Ural. Kapova und Ignatievka, Die altsteinzeitlichen Bilderhöhlen im südlichen Ural*, Speläo 5. Sigmaringen: Thorbecke Verlag 1999, S. 55.

3. Darstellungskonventionen

In den mehr als 20 000 Jahren der altsteinzeitlichen Kunst gibt es bei den Themen und in der Art der Darstellung zeitliche und räumliche Unterschiede. Besonders gut läßt sich dies mit den unterschiedlichen Formen der Symbole (*nichtfigürlichen Zeichen*) zeigen. Diese Zeichen lassen sich nicht von existenten Wesen (Tieren, Menschen) oder Gegenständen ableiten, sondern wurzeln in der Vorstellungswelt.

Die vogelförmigen (*aviformen*) Zeichen mit ihrem schornsteinartigen Aufsatz gibt es im Solutréen des Lot und der Charente (siehe Abb. 5). Die Quadrate und Rechtecke von Lascaux und Gabillou gehören in das frühe Magdalénien der Dordogne. Im *Schiff* von Lascaux sind die einzelnen Felder der Quadrate an den Hinterbeinen der großen *Schwarzen Kuh* farbig ausgemalt (siehe Abb. 6). Die hausför-

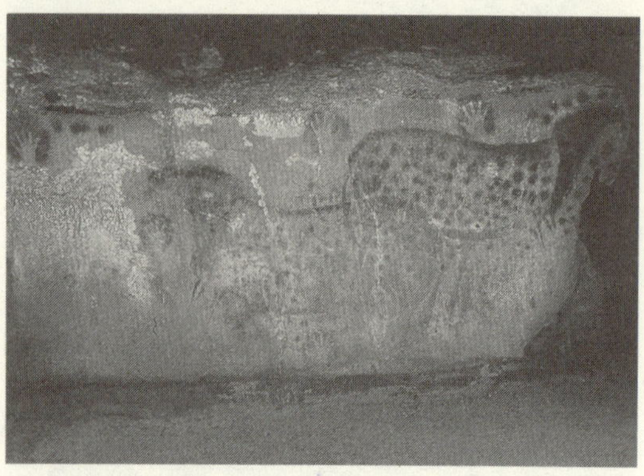

Abb. 10: Pech Merle (Lot); Fries der gepunkteten Pferde (Photo mit freundlicher Genehmigung von Norbert Aujoulat).

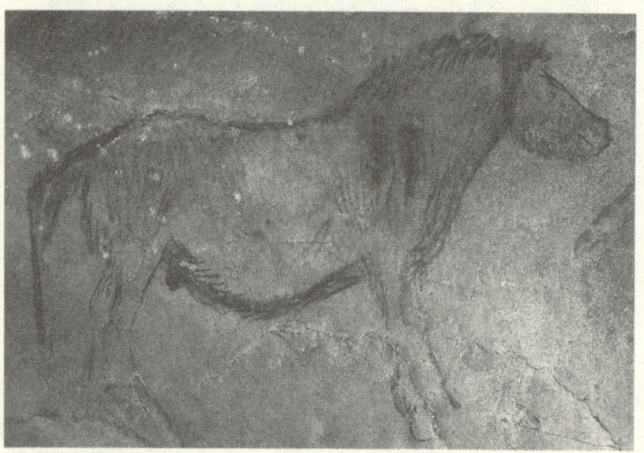

Abb. 11: Niaux (Ariège); Pferd im Schwarzen Salon.
Abbildung aus: Clottes, J.: *Niaux. Die altsteinzeitlichen Bilderhöhlen in der Ariège und ihre neu entdeckten Malereien*, Speläo 4. Sigmaringen: Thorbecke Verlag 1995, S. 113.

migen (*tectiformen*) Zeichen gehören in das Mittlere Magdalénien der Dordogne (siehe Abb. 7), die komplizierten Leitermuster etwa in die gleiche Zeit in Kantabrien. Die keulenförmigen (*claviformen*) Zeichen gehören in den zweiten Teil des Mittleren Magdalénien und sind im Pyrenäenvorland und in Kantabrien verbreitet (siehe Abb. 8).

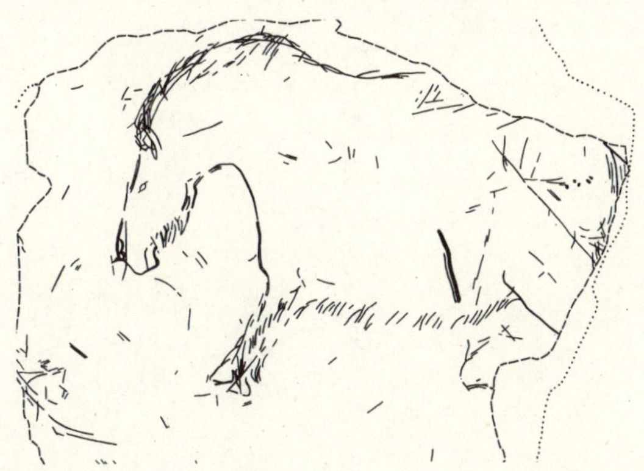

Abb. 12: Gönnersdorf (Rheinland); Scheuendes Pferd auf Platte 126 (eigene Vorlage).

Die *Trapeze mit Ohren* gibt es in der Kapova-Höhle im Ural (siehe Abb. 9). Diese Liste ließe sich fortsetzen. Da die Bilder auch damals mit Worten erklärt werden mußten, kennzeichnen diese Symbole (*Zeichen*) in ihrer unterschiedlichen zeitlichen und räumlichen Verbreitung möglicherweise nicht nur Stammes-, sondern auch Sprachgruppen.[9]

Die Tier- und Menschendarstellungen verändern sich im Laufe der Zeit weniger, denn das Vorbild blieb gleich. Trotzdem gibt es deutliche stilistische Unterschiede, die an den Pferde- und Mammutbildern beschrieben werden sollen.

Im älteren Jungpaläolithikum haben die Pferde einen massiven Körper, dünne Beine und einen manchmal winzigen Kopf. Die Maulpartie und der Winkel zum Mähnenblock erinnern an einen *Entenschnabel.* Ein Beispiel sind die gepunkteten Pferde von Pech Merle (siehe Abb. 10).

Am Beginn des Magdalénien, so in Lascaux, ist der Körper der Pferde noch recht massiv und zu schwer für die dünnen Beine, die in bulettenförmigen Hufen enden (siehe Abb. 6). Der Schweif ist dünn wie ein Strick.

Im Mittleren Magdalénien führt der *Schöne Stil* zu eindrucksvollen Pferdebildern, die den Proportionen der Tiere entsprechen. Beispiele sind die Pferde von Niaux (siehe Abb. 11), Ekain oder Rouffi-

9 Vgl. Bosinski 1999.

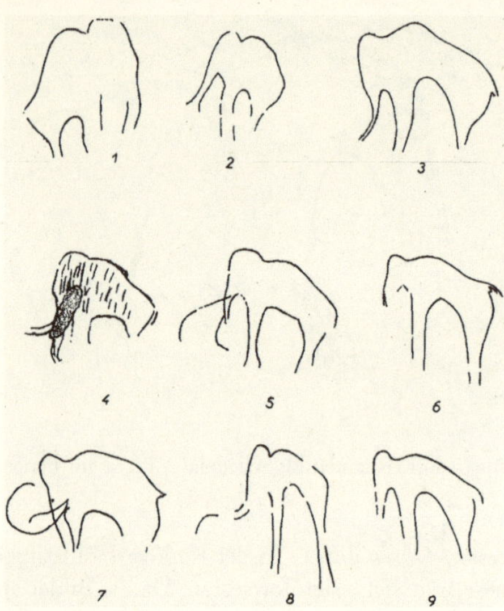

Abb. 13: Mammutdarstellungen des älteren Jungpaläolithikums; 1-2 Chabot (Gard), 3 Chauvet (Ardèche), 4 Pech Merle (Lot), 5 Cougnac (Lot), 6-7 Roucadour (Lot), 8 La Grèze (Dordogne), 9 Jovelle (Dordogne).
Abbildung aus: Lorblanchet, M.: *Höhlenmalerei. Ein Handbuch.* Sigmaringen: Thorbecke Verlag 1997, S. 304.

gnac. Die in den einzelnen Höhlen dargestellten Pferde sind einander ähnlich, in gleicher Weise wiedergegeben, so daß es leicht ist, etwa die Pferde von Niaux und Ekain zu unterscheiden.

In der Spätphase des Magdalénien verliert sich diese Einheitlichkeit. Es entstehen sehr lebendige Bilder in unterschiedlichen Bewegungen, deren gemeinsames Merkmal die unmittelbare Hinwendung zum natürlichen Vorbild ist. Gute Beispiele sind die Pferde von Les Combarelles oder Gönnersdorf (siehe Abb. 12).[10]

Die stilistischen Veränderungen bei den Mammutbildern sind ähnlich. Im älteren Jungpaläolithikum haben die Tiere sehr lange Beine, zwischen denen sich die parabelförmige Bauchlinie befindet. Beispiele gibt es in der Grotte Chauvet, Cougnac oder La Grèze (siehe Abb. 13).

10 Vgl. Capitan/Breuil/Peyrony 1924; Bosinski/Fischer 1980; Bosinski 2008.

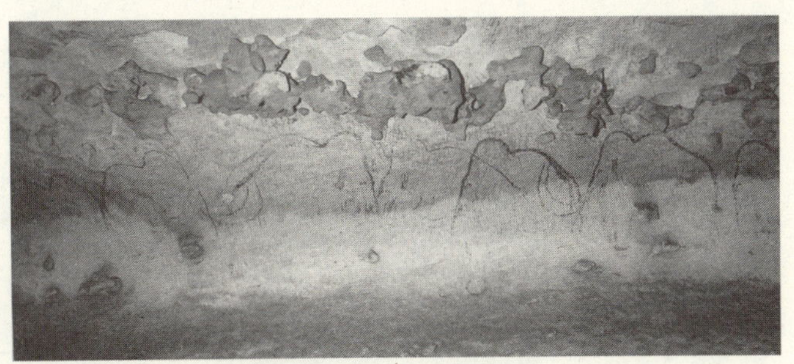

Abb. 14: Rouffignac (Dordogne); Mammutfries.
Abbildung aus: Plassard, J.: *Rouffignac. Das Heiligtum der Mammuts*, Speläo 7. Stuttgart: Thorbecke Verlag 1999, S. 66f.

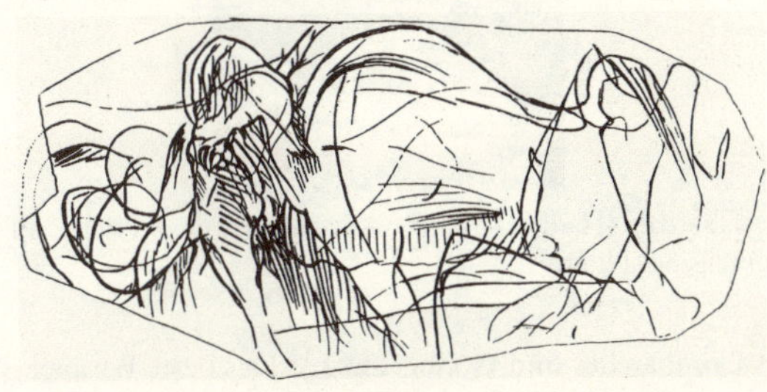

Abb. 15: La Madeleine (Dordogne); Mammutdarstellung auf einem Stoßzahnstück; Zeichnung von Henri Breuil.
Abbildung aus: Bosinski, G./Fischer, G.: *Mammut- und Pferdedarstellungen von Gönnersdorf. Der Magdalénien-Fundplatz Gönnersdorf 5*. Wiesbaden: Steiner Verlag 1980, Taf. 63.

Aus der Lascauxzeit kennen wir bisher kaum Mammutbilder, so daß dieser Abschnitt ausfällt.

In den *Schönen Stil* des Mittleren Magdalénien gehören die 150 Mammute von Rouffignac (siehe Abb. 14). Die Tiere sind eindrucksvoll, mit allen wichtigen Attributen wiedergegeben und haben die richtigen Proportionen. Sie sind einander so ähnlich, daß bei einer Anordnung in gleicher Größe und Orientierung, wie es J. Plassard einmal getan hat, nur zwei unterschiedliche Mammute übrigbleiben.

Im Spätmagdalénien sind die Mammute ebenso wie die anderen Tiere lebendig und individuell dargestellt. Dies zeigen die Mammute

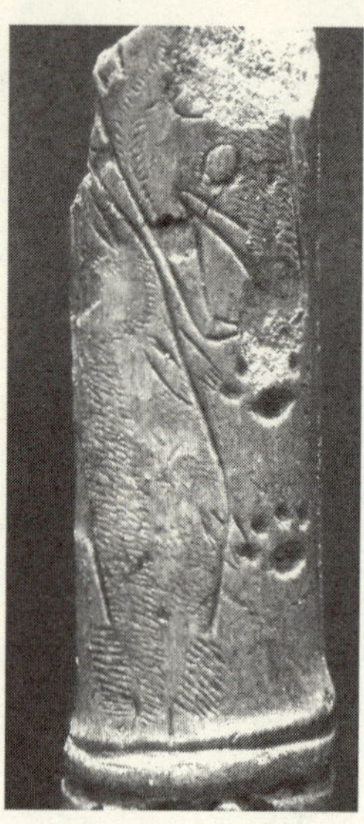

Abb. 16: Gourdan (Haute-Garonne); Katzenfährte und Fische auf einem Lochstab (eigenes Photo).

von Les Combarelles und Gönnersdorf.[11] Das beste Beispiel ist aber die schon 1864 in La Madeleine (Dordogne) entdeckte Zeichnung, die auch eine wichtige Rolle bei der Entscheidung des Streits um die Gleichzeitigkeit von *Mensch und Mammut* spielte. Der sich nach vorn stemmende Mammutbulle mit abgestelltem Schwanz, an dessen Unterseite die Afterklappe des Tieres wiedergegeben ist, ist eine sehr lebendige und meisterhafte Zeichnung eines Mammuts (siehe Abb. 15).

4. Pars pro toto

Tiere und Menschen können auch durch ihre Spuren charakterisiert werden. In der altsteinzeitlichen Kunst ist dies selten. Auf einem Bildfeld des Lochstabs von Gourdan finden wir Fische (Lachs, Hecht)

11 Vgl. Bosinski/Fischer 1980.

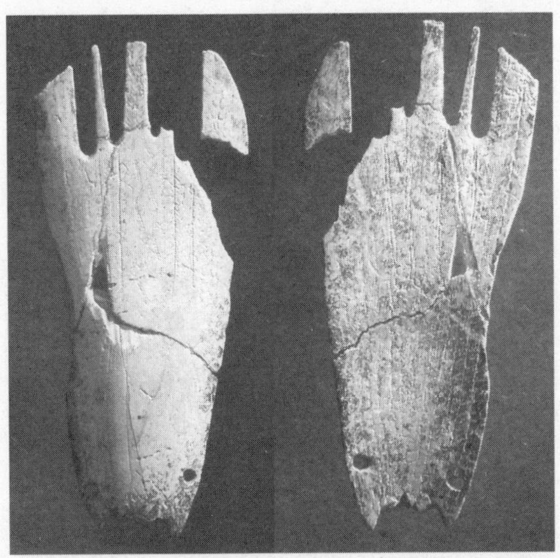

Abb. 17: Kniegrotte (Thüringen); ornamentierte Fußsohle aus Elfenbein (eigenes Photo).

und eine Katzenfährte (siehe Abb. 16). Eine Zeichnung auf dem Boden der Höhle von Niaux wird als die Darstellung einer Bärenfährte interpretiert.

Wiedergaben menschlicher Spuren sind noch seltener. Von Mas d'Azil (Ariège) gibt es die Gravierung eines Fußabdrucks, aus der Kniegrotte bei Döbritz (Thüringen) eine aus Elfenbein geschnitzte, mit Linienmustern ornamentierte Fußsohle (siehe Abb. 17).

Häufig sind dagegen Darstellungen menschlicher Hände. Meist handelt es sich um *negative Hände*, das heißt um die mit Farbe übersprühten Abdrücke von auf die Felswand gelegten Händen. Es sind die Hände von Männern, Frauen und Kindern. Meist sind es linke Hände, was mit dem Vorherrschen von Rechtshändern erklärt wird. M. Lorblanchet konnte aber zeigen, daß die Handnegative, die die gepunkteten Pferde von Pech Merle umgeben (siehe Abb. 10), von ein und derselben Hand stammen, die abwechselnd mit der Handfläche und dem Handrücken auf die Felswand gelegt wurde. In diesem Bildfeld und in der Höhle von Gargas (Hautes-Pyrénées) gibt es auch

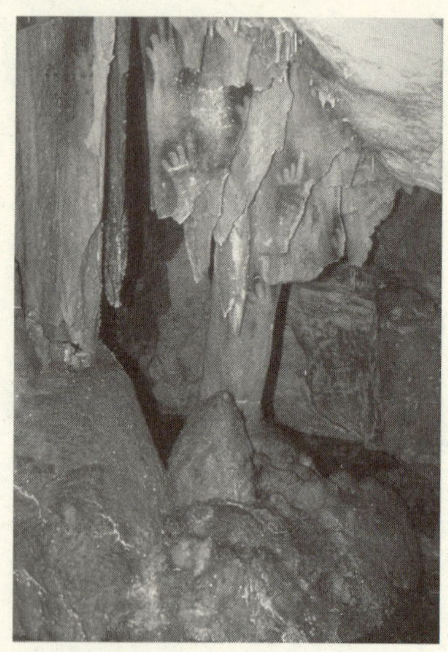

Abb. 18: Grotte Cosquer (Bouches-du-Rhone); Handnegative mit unterschiedlichen Gesten am Rand eines heute überfluteten Schachtes.
Abbildung aus: Clottes, J./Courtin, J.: *Grotte Cosquer bei Marseille. Eine im Meer versunkene Bilderhöhle*, Speläo 2. Sigmaringen: Thorbecke Verlag 1995, S. 58.

hakenförmige Negative von umgeknickten und mit Farbe übersprühten Daumen.

In Gargas und der Grotte Cosquer (Bouches-du-Rhone) haben einige Handnegative in unterschiedlicher Weise umgebogene beziehungsweise ausgestreckte Finger (*verstümmelte Hände*) und übermitteln durch ihre Geste verschiedene Botschaften (siehe Abb. 18).

Positive Hände, bei denen die Hand in Farbe getaucht und dann an die Wand gedrückt wurde, sind seltener und kommen vor allem in der Grotte Chauvet vor.

Diese auf die Felswand gelegten und *negativ* oder *positiv* abgedrückten Hände sind unmittelbare, sehr persönliche Zeichen der Menschen. In der Grotte Cosquer (siehe Abb. 18) und in La Garma (Kantabrien) sind sie direkt neben (über) einem tiefen Schacht angebracht und stehen in Zusammenhang mit diesem Abgrund.

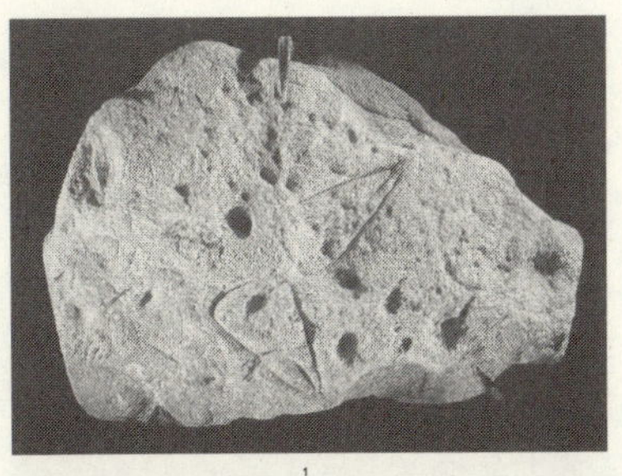

1

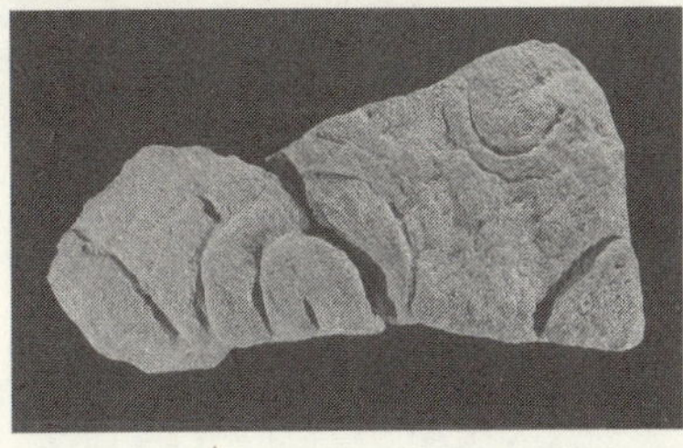

2

Abb. 19: La Ferrassie (1) und Abri Castanet (2) (Dordogne); tief gravierte Schamdreiecke.
Abbildung aus: Bosinski, G.: *Homo sapiens. L'histoire des chasseurs du Paléolithique supérieur en Europe (40 000-10 000 avant J.-C.).* Paris: Editions Errance 1990, S. 72 und 76.

Manchmal gibt es auch gravierte Hände, die ebenso wie die Handabdrücke in den älteren Teil der altsteinzeitlichen Kunst gehören. In Roucadour (Lot) sind der Handballen und die langen dünnen Finger frei gelassen (negativ), die umgebenden Flächen schwarz beziehungsweise rot eingefärbt.[12]

Frauen sind oft durch Schamdreiecke, Männer manchmal durch Phallusdarstellungen symbolisiert. Besonders häufig und tief in Felsblöcke eingepickt sind solche Darstellungen im Aurignacien der Dordogne. Dabei ist die Form der Schamdreiecke an den einzelnen Fundplätzen unterschiedlich; sie variiert von Dreiecken bis zu Ovalen und apfelartigen Formen (siehe Abb. 19).

12 Lorblanchet 1997, S. 188.

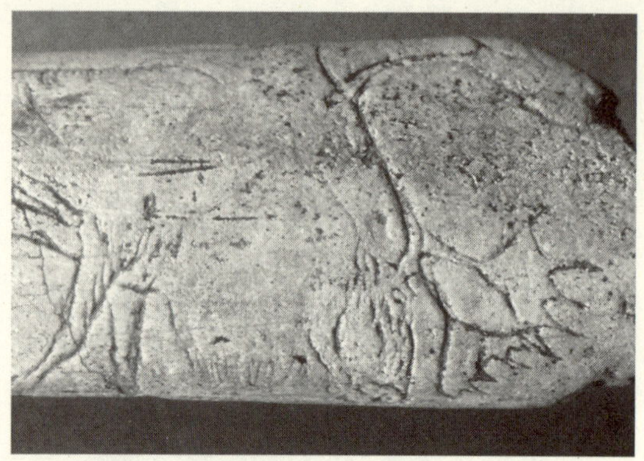

Abb. 20: Kesslerloch (Kanton Schaffhausen); Kopfpartie des Weidenden Rens auf dem Schaft eines Lochstabs (eigenes Photo).

5. Bilder auf dem begrenzten Platz von Waffen und Geräten

Das Magdalénien, vor allem dessen mittlere Phase, war derart von Kunst und Schmuck geprägt, daß es schwerfällt, in späteren Abschnitten unserer Geschichte eine Entsprechung zu finden. Auch die Geräte und Waffen waren verziert, soweit es sich irgendwie mit deren Funktion vereinbaren ließ. Die so entstandenen Bildwerke sind durch die Form der Gegenstände beeinflußt. Dies soll an Lochstäben und den Widerhakenenden von Speerschleudern aus Rengeweih erläutert werden.

Lochstäbe sind Geräte mit einer (manchmal mehreren) Bohrung und einem längeren Griff, die vermutlich zum Begradigen (*Strecken*) von Holzschäften dienten. Die Bohrung wurde an einer stabilen Stelle am Abzweig zweier Sprossen angebracht. Durch das Abtrennen der Sprossen und des unteren Geweihteils entstand ein Y-förmiger Stab mit V-förmigem Oberteil.

Der Schaft des Lochstabs wurde oft mit Darstellungen versehen. Darunter sind berühmte Bilder wie das *Weidende Ren* aus dem Keßlerloch (Kanton Schaffhausen) (siehe Abb. 20).

Der obere Teil mit der Bohrung und den beiden Sprossenstümpfen hat zu skulptierten Bildern inspiriert. Naheliegend war es, die

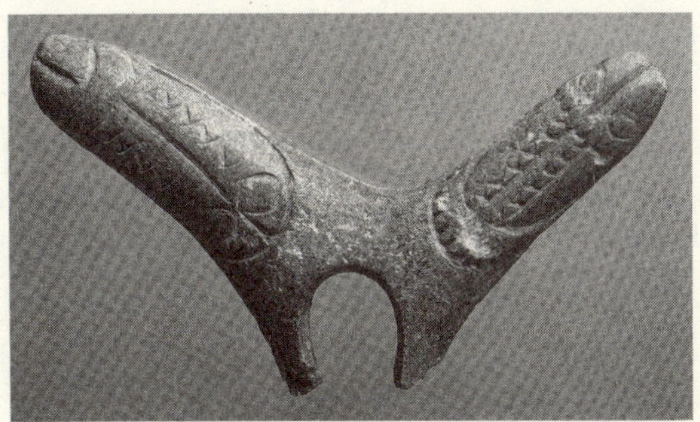

Abb. 21: Gorge d'Enfer (Dordogne); Lochstab, dessen Sprossenenden als Phalli gestaltet wurden.
Abbildung aus: Leroi-Gourhan, A.: *Préhistoire de l'art occidental. Nouvelle édition revue et augmentée par B. et G. Delluc*. Paris: Verlag Citadelles & Mazenod 1995, S. 492.

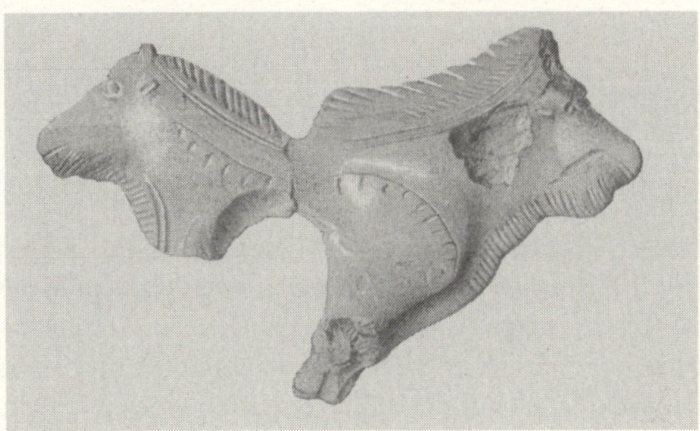

Abb. 22: Laugerie Basse (Dordogne); die Sprossenenden des Lochstabs wurden als Wisentköpfe gestaltet.
Abbildung aus: Piette, E.: *L'Art pendant l'Age du renne. Album de cent planches*. Paris: Masson et Cie 1907, Taf. VI.

Sprossenenden als Phalli zu gestalten (siehe Abb. 21). In anderen Beispielen wurden die Sprossenenden zu Wisentköpfen gestaltet (siehe Abb. 22). Besonders aufwendig ist ein Lochstab von Mas d'Azil dekoriert, an dem aus der Sprosse und dem anschließenden Geweihteil unter Berücksichtigung des in der Geweihmorphologie verfügbaren Platzes ein Pferd skulptiert wurde.

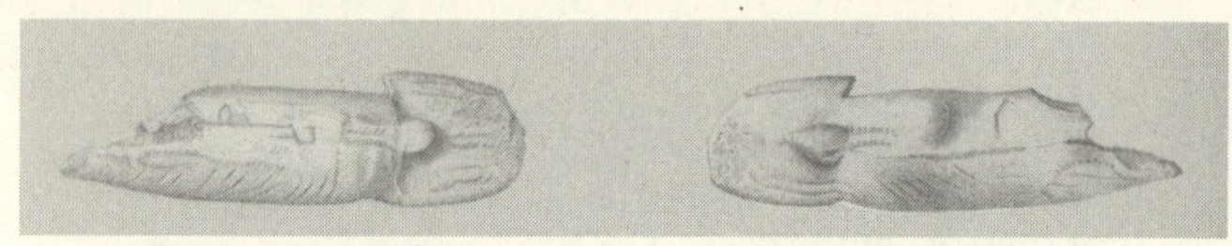

Abb. 23: Gourdan (Haute-Garonne); Widerhakenende einer Speerschleuder mit rudimentärem Pferdekopf.
Abbildung aus: Piette, E.: *L'Art pendant l'Age du renne. Album de cent planches.* Paris: Masson et Cie 1907, Taf. IX.

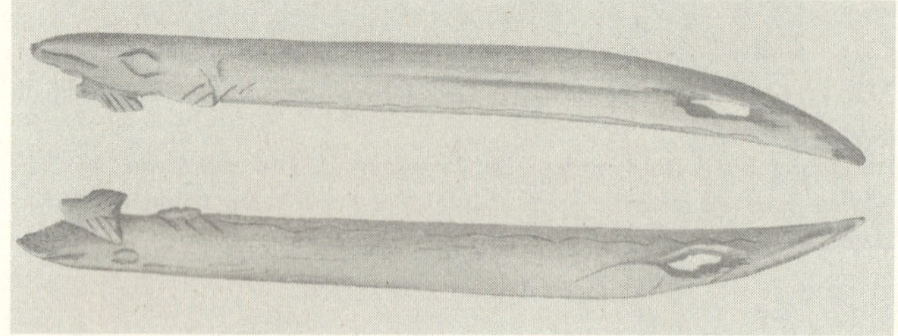

Abb. 24: Mas d'Azil (Ariège); Widerhakenende einer Speerschleuder in Form eines Aals.
Abbildung aus: Piette, E.: *L'Art pendant l'Age du renne. Album de cent planches.* Paris: Masson et Cie 1907, Taf. LI.

Die *Widerhakenenden von Speerschleudern* bestanden in der Regel aus Holz. Im Mittleren Magdalénien wurden sie aber auch aus Geweih gearbeitet und sind erhalten. Dabei mußte der für die Funktion wichtige Widerhaken aus der äußeren, harten Geweihschicht (*Kompakta*) bestehen.

Diese Widerhakenenden sind oft mit Darstellungen versehen.[13] Bei einer verbreiteten Form wurde der Widerhaken als der Mähnenschopf eines Pferdes gesehen; andere Details des Pferdekopfes wurden auf dem Schaft des Widerhakenendes graviert (siehe Abb. 23).

Aus einer ähnlichen Auffassung heraus entstand ein Widerhakenende in Form eines Aals, dessen Brustflosse den Widerhaken bildet (siehe Abb. 24).

Man hat aber auch Geweihteile in der Umgebung des Widerhakens zu Bildwerken skulptiert. Dabei war es wichtig, die gerade Flä-

13 Vgl. Stodiek 1993.

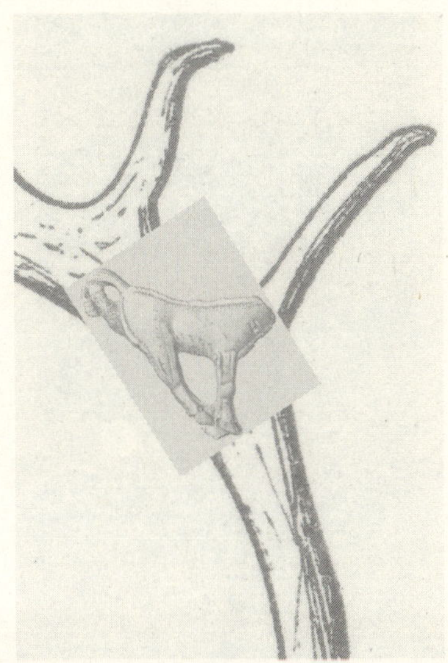

Abb. 25: Anordnung des Widerhakenendes einer Speerschleuder von Arudy (Pyrénées-Atlantiques) in einem Rengeweih.
Abbildung aus: Piette, E.: *L'Art pendant l'Age du renne. Album de cent planches.* Paris: Masson et Cie 1907, Taf. XCI.

che vor dem Widerhaken zu berücksichtigen, denn dies war die Auflage für das untere Ende des hölzernen Speers. Hinter dem Widerhaken und gegenüber der Auflagefläche des Speers mußten sich die Darstellungen nach dem in der Morphologie des Rengeweihs vorhandenen Platz richten. So in den Gestaltungsmöglichkeiten eingeschränkt entstanden eindrucksvolle Kunstwerke. Auf einem Widerhakenende aus der Grotte Enlène (Ariège) sind zwei miteinander ringende Steinböcke angebracht; für die Köpfe der Tiere fehlte der Platz im Geweih, so daß sie aus anderem Material gearbeitet und aufgesetzt wurden.

Mehrfach hat man aus den Verzweigungen des Geweihs am Widerhaken einen Steinbock skulptiert, für dessen Kopf allerdings der Platz fehlte. Man hat den Kopf des Tieres weggelassen, das heißt aus anderem Material geschnitzt wie in Arudy (siehe Abb. 25). Man konnte dieses Problem aber auch lösen, indem man die Tiere den

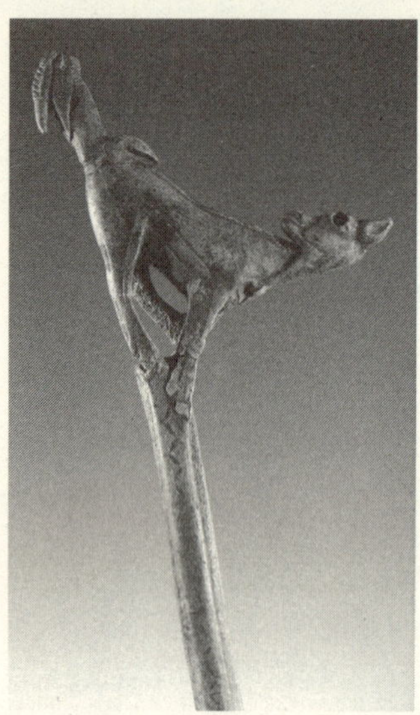

Abb. 26: Mas d'Azil (Ariège); Widerhakenende einer Speerschleuder mit zurückblickendem Steinbock.
Abbildung aus: Leroi-Gourhan, A.: *Préhistoire de l'art occidental. Nouvelle édition revue et augmentée par B. et G. Delluc*. Paris: Verlag Citadelles & Mazenod 1995, S. 86.

Kopf wenden und zurückblicken ließ wie bei den Stücken von Mas d'Azil und Bedeilhac. Auf dem Stück von Mas d'Azil scheint das Tier den Widerhaken zu betrachten, der durch zwei Vögel auf dem austretenden Kotballen gebildet wird (siehe Abb. 26).

Auch bei dem berühmten Wisent von La Madeleine (Dordogne) hat man diesen Trick benutzt; das Tier blickt zurück und scheint sich die Flanke zu lecken, weil für einen nach vorne gerichteten Kopf kein Platz im Geweih war (siehe Abb. 27).

Von dieser interessanten Darstellungsgruppe sollen nur noch Widerhakenenden mit Mammutdarstellungen genannt werden, die zusätzlich belegen, daß man in dieser Zeit, dem Mittleren Magdalénien, keine Attribute des Tieres weglassen durfte. Auch wenn im Geweih kein Platz war, durften die Stoßzähne der Mammute nicht fehlen. Bei dem Mammut aus dem Abri Plantade von Bruniquel (Tarn-et-

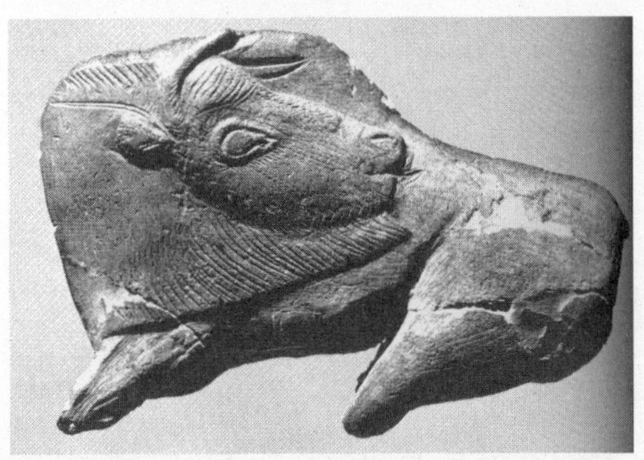

Abb. 27: La Madeleine (Dordogne); zurückblickender Wisent.
Abbildung aus: Leroi-Gourhan, A.: *Préhistoire de l'art occidental. Nouvelle édition revue et augmentée par B. et G. Delluc.* Paris: Verlag Citadelles & Mazenod 1995, S. 332.

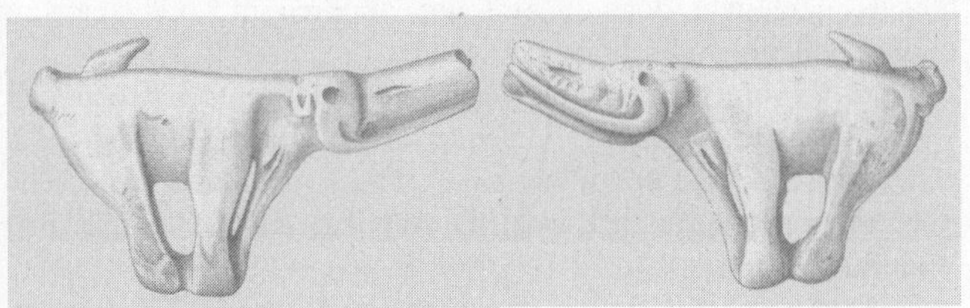

Abb. 28: Bruniquel, Abri Plantade (Tarn-et-Garonne); Widerhakenende einer Speerschleuder in Form eines Mammuts.
Abbildung aus: Piette, E.: *L'Art pendant l'Age du renne. Album de cent planches.* Paris: Masson et Cie 1907, Taf. V.

Garonne) war der aufgestellte Schwanz des Mammuts der Widerhaken der Speerschleuder; als er abgebrochen war, hat man im hinteren Rückenteil einen neuen Widerhaken eingesetzt (siehe Abb. 28). Der Rücken des Mammuts war die Auflagefläche für den Speer und mußte gerade sein. So ging die typische Mammut-Silhouette verloren. Auch die Stoßzähne des Tieres konnten aus Platzmangel im Geweih nicht an der richtigen Stelle angebracht werden.

Vergleichbare Probleme gelten für die Gestaltung eines Mammuts am Widerhakenende einer Speerschleuder von Canecaude (Aude).

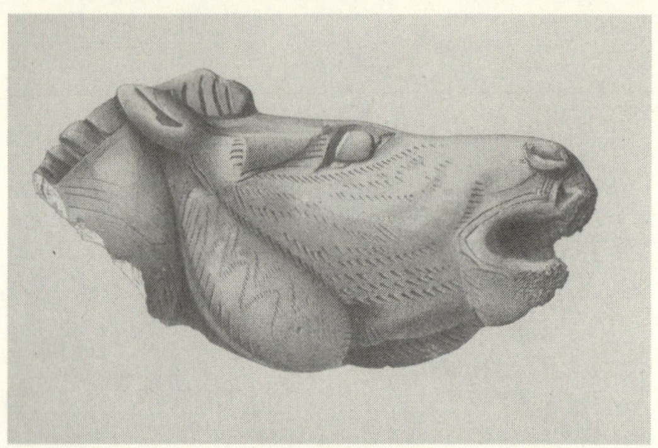

Abb. 29: Mas d'Azil (Ariège); wieherndes Pferd.
Abbildung aus: Piette, E.: *L'Art pendant l'Age du renne. Album de cent planches.* Paris: Masson et Cie 1907, Taf. LXVII.

Hier ist das Mammut zwar eindrucksvoll, mit seiner typischen Silhouette, dargestellt, doch die Stoßzähne mußten im Kopfbereich an ungewöhnlicher Stelle eingefügt werden.

Trotz des vorgegebenen und begrenzten Platzes entstanden an den Widerhakenenden von Speerschleudern beeindruckende Darstellungen. Auch der Kopf des *Wiehernden Pferdes* von Mas d'Azil (siehe Abb. 29) war ursprünglich wohl die Applikation an einem solchen Widerhakenende.

Diese durch die Form der Gegenstände und den im Geweih verfügbaren Platz beeinflußten Darstellungen auf Lochstäben und Widerhakenenden veranlassen zu dem Nebensatz, daß auch Abfallstücke der Rengeweihbearbeitung manchmal zu Darstellungen inspirierten. So gibt es von Laugerie-Basse (Dordogne) ein ungewöhnlich geformtes abgeschnittenes Sprossenende, das durch das Hinzufügen von zwei Augen zu einer Vogeldarstellung wurde. Das bekannteste Beispiel dieser Art ist der Andernacher Vogel, der aus einem Abfallstück der Spangewinnung aus Rengeweih besteht. Abfallstücke dieser Form gibt es zu Tausenden, doch nur in Andernach wurde der Augsproß zum Schnabel und zu den Augen eines Vogels gestaltet, dessen Flügel und Schwanzfedern auf der Rückseite des Abfallstückes graviert wurden (siehe Abb. 30).

Solche durch die Form des Trägers beeinflußten oder gar bedingten Bilder scheinen den Überlegungen zur Rolle der Felsbildungen

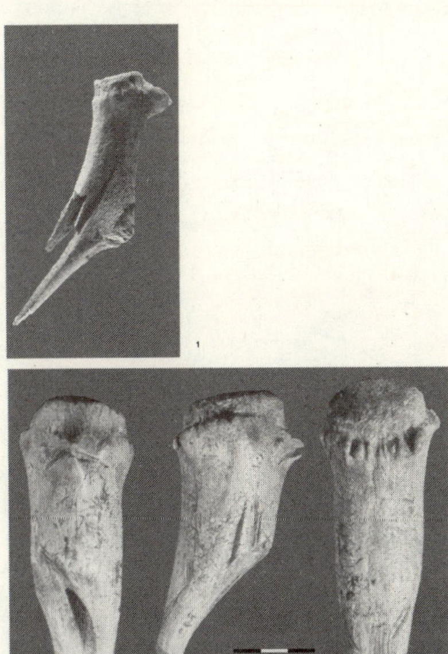

Abb. 30: Andernach (Rheinland); aus einem Abfallstück der Rengeweihbearbeitung gestalteter Vogel (2) sowie ein entsprechendes Abfallstück (1) (eigene Photos).

an den Höhlenwänden (siehe oben) zu widersprechen. Es handelt sich jedoch um unterschiedliche Bereiche. An den Höhlenwänden sind religiöse Vorstellungen wiedergegeben, auf den Geweihgeräten sind es Verzierungen, vielleicht auch – bei den Abfallstücken – liebenswerte Spielereien.

6. Innere Bilder

Die Qualität der Tierbilder in der altsteinzeitlichen Kunst ist oft bewundert worden. In der Tat können die Pferdereliefs von Angles-sur-l'Anglin (Vienne) mit denen des Parthenons oder mit den Pferden der besten Reiterdenkmäler auf eine Stufe gestellt werden.

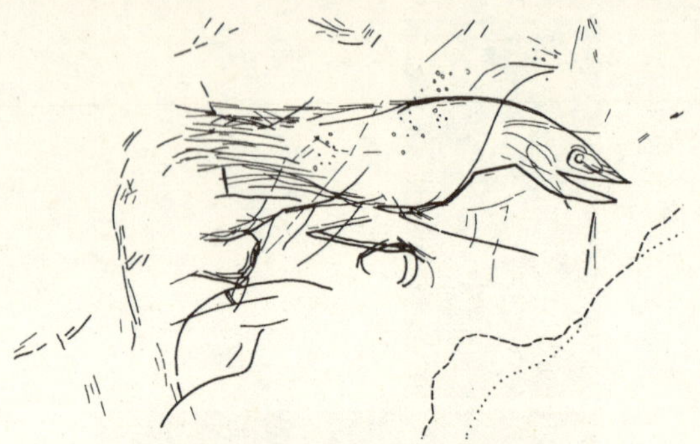

Abb. 31: Gönnersdorf (Rheinland); Rabe (eigene Vorlage).

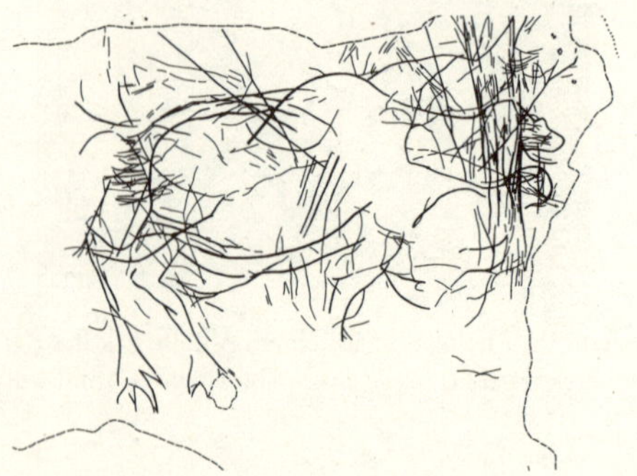

Abb. 32: Gönnersdorf (Rheinland); Frosch (eigene Vorlage).

Auch in den Phasen der altsteinzeitlichen Kunst, in denen die Tierbilder durch stilistische Konventionen geprägt und – innerhalb einer Tierart – einander sehr ähnlich sind, sind die Einzelheiten der Tiere sehr genau gezeichnet worden. Es darf dabei nicht vergessen werden, daß das Modell für das jeweilige Bild – Mammut, Pferd – ja gar nicht anwesend war. Noch erstaunlicher ist die Situation im Spätmagdalénien, in dem die Tiere sehr individuell, ohne Norm dargestellt wurden. Das gemeinsame Merkmal dieser meist sehr lebendigen Bilder ist die unmittelbare Hinwendung zu dem jeweiligen Vorbild. Besonders diese Bilder, die viele und genau beobachtete Einzelheiten des Tieres wiedergeben, sind, vor allem für heute ausgestorbene Tiere (Mammut, Wollnashorn), auch wichtige zoologische Quellen.

Diese Bilder überraschen. Wie ist es möglich, daß derart naturgetreue Bilder entstanden? Dies gilt nicht nur für die häufig dargestellten Pferde und Rinder, sondern auch für nur selten gezeichnete Tiere. Die Heuschrecke aus der Grotte Enlène (Ariège) ist sehr genau getroffen. Der Rabe von Gönnersdorf ist in aufgeregter Bewegung mit vorgestrecktem Kopf und voreinandergestellten Beinen und Krallen ein perfektes Abbild der Natur (siehe Abb. 31). Der Frosch von Gönnersdorf springt mit hochgerecktem Oberkörper, als wolle er eine Fliege fangen (siehe Abb. 32).

Diese Bilder entstanden aus genauester Beobachtung. Sie waren verinnerlicht und abrufbar. Hierzu bedarf es einer eidetischen Begabung, wie sie vor allem Künstler besitzen.[14] Unabhängig davon, daß Zeichnen und Malen auch damals gelernt und geübt werden mußten, war es sicher nur ein kleiner Personenkreis, der eine solche Begabung besaß.

7. Bilder auf Zeit

Die farbigen Bilder der Grotte Chauvet, von Altamira oder Lascaux sind weithin bekannt und waren immer sichtbar. Die hier dargestellten Bildergeschichten konnten von einem Initiierten erklärt und von einer Gruppe betrachtet werden.

Weit zahlreicher sind aber die heute kaum sichtbaren unzähligen Ritzzeichnungen. In der Apsis von Lascaux sind in einem weiten Rund Hunderte von Tiere und symbolische Zeichen dargestellt, die man nur bei guter Ausleuchtung und genauer Betrachtung erkennen kann. In den vielen Büchern zu Lascaux werden diese Zeichnungen nur beiläufig erwähnt, und es gibt bis heute keine gute und annähernd vollständige Publikation. Ähnlich dicht gravierte Bildfelder, in denen sich die Darstellungen vielfach überschneiden, gibt es zu Füßen des *Dieu cornu* im Sanctuaire von Trois Frères. Diese Bilder hat Henri Breuil in einer immensen Arbeit entziffert und vorgelegt (siehe Abb. 33).

Solche dicht mit gezeichneten Bildern bedeckten Flächen kennen

14 Vgl. Bosinski/Bosinski 2005.

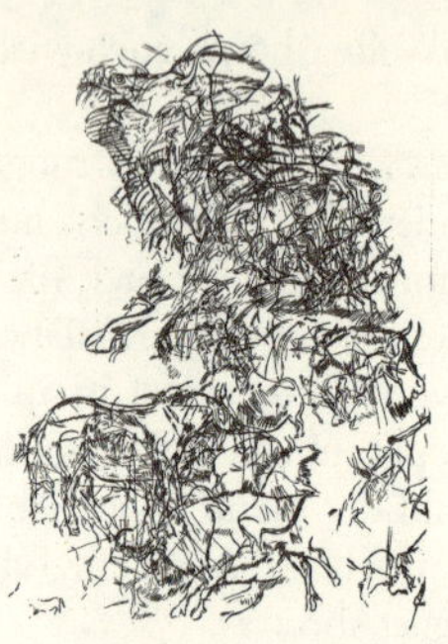

Abb. 33: Les Trois Frères (Ariège); linker Teil des Bildfelds des Großen Wisents im Sanctuaire.
Abbildung aus: Begouen, H./Breuil, H.: *Les cavernes du Volp. Trois-Frères, Tuc d'Audoubert.* Paris: Arts et Métiers graphiques 1958, S. 40.

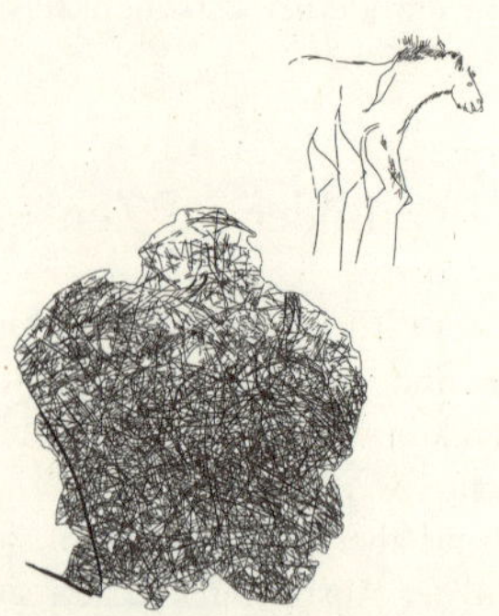

Abb. 34: Gönnersdorf (Rheinland); vielgravierte Schieferplatte 139 und die in dem Liniengewirr erkannten Darstellungen (eigene Vorlage).

wir in vielen Höhlen. Auch die Zeichnungen auf Stein- und Knochenplatten sind meist kaum zu erkennen und oft dicht bei dicht mit vielen Überschneidungen angebracht (siehe Abb. 34).

Bei ihrer Anfertigung waren diese Bilder deutlicher. Bei den Zeichnungen auf Schieferplatten war es wie bei den Schiefertafeln der Schulanfänger: die frisch gezogene Linie ist durch den hellen Gravierstaub gut sichtbar, verschwindet aber beim Abwischen mit Schwamm und Lappen. Entsprechend waren auch die auf den Schiefer- und Kalk-

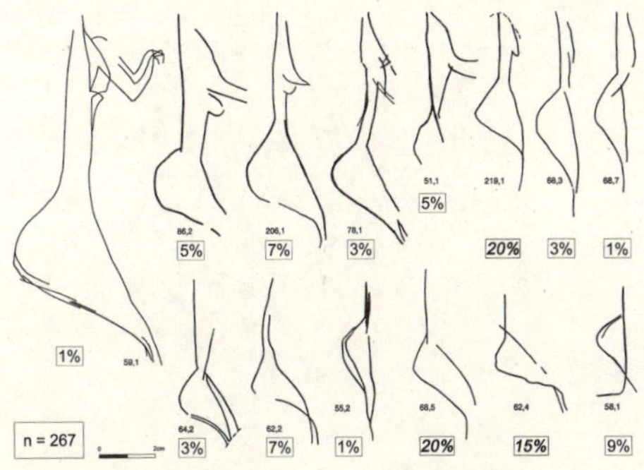

Abb. 35: Gönnersdorf (Rheinland); die Abkürzungsgrade der gravierten Frauendarstellungen (eigene Vorlage).

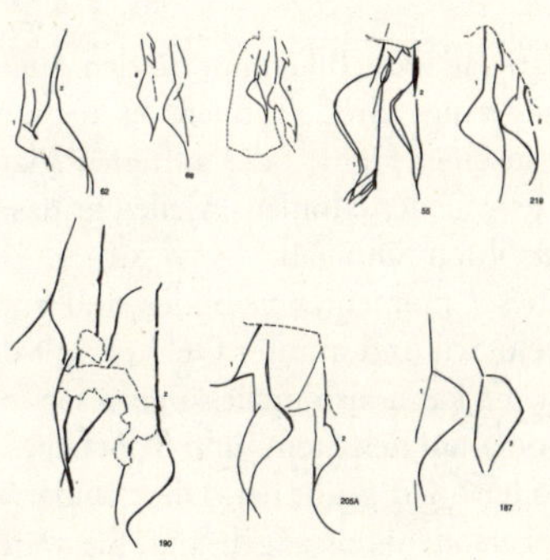

Abb. 36: Gönnersdorf (Rheinland); Gruppen von zwei aufgereihten Frauenfiguren (eigene Vorlage).

steinplatten, Knochenstücken und an den Höhlenwänden gezeichneten Bilder zunächst gut zu sehen. Wenn der in den gezogenen Rillen liegende Staub jedoch verschwand, waren sie kaum noch zu erkennen. Um bei den Schiefertafeln der Schulanfänger zu bleiben: Erhalten haben sich nur die durchgedrückten Linien.

Die Untersuchung der Gönnersdorfer Schieferplatten zeigte, daß es in der Abfolge (Überlagerung) der Bilder überhaupt keine Ordnung gibt. Nacheinander wurden verschiedene Tiere, Zeichen oder Frauen graviert, und zwischendurch diente die gleiche Platte auch als Arbeitsunterlage zum Schneiden oder Bohren.

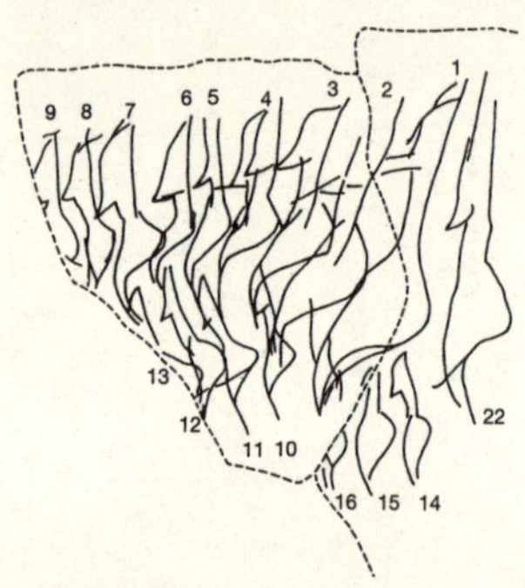

Abb. 37: Gönnersdorf (Rheinland); Frauenfiguren auf Platte 68 (eigene Vorlage).

Aus alldem folgt, daß diese Bilder nur für den Augenblick bestimmt waren. Ihre meist geringe Größe verbietet es auch, daran zu denken, daß diese Bilder in einer Höhle oder auf einer Platte einer Gruppe erklärt wurden. Es war der Moment, vielleicht das Zeichnen selbst, das diesen Bildern ihren Sinn gab.

Die meisten dieser momentanen Bilder sind gut gezeichnet und lassen sich in ihrem Stil und in ihrer Qualität mit den großen Malereien vergleichen. Es kann also nicht so gewesen sein, daß an einer Stelle der Höhle oder auf den Stein- und Knochenplatten jeder etwas zeichnen durfte oder sogar geübt hat. Diese Bilder wurden von dem gleichen kleinen Personenkreis angefertigt. Sie waren aber nicht dafür bestimmt, betrachtet oder einer Gruppe erklärt zu werden.

8. Schematisierung

Die Tiere sind im Prinzip so wiedergegeben, wie sie aussehen. Die Menschen sind stets *verfremdet* (so die Bezeichnung von Soja Abramowa), mit übertriebenen Attributen oder abgekürzt, dargestellt. Es gab – unbewußte? – Gründe, sie von den Tieren zu unterscheiden.

Eine Schematisierung finden wir vor allem bei den Darstellungen der Menschen, insbesondere bei den Frauendarstellungen des Späten Magdalénien (siehe Abb. 35). Die Mädchen und Frauen sind ohne Kopf im strengen Profil wiedergegeben. Die vollständigsten Bilder

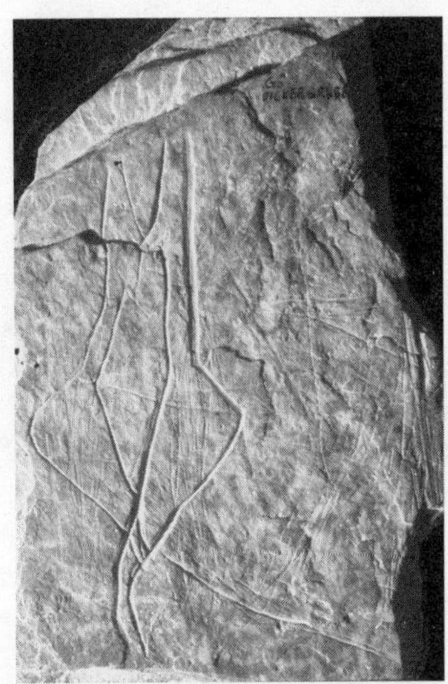

Abb. 38: Gönnersdorf (Rheinland); zwei einander zugewandte Frauenfiguren (eigenes Photo).

zeigen die Frauen mit angewinkelten Armen und nach vorne gerichteten Händen, gebeugten Knien und nach hinten gestrecktem Gesäß. Die Unterschenkel sind nur selten, die Füße fast nie gezeichnet. Diese schematischen Figuren sind oft noch weiter abgekürzt. Am Oberkörper können die Arme, die Brust und auch die vordere Oberkörperlinie fehlen. Die schräg nach vorn gerichteten Oberschenkel und das betonte Gesäß können zu einer geraden Linie mit einem daran angefügten flachen Halbrund werden.

Diese Abkürzungen sind graduell und gehen kontinuierlich ineinander über. Alle diese Bilder stellen Mädchen oder junge Frauen in der Halbhocke mit aufgerichtetem Oberkörper, halb erhobenen Armen und nach vorne gerichteten Händen dar.

Diese Gestalten sind oft in Tanzszenen gruppiert. Häufig sind zwei oder mehr hintereinander angeordnete Figuren. Dabei sind die Standebene und die Größe der Gestalten unterschiedlich (siehe Abb. 36). Die hinteren Figuren sind kleiner oder weiter unten angeordnet. Dadurch wird angedeutet, daß die Mädchen oder Frauen

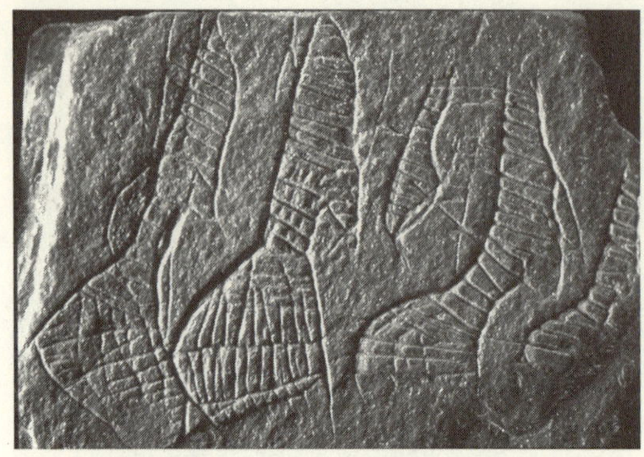

Abb. 39: Gönnersdorf (Rheinland); Frauenfiguren mit Innenzeichnung; die dritte Gestalt v. l. trägt ein Kleinkind auf dem Rücken (eigenes Photo).

nicht hintereinander, sondern im Halbkreis nebeneinander gemeint sind. Besonders deutlich ist dieses Halbrund auf der Gönnersdorfer Schieferplatte 68, auf der die Gestalten in drei Reihen untereinander gezeichnet sind (siehe Abb. 37). Die oberste Reihe besteht noch aus neun Figuren, deren oberer Abschluß auf einer Linie liegt, während die unteren Enden bogenförmig ansteigen und so einen Halbrund bilden.

Eine andere Tanzszene besteht aus zwei einander zugewandten Frauen, die sich in der Knieregion berühren oder einander weitgehend überdecken – man hat durch die Gruppe hindurchgesehen – können (siehe Abb. 38). In dieser Szene sind die Figuren stets gleich groß und haben die gleiche Standebene. Diese Figuren sind in der gleichen, dem Betrachter zugewandten Ebene gemeint.

Wie gekonnt die Anordnung und Körperhaltung auch bei diesen schematischen Gestalten wiedergegeben werden konnte, zeigt auch eine in einer Reihung mit anderen Figuren gezeichnete Frau, die auf dem Rücken ein Kleinkind trägt (siehe Abb. 39). Die Rückenlinie dieser Frau ist stärker nach vorn gebogen und vermittelt, daß diese Frau eine Last auf dem Rücken trägt.

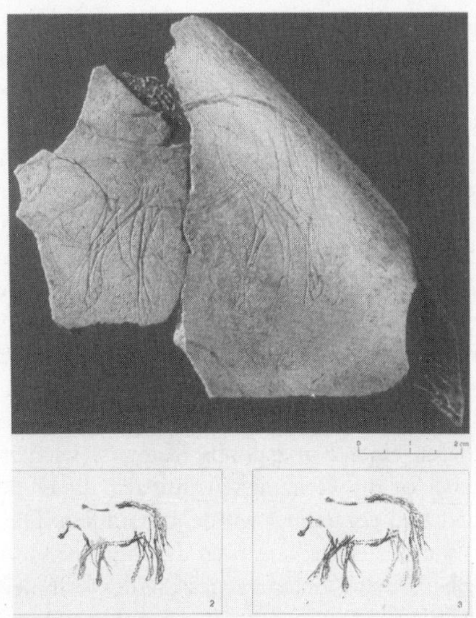

Abb. 40: Laugerie Basse (Dordogne); Pferd mit drei Vorder- und drei Hinterbeinpaaren, die einzelne Phasen eines Kurzgalopps (Kanters) zeigen. Abbildung aus: Riemer, P.: »Das kleine Pferd von Laugerie Basse (Dordogne) – Odyssee und Analyse eines Kunstwerks des Magdalénien«, in: *Jahrbuch des Römisch-Germanischen Zentralmuseums Mainz*, Vol. 49, 2002, diverse Seiten.

9. Bewegungsabläufe in einem Bild

Die Tiere sind in unterschiedlichen Haltungen – meist stehend, aber auch trabend, galoppierend – dargestellt. Fast immer sind sie von der Seite gesehen; Bilder schräg von vorn (einige Wisente im Bildfeld der Löwen in der Grotte Chauvet) oder *en face* (ein Pferd im Kabinett der Katzen in Lascaux, eine Gönnersdorfer Zeichnung) sind sehr selten.

Vor allem in der Spätphase (Spätmagdalénien) kommt es vor, daß unterschiedliche Bewegungen in einem einzigen Bild wiedergegeben sind. M. Azéma (2006) spricht hier von einer *vierten Dimension.* Meist betrifft dies die Haltung der Beine. In Gönnersdorf ist ein Tier mit dem Vorderkörper eines Pferdes und dem hinteren Körperteil eines Cerviden (Ren oder Hirsch) gezeichnet. Dieses Wesen hat zwei (Pferde-) Vorderbeinpaare, die einmal im Trab und einmal im Galopp angeordnet sind (siehe Abb. 42). Vom gleichen Fundplatz gibt es auch Rentiere mit doppelten Beinpaaren in unterschiedlicher Bewegung sowie ein Mammut, bei dem zwei übereinander gezeichnete Rüsselspiralen das Auf und Ab des unteren Rüsselendes wiedergeben.

In Limeuil (Dordogne) wurden solche Dopplungen von vor allem Beinpaaren zunächst als Korrekturen in einer Kunstschule interpretiert.[15] Es handelt sich aber um Darstellungen von Bewegungsabläufen in ein und demselben Bild. Besonders eindrucksvoll ist dies bei dem von P. Riemer (2002) analysierten kleinen Pferd von Laugerie Basse (Dordogne). Die sechs Vorder- und sechs Hinterbeine dieses Pferdes lassen sich zu jeweils drei Beinpaaren sortieren, die verschiedene Phasen eines Kurzgalopps (Kanters) wiedergeben (siehe Abb. 40). Dabei ist die Genauigkeit, mit der dieser Bewegungsablauf beobachtet und gezeichnet wurde, erstaunlich. Die im 19. Jahrhundert mit komplizierten Verfahren durchgeführten Analysen des Bewegungsablaufs beim Galopp eines Pferdes kommen zu keinem besseren Ergebnis.[16]

Soweit ich weiß, ist später niemals wieder versucht worden, Bewegungsabläufe in einem einzigen Bild zu erfassen.

10. Bilder von Tierherden

Ebenfalls an das Ende des Magdalénien gehören die Bilder von Tierherden. Auf den Plaketten von Limeuil (Dordogne) sind Gruppen von Pferden, Hirschen oder Rentieren in unterschiedlichen Haltungen und Bewegungen gezeichnet. Auf einem Vogelknochen von Teyjat (Dordogne) ist eine ganze Rentierherde graviert (siehe Abb. 41a). Dabei sind nur die ersten und letzten Tiere detaillierter wiedergegeben, die Menge der Tiere nur durch die Geweihe angedeutet.

Ganz ähnlich ist es bei den Pferdeherden von Chaffaud (Vienne) und Lagrave (Lot). In Chaffaud sind auf einem Knochenstück Pferdeherden dargestellt, wobei nur das Tier ganz links ausführlicher gezeichnet ist und die Herde nur durch viele Köpfe und Beinstriche angedeutet wird (siehe Abb. 41b).

15 Vgl. Capitan/Bouyssonie 1924.
16 Vgl. Muybridge 1957.

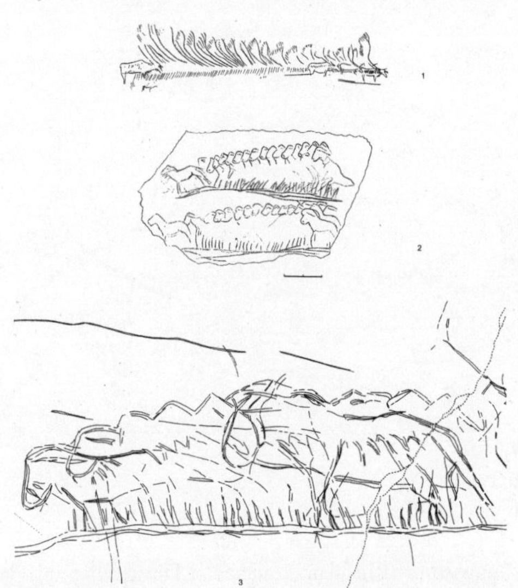

Abb. 41: Herdendarstellungen; a) Rentierherde, Teyjat (Dordogne), b) und c) Pferdeherden von Chaffaud (Vienne) und Lagrave (Lot).
Abbildung aus: Bosinski, G.: *Homo sapiens. L'histoire des chasseurs du Paléolithique supérieur en Europe (40 000-10 000 avant J.-C.).* Paris: Editions Errance 1990, S. 241 (a,b); Ipsien, A./Salgues, T.: *Faycelles, Abri de Lagrave. DRAC Midi-Pyrénées, Service Régional de l'Archéologie, Bilan scientifique de la Région Midi-Pyrénées 2000*, Toulouse 2001, S. 107 (c).

In Lagrave sind an der Stirnwand einer ehemals engen Höhle ein Rind, eine Frau sowie eine Pferdeherde, in der nur wenige Tiere am Anfang, in der Mitte und am Ende ausführlicher gezeichnet, die anderen nur durch eine Vielzahl von Rückenlinien und vor allem Beinen angedeutet sind (siehe Abb. 41c).

11. Bildkompositionen

Zu den bei der Interpretation der altsteinzeitlichen Kunst üblichen Aussagen gehört die Vorstellung, daß *szenische Darstellungen* außerordentlich selten seien. Wahrscheinlich stammt diese Auffassung aus

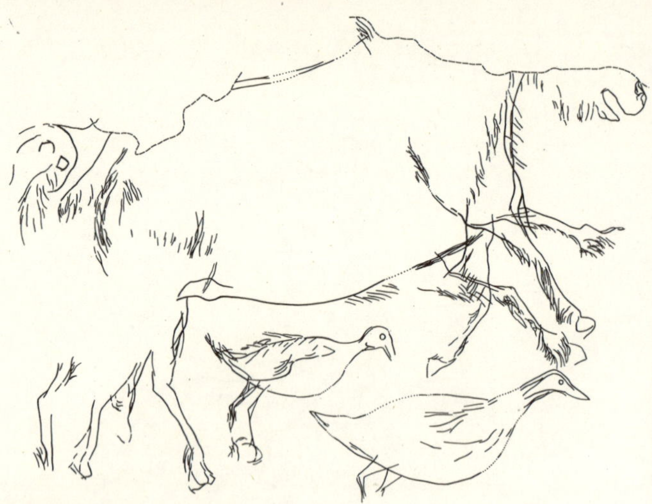

Abb. 42: Gönnersdorf (Rheinland); szenische Darstellung auf Platte 168 A (eigene Vorlage).

der Zeit Henri Breuils, in der die Tiere an den Höhlenwänden als einzelne und beziehungslose Episoden einer *Jagdmagie* gesehen wurden.

Tatsächlich sind viele Höhlenbilder, darunter fast alle *Schauhöhlen*, beeindruckende Bildkompositionen. Dies gilt zum Beispiel für die Bildfelder der Löwen und der Pferde in der Grotte Chauvet, das Bildfeld der gepunkteten Pferde und den Schwarzen Fries in Pech Merle (siehe Abb. 10), den Bildfries in Cougnac (Lot), den Saal der Stiere, das Axiale Divertikel, das Schiff und den Schacht von Lascaux, die Relief-Friese von Angles-sur-l'Anglin (Vienne) und Cap Blanc (Dordogne), die Bilderdecke von Altamira (Kantabrien), den Saal der Malereien und den Chaossaal der Kapova-Höhle (Ural) und viele andere Höhlenbilder. Diese Darstellungen stehen in einem Zusammenhang, sind eine *Szene* oder doch ein *Set*, deren Inhalt allerdings schwieriger und längst nicht so einheitlich ist, wie von M. Raphael, A. Laming-Emperaire oder A. Leroi-Gourhan vermutet.

Doch nicht nur in diesen *Schauhöhlen* sind Szenen wiedergegeben. Auch in den engen Höhlenpartien, in denen nur einzelne die

Darstellungen betrachten konnten, stehen die Bilder in einem Zusammenhang. Zu nennen sind zum Beispiel die Galerie des Oubliettes der Grotte Carriot (Lot), die Galerie des Animaux und die Galerie des Femmes von Fronsac (Dordogne), die Darstellungen in Font Bargeix und in der Kuppel von St. Cirq (Dordogne) oder in El Linar (Kantabrien) sowie der bereits erwähnte Fries von Lagrave (siehe Abb. 41c).

Es wäre natürlich falsch, das eingangs referierte *Fehlen szenischer Darstellungen* völlig zu leugnen oder in das Gegenteil zu verkehren und in allen Bildern eine Komposition zu vermuten. Die unzähligen Bilder zu Füßen des *Dieu cornu* im Sanctuaire von Les Trois Frères (Ariège; siehe Abb. 33), in Marsoulas (Ariège) oder in der Apsis von Lascaux, die in unterschiedlichen Positionen einander vielfach überlagernd in die Felswand geritzt sind, lassen keinen Zusammenhang erkennen und wurden aller Wahrscheinlichkeit nach und vielleicht über einen längeren Zeitraum hinweg als einzelne Bilder an diesen Wandpartien angebracht.

Ebenso ist es bei den Bildern der Plakettenkunst, die diesen vielgravierten Wandflächen gleichen. Hier gibt es nur wenige szenische Darstellungen, die gleichwohl komplexe Inhalte haben. Dies gilt für die Szenen auf den Knochenstücken von Chancelade und Les Eyzies (Dordogne), in denen unter anderem ein großer Wisent und verhüllte Menschen vorkommen. Es gilt auch für die auf der Gönnersdorfer Platte 168 A gezeichnete Szene, in der ein Wesen mit dem Vorderkörper eines Pferdes und dem hinteren Körperteil eines Cerviden, jeweils mit zwei Beinpaaren in unterschiedlicher Bewegung, sowie darunter gezeichnet ein Teichhuhn und eine Gans vor einem hinter dem Cerviden gezeichneten Mondgesicht, dem *Großen Jäger*, flüchten (siehe Abb. 42).[17]

12. Interpretationen

Zunächst, in der zweiten Hälfte des 19. Jahrhunderts, war die Auffassung verbreitet, daß die Bilder der eiszeitlichen Kunst das Schmükkende und Schöne, *l'art pour l'art*, geschaffen von noch unverbildeten Menschen, beinhalten.

17 Vgl. Bosinski 2007.

In dem Maße, in dem die Welt der *Naturvölker* entzaubert und die auch dort verbreiteten Zwänge und Konventionen erkannt wurden, die man durch *magische* Praktiken zu beherrschen suchte, veränderte sich auch die Interpretation der Bildwerke.[18] Verbreitet war die Meinung, daß es sich um eine *Jagdmagie* handele, bei der das Tier gezeichnet wurde, um es um so sicherer erlegen zu können. Demnach handelt es sich an den Höhlenwänden um eine Anhäufung von Bildern, die keine unmittelbare Beziehung zueinander haben. Der wichtigste Vertreter dieser *magischen* Interpretation war Henri Breuil.

Die Auffassung von Max Raphael, daß es sich zum Beispiel bei der berühmten Bilderdecke von Altamira um eine zusammengehörende, komponierte Darstellung handelte, war in dieser Zeit die Position eines Außenseiters.

Nach dem Zweiten Weltkrieg wurde jedoch gerade diese Interpretation wichtig. Die Arbeiten von A. Laming-Emperaire (1962) und A. Leroi-Gourhan (1965) schildern die altsteinzeitliche Kunst als die Darstellung von Bildergeschichten, in denen der Gegensatz männlich-weiblich eine entscheidende Rolle spielt.

Es war stets klar, daß es sich um eine von Jägern und Sammlern geschaffene Kunst handelt. Da die Vorstellungswelt dieser Gemeinschaften von einer beseelten Natur ausgeht, in der Mensch und Tier austauschbar sind, war auch die im weitesten Sinne *schamanistische* Grundlage der Darstellungen nie bestritten. D. Lewis-Williams und J. Clottes versuchen jedoch, eine in Südafrika von Lewis-Williams erkannte Version des Schamanismus als ausschließliche Erklärung der Bilder heranzuziehen.[19] Dies führte zu Diskussionen bis hin zu einer strikten Ablehnung schamanistischer Vorstellungen als Erklärung der Bilder.[20]

Die angeführten Interpretationen sollten alle Bereiche der altsteinzeitlichen Kunst erklären. Dieser Anspruch auf Allgemeingültigkeit, der manchmal zu absurden Ideen führte, ist die Schwachstelle der referierten Interpretationen. Es scheint unmöglich, die – sehr unterschiedlichen – Höhlenbilder, die gravierten Steinplatten und die verzierten Gegenstände in ein und derselben Weise zu erklären. Dazu kommen die unübersehbaren Unterschiede in Raum und Zeit.

18 Vgl. Reinach 1903.
19 Vgl. Clottes/Lewis-Williams 1997.
20 Vgl. Lorblanchet u.a. 2006.

Eine Einzelbetrachtung und ein sorgfältiger Vergleich mit stilistisch und chronologisch ähnlichen Darstellungen scheinen eher weiterzuführen.

Literatur

Altuna, J. (1996). *Ekain und Altxerri bei San Sebastian. Zwei altsteinzeitliche Bilderhöhlen im spanischen Baskenland*, Speläo 3. Sigmaringen: Thorbecke Verlag.

Azéma, M. (2006). »La représentation du mouvement au Paléolithique supérieur. Apport du comparatisme ethographique à l'interprétation de l'art pariétal«, in: *Bulletin de la Société préhistorique française*, Vol. 103, S. 479-505.

Bader, O. N. (1998). »Sungir'. Paleolitičeskie pogrebenija«, in: *Pozdnepaleolitičeskoe ›poselenie Sungir‹ (pogrebenija i okružajuščija sreda)*. Hg. von N. O. Bader. Moskau: Akademia Nauk, S. 5-158.

Bégouen, H./Breuil, H. (1958). *Les cavernes du Volp. Trois-Frères, Tuc d'Audoubert.* Paris: Arts et Métiers graphiques.

Bosinski, G./Fischer, G. (1980). *Mammut- und Pferdedarstellungen von Gönnersdorf. Der Magdalénien-Fundplatz Gönnersdorf 5.* Wiesbaden: Steiner Verlag.

Bosinski, G. (1990). *Homo sapiens. L'histoire des chasseurs du Paléolithique supérieur en Europe (40 000-10 000 avant J.-C.).* Paris: Editions Errance.

Bosinski, G. (1999). »Die Bilderhöhlen des Urals und in Südwesteuropa. Einige Vergleiche«, in: *Höhlenmalerei im Ural.* Hg. von V. E. Ščelinskij u. V. N. Širokov. Sigmaringen: Thorbecke, S. 139-170.

Bosinski, G. (2007). »Le Grand Chasseur. Réflexion sur une scène gravée de Gönnersdorf (Rhénanie, Allemagne)«, in: *Miscelánea en homenaje a Victoria Cabrera*, Vol. II, S. 13-22.

Bosinski, G. (2008). *Tierdarstellungen von Gönnersdorf. Nachträge zu Mammut und Pferd sowie die übrigen Tierdarstellungen.* Mit Beiträgen von A. Güth und W. Heuschen. Der Magdalénien-Fundplatz Gönnersdorf 9. Mainz: Verlag des Römisch-Germanischen Zentralmuseums.

Bosinski, G./d'Errico, F./Schiller, P. (2001). *Die gravierten Frauendarstellungen von Gönnersdorf. Der Magdalénien-Fundplatz Gönnersdorf 8.* Stuttgart: Steiner Verlag.

Bosinski, G./Bosinski, H. (2005). »Cuervo, rana y tortuga en Gönnersdorf. Animales representada raras veces, que han sido dibujados perfectamente. Homenaja a Jesús Altuna«, in: *Munibe*, Vol. 57(3), S. 135-141.

Capitan, L./Breuil, H./Peyrony, D. (1910). *La caverne de Font de Gaume aux Eyzies (Dordogne).* Monaco: Chene.

Capitan, L./Breuil, H./Peyrony, D. (1924). *Les Combarelles aux Eyzies (Dordogne)*. Paris: Masson et Cie.

Capitan, L./Bouyssonie, J. (1924). *Un atelier d'art préhistorique. Limeuil, son gisement à gravures sur pierres de l'age du renne. Publ. de l'Inst. International d'Anthropologie*. Paris: Librairie Emile Nourry.

Clottes, J. (1995). *Niaux. Die altsteinzeitlichen Bilderhöhlen in der Ariège und ihre neu entdeckten Malereien*, Speläo 4. Sigmaringen: Thorbecke Verlag.

Clottes, J./Courtin, J. (1995). *Grotte Cosquer bei Marseille. Eine im Meer versunkene Bilderhöhle*, Speläo 2. Sigmaringen: Thorbecke Verlag.

Clottes, J./Lewis-Williams, D. (1997). *Schamanen. Trance und Magie in der Höhlenkunst der Steinzeit*. Sigmaringen: Thorbecke Verlag.

Conard, N. J. (2005). »Aurignacian art in Swabia and the beginning of figurative representations in Europe«, in: *Pitture paleolitiche nelle Prealpi Venete. Grotta di Fumane e Riparo Dalmeri*. Hg. von A. Broglio u. G. Dalmeri, Museo Civico di storia naturale di Verona, S. 82-88.

Hahn, J. (1986). *Kraft und Aggression. Die Botschaft der Eiszeitkunst im Aurignacien Süddeutschlands? (*Archaeologica Venatoria, Bd. 7). Tübingen: Verlag Archaeologica Venatoria.

Ipiens, A./Salgues, T. (2001). *Faycelles, Abri de Lagrave. DRAC Midi-Pyrénées, Service Régional de l'Archéologie, Bilan scientifique de la Région Midi-Pyrénées 2000*, Toulouse, S. 106-108.

Laming-Emperaire, A. (1962). *La signification de l'art rupestre paléolithique. Méthodes et applications*. Paris: Editions A. et J. Picard et Cie.

Leroi-Gourhan, A. (1965). *Préhistoire de l'art occidental*. Paris: Verlag Mazenod.

Leroi-Gourhan, A. (1995). *Préhistoire de l'art occidental. Nouvelle édition revue et augmentée par B. et G. Delluc*. Paris: Verlag Citadelles & Mazenod.

Lorblanchet, M. (1997). *Höhlenmalerei. Ein Handbuch*. Sigmaringen: Thorbecke Verlag.

Lorblanchet, M. (1999). *La naissance de l'art. Genèse de l'art préhistorique dans le monde*. Paris: Editions Errance.

Lorblanchet, M./Le Quellec, J.-L./Bahn, P. G./Francfort, H.-P./Delluc, B./Delluc, G. (2006). *Chamanismes et arts préhistoriques. Vision critique*. Paris: Editions Errance.

Muybridge, E. (1957). *Animals in motion*, Neuauflage. New York: Dover Publications.

Piette, E. (1907). *L'Art pendant l'Age du renne. Album de cent planches*. Paris: Masson et Cie.

Plassard, J. (1999). *Rouffignac. Das Heiligtum der Mammuts*, Speläo 7. Stuttgart: Thorbecke Verlag.

Reinach, S. (1903). »L'Art et la Magie«, in: *L'Anthropologie*, Vol. 14, S. 257-266.

Riemer, P. (2002). »Das kleine Pferd von Laugerie Basse (Dordogne) – Odyssee und Analyse eines Kunstwerks des Magdalénien«, in: *Jahrbuch des Römisch-Germanischen Zentralmuseums Mainz*, Vol. 49, S. 83-147.

Ščelinskij, V. E./Širokov, V. N. (1999). *Höhlenmalerei im Ural. Kapova und Ignatievka, Die altsteinzeitlichen Bilderhöhlen im südlichen Ural*, Speläo 5. Sigmaringen: Thorbecke Verlag.

Stodiek, U. (1993). *Zur Technologie der jungpaläolithischen Speerschleuder* (Tübinger Monographien zur Urgeschichte, Bd. 9). Tübingen: Verlag Archaeologica Venatoria.

Vialou, D. (1979). »Les gravures de la grotte: Le passage et l'abside«, in: *Lascaux inconnu*. Hg. von A. Leroi-Gourhan u. J. Allain. Paris: CNRS, S. 191-299.

Jan Assmann

Altägyptische Bildpraxen und ihre impliziten Theorien

Es gibt keine explizite altägyptische Bildtheorie. Andererseits gibt es keine Praxis ohne eine zumindest implizite Theorie. Daher müssen sich auch den ägyptischen Bildpraxen ihre impliziten Theorien ablesen lassen. Diese Bildpraxen sind vielfältig und zentral. Sie beruhen vor allem auf drei Handlungsfeldern: der Hieroglyphenschrift, dem Totenkult und der Theurgie oder präsentifikatorischen Magie.

1. Ideogrammatik: Die Bildhaftigkeit der Schrift und die Schrifthaftigkeit des Bildes

Die meisten, vielleicht alle der bekannten Schriften und Schriftzeichen sind aus Bildern hervorgegangen. Manchen sieht man es heute noch an: dem »A« den Stierkopf (wenn man den Buchstaben um 90° oder 180° dreht) aus semitisch *alpu* (»Stier«), dem »M« die Wasserlinie aus semitisch *mayyim* (»Wasser«). Alle diese Schriften haben aber diese ursprüngliche Bildhaftigkeit im Interesse leichterer Schreib- und Lesbarkeit im Laufe ihrer Geschichte reduziert oder ganz abgestreift. Die eklatanteste Ausnahme bildet die ägyptische Hieroglyphenschrift: Sie hat sich ihre Bildhaftigkeit bis zum Schluß vollkommen uneingeschränkt bewahrt. Eine Hieroglyphe ist ein Bild, das einen Gegenstand mit maximaler Deutlichkeit, oft dazu aber auch noch in detaillierter Ausgestaltung darstellt, zum Beispiel ein Vogel mit Gefieder, ein Bein mit Muskulatur, ein Seil mit Angabe des Flechtwerks, Einzelheiten, die einen rein kalligraphischen Wert haben, aber nichts zur Lesbarkeit beitragen. Die Hieroglyphenschrift hat bis ans Ende ihrer Geschichte nie die geringsten Abstriche an realistischer Bildhaftigkeit gemacht. Mit dieser Bildhaftigkeit muß für die Ägypter eine Funktion verbunden gewesen sein, die sie noch höher als optimale Schreib- und Lesbarkeit eingeschätzt haben. Freilich konnten sie sich diesen Luxus nur leisten, weil sie neben den Hieroglyphen noch eine Kursivschrift entwickelt haben, die auf die Bildhaftigkeit verzichtet. Diese Schrift haben sie für Papyrus verwendet, die Hieroglyphen nur für monumentale Steininschriften. Wer in Ägypten schreiben lernte, lernte die Kursivschrift. Die Hieroglyphen waren eine Sache der Kunst, nicht des normalen Schreibens.

Als Schrift funktionierte die Kursivschrift genauso gut wie die Hieroglyphen. Die Bildhaftigkeit war also keine Schriftfunktion. Was aber dann? Was konnten die Hieroglyphen, was die Kursivschrift nicht konnte? Im Gegensatz zur Kursivschrift, die immer von rechts nach links geschrieben wird, ist bei den Hieroglyphen die Schriftrichtung flexibel. Das geht so weit, daß manchmal im Rahmen ein und derselben Schriftzeile die Ausrichtung einzelner Schriftzeichen umgekehrt wird. Die Hieroglyphenzeichen, das sieht man daraus, haben ein anderes Verhältnis zum Raum beziehungsweise zur Fläche als die aus ihnen abgeleitete Kursivschrift. Sie durchbrechen die strikte Linearität. Die Dimension der Schrift ist normalerweise die erste, die der Linie. Damit bildet sie die Linearität der Sprache ab. Linearität und Diskursivität gehören zusammen. Die Emanzipation der Hieroglyphen von der Linie, ihre relative Freiheit in der Fläche – indem sie sich zumindest umdrehen können – erscheint daher bedeutungsvoll. Sie verweist auf eine gewisse Individualität des Zeichens. Es kann gelegentlich aus der Kette ausscheren und ein Eigenleben entfalten.

Die enge Verwandtschaft zwischen Hieroglyphenschrift und Bildkunst erleichtert die Einbeziehung von Schrift in Bildern beziehungsweise von Bildern in Text, wovon die Ägypter einen reichlichen Gebrauch gemacht haben. In der ägyptischen Kunst gehen Bilder und Texte nicht nur häufig, sondern geradezu regelmäßig zusammen. Flachbilder enthalten fast immer Schriftzeichen. Hier kommt vor allem die Flexibilität der Hieroglyphenschrift zum Tragen, ihre Möglichkeit, bald nach links, bald nach rechts zu laufen und sich in ihrer Schriftrichtung der Szene und ihren Figuren anzupassen, in die sie integriert ist. Da blicken die Schriftzeichen meist in dieselbe Richtung wie die Personen, auf die sie sich beziehen.

Genauso wie die Schriftzeichen sich von der Linie emanzipieren und in die Fläche ausgreifen, geben die Figuren der Bildszene alle räumlichen Implikationen ihrer Form und Anordnung auf und erscheinen als flächenhafte Projektionen auf einem abstrakten Grund, den sie sich mit den Schriftzeichen teilen. Die Figuren stehen nicht im Raum, sondern auf einer Fläche, derselben Fläche, auf der sich auch die Schriftzeichen bewegen. Dieser gemeinsame Grund ist es, der das Ineinanderspiel von Bild und Schrift auch ästhetisch so selbstverständlich erscheinen läßt und den Unterschied zwischen beiden Medien im Auge des Betrachters fast zum Verschwinden bringt. Der Bildhaftigkeit der Schrift entspricht daher in Ägypten die Schrifthaftigkeit des Bildes.

Kennzeichnend für die Hieroglyphenschrift ist die Kombination von Ikonizität und Konventionalität. Ihre Einheiten erfüllen eine Doppelfunktion: als Bilder und als Zeichen. Als Bilder müssen sie das Dargestellte nicht nur wiedererkennbar, sondern auch ästhetisch ansprechend, das heißt schön und reich abbilden. Als Zeichen dagegen müssen sie strikt normiert werden und müssen den Rahmen formaler Variierbarkeit auf ein Minimum herabschrauben. Diese Spannung kennzeichnet die Hieroglyphenschrift, ebenso wie umgekehrt auch die ägyptische Kunst. Bei der Kunst steht die ästhetische Funktion im Vordergrund, bei der es darum geht, das Dargestellte schön und reich, differenziert, charakteristisch und sozusagen lebendig abzubilden. Zugleich aber ist die ägyptische Kunst durchwaltet von einem Prinzip schrifthafter Konstanz. Die Übergänge zwischen Schrift und Bild, Grammatik und Ikonographie sind fließend.

Das fängt schon damit an, daß die Ägypter selbst, wie oben erwähnt, die Hieroglyphenschrift als ein Gebiet der Kunst einstuften und nicht der Schrift. Hieroglyphenschreiben, also eine aktive Kenntnis der Hieroglyphenschrift, lernten nur die Vorzeichner beziehungsweise ›Konturenschreiber‹, die zu Schreibern ausgebildete Elite unter den Künstlern. Die Griechen haben offensichtlich nicht streng zwischen Hieroglyphen und Ikonographie unterschieden. Platon, an jener berühmten Stelle in den *Gesetzen*, wo er davon spricht, die Ägypter hätten von Anfang an ihre Begriffe des Schönen kodifiziert, um sie vor jeder Veränderung zu bewahren, denkt offenbar an Ikonographie, bezieht sich aber in Wirklichkeit auf die Hieroglyphenschrift, in deren Repertoire das Prinzip normativer Fixierung ganz besonders deutlich hervortritt. In seinem Spätwerk, den *Gesetzen*, schreibt er, die Ägypter hätten schon in der Frühzeit erkannt, daß die jungen Leute in ihren gewohnten Übungen nur mit schönen Stellungen und nur mit schönen Liedern zu tun haben sollten.

Nachdem sie diesen Grundsatz aufgestellt hatten, stellten sie in ihren Tempeln auch dar, was und wie etwas schön sei. Darüber hinaus war es nun weder den Malern noch anderen, welche Figuren und dergleichen verfertigen, erlaubt, Neuerungen zu machen oder irgend etwas von dem Altherkömmlichen Abweichendes zu erfinden. Noch jetzt ist es nicht erlaubt, weder in den genannten Stücken noch überhaupt in irgendeiner Musenkunst. Und bei näherer Betrachtung wirst du finden, daß Gegenstände, die dort vor 10 000 Jahren gemalt oder plastisch dargestellt wurden (und ich meine das nicht wie man so sagt, sondern buchstäblich vor zehntausend Jahren) im Vergleich mit den Kunstwerken der heutigen Zeit weder schöner noch häßlicher sind, sondern genau dieselbe künstlerische Vollendung zeigen.[1]

Platon bezieht sich hier auf Tanz, Erziehung und Ikonographie. Die Dekoration der Tempel versteht er als eine Art generativer Kulturgrammatik, die ein für alle Mal festlegt, was als wohlgeformte kulturelle Äußerungen zu gelten habe. Dahinter steht aber keine explizite Gesetzgebung, sondern einfach das Prinzip schrifthafter Fixierung, die auch in der ägyptischen Kunst zu einem erstaunlichen Maß an ikonischer Konstanz führt.

Plotin, umgekehrt, glaubt an einer nicht minder berühmten Stelle von den Hieroglyphen zu handeln, bezieht sich aber in Wirklichkeit auf die Ikonographie. In *Enneades* V, 8, 5, 19 und V, 8, 6, 11 schreibt er:

Die ägyptischen Weisen [...] verwendeten zur Darlegung ihrer Weisheit nicht die Buchstabenschrift, welche die Wörter und Prämissen nacheinander durchläuft und auch nicht die Laute und das Aussprechen der Sätze nachahmt, vielmehr bedienten sie sich der Bilderschrift, sie gruben in ihren Tempeln Bilder ein, deren jedes für ein bestimmtes Ding das Zeichen ist: und damit, meine ich, haben sie sichtbar gemacht, daß es dort oben [bei den Göttern] kein diskursives Erfassen gibt, daß vielmehr jedes Bild dort oben Weisheit und Wissenschaft ist und zugleich deren Voraussetzung, daß es in einem einzigen Akt verstanden wird und nicht diskursives Denken und Planen ist.

Und erst als ein Späteres entspringt von dieser Weisheit, welche nur mit einem einzigen Akt erfaßt wird, ein Abbild in einem anderen Ding, und dies ist nun entfaltet und legt sein Wesen selber im einzelnen dar und macht die Ursachen ausfindig, warum ein Ding so beschaffen ist; wenn nun jemand dies Abbild sieht, darf er wohl, da das Ergebnis sich so gegen die Logik verhält, sagen, daß er sich über die Weisheit verwundert, wieso sie, ohne selber die Ursachen in sich zu tragen, weshalb das Ding so beschaffen ist, doch dem nach ihrer Richtschnur geschaffenen die Ursachen dargibt.[2]

Wie Platon bezieht sich auch Plotin auf das Bildprogramm der ägyptischen Tempel, deren innere Wände ja von oben bis unten von Bil-

1 Platon, *Nomoi* 656d-657a.

2 Plotin 1964; vgl. dazu Armstrong 1988; Ficino schrieb über diese Plotinstelle eine Abhandlung: Ficino 1973; vgl. Wind 1958, S. 169ff.; Barasch 1992, S. 75.

dern und Inschriften bedeckt waren. Platon bewundert an diesen Bildern die ikonische Konstanz und meint, daß sie sich seit 10 000 Jahren nicht verändert hätten: Das bezieht sich allenfalls auf die Hieroglyphenschrift, deren Bildformen sich zumindest über 2500 Jahre konstant erhalten haben. Plotin dagegen bewundert an den Bildern, die er für Schriftzeichen hält, ihre Nichtlinearität und Nichtdiskursivität, also das, was wir oben die Flexibilität der Hieroglyphenschrift genannt haben und das relative Eigenleben der einzelnen Zeichen, ihre Emanzipation vom Gesetz der Linie, das ja aufs engste verbunden ist mit der Linearität und Diskursivität der Sprache. Plotin hält die Hieroglyphen für Symbole, die nicht hintereinander als Glieder einer syntaktischen Kette gelesen, sondern jedes für sich als Kodierung eines komplexen Begriffs betrachtet und in Sprache umgesetzt werden wollen. Marsilio Ficino, der dieser Stelle eine lange Abhandlung gewidmet hat, gibt als Beispiel den Begriff der Zeit, den die Ägypter im Bilde einer sich in den Schwanz beißenden Schlange (des Uroboros) dargestellt haben sollen:

> Ihr habt ein diskursives Wissen über die Zeit, das vielfältig und flexibel ist, indem ihr z. B. sagt, daß die Zeit vergeht und nach einem bestimmten Umlauf das Ende wieder an den Anfang knüpft [...] Die Ägypter aber fassen einen ganzen Diskurs dieser Art in das einzige Bild einer geflügelten Schlange, die sich in den Schwanz beißt.[3]

Jamblichos, der am Ende des 3. Jahrhunderts n. Chr. eine Abhandlung über die ägyptischen Mysterien schreibt, vertritt darin eine ganz entsprechende Auffassung der Hieroglyphen als komplexe Symbole. Er gibt zwei Beispiele: das Kind auf der Lotusblüte, die sich aus dem Schlamm erhebt, und der Gott in der Sonnenbarke. Die erste ›Hieroglyphe‹ deutet Jamblich als das Symbol für das Verhältnis von Gottheit und Materie. Das Kind steht für Gott, der Schlamm für die Materie, und die Lotusblüte, die einerseits aus dem Schlamm aufsteigt, andererseits aber nicht die geringsten Spuren von Schlamm an sich trägt, steht für die Erhabenheit der Gottheit und die kategorische Trennung von Gott und Materie. Den Gott in der Barke deutet Jamblich als Symbol der göttlichen Energie, die den Kosmos lenkt.[4] Beide Symbole sind in der Tat sehr reich bezeugt, aber nicht als Schrift-

3 Ficino 1973, zitiert nach Dieckmann 1968, S. 37.

4 Vgl. Jamblichos, Brief an Abammon (»De Mysteriis Aegyptiorum«), VII 3 (Jamblique 1989a).

zeichen, sondern als Motive der Bildkunst, als ›Ikonogramme‹, wie man das nennen könnte. Das gilt sowohl für den ›Sonnengott auf der Blume‹, ein seit der Amarnazeit (um die Mitte des 14. Jahrhunderts v. Chr.) sehr oft begegnendes Bild des kosmogonischen Mythos, als auch für den Sonnengott in der Barke. Auch die sich in den Schwanz beißende Schlange kommt seit der Amarnazeit vor. Die gesamte ägyptische Kunst ist in einem erstaunlichen, vielleicht einzigartigen Ausmaß ›ideogrammatisch‹ organisiert. Gleiche Dinge werden gleich dargestellt, feste Bildformeln regieren den Aufbau der Szene, und die meisten Formeln werden fast unverändert durch die Jahrtausende tradiert.

Für unsere Frage nach der impliziten Bildtheorie der Ägypter wollen wir die ideogrammatische Funktion des Bildes festhalten. Das ägyptische Bild versteht sich nicht als mimetische Verdopplung oder Flächenprojektion einer äußeren Wirklichkeit, sondern als ästhetische Repräsentation eines ideellen Zusammenhangs. So wie das Schriftzeichen der Eule sich auf den Laut ›m‹ oder das Schriftzeichen des Krokodils auf den Begriff ›Aggressivität‹, so bezieht sich die Darstellung eines Bauern hinter einem Pflug mit Ochsengespann auf den Begriff ›Pflügen‹. Mit der gleichen Präzision, mit der sie etwa die Fischwelt des Roten Meeres abbildeten, konnten die Ägypter auch Landkarten der Unterwelt zeichnen, die keines Menschen Auge je gesehen hat.[5]

2. Inkarnation: das Bild als Körper

Zur primären Erfahrung des Todes gehört der Gedanke, daß der Körper im Tode nicht nur zum Leichnam, sondern auch zu einem ›Bild‹ des Toten wird. Hans Belting zufolge ist das ursprünglichste Bild des Toten sein eigener Leichnam:

> Der Tod tritt selber immer schon im Bild auf, weil auch der Leichnam bereits zu einem Bild geworden ist, das dem Körper des Lebenden nur noch ähnelt. [...] Er ist nicht mehr Körper, sondern nur noch ein Bild eines solchen.[6]

Daher bemüht man sich, den Leichnam als Bild des Toten in seinem Aussehen zu erhalten, indem man ihn zum Beispiel mit einer Gips-

5 Zu den ägyptischen Unterweltsbüchern siehe Hornung 1997.
6 Belting 1996, S. 94.

schicht überzieht, die seine Züge unvergänglich bewahren sollen. Solche Techniken sind sehr früh in Jericho und anderen jungsteinzeitlichen Nekropolen des fruchtbaren Halbmonds beobachtet worden und auch im Ägypten des Alten Reichs als Vorstufe sowohl der Mumifizierung als auch der Grabplastik reich bezeugt. Der Kunsthistoriker Hans Belting hat aus diesen Befunden die These abgeleitet, daß in der Erfahrung des Leichnams als der Anwesenheit eines Abwesenden und der Bemühung um Bewahrung seiner Form ein, wenn nicht überhaupt der Ursprung der bildenden Kunst liegt.

Das Bild findet seinen wahren Sinn darin, etwas abzubilden, was abwesend ist und also allein im Bild da sein kann. [D]as Bild eines Toten ist also unter diesen Umständen keine Anomalie, sondern geradezu der Ursinn dessen, was ein Bild ohnehin ist. Der Tote ist immer schon ein Abwesender, der Tod eine unerträgliche Abwesenheit, die man schnell mit einem Bild füllen wollte, um sie zu ertragen.

Es war dies jetzt ein künstliches Bild, das man gegen das andere Bild, den Leichnam, aufbot. Im Bildermachen wurde man aktiv, um der Todeserfahrung und ihren Schrecken nicht länger passiv ausgeliefert zu bleiben.[7]

Diese Herleitung des Bildes aus dem Tod findet in einem antiken Text eine überraschende Bestätigung. Auch das Judentum hat in seinem Kampf gegen die Bilder des ›Götzendiensts‹ in der Todeserfahrung den Ursprung des Bildermachens gesehen:

Denn als ein Vater über seinen Sohn, der ihm allzufrüh genommen wurde, Leid und Schmerzen trug, ließ er ein Bild machen und verehrte den, der längst tot war, jetzt als Gott und stiftete für die Seinen geheime Gottesdienste und Feiern. Danach festigte sich mit der Zeit solch gottloser Brauch und wurde wie ein Gesetz gehalten.[8]

Keine Kultur vermag diese Vorstellungen vom Ursprung des Bildermachens in der Erfahrung des Todes und des Leichnams als ›Anwesenheit eines Abwesenden‹ so reich und vielfältig zu bestätigen wie die altägyptische. Das Medium des Bildes spielt in den ägyptischen Bemühungen um die ›Behandlung‹ des Todes eine ebenso große Rolle wie die Sprache. Dabei tritt ein Prinzip in aller Deutlichkeit hervor: Das Bild wird in Ägypten nicht als Bild eines Körpers, sondern selbst als Körper angesehen. Das gilt nicht nur für die Grabplastik, sondern auch für die Götterbilder in den Tempeln. Sie werden

7 Belting 1996, S. 95.

8 Sap. Sal. 14, S. 15-20.

im täglichen Kult gesalbt und bekleidet und empfangen alle Handlungen, die man an einem Körper und nicht an einem Bild verrichtet. Die ägyptische Sprache hat dafür einen Begriff gebildet, der den Unterschied zwischen Bild und Körper bewußt aufhebt. Das Wort *djet*, das wir mit »Leib« übersetzen, bezieht sich auf beides.

Aufgrund der Äquivalenz von Bild und Körper galten auch die heiligen Tiere als Bilder beziehungsweise Körper der Götter. Die Götter galten als Mächte, die ihre Identität oder Lebensenergie in eine Menge von Körpern ausdehnen konnten, wofür bestimmte Tiere ebenso wie die Bilder in Betracht kamen. Genau diese Macht zur Selbstverkörperung in Bildern und tiergestaltigen ›Verwandlungen‹ schrieb man auch den Toten zu. Die Statue ist für den Toten das Medium leiblicher Selbstvervielfältigung. Daher treten diese Statuen auch oft, besonders im Alten Reich, in größeren Mengen auf.[9] In dieser Zeit gibt es sogar Doppel- und Dreifachstatuen, in denen der Grabherr mit sich selbst eine Gruppe bildet.[10] Im Leben steht die Anwesenheit im Körper solcher Selbstvervielfältigung im Wege; im Tode fällt durch die Abwesenheit diese Schranke, und der eine, durch die Mumifizierung selbst zum Bild gewordene Körper kann nun durch eine Fülle weiterer als Körper dienender Bilder ergänzt werden.

In diesem Zusammenhang müssen wir auch auf die unter Bezeichnungen wie »Schabti« oder »Uschebti« bekannten Figurinen[11] eingehen, die aus Ton, Fayence, Holz oder Hartgestein hergestellt und im Grab massenhaft deponiert wurden. Sie wurden in einem kleinen Holzkasten aufbewahrt. Intakte Funde zeigen, daß die Zahl 401 angestrebt wurde: 365 Figürchen für jeden Tag des Jahres und 36 ›Vorarbeiter‹ für jede 10-Tages-Periode. Das Jahr, um das es hier geht, ist das Jahr möglicher Dienstverpflichtung im Jenseits. Für jeden Tag dieses Jahres soll es dem Grabherrn möglich sein, einen Ersatzmann in Gestalt einer Schabti-Figur zu stellen.

Zur Aktivierung dieser Figuren wurde ihnen ein Spruch auf den Leib geschrieben, der sowohl als sechstes Kapitel ins Totenbuch

9 Das Grab des Ra-Wer II in Gîza enthält 25 Serdabs mit über 100 Statuen. Bolshakov 1997, S. 107f.

10 Eaton-Krauss 1995.

11 »Schabti« ist die ältere, »Uschebti« die jüngere, erst in der Spätzeit belegte ägyptische Bezeichnung dieser Figuren.

aufgenommen wurde[12] als auch als Spruch in der Totenliturgie des Pa-aa[13] erscheint, also im Totenkult rezitiert wurde:

Der *shd.* Schreiber Pa-aa sagt:
›O Schabti hier, wenn der Schreiber Pa-aa eingezogen werden sollte
zu irgendeiner Arbeit, die im Totenreich verrichtet wird,
als ein Mann, der zu seiner Arbeitsleistung verpflichtet ist,
um (die Felder) zu bestellen und die Ufer zu bewässern,
um Sand vom Osten zum Westen zu tragen,
dann sollst du sagen: Ich will es tun, hier bin ich!‹

Von hier aus ist es dann nur noch ein kleiner Schritt bis zu der im mittelalterlichen Judentum lebendigen Vorstellung vom Golem, dem künstlichen Menschen aus Lehm, den die auf die Stirn geschriebenen Schriftzeichen und die Rezitation geheimer Sprüche zu beleben vermögen und den sein Hersteller in verschiedenen Missionen als Stellvertreter aussenden kann.[14] Eine ägyptische Erzählung aus dem Neuen Reich, fragmentarisch erhalten auf einem Papyrus der Spätzeit, handelt von genau einem solchen Fall. Einem König wird geweissagt, daß er nur noch kurze Zeit zu leben habe. Allerdings gibt es die Möglichkeit, daß ein anderer für ihn in die Unterwelt geht. Dazu ist nur einer fähig, der General Merire, der ein überaus weiser, tugendhafter und schriftkundiger Mensch ist. Er nimmt dem König das Versprechen ab, für seine Witwe und seinen Sohn zu sorgen und geht an seiner Stelle ins Totenreich. Dort muß er alsbald erfahren, daß der König alle seine Versprechen auf bedenkenloseste Weise gebrochen hat. Der König hat seine Frau zur großen königlichen Gemahlin gemacht, sein Haus einem Konkurrenten gegeben und seinen Sohn töten lassen. Merire ist als Toter nicht in der Lage, selbst auf die Oberwelt zurückzukehren, um sich seiner Familie anzunehmen. Aber er formt einen Erdmann, den er an seiner Statt mit entsprechenden Aufträgen in die Oberwelt entsenden kann.[15] Dieser Erdmann fungiert als sein Stellvertreter oder Double, genau wie die Schabti-Figuren, die anstelle des Toten am Arbeitsdienst in der Unterwelt teilnehmen.

12 Siehe dazu Schneider 1977.
13 Papyrus BM 10 819 (vso, Z. 102-104).
14 Idel 1990. Auf S. 3f. verweist Idel auf den Fall der ägyptischen Schabti-Figuren.
15 Brunner-Traut 1990 und 1989.

3. Präsentifikation: Das Bild als Gefäß göttlicher Einwohnung

Ein Bild ist nach ägyptischer Auffassung ein Leib, dem die Gottheit oder auch ein ›verklärter Toter‹ temporär einwohnt. Der Begriff ›Einwohnung‹ hat sich seit Jahrzehnten in der Ägyptologie eingebürgert.[16] Er stammt paradoxerweise aus dem bildfeindlichen Judentum und übersetzt das hebräische Wort *Schechinah*, das mit *schachan* »wohnen« zusammenhängt. Der ägyptische Ausdruck für »einwohnen« heißt *sechem em djet* (»sich seines Kultleibs bemächtigen«).

Die Theorie einer Einwohnung der Gottheit im Kultbild geht auf die Antike zurück. Locus classicus dieser Vorstellung ist das 23. Kapitel des Traktats *Asclepius* des Corpus Hermeticum. Von dem griechischen Original, das im 2. oder 3. Jahrhundert n. Chr. entstanden ist und den Titel *teleios logos* (»Vollkommene Lehre«) trug, hat sich nur eine lateinische und eine koptische Übersetzung erhalten.[17] Dort ist vom Menschen als dem ›Bildner der Götter‹ (*fictor deorum*) die Rede:

HERMES: Wie der Herr und Vater oder, was der höchste Name ist, wie Gott Schöpfer der himmlischen Götter ist, so ist der Mensch Bildner der Götter, die in den Tempeln mit der Nähe zu den Menschen sich zufrieden geben. [...] Wie der Vater und Herr ewige Götter nach seinem Bilde schuf, so gestalten die Menschen auch ihre Götter entsprechend ihrem eigenen Aussehen.

ASCLEPIUS: Standbilder meinst du, Trismegistus?

HERMES: Standbilder, Asclepius? Du siehst wie sehr selbst du zweifelst! Ich meine Standbilder, die beseelt sind (statuas animatas), voller Geist und Pneuma, die große und gewaltige Taten vollbringen, die die Zukunft vorherwissen und sie durch Los, Seher, Träume und viele andere Dinge voraussagen [...]

Oder weißt du nicht, Asclepius, dass Ägypten das Abbild des Himmels ist oder, was der Wahrheit mehr entspricht, dass hierher all das, was es im Himmel an Lenkung und Aktivitäten gibt, übertragen und herabgeführt wurde? Und wenn man es noch richtiger sagen soll, ist unser Land der Tempel der ganzen Welt.[18]

16 Außerhalb der Ägyptologie bezieht sich der Begriff ›Einwohnung‹ meist auf den hebräischen Begriff Schechinah, die ›göttliche Einwohnung‹ als Hypostase der Gegenwart Gottes, entfernt vergleichbar der christlichen Vorstellung des Heiligen Geistes.

17 Eine koptische Übersetzung von Kap. 21-29 ist in NHC VI(7) und VI(8) erhalten, siehe Mahé 1982, S. 150-272.

18 Colpe/Holzhausen 1997, S. 285f.

Kultbilder sind dieser Theorie zufolge ›beseelt‹, und zwar von göttlichem »Geist und Pneuma« (*sensus et spiritus*), der im Rahmen des Kults vom Himmel auf die Erde ›übertragen‹ und ›herabgeholt‹ wurde. Kult ist *translatio* (»Übertragung«) und *descensio* (»Herabkunft«) von himmlischen Kräften auf die Erde. Die auf Erden, in den Tempeln, vollzogenen Riten sorgen dafür, daß die himmlischen Götter auf die Erde hinuntersteigen und ihre Bilder beseelen, so daß, im Falle eines unablässig vollzogenen Kults, die Götter in Ägypten eine Art ständigen Wohnsitz nehmen und Ägypten auf diese Weise zum »Tempel der ganzen Welt« (*templum totius mundi*) machen. Weil der ägyptische Kult das Göttliche vom Himmel auf die Erde ›überträgt‹ und ›herabführt‹, wird ganz Ägypten zu einem Ort göttlicher Gegenwart, der sich zum Rest der Welt ebenso verhält wie ein Tempel zur profanen Umgebung. Für diese Beziehung zwischen den Göttern und dem Land bietet sich der Begriff der ›Einwohnung‹ an. Die Götter ›wohnen‹ im Himmel, aber sie wohnen kraft des Kults ihren Statuen ›ein‹. Es ist dies, das in der Antike als *theourgia* bezeichnete Verfahren, die Gegenwart des Göttlichen im Kult mit den Mitteln der Kunst, des Ritus und vor allem der Sprache zu erzeugen, eine sakramentale Magie, die sich der die Welt durchwaltenden Verbindungen bedient, um das Verborgene zu vergegenwärtigen oder ›präsentifizieren‹.[19] Der neuplatonische Philosoph Jamblichos hat dieses Prinzip in seinem unter dem Titel *Die ägyptischen Mysterien* bekannten Brief an Abammon detailliert beschrieben und philosophisch beziehungsweise religiös gerechtfertigt.[20]

Die Vorstellung vom Statuenkult als einer ›Herabholung‹ göttlicher Kräfte vom Himmel auf die Erde ist nun offenkundig nicht erst die Erfindung griechischen ›Offenbarungszaubers‹ und neuplatonisch-hermetischer Mystik, sondern entspricht ziemlich genau spätägyptischer Kultpraxis und Theologie. Das hat vor allem Dieter Kurth in seinem Buch über den Edfu-Tempel herausgearbeitet.[21] Kurth bezeichnet den Tempel als »Treffpunkt der Götter«. Im Tempel treffen sich zwei Formen göttlichen Wesens, die als *Ba* (»Seele«) und *Sechem* (»Bild«) bezeichnet und auf Himmel (Ba) und Erde (Bild) verteilt werden. Die Ba-Form des Gottes von Edfu ist die geflügelte Sonnenscheibe namens »Api«. »Sobald Api an den Himmel gekommen ist an

19 Vgl. Vernant 1983.
20 Jamblique 1989b.
21 Kurth 1994.

jedem Tage, um sein Abbild in seinem Sanktuar zu sehen, läßt er sich auf seiner Statue nieder; er vereinigt sich mit seinen (Relief-)Bildnissen, und sein Herz ist zufrieden in seiner Kapelle«,[22] »der prächtige Api leuchtet im Ostgebirge, damit er sich mit seinem Bild vereine in Edfu«,[23] »dein Ba am Himmel verbindet sich mit seinem Bild, indem so der eine sich mit seinem Gegenstück vereint«.[24]

Wollte man die Theologie dieser späten Texte auf eine bündige Formel bringen, dann könnte man sie eine ›Theologie der Einwohnung‹ nennen. Sie basiert auf dem ›theurgischen‹ Prinzip, mit den Mitteln der Sprache und des Rituals die fernen und verborgenen Mächte des Himmels, der Unterwelt, der Vergangenheit und der Zukunft im Hier und Jetzt des Tempels zur Einwohnung zu bringen. Dabei spielt die vertikale Achse, das Herabschweben des Ba vom Himmel auf das irdische Kultbild, die dominierende Rolle, so daß der Begriff *descensio* (»Herabkunft«) die Richtung dieser ›Einwohnung‹ präzise erfaßt. Einwohnung, das ist der entscheidende Punkt, ist kein Dauerzustand, sondern Sache unausgesetzter Aufmerksamkeit und nicht nachlassender Bemühung. Der Tempel ist daher kein ›ständiger Wohnsitz‹, sondern der Ort täglich wiederholter Ankunft und Zusammenkunft, eine Art ›Schnittstelle‹ zwischen Himmel und Erde, Götter- und Menschenwelt. Der Begriff des ›Wohnens‹ erscheint hier in einer dynamisierten und dramatisierten Form. Morgen für Morgen »kommt« der Gott »herab«, »erblickt« und »betritt« sein Haus, »vereinigt« sich mit seinen Bildern, aber auch Nacht für Nacht »geht er zur Ruhe« und »schläft« in seinem Tempel.[25] Der Tempel ist niemals bar seiner Gegenwart und doch Ort seines ständigen Kommens. Die Pylontürme machen die vertikale Achse optisch sinnfällig; sie stellen die Verbindung zum Himmel her und werden in den Texten regelmäßig als *Achet*, der Sonnenauf- und Untergangsort zwischen Himmel und Erde, bezeichnet; hier »kommt« der Gott in Gestalt von Falke und Phönix,[26] aber der ganze Tempel inklusive der in ihm vollzogenen Riten erscheint als eine einzige Veranstaltung, um den Einstrom göttlicher Gegenwart nicht abreißen zu lassen.[27]

22 Kurth 1994, S. 81, Text 2.
23 Kurth 1994, S. 277, Text 45.
24 Kurth 1994, S. 175, Text 25.
25 Kurth 1994, S. 124, Text 16.
26 Kurth 1994, S. 276-280, Text 45.
27 Auch die jüdische Vorstellung von der ›Einwohnung‹ (Schechinah) und die christ-

Wo es um die heiligen Tiere, zum Beispiel den lebenden Falken, das heilige Tier von Edfu, oder den Apis-Stier, das heilige Tier von Memphis geht, wird aus der Einwohnung Inkarnation. Der Gott inkarniert sich in einem heiligen Tier, das aufgrund seiner Form und Färbung vom Priester als solches erkannt wird, und begibt sich in solcher Inkarnation seiner Allmacht und Größe, wie sie etwa in den Hymnen gepriesen wird. Er fällt unter die Gesetze und Gefahren dieser Welt, vor denen ihn der sorgfältige und unablässige Vollzug mächtiger Riten zu schützen hat. Indem die Riten den inkarnierten Gott schützen, bewahren sie zugleich den König und das ganze Land vor Unheil, denn durch seine Inkarnation verbindet der Gott sein Schicksal mit dem des Landes. Durch die Inkarnation in heiligen Tieren und im König (beides hängt untrennbar zusammen)[28] sowie durch die Einwohnung in heiligen Bildern und Riten läßt sich das Göttliche sehr weit in die Menschenwelt ein, freilich nicht wie im Christentum, um sie zu ›erlösen‹, sondern einfach, um sie in Gang zu halten. Der ›Einstrom göttlicher Gegenwart‹ erscheint als eine Energie, die die Statuen belebt und im Falken (sowie im König) Fleisch wird.

So lesen wir etwa in griechisch-römischen Tempelinschriften:

Osiris [...] kommt als Geist (*ăch*),
um sich mit seiner Gestalt in seinem Heiligtum zu vereinigen.
Er kommt vom Himmel geflogen
als Sperber mit glänzendem Gefieder,
und die Bas der Götter zusammen sind mit ihm.
Er schwebt als Falke herab auf sein Gemach in Dendera.
Er erblickt sein Heiligtum [...]
in Frieden zieht er ein in sein herrliches Gemach
mit den Bas der Götter, die um ihn sind.
Er sieht seine geheime Gestalt an ihren Platz gemalt,
seine Figur auf die Mauer graviert;
da tritt er ein in seine geheime Gestalt,
lässt sich nieder auf seinem Bild (*sechem*) [...]
Die Bas der Götter nehmen Platz an seiner Seite.[29]

liche Vorstellung des Heiligen Geistes sind von dem Gedanken einer dynamischen, sich ereignenden Gegenwart geprägt.

28 Vgl. Kessler 1989.

29 Junker 1910, S. 6; Morenz 1960, S. 159. Zahlreiche weitere Stellen, vor allem aus Dendera, bringt Morenz auf S. 159-160.

In diesen späten Tempelinschriften haben wir es völlig eindeutig mit einer Bildtheologie zu tun, die der hermetisch-theurgischen Deutung des Kults als *translatio* und *descensio* genau entspricht. Die Götter kommen als Ba vom Himmel herab; alle Textstellen betonen die Vertikalität dieser Vereinigung.

Für die Vereinigung von Ba und Bild, also jenen Vorgang, den wir als ›Einwohnung‹ umschreiben, benutzen diese Texte viele Verben wie *h3j* (»herabkommen«), *ẖnm* (»sich vereinigen«), *ḫnj* (»herabschweben auf«), *sm3* (»vereinigen«), *snsn* (»sich gesellen zu«), *ʿq* (»eintreten in«).[30] Den letzteren Ausdruck benutzt das ›Denkmal memphitischer Theologie‹, um die Verbindung von Gott und Götterbild zu beschreiben: Ptah, so heißt es,

schuf die Götter, machte die Städte,
gründete die Gaue, setzte die Götter auf ihre Kultstätten,
setzte die Opfereinkünfte fest, gründete ihre Kapellen,
machte ihren Leib so wie sie es wünschten.
Und so traten die Götter ein in ihren Leib
aus allerlei Holz, allerlei Mineral, allerlei Ton
und allerlei anderen Dingen, die auf ihm wachsen.[31]

Die Wendung *sw ʿq* möchte ich im iterativen Sinne: »Und so treten die Götter (immer wieder) in ihren Leib ein« und im Sinne einer temporären, immer aufs neue eingegangenen Einwohnung der Götter in ihren Bildern verstehen.[32]

Die ägyptische Formel für die temporäre Einwohnung des Gottes im Kultbild lautet, wie schon erwähnt, »über den Kultleib verfügen, sich des Kultleibs bemächtigen«. So beginnt der Spruch im Opferritual des Neuen Reichs, der den Gott zur Einwohnung im Kultbild zwecks Entgegennahme der Opfer einlädt, mit folgenden Worten:

Bist du im Süden oder Norden,
Westen oder Osten?
Komm, mögest du mit mir zufrieden sein,
mögest du durch mich über deinen Kultleib verfügen,
Mögest du hervortreten, indem du verklärt bist als Re,
indem du mächtig bist und vollkommen als Gott.[33]

30 Eschweiler 1994, S. 288 hat die hier verwendeten Termini für »Einwohnung« tabellarisch zusammengestellt.

31 Denkmal memphitischer Theologie nach Junker 1940, S. 59f.; Morenz 1960, S. 162.

32 So auch Morenz 1960.

33 Tacke 2002, II § 36.

Mit der Formel »über deinen Kultleib verfügen« wird der Gott beziehungsweise der Verstorbene offenbar aufgefordert, seinem Kultbild ›einzuwohnen‹.

Der Text, aus dem diese Verse stammen, trägt im Opferritual den Titel »Das Herz des Gottes zu ihm bringen«. Da dieser Spruch im Kontext des Rituals vor dem Statuenschrein zu rezitieren ist, ergibt sich vollkommen eindeutig, daß es um die Beseelung der Statue (mit dem Herzen) und um die Einwohnung des Gottes in ihr geht. Im vorhergehenden Spruch geht es um die Umarmung zwischen Osiris und Horus. Dabei handelt es sich um die ›sakramentale Ausdeutung‹[34] der schützenden Umfangung der Statue durch den Schrein: »Die Statue ruht in der Kapelle wie Horus in den Armen seines Vaters. Die Statue ist Horus, die Kapelle ist Osiris.«[35] In einem späteren Spruch desselben Rituals wird die Szene der Einwohnung mit einem regelrechten Ritus der ›Auswohnung‹ abgeschlossen. Dabei wird zum Gott gesagt: »Mögest du herauskommen aus der Umarmung deines Vaters Osiris.«[36] Die in Spruch 35 eingegangene Umarmung wird also in Spruch 42 explizit wieder aufgelöst.

Die Einwohnung des Gottes im Kultbild wird in diesen Sprüchen als »Umarmung« des Bildes durch den Schrein rituell dargestellt. In einer Totenliturgie[37] wird das Motiv der Umarmung explizit mit der Wendung »über den Kultleib verfügen« verbunden:

Oh Osiris Chontamenti,
dein Sohn Horus hat dich umarmt,
der Gott ist seines Leibes mächtig.[38]

Die Umarmung des Osiris durch Horus – Umarmung ist eine reziproke Handlung, bei der es nicht darauf ankommt, wer wen umarmt, sondern daß einer in den Armen des anderen ist – verhilft als Beseelungsgestus dem Gott und im Totenkult dem Verstorbenen zur Verfügung über seinen Kultleib.

Die Götter und die Toten wohnen ihren Bildern in Form des Ba, der freibeweglichen Seele, ein, um mit den Lebenden zu kommunizieren und die Opfer entgegenzunehmen. Dieses Verhältnis des Ver-

34 Siehe hierzu Assmann 2001, S. 453-467.
35 Otto 1960, S. 169.
36 Spruch 42, »Libation vor Re«.
37 Papyrus BM 10 081, col. 29.
38 Totenliturgie SZ.3 Spruch 14, siehe Ägyptische Totenliturgien III 2008, S. 476.

storbenen zu seiner Statue und zu seinem Ba wird am klarsten formuliert in der Inschrift eines Naophors im BM (19. Dyn.) mit der Anrede eines Mannes an seine Statue.[39]

Statue, du bist vor den Herren des Heiligen Landes!
Stell dich als Erinnerung an meinen Namen ins Haus der Herren von Ta-wer.
Du bist hier für mich da in der Kapelle (?).
Du bist mein wahrer Leib!
So spricht der Ka des N.

Statue, mögest du fest gegründet sein für meinen Namen,
indem du beliebt bist bei den Herren.
Mögen die Menschen dir ihre Arme ausstrecken
mit edlen Blumensträußen.
Mögen dir Libationen und Weihrauch dargebracht werden
von dem, was dein Herr übrig läßt.
Dann wird mein Ba eilends kommen,
um mit dir zusammen die Opferbrote zu empfangen.

4. Animation: Das Ritual der ›Mundöffnung‹

Das Ritual ›Öffnung des Mundes‹ bildet die wohl auffälligste und charakteristischste Bildpraxis der altägyptischen Kultur. Ich möchte es daher etwas ausführlicher beschreiben. Mit diesem Ritual wird die Statue von einem Objekt handwerklicher Bearbeitung in einen Kultleib umgewandelt, der im Rahmen der heiligen Handlungen zur Beseelung durch einen Gott oder Ahnengeist befähigt ist. Auch die mesopotamische Religion kennt ein Ritual der ›Mundöffnung‹, dem die zur Einwohnung der Gottheit bestimmten Kultbilder unterzogen werden.[40]

Erste Sequenz: Die Szenen 1 bis 6 bestehen sämtlich aus Reinigungen durch Wassergüsse und Räucherungen. Die siebte Szene ist überschrieben: »Eintreten, ihn schauen«. »Eintreten, den Gott schauen« ist eine Szene des täglichen Tempelrituals. Die achte Szene trägt den Titel »Zum Grab gehen«. Die handelnden Priester sind der Imi-Chent (»Kammerherr«) und der Vorlesepriester, der aus einer Papyrusrolle die bei den Handlungen zu rezitierenden Sprüche vorliest.

Die zweite Sequenz beginnt mit einer Szenenfolge, die zum Kern-

39 BM 1377, Kitchen 1973b, S. 137; Bierbrier 1982, Taf. S. 49-51.
40 Vgl. Berlejung 1998; Dick 1999.

bestand des Mundöffnungsrituals gehört. Sie steht in der ägyptischen Religionsgeschichte ziemlich einzigartig dar, denn es handelt sich hier um den Fall einer inspiratorischen Trance oder Meditation, zu der es sonst in Ägypten nicht die geringsten Parallelen gibt.[41] Dargestellt ist der *Sem*-Priester, wie er in einen Mantel gehüllt auf einem Bett oder Stuhl hockt. Die Beischrift bestimmt seine Handlung als »Schlafen« oder »Die Nacht Verbringen«. Abschließend heißt es: »den Schlafenden Wecken, den *Sem*-Priester«. In der folgenden Szene hockt der *Sem*-Priester noch immer auf seinem Stuhl, und mit den ›Kammerherren‹ spielt sich folgender Dialog ab:

Sem: »Ich habe meinen Vater in allen seinen Umrissen gesehen!« Das Wort *qed* (»Umriß«) steht im Wortspiel mit *qed* (»schlafen«).

Kammerherren: »Dein Vater soll sich nicht von dir wegbewegen!«

Sem: »Die Gesichtsfängerin[42] hat ihn eingefangen.«

Kammerherren: »Ich habe meinen Vater in allen seinen Umrissen gesehen. Verhüte, daß er verschwindet. Daß keine Störung an ihm sei!«

Der *Sem*-Priester spielt den Sohn des Verstorbenen (oder: der Sohn spielt die Rolle des *Sem*). Nur der Sohn vermag das, worum es hier geht: in Trance oder durch meditative Konzentration die Gestalt des Vaters zu schauen und so in ihren Umrissen festzuhalten, daß sie von den Künstlern in Stein oder Holz übertragen werden kann. Szene 11 ist überschrieben: »Aufstehen des Sem. Er ergreift seinen Stock. Er trägt den *qenj*-Brustlatz.« Der *Sem* kleidet sich also um und legt das Gewandstück namens »Umarmer« um. Szene 12 zeigt ihn gegenüber drei Bildschnitzern. Zu ihnen sagt er: »Stempelt mir meinen Vater ab! Macht mir meinen Vater! Macht mir meinen Vater ähnlich! Wer ist's, der ihn mir ähnlich macht?« In Szene 13 tritt der *Sem*-Priester drei weiteren Handwerkern gegenüber, dem Knochenschnitzer, dem Axtarbeiter und dem Poliersteinarbeiter, mit den Worten: »Wer sind die, die sich meinem Vater nähern wollen? Schlagt meinen Vater nicht! Faßt seinen Kopf nicht an!« Die handwerklichen Betätigungen an der Statue gehen ja nicht ohne Gewaltsamkeit ab. Diese soll unschädlich gemacht werden. Szene 14 zeigt den *Sem* bei einer symbolischen Gebärde, die als »den Mund einfugen« bezeichnet wird: Er streckt den Arm gegen die Statue aus

41 Siehe die vorzügliche Bearbeitung und Deutung dieser Szenenfolge durch Fischer-Elfert 1998.

42 Der ›Geheimname‹ des Quadratnetzes für die Vorzeichnung der Figuren.

und berührt mit dem kleinen Finger ihren Mund. »Einfugen« ist ein Terminus der Zimmermannssprache und heißt, zwei Teile so zusammenfügen, daß sie ineinandergreifen. Dazu rezitiert er:

Ich bin gekommen, dich zu suchen/umarmen, ich bin Horus.
Ich habe dir deinen Mund eingefugt.
Ich bin dein Sohn, der dich liebt!

Szene 15 hat noch einmal die Aufgabe, unangenehme Folgen der unvermeidlichen Gewaltsamkeit abzuwenden. Der *Sem* sagt zu den Handwerkern: »Kommt, schlagt mir meinen Vater!«, und diese entgegnen: »Laß geschützt sein die, die deinen Vater schlagen!« In Szene 16 verhandelt der *Sem* mit einem Axtarbeiter: »Ich bin Horus und Seth; nicht lasse ich zu, daß du das Haupt meines Vaters weiß machst!« In Szene 17 sagen die Kammerherren zu einem »Der hinter Horus« genannten Priester: »Isis, gehe zu Horus, damit er seinen Vater suche!« In Szene 18 steht der Vorlesepriester vor dem *Sem* und sagt: »Eile, daß du deinen Vater siehst!« Die Statue ist nun fertig und soll vom Sohn als Bild seines Vaters anerkannt werden.

Dritte Sequenz: Der *Sem* muß sich umkleiden; er legt den *qenj*-Latz ab und das Pantherfell an, das seine charakteristische Tracht darstellt (Szenen 19 bis 21). Mit Szene 23 beginnt der Hauptteil des ganzen Rituals, die eigentliche Mundöffnung. Einem Stier wird ein Schenkel abgelöst und das Herz entnommen. Dazu wird noch einer Ziege und einer Gans der Kopf abgeschnitten. In Szene 24 bringen der Vorlese- und der *Sem*-Priester Schenkel und Herz eilends zur Statue und legen sie, wie auch Ziege und Gans, vor ihr zu Boden. In Szene 25 hält der *Sem*-Priester der Statue den Schenkel entgegen. Diese Szene ist als »Öffnung von Mund und Augen« überschrieben. Der Schenkel dient also nicht zur Speisung des Toten, sondern als ein Gerät zur Mundöffnung. Dazu muß man wissen, daß der Rinderschenkel in seiner hieroglyphischen Form an den ›Dechsel‹ erinnert, der das eigentliche Mundöffnungsgerät darstellt und in den folgenden Szenen 26 und 27 zur Anwendung kommt. Die Schlachtung gehört also zur Mundöffnung dazu. Diese beginnt in Szene 23 und endet in Szene 27. Wir können jetzt die Szenen der linken Eingangswand als Einheit überblicken: Sie umfassen die Schlaf-Sequenz, in der der *Sem* den Vater schaut (9 bis 12), die Handwerker-Sequenz (13 bis 18) und die Mundöffnungssequenz (23 bis 27). Dazwischen steht die Umkleideszene 19 als Zwischenakt.

Vierte Sequenz: Ich überspringe die Szenen 28 bis 30, die Dubletten anderer Szenen darstellen, und gehe gleich zu Szene 31 über, einer Doppelszene. Im ersten Teil geht es um das »Finden des ›Sohnes, der liebt‹, der draußen steht«, im zweiten um die »Einführung des ›Sohnes, der liebt‹ ins Innere des Grabes«. Dabei sieht man den *Sem*, wie er den vor ihm gehenden ›Sohn, der liebt‹ bei der Hand nimmt und in das Grab einführt. Hinter den beiden steht der Vorlesepriester, und hinter dem Grab die Statue, die in allen Szenen anwesend ist. Dazu wird rezitiert: »O NN, ich bringe dir deinen liebenden Sohn, daß er dir deinen Mund öffne!« In Szene 32 tritt der ›liebende Sohn‹ als Mund- und Augenöffner in Aktion: »Die Mund- und Augenöffnung vollziehen, zuerst mit dem ›Dedfet‹-Gerät, sodann mit dem Finger von Elektron«. Dazu rezitiert der Vorlesepriester: »O NN, ich habe dir deinen Mund eingefugt! Dieses Ausfegen des Mundes deines Vaters NN in deinem Namen ›Sokar‹ (usw.).« Mit Szene 33 folgt die ›Mundöffnung mit dem kleinen Finger‹, wobei der *Sem* wie in Szene 14 den Mund der Statue mit dem kleinen Finger berührt. In den Szenen 34 bis 39 und 41 (40 ist eine Dublette) werden der Statue verschiedene Objekte dargereicht, die eine belebende, ›mundöffnende‹ Wirkung ausüben sollen: ein ›*nemes*‹ (Szene 34), zu dessen Darreichung der Vorlesepriester sagt: »Ich fege dir deinen Mund aus, ich öffne dir deine Augen!«, vier ›*ᶜabet*‹-Körner (35 und 36), zu denen es wieder heißt: »Ausfegen des Mundes und der Augen. Öffnen des Mundes und der Augen, mit jedem von ihnen, zweimal«, das Gerät ›Peseschkaf‹, eine Art Feuersteinmesser (37), mit den Worten »Ich habe dir deinen Mund geöffnet mit dem *Peseschkaf*, mit dem der Mund jedes Gottes und jeder Göttin geöffnet wird«, Weinbeeren (38): »O N, nimm dir das Horusauge! Ergreife es! Wenn du es ergreifst, wird es nicht vorübergehen«, eine Straußenfeder (39): »Nimm dir das Horusauge! Dein Gesicht sei nicht leer von ihm!« und ein Wassernapf (41): »Nimm dir das Horusauge! Vereinige dir das Wasser, das in ihm ist!«, symbolische Gaben, die den Verstorbenen nicht speisen, sondern seiner Statue Mund und Augen öffnen sollen.

Die fünfte Szenensequenz (Szenen 40 bis 46) ist eine genaue Wiederholung der dritten (Szenen 20 bis 27). Das Kernstück des ganzen Rituals, die Mundöffnung mit dem frisch geschlachteten Rinderschenkel, wird also zweimal durchgeführt. Die sechste Sequenz beschließt in den meisten Fassungen das Ritual. In Szene 55 salbt der

Sem die Statue, indem er mit dem Zeigefinger der rechten Hand ihren Mund berührt. Dazu wird der folgende Spruch rezitiert:

O Osiris N, deine Mutter hat dich heute geboren!
Du bist gemacht zu einem, der weiß, was nicht gewußt wird.
Geb an der Spitze der Körperschaft der großen Neunheit hat dich geheilt,
indem er dir deinen Kopf an deine Knochen knüpft.
Dann spricht er zu dir, und es hört die große Neunheit
unter den Lebenden an diesem Tage.

Möge Geb dir gnädig sein
und dir deinen Kopf geben
und dir deine Glieder zusammenfügen.
Möge Horus dir gnädig sein
und dir deinen Kopf geben
und dir deine Glieder zusammenfügen, damit du dauerst.

Mögest du ihn empfangen, deinen Ka, deinen Gott.
Möge dein Ka dir gnädig sein,
möge dein Gott dir gnädig sein,
indem dein Ka vor dir ist
und dein Gott hinter dir ist.
Mögest du dir deinen Kopf empfangen.

Die Salbung vereinigt die Glieder zu einem lebendigen, beseelten Körper. Auf die Salbung folgt eine Reinigung mit Weihrauch (Szene 47). Anschließend werden der Statue ein Gewand (Szene 50) sowie Szepter und Keule (Szene 57) überreicht. Den Abschluß bildet oft eine Räucherung vor der Uräusschlange (Szene 59). Der Aufbau des ganzen Rituals läßt sich nun folgendermaßen zusammenfassen:

I. Sequenz	II. Sequenz	III. Sequenz	IV. Sequenz	V. Sequenz	VI. Sequenz
Eröffnung: a) Reinigung durch Libationen und Räucherungen b) Gang zum Grab, Eintreten	a) Beseelung (Schlaf des Sem) b) Übertragung auf die Statue (Handwerkerszenen)	erste Mundöffnung mit Schlachtung	Mundöffnung mit verschiedenen Objekten	zweite Mundöffnung mit Schlachtung (= III)	›Investitur‹ der Statue durch Salbung, Kleidung und Insignien

In einigen Fassungen folgen dann auf diese eigentliche Mundöffnung noch die Durchführung eines Speiseopfers, das ein Ritual für sich darstellt, mit eröffnenden Räucherungen und Libationen sowie eine Litanei an den Sonnengott.

5. Idolatrie und Ikonoklasmus

Konsekrations- und Beseelungsriten wie das ägyptische und mesopotamische Ritual der Mundöffnung stellen klar, daß das Bild als materielles Objekt in den Augen der Ägypter und Mesopotamier noch in keiner Weise in der Lage ist, als Gefäß göttlicher Einwohnung zu dienen. Seine Funktion als Medium göttlicher Präsenz kann es nur im Rahmen hochkomplexer ritueller Voraussetzungen erfüllen, die es mit der Götterwelt in Verbindung bringen und zur zeitweiligen Aufnahme göttlicher Beseelung zubereiten. Eben davon sieht die biblische Religionssatire ab, die das Kultbild auf seine bloße Materialität, ein Stück Stein oder Holz, reduziert. Das ist ein verfremdender Trick, der alle Handlungen, die sich auf Kultbilder beziehen, in das Licht des Absurden stellt.

In der ägyptischen Welt, und Entsprechendes gilt zweifellos für Mesopotamien und viele andere vorbiblische und vorgriechische Kulturen, gibt es den Unterschied zwischen Form beziehungsweise Geist und Stoff nicht. Dem kosmotheistischen Denken, das auf der Immanenz des Göttlichen im Weltlichen, also auch in Holz, Stein und Metallen basiert, muß diese Unterscheidung, wie sie die biblischen Religionssatiren einführen, fremd sein. In gewissem Sinne wohnt Göttliches schon im Stein und wird durch die Arbeit des Steinmetzen in eine Form gebracht, die dann zum Gefäß spezifisch kultischer Einwohnung und Kommunikation werden kann.

So wie das Bild nicht Abbild des Körpers, sondern Körper einer Gottheit ist, so ist das Gold, aus dem es gegossen ist, »das Fleisch der Götter«.[43] Ein Text im Tempel von Dendera, der über das »Material« – da es für den abstrakten Begriff ›Material‹ im Ägyptischen kein Wort gibt, verwendet der Text das Wort *ꜥ3.t* (»kostbarer Stein«), was aber natürlich auf »Holz« nicht paßt – von Götterbildern handelt, spricht nicht von Götterbildern, sondern von »Gott«:

43 Kanais-Inschrift Sethos' I.; Kitchen 1973a, S. 67.16-68.2.

Wenn er über einen Gott sagt, daß sein ›Material‹ Holz und Gold ist, ohne den Namen des Holzes zu nennen, so sagt er es im Hinblick auf den Christusdorn, beschlagen mit Gold. Wenn er über einen Gott sagt, daß sein Material Stein ist, ohne den Namen des Steines zu nennen, so sagt er es im Hinblick auf den schwarzen Granit und schwarzen Feuerstein [...]. Wenn er über einen Gott sagt, daß sein Material echter Stein ist, so sagt er es im Hinblick auf den Magnetit.[44]

So wie man von der steinernen, hölzernen oder metallischen Substanz eines ›Gottes‹ sprechen und damit das Götterbild meinen kann, so kann man auch von Silber, Gold und Lapislazuli sprechen und damit den tatsächlichen Gottesleib meinen. So heißt es im *Buch von der Himmelskuh*, einem Mythos, der zuerst unter Tutanchamun aufgezeichnet wurde, aber vermutlich aus älterer Zeit stammt, vom alt gewordenen Sonnengott:

Nun geschah es, dass Re erstrahlte,
der Gott, er von selbst entstand,
nachdem er das Königtum bekleidet hatte
über Menschen und Götter gemeinsam.
Da ersannen die Menschen Anschläge gegen Re,
denn seine Majestät war ja alt geworden.
Seine Knochen waren Silber,
seine Glieder waren Gold,
sein Haar echtes Lapislazuli.[45]

Der Mythos von der Empörung der Menschen gegen den alt gewordenen Sonnengott wird auch im *Buch vom Fayum* erzählt, einem spätägyptischen Handbuch über das Fayum und seine religiösen Traditionen:

Es war so, dass Re in seinem eigenen Kultleib (djet) sass (wohnte);
Er war alt, seine Knochen waren Silber,
seine Glieder waren Gold,
sein Haar war Lapislazuli,
seine Augen waren aus Grünstein
und (seine) schöne Sonnenscheibe war aus Türkis.[46]

44 Lieven 2007, S. 152. Sie verweist in diesem Zusammenhang auch auf PGM II, S. 83-85.

45 Hornung 1991, S. 37.

46 Beinlich 1991, S. 148f.

Die mineralische Natur des Gottesleibes ist aber nicht als Alterserscheinung gemeint,[47] denn auch in einem Hymnus wird die Gestalt des Sonnengottes mit ähnlichen Formeln beschrieben:

Gesprochen von den großen Acht der ersten Urzeit,
die den Gott in ihrer Mitte verehrten,
als er zu Re geworden war, [der Gott,] der durch sich selbst entstand
– seine Knochen waren aus Silber, seine Haut aus Gold,
seine Haare aus echtem Lapislazuli,
seine Zähne aus Türkis –[48]

Gemeint ist die Sonne als Leib des Sonnengottes. Zwischen ›Bild‹ und ›Leib‹ eines Gottes wird daher begrifflich nicht unterschieden. In der Kanais-Inschrift *Sethos' I.* wird das Gold geradezu als »Leib« (*ḥʿw* (»Glieder«), dasselbe Wort, das auch die oben zitierten Texte verwenden) definiert: »Was das Gold angeht, den Leib der Götter, so ist es nicht eure Sache. Hütet euch davor zu sagen, was Re gesagt hat, als er zu sprechen begann: ›meine Haut ist reines Elektron‹«.[49]

Daher ist es auch problematisch, zwischen ›Gott‹ und ›Bild‹ zu unterscheiden, obwohl der Begriff der Einwohnung eine solche Unterscheidung natürlich impliziert. In ägyptischen Texten wird jedenfalls das Götterbild meist als »Gott« bezeichnet, so zum Beispiel in einer *Maxime der Lehre für Merikare*, in der die Unterscheidung zugleich getroffen und aufgehoben wird:

Generation auf Generation geht dahin unter den Menschen;
Gott, der die Eigenschaften kennt, ist verborgen.
Man kann den Schlag des Herrn der Hand nicht abwehren,
was die Augen sehen, ist (nur) all das Getroffene.[50]
Man muss den Gott verehren auf seinem Wege,
(Gott,) der aus Edelsteinen geformt, aus Bronze gefertigt ist.
Eine Flut wird ersetzt durch die andere Flut,
aber ein Strom lässt sich nicht verbergen,
er zerbricht den Kanal, der ihn fassen wollte.[51]

Dieser Text stellt Gott als Götterbild aus Edelstein und Bronze und Gott als verborgene, unwiderstehliche Macht einander gegenüber

47 Siehe dazu auch Aufrère 1991, II S. 412f.

48 ÄHG Nr. 130, Verse 1-6.

49 Schott 1961, S. 150; Kitchen 1973a, S. 67.16-68.2.

50 Oder: »er schlägt zu vor (aller) Augen«. Im Gegensatz zur Verborgenheit des Gottes selbst ist sein Einwirken in die Geschicke der Menschen offenkundig.

51 Merikare E 124-127 siehe Quack 1992, S. 74f.

und vergleicht den Gegensatz mit dem Unterschied zwischen einem künstlichen Kanal oder Bassin und einem, oder vielmehr dem lebendigen Strom, denn für die Ägypter gab es nur einen Strom, den Nil, der alljährlich über die Ufer trat und sich nicht zuverlässig eindämmen und kanalisieren ließ. Die Differenz von Gott und Götterbild wird sorgfältig beachtet, und doch heißt es, man soll das Bild verehren, nicht das Bild als solches natürlich, sondern den Gott im Bild, den Gott auf seinem (Prozessions-)Wege.

Die Herstellung eines Götterbildes war nicht die Sache einfacher Handwerker, wie Jesaja das darstellt. Sie fand im ›Goldhaus‹ statt, einer streng geheimen, vor allen profanen Blicken geschützten Sphäre, zu der nur Eingeweihte Zutritt hatten.[52] So berichtet etwa der königliche Oberbildhauer Hatiai unter Sethos I.: »Ich wurde initiiert in das Goldhaus, um dort die Abbilder (*seschemu*) und Kultbilder (*ᶜachemu*) aller Götter herzustellen (wörtlich: »zu gebären«; Götterbilder werden in Ägypten nicht gemacht, sondern ›geboren‹), ohne daß es dabei etwas vor mir Verborgenes gegeben hätte.« Ein Text im Tempel von Dendera zählt die Handwerker auf, die im Goldhaus des Tempels arbeiten. Von ihnen heißt es: »Sie sind nicht beim Gott eingeführt«, das heißt: nur in die Geheimnisse des Goldhauses, aber nicht darüber hinaus auch in die Geheimnisse des Kultes eingeführt, die nicht nur Unterweisung, sondern auch die Befolgung strenger Reinheitsvorschriften erfordern. Dann aber heißt es im selben Text weiter: »Wenn das ›Verborgene Werk‹ (die Statuenherstellung im Goldhaus) dann seitens der Amtsträger, die beim Gott eingeführt sind, die zur Priesterschaft gehören, in allen Dingen ausgeführt werden soll, dann sollen sie sich reinigen in einer Waschung der großen Reinigung, um auszuführen was kein Auge sieht unter der Aufsicht des Vorstehers der Geheimnisse [...].«[53]

War schon die Herstellung einer Statue eine Sache von Geheimhaltung und Verborgenheit, dann vollzog sich ihr Übergang von der Werkstatt in den Kultraum in der Form eines geheimen Rituals durch Priester, die ›beim Gott eingeführt‹ sind und sich der großen Reinigung unterworfen haben. Von all diesen Rahmenbedingungen der Bildverehrung sieht die biblische Religionssatire ab, um den Kult der »Götzendiener« als ein absurdes Treiben darzustellen. Ich zitiere

52 Siehe hierzu Lieven 2007.

53 Lieven 2007, S. 149.

nur einige Verse aus dem berühmtesten Beispiel, dem 44. Kapitel des Buches Jesaja:

Wer sind sie, die einen Gott machen
und einen Götzen gießen, der nichts nütze ist?
[...] Der Schmied macht ein Messer in der Glut und formt es mit Hammerschlägen.
Er arbeitet daran mit der ganzen Kraft seines Arms;
dabei wird er hungrig, so daß er nicht mehr kann,
und trinkt auch kein Wasser, so daß er matt wird.
Der Zimmermann [...] hatte Fichten gepflanzt und der Regen ließ sie wachsen.
Das gibt den Leuten Brennholz, davon nimmt er und wärmt sich;
[...] Die Hälfte verbrennt er im Feuer,
[...] und den Rest macht er zu einem Gott,
zu einem Bilde, und kniet vor ihm,
und wirft sich nieder und fleht zu ihm:
›Rette du mich, denn du bist mein Gott!‹
[...] Man überlegt sich's nicht, hat weder Einsicht noch Verstand,
dass man dächte: ›Die Hälfte habe ich im Feuer verbrannt
und auf den Kohlen Brot gebacken, Fleisch gebraten und gegessen.
Aus dem Rest aber habe ich mir einen abscheulichen Götzen (*to^cebah*) gemacht
und nun knie ich vor dem Holzklotz.‹ (Jes 44,9-19)

Weitere prominente Beispiele sind Jeremia Kap. 10 und Psalm 115. Es würde zu weit führen, sie hier zu zitieren, geschweige denn die langen Kapitel, die das apokryphe Buch der Weisheit Salomos den Götzendienern widmet.

Der biblische Monotheismus kämpft gegen die Bilder an, weil sie als ›andere Götter‹ Gott eifersüchtig machen. So heißt es im ersten beziehungsweise zweiten Gebot:

Du sollst dir kein ›Schnitzbild‹ (*pessel*), irgendeine Darstellung (*temunah*)
von etwas am Himmel droben
und etwas auf der Erde unten
und etwas im Wasser unterhalb der Erde machen.
Du sollst dich vor ihnen nicht niederwerfen,
und du sollst ihnen nicht dienen,
denn ich, Jahwe, dein Gott,
bin ein eifersüchtiger Gott. (Dtn 5.8-9 = Ex 20.4-5)

Pessel (»Schnitzbild«, engl. *graven image*) und *massekha* (»Gussbild«, *molten image*) sind die hebräischen Bezeichnungen für (fremde) Kultbilder. Sie betonen das Gemachtsein, das Bild als Resultat eines handwerklichen Herstellungsprozesses, und nicht etwa die Ähnlichkeitsbeziehung zwischen Original und Abbild. Im Akkadischen heißt das Kultbild *ṣalmu*, dasselbe Wort, das die Bibel in der masoretischen Vokalisierung *ṣelem* für die Gottebenbildlichkeit des Menschen verwendet. Daß das gemetzte oder gegossene Machwerk etwas darstellt, wird durch den Zusatz *temunah* (»Figur«) verdeutlicht. Das Bild stellt etwas dar, aber natürlich nicht den unsichtbaren Gott, sondern irgendeine Figur dieser Welt.

Von Ägypten her läßt sich dieses Gebot gut verstehen. Jedes Bild kann einer Gottheit zur Einwohnung dienen, in dem Augenblick nämlich, wo man sich vor ihm niederwirft und ihm ›dient‹. Dasselbe ist mit dem Gebot gemeint: »Du sollst keine anderen Götter haben neben mir.« Bilder erregen die Eifersucht Gottes, weil ihnen ›andere Götter‹ einwohnen.

Das gilt auch für Bilder von Gott selbst, also in Fällen von Bilderdienst, wo gar nicht ›andere Götter‹ gemeint sind, sondern Gott selbst – wie etwa beim Goldenen Kalb, der Urszene der Idolatrie. Hier dachte niemand an Abfall von Gott, sondern lediglich an einen Ersatz für Mose, den man auf dem Sinai tot glaubte. Das Volk wollte den verschwundenen Repräsentanten durch eine Repräsentation Gottes ersetzen. Das aber wurde von Gott als schlimmste Sünde empfunden. Da Gott unsichtbar ist, kann es von ihm keine Bilder geben. Bilder können daher, was immer die Absichten ihrer Verehrer sein mögen, nur andere Götter darstellen und im Akt der Anbetung zur Einwohnung bringen.

Was sind das für Götter, die nach biblischer Vorstellung den Bildern einwohnen? Darauf geben vielleicht andere Stellen einen Hinweis, die ähnliche Listen enthalten:

Seid fruchtbar und mehret euch
und füllet die Erde und machet sie euch untertan,
und herrschet über die Fische im Meer und die Vögel des Himmels,
und über das Vieh und alle Tiere, die auf der Erde sich regen. (Gen 1.28)

Ähnlich heißt es später in dem Bund, den Gott mit Noah schließt:

Seid fruchtbar, vermehrt euch, und bevölkert die Erde!

Furcht und Schrecken vor euch soll sich auf alle Tiere der Erde legen, auf alle Vögel des Himmels, auf alles, was sich auf der Erde regt, und auf alle Fische des Meeres; euch sind sie übergeben.

Alles Lebendige, das sich regt, soll euch zur Nahrung dienen. Alles übergebe ich euch wie die grünen Pflanzen.

Dieses Gebot des »Dominium Terrae« soll verhindern, daß die Menschen die Tiere anbeten. Wer über die Welt verfügt, betet sie nicht an.

Es geht also beim Bilderverbot letztlich um das Verbot der Weltanbetung oder Weltvergottung, wofür man im 18. Jahrhundert den Begriff ›Kosmotheismus‹ prägte. Wer Bilder anbetet, verfällt der Macht und Schönheit dieser Welt und verschließt sich dem Wort des außerweltlichen Schöpfers. Dahinter steht genau dieselbe Bildtheorie wie hinter der ägyptischen Bildpraxis. Die Bilder werden verboten, nicht, weil sie ohnmächtig sind, den wahren Gott darzustellen, sondern weil sie nur allzu mächtig sind, einen jener ›anderen Götter‹ zu verkörpern, von denen auch nach frühbiblisch-monotheistischer Vorstellung die Welt voll ist. Das biblische Bilderverbot und die Angst vor der ›Idolatrie‹ entspringen genau demselben Motiv wie das ägyptische und mesopotamische Bildermachen und die Angst vor Ikonoklasmus: Es geht um die Herstellung von Gottesnähe. Für die Ägypter sind die Bilder das wichtigste Medium göttlicher Gegenwart. Wer sie zerstört, bewirkt, daß die Götter sich von der Welt abwenden. Für die Israeliten gibt es nur das Wort als Medium von Gottesnähe. Die Torah gilt als Offenbarung des göttlichen Willens. Um dem Wort Gottes Raum zu geben, müssen die Bilder verschwinden. Gott ist unsichtbar, alles Schauen führt in die Irre.

Die ägyptische Angst vor dem Ikonoklasmus, die dem biblischen Bilderverbot invers entspricht, findet ihren eindrucksvollsten Ausdruck in dem Traktat *Asclepius*, aus dem wir die ägyptische Theorie des Bildes und der Einwohnung zitiert haben, und der im unmittelbaren Anschluß an die oben zitierte Stelle mit einer apokalyptischen Ausmalung der Folgen eines kommenden Untergangs der ägyptischen Bildreligion fortfährt:

Dieses Land, einst der Sitz der Religion, wird nun der göttlichen Gegenwart beraubt sein. Fremde werden dieses Land bevölkern, und die alten Kulte werden nicht nur vernachlässigt, sondern geradezu verboten werden. Von der ägyptischen Religion werden nur Fabeln übrig bleiben und beschriftete Steine. [...] In jenen Tagen werden die Menschen des Lebens überdrüssig sein und aufhören, den Kosmos (mundus) zu bewundern und zu verehren. Dieses Ganze, so gut, daß es nie etwas Besseres gab, gibt noch geben wird, wird in Gefahr sein, unterzugehen, die Menschen werden es für eine Last ansehen und es verachten. Sie werden diese Welt, das unvergleichliche Werk Gottes, nicht länger lieben, [...] wo sich in harmonischer Vielfalt alles, was der Anbetung, Lobpreisung und Liebe wert ist, als Eines und Alles zeigt. Finsternis wird man dem Licht vorziehen und Tod dem Leben. Niemand wird seine Augen zum Himmel erheben. Den Frommen wird man für verrückt halten, den Gottlosen für weise und den Bösen für gut. [...]

Die Götter werden sich von den Menschen trennen – o schmerzliche Trennung! – und nur die bösen Dämonen werden zurückbleiben, die sich mit den Menschen vermischen und die Elenden mit Gewalt in alle Arten von Verbrechen treiben, in Krieg, Raub und Betrug und alles, was der Natur der Seele zuwider ist.

In jenen Zeiten wird die Erde nicht länger fest sein und das Meer nicht mehr schiffbar, der Himmel wird die Sterne nicht in ihren Umläufen halten noch werden die Sterne ihre Bahn im Himmel einhalten; jede göttliche Stimme wird notwendig zum Schweigen kommen. Die Früchte der Erde werden verfaulen, der Boden wird unfruchtbar werden und die Luft selbst wird stickig und schwer sein. Das ist das Greisenalter der Welt: das Fehlen von Religion (inreligio), Ordnung (inordinatio) und Verständigung (inrationabilitas).[54]

Die Verehrung der Idole macht die Welt bewohnbar, weil sie die innerweltlichen göttlichen Mächte zur Einwohnung und zur Kommunikation mit den Menschen bringen. Die Bilder zerstören, *to smash the idols*, heißt, das Göttliche aus der Welt vertreiben.

Die vom Monotheismus verdrängte Religion heißt Kosmotheismus. Der Kosmotheismus braucht Idole, weil erst durch sie die innerweltliche Göttlichkeit der Welt ansprechbar wird. Der Monotheismus zerstört die Idole, weil sie der außerweltlichen Göttlichkeit des Einen Gottes im Wege stehen.

Literatur

Ägyptische Totenliturgien III (2008). *Osirisliturgien in Papyri der Spätzeit.* Heidelberg: Winter.

Armstrong, A. H. (1988). »Platonic Mirrors«, in: *Eranos*, Vol. 55, S. 147-182.

Assmann, J. (2001). *Tod und Jenseits im alten Ägypten.* München: Beck.

Aufrère, S. (1991). *L'univers minéral das la pensée égyptienne*, 105 Bde. Kairo: Institut Français d'Archélogie orientale.

54 Asclepius 24-26 ed. Nock/Festugière 1960; koptische Fassung: Nag Hammadi Codex 8. 65. 15-78.43 siehe Mahé 1982, S. 69-97; vgl. Fowden 1986, S. 39-43; Frankfurter 1993, S. 188f.

Barasch, M. (1992). *Icon. Studies in the History of an Idea.* New York/London: New York University Press.

Beinlich, H. (1991). *Das Buch vom Fayum. Vom religiösen Eigenverständnis einer religiösen Landschaft*, Äg Abh. 51. Wiesbaden: O. Harrassowitz.

Belting, H. (1996). »Aus dem Schatten des Todes. Bild und Körper in den Anfängen«, in: *Der Tod in den Weltkulturen und Weltreligionen.* Hg. von C. von Barloewen. München: Diederichs, S. 92-136.

Berlejung, A. (1998). *Die Theologie der Bilder: Herstellung und Einweihung von Bildern in Mesopotamien und die alttestamentliche Bilderpolemik*, OBO 162. Freiburg/Schweiz: Universitätsverlag Freiburg.

Bierbrier, M. L. (1982). *Hieroglyphic Texts from Egyptian Stelae, etc. in the British Museum X.* London: British Museum Press.

Bolshakov, S. A. (1997). *Man and his Double. The Ka in Egyptian Ideology of the Old Kingdom.* Wiesbaden: Harrassowitz.

Brunner-Traut, E. (1989). »Ein Golem in der ägyptischen Literatur«, in: *SAK*, Vol. 16, S. 21-26.

Brunner-Traut, E. (1990). »Der Magier Merirê und sein Golem«, in: *Fabula*, Vol. 31, S. 11-16.

Colpe, C./Holzhausen, J. (1997). *Das Corpus Hermeticum Deutsch*, Teil 1. Stuttgart/Bad Cannstatt: Frommann-Holzboog.

Dick, M. B. (1999). »Prophetic Parodies of Making the Cult Image«, in: *The Making of the Cult Image in the Ancient Near East.* Hg. von M. B. Dick. Winona Lake: Eisenbrauns, S. 1-54.

Dieckmann, L. (1968). *Hieroglyphics.* St. Louis: Washington University Press.

Eaton-Krauss, M. (1995). »Pseudo-Groups«, in: *Kunst des Alten Reichs.* Hg. vom Deutschen Archäologischen Institut Kairo. Mainz: Ph. v. Zabern, S. 57-74.

Eschweiler, P. (1994). *Bildzauber im alten Ägypten*, OBO 137. Freiburg/Schweiz: Universitätsverlag.

Ficino, M. (1937-45). *In Plotinum V, viii, = P. O. Kristeller, Supplementum Ficinianum. Marsilii Ficini Florentini philosophi Platonici Opuscula inedita et dispersa*, 2 Bde. Florenz: reschki, Nachdruck 1973.

Fischer-Elfert, H.W. (1998). *Die Vision von der Statue im Stein.* Heidelberg: C. Winter.

Fowden, G. (1986). *The Egyptian Hermes.* Cambridge: Cambridge University Press.

Frankfurter, D. (1993). *Elijah in Upper Egypt. The Apocalypse of Elijah and Early Christianity.* Minneapolis: Fortress Press.

Hornung, E. (1991). *Der ägyptische Mythos von der Himmelskuh. Eine Ätiologie des Unvollkommenen. Orbis Biblicus et Orientalis 46*, 2. Aufl. Freiburg/Schweiz: Universitätsverlag.

Hornung, E. (1997). *Altägyptische Jenseitsbücher.* Darmstadt: Wissenschaftliche Buchgesellschaft.

Idel, M. (1990). *Golem, Jewish Magical and Mystical Traditions on the Artificial Anthropoid.* Albany: State University of New York Press.

Jamblique (1989a). »Les mystères d'Égypte«, in: *Collection Budé.* Hg. von E. des Places. Paris: Les Belles Lettres, S. 189-191.

Jamblique (1989b). »De Mysteriis«, in: *Collection Budé.* Hg. von E. des Places. Paris: Les Belles Lettres, S. 189-191.

Junker, H. (1910). *Die Stundenwachen in den Osirismysterien, DAWW,* Vol. 54. Wien: Akademie-Verlag.

Junker, H. (1940). *Die Götterlehre von Memphis,* Sitzungsber. d. Preuss. Ak. d. Wiss. Jg. 1939, Nr. 23. Berlin: Akademie-Verlag.

Kessler, D. (1989). *Die heiligen Tiere und der König. Teil I: Beiträge zu Organisation, Kult und Theologie der spätzeitlichen Tierfriedhöfe.* Wiesbaden: O. Harrassowitz.

Kitchen, K. A. (1973a). *Ramesside Inscriptions I,* fasz. 3. Oxford: Blackwell.

Kitchen, K. A. (1973b). *Ramesside Inscriptions III.* Oxford: Blackwell.

Kurth, D. (1994). *Treffpunkt der Götter. Inschriften aus dem Tempel des Horus von Edfu.* Zürich/München: Artemis & Winkler.

Lieven, A. von (2007). »Im Schatten des Goldhauses«, in: *SAK,* Vol. 36, S. 149-155.

Mahé, J. P. (1982). *Hermès en Haute-Égypte II.* Quebec: Univ. Laval.

Morenz (1960). *Ägyptische Religion.* Stuttgart: Kohlhammer.

Nock. A. D./Festugière, A. J. (1960). »Corpus Hermeticum II«, in: *Collection Budé.* Paris: Les Belles Lettres, S. 326-329.

Otto, E. (1960). *Das ägyptische Mundöffnungsritual,* ÄgAbh. 3. Wiesbaden: O. Harrassowitz.

Plotin (1964). »Enneades« (Übersetzung von Richard Harder), in: *Plotins Schriften,* Bd. III. Hamburg: Meiner, S. 49-51.

Quack, J. F. (1992). *Studien zur Lehre für Merikare.* Wiesbaden: O. Harrassowitz.

Schneider, H. (1977). *Shabtis,* 3 Bde. Leiden: Brill.

Schott, S. (1961). *Der Tempel Sethos' I. im Wadi Mia,* NAWG. Göttingen: Vandenhoeck & Ruprecht.

Tacke, N. (2002). *Das Opferritual des Neuen Reichs* (Diss.), Bd. 2. Berlin: unveröffentlichtes Manuskript.

Vernant, J. P. (1983). »De la présentification de l'invisible à l'imitation de l'apparence«, in: *Image et Signification, Rencontres de l'École du Louvre 25-37.* Paris: La documentation Française, S. 293-295.

Wind, E. (1958). *Pagan Mysteries in the Renaissance.* New Haven: Yale University Press.

Wolf Singer

Das Bild in uns

*Vom Bild zur Wahrnehmung**

Die Ausgabe der *Frankfurter Allgemeinen Zeitung* vom 12. September 2001 zeigt ein großformatiges Bild auf der ersten Seite. Das Bild zeigte die brennenden Türme des World Trade Center. Die FAZ hat bis dahin nur selten mit der Tradition gebrochen, auf der ersten Seite nur Worte gelten zu lassen. Offenbar hatten die verantwortlichen Redakteure empfunden, daß hier etwas mitzuteilen war, das sich mit Worten alleine nicht fassen ließ. Vielleicht ist dies ein Symptom für den *iconic turn* und die Ablösung des *linguistic turn*, der einst das Wort zum mächtigsten Inhaltsträger erklärte hatte. Vielleicht schwingt das Pendel zurück, und wir besinnen uns wieder auf die Überzeugungskraft von Bildern, wie dies vormals schon die Gegenreformatoren und später die Propagandisten jedweder Couleur getan haben. Das Thema erinnert an den Paragone-Streit in der frühen Neuzeit, als Künstler und deren Exegeten heftig die Frage diskutierten, ob das zweidimensionale Bild oder die dreidimensionale Skulptur die Wirklichkeit treffender abbilden könne. Wie der neuerliche Diskurs ausgehen wird, weiß ich nicht, aber ich möchte versuchen, ihn etwas zu konturieren und mit einigen Argumenten aus der Wahrnehmungsphysiologie anzureichern.

1. Das Verhältnis von Wort und Bild

Die auf Bildern dargestellten Objekte sind der unmittelbaren visuellen Wahrnehmung ebenso gut oder schlecht zugänglich wie die dargestellten Objekte selbst, denn auch Objekte können ja nur über Bilder erfaßt werden, die sie auf der Netzhaut des Auges erzeugen. Mit Objekten, die durch Sprache beschrieben werden, verhält es sich anders. Sie sind weiter entfernt von dem, was der primären Wahrneh-

* Wiederabdruck mit freundlicher Genehmigung des Verlags aus: *Iconic Turn. Die Macht der Bilder.* Hg. von C. Maar u. H. Burda. Köln: DuMont Verlag 2004, S. 56-76.

mung zugänglich ist, da Sprache sich abstrakter, symbolischer Codes bedient, die ihrerseits lediglich Beschreibungen von Wahrnehmungsinhalten sind. Sprache bezieht sich zwar auf die Inhalte unvermittelter Wahrnehmung, doch sind die Symbole, die sie verwendet, nicht mit den bezeichneten Inhalten identisch. Diese Distanz zwischen sprachlich vermittelter und durch Primärwahrnehmung erschließbarer Wirklichkeit hat zwei Konsequenzen: Zum einen nährt sie die Überzeugung, sprachlich Vermitteltes sei weniger vertrauenswürdig als unmittelbar Wahrgenommenes. Zum anderen befreit sie sprachliche Darstellungen aber auch von einigen der Beschränkungen, denen die Primärwahrnehmung natürlicherweise unterliegt. Sprachliche Darstellungen können sich abstrakter Darstellungen und differenzierter syntaktischer Verknüpfungsregeln bedienen, um Sachverhalte auszudrücken. Damit sind sie fähig, Gebilde zu beschreiben, die weitaus komplizierter sind als jene, die der Primärwahrnehmung zugänglich sind. Dennoch entbehrt nach unserem Empfinden selbst das beste Argument meist der Überzeugungskraft des unmittelbar Wahrgenommenen. Diese Überzeugungskraft wird dann als besonders stark empfunden, wenn das Auge uns etwas über die Welt berichtet und wir uns dessen zusätzlich durch eine andere Sinnesmodalität vergewissern können, indem wir das Wahrgenommene ergreifen oder mit dem Ohr orten. Wenn unsere Wahrnehmung von zwei Sinnesmodalitäten bestätigt wird, wenn wir also beispielsweise greifen können, was wir sehen, dann besteht in der Regel kein Zweifel an der Realität dessen, was da draußen ist. Der Inhalt der Wahrnehmung hat dann den sogenannten ›intermodalen Konsistenztest‹ bestanden.

Die Dominanz des unmittelbar Wahrgenommenen über das in Sprache Gefaßte soll ein kleines Beispiel belegen, das ich selbst erlebt habe. Vor vielen Jahren lud mich der Kunstpädagoge Hans Daucher, der an der Münchener Akademie der Künste unterrichtete, zu einem Symposium in die Villa Malaparte nach Capri ein. Unter dem Titel *Lux et Lumen* ging es um die Beziehungen zwischen Kunst und Wissenschaft. Nachdem wir drei Tage lang den üblichen akademischen Diskurs gepflegt hatten, sagte Daucher: »Der heutige Tag ist mein Tag. Wir werden heute nicht miteinander diskutieren, sondern den Vormittag nutzen, um gemeinsam ein Bild zu malen.« Die Regeln waren streng: Wir durften nicht sprechen, hatten aber freien Zugang zu Pinseln und Farbtöpfen. Und wann immer uns danach war, konnten wir aufstehen, um an dem, was da auf der Leinwand entstand, irgendwelche Veränderungen vorzunehmen. Aber es durfte immer nur einer nach dem anderen aufstehen und malen, nie zwei zur gleichen Zeit. Wir haben dann hart gearbeitet, fünf oder sechs Stunden lang, und ein recht passables Bild zustande gebracht, das viele Veränderungen durchlaufen hatte, bevor wir es als fertig erachteten. Am Nachmittag versuchten wir dann, die Malaktion vom Vormittag zu reflektieren, was sich als aufschlußreicher Fehler erwies. Denn jeder von uns hatte im Verlauf des gemeinsamen Malens sehr klare Vorstellungen davon entwickelt, welche gestalterischen Ziele die verschiedenen Akteure verfolgten, welche Allianzen sich gebildet hatten, welcher Natur die ästhetischen Urteile der anderen waren und an welcher Stelle sich Aggressionen entwickelt und zu destruktiven Eingriffen in das Gesamtkunstwerk geführt hatten. Als wir versuchten, diese Wahrnehmungen in Worte zu fassen, wurde klar, daß das, was die einzelnen über ihr Bestreben und ihre Motive berichteten, überhaupt nicht mit dem übereinstimmte, was die anderen jeweils wahrgenommen hatten. Und es war keine Frage, daß jeder nur das glaubte, was er gesehen und erlebt hatte, und nicht das, was von den anderen berichtet wurde. Ein Beispiel dafür, daß das unmittelbar Wahrgenommene für uns eine höhere Glaubwürdigkeit zu besitzen scheint als das sprachlich Vermittelte.

2. Die Hierarchie der Sinne

Das bringt mich zu der Frage, ob sich die verschiedenen Sinnesmodalitäten, welche unsere Primärerfahrungen vermitteln, im Hinblick auf ihre Überzeugungskraft unterscheiden. Trauen wir unseren Augen mehr als dem Tastsinn oder dem Gehör? Mir scheint, daß die größte Verläßlichkeit dem Tastsinn, der haptischen Wahrnehmung, zugebilligt wird. Was wir greifen können, halten wir für real, und daher leitet sich wohl auch das Wort »begreifen« ab. Nicht zuletzt beruht all unsere Körpererfahrung auf diesem Sinnessystem. Wir wissen, daß wir sind, weil wir uns fühlen, spüren und greifen können. Babys begreifen sich zuerst über den Tastsinn. Sie erfahren ihr Körperschema durch Berührungsreize, Signale des somatosensorischen Systems, das ihnen Auskunft über die Stellung ihrer Glieder gibt. Daß die Welt um sie herum strukturiert ist, erfahren Babys ebenfalls zuerst durch den Tastsinn: Die Welt wird von ihnen im wahren Sinn des Wortes ertastet. Dagegen beginnt das Sehsystem erst später, sich auf das Begreifen der Welt einzustellen. Es greift dabei auf die Erfahrung zurück, die der Tastsinn bereits vor ihm gemacht hat. Es ist deshalb kein Zufall, daß die Regionen der Hirnrinde, die das Körperschema repräsentieren, vorwiegend mit Signalen des Tastsinns versorgt werden. Ich will die Überzeugungskraft haptischer Erfahrungen mit einem weiteren autobiographischen Erlebnis belegen. Als ich zum ersten Mal nach Amerika fliegen durfte und auf dem Rückweg völlig übermüdet im Flieger nicht schlafen konnte, sah ich im dämmrigen Licht ein paar Reihen vor mir einen Hummer von rechts nach links über den Gang gehen. Ich war überzeugt, daß dies eine Halluzination war und ich vermutlich verrückt geworden sei. Ich wagte es nicht, die Stewardeß zu informieren, weil ich fürchtete, daß sie mich bei der Landung der Psychiatrie übergeben würde. Nach Minuten großer Panik habe ich schließlich den Mut gefaßt, nach vorn zu gehen und das vermeintliche Hirngespinst anzufassen. Es war ein quicklebendiger Hummer, der sich nur ein bißchen kalt anfühlte. Was ich damals nicht wußte: Man kann am Logan Airport in Boston lebende Hummer kaufen, die dort aus einem Bassin gefischt, auf Eis gelegt und in Styroporkisten verpackt werden, so daß man sie mit ins Flugzeug nehmen kann. Das war des Rätsels Lösung: Der Hummer war aus einer Styroporkiste entkommen. Seit diesem Vorfall weiß ich, daß wir auch das Unwahrscheinliche zu glauben bereit sind, wenn das visuelle und das haptische Sinnessystem zum gleichen Schluß kommen. Wenn sich die Wahrnehmungserfahrungen zweier unterschiedlicher Sinnessysteme decken, macht uns das sicher, daß das Wahrgenommene Realität ist. Dem visuellen System alleine hätte ich nicht getraut, dem haptischen System alleine wahrscheinlich schon eher, vor allem wenn das Tier sich beim Anfassen gewehrt und mich mit seinen Zangen gezwickt hätte.

So scheint auf der Verläßlichkeitsskala der Sinne der Tastsinn der überzeugendste zu sein. An zweiter Stelle folgt, zumindest bei Primaten, vermutlich der Gesichtssinn. Er kommt dem haptischen Sinn insofern am nächsten, als er die Welt so repräsentiert, wie sie sich diesem darbietet. Wie der Tastsinn, so ist auch der Gesichtssinn in der Lage, Objekte präzise zu identifizieren und in ihrer dreidimensionalen Gestalt darzustellen sowie Auskunft über die Lage der Objekte im Raum zu geben und ihre Bewegung zu dekodieren. Das heißt, das Gesehene kann im Prinzip auch ertastet, begriffen werden. Zwischen dem haptischen Sinn und dem Sehsinn kann also der oben angeführte Kongruenz- oder Stimmigkeitstest besonders leicht durchgeführt werden. Und so verwundert es auch nicht, daß Bilder von der Wirklichkeit, gemalte Bilder, photographierte Bilder – auf der Netzhaut unseres Auges sind sie nichts anderes als die Wirklichkeit, beide werden dort als zweidimensionale Helligkeitsverteilung abgebildet – uns fast genauso überzeugend vorkommen wie die Wirklichkeit selbst. Man muß sich das einmal vor Augen führen: Ein realistisch gemaltes Bild erzeugt auf der Netzhaut genau die gleichen Farb- und Helligkeitsverteilungen wie die Realität, die sie abbildet. Deshalb können Bilder, die es wie die Trompe-l'œil-Malerei darauf anlegen, die Wirklichkeit täuschend echt wiederzugeben, von unserer Vorstellung tatsächlich für die Wirklichkeit selbst genommen werden. Man hat Lust, das, was dargestellt ist, wirklich zu ergreifen, wenn man sich solchen Bildern nähert. Wenn es einem Bild wie dem Trompe-l'œil einer Pinnwand darüber hinaus auch noch gelingt, das Dargestellte in den Raum des Betrachters einzubetten, indem es sich fugenlos in den Raumhintergrund einpaßt, dann wird die Versuchung groß, nach dem gemalten Zettel zu greifen, der auf der Pinnwand festgemacht ist (siehe Abb. 1).

Ein besonders hinterhältiges Trompe-l'œil hat René Magritte komponiert (siehe Abb. 2). Auf einer Staffelei steht ein Bild, das seinerseits ein Fenster darstellt, durch das der Betrachter auf die Landschaft draußen, auf die ›wirkliche‹ Wirklichkeit blicken kann. Bilder wie dieses verdeutlichen, was Malerei insgesamt vermag und daß sie weit über das hinausgehen kann, was mit einer reinen Abbildung, zum Beispiel einer Photographie, erreicht werden kann.

Den Gesichtssinn zeichnet ferner aus, daß er in der Lage ist, die Körper anderer Organismen, Mitmenschen oder Tiere in ihrer Ausformung und Dynamik präzise erfahrbar zu machen. Er ermöglicht es dem Betrachter, durch die Auswertung von Mimik, Gestik, Bewegung, Eleganz und Körperbau Rückschlüsse zu ziehen auf die Gestimmtheit, aber auch auf die Wesenheit der Person. Der Gesichtssinn erfüllt damit eine eminent wichtige Funktion in der sozialen Kommunikation und beim Aufbau sozialer Strukturen. Das Gehör vermag Ähnliches, ist aber, wenn man von der semantischen Dekodierung von Sprache absieht, auf die Bewertung der Betonungen der Sprache beschränkt. Auch sie verrät Gestimmtheit, läßt erkennen, ob jemand ängstlich, entschlossen oder aufgeregt ist. Aber dies scheint uns nicht

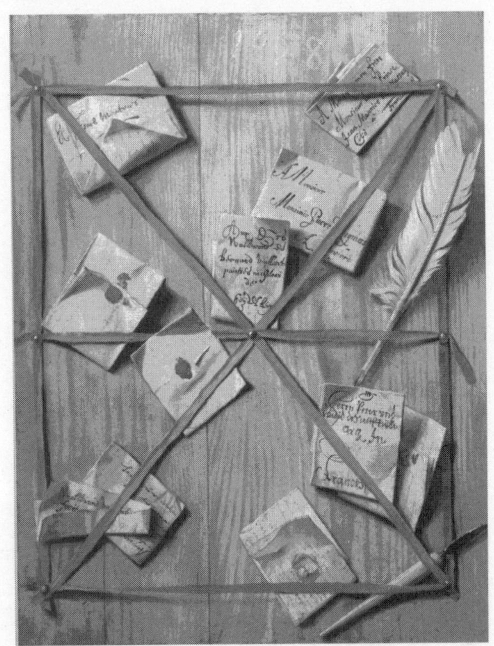

Abb. 1: Prinzip des Trompe-l'œil: Wenn die Wahrnehmung von zwei Sinnen bestätigt wird, nehmen wir auch das Unwahrscheinlichste für wirklich. Abbildung: Wallerant Vaillants: *Letter Rack with Letters* (1658), in: *Die Geschichte des Stillebens.* Hg. von S. Ebert-Schifferer. München: Hirmer Verlag 1998, S. 228, Abb. 167.

zu genügen. Wenn wir jemanden per Telefon kennengelernt haben – wobei natürlich wegen der begrenzten Bandbreite der Tonübertragung auch viel von der differenzierten Betonung verlorengeht –, wollen wir uns unseres Eindrucks in der Regel versichern, indem wir die Person in Augenschein nehmen. Das heißt, wir wollen unseren Gesichtssinn einsetzen und die nichtverbalen Kommunikationskanäle benutzen, die uns das Sehsystem zur Verfügung stellt, um zusätzliche Informationen über den Gesprächspartner zu erhalten.

In der Hierarchie der Sinne ist die nächste Modalität auf der Verläßlichkeitsskala, zumindest bei Primaten, das Gehör. Bei Fledermäusen und Nachteulen mag das anders sein, da ist vermutlich der Seh-

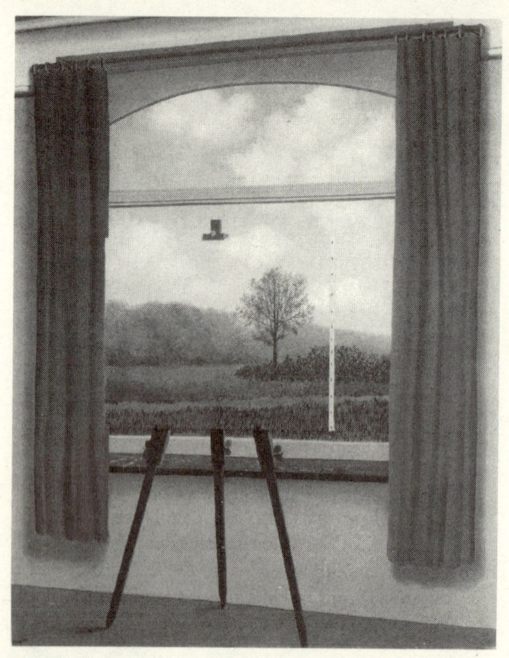

Abb. 2: Malerei als Fenster zur Welt: Das Bild thematisiert auf ironische Weise den ›Wahrheitsgehalt‹ der Malerei im Bezug zur Realität.
Abbildung: René Magritte: *La condition humaine* (1933), in: *The Pastoral Landscape*. Hg. von J. D. Hunt. Hannover/London: University Press of New England 1992, S. 203. © VG Bild-Kunst, Bonn 2008.

sinn der verläßlichste, da diese Tiere mit ihrem Gehör tatsächlich Formen und Objekte erkennen und genau lokalisieren können. Aber wer von uns weiß schon, um mit dem amerikanischen Philosophen Thomas Nagel, einem Vertreter der analytischen Schule, zu sprechen, »What is it like to be a bat?« (Wie fühlt es sich an, eine Fledermaus zu sein?). Unser Gehör vermag jedenfalls im Vergleich zum Gesichtssinn räumliche Zuordnungen nur unvollkommen aufzulösen. Wir können uns zwar mit dem akustischen System grob orientieren, aber Schallquellen nicht sehr präzise verorten. Die Domäne des auditorischen Systems liegt in der Kodierung serieller Vorgänge. Deshalb haben wir es wahrscheinlich auch als Träger unserer Sprache gewählt, die ja ein serieller Prozeß ist. Akustische Kommunikation vollzieht sich im relativ niedrigdimensionalen Kodierungsraum von Frequenz und Rhythmen. Ein quantitativer Vergleich der Sinnesorgane mag das verdeutlichen. Um Tonhöhen zu kodieren, sind in der Schnecke des Ohres etwa 60 000 Haarzellen angeordnet. Um Bilder zu kodieren, verfügen wir hingegen in jedem der beiden Augen über mehr als eine Million Photorezeptoren. Die Natur treibt also schon auf der Ebene der Rezeption von Signalen viel mehr Aufwand für den Gesichtssinn als für das Gehör. Zwei Beispiele machen den Vorrang des Gesichtssinns über das Gehör deutlich, zumindest in Bezug auf Primaten und Menschen. In unserem Gehirn gibt es topologische Karten, die den Raum um uns abbilden. Sie werden sowohl vom Sehsystem als auch vom auditorischen System mit Informationen versorgt. Die beiden Karten müssen sich präzise decken, um den Ort einer Schallquelle sowohl visuell als auch auditorisch gleichermaßen erfassen und zur Deckung bringen zu können. Würden diese Karten nicht aneinander angepaßt, könnte es passieren, daß wir rechts einen Hund sehen, dessen Gebell von links kommt, was uns sehr verwirren würde. Nun ist das In-Deckung-Bringen verschiedener sensorischer Karten kein triviales entwicklungsbiologisches Problem. Die Karten entwickeln sich zunächst nämlich unabhängig voneinander und müssen dann aufeinander abgestimmt werden. Diese Anpassung erfolgt mit Hilfe von Erfahrung. Babys lernen mit der Zeit, die verschiedenen Karten ihres Sensoriums zur Deckung zu bringen. Nun kann man fragen: Wer paßt sich an wen an, die akustische Karte an die visuelle oder umgekehrt? Es gilt inzwischen als gesichert, daß erst die visuelle Karte festgelegt und dann die akustische daran angepaßt wird. Daraus läßt sich ableiten, daß die größere Verläßlichkeit dem visuellen System zugeschrieben wird und das akustische System sich anpassen muß.

Der sogenannte Bauchrednereffekt nutzt dieses Primat des Sehsystems über das Gehör. Wenn ich sprechen könnte, ohne meine Lippen zu bewegen, und die Bewegungen, die nötig wären, um zu sagen, was ich sagen möchte, irgendwo anders erzeugt würden, dann hätte ein Zuhörer den zwingenden Eindruck, meine Sprache käme von dem Ort, an dem die Bewegung erzeugt wird. Das kommt daher, weil unser Nervensystem danach strebt, die verschiedenen Sinnesmodalitäten zur Deckung zu bringen und die Sprachquelle folgerichtig dem motorischen Akt zuordnet. Diese Suche nach Übereinstimmung ist so stark, daß der Sinneseindruck selbst verändert wird. Man denkt nicht nur, die Schallquelle sei am Ort der Bewegung, sondern man hört die Sprache tatsächlich auch von dort kommen.

3. Zur Organisation der Großhirnrinde

Gibt es nun für die unterschiedlichen Positionen, die die unterschiedlichen Sinnessysteme auf der Überzeugungsskala einnehmen, neurobiologische Entsprechungen? Hier interessiert vor allem die Organisation unserer Sinne auf der Ebene der Hirnrinde, denn diese ist die Struktur, die für alle höheren kognitiven Leistungen verantwortlich ist. Es geht um den etwa zwei Millimeter dünnen Zellmantel, der die Großhirnhemisphären bedeckt. Er besteht aus dicht gepackten Nervenzellen, von denen sich etwa 60 000 auf einem Kubikmillimeter drängen. Jede dieser Zellen ist mit etwa 20 000 anderen verbunden. Am intensivsten kommunizieren Nervenzellen mit ihren unmittelbaren Nachbarn, doch unterhalten sie auch Verbindungen mit Nervenzellen, die weit entfernt in anderen Hirnregionen liegen. Diese mächtigen Leitungsbahnen treten als weiße Substanz in Erscheinung, welche als sogenanntes Marklager die Großhirnrinde unterfüttert. In einem Kubikmillimeter Großhirnrinde sind etwa sechs Kilometer Kabel verlegt. Das Faszinierende an dieser Struktur ist nun, daß ihr interner Aufbau in allen Bereichen, ob sie sich mit dem Sehen, Hören, Riechen, Fühlen oder Sprechen befassen, nahezu identisch ist. Dies bedeutet, daß auch die Verarbeitungsprozesse, die in den verschiedenen Arealen der Großhirnrinde ablaufen, sehr ähnlich sein müssen. In der Großhirnrinde wird offenbar ein sehr mächtiger Verarbeitungsalgorithmus realisiert, der zur Bearbeitung sehr unterschiedlicher Signale verwendet werden kann. Die verschiedenen Funktionen der Großhirnrinde kommen vorwiegend dadurch zustande, daß die Areale unterschiedliche Eingangsinformationen zur Verarbeitung erhalten. Areale, die ihre Signale vom Auge beziehen, vermitteln die Wahrnehmung der Sehwelt. Entsprechend obliegt die Dekodierung von Sprache Arealen, die vom Gehör aktiviert werden. Die Verarbeitung der Signale scheint trotz aller Unterschiede in der Struktur des sensorischen Materials nach gleichen Prinzipien zu erfolgen. Dieses erstaunliche Faktum gilt es zu berücksichtigen, wenn nach Erklärungen gesucht wird, wie sich im Lauf der Evolution durch eine Vermehrung der Großhirnrinde höhere kognitive Funktionen ausgebildet haben könnten. Trotz aller Ähnlichkeiten ist es möglich, die verschiedenen Areale der Großhirnrinde nach funktionellen und feinanatomischen Kriterien voneinander zu unterscheiden. Beim Menschen lassen sich etwas mehr als 100 verschiedene Hirnrindenareale ausmachen, wobei der weitaus größte Anteil der Areale, die mit der Verarbeitung von Sinnesinformationen befaßt sind, zum Sehsystem gehört.

Von allen Sinnessystemen beansprucht das visuelle den weitaus meisten Platz. Zudem gliedert es sich in zwei parallele Subsysteme, die unterschiedliche, aber komplementäre Funktionen erfüllen: Der ventrale Pfad ist damit befaßt, Objekte zu identifizieren, während es dem dorsalen Pfad obliegt, den Ort von Objekten und ihren Bewegungen im Raum zu bestimmen und die Form von Objekten so weit zu analysieren, wie dies erforderlich ist, um sie greifen zu können. Wenn zum Beispiel im ventralen Pfad, der für die Identifikation visueller Objekte zuständig ist, Störungen auftreten, dann verlieren die Patienten die Fähigkeit, Objekte, die sie sehen, zu erkennen und zu benennen. Sie wissen dann also nicht, was sie sehen, sind aber ohne weiteres in der Lage, nach einem Objekt zu greifen, die Stellung der Hand an das Objekt anzupassen und es zu manipulieren. Sobald sie das Objekt ertastet haben, erkennen sie es in der Regel sofort und können es adäquat verwenden. Störungen im dorsalen Pfad hingegen führen zu sogenannten visuellen Ataxien. In diesem Fall können die Patienten ohne weiteres erkennen, um was es sich handelt, zum Beispiel um ein Glas mit Wasser. Aber wenn sie dieses ergreifen und austrinken wollen, greifen sie oft daneben, weil sie die Stellung ihrer Hand nicht der Form des Objektes anpassen können. Ein Teil des Sehsystems wird also dafür verwendet, die Motorik darauf vorzubereiten, eine gezielte Greifbewegung zu machen. Wie eng visuelles Wahrnehmen mit dem Vorbereiten von Motorik verbunden ist, hat die Entdeckung der sogenannten Spiegelneuronen (*mirror neurons*) durch Giacomo Rizzolatti und seine Gruppe deutlich gemacht. Rizzolatti hat beobachtet, daß bei einem Affen, der einen anderen Affen oder einen Menschen beobachtet, der eine bestimmte Greifbewegung ausführt, Nervenzellen in den exekutiven Arealen seiner Großhirnrinde auf genau die gleiche Weise aktiv werden, als würde das beobachtende Tier diese Bewegung selbst ausführen. Das Tier bereitet die Bewegung, die es sieht, offenbar selbst vor, ahmt sie mental nach, führt sie dann aber nicht aus, weil gleichzeitig hemmende Impulse erzeugt werden, welche die Übertragung des motorischen Programms auf die Muskeln verhindern. Wir bereiten also, wenn wir schauen, unsere Motorik darauf vor, mit dem Gesehenen haptisch zu interagieren, und wir erzeugen sogar motorische Programme. Wenn ein Baby seinen Mund aufsperren soll, um den Löffel mit Brei endlich hineinzulassen, genügt es oft, den eigenen Mund weit zu öffnen. Das Baby ahmt die Bewegung nach, und weil seine Hemmechanismen noch wenig entwickelt sind, öffnet es seinen Mund tatsächlich.

4. Wahrnehmung und Konstruktion

Diese Beispiele legen nahe, das Sehsystem würde das Beobachtbare sehr effizient und wirklichkeitsgetreu abbilden und uns die visuelle Welt in all ihren Dimensionen vollständig erschließen. Psychophysik und experimentelle Befunde belegen jedoch, daß dem nicht so ist. Unsere Wahrnehmungen sind keine isomorphen Abbildungen einer wie auch immer gearteten Wirklichkeit. Sie sind vielmehr das Ergebnis hochkomplexer Konstruktionen und Interpretationsprozesse, die sich sehr stark auf gespeichertes Vorwissen stützen. Dieses Vorwissen wiederum speist sich aus unterschiedlichen Quellen, wobei sowohl evolutionäre Prozesse als auch individuelle Seherfahrungen, die das Gesehene zu interpretieren erlauben, von Bedeutung sind. Vielleicht ist Vorstellen zunächst Nachahmen gewesen? Unser Sehsystem geht zum Beispiel davon aus, Licht komme von oben. Strukturen, die Schatten nach unten werfen, werden deshalb als hervortretend, konvex, wahrgenommen, während Schatten am Oberrand eines Objektes auf konkave Vertiefungen verweisen (siehe Abb. 3). Warum wir das annehmen, ist zwar evolutionsgeschichtlich nachvollziehbar, doch stimmt die Annahme in unserer modernen Welt nur noch bedingt. Nach wie vor jedoch bestimmt sie unsere Wahrnehmung.

Künstler machen sich diese interpretative Leistung unseres Sehsystems zunutze, um beispielsweise mit zweidimensionaler Malerei durch entsprechende Schattierungen dreidimensionale Seheindrücke zu erzeugen. Interessant ist, daß wir keine bewußte Kontrolle über diese interpretativen Prozesse haben. Selbst wenn wir wissen, daß ein Objekt in zwei Dimensionen dargestellt ist, nehmen wir es dennoch –

wenn es naturalistisch genug gemalt ist – in drei Dimensionen wahr. Ein Beispiel sind die sogenannten Kanisza-Figuren. Wenn drei Kreisscheiben mit ausgeschnittenen Segmenten so angeordnet werden, daß man annimmt, die fehlenden Segmente seien durch die Spitzen eines undurchsichtigen, darübergelegten Dreiecks verdeckt, dann nimmt man tatsächlich ein Dreieck wahr (siehe Abb. 4). Unser Sehsystem zieht dann die Schlußfolgerung, daß es sich hier mit größter Wahrscheinlichkeit um intakte Kreisscheiben handelt und daß diese nur deshalb nicht vollständig sichtbar sind, weil ein ebenfalls geschlossener, symmetrischer Körper darüberliegt. Bei drei Kreisscheiben gehen wir davon aus, daß ein Dreieck darüberliegt, bei vier Kreisscheiben erwarten wir, daß es ein Quadrat ist. Unser Sehsystem erfindet also eine Figur, um der Vorerwartung Rechnung zu tragen, daß Objekte der Sehwelt symmetrisch, geschlossen, intakt, kurz: von guter Form sind. Kreisscheiben mit ausgeschnittenen Segmenten gehören nicht dazu, da sie in der Natur selten vorkommen.

Ähnlich eindrucksvoll sind die bekannten perspektivischen Täuschungen, die auf die Vorannahme zurückgehen, daß etwas, das weiter weg ist, automatisch kleiner erscheint. Werden in perspektivisch gezeichneten Bildern Personen im Hinter- und Vordergrund gleich groß wiedergegeben, erscheinen uns diejenigen im Hintergrund viel größer. Und auch in diesem Fall hat das Wissen um die Illusion keinen Einfluß auf die Wahrnehmung. Selbst wenn man sich durch Nachmessen davon überzeugt hat, daß die Personen im Hintergrund objektiv die gleiche Größe haben wie im Vordergrund, werden die im Hintergrund immer noch als größer wahrgenommen. Schließlich läßt sich das Sehsystem sogar dazu verführen, Unmögliches wahrzunehmen und Welten zu konstruieren, die keine natürliche Entsprechung haben können. Solches gelingt zum Beispiel durch eine Kombination von Täuschungsmanövern, die zu widersprüchlichen Interpretationen zwingen. Bei M. C. Escher finden sich viele Beispiele für solche Art Verführbarkeit wie auch für die Grenzen der konstruktivistischen Fähigkeiten unseres Sehsystems.

Inzwischen verfügen wir auch über eindrucksvolle neurobiologische Hinweise auf die konstruktivistische Natur der Wahrnehmung. Mit Hilfe bildgebender Verfahren läßt sich feststellen, wann welche Gehirnregionen aktiv werden, wenn sich eine Versuchsperson beispielsweise etwas vorstellt, etwas sieht oder wenn sie nachdenkt oder laut spricht. Man kann nun außerdem noch untersuchen, wie sich

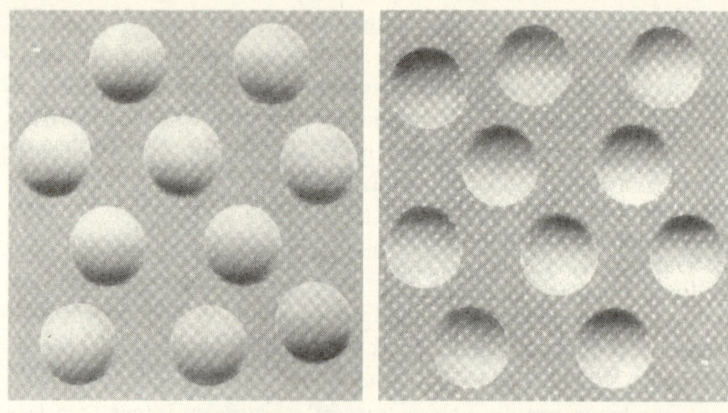

Abb. 3: Unser Sehsystem geht automatisch davon aus, daß Licht von oben kommt: Strukturen, die Schatten nach unten werfen (links), werden deshalb als konvex wahrgenommen, während Strukturen, die Schatten nach oben werfen, als konkav aufgefaßt werden.
Abbildung aus: Kandel, E. R./Schwatz, J. H./Jessell, T. M.: *Neurowissenschaften: Eine Einführung*. Heidelberg/Berlin/Oxford: Spektrum Akademischer Verlag 1996, S. 399, Abb. 21.9.

die Aktivierungsmuster unterscheiden, wenn sich die Versuchsperson ein Objekt beispielsweise mit geschlossenen Augen lediglich so konkret wie möglich vorzustellen versucht oder wenn sie das Objekt mit geöffneten Augen tatsächlich sieht. Der Vergleich führt zu dem erstaunlichen Ergebnis, daß fast alle Hirnrindenareale, die bei der Wahrnehmung sichtbarer Objekte aktiv werden, auch aktiviert sind, wenn man sich die Objekte nur vorstellt. Nur die primären sensorischen Areale der Hirnrinde, die ihre Signale direkt von den Sinnesorganen beziehen, zeigen bei der Vorstellung wenig oder gar keine Aktivierung. Dies belegt, wie nahe sich Vorstellung und Wahrnehmung kommen. Im pathologischen Fall, bei halluzinatorischen Wahrnehmungen zum Beispiel, verschmelzen diese Grenzen vollständig. Halluzinierende Menschen nehmen eine selbstgenerierte Aktivität so wahr, als wäre sie durch konkrete von außen kommende Sinnesreize ausgelöst. Wenn man mit bildgebenden Verfahren untersucht, welche Gehirnregionen während der Halluzination aktiv werden, dann findet sich bei Patienten mit sprachbezogener Halluzination, wie erwartet, eine erhöhte Aktivität in allen Hirnrindenarealen, die auch aktiv werden, wenn wir stumm sprechen, uns Sprache also nur vor-

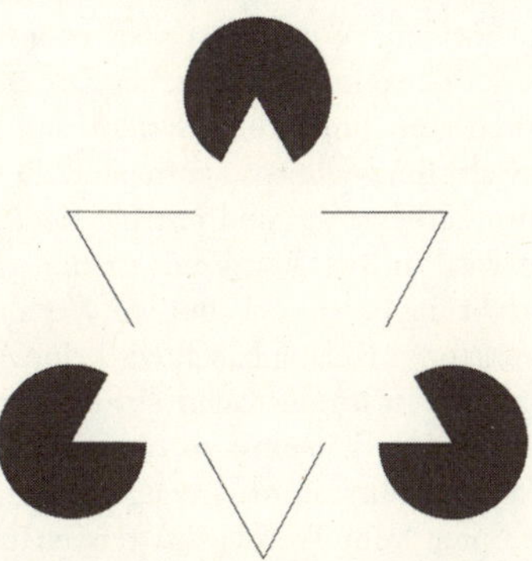

Abb. 4: Unser Sehsystem favorisiert geschlossene Formen. Kreisscheiben mit ausgeschnittenen Segmenten gehören nicht dazu. Deshalb ergänzen wir automatisch ein darüberliegendes Dreieck.
Abbildung aus: Kandel, E. R./Schwatz, J. H./Jessell, T. M.: *Neurowissenschaften: Eine Einführung.* Heidelberg/Berlin/Oxford: Spektrum Akademischer Verlag 1996, S. 398, Abb. 21.7.

stellen. Zusätzlich aber wird noch die primäre Hörrinde aktiv. Wenn sich hingegen gesunde Versuchspersonen, die keine Halluzination haben, vorstellen, daß jemand spricht, wird die primäre Hörrinde niemals mit aktiviert. Bei den Patienten mit Halluzinationen schlägt offenbar die selbsterzeugte Aktivität höherer Hirnrindenareale durch bis auf dieses primäre Areal der Hörrinde, so daß diese jedesmal, wenn eine Halluzination auftritt, vorübergehend aktiviert wird. Diese Aktivierung kann fast so stark sein wie die Aktivierung bei einer tatsächlichen auditorischen Reizung. Offenbar ist es also so, daß das Gehirn Aktivität, auch wenn sie nicht von außen kommt, sondern selbst erzeugt wird, als real wahrnimmt, wenn primäre Areale mit aktiviert werden.

Dies wirft die interessante Frage auf, wie das Gehirn überhaupt weiß, ob und wann etwas, das es rekonstruiert und wahrgenommen hat, zutrifft und stimmig ist. Eine mögliche Interpretation der Halluzinationsexperimente wäre, daß wir Inhalte dann für real halten, wenn Aktivität in primären sensorischen Arealen auftritt. Aber das garantiert natürlich noch nicht, daß das Wahrgenommene mit der Wirklichkeit übereinstimmt. Woher nimmt das Gehirn die Sicherheit, daß das, was es wahrnimmt, tatsächlich mit dem übereinstimmt, was die Sinnesorgane melden? Wir wissen, daß es im Gehirn Systeme gibt, die sich mit der Bewertung hirninterner Zustände befassen. Diese Zentren gehören zum limbischen System und sind stammesgeschichtlich relativ alt. Ihnen obliegt es offenbar, die verteilten Aktivitäten im Großhirn zu bewerten und festzustellen, ob das, was dort jeweils erarbeitet wird, in sich konsistent ist und zu dem paßt, was durch frühere Erfahrung bereits bekannt ist. Was aber sind die Kriterien für diese Bewertung? Bislang haben wir keine Antwort auf diese faszinierende Frage. Es ist für das Gehirn offenbar möglich, aus den ständig wechselnden Aktivitätsmustern raum-zeitlich strukturierter elektrischer Entladungen bestimmte Kenngrößen zu extrahieren, die es erlauben, die Spreu vom Weizen zu trennen und festzustellen, wann eine Wahrnehmung konsistent ist, ein Gedanke schlüssig, eine Entscheidung richtig, ein Bild fertig. Wir wissen nicht, welches die internen Kriterien sind, die uns dazu befähigen. Eine Hypothese wäre, daß als Konsistenzbeweis gilt, wenn das, was über die Sinnessignale geliefert wird, mit dem Vorwissen kompatibel ist, welches das Gehirn über die Welt gespeichert hat. Gehirne verfügen über beträchtliches Weltwissen, schon wenn sie auf die Welt kommen, denn im Laufe der Evolution wurde durch Versuch und Irrtum viel Wissen angesammelt. Dieses Wissen liegt in den Genen gespeichert und wird während der Individualentwicklung in Gehirnstrukturen exprimiert. Unsere Gehirne verdanken einen Großteil ihrer Ausdifferenzierung genetischen Instruktionen. Diese legen die Arbeitsweise des Gehirns fest und damit die Kriterien, nach denen die Signale aus der Welt verrechnet und bewertet werden. In der Verschaltung der Nervenzellen liegt also Wissen über zweckmäßige Verrechnungsoperationen und damit Vorwissen über die Welt, in der wir uns bewegen. Die Gene sind eine Quelle des Vorwissens, an dem sich hirninterne Bewertungszentren orientieren könnten. Dann ist da das Erfahrungswissen, das im Laufe der Individualentwicklung hinzukommt. Denkbar wäre also, daß dann, wenn sich sensorische Signale mit Gewußtem decken, das Gehirn zu dem Schluß kommt, es stimme. Ein weiteres Kriterium für Stimmigkeit könnte, wie bereits ausgeführt, intermodale Kongruenz sein. Wenn Geruchs-, Gehör-, Seh- und taktiler Sinn alle zum gleichen Ergebnis kommen, dann stimmt das Wahrgenommene wahrscheinlich. Solche Kongruenz ist jedoch nur ein Wahrscheinlichkeitskriterium, das nicht vor Täuschung schützt, im Gegenteil: Das System wird durch Vertrauen auf die Validität des Kontingenzkriteriums in hohem Maße verführ- und täuschbar, wenn es mit einer manipulierten Sinneswelt konfrontiert wird. Wenn es gelingt, durch künstliche oder manipulative Verfahren zu erreichen, daß verschiedene Sinnessignale als deckungsgleich wahrgenommen werden, dann hat das Gehirn überhaupt keine Chance herauszufinden, daß es getäuscht worden ist. Systeme, die virtuelle Realität erzeugen, beweisen dies auf eindrucksvolle Weise. Ein Pilot in einem Flugsimulator erfährt visuelle Eindrücke ganz so, als flöge er. Auch hört er Geräusche und fühlt Vibrationen und Beschleunigungen so, als säße er im Flieger. Nach wenigen Sekunden ist das Bewußtsein, auf der festen Erde zu sitzen und keiner Gefahr ausgesetzt zu sein, verdrängt. Der Pilot reagiert auf Krisen mit dem gleichen Erschrecken, wie er dies in Wirklichkeit täte. Viele dürften ähnliche Erfahrungen in IMAX-Kinos gewonnen haben. Wenn mehrere Sinnessysteme das gleiche behaupten, dann läßt man sich überzeugen, daß dem so ist. Dieses Faktum wird natürlich von den Medien genutzt, um zu überzeugen. Die Printmedien suchen nach Kongruenz von Wort und Bild. Das Fernsehen hat sogar die Möglichkeit, Schrift, Ton und bewegte Bilder zur Deckung zu bringen, um Zweifel zu beschwichtigen. Damit können starke Evidenzerlebnisse erzeugt werden, und ebenso groß ist das entsprechende Täuschungspotential. Seit wir über digitale Bildverarbeitung verfügen, sind wir der Manipulation hilflos ausgeliefert, da wir immer noch archaisch glauben, das, was wir sehen, sei wahr, anstatt uns klarzumachen, daß das, was wir sehen, mannigfach manipuliert sein kann. Ich vermute dennoch, daß die immer häufiger werdende Erfahrung, über den so verläßlich geglaubten Gesichtssinn getäuscht zu werden, zunehmende Skepsis erzeugen wird. Wir werden dann nicht an unseren Sinnen zweifeln, sondern an dem, was ihnen die Medien zu verarbeiten geben. Und so könnte sich in absehbarer Zeit das, was wir als *iconic turn* erleben, zum *iconic turn down* wandeln, wenn die Medien nicht sorgfältiger mit der Bilderflut umgehen.

5. Das Bild im Kopf

Wie werden nun Sinnessignale zu Wahrnehmungen? Wie werden aus den Bildern auf der Netzhaut Bilder im Kopf? Es stellt sich die Frage der neuronalen Organisation des inneren Auges. Die Intuition legt nahe, daß es irgendwo im Gehirn ein Zentrum geben muß, in dem alle Informationen aus den verschiedenen Sinnessystemen gesammelt werden, um dann einer einheitlichen Interpretation zugeführt zu werden. Es wäre dies der Ort, an dem ein kohärentes Bild der Welt entsteht, der Ort, an dem Entscheidungen getroffen und Verhaltensreaktionen programmiert werden. Es wäre dies der Ort, an dem das ›Ich‹ residiert und sich seiner bewußt wird. Diese Vorstellung, weil intuitiv so plausibel, hat jahrzehntelang auch unser Vorgehen bei der wissenschaftlichen Analyse von Hirnfunktionen geleitet. Die Untersuchungen, welche diese Hypothese bestätigen sollten, haben jedoch zu der Erkenntnis geführt, daß uns unsere Intuition getäuscht hatte und die Vorstellung von der Existenz eines Konvergenzzentrums nicht länger haltbar war. Heutige Darstellungen von vernetzten Hirnrindenarealen entwerfen ein gänzlich anderes Bild. Die verschiedenen, mit unterschiedlichen Aufgaben betrauten Areale sind über ein komplexes Netz von Verbindungen wechselseitig miteinander verkoppelt. Doch nirgends findet sich ein Areal, das als singuläres Konvergenzzentrum, als Endpunkt einer Verarbeitungshierarchie gesehen werden könnte. In jedem der auf diese Weise verkoppelten Hirnrindenareale befinden sich Millionen, oft Milliarden von Nervenzellen, die miteinander innerhalb des gleichen Areals, aber auch über Arealgrenzen hinweg kommunizieren. Eine bestimmte Zelle erhält dabei die überwiegende Mehrheit ihrer Eingangssignale von anderen Hirnrindenneuronen. Nur ein kleiner Prozentsatz von Zellen in primär sensorischen Arealen erhält Signale von den Sinnesorganen. Die Hirnrinde ist also hauptsächlich mit sich selbst beschäftigt. Die Signale aus der Umwelt sind nur lose eingekoppelt. Jedes der vielen Areale arbeitet an bestimmten Teilaspekten und sendet dann die Ergebnisse der jeweiligen Rechenprozesse an andere weiter.

6. Das Bindungsproblem

Wie kann nun ein System mit solch distributiver Organisation kohärente Bilder von der Welt entwerfen? Und wie kann es die Vielfalt von Teilergebnissen zu einer Gesamtheit zusammenfügen? Wir bezeichnen dieses Problem als das Bindungsproblem und haben dafür noch keine konsensfähige Lösung. Ich will dennoch versuchen, nachvollziehbar zu machen, welche Zugangswege zur Lösung dieses

Problems die Hirnforschung anbietet. Betrachtet man eine komplexe visuelle Szene, so vergeht oft geraume Zeit, bis geklärt ist, welche Konturen zu welchen Objekten gehören. Der Grund ist, daß das Sehsystem dabei eine äußerst anspruchsvolle Leistung vollbringen muß, eine Leistung, die bis jetzt keines der mustererkennenden technischen Systeme auch nur annähernd so gut bewältigen kann wie unser Gehirn. Das Sehsystem muß herausfinden, welche der vielen, in komplexen Szenen oder Bildern enthaltenen Konturen zusammengehören und gemeinsam eine Figur definieren. Das Sehsystem ist in der Lage, jene Konturelemente ausfindig zu machen, die zusammengebunden werden müssen, um eine Figur zu ergeben. Dabei muß es diese Gruppierungsleistung erbringen, bevor es weiß, welche Objekte im Bild enthalten sind. Denn erst, wenn diese Gruppierung erfolgreich war und die zu einer Figur gehörigen Bildelemente richtig gebunden wurden, läßt sich die Figur als solche isolieren und identifizieren. Bei diesem Gruppierungsprozeß geht das Sehsystem nach zum Teil angeborenen, zum Teil erlernten Kriterien vor, die etwas über die Beschaffenheit von Objekten aussagen. Zu solchen Kriterien, die auch als Gestaltgesetze bezeichnet werden, gehören etwa Geschlossenheit, Kontinuität, kohärente Bewegung und Ähnlichkeit. Auch bei der Verarbeitung visueller Informationen gibt es also ein Bindungsproblem, das im Prinzip demjenigen ähnelt, das beim Zusammenbinden der weit verteilten Aktivitäten im Gehirn auftritt. Wir stellen uns nun, in Anlehnung an das intuitiv plausible Konzept, daß an einem Ort zusammenkommen muß, was gebunden werden soll, vor, daß die zu bindenden Sinnessignale auf gemeinsame Zielneuronen verschaltet werden müßten. Von Neuronen, die auf die verschiedenen Bildkomponenten reagieren, sollten dann Verbindungen auf die Zielneuronen geschaltet werden, so daß diese dann auf die entsprechenden Kombinationen von Komponenten ansprechen. Und es gibt tatsächlich Hinweise für diese von uns angenommene Bindungsstrategie. In der Netzhaut des Auges reagieren die Zellen noch auf sehr allgemeine Variablen wie zum Beispiel die Helligkeit und Farbe von Bildpunkten. Zellen in der Hirnrinde sind bereits viel selektiver und reagieren nur noch auf ganz bestimmte Konstellationen dieser elementaren Variablen wie etwa Linien oder Konturgrenzen. Je höher die Verarbeitungsebene, umso komplexer werden die Antworteigenschaften der Neuronen. Durch Konvergenz und Rekombination von Eingangsverbindungen werden über mehrere Verarbeitungsstufen hinweg Neuronen herausgebildet, die auf zunehmend komplexere Konstellationen von elementaren Merkmalen ansprechen. Diese Erkenntnis nährte für einige Zeit die Erwartung, daß sich am Ende des Verarbeitungspfades Neuronen finden würden, die selektiv auf einzelne visuelle Objekte und Gestalten reagieren. Inzwischen ist deutlich geworden, daß diese Spezialisierungsstrategie vom Gehirn nur bis zu einer relativ niedrigen Komplexitätsstufe verfolgt wird. Es gibt keine Areale, in denen sich Zellen befinden, die ganze Objekte kodieren. Bei Gesichtern geht die Spezialisierung vermutlich am weitesten, weil deren Repräsentation für sozial kompetente Wesen sehr wichtig ist, aber auch hier finden sich keine Zellen, die individuelle Gesichter kodieren. So gibt es auch im Gehirn von Affen keine Zellen, die selektiv auf Bananen oder Erdnüsse reagieren. Und das hat gute Gründe. Denn würde eine solche Kodierungsstrategie konsequent durchgehalten, dann würde sie zu einer kombinatorischen Explosion der Zahl von Nervenzellen führen, die benötigt würden, um alle möglichen Objekte der dinglichen Welt zu repräsentieren. Man bräuchte für jedes erkennbare Objekt einen ganzen Satz spezialisierter Nervenzellen, da sich jedesmal, wenn ein Objekt im Raum gedreht wird, eine andere Merkmalskonstellation im entsprechenden Netzhautbild ergibt. Zur Repräsentation der verschiedenen Erscheinungsformen von Objekten bedürfte es also jeweils eines Satzes spezialisierter Zellen samt der hierfür erforderlichen Verschaltungen. Obgleich es im Gehirn viele Zellen gibt, dürfte der hierfür notwendige Bedarf die Ressourcen des Gehirns übersteigen. Noch gravierender wird das Problem, wenn mit dieser Strategie neue Objekte repräsentiert werden sollen. Formt ein Künstler eine neue Skulptur, bereitet es keine Schwierigkeiten, sie sofort zu erkennen, zu beschreiben und zu erinnern. Aber woher sollen die Nervenzellen kommen, die just diese Skulptur kodieren? Andere Probleme sind mit der Repräsentation syntaktischer Strukturen verbunden, mit der Repräsentation verschränkter Relationen. Solches läßt sich mit hochspezialisierten Neuronen alleine nicht mehr bewerkstelligen, weil die Kombinatorik hier gegen unendlich geht.

Aus diesen Gründen wurden komplementäre Kodierungsstrategien postuliert. Donald Hebb zum Beispiel schlug vor, daß die nicht weiter reduzierbare Repräsentation eines kognitiven Gegenstands, eines Objekts etwa oder eines Begriffes, in der koordinierten Aktivität einer großen Zahl von Nervenzellen bestehen sollte. Jede einzelne von ihnen würde dabei nur für Teilaspekte des Gegenstandes kodieren, und die Gesamtheit wäre die nicht weiter reduzierbare Beschreibung eines komplexen Inhalts. Die Eleganz und Ökonomie dieser Kodierungsstrategie besteht darin, daß jetzt die gleichen Nervenzellen durch Einbindung in unterschiedliche Ensembles genutzt werden können, um ganz unterschiedliche Objekte zu repräsentieren. Mit einem endlichen Satz von Nervenzellen, die relativ elementare Merkmale kodieren, lassen sich nahezu unendlich viele Kombinationen erzeugen, von denen jede für ein bestimmtes kognitives Objekt kodiert. Mustererkennungsmaschinen funktionieren samt und sonders nach dem oben diskutierten, klassischen Bindungsschema. Der Grund, warum diese Kodierungsstrategie nicht schon längst technisch umgesetzt wurde, um die Beschränkungen der technischen Mustererkennungsmaschinen zu überwinden, liegt darin, daß bei der Ensemble-Kodierung ebenfalls schwer zu bewältigende Bindungsprobleme auftreten. Es wird naturgemäß Situationen geben, wo mehrere Objekte zum Teil die gleichen Merkmale aufweisen und gleichzeitig repräsentiert werden müssen. In diesem Fall müßten die Neuronen, die für die gemeinsamen Merkmale kodieren, gleichzeitig an mehreren Ensembles teilnehmen. Dies würde aber einer Fusion der Ensembles gleichkommen, und es ließe sich nicht mehr klären, welches Neuron zu welchem Ensemble gehört, ein Problem, das als ›Superpositionskatastrophe‹ bezeichnet wird. Donald Hebb hat diese Schwierigkeit nicht thematisiert. Er forderte lediglich, daß Neuronen, die zu einem Ensemble gehören, sich dadurch als zugehörig ausweisen sollten, daß sie aktiver sind als solche, die nicht dazugehören. Dies macht so lange keine Probleme, wie es nur ein Objekt gibt. Die Zugehörigkeit der Zellen zum ›Ensemble‹ ist dann auf eindeutige Weise definiert. Aber wenn mehrere Objekte vorhanden sind, die zum Teil die gleichen Merkmale aufweisen und deshalb Ensembles aktivieren, die auf Teilmengen der gleichen Neuronen rekurrieren müssen, dann ergeben sich mehrere Gruppen von Neuronen, die allesamt eine erhöhte Aktivierung aufweisen. Es wird dann unmöglich, herauszufinden, welche Neuronen zu welchem Ensemble gehören. Auf diese Weise entsteht also ebenfalls wieder ein Bindungsproblem, es müssen wieder Relationen definiert und Gruppierungen vorgenommen werden. Ein Vorschlag zur Lösung dieses Problems – und diesen versuchen wir am Max-Planck-Institut für Hirnforschung in Frankfurt experimentell zu überprüfen – geht davon aus, daß Relationen durch die zeitliche Synchronisation der Entladungen von Nervenzellen definiert werden. Die Hypothese ist, daß die Entladungen der Nervenzellen, die ein Ensemble bilden, hochsynchron erfolgen, daß jedoch zwischen den Aktivitäten von Zellen, die zu verschiedenen Ensembles gehören, keine konsistenten zeitlichen Relationen bestehen. Inzwischen suchen immer mehr Arbeitsgruppen nach einer Antwort auf die Frage, ob die Synchronisationsphänomene, die seit ihrer Entdeckung immer häufiger beschrieben werden, tatsächlich die postulierte Bindungsfunktion haben oder ob sie in anderem Kontext von Bedeutung sind. Die Befunde hierzu sind mittlerweile zu vielfältig und differenziert, um in diesem Rahmen beschrieben zu werden. Die meisten stützen die Hypothese, daß präzise Synchronisation zur Selektion neuronaler Antworten und als Signatur der Zusammengehörigkeit eingesetzt wird. Vieles spricht ferner dafür, daß nicht nur das visuelle System, sondern alle sensorischen Systeme diese Option zur Selektion und Bindung von neuronaler Aktivität nutzen und daß dieser Mechanismus darüber hinaus auch bei der Steuerung von Bewegungen und der Speicherung von Information zur Anwendung kommt. So spricht vieles dafür, daß die Repräsentation kognitiver Inhalte distributiver Natur ist und aus Ensembles von Neuronen besteht, die sich in flexibler, kontextabhängiger Weise gruppiert haben und sich durch die Synchronizität ihrer Aktivität als zusammengehörig ausweisen. Die neuronale Entsprechung dessen, was wir als Bild wahrnehmen, und damit auch das Substrat unserer inneren Bilder und Vorstellungen, könnte somit ein weit verteiltes, dynamisches raum-zeitliches Erregungsmuster sein, an dem jeweils sehr viele Neuronen teilhaben, die über viele Hirnrindenareale verteilt sind. Das hieße dann aber auch, daß die Inhalte unseres Bewußtseins verteilte Erregungszustände sein müssen, die nicht an einem bestimmten Punkt oder in einem Konvergenzzentrum lokalisierbar sind. Dies impliziert nicht, daß Funktionen nicht lokalisiert sein können. Wenn bestimmte Areale zerstört werden, dann fallen Teilaspekte unserer bewußten Wahrnehmung aus, wie vorher am Beispiel der visuellen Ataxie ausgeführt wurde, doch das Bewußtsein bleibt erhalten. Dies weist darauf hin, daß Verarbeitungsergebnisse, die in den einzelnen Gehirnrindenregionen erbracht werden, in vielfältigen Kombinationen zu einem Ganzen zusammengebunden und bewußt werden können. Vermutlich erfolgt dies dadurch, daß die verschiedenen Gehirnrindenregionen und damit die in ihnen residierenden

Zellen ihre Aktivitäten zeitlich koordinieren und auf diese Weise hochkomplexe, rasch wechselnde dynamische Muster erzeugen, welche das nicht weiter reduzierbare Substrat kognitiver Zustände und Inhalte sind.

7. Abschließende Bemerkungen

Ziel dieses kurzen Ausflugs in die Neurobiologie war, das Gehirn als ein in hohem Maße aktives, auf sein eigenes Wissen zurückgreifendes, selbstreferentielles System vorzustellen, das auf der Basis der gespeicherten Information – genetischer ebenso wie im Laufe der biologischen Entwicklung erworbener – aus dem wenigen, was die Sinnessysteme zur Verfügung stellen, ein kohärentes Bild der Welt zusammensetzt. Das Gehirn entwirft Modelle der Welt, vergleicht dann die einlaufenden Signale mit diesen Modellen und sucht nach den wahrscheinlichsten Lösungen. Diese müssen nicht unbedingt mit der physikalischen Realität übereinstimmen – und sie tun dies in vielen Fällen auch nicht –, denn es kommt vorwiegend darauf an, die Variablen zu bewerten, die für das Verhalten relevant und für das Überleben dienlich sind. Es ist wichtig, dabei so schnell wie möglich zu sein. Unsere Kognition fußt also auf Wahrscheinlichkeitsberechnungen und Inferenzen. Das Faszinierende dabei ist, daß wir das Ergebnis dieses interpretativen Aktes als Wirklichkeit auffassen. Wir merken nicht, daß wir konstruieren, sondern wir glauben, daß wir abbilden. Es ist dies eine der vielen Illusionen, denen wir erliegen. Eine weitere betrifft die Vorstellung, daß wir im Gehirn ein Kommandozentrum haben, in dem das Ich residiert und wertet, entscheidet und befiehlt. Statt dessen müssen wir uns das Ich als einen räumlich verteilten, sich selbst organisierenden Zustand denken – was weder attraktiv erscheint noch leicht fällt. Hinzu kommt unser zunehmendes Unbehagen angesichts der Inkompatibilität zwischen unserer Selbsterfahrung und dem naturwissenschaftlichen Bild von uns. Subjektiv erfahren wir uns als autonome, mentale, mit einem freien Willen ausgestattete Handelnde, die selbst entscheiden, was sie tun wollen, und diese Entscheidung dann in neuronale Aktivität umsetzen, damit dann auch das geschieht, was sie tun wollen. Diese Sicht ist immer weniger vereinbar mit den Ergebnissen neurobiologischer Forschung. Wir leben also parallel in zwei Welten. In der einen, der subjektiv erfahrenen, nehmen wir unsere Wahrnehmungen für die Realität und merken nicht, daß wir konstruieren – vermuten unser Ich an einem singulären Ort und trauen ihm zu, frei schalten und walten zu können. Aus neurobiologischer Perspektive hingegen müssen wir erkennen, daß diese Annahmen und Vorstellungen in hohem Maße unplausibel sind. Die Zukunft wird zeigen, wie sich diese Einsichten auf unser Selbstbild auswirken werden. Vielleicht werden wir uns einfach an die Widersprüche gewöhnen, so wie wir uns an die Inkompatibilität gewöhnt haben, daß uns die Sonne im Osten aufgeht, während wir wissen, daß sich die Erde unter ihr hindurch dreht. Diese Dissoziation macht uns anscheinend keine Probleme. Die beiden Beschreibungen erfüllen komplementäre Funktionen. Das eine nutzt der Literatur, das andere den Raketenbauern. Nicht hinnehmen aber werden wir die Erfahrung, daß wir auch mit Bildern getäuscht werden können. Dies wird unser Zutrauen zu Bildern nachhaltiger erschüttern, als es Zweifel an unserer eigenen Wahrnehmung je vermögen.

Hans-Jörg Rheinberger

Sichtbar Machen

Visualisierung in den Naturwissenschaften

Die folgenden Ausführungen über das Sichtbarmachen in den Naturwissenschaften gehen von einer grundsätzlichen Überlegung zur Verfaßtheit der neuzeitlichen Wissenschaften aus, die zu verstehen helfen soll, wie Visualisierung in den Wissenschaften verortet ist und als Problem angegangen werden kann. Es ist wohl nicht zu weit hergeholt, wenn man behauptet, daß das Sichtbarmachen von etwas, das sich nicht von sich aus zeigt, das also nicht unmittelbar evident ist und vor Augen liegt, den Grundriß und Grundgestus der modernen Wissenschaft überhaupt ausmacht. Solches Sichtbarmachen ist immer schon mit mannigfachen Formen des Eingreifens in das Darzustellende und der Manipulation seiner Bestandteile verbunden. Eben deshalb hat sich in der wissenschaftlichen Erkenntnisproduktion der Neuzeit historisch eine so enge Verbindung zwischen Wissen und Technik herausgebildet. Man kann in diesem Zusammenhang von einer grundsätzlichen technologischen Verfaßtheit der naturwissenschaftlichen Erkenntnisproduktion sprechen. Es gibt also im Innersten der naturwissenschaftlichen Form des Wissensgewinns so etwas wie ein technisches Momentum. Es manifestiert sich im instrumentellen Zugriff als sichtbare Spur, die der Eingriff hinterläßt.

An diesem Begriff der Spur oder auch des Graphismus gilt es anzuknüpfen.[1] Die Spur ist eine Form der Manifestation, die noch nicht entweder in die Schrift oder ins Bild in ihren traditionell ausgeprägten Formen gekippt ist. Die Spur ist beiden vorgängig. Von dieser Vorgängigkeit her läßt sich vielleicht bestimmen, was epistemisch vor sich geht und auf dem Spiel steht in den materiellen Transformationsvorgängen des Experiments, und zwar noch diesseits von Bildkritik auf der einen Seite und von Schriftkritik auf der anderen. Das war und ist der Einsatz der Experimentalsystem-Perspektive. Das bedeutet aber, daß die Reflexion auf die technologischen Bedingungen von solchen Spuren erzeugenden Erkenntnisumgebungen unabdingbar ist. Genau diese Vermitteltheit jedoch, und damit auch die Auf-

1 Vgl. auch Rheinberger 2007 sowie die weiteren dort versammelten Aufsätze.

merksamkeit auf das, was sich *zwischen* dem Erkennenden und dem Erkenntnisgegenstand abspielt – eben die mannigfachen Formen des Versuchs –, stand überhaupt nicht in der Perspektive der klassischen traditionellen Erkenntnistheorie. Johann Wolfgang Goethe war einer der wenigen, die bereits am Ausgang des 18. Jahrhunderts mit aller Klarheit auf diese Mitte deuteten.[2] Wissenschaftskritisch gewendet kann man sagen, daß sie auch nicht im Zentrum der Vorstellung stand und steht, die sich die Wissenschaften über sich selbst machen. Bei ihnen droht diese Vermittlung immer im Ergebnis zu verschwinden, sich in der vermeintlichen Transparenz des Durchblicks auf die Objekte auszulöschen.

Es soll hier nicht von einer bestimmten Definition dessen ausgegangen werden, was eine Spur ist. Auch von Bildern wird nicht oder nur am Rande die Rede sein. Statt dessen sollen exemplarisch einige Verfahren der Visualisierung durchgegangen werden. Es handelt sich dabei zum einen um Verfahren der Kompression und der Dilatation, die man auch unter dem Begriff der Konfigurierung zusammenfassen könnte. Sodann geht es zweitens um Verfahren der Verstärkung oder des ›enhancement‹. Schließlich werden Verfahren der Schematisierung thematisiert. Damit ist dann zugleich zumindest so etwas wie die Andeutung einer Typologie wissenschaftlicher Visualisierung geschaffen.

Alle Beispiele von Formen der Visualisierung, die ich im Text näher beschreibe, sind dem Umkreis von vier Experimentaltechniken entnommen, die für die Entstehung der molekularen Biowissenschaften um die Mitte des 20. Jahrhunderts von entscheidender Bedeutung waren und meist in Kombination miteinander zum Einsatz kamen. Es handelt sich zum einen um die Verwendung radioaktiver Isotope, mit denen sowohl Stoffwechselvorgänge als auch Zell- und Gewebestrukturen sowie Makromoleküle sichtbar gemacht werden können. Das Prinzip dieser Technik der Sichtbarmachung besteht darin, daß unbeständige Isotope von Atomen wie Kohlenstoff, Wasserstoff oder Phosphor in Biomoleküle eingebaut und die Signale, die ihr Zerfall auslöst, mit geeigneten Meßinstrumenten registriert werden. Zum zweiten war es die Technik der Ultrazentrifugation, die es erlaubte, verschiedene makromolekulare Zellkomponenten isoliert voneinander zur Darstellung zu bringen und aufeinander zu bezie-

2 Vgl. Goethe 1962.

hen. Drittens waren es Techniken der Chromatographie, mit denen die Auftrennung von Molekülen bis in atomare Dimensionen verfeinert werden konnte. Schließlich war es viertens die Technik der Elektronenmikroskopie, mit deren Hilfe zelluläre Ultrastrukturen sichtbar gemacht werden konnten. Alle im Text angeführten Beispiele sind der historischen Originalliteratur entnommen und stehen für Beobachtungen und Befunde, die zur Zeit ihrer Veröffentlichung neu und wesentlich an die zum Einsatz kommende Technik gebunden waren.

1. Kompression und Dilatation

Ob es sich um die experimentelle Sichtbarmachung von Strukturen oder um die Sichtbarmachung von Prozessen handelt, immer ist damit entweder eine Kompression oder eine Dilatation verbunden, und zwar entweder im Raum oder in der Zeit. Man könnte vielleicht sogar die Behauptung wagen, daß die Kunst des wissenschaftlichen Experimentierens wesentlich darin besteht, sich solche Zusammenziehungen und Ausweitungen, Verlangsamungen oder Beschleunigungen auszudenken und zu erzeugen, um damit die untersuchten Phänomene in den Bereich des Sichtbaren zu bringen. Was zu klein ist, muß aufgebläht, was zu groß ist, muß zusammengepreßt werden. Was zu schnell ist, muß gebremst, was zu langsam ist, muß beschleunigt werden.

Eine der typischen Formen einer *Dilatation von Strukturdaten* ist die optische Vergrößerung, im gegebenen Fall eine elektronenoptische Vergrößerung. Abbildung 1 zeigt das Zellplasma der Pankreaszellen einer Ratte. George Palade, der diesen 73 000fach vergrößerten Schnitt durch eine Zelle 1955 veröffentlichte, gilt als der Entdecker jener zytoplasmatischen Strukturen, die unter dem Namen ›endoplasmatisches Retikulum‹ bekannt wurden.

Dieses Membransystem war der lichtmikroskopischen Histologie bis dahin völlig unbekannt. Gleichzeitig sieht man, daß die Membranen dieser Zellstrukturen mit kleinen, elektronendichten Partikeln besetzt sind, die man um die gleiche Zeit als ›Mikrosomen‹ mit der zellulären Herstellung von Eiweißen in Verbindung brachte.[3]

Eine der typischen Formen einer *Kompression von Strukturdaten* ist

3 Einen historischen Überblick gibt Rheinberger 2004.

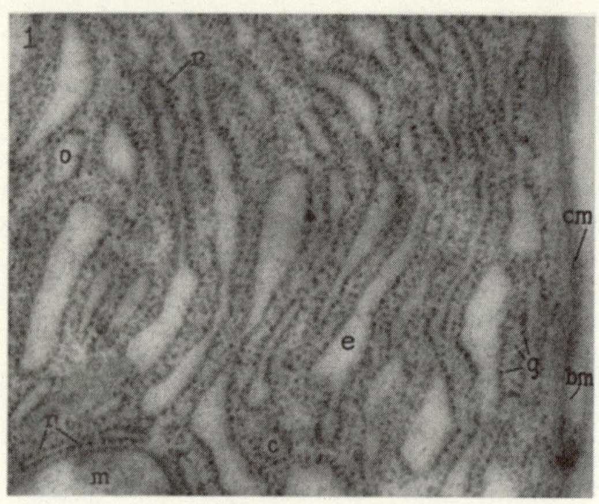

Abb. 1: Elektronenmikrographie eines Zytoplasma-Ausschnitts einer Pankreaszelle der Ratte. *cm*: Zellmembran; *e*, *o*, *c*: elongierte, ovale und zirkuläre Profile des endoplasmatischen Retikulums. 73 000fache Vergrößerung. Abbildung aus: Palade, G. E.: »A small particulate component of the cytoplasm«, in: *Journal of Biophysical and Biochemical Cytology*, Vol. 1, 1955, S. 59-68, Abb. 1.

die Karte. Dabei ist nicht nur an geologische Karten zu denken, auch andere Strukturen, sogar molekulare, sind der Kartierung zugänglich.

Das hier gezeigte Beispiel (siehe Abb. 2) ist die ›Aufbaukarte‹ – *assembly map* – einer Zellorganelle, der kleinen Untereinheit eines Bakterienribosoms. Sie zeigt, über welche sukzessiven Bindungsvorgänge dieser Aufbau – zumindest im Reagenzglas – verläuft. Die Karte repräsentiert also nicht nur strukturelle Verbindungen zwischen den Komponenten, sondern auch eine zeitliche Dynamik. Masayasu Nomura war es Anfang der 1970er Jahre gelungen, diese Zellorganelle in ihre Einheiten zu zerlegen und aus diesen Einheiten in einem Vorgang der ›Rekonstitution‹ wieder zu funktionsfähigen Partikeln zusammenzusetzen. Gleichzeitig bestimmte er in Hunderten von Bindungsversuchen, welche der 21 Proteine sich jeweils mit welchen anderen in diesem Vorgang assoziierten. Diesen einzelnen Bestimmungen lagen ihrerseits Ultrazentrifugation und Chromatographie zugrunde.

Die typische Form einer *Kompression* oder auch einer *Dilatation*

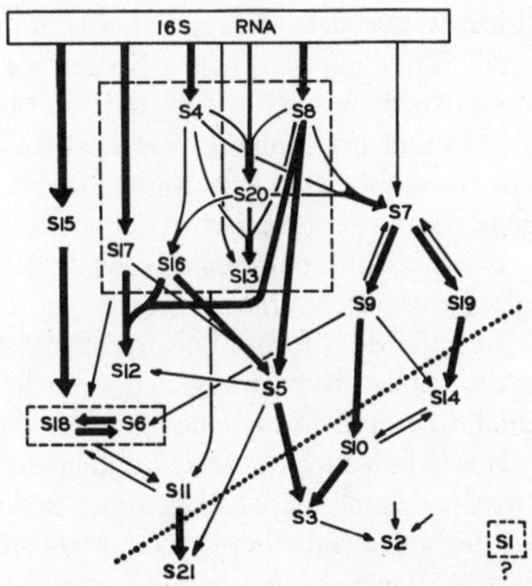

Abb. 2: Assoziationskarte der kleinen ribosomalen Untereinheit von Escherichia coli. Die Pfeile zwischen den Proteinen zeigen den unterschiedlich starken Einfluß jeweils eines Proteins auf die Bindung eines anderen.
Abbildung aus: Nomura, M./Held, W. A.: »Reconstitution of ribosomes: Studies of ribosome structure, function and assembly«, in: *Ribosomes*. Hg. von M. Nomura, A. Tissières u. P. Lengyel. New York: Cold Spring Harbor 1974, S. 193-223, Abb. 1.

von Prozeßdaten ist die Kurve. In einem Kurvenverlauf können ganze Serien von Messungen einer bestimmten Größe zur Synopse gebracht werden. Auf diese Weise lassen sich Muster erkennen, sei es von Verteilungen oder Konzentrationen einer Substanz im Raum, sei es von zeitlichen Verläufen eines periodisch gemessenen Parameters. Bei hinreichender Komplexität würde man diese Muster in den diesen Kurven entsprechenden Datentabellen vergebens suchen.

Abbildung 3 zeigt ein vergleichsweise einfaches Beispiel einer solchen Kurve. Es erweist sich aber bei näherer Betrachtung dennoch als ziemlich komplex und ergibt sich aus dem Zusammenspiel der Technik der radioaktiven Markierung von Bakterienzellen und ihrer Ultrazentrifugation durch einen Zuckergradienten, der anschließend in 35 Fraktionen zerlegt wurde. Mit diesem Experiment zeigten François Gros und seine Kollegen in Harvard zu Beginn der 1960er Jahre, daß in der Bakterienzelle eine Form der Ribonukleinsäure vorkommt, die man bis dahin nicht gekannt hatte und die später unter dem

Namen der ›Boten-RNA‹ oder ›Messenger-RNA‹ in die Textbücher Eingang fand. Die Kurve mit den weißen Kreisen stellt die stabilen Formen der Ribonukleinsäure in der Zelle dar: die ribosomale RNA (bezeichnet mit 23S und 16S) und die Transfer-RNA (4S). Die sich darüber lagernde Kurve mit den schwarzen Kreisen zeigt einen radioaktiven Peak genau dort, wo die optische Dichtemessung einen Tiefpunkt anzeigt. Er repräsentiert also eine Form der RNA, die in der Zelle in sehr geringer Konzentration rasch entsteht und auch rasch wieder zerfällt und die deshalb mit einem radioaktiven Puls markiert wird, der die stabilen Formen gar nicht erreicht. Das Beispiel zeigt in elementarer Form nicht nur eine kompakte Anordnung von Daten in Kurven, sondern auch die Macht und erkenntnistreibende Funktion der Synopse durch die Überlagerung von Kurven mit unterschiedlichen, aber aufeinander beziehbaren Meßdaten. Es wird so ein Darstellungsraum generiert, in dem sich Daten zu Mustern fügen lassen, die ihrerseits wieder Anlaß zu neuen Experimenten und Rekonfigurationen ebendieser Muster geben können. In diesem Sinn fungieren Bilder also selbst wiederum als Instrumente. Sie werden zu integralen Elementen experimenteller Zyklen.

2. Verstärkung – *enhancement*

Ein weiteres Verfahren der Visualisierung ist das *enhancement* oder die Verstärkung. Dabei werden Strukturen oder auch Prozesse durch das Setzen von Kontrasten oder durch Färbung, zuweilen auch Versteifung, also durch Überhöhung vorhandener Formen sichtbar gemacht. Die Farbe oder der Kontrast wird bei diesem Vorgang selbst zu einem Bestandteil des Dargestellten, was dessen Verformung zur Folge haben kann und deshalb mit Vorsicht zu handhaben ist und nur rekursiv in den Forschungsprozeß eingeführt werden kann.

Eine für die Molekularbiologie der vergangenen Jahrhunderthälfte typische Form des *enhancement* haben wir bereits in der radioaktiven Markierung kennengelernt. Einer ihrer Vorteile besteht darin, daß die radioaktiven Isotope sich in ihren chemischen Eigenschaften nicht merklich von ihren stabilen Varianten unterscheiden und damit auch die Stoffwechselvorgänge – jedenfalls in den meist verwendeten Konzentrationen – nicht beeinflussen, zu deren Aufklärung sie eingesetzt werden. Stabile atomare Bestandteile von Biomolekülen wer-

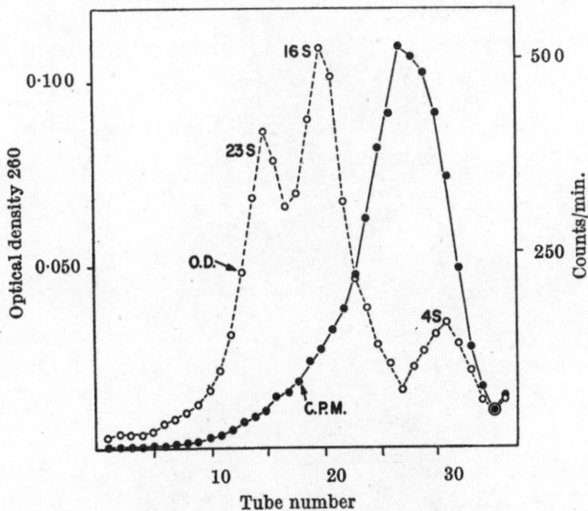

Abb. 3: Sedimentation von instabiler, mit radioaktivem Uracil pulsmarkierter RNA in Escherichia coli. Die RNA wurde in einem Sucrosegradienten für 10 Stunden bei 25 000 Umdrehungen zentrifugiert und dann fraktioniert. O. D.: optische Dichte; 23S: RNA der großen ribosomalen Untereinheit; 16S: RNA der kleinen ribosomalen Untereinheit; 4S: Transfer-RNA; C. P.M: gemessene radioaktive Counts pro Minute.
Abbildung aus: Gros, F./Hiatt, H./Gilbert, W./Kurland, C. G./Risebrough, R.W./Watson, J. D.: »Unstable ribonucleic acid revealed by pulse labelling of E. coli«, in: *Nature*, Vol. 190, 1961, S. 581-585, Abb. 8.

den also gegen Isotope ausgetauscht, die bei ihrem Zerfall Energie abstrahlen, die dann zum Beispiel dort, wo er stattfindet, Photoplatten schwärzen kann.

Abbildung 4 zeigt das Autoradiogramm – manchmal auch Radioautogramm genannt – der *In-situ*-Markierung einer Zelle von *Tetrahymena*, eines freilebenden einzelligen Wimpertierchens. Die Zelle auf der oberen Seite der Abbildung wurde für 15 Minuten lang einem radioaktiven Baustein von Ribonukleinsäure, dem Cytidin, ausgesetzt. Der Ort des Einbaus von Cytidin in Zellstrukturen konzentriert sich, wie man der Darstellung entnehmen kann, auf den Kern der Zelle. Auf der unteren Seite sieht man eine Zelle, die nach einer kurzen Pulsmarkierung mit radioaktivem Cytidin in Gegenwart von unmarkiertem Cytidin für weitere eineinhalb Stunden ihren Stoffwechsel fortführen konnte. Nun hat sich die in die RNA eingebaute

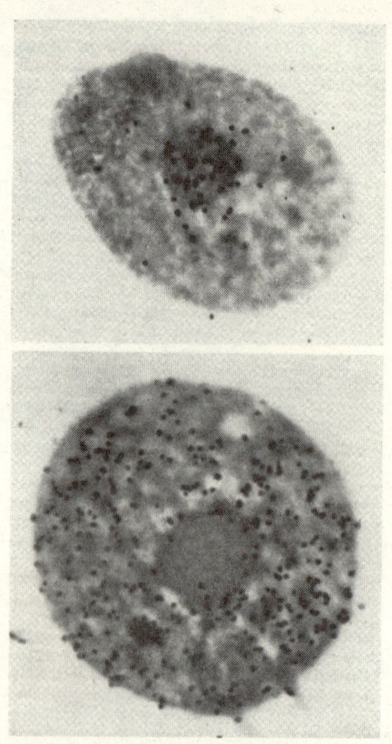

Abb. 4: oben: Autoradiogramm einer Zelle (Tetrahymena), für 15 Minuten mit Tritium (^3H) markiertem Cytidin ausgesetzt. Die Photographie des Dünnschnitts einer Zelle stellt eine dem Dünnschnitt ausgesetzte und anschließend entwickelte photographische Platte dar. Unten: Autoradiogramm einer vergleichbaren Zelle, für 12 Minuten mit Tritium (^3H) markiertem Cytidin ausgesetzt, die dann weitere 88 Minuten in Gegenwart von unmarkiertem Cytidin Stoffwechsel betrieben hat.
Abbildung aus: Prescott, D. M.: »Cellular sites of RNA synthesis«, in: *Progress in Nucleic Acid Research and Molecular Biology*, Vol. 3. Hg. von J. N. Davidson u. W. Cohn. New York/London: Academic Press 1964, S. 33-57, Abb. 1.

Radioaktivität über die ganze Zelle verteilt, die neu synthetisierte RNA ist also vom Kern in das Zytoplasma ausgewandert. Die Gegenüberstellung der beiden Zustände läßt so den Ort der Synthese der RNA – unmittelbar an der DNA der Chromosomen im Kern – vom Ort ihrer Funktion – an den Ribosomen im Zytoplasma – unterscheiden und in einen sinnfälligen Kontrast setzen. Autoradiogramme sind exemplarische Formen des *enhancement*.

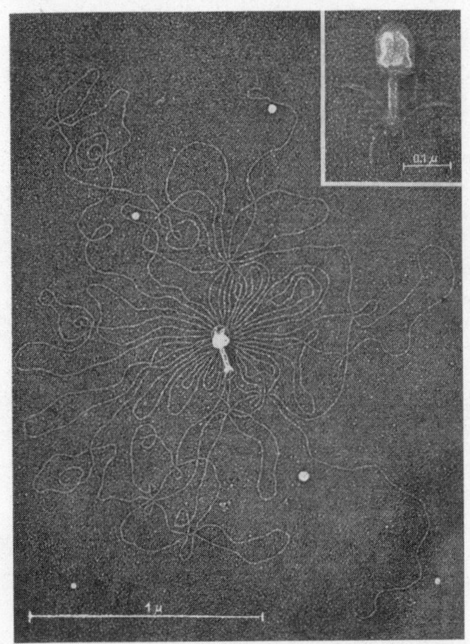

Abb. 5: Elektronenmikrographie der DNA des Phagen T2. 100 000fache Vergrößerung.
Abbildung aus: Kleinschmidt, A. K./Lang, D./Jachters, D./Zahn, R. K.: »Darstellung und Längenmessung des gesamten Desoxyribonucleinsäure-Inhaltes von T_2-Bakteriophagen«, in: *Biochimica et Biophyisca Acta*, Vol. 61, 1962, S. 857-864, Abb. 1.

Auch in vielen Formen der Lichtmikroskopie ebenso wie beim elektronenoptischen Mikroskopieren spielen Kontrastverstärkung und Färbung eine zentrale Rolle. Die Histologie des 19. Jahrhunderts wäre ohne diese Verfahren undenkbar gewesen. Elektronenmikroskopische Darstellungen, wie sie um die Mitte des 20. Jahrhunderts möglich wurden, insbesondere von subzellulären Membranen, Organellen und Makromolekülen, bedürfen meist der Kontrastierung durch Zusetzen von Schwermetallsalzen, die sich dann an diese Membranen und Moleküle anlagern und so ihre Elektronenstreuung verstärken.

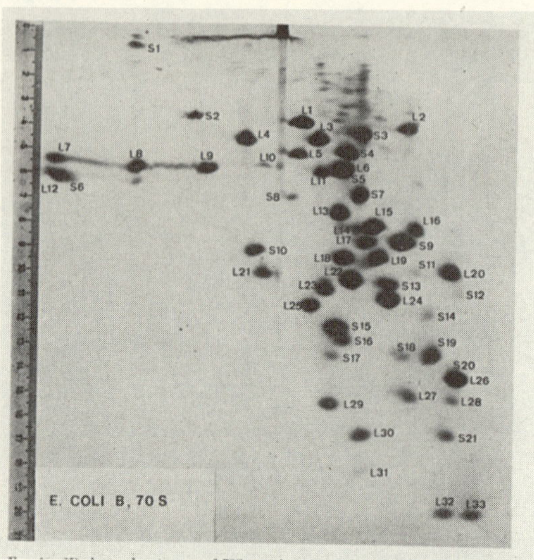

Abb. 6: 2 D-Elektrophoretogramm der Proteine des E. coli-Ribosoms. Erste Dimension: 4 % Acrylamid, pH 8.6; zweite Dimension: 18 % Acrylamid, pH 4.6.
Abbildung aus: Kaltschmidt, E./Wittmann, H. G.: »Ribosomal proteins. XII. Number of proteins in small and large ribosomal subunits of Escherichia coli as determined by two-dimensional gel electrophoresis«, in: *Proceedings of the National Academy of Sciences of the United States of America*, Vol. 67, 1970, S. 1276-1282, Abb. 4.

Auf der Abbildung 5 sieht man die DNA eines geplatzten Phagenkopfes in Form eines Knäuels von Schleifen – Sichtbarmachung der DNA als ein langes Fadenmolekül. Heute können etwa mit der Fluoreszenzmarkierung von Makromolekülen verschiedene Zellkomponenten unterschiedlich gefärbt und nicht nur am fixierten Präparat *in situ* visualisiert werden, sondern es können auch dynamische Vorgänge in lebenden Zellen sichtbar gemacht und durch Videoaufzeichnung nachvollzogen werden.

Wenn Kontrastierung und Verstärkung in der Mikroskopie einhergehen mit einer entsprechenden Dilatation, so geht in dem nun zu besprechenden Verfahren der zweidimensionalen Chromatographie der Färbung von Molekülen und Molekülkomponenten eine Trennung und Umordnung dieser Komponenten voraus. Im vorliegenden Beispiel (siehe Abb. 6) geht es um die Darstellung der Proteinkomponenten eines Ribosoms, der Eiweißsynthese-Organelle des Bakteriums *Escherichia coli*.

Die Organelle, deren kleiner Untereinheit wir bei der Vorstellung des Verfahrens der Kartierung bereits begegnet sind, besteht insgesamt – neben ihren drei RNA-Molekülen – aus über 50 Proteinkomponenten. Mit dieser Aussage wird jedoch, genau genommen, ein Befund vorweggenommen, der sich durch Anwendung dieses chromatographischen Verfahrens überhaupt erst einstellte. Die Proteine werden hier in einer ersten Dimension nach ihrer elektrischen Ladung und in der zweiten Dimension nach ihrem Molekulargewicht aufgetrennt. Anschließend können die Komponenten mit Methylenblau gefärbt und so auf der chromatographischen Platte sichtbar gemacht werden. Sie werden somit nach zwei physikalischen Parametern ausgerichtet und in einer zweidimensionalen Fläche neu angeordnet. Diese Anordnung hat mit ihrem dreidimensionalen Zusammenhalt im Makromolekülverbund der Organelle so gut wie nichts gemein. Diesen sichtbar zu machen bedarf wiederum anderer Verfahren, von denen uns die Aufbaukarte der Organelle (siehe Abb. 2) eines gezeigt hat. Es können jedoch mit der zweidimensionalen chromatographischen Darstellung andere wesentliche Eigenschaften, wie Anzahl und Größenverteilung der Komponenten, gewonnen werden. Einmal etabliert, kann das Verfahren dann als Standardprozedur zur Identifizierung und zur Kontrolle der Reindarstellung einzelner Komponenten dienen.

Wie ich an anderer Stelle ausführlicher dargelegt habe,[4] führt das hier vorgestellte Verfahren des *enhancement* in der Regel zu einer Klasse von epistemischen Objekten, die man unter dem Begriff des Präparates subsumieren kann. Präparate sind besonders in den biologischen Wissenschaften, aber auch in Pharmazie, Chemie und Physik weit verbreitet und können je nach der eingesetzten Technik ganz unterschiedliche Formen annehmen. Auf Skalpell und Konservierung beruhende anatomische und physiologische Präparate gehörten seit dem 18. Jahrhundert zum Kernbestand zoologischen Forschens. Die Botanik hat in den Herbarien eine eigene Form des getrockneten Prä-

4 Vgl. Rheinberger 2006, Kap. 12: Präparate, S. 336-349.

parates entwickelt. Die Lichtmikroskopie, besonders seit der zweiten Hälfte des 19. Jahrhunderts, hat mit den *slides*, den Präparaten zwischen Objektträger und Deckglas, ein ganzes Universum an dauerhaft gemachten Mikro-Objekten hervorgebracht. Sie haben in der Histologie, in der Pathologie, in der Embryologie, in der Taxonomie und Systematik, aber auch in der Geologie und den Materialwissenschaften, also in ganz unterschiedlichen Forschungszusammenhängen, ganz unterschiedliche epistemische Funktionen ausgeübt.[5] Die Biochemie und die Molekularbiologie des 20. Jahrhunderts haben ihrerseits eine Mannigfaltigkeit von analytischen Präparaten hervorgebracht, für die das hier gezeigte Beispiel eines gelelektrophoretischen Chromatogramms steht. Für diese letzteren gilt, wie erwähnt, daß der Untersuchungsgegenstand eine analytische Rekonfiguration erfährt, die etwa das mikroskopische Präparat ganz unbrauchbar machen würde. So wohnt jeder dieser Präparatformen eine eigene Darstellungslogik inne, deren Reichweite jeweils auszuloten und historisch zu realisieren ist. Für Präparate als visuelle Formen von Objekten des Wissens insgesamt sind aber zwei Dinge charakteristisch. Zum einen partizipieren sie in der einen oder anderen Form an der Materialität des Untersuchungsgegenstandes selbst. Sie *sind* die Forschungsgegenstände, die nicht nur in eine meßbare, sondern auch in eine sichtbare, überhöhte Form, wenn man so will, zur Ekstase gebracht wurden. Zum anderen entwickeln sie sich in Resonanz mit den Instrumenten, auf deren analytisches Vermögen sie jeweils spezifisch antworten und an deren Schnittstellen zum Untersuchungsgegenstand sie Gestalt annehmen.[6] Sie sind also gewissermaßen geronnene Zwischendinge, Objekte, die ihr Dasein jenen Zwischenräumen verdanken, die ihrerseits dem instrumentell vermittelten Wissensgewinn ihr Dasein verdanken, der dem eingangs erwähnten Reich des Versuchs seine historisch variablen Konturen verleiht. Ihre wissensfördernde Funktion ist demnach auch von endlicher Dauer.

5 Vgl. Löwy 2007.

6 Vgl. Rheinberger 2006, Kap. 11: Schnittstellen, S. 313-335.

3. Schematisierung

Ein drittes Verfahren der Visualisierung, das insbesondere etwa bei der Darstellung von komplexen biologischen Prozessen zum Einsatz kommt und das sich im 20. Jahrhundert zu einer eigenen biologischen Bildsprache entwickelt hat, ist das Schematisieren von Mechanismen. Es hat den Anschein, bedürfte aber näherer historischer Untersuchungen, daß diese Bildsprache parallel zur Entwicklung der Molekularbiologie entstand. Sie fand etwa in James D. Watsons *Molecular Biology of the Gene*, die in erster Auflage 1965 erschien, ihren ersten paradigmatischen Ausdruck. Bis in die 1950er Jahre war für die im Entstehen befindliche Molekularbiologie die Formelsprache der Biochemie verbindliche Richtschnur. In der 2. Hälfte des 20. Jahrhunderts hat die neue Form der Schematisierung nicht nur in Lehrbücher Eingang gefunden, wo sie heute die Darstellung molekularer Einheiten und ihrer Wirkweisen als Nanomaschinen beherrscht, sondern auch in die Forschungsliteratur.

Der Übergang von der Formelsprache zum Bildregime des Schematisierens läßt sich an der folgenden Abbildung 7 verdeutlichen. Es handelt sich um die Darstellung der Verknüpfungsreaktion, durch die in der Zelle die Fabrikation von Eiweißen vor sich geht. Robert Traut und Robert Monro hatten den Vorgang mit Hilfe eines Antibiotikums, das den Synthesevorgang stoppt, analysiert und dabei zwei Zustände gefunden, in deren einem eine auf dem Ribosom einer Bakterienzelle sitzende Transfer-RNA mit dem Antibiotikum reagiert, in deren anderem dagegen nicht. Die Darstellung verzichtet zwar auf chemische Formeln, benutzt aber an deren Stelle sprachliche Ausdrücke für die molekularen Entitäten und Zustände, die den Prozeß in seinem Ablauf begleiten.

Abbildung 8 zeigt James Watsons Versuch aus dem gleichen Jahr 1964, diesen Prozeß als ein schematisches Bild zu visualisieren. Die Boten-RNA mit ihren Nukelotiden läuft als Faden durch ein Oval, das die kleine ribosomale Untereinheit darstellt, der die große Untereinheit aufsitzt. Diese sind nicht weiter differenziert. Durch die Art und Weise aber, wie die Transfer-RNAs im Komplex von Boten-RNA und ribosomalen Untereinheiten positioniert sind, wird angedeutet, daß der Erkennungsprozeß zwischen dem Anticodon der die Aminosäure tragenden Transfer-RNA und dem Codon der Boten-RNA sich an der kleinen Untereinheit abspielt, während die korrekte

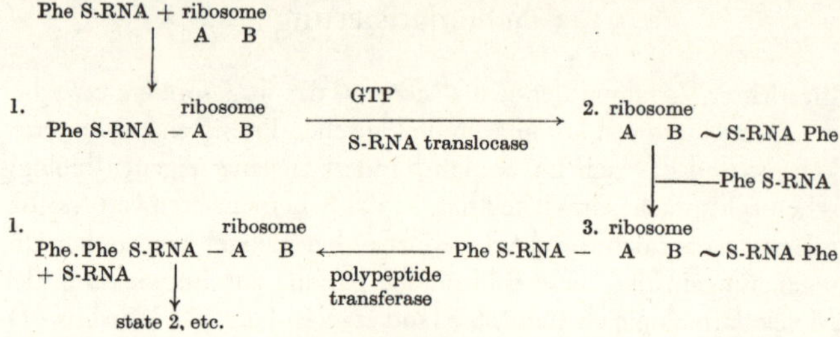

Abb. 7: Modell des ribosomalen Elongationszyklus auf der Basis der Puromycin-Reaktion.
Abbildung aus: Traut, R. R./Monro, R. E.: »The puromycin reaction and its relation to protein synthesis«, in: *Journal of Molecular Biology*, Vol. 10, 1964, S. 63-72, hier S. 71.

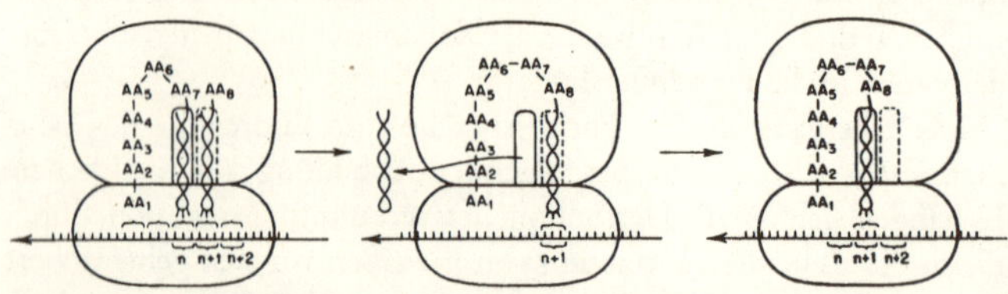

Abb. 8: Modell des ribosomalen Elongationszyklus auf der Basis von zwei Bindestellen für Transfer-RNA.
Abbildung aus: Watson, J. D.: »The synthesis of proteins upon ribosomes«, in: *Bulletin de la société de chimie biologique*, Vol. 46, 1964, S. 1399-1425, Abb. 20.

Halterung der beiden Transfer-RNAs, von denen die eine die noch wachsende Peptidkette trägt, durch die große Untereinheit gewährleistet wird. Durch die Pfeile wird die molekulare Relativbewegung von ribosomalem Komplex und Boten-RNA angezeigt. Obwohl die Zustandsfolge linear dargestellt ist, begreift man schnell, daß man es mit einem repetitiven Vorgang zu tun hat, der, nachdem der dritte Zustand erreicht ist, wieder in den ersten übergeht. Insgesamt vermittelt diese Darstellung im Gegensatz zu der von Traut und Monro ein weit intuitiveres, synthetisches Verständnis eines komplexen molekularen Geschehens. Vor allem aber stellt sie den Vorgang in einer Form dar, aus der weitere Fragen und Experimente zur Mechanik des Pro-

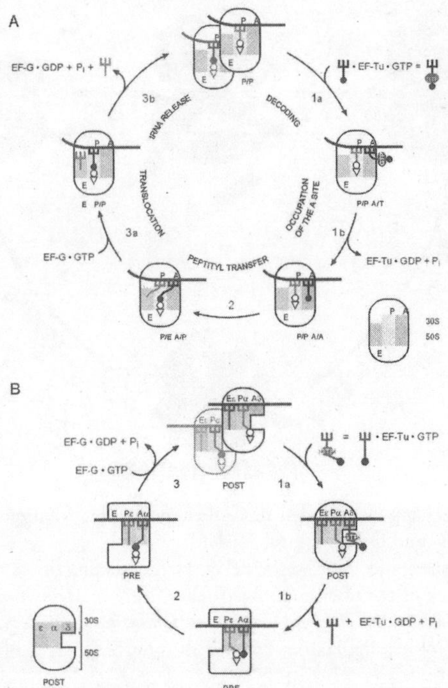

Abb. 9: Modelle des ribosomalen Elongationszyklus. (A) Hybridstellen-Modell, (B) α-ε Dreistellen-Modell.
Abbildung aus: Nierhaus, K. H.: »The elongation cycle«, in: *Protein Synthesis and Ribosome Structure. Translating the Genome.* Hg. von K. H. Nierhaus u. D. N. Wilson. Weinheim: Wiley-VCH Verlag 2004, S. 323-366, Abb. 8(2).

zesses abgeleitet und in die weitere experimentelle Befunde eingetragen werden können. Sie führt zu einem Denken in Bildern auf der molekularen Ebene, das nicht einfach nur einprägsam ist, da es nahe an den Vorstellungen über mechanische Prozesse in der Alltagswelt operiert, sondern vor allem dazu geeignet ist, eine produktive Rolle im Experimentalgeschehen zu spielen. Diese Form der Darstellung hat die Proteinsyntheseforschung bis in die Gegenwart begleitet.

Die Abbildung 9 zeigt die Darstellung des sogenannten Elongationszyklus, das heißt der Verlängerung der Peptidkette eines Proteins

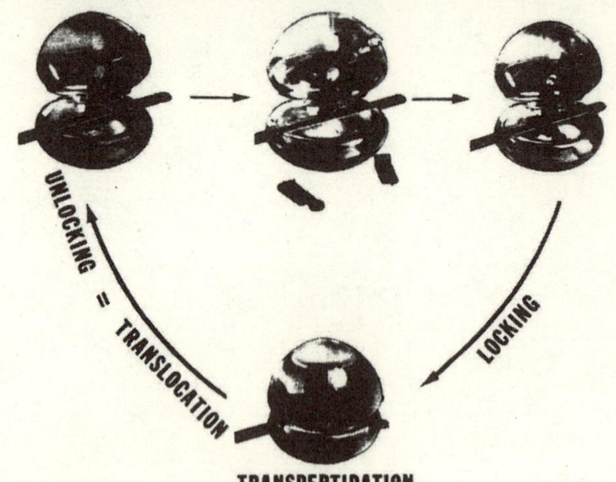

Abb. 10: Mechanisches Modell des Arbeitszyklus des Ribosoms im Sinne eines Schließ- und Öffnungsmechanismus.
Abbildung aus: Spirin, A. S.: »A model of the functioning ribosome: Locking and unlocking of the ribosome subparticles«, in: *The Mechanism of Protein Synthesis. Cold Spring Harbor Symposia on Quantitative Biology*, Vol. XXIV. New York: Cold Spring Harbor Laboratory 1969, S. 197-207, Abb. 4.

um einen Baustein, aus einem Textbuch der Gegenwart.[7] Die Darstellung ist um viele Details angereichert und nun in der Tat auch explizit zyklisch angelegt. Sie hat im Laufe der letzten 40 Jahre zahlreiche Modifikationen erfahren. Unter anderem ist eine weitere Bindungsstelle für Transfer-RNA hinzugekommen, um die herum sich die Forschungen der letzten 25 Jahre bewegt haben.[8]

Wenn der Visualisierungsmodus der Verstärkung eng mit einer bestimmten Klasse von epistemischen Objekten, den Präparaten, verbunden ist, so wird man den Visualisierungsmodus der Schematisierung von Mechanismen mit einer weiteren Klasse epistemischer Objekte, den Modellen, in Verbindung bringen können. Schemata wie das hier näher besprochene Schema des ribosomalen Elongationszyklus stellen Modelle molekularer Vorgänge dar. Im Gegensatz zu Prä-

7 Vgl. Nierhaus/Wilson 2004.
8 Vgl. Rheinberger 1991.

paraten sind Modelle Visualisierungen, die sich in einem anderen Medium abspielen. In Modelle gehen die Untersuchungsgegenstände nicht in materieller Form mit ein. Das Medium, in dem sich das Modell bewegt, kann wie im oben dargestellten Fall eine rein graphische Verbildlichung auf Papier sein. Es hat dann eher abstrahierenden Charakter. Es kann aber auch die Form eines materiell konstruierten mechanischen Modells annehmen, wie dies in der Frühphase der Ribosomenforschung etwa Alexander Spirin versuchte (siehe Abb. 10).

Es hat dann eher konkretisierenden Charakter. Es ist weithin bekannt, welche Rolle das Modellieren mit Draht, Pappe und Pappmaché bei der Strukturaufklärung der DNA-Doppelhelix durch Francis Crick und James Watson sowie bei der dreidimensionalen Strukturaufklärung des Hämoglobins durch Max Perutz und John Kendrew in den 1950er Jahren in Cambridge spielte.[9]

Heute ist diese Rolle zunehmend auf die Computermodellierung übergegangen. Es bedarf der weiteren Diskussion, ob die dreidimensionale Computermodellierung als eine Fortsetzung der schematisierenden Visualisierung und des mit ihr einhergehenden Modellbaus anzusehen ist, oder ob wir es bei der dreidimensionalen Modellierung von Strukturen und Prozessen *in silico* mit einem neuen, qualitativ verschiedenen Verfahren zu tun haben, das als eine neue, vierte Form der Visualisierung der hier vorgestellten kleinen Typologie einen weiteren Typus hinzufügt. Die Frage soll an dieser Stelle unentschieden bleiben.

4. Abschließende Bemerkung

Die hier im Überblick vorgestellten Verfahren der Visualisierung in den Naturwissenschaften kommen in der Regel nicht isoliert voneinander, sondern in einem gegebenen Experimentalzusammenhang aufeinander bezogen und sich gegenseitig stützend vor. Es ist durchaus üblich, daß alle drei beschriebenen Verfahren den Text eines einzigen Originalartikels begleiten. Vielleicht – jedenfalls trifft das auf Forschungsartikel zu – muß besser umgekehrt gesagt werden, daß es ihr Text ist, der eine kürzere oder längere Serie von solchen Darstel-

9 Vgl. Watson 1968 sowie de Chadarevian 2002.

lungen begleitet. Sie bilden Darstellungsketten oder Darstellungsnetze, in denen sie aufeinander verweisen. Sofern ihnen unterschiedliche Techniken zugrunde liegen, stellen sie so etwas wie ›unabhängige Evidenzen‹ vor. Je besser sie sich aufeinander beziehen lassen, um so stabiler wirkt ein Befund. Es kann aber auch die eine Darstellung das Rohmaterial für eine andere bilden. Wie Gaston Bachelard bemerkt hat, sind die modernen Naturwissenschaften »Phänomenotechniken«.[10] Sie bringen ihre Gegenstände konstruktiv in einem ganz wörtlichen Sinne zur ›Erscheinung‹. Diese Erscheinungen sind letztlich nicht von den Techniken zu lösen, denen sie ihre Manifestation verdanken.

Literatur

Bachelard, G. (1970). »Noumène et microphysique« (1931/32), in: *Etudes*. Hg. von G. Bachelard. Paris: Vrin, S. 11-24.

De Chadarevian, S. (2002). *Designs for Life. Molecular Biology after World War II.* Cambridge: Cambridge University Press.

Goethe, J.W. von (1962). »Der Versuch als Vermittler von Objekt und Subjekt« (1793), in: *Die Schriften zur Naturwissenschaft*, 1. Abteilung, Bd. 8, bearbeitet von D. Kuhn. Weimar: Hermann Böhlaus Nachfolger, S. 305-315.

Löwy, I. (2007). *Microscopic slides: Reassessing a neglected historical resource*, unveröffentlichtes Manuskript.

Nierhaus, H./Wilson, D. N. (2004). *Protein Synthesis and Ribosome Structure: Translating the Genome*. Weinheim: Wiley-VCH Verlag.

Rheinberger, H.-J. (1991). »The function of the translating ribosome: Allosteric three-site model of elongation«, in: *Biochimie*, Vol. 73, S. 1067-1088.

Rheinberger, H.-J. (2004). »A history of protein synthesis and ribosome research«, in: *Protein Synthesis and Ribosome Structure: Translating the Genome*. Hg. von K. H. Nierhaus u. D. N. Wilson. Weinheim: Wiley-VDH Verlag, S. 1-51.

Rheinberger, H.-J. (2006). *Epistemologie des Konkreten. Studien zur Geschichte der modernen Biologie*. Frankfurt/M.: Suhrkamp.

Rheinberger, H.-J. (2007). »Spurenlesen im Experimentalsystem«, in: *Spur. Spurenlesen als Orientierungstechnik und Wissenskunst*. Hg. von S. Krämer, W. Kogge u. G. Grube. Frankfurt/M.: Suhrkamp, S. 293-308.

10 Vgl. Bachelard 1970; Rheinberger 2006, dort Kap. 2: Gaston Bachelard und der Begriff der Phänomenotechnik, S. 37-54.

Watson, J. D. (1965). *Molecular Biology of the Gene.* New York/Amsterdam: W. A. Benjamin.
Watson, J. D. (1968). *The Double Helix.* London: Weidenfeld and Nicolson.

Oliver Robert Scholz

Abbilder und Entwürfe

Bilder und die Strukturen der menschlichen Intentionalität

Menschen können mit Bildern verstehend umgehen. Das beinhaltet im einzelnen: Sie können Bilder herstellen, mit Bildern etwas darstellen und ausdrücken, strukturierte Oberflächen als Bilder sehen, behandeln und verstehen.

Und: Menschen besitzen Geist – geistige Eigenschaften und Fähigkeiten. Der menschliche Geist ist durch höhere Formen der Intentionalität gekennzeichnet. Menschen haben geistige Zustände, die nicht nur durch Erlebnisqualitäten, sondern auch durch Intentionalität gekennzeichnet sind. Sie können sich mit ihren Gedanken auf Aspekte der wirklichen oder auch auf Aspekte alternativer möglicher Welten beziehen, diese richtig oder falsch repräsentieren und nach diesen Repräsentationen so oder so handeln.

Wie hängt beides – Bilder und menschlicher Geist – miteinander zusammen? In diesem Aufsatz nähere ich mich dieser Frage, indem ich zentrale Möglichkeiten des Bildes auf unterschiedliche Strukturen der Intentionalität zurückführe.

1. Bilder als Abbilder: Die platonische Hypothek

Die Geschichte der Philosophie sei eine Reihe von Fußnoten zu Platon, hat Alfred North Whitehead einmal bemerkt. Das ist teils berechtigt, teils übertrieben. Übertrieben ist es schon deshalb, weil im Laufe der Geschichte neue Fragestellungen hinzugekommen sind, von denen sich Platon noch nichts träumen ließ. Berechtigt ist freilich der Hinweis auf den ungeheuren Einfluß Platons. Nur darf man nicht verschweigen, daß dieser Einfluß nicht in jedem Fall nur positiv war. So verhält es sich auch bei dem Thema: die Bilder, der menschliche Geist und das Verhältnis der Bilder zur Wirklichkeit.

Tatsächlich findet sich die erste zusammenhängende philosophische Reflexion zur Frage »Was ist ein Bild?« bei Platon. Während dem Schönen ein hoher metaphysischer Wert beigelegt wird, werden die darstellenden Künste von Platon abgewertet, ja an manchen Stellen geradezu geächtet. Im zehnten Buch der *Politeia* hat Platon seine wirkmächtige Kritik der nachahmenden Darstellung entfaltet, die auch das gemalte Bild in Mißkredit bringen soll. Die Abwertung der Malerei und ihrer Produkte, der Bilder, dient dort als Vergleichsfolie für die Kritik der nachahmenden Dichtung und ihrer Werke; uns interessieren in diesem Rahmen nur die Bilder.

Theoretischer Hintergrund der Fundamentalkritik ist Platons reife Metaphysik, die Ideenlehre. Ihr zufolge wird für jede Vielheit von Einzeldingen, auf die wir denselben Begriff anwenden, eine transzendente Idee oder Form angenommen. Während die Welt der sinnlich wahrnehmbaren Dinge dem Entstehen und Vergehen und dem fortgesetzten Wandel unterworfen sind, sind die Ideen ewig und unveränderlich. Um das Verhältnis der Sinnendinge zu den Ideen zu charakterisieren, verwendet Platon nun neben dem Terminus »Teilhabe« (»*methexis*«) den Begriff des Abbilds (»*eikon*«).[1] Jedes Einzelding in Raum und Zeit ist ein Abbild einer zugrundeliegenden transzendenten Idee oder Form.

In der zentralen Argumentation[2] exemplifiziert Platon seine Auffassung am Beispiel von Artefakten wie Stühlen oder Betten. Nach Platon müssen wir etwa dreierlei Betten unterscheiden, denen dreierlei Macher zugehören: (1) die ideale, ewige, unwandelbare Ur-Form des Bettes, wenn man so will: das Ur-Bett, das von einem Gott geschaffen wurde; (2) das sinnlich wahrnehmbare einzelne Bett in Raum und Zeit, das ein sachkundiger Handwerker mit Blick auf das ideale Bett hergestellt hat; und (3) schließlich das gemalte Bett, gleichsam das Abbild-Bett, das der nachahmende Künstler, der Maler, der nichts von Betten versteht, gemacht hat.

Zu beachten ist: Nach Platon ahmt der Künstler nicht etwa die Ideen oder Formen nach, sondern nur die einzelnen raumzeitlichen Sinnendinge, und zwar auch nur so, wie sie uns aus einem bestimm-

1 Nach der Lehre des *Timaios* (29aff.) erschafft ein Demiurg die Sinnenwelt der Einzeldinge als Abbilder der ewigen Ideen, die dem gemäß ihrerseits als Vorbilder (»*paradeigmata*«) fungieren. Entscheidend bleibt, daß Platon die transzendenten Ideen nie als Bilder (»*eikones*«) auffaßt. Platon hat klar gesehen, daß es modell-geleitetes Handeln (s. u.) gibt; was er nicht zugeben will, ist, daß ein ›eikon‹ die Rolle des Modells übernehmen kann.

2 *Politeia* 596e-598d.

ten Blickwinkel erscheinen; er malt etwa das einzelne Bett entweder von der Seite oder von vorne, von oben oder von unten. Auf diese Weise schafft er Gebilde dritten Ranges. Der Maler kann nach Platon nur die Einzeldinge und von denen auch nur gleichsam die Oberfläche von einem bestimmten Standpunkt aus nachahmen.

Mit der ontologischen Degradierung geht eine epistemische Abwertung einher. Im Unterschied zum Tischler, der sich bei der Herstellung oder Reparatur eines Bettes an der geistig erschauten Form des Bettes und an den Maßgaben der zukünftigen Benutzer orientiert, schafft der Maler seine Nachahmungen, ohne über ein Wissen oder auch nur eine richtige Meinung von den dargestellten Dingen und ihren Funktionen zu verfügen. Er ist ein Tausendkünstler, der nichts wirklich versteht oder kann.

Gerechterweise muß gesagt werden, daß Platons Urteil über die nachahmenden Künste und speziell über die Malerei nicht immer so ungünstig ausfiel. Im *Sophistes*, in dem die Sophistik als trugbildnerische (»*phantastikē*«) Kunst eingeordnet wird, wird grundsätzlich auch die Möglichkeit einer ebenbildnerischen (»*eikastikē*«) Kunst eingeräumt. Sie bestünde darin, gemäß den Maßverhältnissen des Urbildes in Länge, Breite und Tiefe und durch eine angemessene Farbwiedergabe die Entstehung einer Nachahmung zu bewirken.[3] Freilich bleibt es dabei, daß der Maler bestenfalls die einzelnen Gegenstände der sinnlich wahrnehmbaren Welt wiedergeben kann.

An einer Stelle des *Sophistes* wird eine Definition von »eidolon« erwogen. Theaitetos hatte zuvor unterschiedliche Arten von natürlichen und künstlichen Bildern aufgezählt: Die Bilder im Wasser und in den Spiegeln auf der einen Seite, die gemalten und die geformten Bilder auf der anderen Seite. Auf die Belehrung durch den Fremden aus Elea, daß dem Sophisten mit solchen Aufzählungen nicht beizukommen sei, folgt eine Definition,[4] die sich schematisch folgendermaßen wiedergeben ließe: Ein Bild (»*eidolon*«) von x ist das einem wahren x ähnlich gemachte andere scheinbare x.

In den *Nomoi* schließlich wird die ägyptische Malerei dafür gelobt, daß sie seit Tausenden von Jahren Bildwerke nach ehernen Gesetzen, die festlegen, was und wie etwas richtig ist, hervorbringt und erhält: »[...] schon seit uralter Zeit war den Ägyptern die Weisheit aufgegangen, die wir eben jetzt verkünden, man müsse die Jünglinge in den

3 *Sophistes* 233d-236c; vgl. *Nomoi* 667e-f und 669a-b.

4 Vgl. *Sophistes* 240a-b.

Staaten sich an schöne Körperhaltung und an schöne Tonweisen gewöhnen lassen. Und nachdem sie dies angeordnet, gaben sie bei den Götterfesten Belehrung über das Was und Wie, und keinem Maler oder sonstigen Künstler, der Gestalten und Nachbildungen schafft, war es erlaubt, Neuerungen einzuführen oder seine Erfindungskraft auf irgend etwas anderes zu richten als auf das der heimischen Sitte Entsprechende. Und auch jetzt noch ist das nicht erlaubt, weder auf diesem Gebiet noch in der gesamten musischen Kunst. Bei näherer Umschau wird man finden, daß dort die vor zehntausend Jahren [...] gefertigten Gemälde und Bildsäulen weder irgendwie schöner noch häßlicher sind als die der jetzigen Zeit, sondern ganz dieselbe künstlerische Behandlung zeigen.«[5]

Nach Platon zeichnen sich also zwei Möglichkeiten ab, tolerable Bilder hervorzubringen: Erstens, die Orientierung an mathematisch präzisierbaren Maßverhältnissen und Ordnungsprinzipien (Symmetrie, Proportion usw.). Diesen Weg haben später Leon Battista Alberti und andere Renaissance-Künstler und -Theoretiker beschritten, wobei sie sich freilich aus einer platonischen Sicht betrachtet zu sehr an dem Maßstab einer *visuellen* Richtigkeit orientiert haben. Zweitens, die Orientierung an unveränderlichen Kanones der Malerei, die vom Staat kodifiziert und überwacht werden sollten. Diesen Weg haben in neuerer Zeit vor allem die totalitären Systeme beschritten. (Was Platon dazu gesagt hätte, ist ein Gegenstand für interessante Spekulationen.)

Obgleich sich bei Platon, wie gesehen, nicht nur kunst- und bildfeindliche Töne finden, haben die kritischen Äußerungen doch zweifellos den stärksten Eindruck hinterlassen. Auch seine wohlwollenden Leser haben den Philosophen dahin gehend verstanden, daß er den nachahmenden Künsten – insbesondere der Malerei und ihren Erzeugnissen, den Bildern – einen sehr niedrigen pädagogisch-moralischen, erkenntnistheoretischen und metaphysischen Wert beimißt. Wie die weitere Geschichte zeigt, kann man auf unterschiedlichen Wegen zu einer anderen Beschreibung und Bewertung der bildenden Künste und der Bilder kommen.

Eine Möglichkeit besteht darin, Platons Metaphysik und die aus ihr resultierende Wirklichkeitsauffassung abzulehnen; dann kann auch den darstellenden Künsten eine andere Rolle zugewiesen werden.

5 *Nomoi* 656d-e; zitiert nach Platon/Apelt 1916, S. 46.

Diesen Weg der Abkehr von Platon hat schon Aristoteles begonnen; viele sind ihm darin gefolgt.

Interessanterweise kann man aber, auch wenn man – partiell wenigstens – an dem begrifflichen und theoretischen Rahmen der Ideenlehre festhält, durch eine veränderte Verortung des Bildes innerhalb dieser Struktur zu einem neuen Verständnis und zu einer höheren Wertschätzung bildlicher Darstellung gelangen. So griffen gerade idealistische Kunsttheorien Elemente aus dem platonischen System auf, um Kunst- und Bildkonzeptionen zu entwickeln, die sich von Platons eigenen erklärten Auffassungen grundlegend unterscheiden.[6] Diese Umwertung des Bildes mit Platon gegen Platon beginnt schon bei Cicero und Plotin und findet sich in den neuplatonistischen Bewegungen immer wieder.

Auf alle diese Entwicklungen will ich hier nicht näher eingehen. Erwin Panofsky hat die wechselvolle Karriere der platonischen Ideenlehre innerhalb der Kunstliteratur in seiner Studie *Idea. Ein Beitrag zur Begriffsgeschichte der älteren Kunsttheorie*[7] dargestellt. Dem wäre, abgesehen von kleineren Ergänzungen, wenig hinzuzufügen.

2. Was wäre auf Platon zu erwidern gewesen?

Mir geht es im Folgenden nicht um historische Spurensuche,[8] sondern um eine systematische Analyse der Fehler Platons, zumindest von zwei zentralen Fehlern. Die an Platon anschließenden Bildtheorien sind, wie ich zeigen möchte, in mehrfacher Hinsicht einseitig und beschränkt. Ich konzentriere mich auf die Punkte, die für unser Thema von besonderem Interesse sind.

Platon berücksichtigt nur Bilder, die etwas in der Welt bereits Gegebenes und vollständig Bestimmtes ›wiedergeben‹ oder abbilden. Nennen wir diese Bilder kurz ›Abbilder‹. Und ein Abbild ist für ihn – so die sich aus diesem Bildverständnis ergebende Bewertung – nur eine schwache Kopie einer zuvor vollständig gegebenen Gegenständlichkeit.

Wie jeder sich leicht klarmachen kann und im Folgenden schrittweise dargelegt wird, sind aber keineswegs alle Bilder Abbilder in die-

6 Panofsky 1924.

7 Dazu ergänzend und korrigierend Hübener 1977.

8 Vgl. dazu Scholz 2000.

sem Sinne. Im Gegenteil: Das Abbild, auf das Platon so fixiert ist, ist seltener, als uns viele traditionelle Bildtheorien weismachen wollten. Die Gründe für die erstaunliche Einseitigkeit der platonischen Bildtheorie liegen zum einen in seiner Orientierung an der metaphysischen Teilhabevorstellung, zum anderen an einer zu engen Analogie zwischen gemalten Bildern und natürlichen Phänomenen wie Spiegelungen, Schatten und Abdrücken.

Zum ersten Punkt: Die Parallelisierung der Relationen zwischen abgebildetem Gegenstand und Bild mit der zwischen Form oder Idee und Einzelding führt zu einer Kopietheorie der bildlichen Darstellung. Der eigentümliche ontologische Komparativ, der das Verhältnis Idee-Einzelding kennzeichnet (die Ideen sind ›seiender‹ als die Einzeldinge), wird auf die Bildbeziehung übertragen (die Einzeldinge sind ›seiender‹ als ihre Bilder). Da der ontologische Komparativ bei Platon stets mit einem Wertkomparativ einhergeht, ist die Abwertung der Bilder unausweichlich: die Ideen sind wertvoller als die Einzeldinge und diese wiederum wertvoller als die Bilder.

Zum zweiten Punkt: Die Analogisierung der künstlichen Bilder mit den natürlichen Bildern (Schatten, Spiegelungen, Abdrücke) verdeckt ebenfalls die Besonderheiten der von Menschen gemachten Bilder. Während die sogenannten natürlichen Bilder bloße Indizes im Sinne der Semiotik von Charles Sanders Peirce sind, stellen künstliche Bilder ein weitaus komplexeres und kognitiv anspruchsvolleres Phänomen dar. Bei Schatten, Spiegelungen, Abdrücken beruht der Wirklichkeitsbezug auf Kausalbeziehungen oder allgemeiner empirischen Korrelationen; und der Gegenstandsbezug ist singulär. Die Darstellungsleistung gemalter und gezeichneter Bilder ist dagegen keine bloß natürliche oder ›rohe‹ Tatsache. Daß sie etwas darstellen, liegt vielmehr daran, daß Menschen mit ihnen in bestimmter Weise umgehen. Überdies können künstliche Bilder im Unterschied zu Schatten und Spiegelungen auch generell referieren; man denke nur an Bilder in Wörterbüchern oder Enzyklopädien. Neben singulär bezugnehmenden Bildern (wie Porträts) und generellen Bildern (wie Illustrationen in Enzyklopädien) gibt es schließlich auch im Sachbezug leere, etwa fiktionale Bilder, freie Schöpfungen der Phantasie. Schon Philostratos der Ältere hatte der platonischen Nachahmungstheorie mit Bezug auf die Werke von Apollonios entgegengehalten: »Phantasie [...] hat diese Werke geschaffen, eine weisere Schöpferin als die Nachahmung. Nachahmung nämlich wird nur schaffen können, was sie gesehen hat, Phantasie aber auch das, was sie nicht gesehen hat, denn sie wird es sich ausdenken nach Maßgabe des Seienden.«[9] Die Phantasie bringt also insbesondere fiktionale Bilder hervor, denen in der Wirklichkeit nichts entspricht.

Aber auch unter den nicht-fiktionalen Bildern berücksichtigt Platon nur einen speziellen Typ, den des Abbilds einer einzelnen zuvor gegebenen Sache. Damit übersieht (oder verschweigt) er den ganzen Bereich der entwerfenden Bilder. Diesen wollen wir uns jetzt zuwenden.

3. Entwerfende Bilder

Für Konstruktionsingenieure, Modedesigner und Architekten gehört es zum täglichen Geschäft, Bilder von Dingen zu zeichnen, die es noch nicht gibt und bei denen offen sein mag, ob es sie je geben wird. Sie bilden nicht etwas schon Bestehendes ab, sie ›ahmen‹ auch nichts ›nach‹, sondern produzieren Bilder, nach denen etwas, das es noch nicht gibt, hergestellt werden kann: eine Maschine, ein Anzug, ein Haus.

Wenn die Zeichnung fertiggestellt ist, existiert der Gegenstand, den sie zeigt, noch nicht. Es kann daher zu diesem Zeitpunkt trivialerweise auch noch keine Beziehung der Teilhabe, der Nachahmung oder der Ähnlichkeit zwischen dem Bild und dem Dargestellten geben; es sind ja überhaupt noch keine zwei Relata vorhanden. Spitzen wir diesen Punkt zum Zwecke der Verdeutlichung noch etwas zu. Nehmen Sie an: die Zeichnung war am 1. Januar 2008 fertig, die danach angefertigte Sache am 15. Dezember desselben Jahres. Erst im Dezember existieren also beide Relata der fraglichen Relation. Soll man deshalb sagen, die Zeichnung sei erst im Dezember zu einem Bild geworden, während sie dies im Januar oder Mai noch nicht war? Oder nehmen Sie an, es kommt nicht dazu, daß nach dem Entwurf etwas angefertigt wird; das Design wurde abgelehnt, es bleibt bei dem Entwurf. Folgt daraus, daß den Entwurf das doppelt harte Schicksal ereilt, nie zu einem Bild zu werden? Das würde wohl niemand im Ernst behaupten wollen.

Die entwerfenden Bilder, wie wir sie zusammenfassend nennen

9 Philostratos d. Ä. 1983, S. 448.

wollen, machen auf einen grundlegenden Punkt aufmerksam, der es verdient, genauer herausgearbeitet zu werden. Die traditionellen Nachahmungs- und Ähnlichkeitstheorien des Bildes haben bei dem Verhältnis des Bildes zur Welt nur eine Richtung der Passung beachtet. Ein abzubildender Gegenstand wird als gegeben betracht, das Abbild muß dann diesem Modell ähnlich gemacht werden, muß es nachahmen, es wiedergeben.

Wie wir gesehen haben, braucht der Weg aber nicht von der Welt zum Bild zu führen; er kann auch vom Bild zur Welt führen. Auf der einen Seite können Bilder dazu dienen, etwas schon Vorhandenes wiederzugeben. Denken wir zum Beispiel an die Porträtmalerei. Eine Person sitzt Modell; der Maler versucht ihre Züge wiederzugeben. Insofern richtet sich das Bild nach der Welt; der Weg führt gleichsam von der Welt zum Bild. Auf der anderen Seite darf nicht übersehen werden, daß der eben beschriebene Weg nicht den einzigen Grundtyp einer Verbindung zwischen Bild und Dargestelltem verkörpert. Oft steht ein Bild am Anfang; und der Weg führt gleichsam vom Bild zur Welt. Gang und gäbe sind, wie gesehen, Bilder, welche als Bilder von Gegenständen dienen, die erst nach ihnen gemacht werden sollen.

Solche Unterschiede in der Ausrichtung zwischen der Welt und Repräsentationen sind nicht nur bei Bildern festzustellen. Es handelt sich dabei vielmehr um eine generelle Struktur geistiger Leistungen, genauer: um eine generelle Struktur der Intentionalität des menschlichen Geistes. Unter »Intentionalität« verstehen Philosophen die Eigenschaft des Gerichtetseins, genauer: des Gerichtetseins auf einen Gegenstand oder Inhalt. Nach dem österreichischen Philosophen Franz Brentano, der diesen Begriff der scholastischen Philosophie entnommen hat, ist Intentionalität das charakteristische Merkmal von geistigen Phänomenen; physische Phänomene weisen dieses Merkmal nicht auf. Wenn wir uns in einem geistigen Zustand befinden, läßt sich stets etwas angeben, auf das wir gerichtet sind: einen Gegenstand oder Inhalt, auf den wir uns geistig beziehen. Wenn wir denken, dann denken wir an etwas oder über etwas nach. Wenn wir wahrnehmen, dann nehmen wir etwas wahr. Wenn wir lieben oder hassen, dann lieben oder hassen wir jemanden oder etwas. Im Deutschen benutzen wir neben den »von«- und »über«-Konstruktionen besonders die »daß«-Satz-Konstruktion, um zu beschreiben, worauf unsere geistigen Zustände gerichtet sind. Wir hoffen beispielsweise, *daß* die Welt friedlicher wird; aber wir zweifeln, *daß* es dazu kommen wird.

Die beste Veranschaulichung des Unterschieds der Anpassungsrichtung stammt von der Philosophin Gertrude Anscombe.[10] Stellen Sie sich einen Mann vor, der mit einer Einkaufsliste durch eine Stadt läuft und verschiedene Dinge einkauft, und einen Detektiv, der notiert, was dieser Mann eingekauft hat. Am Ende des Tages werden die Listen des Käufers und des Detektivs übereinstimmen, wenn der Detektiv sorgfältig gearbeitet hat. Aber die Funktion der Listen war natürlich grundverschieden. Im Falle der Einkaufsliste ging es darum, die Welt durch Handlungen so zu verändern, wie es der Liste entspricht. Die Welt sollte der Liste angepaßt werden; mit anderen Worten: Die Liste weist eine Welt-auf-Wort-Ausrichtung auf. Im Falle des Detektivs besteht der Zweck der Liste darin, die Einkäufe aufzuzeichnen. Die Liste soll den Tatsachen in der Welt entsprechen; mit anderen Worten: Die Liste weist eine Wort-auf-Welt-Ausrichtung auf.[11]

Wenden wir uns nach dieser Veranschaulichung wieder den intentionalen Zuständen zu. Hier zeigen sich die Ausrichtungsunterschiede ganz deutlich. Wahrnehmungen, Erinnerungen, Überzeugungen haben eine Geist-auf-Welt-Ausrichtung, Absichten, Pläne, Wünsche, Erwartungen und Hoffnungen eine Welt-auf-Geist-Ausrichtung. Neben der ursprünglichen Intentionalität des Geistes gibt es die abgeleitete Intentionalität von Produkten des Geistes.[12] Auch sprachliche Äußerungen,[13] Karten und andere Zeichen beziehen sich auf etwas außerhalb ihnen Liegendes. Die Ausrichtungsunterschiede finden sich bei allen Arten ursprünglicher und abgeleiteter Intentionalität. Insbesondere weisen auch Bilder abgeleitete Intentionalität auf. Sie be-

10 Siehe Anscombe 1963, § 32, S. 56f. (Ich habe das Beispiel leicht abgewandelt.) Vgl. Searle 1979, S. 3-5; Searle 1983, S. 7f.; Searle 2001, S. 36-53.

11 Den Unterschied kann man sich noch klarer machen, wenn man die Rolle von Fehlern in den beiden Fällen betrachtet, d.h., wenn man sich überlegt, was als Fehler zählen würde, welcher Instanz jeweils die Verantwortung für den Fehler zuzuschreiben wäre und wie der Fehler zu beheben wäre.

12 Vgl. Searle 1983, S. 5, 27f., 167f. und 175f.

13 Searle hat bei seiner Sprechaktklassifikation, genauer: seiner Taxonomie illokutionärer Akte den Unterschied in der Anpassungsrichtung (»*direction of fit*«) – kürzer: Ausrichtung – als grundlegenden Einteilungsgesichtspunkt benutzt (vgl. Searle 1979, Kap. 1, S. 1-29). Für Feststellungen, Beschreibungen usw. ist die Wort-auf-Welt-Ausrichtung kennzeichnend, für Befehle und Versprechen dagegen die Welt-auf-Wort-Ausrichtung. Eine dritte Gruppe paßt in keines der beiden Schemata.

ziehen sich auf Gegenstände oder Inhalte. Abgeleitet ist diese Form von Intentionalität insofern, als Bilder nur aufgrund dessen etwas darstellen, daß Menschen in bestimmter Weise mit ihnen umgehen.

4. Zweimal ›Darstellen‹: Wiedergeben und Denotieren

Über das bislang Ausgeführte hinaus ist eine weitere Unterscheidung zu beachten, die Platon ebenfalls übersieht, die aber für jede Bildtheorie von grundlegender Bedeutung ist.[14] Dies führt uns auf zwei umgangssprachliche Verwendungen des Wortes »darstellen«, die beide ihre Berechtigung haben, die man aber nicht miteinander vermengen darf.

Wer über die Struktur von Handlungen und Handlungsbeschreibungen nachdenkt, stößt alsbald auf das Wörtchen »indem«. Oft tun wir etwas (Y), indem wir etwas anderes (X) tun. Vier Beispiele:

(1) Er verdarb das Essen (Y), indem er es zu lange auf dem Herd ließ (X).

(2) Er rettete ihr Leben (Y), indem er sich in den Schuß warf (X).

(3) Sie gab ihre Stimme ab (Y), indem sie ihren Arm hob (X).

(4) Er brach ein Versprechen (Y), indem er zu spät nach Hause kam (X).

Die Nützlichkeit und Flexibilität der »indem«-Konstruktion darf nicht darüber hinwegtäuschen, daß zwischen dem jeweiligen X-Terminus und dem Y-Terminus – wie schon die wenigen Beispiele verdeutlichen – ganz unterschiedliche Relationen bestehen können. Uns geht es hier nicht um eine umfassende Theorie, die wohl außerordentlich kompliziert ausfallen müßte.[15] Für unsere Zwecke genügt es, auf einen Unterschied hinzuweisen, der bei der Verwendung des Darstellungsbegriffs zu beachten ist. Manchen »indem«-Strukturen liegen Kausalrelationen zugrunde (Beispiele 1 und 2), anderen jedoch konventionale Beziehungen[16] (Beispiele 3 und 4).

Der Begriff der Darstellung findet in beiden Fällen Verwendung.

14 Vgl. dazu Scholz 2004, S. 151ff.

15 Ansätze bei Austin 1962, Vorlesung 10; Goldman 1970, Kapitel 2; Ginet 1990, S. 16f. und Bennett 1995, S. 27ff.

16 Goldman 1970, S. 25f. spricht von »conventional generation« (i. U. zu »causal generation«).

Betrachten wir ein Beispiel etwas näher: Rembrandts Gemälde *Batsheba im Bade*. Soweit uns bekannt ist, hat Rembrandts Geliebte Hendrickje Stoffels dafür Modell gestanden. Das Bild stellt Batsheba dar; aber kann man nicht auch sagen, daß es Hendrickje darstellt? Betrachten wir, um hier zur Klarheit zu gelangen, einige der relevanten Handlungen des Malers, die durch »indem«-Strukturen verknüpft sind, etwas genauer.[17] (1) Indem Rembrandt in bestimmter Weise Farbe auf die Leinwand aufträgt, gibt er Züge von Hendrickje wieder. (2) Indem er Züge von Hendrickje wiedergibt, stellt er Batsheba im Bade dar.

Entscheidend ist, daß das zweite »indem« einen konventionalen Aspekt hat; es ist von keinem bloß kausalen Hervorbringen die Rede. Wie gegen naive Ähnlichkeitstheorien betont werden muß, ist freilich auch schon das, was wir hier vereinfacht »Wiedergeben«[18] nennen, alles andere als ein trivialer Vorgang. Um die Farben und Formen seiner Hendrickje wiederzugeben, nimmt Rembrandt mannigfache Transformationen vor, in deren Wahl und Beherrschung sich gerade seine Meisterschaft zeigt. Es handelt sich um ein modellgeleitetes Handeln, in dem sich eine lang ausgebildete Kunstfertigkeit manifestiert. Dazu, daß Rembrandt dadurch Batsheba im Bade darstellt, muß freilich noch etwas anderes ins Spiel kommen. Die Umstände müssen so sein oder so eingerichtet werden, daß die in dem Bild zu sehende Figur als Batsheba-im-Bade-Darstellung gilt. Im vorliegenden Falle trägt der Bildtitel dazu bei, dies sicherzustellen; aber natürlich kann man durch die Wiedergabe eines geeigneten Modells auch Batsheba darstellen, ohne dies durch den Titel zu vereindeutigen. Eine mit bestimmten Attributen versehene badende Frau gilt im Kontext einer bestimmten literarischen und künstlerischen Tradition als Batsheba im Bade.

Zur Verwechslung der beschriebenen unterschiedlichen Handlungen und ihrer »indem«-Strukturen haben zwei Faktoren maßgeblich beigetragen. Erstens der Umstand, daß umgangssprachlich in beiden Fällen das Wort »darstellen« verwendet werden kann; wenngleich es wohl etwas natürlicher ist zu sagen, das Bild stelle Batsheba dar und

17 Nicholas Wolterstorff hat die handlungstheoretischen Differenzierungen für die Klärung des künstlerischen Handelns und des Darstellungsbegriffs fruchtbar gemacht. (Siehe Wolterstorff 1980, S. 14ff. und 262ff.)

18 Im Anschluß an Wolterstorff 1980, S. 16f. und 262f., der von »rendering« und »producing a rendering« spricht.

Hendrickje habe dafür Modell gestanden. (Wenn Sie in einer kunstgeschichtlichen Prüfung gefragt werden, was das Bild darstellt, tun Sie gut daran, zu antworten: »Batsheba im Bade«. Auf die Antwort »Hendrickje Stoffels« würde man Ihnen vermutlich erwidern: »Soweit uns bekannt ist, hat Hendrickje Stoffels Modell gestanden; die Frage war jedoch: Was stellt das Bild dar?«)

Zweitens ist bei vielen einfachen Bildern das, was als Modell gedient hat (was ›wiedergegeben‹ wurde), und das, was dargestellt ist, identisch: Napoleon hat Modell gestanden, und Napoleon ist dargestellt. (Nota bene: Die Objekte sind identisch; die Handlungen des Malers sind natürlich auch in diesen Fällen zu unterscheiden.) Diese einfachen Fälle können dazu führen, daß man in komplexeren Fällen diesen wesentlichen Unterschied übersieht.

Daß beides – ›Wiedergeben‹ und Darstellen – auseinanderzuhalten ist, zeigt sich nicht nur daran, daß ein Bild etwas anderes darstellen kann, als es ›wiedergibt‹, sondern – genauso wichtig – daran, daß die meisten Bilder etwas darstellen, ohne etwas ›wiederzugeben‹, das heißt, ohne daß ein Modell vorhanden und bei der Bildherstellung leitend war. Dies gilt gerade für entwerfende Bilder und für fiktionale Bilder, aber natürlich nicht nur für diese. Bilder, die auf der Wiedergabe eines äußeren Formvorbildes beruhen, sind in der Geschichte der Bilder weitaus seltener, als uns die Nachahmungs- und Ähnlichkeitstheorien des Bildes glauben machen wollen.[19]

Halten wir als Ergebnis fest: Ins Zentrum allgemeiner Bildtheorien, die allen Formen bildlicher Darstellung gerecht werden müssen, gehört nicht ein Begriff der ›Wiedergabe‹ (im erläuterten Sinne), sondern der vollblütige Begriff der bildlichen Darstellung, der, wie gesehen, wesentlich auf konventionalen Beziehungen beruht.

19 Vgl. Wolterstorff 1980, S. 19, Anm. 10: »Rendering occurs far less often in the representational arts than a modern Western observer might suppose. With the exception of the post-Renaissance West it has been a very subsidiary mode of artistic production.«

5. Elemente einer adäquateren Bildtheorie

Abschließend möchte ich skizzieren, wie eine Bildtheorie aussehen könnte, die Platons Fehler vermeidet und den verschiedenen Möglichkeiten des Bildes gerecht zu werden versucht.[20] Sie mündet nicht geradezu in einer Definition, eher schon in einer partiellen tentativen Explikation des Bildbegriffs.

(1) *Bilder sind keine rein natürlichen Zeichen; Bildsysteme sind konventionale Zeichensysteme.*

Halten wir die wichtigsten Hinsichten fest, in denen Bildsysteme konventional sind:

(a) *Die Konventionalität des Zeichencharakters:* Bilder sind zunächst Zeichen. Die meisten Bilder haben semantische Eigenschaften. Sie haben einen Inhalt und, soweit es sich nicht um fiktionale oder aus anderen Gründen im Sachbezug leere Bilder handelt, beziehen sie sich auf etwas außerhalb des Bildes; sie stellen etwas dar: einen Gegenstand, eine Person, einen Sachverhalt oder ein Ereignis. Der Bildträger ist aber nicht schon von sich aus – sozusagen aus eigener Kraft – ein Zeichen. Ein Gegenstand wird erst dadurch zum Zeichen, daß er in sozial geregelte weitläufigere Handlungsmuster eingebettet wird. Er wird dadurch zum Zeichen, daß er in bestimmter Weise behandelt wird, daß man ihn bei bestimmten Gelegenheiten soundso verwendet, andere auf diesen Gebrauch soundso reagieren etc. Anders ausgedrückt: Daß etwas ein Zeichen ist, ist keine rohe, sondern eine institutionelle Tatsache.

(b) *Darstellungskonventionen:* Kommen wir nun zu den eigentlichen Darstellungskonventionen. Zunächst sind allgemeine, das heißt gegenstandsunspezifische, Darstellungskonventionen zu nennen. Nehmen wir an, ich will das Haus malen oder zeichnen, in dem ich zur Zeit wohne. Offenkundig kann man diese Aufgabe auf vielerlei Arten lösen. So stehen mehrere Methoden zur Verfügung, Figur und Grund voneinander abzugrenzen. Ich kann etwa eine schwarze Umrißlinie zeichnen, so daß die von der Linie umschlossene Fläche das Haus darstellt; die schwarze Linie dient dann dazu, die Grenzen eines Objektes zu markieren und es von dem Grund abzuheben. Wir sind alle mit dieser allgemeinen Darstellungskonvention vertraut; sie ist allgemein, insofern sie bei fast allen körperlichen Gegenständen

20 Ausführlich in Scholz 2004.

angewendet werden kann. Spielräume gibt es auch bei der Wiedergabe planarer und nichtplanarer räumlicher Verhältnisse. Die linear- oder zentralperspektivische Darstellung ist nur eine Lösung, wie die Betrachtung anderer Malweisen in anderen Traditionen, Zeiten und Völkern lehrt.

Neben den weitgehend gegenstandsneutralen gibt es gegenstandsspezifische Darstellungskonventionen. Sie betreffen die Frage, wie eine bestimmte Art von Gegenstand, Sachverhalt oder Szene darzustellen ist: ein menschlicher Körper, ein Gesicht, ein Auge, ein Ohr, ein Pferd, ein Vogel usw. Eine reichhaltige Quelle für die Untersuchung solcher Konventionen bieten die zahllosen Anleitungen zum Malen, mit denen sie explizit tradiert, gelehrt und gelernt wurden.

(2) *Bilder sind Zeichen in analogen Zeichensystemen.*

In den meisten traditionellen Bildtheorien, die auf die Beziehung zwischen dem Bild und seinem Korrelat konzentriert waren, wurden die innersystemischen Relationen übersehen. Nelson Goodman verdanken wir hier den entscheidenden Perspektivenwechsel. Er hat gesehen, daß sich bildliche Systeme von anderen Zeichensystemen, etwa Sprachen, durch innersystemische, syntaktische Charakteristika unterscheiden, vor allem durch syntaktische Dichte und relative syntaktische Fülle.[21] Dies möchte ich kurz erläutern.

Um etwas als Bild zu verstehen, muß man es als Element eines analogen, syntaktisch dichten Zeichensystems mit hoher relativer syntaktischer Fülle behandeln. Ein System ist syntaktisch dicht, wenn es die Bildung unbegrenzt vieler Zeichencharaktere zuläßt, die so geordnet werden können, daß zwischen zwei gegebenen immer noch ein weiterer liegt. In aller Regel sind bildliche Zeichensysteme zugleich hinsichtlich vieler Dimensionen syntaktisch dicht, etwa hinsichtlich der Höhe, Breite, Länge der Formen, hinsichtlich mehrerer farblicher Eigenschaftsdimensionen usw. Syntaktische Dichte in diesem Sinne, so lautet Goodmans Vorschlag, könnte eine notwendige Bedingung für Bildlichkeit sein.

Freilich sind nicht alle syntaktisch dichten Systeme auch Bildsysteme im landläufigen Sinne. Bei Karten (Landkarten, Stadtplänen u.ä.), die zu dichten Systemen gehören, mag man noch darüber streiten, ob man sie von Bildern abgrenzen oder aber als speziellen Fall von Bildern anerkennen will. Bei analogen Geräten, wie etwa Ther-

21 Vgl. Goodman 1968, S. 229f.

mometern oder anderen Meßinstrumenten ohne Gradeinteilung, bei denen die Anzeige in einem syntaktisch dichten System geschieht, wird wohl niemand mehr bereit sein, von Bildern zu reden. Es entsteht so das Bedürfnis, Bilder im landläufigen Sinne von anderen Elementen analoger Systeme abzugrenzen. Zu diesem Zwecke läßt sich ein weiteres systembezogenes syntaktisches Merkmal angeben: die relative syntaktische Fülle. Ein Zeichensystem weist desto mehr syntaktische Fülle auf, je mehr Züge der Zeichenträger symbolische Funktionen besitzen.

(3) *Bildsysteme sind Systeme, die eine stetige Korrelation erlauben.*

Die genannten syntaktischen Eigenschaften eröffnen semantische Möglichkeiten, insbesondere die stetige Korrelation zwischen Bildern und den dargestellten Gegenständen oder Szenen entlang zahlreicher Eigenschaftsdimensionen: Eine kleine Veränderung in dem Zeichen in einer bestimmten Hinsicht kann dann eine kleine Änderung des Dargestellten in einer (nicht notwendig derselben) Hinsicht bedeuten.[22] Die stetige Korrelation paßt sehr gut zu den beiden möglichen Ausrichtungen des Bildes.

(4) *Die einzelnen Bilder und Bildverwendungen sind in weitläufigere Zeichenspiele eingebettet.*

Bilder werden – auch wenn sie tatsächlich als Bilder gebraucht werden – zu vielen verschiedenen Zwecken und in den verschiedenartigsten Tätigkeitszusammenhängen verwendet. Ludwig Wittgenstein wollte mit dem Ausdruck »Sprachspiel« die regelhafte Einbettung sprachlicher Zeichen in den engeren und weiteren Handlungszusammenhang der Zeichenverwendung hervorheben. Mit demselben Recht kann man den Ausdruck »Bildspiel« einführen, um eine entsprechende Einbettung der Bildzeichen herauszustellen. Manches deutet darauf hin, daß dies ganz im Sinne Wittgensteins gewesen wäre. In der bekannten Beispielliste, an welcher der Leser sich die »Mannigfaltigkeit der Sprachspiele« vor Augen führen soll, führt er unter anderem auf: »[...] Herstellen eines Gegenstandes nach einer Beschreibung (Zeichnung)«.[23] Dem Sprachspiel entspricht hier ein in Klammern genanntes Bildspiel. Im *Braunen Buch* werden zahlreiche Sprach- und Bildspiele im Zusammenhang beschrieben. Und schließlich bedient sich Wittgenstein selbst des allgemeinen Ausdrucks »Zeichenspiel«.[24]

22 Zu diesem Begriff vgl. Bach 1970, S. 129.

23 Wittgenstein 1953, § 23.

24 Z. B. Wittgenstein 1956, S. 257ff.

Wie die meisten Sprachtheorien die Vielfalt der Sprachspiele nicht gewürdigt haben, so haben die Bildtheorien die Verschiedenartigkeit der ›Bildspiele‹ zu wenig berücksichtigt. Zählen wir einige Dinge auf, die man mit Bildern macht: jemandem mitteilen, wie etwas aussieht oder beschaffen ist; wie etwas sein soll; wie etwas nicht sein soll; wie er oder sie etwas (nicht) machen soll; nach einer Zeichnung etwas herstellen; die Gegenstände holen, die auf einem Bild zu sehen sind; zu dem Ort gehen, den das Bild zeigt; eine Person oder einen Gegenstand mit Hilfe eines Bildes suchen und identifizieren (etwa: einen Unbekannten vom Bahnhof abholen); vor etwas warnen; etwas gebieten, verbieten usw.; für etwas werben; jemandem zeigen, wie man sich etwas vorstellt; in einer Reihe von Bildern den Gang eines Geschehens (etwa einer Schlacht) festhalten; usw. Darüber hinaus gibt es eine Reihe von ›Zeichenspielen‹, bei denen Bilder und Sprache gemeinsam eine Rolle spielen, beispielsweise: nach einer Beschreibung ein Bild malen; ein Bild beschreiben; für ein Bild einen Titel finden; zu einem Bild eine passende Geschichte erfinden; eine Geschichte mit Bildern illustrieren; usw.

Nimmt man die erläuterten Bestimmungsstücke zusammen, ergibt sich die folgende partielle Explikation des Bildbegriffs:

(B) Ein Gegenstand x – in der Regel ein Artefakt – ist nur dann ein Bild in einer bestimmten Gruppe G, wenn es in G als richtig gilt, x als Element eines analogen, das heißt syntaktisch dichten, und relativ vollen Zeichensystems, das eine stetige Korrelation mit einem zugeordneten Gegenstandsbereich erlaubt, im Rahmen von bestimmten sozial geregelten Zeichenspielen zu verwenden und zu verstehen.

Aus dem Gesagten geht hervor, daß Bilder typischerweise komplexe Artefakte sind, deren Hervorbringung, Verwendung und Verstehen mit höheren Stufen der Intentionalität einhergehen. Insofern tragen historische und systematische Untersuchungen zu Bildern zur Erhellung des menschlichen Geistes – seiner Struktur, seiner Fähigkeiten und seiner Entwicklung – bei.

Literatur

Anscombe, G. E. M. (1963). *Intention*, 2. Aufl. Oxford: Harvard University Press.

Austin, J. L. (1962). *How to Do Things with Words*. Oxford: Harvard University Press.

Bach, K. (1970). »Part of What a Picture Is«, in: *British Journal of Aesthetics*, Vol. 10, S. 119-137.

Bennett, J. (1995). *The Act Itself.* Oxford: Clarendon Press.

Ginet, C. (1990). *On Action*. Cambridge: Cambridge University Press.

Goldman, A. I. (1970). *A Theory of Human Action*. Princeton: Prentice Hall.

Goodman, N. (1968). *Languages of Art*. Indianapolis: Hackett.

Hübener, W. (1977). »Idea extra artificem. Zur Revisionsbedürftigkeit von Erwin Panofskys Deutung der mittelalterlichen Kunsttheorie«, in: *Festschrift für Otto von Simson zum 65. Geburtstag*. Hg. von L. Grisebach u. K. Renger. Frankfurt/M.: Propyläen, S. 27-52.

Panofsky, E. (1924). *Idea. Ein Beitrag zur Begriffsgeschichte der älteren Kunsttheorie* (= Studien der Bibliothek Warburg, Bd. 5), 2. Aufl. Berlin: Volker Spiess 1960.

Philostratos d. Ä. (1983). Vita Apollonii 6, 19, dt. nach Krueger, J. *Ästhetik der Antike*. Berlin/Weimar: Aufbau.

Platon/Apelt, O. (1916). *Platons Gesetze. Übersetzt und erläutert von Otto Apelt*. Leipzig: Felix Meiner.

Scholz, O. R. (2000). »Bild«, in: *Ästhetische Grundbegriffe*, Bd. 1. Hg. von K. Barck, M. Fontius, D. Schlenstedt u. a. Stuttgart/Weimar: Metzler, S. 618-669.

Scholz, O. R. (2004). *Bild, Darstellung, Zeichen*, 2. Aufl. Frankfurt/M.: Klostermann.

Searle, J. R. (1979). *Expression and Meaning*. Cambridge: Cambridge University Press.

Searle, J. R. (1983). *Intentionality*. Cambridge: Cambridge University Press.

Searle, J. R. (2001). *Rationality in Action*. Cambridge (MA): MIT Press.

Wittgenstein, L. (1953). *Philosophische Untersuchungen*. Oxford: Blackwell.

Wittgenstein, L. (1956). *Bemerkungen über die Grundlagen der Mathematik*. Oxford: Blackwell.

Wolterstorff, N. (1980). *Works and Worlds of Art*. Oxford: Oxford University Press.

II. Theoriegeschichte

Stefan Majetschak

Die Sichtbarkeit des Bildes und der Anblick der Welt

Über einige Anregungen Konrad Fiedlers für die Bild- und Kunsttheorie

Mochte das kunsttheoretische Œuvre, das Konrad Fiedler (1841-1895) hinterlassen hat,[1] manchem bildenden Künstler der Moderne auch geradezu als ›Offenbarung‹[2] erschienen sein; in den Debatten der führenden, die Diskurse über die Bildkünste bestimmenden Kunsthistoriker und Kunstphilosophen war es gleichwohl seit je bestenfalls marginal präsent. Der *eine* kunstphilosophische Grundgedanke, den Fiedler in allen Schriften seines schmalen schriftstellerischen Werkes immer neu herausarbeitet und der auf praktizierende Künstler offenbar so faszinierend wirkte, war für Theoretiker und Historiker der Kunst überraschenderweise kaum von Interesse. Im Blick auf die Interpretation der künstlerischen Tätigkeit sowie der Kunstwerke waren ihnen andere Gesichtspunkte wichtiger als diejenigen, die Fiedler betonte.

Schon Fiedler selbst wußte natürlich, daß man die künstlerische Tätigkeit und ihre Produkte unter sehr verschiedenen Gesichtspunkten betrachten kann. Freilich war er der Ansicht, daß jene ästhetischen, ethischen, historischen oder sonstwie gearteten Gesichtspunte, Ansprüche und Erwartungen, die Theoretiker oder Historiker an die Bildenden Künste oftmals herantragen, mit dem, was der Künstler mit seiner Tätigkeit und seinen Werken bezweckt, im Grunde we-

1 Zur Biographie vgl. die Einleitung, die Gottfried Boehm der von ihm herausgegebenen zweibändigen Fiedler-Ausgabe *Schriften zur Kunst* vorangestellt hat. (Fiedlers Schriften werden im folgenden nach dieser Edition mit Band und Seitenzahl zitiert.) Für eine Verortung der Fiedlerschen Kunsttheorie in einem weiteren historischen und systematischen Kontext der Kunsttheorie vgl. die Beiträge zum Sammelband von Majetschak 1997.

2 So der Maler und Düsseldorfer Akademieprofessor Karl-Otto Götz, der in seinen *Erinnerungen* darauf hinwies, daß Fiedlers »Schriften, die von unseren heutigen Kunsthistorikern wenig geschätzt werden, [...] für die Maler« seiner »Generation und die der älteren Klassiker der Moderne eine Offenbarung« (Götz 1993, S. 211) waren.

nig zu tun haben, ja die künstlerischen Intentionen meist grundsätzlich verfehlen. »Es geht dem Künstler«, schrieb er in seiner Schrift »Über die Beurteilung von Werken der bildenden Kunst« aus dem Jahre 1876, »wie jedem geistig Produzierenden. Es steht ihm keine Ausdrucksweise zu Gebote, die nicht dem Schicksale anheimfallen könnte, falsch gedeutet oder überhaupt nicht verstanden zu werden. So geschieht es wohl, daß er sehen muß, wie sein Werk ein Gegenstand vielfachen Anteils, vielfachen Forschens, vielfachen Nachdenkens wird, während der Inhalt, zu dessen Träger er es vermöge seiner künstlerischen Kraft gemacht hat, verborgen bleibt.«[3] Und deshalb wollten seine Schriften das künstlerische Interesse an der Kunst, mit dem er nicht nur durch kunstphilosophische Reflexion allein, sondern auch und vor allem durch jahrelange Ateliergespräche mit Künstlerfreunden, insbesondere mit Hans von Marées und Adolf von Hildebrand, vertraut zu sein glaubte, auch für Nichtkünstler – für Theoretiker und Historiker der Künste ebenso wie für eine breitere kunstinteressierte Öffentlichkeit – verständlich machen. So, hoffte er, würde dann der wesentliche Inhalt der Werke für das Kunstpublikum endlich sichtbar werden.

Rezeptionsgeschichtlich betrachtet, war Fiedlers diesbezüglichem Versuch wenig Erfolg beschieden. Dennoch könnte es sich lohnen, seine Grundgedanken im Lichte der Fragestellungen einer gegenwärtigen Bild- oder Kunsttheorie nochmals zu vergegenwärtigen. Denn wie die nachfolgende kurze Skizzierung der Fiedlerschen Gedankenwelt erweisen soll, könnten einige seiner Theoriemotive für die gegenwärtigen bild- und kunsttheoretischen Debatten durchaus anschlußfähig sein.

1. Das alltägliche und das künstlerische Interesse an der Sichtbarkeit der Welt

Werke der Bildenden Kunst[4] sind sichtbar, wenden sich an die Anschauung eines Betrachters und bringen für ihn etwas zur Sichtbarkeit. Und bereits diese wohl kaum als originell zu bezeichnende Fest-

3 Fiedler 1991, Bd. 1, S. 3.

4 Nur um solche soll es im folgenden gehen; die Frage, ob und inwieweit sich die folgenden Überlegungen auch auf Werke anderer Künste – Literatur, Architektur oder Musik – anwenden lassen, darf hier ausgeklammert bleiben.

stellung hätte Historiker und Theoretiker der Kunst in Fiedlers Sicht zu der Einsicht bringen können, daß das künstlerische Hauptinteresse an Kunstwerken in besonderer Weise ein Interesse an der durch ihre Sichtbarkeitsgestalt eröffneten Sichtbarkeit ist. Konkreter ausgedrückt: Der Künstler ist daran interessiert, durch die Sichtbarkeit seiner Werke, im Falle von Bildern der Malerei zum Beispiel ihre für das Betrachterauge wahrnehmbare Erscheinung als Gebilde aus Pinselstrichen, Farben und Formen, etwas sichtbar werden zu lassen: nämlich den Bildgegenstand, den das Werk je zur Ansichtigkeit bringt. Fiedler deutet dieses künstlerische Interesse als ein *Erkenntnis*interesse, denn es gehe dem Künstler darum, mit Hilfe des Kunstwerkes eine Erkenntnis der visuellen Gestalt des Dargestellten überhaupt erst zu gewinnen, das heißt darum, mittels der Sichtbarkeit des Kunstwerkes eine deutliche, in sich gefestigte Anschauung des sichtbar werdenden Bildgegenstandes, zu der das alltägliche Sehen allein nicht gelangt, allererst herauszuarbeiten.

Zugegeben: Wenn man das menschliche Sehen ausschließlich sinnesphysiologisch nach jenem Modell beschreibt, das Johannes Kepler zu Beginn des 17. Jahrhunderts durchsetzte, ist Fiedlers Grundgedanke kaum verständlich. Kepler orientierte sich in seinen Untersuchungen des menschlichen Sehens an der Funktionsweise einer *camera obscura* als »einem Analogon zum menschliche Auge«[5] und vertrat diesem Modell gemäß die Auffassung, daß Sehen nichts anderes als ein mechanisches Widerspiegeln der Ordnungen von Dingen der Welt mittels Licht auf der Netzhaut des Auges sei.[6] Würde dieses Modell den Vorgang des menschlichen Sehens zureichend beschreiben, müßte man natürlich sagen, daß die Sichtbarkeit der Welt für ein gesundes Auge in jedem Augenblick im Netzhautbild – mit Fiedler zu reden – »unmittelbar und auf einmal«[7] vollständig deutlich, intersubjektiv identisch und überdies historisch invariabel gegeben sei. Und deshalb kann Fiedlers Grundgedanke, daß die Sichtbarkeit der Welt in Bildern der Kunst überhaupt erst deutlich erkannt werde, im Lichte einer solchen Auffassung vom Wesen des menschlichen Sehens natürlich nicht verständlich werden. Doch ist Sehen wirklich nicht mehr als ein mechanisches Widerspiegeln des festen Angesichts

5 So Crary 1996, S. 44.

6 Siehe dazu des Näheren den Abschnitt *Sehtheoretische Paradigmata* in der Studie von Majetschak 2003b.

7 Fiedler 1991, Bd. 2, S. 62.

der Welt nach den optischen Gesetzen einer Physik des Lichts? Und konfrontiert der jeweilige Blick in die Welt den Menschen tatsächlich mit so etwas wie einer definitiven, unveränderlichen Sichtbarkeitsordnung?

Obgleich das von Kepler und anderen untersuchte Geschehen im Auge, das zu sogenannten Netzhautbildern führt, natürlich nicht zu bestreiten ist, haben Fiedlers Analysen des menschlichen Sehens beide Fragen verneint. Denn die naturalen Prozesse im Auge liefern dem sehenden Menschen zwar eine gewöhnlich als intersubjektiv identisch gegeben zu beschreibende Datenbasis, die als solche freilich noch nicht das definitive Angesicht oder die definitive Ordnung der sichtbaren Welt darstellt, sondern vielmehr als ein in sich a priori unbestimmtes optisches Potential von Sichtbarkeitswerten gedacht werden muß, in dem sich aus der subjektiven Sicht eines sehenden Individuums prinzipiell viele visuelle Ordnungen, zahlreiche Ansichten der Dinge interpretativ akzentuieren lassen. Es ist nach Fiedler darum »eine Art von Dogmatismus«, wenn man gleichwohl behauptet, »die sinnliche Anschauung liefere unter Voraussetzung normaler Beschaffenheit der Sinnesorgane oder sonstiger normaler Verhältnisse unzweifelhafte Wahrheit in dem Sinne, daß die anschauliche Vorstellung, die sich im individuellen Bewußtsein bildet, ein getreues Abbild von der angeschauten Wirklichkeit gebe«.[8] Tatsächlich liefern die Sinnesorgane ja nur jene Sichtbarkeitswerte, aus denen sich die bewußten Anschauungen des einzelnen in seinem phänomenalen Gesichtsraum allererst unter Beteiligung subjektiver Interpretationsleistungen konstituieren. Und so läßt sich nach Fiedler in mindestens drei Hinsichten zeigen, daß die meisten Menschen – allen Netzhautbildern zum Trotz – gewöhnlich gar kein definitiv-unveränderliches und auch kein deutliches Bewußtsein von der Sichtbarkeit der Welt haben.

Hat man sich klargemacht, daß das Bewußtsein, das Menschen von der sichtbaren Gestalt der Dinge in ihrem Gesichtsraum haben, zum Beispiel auch darum nicht mit irgendeinem einzelnen, isolierten Netzhautbild gleichgesetzt werden kann, weil es sich stets als Produkt einer die Dinge gleichsam ›abtastenden‹ Augenbewegung, das heißt aus einem »Nacheinander von Eindrücken«[9] in der Zeit konsti-

8 Ebd., S. 155.

9 Ebd., S. 362.

tuiert, dann bemerkt man mit Fiedler erstens rasch, inwiefern Anschauungen keineswegs als fertige, feste Gegebenheiten, sondern vielmehr als labile, transitorische Gebilde zu gelten haben. Am Beispiel des Erwerbs einer Anschauung der plastischen Form von Gegenständen läßt sich dies nach Fiedler sofort nachweisen. »Die plastische Form der Dinge, die wir in unserer Vorstellung als die gesehene festhalten, entsteht« ja für das Sehen »dadurch, daß wir einen Gegenstand mit den Augen von allen Seiten prüfen«.[10] Unser Bewußtsein solcher Form ist dabei sozusagen das Synthesisprodukt der Gesamtheit der Eindrücke, die wir mittels der Abtastbewegung unserer Augen gewonnen haben. Die vielfältigen »Gesichtseindrücke, die wir empfangen«, tragen dabei als einzelne zwar »zur Entstehung der plastischen Vorstellung« bei, »aber sie selbst verschwinden wieder, nachdem sie ihren Dienst getan haben«.[11] Und auch eine feste, geklärte Gesamtanschauung von der Gestalt der Dinge bleibt im Bewußtsein nicht zurück. Vom definitiv-unveränderlichen Gegebensein der sichtbaren Form für die Anschauung kann hier also gar nicht die Rede sein. Vielmehr muß sich das Sehen immer neu im zeitlichen Prozeß bewußten Hinschauens um ein anschauliches Bewußtsein von der sichtbaren Gestalt der Dinge bemühen.

Daran haben die Menschen jedoch gewöhnlich gar kein Interesse. Tatsächlich betrachten sie die Dinge – und das ist der zweite Gesichtspunkt, den es mit Fiedler in dieser Hinsicht zu beachten gilt – zumeist nur so lange, bis sie zu ihrer begrifflichen Identifikation gelangen, so daß man in vielen Fällen sagen muß, daß sie oftmals nur eine höchst vage Vorstellung von der Sichtbarkeitsgestalt der sie umgebenden Welt haben. Begriffe und Propositionen stellen ja in der europäischen Kultur schon immer die primären Mittel alltäglicher und wissenschaftlicher Weltorientierung dar. Und deshalb schauen die Menschen nach Fiedler die Dinge nur an, bis es ihnen gelingt, sie unter Begriffe zu subsumieren. »Schon im gewöhnlichen Leben«, schrieb er, »beharrt der Mensch bei der Anschauung nur bis zu dem Punkte, wo ihm das Einlenken in die Abstraktion«, das heißt die Subsumption des Sichtbaren unter abstrakte Begriffe, »möglich wird«.[12] Gleichermaßen kann die Anschauung auch für »die wissenschaft-

10 Ebd., S. 361.
11 Ebd., S. 361.
12 Ebd., Bd. 1, S. 22.

liche Betrachtung [...] nur Interesse und Wert haben, sofern sie den Übergang zum Begriff ermöglicht«.[13] Freilich zahlt der, dem alltägliche oder wissenschaftliche Orientierung in Begriffen gelingt, für dieses Gelingen durchaus einen Preis. Denn »jede Anschauung, die sich ihm aufdrängt, entschwindet ihm als Anschauung, sobald der Punkt erreicht ist, wo er mit seinem Begriffsvermögen gleichsam einhaken«[14] kann. Wo wir etwas *als etwas* begrifflich identifizieren können, schauen wir gar nicht mehr näher hin. Und deshalb muß man sagen, daß die meisten Menschen letztlich gar »nicht wissen, wie die Dinge aussehen«.[15] Anders als das Widerspiegelungsmodell des Sehens suggeriert, haben sie de facto gar keine deutliche und gefestigte Vorstellung von der Sichtbarkeitsgestalt der Dinge, denn sie haben niemals intensiv hingeschaut. Und eben deshalb fällt es den meisten so schwer, beschreibend oder bildlich Rechenschaft über sie zu geben.

Schließlich muß das, was Sichtbarkeit für den Menschen ist, nach Fiedler noch aus einem dritten Grund als zumeist ungeklärt und verdeutlichungsbedürftig gelten. Denn seine gewöhnliche Alltagsanschauung – »die Durchschnittsanschauung der Menge«, wie Fiedler ein wenig abschätzig sagt – ist seiner Analyse zufolge in starkem Maße von »unbewußten Konventionen«,[16] das heißt von »anschauliche[n] Formeln« und »konventionellen Bilder[n]«[17] geprägt. »Das Auge«, schrieb er, sei nämlich »gleichsam im Besitz eines großen Schatzes von Formeln, auf die es die Eindrücke, die es empfängt, zurückführt«.[18] Als ein »Kapital fertiger Bilder«,[19] das der Mensch im Prozeß der Sozialisation von frühestem Alter an erwirbt, wenn er die typischen Gestalten der ihn umgebenden Dinge zu erkennen und darzustellen erlernt, dienen diese Formeln seinem Auge dazu, die Mannigfaltigkeit unterschiedlicher, auf der Netzhaut gegebener Sichtbarkeitswerte im Sehen interpretativ zur Einheit einer Gestaltwahrnehmung zu organisieren. So wird mit ihrer Hilfe vom Auge »ein Gesichtsbild gestaltet, bei dem es sich begnügt und begnügen

13 Ebd., S. 22.
14 Ebd., S. 22.
15 Ebd., Bd. 2, S. 359.
16 Ebd., S. 154.
17 Ebd., S. 123.
18 Ebd., S. 157.
19 Ebd., S. 127.

kann«,[20] weil es sich als in sich hinreichend stabil und zudem – auf Grund des überindividuellen Charakters dieser Formeln – auch bei verschiedenen Individuen in ausreichendem Maße als übereinstimmend erweist, um begriffliche Bezugnahme auf eine als intersubjektiv identisch unterstellte Sichtbarkeit zu ermöglichen. Doch sollte man sich nicht vormachen, daß solche von konventionellen Gestaltschemata geprägten Gesichtsbilder dem Menschen ein in sich deutliches Bewußtsein von der sichtbaren Gestalt der Welt vermitteln. Im Gegenteil: »Die anschaulichen Vorstellungen der Menschen sind« nach Fiedler in der Regel »nicht stichhaltiger als ihre Begriffe« von den Dingen, die ja auch häufig nichts weiter als übernommene Vorurteile sind; »es herrscht in Bezug auf sie dieselbe Macht des Herkommens, dieselbe bequeme Konvention, dieselbe Trägheit, die sich zufrieden gibt, wenn das Überlieferte, Angelernte nur hinreicht zum Gebrauch des täglichen Lebens«.[21] Und um mehr braucht es dem alltäglichen Interesse des Menschen an der Sichtbarkeit der Welt, das primär ein Interesse an Orientierung in Begriffen und Urteilen ist, ja auch gar nicht zu gehen. Der Künstler freilich kann sich nach Fiedler mit einem solch instabilen, oft wenig geklärten und zudem konventionellen Bewußtsein von der Sichtbarkeitsgestalt der Welt im Lichte seines oben erwähnten Erkenntnisinteresses nicht zufriedengeben. Ihm geht es darum, mittels der Sichtbarkeit seiner Bildwerke eine neue, in sich geklärte und gefestigte Ansicht der Welt herauszuarbeiten. »Der Künstler tut in betreff« des anschaulichen Bewußtseins der Menschen nach Fiedler insofern »nichts anderes als der Denker, der sich in Opposition gegen die Meinungen seiner Zeitgenossen findet und ihnen eine neue Wahrheit verkündet«.[22] Er eröffnet ihnen einen neuen, mit überkommenen Anschauungen brechenden Anblick der Welt.

20 Ebd., S. 157.
21 Ebd., S. 63.
22 Ebd.

2. Das Wesen der Kunst und die definitorische Macht der Bilder

Wenn Fiedler mit seiner These recht hat, daß das Interesse, das der Bildende Künstler in seinen Werken verfolgt, ein so verstandenes Erkenntnisinteresse sei, dann läßt sich das »Wesen der Kunst [...] im Grunde auf eine sehr einfache Formel bringen: Erhebung aus dem unentwickelten, verdunkelten Zustand des anschaulichen Bewußtseins zu Bestimmtheit und Klarheit. Aus dieser einfachen Formel«, dachte er, »läßt sich alles ableiten.«[23] Sie besagt, daß die künstlerische Tätigkeit als eine bewußte »Arbeit des Sehens«[24] dort beginne, wo die unentwickelte und konventionell geprägte Anschauung des Alltags »aufhört«,[25] und darauf ziele, die visuelle Erscheinung des Dargestellten *mittels* der künstlerischen Hand im Bildwerk zu größerer Bestimmtheit und Klarheit, vor allem aber zu einer Stabilität zu bringen, zu der das natürliche Auge – ohne die Möglichkeit einer medialen Fixierung des Gesichtsbildes – allein auf sich gestellt niemals gelangen kann. Die künstlerische »Entwickelung des Sehprozesses«[26] versucht insofern nach Fiedler, mittels der sichtbaren Setzungen der künstlerischen Hand in einem beliebigen Bildmedium »das fortzusetzen, was das Auge begonnen hat«.[27] Wie er auch sagt: Die »Hand nimmt die Weiterentwickelung dessen, was das Auge tut, gerade an dem Punkt auf und führt sie fort, wo das Auge selbst am Ende seines Tuns angelangt ist«,[28] weil es zum Beispiel die im Zuge einer intensiven ›Abtastbewegung‹ gewonnene Vorstellung von der plastischen Form eines Dinges niemals festhalten und – etwa für Dritte – sichtbar machen kann. Letzteres ist freilich schon »in den elementarsten Versuchen einer bildnerisch darstellenden Tätigkeit«[29] der Fall, so unbeholfen oder untalentiert sie im einzelnen auch erscheinen mögen; und in weit stärkerem Maße natürlich in elaborierten, gar künstlerischen Bildern. In ihnen »tut die Hand nicht etwas, was das Auge schon getan hätte; es entsteht vielmehr etwas

23 Ebd., S. 48.
24 Ebd., Bd. 1, S. 146.
25 Ebd., S. 172.
26 Ebd., S. 168.
27 Ebd., S. 174.
28 Ebd., S. 165.
29 Ebd.

Neues«,[30] was das Auge allein nie erlangen kann: ein Sichtbarkeitsgebilde, das für einen Betrachter (sei es den Künstler selbst oder jemand anderes) einen in sich gefestigten – und falls es künstlerisch von Bedeutung ist: auch entkonventionalisierten und innovativen – Anblick von etwas hervortreten lassen kann.

Fiedler sah die künstlerische Arbeit, die sich in diesem Sinne um die Klärung der Sichtbarkeit der Welt bemüht, als eine unendliche Aufgabe an, weil es ein »zu erreichendes Ziel«[31] für sie nicht gibt. Solche Sichtbarkeit ist ja stets nur *im Sehen* der Menschen gegeben, und deshalb muß sich jede Zeit, letztlich jedes Individuum in einem unabschließbaren Prozeß immer wieder um sie bemühen. Einzelne Kunstwerke erschienen ihm als bloße Schritte in diesem Prozeß und »an und für sich als ein toter Besitz«.[32] Denn »nicht an das Vorhandensein der Kunstwerke ist jenes gesteigerte Wirklichkeitsbewußtsein gebunden«, um das es dem Künstler geht, »sondern an die Tätigkeit, in der sich die Entstehung dessen vollzieht, was wir ein Kunstwerk nennen.«[33] Die Tätigkeit des künstlerischen Schaffens selbst ist die Fortsetzung des Sehens mit bildnerischen Mitteln der Hand, die Werke dagegen sind »ein Gegenstand bloßer Gesichtswahrnehmung wie alles andere«.[34] Und vielleicht auf Grund dieses überraschenden Desinteresses an den Produkten künstlerischer Tätigkeit als solchen hat Fiedler – was man durchaus monieren kann – weder einen dezidierten Begriff des Kunstwerkes noch des (Kunst-)Bildes ausgearbeitet. Nicht zuletzt in bildtheoretischer Hinsicht könnten seine Überlegungen aber vielleicht ein Verständnis von Bildern inspirieren, das sie als *Definitionen von Sichtbarkeit* auffaßt: als Sichtbarkeitsgebilde, die mittels ihrer eigenen Sichtbarkeit die Ansichtigkeit des Dargestellten für das Sehen erschließen und dokumentieren.[35]

30 Ebd.

31 Ebd., S. 185.

32 Ebd., S. 183.

33 Ebd.

34 Ebd., S. 184.

35 Einen solchen Bildbegriff hat der Vf. in seinen Beiträgen »Bild und Sichtbarkeit. Überlegungen zu einem transdisziplinären Bildbegriff« (Majetschak 2003a) sowie »Sichtvermerke. Über Unterschiede zwischen Kunst- und Gebrauchsbildern« (Majetschak 2005) über Fiedler hinausgehend zu entfalten und begründen versucht. Im vorliegenden Beitrag werden nur solche Aspekte dieses Bildbegriffs betrachtet,

Diesem Bildverständnis zufolge geben Bilder – gleich welcher Art – vorgegebene, vermeintlich definitive Sichtbarkeit nicht etwa bloß wieder, wie die meisten Ähnlichkeitstheorien des Bildes annehmen. Ihr Zauber, ihre Macht und auch ihr Erkenntnispotential bestehen vielmehr gerade darin, daß sie eine Möglichkeit realisieren, wie eine Welt, die eines definitiven Angesichts entbehrt, gesehen werden kann. Sie geben – um mit einem berühmten Ausspruch Paul Klees zu reden – Sichtbares nicht einfach wieder, sondern *machen* sichtbar,[36] indem sie dem Betrachter eine Weise vor Augen stellen, auf die etwas gesehen werden kann. Durch das Zusammenwirken der auf Bildern sichtbaren Inskriptionen heben sie diese Möglichkeit – die stets eine von zahlreichen Sehmöglichkeiten ist (!) – hervor und definieren dadurch gewissermaßen die Ansichtigkeit der Sache.

Selbstverständlich eröffnen nicht alle Bilder im emphatischen Sinne neue Aspekte der Sichtbarkeit der Dinge. Im Gegenteil; in ihrer Mehrzahl manifestieren insbesondere nicht-künstlerische Bilder gewöhnlich nichts weiter als die konventionellen Sichtweisen des Alltags, die sich in den elementaren Darstellungskonventionen einer Kultur oder Epoche niederschlagen. Oder sie reproduzieren, sofern sie sich – wie zum Beispiel Photographien – mechanischen Verfahren der Bilderzeugung verdanken, solche Sichtweisen der Dinge, die wir seit der Zeit ihrer Erfindung mehr und mehr als ›realistisch‹ zu betrachten gelernt haben.[37] Mit Sichtweisen solcher Art gibt sich der Künstler jedoch nicht zufrieden. Er versucht nach Fiedler, mit Hilfe der sichtbaren Inskriptionen des Bildes »die Tätigkeit des Auges *so weit*« zu entwickeln, »daß *es* ohne *weitere* Hilfsmittel und aus eigener Kraft eine« nicht konventionelle »Vorstellung von der« Sichtbarkeit der »Natur« gewinnen kann.[38] Sofern er mit diesem Versuch erfolgreich ist, stellt er »der jeweiligen Naturerscheinung eine Bilderschei-

die sich mit Fiedlerschen Argumenten darstellen lassen. Sie betreffen primär den Begriff des künstlerischen Bildes, der für Fiedler im Zentrum der Überlegungen steht. Für eine genauere Unterscheidung künstlerischer von nicht-künstlerischen Bildern, durch Menschenhand erzeugter Bilder, beispielsweise Gemälden, von mechanisch erzeugten Bildern, z. B. Photographien, vgl. die beiden genannten Studien des Vfs.

36 Vgl. Klee 1995, S. 60.

37 Die Tatsache, daß natürlich auch mechanische Bilderzeugungsverfahren dazu benutzt werden können, neue Aspekte des Sichtbaren herauszuarbeiten, darf im vorliegenden Zusammenhang übergangen werden.

38 Fiedler 1991, Bd. 2, S. 362.

nung gegenüber, welche für das menschliche Vorstellungsbedürfnis auferbaut ist«[39] und beispielsweise in »einem einzigen Seh- und Vorstellungsakt«[40] die plastische Form der Sache hervortreten läßt, wie sie die gewöhnliche Anschauung eines sukzessiv die plastische Gestalt ›abtastenden‹ Auges niemals in momentaner visueller Präsenz gewahren kann. Diese Bilderscheinung definiert dann für den Betrachter des materiellen Bildes, das ihr zugrunde liegt, die geklärte Sichtbarkeit der Sache.

Das in irgendeinem Medium gegebene Bild, das die Bilderscheinung im Betrachterauge erzeugt, läßt sich als ein Geflecht – oder als eine Textur – von Inskriptionen auf der Einheit einer begrenzten Fläche beschreiben. Einzelne Markierungen innerhalb dieses Geflechts, etwa farbige Pinselstriche auf einer Leinwand oder Striche auf dem Papier einer Zeichnung, spielen im Prozeß der Konstitution dieser Bilderscheinung die Rolle von kalkulierten »Erscheinungsfaktoren«, die – arrangiert durch die künstlerische Hand – je einen Beitrag zur »Gesamtwirkung«[41] leisten. »Der Künstler, indem er [...] die Erscheinung der Natur« im Bild »auf ihren Ausdruck für den Gesichtssinn bringen, d. h. zur reinen, einheitlichen Gesichtsvorstellung entwickeln und gestalten will, hat es« nach Fiedler mit Farben und Formen »ausschließlich« als mit solchen im Dienste der Gesamtwirkung stehenden »Erscheinungsfaktoren [...] zu tun«.[42] Und darum muß die im Betrachterblick sich ergebende Bilderscheinung als solche »als Wirkungsprodukt«[43] aufgefaßt werden, das aus dem Zusammenspiel aller Erscheinungsfaktoren in ihren visuellen »Kontrastverhältnisse[n]«[44] entspringt. »Kontrastwirkungen« nämlich sind es, »auf denen die Gestaltung unserer Gesichtsvorstellungen« nach Fiedler sowohl im Falle von Naturanschauungen als auch im Falle von Bildanschauungen beruht. »Es liegt«, wie er sagt, »in der Natur des Erscheinenden, daß jedes einzelne nicht an sich wirkt, sondern im Verhältnis zum anderen sich darstellt. Ein Grün wirkt anders neben einem Rot als neben einem Gelb. Alles beeinflußt sich gegenseitig. Alles bekommt sein Gesicht erst durch die kontrastierende Umge-

39 Ebd., S. 363.
40 Ebd., S. 362.
41 Ebd., S. 364.
42 Ebd., S. 375.
43 Ebd., S. 368.
44 Ebd., S. 372.

bung. Und was bei der Farbe so einleuchtend ist, gilt ebenso von der Form. Es wirkt etwas nur insofern lang, als es gegen Kürzeres kontrastiert.«[45] »Was es auch sein mag, was sich dem Auge darbietet, diese Kontrastwirkungen von Form und Farbe werden immer wiederkehren, und sie bilden die Bedingungen, unter denen sich Wahrnehmungen überhaupt zu Gesichtsvorstellungen gestalten können.«[46] Deshalb läßt sich das materielle Bild als »eine Konstellation«[47] beziehungsweise als ein »Komplex von Gegensätzen«[48] – »Gegensätze von Schatten und Licht, von Hell und Dunkel«, von »Abstufungen der Farben«[49] – verstehen, »welche alle gegenseitig und wiederum im Ganzen Anregung für die plastische oder räumliche Vorstellung in uns bewirken«.[50] Der Künstler zeichnet sich dadurch aus, daß er die von solchen Konstellationen hervorgerufenen Wirkungen beherrscht. Mit ihrer Hilfe kann es ihm gelingen, Bilderscheinungen im Betrachterauge hervortreten zu lassen, die nicht nur tradierte Ansichten der Dinge reproduzieren, sondern *neue* Versionen ihrer Sichtbarkeit definieren.

3. Von der Ästhetik zur Kunstphilosophie

»Die Bedeutung hervorragender Künstler«, denen dies tatsächlich gelingt, liegt nach Fiedler insofern »darin, daß sie mit den Mitteln ihrer Kunst dem erkennenden Bewußtsein des Menschen *Neues* zuführen«,[51] ihm *neue* Erkenntnisse der Sichtbarkeitsgestalt der Dinge eröffnen. Kunst, die von Rang ist, kann dem Betrachter in diesem Sinne dann geradezu »Naturoffenbarungen«[52] bieten, wenn er die Welt durch das Kunstwerk neu zu sehen lernt. »Epochemachend« ist Kunst für Fiedler entsprechend dann, wenn sie »der Welt eine neue Seite abgewinnt und somit die Welt durch eine neue Art der Anschauung«, durch andere als die gewohnten Darstellungsweisen »be-

45 Ebd., S. 366.
46 Ebd., S. 366.
47 Ebd., S. 371.
48 Ebd., S. 385.
49 Ebd., S. 377.
50 Ebd., S. 385.
51 Ebd., S. 42.
52 Ebd., Bd. 1, S. 259.

reichert«,[53] die auch die überkommenen Vorstellungen davon, wie die Welt aussieht, modifizieren.

Gerade diese Dimension innovativer Kunst wird freilich von ihren zeitgenössischen Betrachtern häufig verkannt. Gemessen an konventionellen Vorstellungen vom Aussehen der Dinge sieht solche Kunst ja oft unvertraut, wenn nicht fremdartig aus. Und eben darum geschieht es oft, daß sie zunächst gar nicht verstanden wird. Oft braucht es dann lange Zeit, bis die durch sie eröffnete visuelle Erkenntnis – wenn überhaupt je – zum Gemeingut der Menschen wird. Das war (und ist) das Schicksal fast aller bedeutenden Kunst, das sich in Fiedlers Perspektive daraus erklärt, daß der »Mensch [...] die Kunstwerke« gewöhnlich »nicht anders anzusehen« pflegt »als die Dinge selbst, d.h. so, daß er mit der Anschauung sehr schnell fertig ist«.[54] Auf die Sichtbarkeit des Werkes sowie auf das, was es an den Dingen deutlich zu machen sucht, läßt sich die Kunstbetrachtung des künstlerischen Laien ja gewöhnlich gar nicht näher ein, und darum könne man sagen, daß sie »im allgemeinen auf nichts anderes hinausläuft, als auf ein ganz verständnisloses Anstarren der Kunstwerke«.[55] Wie die Rezeptionsgeschichte der Kunst – nicht zuletzt am Beginn der Moderne – immer wieder gezeigt hat, mündet ein solch verständnisloses Anstarren dann oft in das Verdikt ein, daß die im Kunstwerk dargestellten Dinge nicht ›naturalistisch‹ oder nicht ›realistisch‹ wiedergegeben seien, das Kunstwerk als solches mithin unwahr sei. Doch läßt sich ein solches Urteil nach Fiedler leicht als das Produkt eines fundamentalen Mißverständnisses erweisen. Denn das »Urteil des Laien über die Wahrheit eines Kunstwerks bezieht sich gar nicht auf die Vollkommenheit der Kunstform«, wie sie unter künstlerischen Gesichtspunkten erscheint, »sondern auf Übereinstimmung oder Nichtübereinstimmung seiner eigenen rohen Vorstellungsform mit der gleichfalls rohen Vorstellungsform, die ihm durch das Kunstwerk hervorgerufen wird«.[56] Tatsächlich mißt er den Naturalismus des im Werk Sichtbaren ja an »dem unentwickelten banalen Zustand seiner eigenen Naturanschauung« und versteht nicht,[57] was der Künstler zur Sichtbarkeit bringen will. Und deshalb

53 Ebd., Bd. 2, S. 43.
54 Ebd., S. 100.
55 Ebd., S. 100f.
56 Ebd., S. 74.
57 Ebd., S. 73.

wird der Laie wohl stets konventionelle, wenn nicht gar banale, seiner unausgebildeten Anschauung gefallende Kunst bevorzugen.

Fiedler glaubte nicht, daß diesem Zustand ohne weiteres abzuhelfen sei. »Das ganze Geheimnis, echte Kunst von unechter«, innovative Kunst von konventioneller Darstellung »zu unterscheiden, läuft«, so schrieb er, »darauf hinaus, daß man zu sehen versteht, ob das künstlerische Gebilde hervorgegangen ist aus der Bemühung, die Erscheinung rein aus dem Interesse des Sehens heraus zu gestalten«.[58] Dazu bedürfe es freilich einer »Bildung des Auges«,[59] die sich die meisten Menschen niemals anzueignen vermögen. Auch um den Preis, mit einer solchen Behauptung elitär zu klingen, müsse man darum über die Kunst sagen: »Dieses Gebiet menschlicher Leistungen, welches so offen vor aller Blicken zu liegen scheint«, sei »tatsächlich einem großen Teil der Menschen vollständig verschlossen«.[60] Zudem war er skeptisch, ob es gelingen könne, dem Laien das künstlerische Interesse an der Sichtbarkeit der Welt wenigstens theoretisch verständlich zu machen.

Jenen Theorien der modernen Ästhetik, wie sie seit ihrer Erfindung durch Alexander Gottlieb Baumgarten entwickelt wurden, hat er jedenfalls nicht zugetraut, dem Laien das unverstandene Gebiet der Kunst zu erschließen. Im Gegenteil; vielmehr war er der Ansicht, daß diese Theorien inadäquate Gesichtspunkte an die Kunst herantrügen, die ihr Wesen zu verstellen geeignet seien. Insbesondere war er der Ansicht, daß die Behauptung eines intrinsischen Zusammenhangs von Kunst und Schönheit als *die* unausgewiesene Voraussetzung aller Ästhetik zu betrachten sei. Und noch bevor die Künste selbst sich in der Moderne von der Verpflichtung auf Schönheit emanzipiert hatten, wies Fiedler, der die Radikalität dieses Emanzipationsprozesses nur in seinen Anfängen erlebte, sie als kunstinadäquat zurück. »Die moderne Ästhetik seit Baumgarten«, schrieb er, »ging nicht davon aus, zu fragen, was der Künstler eigentlich tue, indem er Kunstwerke hervorbringe, vielmehr war die Frage die, wie es komme, daß wir eine gewisse Art des Gefallen[s] als Schönheit von anderen Arten des Gefallens unterscheiden«.[61] Oder man fragte, auf welche Weise Kunst das Ideal der Schönheit verwirkliche. »Daß

58 Ebd., S. 80.

59 Ebd., S. 80.

60 Ebd., Bd. 1, S. 199.

61 Ebd., Bd. 2, S. 16.

Schönheit Zweck der Kunst sei«, wurde jedoch stets vorausgesetzt, was Fiedler freilich für »eine willkürliche unbewiesene Annahme« hielt, »die jedes unbefangene Nachdenken über Wesen und Ursprung der Kunst unmöglich machte«.[62] Denn ein »Kunstwerk« könne nach Maßstäben ästhetischer Wertschätzung »mißfallen und doch gut sein«,[63] wie gerade das Beispiel innovativer Kunstwerke zeigt, deren visuelle Erscheinung dem Betrachter zunächst wohl stets als ungewöhnlich und fremd erscheint. Doch wo wirklich *neue* Sichtweisen eröffnet werden, ist dies unvermeidlich, weshalb man mit Fiedler sogar sagen kann, daß in der »Überwindung« dessen, was dem konventionellen Auge des Betrachters in lustvoller Beschauung als schön erscheint, »gerade der Beginn der Kunst liegt«.[64] Die Qualität eines Kunstwerkes manifestiere sich nämlich nicht darin, beim Betrachter ästhetische Lust hervorzurufen; vielmehr bestehe diese »in der durch die Form vermittelten und zum Ausdruck gebrachten Erkenntnis«,[65] die er – wie wir gesehen haben – als eine durch die Kunst ermöglichte Erkenntnis der Sichtbarkeitsgestalt der Welt auffaßte. Und sofern es in einer der Kunst gerecht werdenden Theorie darum gehen muß, diese Erkenntnishaltigkeit theoretisch zu durchdringen und einsichtig zu machen, sei »das Grundproblem der Kunstphilosophie«, die dies anstrebt, durchaus »ein anderes« als das »Grundproblem der Ästhetik«[66] im klassischen Sinn.

Wie eingangs betont wurde, hat sich eine Kunstphilosophie im Sinne Fiedlers nie wirklich entwickelt. Wenn überhaupt, waren seine Gedanken in Überlegungen von Künstlern präsent. Das professionelle Nachdenken über die Kunst seitens der Theoretiker ist dagegen bis heute weitgehend im Bannkreis der Ästhetik verblieben. Deren Grundprobleme – Fragen der ästhetischen Erfahrung, nach dem Zusammenhang von Schönheit und moralischem Urteil usw. – dominieren bis heute die Diskurse in aestheticis. Daß sich dies ändert, steht nicht zu erwarten. Doch vielleicht stellen die gegenwärtig zunehmend intensiver werdenden bildtheoretischen Debatten einen geeigneten Nährboden bereit, auf dem Fiedlers bild- (*und* kunst-) theoretische Anregungen endlich zur Wirkung kommen können.

62 Ebd., S. 16.
63 Ebd., S. 13.
64 Ebd., S. 65. Siehe dazu Majetschak 1993.
65 Fiedler 1991, Bd. 2, S. 23.
66 Ebd., S. 10.

Literatur

Fiedler, K. (1991). *Schriften zur Kunst*, 2 Bde. Hg. von G. Boehm. München: Fink.

Crary, J. (1996). *Techniken des Betrachters. Sehen und Moderne im 19. Jahrhundert.* Dresden/Basel: Verlag der Kunst.

Götz, K.-O. (1993). *Erinnerungen*, Bd. 1: 1914-1945. Aachen: Rimbaud.

Klee, P. (1995). »Schöpferische Konfession«, in: ders., *Kunst-Lehre*, 3. Aufl. Hg. von G. Regel. Leipzig: Reclam, S. 60-66.

Majetschak, S. (1993). »Die Überwindung der Schönheit. Konrad Fiedlers Kunstphilosophie«, in: *Allgemeine Zeitschrift für Philosophie*, Bd. 18 (3), 1993, S. 55-69.

Majetschak, S. (1997) (Hg.). *Auge und Hand. Konrad Fiedlers Kunsttheorie im Kontext.* München: Fink.

Majetschak, S. (2003a). »Bild und Sichtbarkeit. Überlegungen zu einem transdisziplinären Bildbegriff«, in: *Zeitschrift für Ästhetik und Allgemeine Kunstwissenschaft*, Bd. 48(1), 2003, S. 27-45.

Majetschak, S. (2003b). »Die Modernisierung des Blicks. Über ein sehtheoretisches Motiv am Anfang der modernen Kunst«, in: *Die Kunst der Wahrnehmung. Beiträge zu einer Philosophie der sinnlichen Erkenntnis.* Hg. von M. Hauskeller. Zug/Kusterdingen: Die graue Edition, S. 298-328.

Majetschak, S. (2005). »Sichtvermerke. Über Unterschiede zwischen Kunst- und Gebrauchsbildern«, in: *Bild-Zeichen. Perspektiven einer Wissenschaft vom Bild.* Hg. von S. Majetschak. München: Fink, S. 97-121.

Michael Diers

Atlas und Mnemosyne

*Von der Praxis der Bildtheorie bei Aby Warburg**

1. Work in progress

Am Sonntag, dem 10. Februar 1929, notiert Warburg in das auf seiner Italienreise mitgeführte »Geschäfts«-Tagebuch der Kulturwissenschaftlichen Bibliothek:

> Besseres Wetter. Galleria Borghese. [Visit-]Karte bei [Achille] Bertini Calosso [Direktor der Galerie] abgegeben. Die Deckenmalerei [in der Sala della Paolina] historisch interessant. Nachmittags die Mnemosyne auf zwei Rupfengestelle aufgestellt. Jetzt kann man die ganze Architektur von Babylon bis Manet übersehen und schonungslos kritisieren. Nach rückwärts fehlt Petrarca als Künder der ± [polaren] Spannung; retrospektiver Triumphator des Lebens und ›gegenwärtig‹ der Verzichter mit dem Handspiegel.[1]

Unmittelbar anschließend folgt unter der Beischrift »Zimmer« eine Faustskizze des zum Arbeitsplatz umgewandelten Wohnraums jener Suite im vierten Stock des an der Via Veneto gelegenen Palace Hotels, die Warburg während seines Rom-Aufenthaltes im November des Vorjahres bezogen hatte (Abb. 1). In kurzen Strichen hält der Hamburger Gelehrte die räumliche Disposition und vor allem die

* Der Verfasser dankt dem Warburg Institute, London, namentlich seinem Direktor Charles Hope, sowie der Warburg-Archivleiterin Claudia Wedepohl für freundliche Auskünfte und Überlassung von Bildvorlagen. – Der Vf. hat den Gegenstand des vorliegenden Beitrages aus anderen Blickwinkeln heraus bereits früher behandelt; diese Beiträge seien hier zur Orientierung angeführt: »Mnemosyne oder das Gedächtnis der Bilder«, in: *Memoria als Kultur.* Hg. von O. G. Oexle. Göttingen: Vandenhoeck & Ruprecht 1995, S. 79-94 (Veröffentlichungen des Max-Planck-Instituts für Geschichte, 121); »Das öffentliche Bild. Annäherung an eine Kunstgeschichte im Medienzeitalter«, in: Ders. (1997). *Schlagbilder. Zur politischen Ikonographie der Gegenwart.* Frankfurt/M.: Fischer Taschenbuch Verlag, S. 17-50, hier S. 25 ff.; »Die Gegenwart der Bilder. Zur Erinnerung der Antike bei Aby Warburg«, in: Ders. (2006). *Fotografie Film Video. Beiträge zu einer kritischen Theorie des Bildes.* Hamburg: Philo Fine Arts, S. 299-332.

1 Warburg 2001, S. 404; die Hervorhebung und die in eckigen Klammern des leichteren Verständnisses wegen hinzugefügten Erläuterungen stammen vom Verfasser.

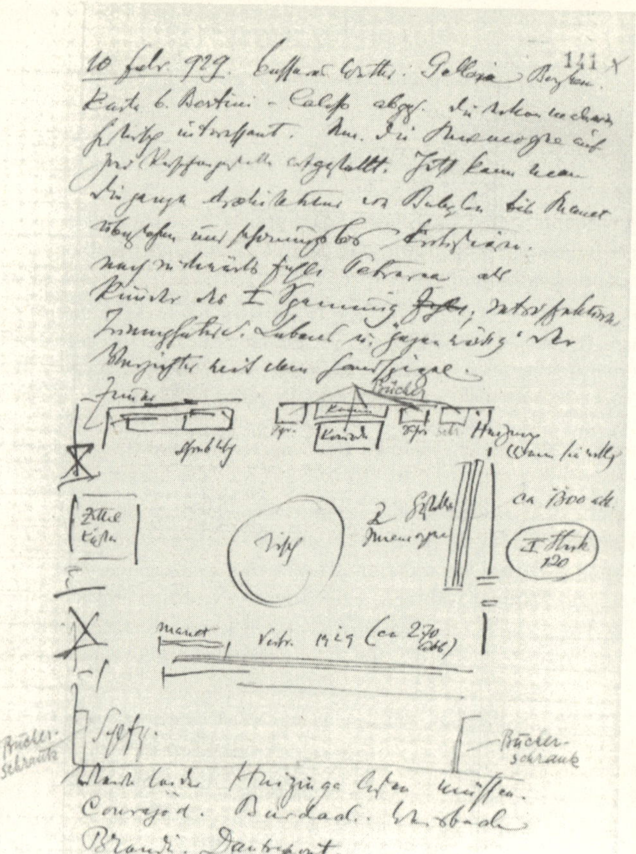

Abb. 1: Warburgs Eintrag vom 10. Februar 1929 im Tagebuch der Kulturwissenschaftlichen Bibliothek Warburg.
Abbildung: The Warburg Institute, London.

Anordnung der wichtigsten Arbeitsmöbel fest, darunter im Mittelpunkt ein runder Tisch, links davon zwischen zwei Fenstern ein Platz für die Zettelkästen, weiter hinten, nahe der Tür zum Nachbarzimmer, ein schlanker Schreibtisch, rechts davon ein kleiner Schrank, vor dem Kamin eine Kommode, anschließend zwei weitere schmale Schränke und, in der äußersten Ecke, die Heizung, die nur durch einen Punkt markiert und mit dem Klammerzusatz »wenn sie will« offenbar in ihrer technischen Unzulänglichkeit charakterisiert ist. Der Fensterwand gegenüber verweisen rechts vier Längsstriche auf »2 Gestelle Mnemosyne«, und eine Notiz hält kommentierend »ca. 1300 Abb.« fest; es folgt eine Tür, und nach vorn hin riegeln ein oder zwei weitere Gestelle, die mit den Zusätzen »Manet« (links) und »Vortrag 1929 (ca. 270 Abb.)« gekennzeichnet sind, den Raum ab. Hinter dieser Bilderwand, die als Raumteiler dient, befindet sich ein Gang, der linker Hand zum Schlafzimmer führt und in dessen Ecken, von der Hand seiner Mitarbeiterin Gertrud Bing bezeichnet, zwei vermutlich fest eingebaute Bücherschränke angeführt sind.

Diesem Grundriß folgen unter demselben Datum noch einige weitere Einträge, von denen aber nur noch der Stoßseufzer eines sich selber zu unablässiger Lektüre verpflichtenden Wissenschaftlers: »Werde leider Huizinga lesen müssen. Courajod. Burdach. Weisbach. Brandi. Doutrepont«[2] sachlich eng zum angeführten Zitat und Raumschema gehört. Zusammengenommen kennzeichnen sie in konzentrierter Weise die technische und die inhaltliche Arbeit an jenem umfangreichen Projekt, das Warburg auf seiner insgesamt neunmonatigen Italienreise, die er gemeinsam mit Gertrud Bing und seinem Hausdiener und Sekretär Franz Alber unternommen und die unter anderem nach Bologna, Padua, Rimini, Urbino, Florenz und Neapel und vor allem nach Rom geführt hatte, fertigstellen wollte – den in seinen Grundzügen konzipierten und in zahlreichen Einzelheiten bereits realisierten enzyklopädischen Bilderatlas, der ebenso wie der Eingang des Hamburger Bibliotheksgebäudes auf den Namen der griechischen Göttin Mnemosyne getauft war. An Ort und Stelle der Kunst und Kultur von der Antike bis zum Barock und folglich in unmittelbarer Nähe der historischen Zeugnisse sollte das umfangreiche Unternehmen, das Warburg als eine Synthese seiner Forschungen ansah, dem Bildmaterial wie den zugehörigen Texten nach

2 Warburg 2001, S. 404.

zu Ende gedacht und geschrieben und nach Möglichkeit sogar für den Druck vorbereitet werden.

Einige Gelegenheitsschriften und Vortragsresümees ausgenommen, lag die letzte Publikation des Hamburger Gelehrten bereits sechs Jahre zurück.[3] Nach seiner Rückkehr von einem mehrjährigen Klinikaufenthalt in Kreuzlingen im Spätsommer 1924 hatte Warburg zwar in der Zwischenzeit zahlreiche Vorträge gehalten,[4] doch bis dato nichts davon veröffentlicht. Jetzt wollte er unter anderem auf diesen Manuskript- und Materialfundus zurückgreifen, um ihn an der Seite neu zu schreibender Texte, darunter eine Einleitung sowie Erläuterungen zu den einzelnen Tafeln, in den Mnemosyne-Atlas zu integrieren, der den etwas schwerfälligen Untertitel »Bilderreihe zur Untersuchung der Funktion vorgeprägter antiker Ausdruckswerte bei der Darstellung bewegten Lebens in der Kunst der europäischen Renaissance«[5] tragen sollte.

Vieles an diesem »Laboratorium kulturwissenschaftlicher Bildgeschichte«[6] war – und ist bis heute – neuartig und ungewöhnlich und stand daher während der Ausarbeitung auch auf der Reise immer wieder zur Erprobung an: Neu war das historisch und thematisch weit ausgreifende Konzept, das dem Zeitrahmen nach vom 14. Jahrhundert v. Chr. bis zum 7. September 1929[7] und geographisch vom Tiefland am unteren Euphrat und Tigris bis zum Petersplatz in Rom oder dem Derby-Gelände in Hamburg-Flottbek und thematisch von altorientalischer Weissagung mittels Tonlebermodellen bis zur Bildtelegraphie und Zeppelinfahrt in Berichten norddeutscher

3 Zuletzt war 1922 der Aufsatz »Italienische Kunst und internationale Astrologie im Palazzo Schifanoja zu Ferrara« erschienen; wieder abgedruckt in Warburg 1998, S. 459-481.

4 Darunter der Vortrag zum Gedenken an Franz Boll (»Die Einwirkung der *sphaera barbarica* auf die kosmischen Orientierungsversuche«, 1925), der Rembrandt-Vortrag (»Italienische Antike im Zeitalter Rembrandts«, 1926), der Florentiner Festwesen-Vortrag (»Mediceische Feste am Hofe der Valois auf flandrischen Teppichen in der Galleria degli Uffizi«, 1927) und der Handelskammer-Vortrag (»Mediceische Feste«, 1928); ausführlicher dazu im einzelnen Gombrich/Warburg 1981, S. 305 ff.

5 Fritz Saxl, Brief an den Verlag B. G. Teubner in Leipzig, um 1930, zitiert nach Warburg 2003, S. XVIII.

6 Warburg 1998, S. 535.

7 Vgl. die Objekte bzw. Daten auf den Bilderatlas-Tafeln (Warburg 2003), I (babylonische Tonlebermodelle, 14. Jhd.) und C (Ausriß aus der Hamburger Illustrierten vom 7. 9. 1929).

Illustrierten reicht;[8] neu war ferner das dem Atlas zugrundeliegende Modell einer kulturwissenschaftlich definierten Kunstgeschichte, die ihre Aufmerksamkeit auch auf Bildzeugnisse richtet, die weit über das angestammte Terrain der sogenannten Hochkunst und eines europakonzentrierten Gesichtskreises hinausreichen; neu war nicht zuletzt die außergewöhnliche Form der Cluster-Darbietung des den Gattungen nach sehr heterogenen und inhaltlich komplexen Materials auf collagierten Bildtafeln.

Warburgs Mnemosyne-Atlas, der schließlich Fragment blieb, weil sein Autor bereits wenige Monate nach Abschluß der Reise am 26. Oktober 1929 in Hamburg starb, gewährt zusammen mit der Inaugenscheinnahme der konkreten Arbeit an diesem Paradigma einer problemorientierten Bild- und Symbolforschung Einblick in das zugrundeliegende, im Rahmen der Schriften an keiner Stelle bündig ausformulierte kunst- und bildtheoretische Verständnis. Ähnlich wie Ernst Cassirer die Bibliothek Warburg anläßlich der Eröffnung des Neubaus 1926 als »Organon geisteswissenschaftlicher Forschung«[9] apostrophiert hat, läßt sich der Bilderatlas rückblickend als Organon einer transdisziplinären Bild(geschichts)wissenschaft würdigen.[10]

2. Split screen

Anschaulicher als in der angeführten Tagebuchskizze tritt der geschilderte äußere Rahmen der ›Werkstatt‹, die Warburg sich auf Zeit in seinem Hotelzimmer eingerichtet hat, in einer Photographie vor Augen, die bald nach dem zitierten Eintrag entstanden sein dürfte (Abb. 2).[11] Sie führt das Studiolo in allen Details seiner Ausstattung

8 Vgl. die Objekte bzw. Daten auf den Bilderatlas-Tafeln Tfl. C und Tfl. 79.

9 Cassirer 1977.

10 Die Literatur zu Warburgs Bilderatlas ist inzwischen sehr umfangreich, daher seien hier nur die für den vorliegenden Beitrag konsultierten Titel angeführt, sofern sie nicht bereits erwähnt wurden oder weiter unten noch angeführt werden: Forster 1976; van Huisstede 1992, 1995 und 2000; Didi-Huberman 2002; Port 2002; Weigel 2004; Zumbusch 2004; Pichler 2006.

11 Die Aufnahme gehört zu einer kleinen Serie von insgesamt vier Photographien, die zwischen Februar und April 1929 angefertigt sein dürften und neben dem gezeigten Blick in das Hotelzimmer Warburg ebendort allein im Sessel sitzend zeigen, ferner Warburg und Bing gemeinsam sowie Warburg, Bing und Alber als Gruppe

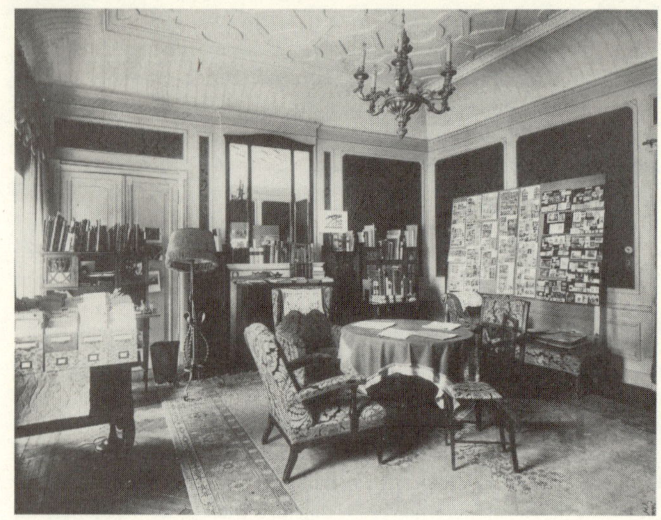

Abb. 2: Blick in Warburgs Arbeitszimmer im Palace Hotel in Rom, Frühjahr 1929; im Hintergrund das Mnemosyne-Bildgestell.
Abbildung: The Warburg Institute, London.

und Umrüstung vor Augen. Auf den ersten Blick wird deutlich, wie sich die ›wissenschaftlichen‹ Möbel und Utensilien in ihrer Geradlinigkeit von der dekorativen Verschmocktheit des klassizisierenden Interieurs abheben. Links zu erkennen sechs bis acht Zettelkästen auf einem Tisch mit geschweiften Beinen, dahinter der schmale Hotelschreibtisch mit Fachaufsatz, der zugleich als Bücherregal dient und dem ein Papierkorb und eine Stehlampe beigestellt sind. Es folgen zu beiden Seiten des von einem dreigeteilten Spiegel bekrönten Kamins zwei Schränke zur Aufbewahrung von Mappen und Papieren sowie ein als Regal umgenutzter Sekretär, jeweils mit Büchern schwer beladen. Vor dem Kamin, auf dessen Sims weitere Literatur untergekommen ist, steht eine als Ablage für Papiere und Photos ge-

(vgl. hier Abb. 10); ein Autor ist nicht angegeben, die Qualität spricht für einen professionellen Photographen, evtl. das Studio Sansaini, an das sich Warburg während des Rom-Aufenthaltes auch wegen Reproduktionen und der photographischen Dokumentation der Atlastafeln gewandt hat; siehe zu Sansaini das Register von (Warburg 2001) sowie ergänzend Biester 2005.

nutzte Kommode. An der den Fenstern gegenüberliegenden Wand schließt sich die in bestes Licht gerückte, aus zwei mit hellem Sackleinen bespannten Holzgestellen errichtete Bilderwand an. Während die aus Latten gezimmerten Tafeln auf der Zeichnung offenbar noch hintereinander gestaffelt angeführt werden, sieht man sie in der Photographie unterdessen nebeneinandergereiht an die Wand gelehnt und reich mit Photographien bestückt. Zu Füßen der Bildtafeln befindet sich eine Couch, auf der diverse Photomappen abgelegt sind. Im Zentrum des Raums steht der runde Tisch, dem drei Sessel und im Vordergrund ein Stuhl zugeordnet sind. Über die Tischdecke ist offenbar zur Neutralisierung ihres Musters (und zur Beruhigung der Augen) ein dunkles, einfarbiges Tuch geschlagen, auf dem wiederum einige Papiere oder Photographien in Großabzügen ausgebreitet sind. Ein Teppich à l'orientale faßt die Sitzgruppe in der Raummitte als Einheit zusammen.

Im Vergleich mit Warburgs Zeichnung ist in der Photographie die vierte Wand ausgespart. Wie der skizzierte Grundriß lehrt, ist davor eine weitere, weniger dicht bestückte Ikonostase zu denken. Dabei handelt es sich möglicherweise um jenen Wandschirm, von dem in der Agenda einige Tage zuvor die Rede ist: »Auf der Rückseite eines ›eleganten‹ Paravents die [Nympha-]Bilder ›verzettelt‹.«[12] Die obere Kante dieser Installation ist im Spiegel zu erkennen.

So sehr es der Photographie um ein Porträt des gesamten Interieurs als Arbeitsraum geht, so deutlich ist durch Lichteinfall und Fokussierung das große Phototableau in den Mittelpunkt gerückt. Während in Warburgs Skizze der Tisch als Dreh- und Angelpunkt erscheint, dominiert in der Photographie die Bilderwand. Sie mißt circa 240 cm in der Breite und versammelt anhand von Reproduktionen einzelner Tafeln,[13] wenn Warburgs Notiz auf der Zeichnung richtig verstanden ist, rund 1300 Einzeldarstellungen, die das zentrale Corpus des Atlas ausmachen, das hier den Bearbeitern, ergänzt um das Material der Abteilungen »Manet« und »Vortrag 1929«, das

12 Warburg 2001, 14. Januar 1929, S. 399.

13 Die Maßangabe ergibt sich aus Warburgs Notiz auf der Raumskizze, in der am Rand in einen Kreis eingeschlossen von »± Stück 120« die Rede ist, was sich wahrscheinlich auf die Breite der »2 Gestelle Mnemosyne«, evtl. aber auch auf die Zahl der Abbildungen pro Gestell bezieht; die Transkription der Edition liest abweichend »I Stock 120« (Warburg 2001, S. 404); vgl. aber auch als Maßstab die übliche Länge einer Couch.

auf der angrenzenden Seite des den Bildbelegen reservierten Raumschenkels zu finden ist, erstmals dem Gesamtumfang nach und somit *auf einen Blick* vor Augen steht. Dieser Umstand scheint auch den Anlaß für die Aufnahme geliefert zu haben, die den Überblick im Sinne einer Zwischenbilanz würdigt und in einem feierlichen, in vielen Details gut lesbaren (Souvenir-)Bild fixiert.[14]

Dem enzyklopädischen Kosmos der Bilder stehen die Bücher und die Zettelkästen mit Warburgs ungezählten Notizen, Exzerpten und sonstigen Dokumenten räumlich gegenüber und sachlich zur Seite. Der runde Tisch dient als Ort der Verhandlung und Vermittlung zwischen Bild und Wort; hier werden Literatur und Notizen gesichtet, Gespräche über den Aufbau der Tafeln und das Gesamtsystem des Atlas geführt sowie Texte diktiert. Beispielhaft sind in der topographisch detailliert nachzeichnenden Aufnahme des Gelehrtenzimmers im Ausschnitt sowohl die arbeitstechnischen als auch die methodischen und konzeptionellen Leitgedanken der Warburgschen Untersuchungen manifestiert, darunter nicht zuletzt das die Kulturwissenschaftliche Bibliothek prägende Forschungskonzept, das in der Devise »Das Wort zum Bild« prägnant umrissen ist.[15] Es zielt darauf ab, den Werken der bildenden Kunst und der Bilderwelt im allgemeinen jenen kulturellen historischen Kontext zurückzugewinnen, der häufig abgespalten oder verlorengegangen, zum angemessenen Verständnis aber erforderlich ist. Eine praktische Konsequenz aus dieser Leitidee hatte Warburg bereits einige Jahre zuvor in einem Schreiben an die für die Finanzierung der Bibliothek mitverantwortlichen Brüder in seinem Plädoyer für eine entsprechend qualifizierte Ausstattung des damals noch in Planung begriffenen Neubaus gezogen:

Das Neue an meiner Methode besteht ja darin, daß ich für die Psychologie der Kunstschöpfung die Dokumente sowohl aus dem sprachlichen Gebiet, wie aus dem Bereich d[er] bildenden Künste, wie aus dem der religiösen und weltlichen Dramatik zusammenhole. Um das zu können, muß ich mit meinen jungen Leuten oder Forschungsgenossen die Zeugnisse, also Bücher und Bilder, auf großen Tischen vergleichend vor mir haben, und diese Bücher und Bilder müssen zum Handgebrauch ohne Schwierigkeit im Augen-

14 Vgl. Anm. 11 und weiter unten (siehe Abb. 10).

15 »›Das Wort zum Bild‹ ist die Devise unserer Bibliothek«, so Warburg in seinem Festwesen-Vortrag in der Handelskammer Hamburg am 14. April 1928 (Notizheft Handelskammer, The Warburg Institute Archives, 12.27 & 98.3.1); siehe dazu ausführlicher Diers 1993.

blick zur Verfügung sein. Darum brauche ich eine wirkliche Arena mit Tischen, um Handbibliothek und Bildmaterial sofort zur Hand haben zu können [...].[16]

In reduzierter und temporärer Form hat sich Warburg eine solche Arena auch in seinem römischen Hotelzimmer aus teils eigens mitgeführten, teils vorhandenen Möbeln geschaffen.[17] Statt mehrerer Tische hier nur ein einzelner Tisch, allerdings mit Ablagen ringsum, im Hintergrund in Griffweite die erforderlichen Bücher, deren Bestand sich im Lauf der Reise durch Ankäufe, darunter eine wertvolle Giordano Bruno-Bibliothek,[18] oder aus Hamburg erbetene Nachlieferungen fortlaufend erweitert hatte, sowie das in den Notizkästen inkorporierte Archiv an Quellen und eigenen Gedanken. Im Diagramm leicht zu erkennen, sieht das Arrangement paritätisch je zwei Bilderwände und zwei Bücher- respektive Zettelkasten-Wände vor.

Im Vordergrund stand damals ausweislich der Interieuraufnahme gerade als konkrete Praxis die (An-)Ordnung der Bilder, das heißt ihre Einpassung in den systematisch und thematisch gegliederten Aufbau des Atlasses, dessen Rahmen bereits fixiert, aber in vielen Details immer wieder neu zu definieren ist, nicht zuletzt weil der einzuarbeitende Stoff, wie das Tagebuch ausweist,[19] während der Reise ebenfalls ständig anwächst (Abb. 3). Die Tafel-Wandlungen und die damit einhergehenden äußerlichen Bilder-Wanderungen lassen sich durch das ›mobile‹ Anbringen der Reproduktionen mittels Metallklammern und Nadeln auf dem locker gewebten Leinengrund der Gestelle technisch einfach durchführen; inhaltlich gehen diesen Re-Montagen jeweils intensive Auseinandersetzungen voraus. Aber erst

16 Aby Warburg, Brief an seine Brüder vom 1. April 1925, zitiert nach Stockhausen 1992, S. 154; vgl. auch Michaud 2004, S. 233f.

17 Bei Gombrich 1981, S. 350, heißt es, Warburgs auf der Italienreise mitgeführte Bücher, Materialien und Möbel hätten einen halben Eisenbahnwaggon füllen können.

18 Warburg hatte durch Vermittlung des Antiquariats Leo S. Olschki Teile der Giordano-Bruno-Bibliothek des Bruno-Bibliographen Virgilio Salvestrini erworben; siehe die zahlreichen Einträge in Warburg 2001, hier besonders S. 394f.; unter dem 12. Januar 1929 notiert Warburg: »Die Bruno Bibliothek für den praktischen Handgebrauch aufgestellt« (ebd., S. 395).

19 Vgl. Warburgs eingangs zitierten Tagebucheintrag, der von einem Besuch in der Galleria Borghese spricht, der ihn auf eine Deckenmalerei in der Sala Paolina hat aufmerksam werden lassen, die eng mit seinen Untersuchungen zum Paris-Urteil zusammenhängt; siehe ebenda sowie Warburg 2001, S. 449.

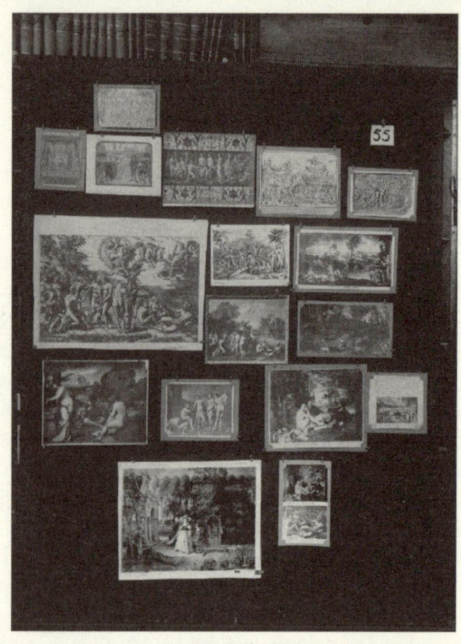

Abb. 3: Tafel 55 des Mnemosyne-Bilderatlas zum Motiv Paris-Urteil von der Antike bis Giorgione, Caracci, Rubens, Mengs und Manet.
Abbildung aus: Warburg, A.: *Der Bilderatlas Mnemosyne*, 2. Aufl. Hg. von M. Warnke u. C. Brink. Berlin: Akademie Verlag 2003, S. 101.

nachdem die Tableaus im Hotelzimmer aufgestellt und das in Betracht stehende Bildcorpus panoramatisch dargeboten wird, läßt sich, wie es oben hieß, »die ganze Architektur [des Aufbaus und der Abfolge] übersehen und schonungslos kritisieren«. Im angehängten Petrarca-Vermerk hält Warburg umgehend einen Kritikpunkt fest, indem er darauf hinweist, es fehle für die Epoche des Spätmittelalters noch an ausreichenden Belegen; daraus resultiert die Selbstermahnung zur Lektüre, die durch die angeführten Namen einiger auf dem Feld des »Herbstes des Mittelalters« tätiger Forscher, darunter der niederländische Kulturhistoriker Johan Huizinga oder der belgische Burgund-Spezialist Georges Doutrepont, repräsentiert ist.

3. Hyperlink

Man kann fragen, warum sich Warburg gerade zu dem in Rede stehenden Zeitpunkt zur Aufstellung der großen Bilderwand in seiner Hotelsuite und damit verbunden zu der angeführten Notiz nebst Zeichnung entschließt. Nur wenige Wochen zuvor, am Sonnabend, den 19. Januar 1929, hatte er nachmittags in der Bibliotheca Hertziana vor illustrem wissenschaftlichen Publikum im Rahmen der Einweihung des großen Saales im ersten Obergeschoß des Palazzo Zuccari einen Vortrag über das Mnemosyne-Projekt gehalten und dazu das Thema ›Die römische Antike in der Werkstatt Ghirlandajos‹ als Schwerpunkt gewählt.[20] In den Tagen darauf hatte er noch über Edouard Manets Gemälde *Dejeuner sur l'herbe* und den Einfluß der Tradition referiert sowie verschiedene kleinere Gruppen den im Vortragssaal ausgespannten, 14 m langen und 1,40 m hohen photographischen Bilderfries entlanggeführt und dabei sein Forschungsprogramm und das Modell der Visualisierung vorgestellt (Abb. 4).[21] In photographischer Reproduktion waren die 19 Tafeln mit ihren 276 Abbildungen[22] auch auf einer der Stellwände in seinem Hotelzimmer zu sehen. Auch dorthin hatte Warburg einen ausgewählten Kreis seiner Bekannten zu wissenschaftlichem Austausch geladen.

Trotz der erheblichen Länge der in weiten Teilen frei vorgetragenen Ghirlandaio-Rede und der Überfülle des dargebotenen Materials, das darüber hinaus nur für die in der Nähe der jeweiligen Tafeln sitzenden Zuhörer zu identifizieren war, konnte Warburg seinen Vortrag als großen Gewinn verbuchen. »Auch sonst«, heißt es unter dem Datum des 9. Februar 1929, demnach einen Tag vor dem eingangs zitierten Passus, mit Bezug auf ein »Privatissimum«, das er einigen renommierten Kollegen gegeben hat, »steigert sich bei mir deutlich

20 Siehe zu diesem Vortrag ausführlich van Huisstede 1992, S. 185ff. sowie den äußeren Anlaß und Rahmen betreffend Wuttke 1989, S. 228ff.

21 Warburgs Hertziana-Vorträge und -Führungen fanden am 19., 24., 25., 29. und 31. Januar statt; die technische Angabe zum Umfang des Bilderfrieses lt. Warburg 2001, S. 394, Eintrag von G. Bing vom 10. Januar 1929: »In der Hertziana Vorbereitung des Saales zum Vortrag: ein Streifen Sackleinwand in 14 m Länge und 1,40 Höhe, dreiseitig an der Schmalwand aufgehängt.«

22 Angabe zur Zahl der Tafeln u. Abbildungen lt. Warnke in Warburg 2003, S. VIII; vgl. auch van Huisstede 1992, S. 193-197, der nur 12 Tafeln anführt; siehe ebenda auch das detaillierte Inventar der gezeigten Werke.

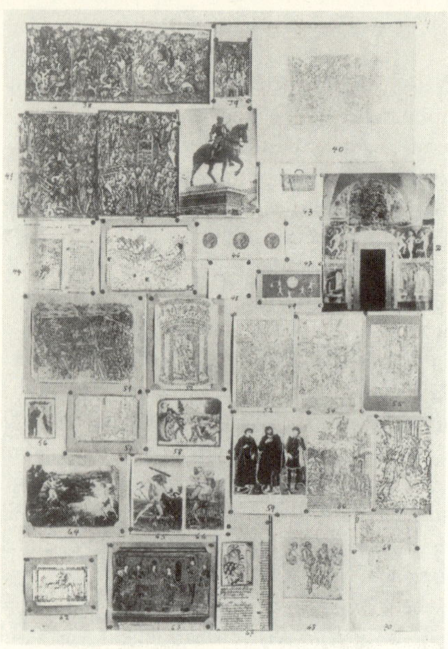

Abb. 4: Tafel 4 aus der Serie zum Hertziana-Vortrag Warburgs am 19. Januar 1929.
Abbildung aus: Warburg, A.: *Der Bilderatlas Mnemosyne*, 2. Aufl. Hg. von M. Warnke u. C. Brink. Berlin: Akademie Verlag 2003, S. 21.

die Einsicht, daß meine Methode anschlug und Folge[n] haben wird«.[23] Von Warburgs Erfolg in vortragstechnischer wie wissenschaftlicher Hinsicht ist unter anderem ausführlich in einem Brief die Rede, den der junge Axel von Harnack, Bibliothekar des Deutschen Archäologischen Instituts, an seine Hamburger Bekannte Elsbeth Jaffé, die damals an der Picatrix-Edition der Kulturwissenschaftlichen Bibliothek Warburg beteiligt war, gerichtet hat:

Ich hatte Warburg noch nie einen Vortrag halten hören. Er sprach bald frei, bald las er aus seinem Manuskript ab. Am wohlsten fühlte er sich offenbar,

23 Warburg 2001, 9. Februar 1929, S. 402; das angegebene Datum ist evtl. fraglich (oder aber nachträglich von Warburg an diese Stelle plaziert), weil sich im Tagebuch die Einträge vom 2. Februar direkt anschließen und Warburg sich inhaltlich u. a. auf das »Privatissimum« am 31. Januar bezieht.

wenn er im Saal herumgehen und an den Photographien demonstrieren konnte (3 Seiten des großen Saales waren mit über 100 [sic!] Photographien bedeckt). Diese Art des kunsthistorischen Vortrags ist entschieden den Lichtbildern vorzuziehen. W. sagte das auch selbst. (...) Er ließ die Hörer seine Forschungen mitmachen und bot mehr Findungen als Lösungen dar. Der Vortrag hat wohl alle angeregt und beinahe aufgeregt; in mir vor allem das Bedauern über mangelnde Kenntnis-Grundlagen erweckt oder vielmehr verstärkt.[24]

Ähnlich wie es Warburg 1912 auf dem Internationalen Kunsthistorikerkongreß in Rom durch die Analyse der bis dato rätselhaften astrologischen Fresken des Ferraresischen Palazzo Schifanoja gelungen war, die ikonologische Methode programmatisch vorzuführen, war er auch jetzt überzeugt davon, ein neues Paradigma kunst- und kulturhistorischer Forschung präsentiert zu haben.[25] Es war jedoch nicht allein der weit gesteckte historische Bogen, den Warburg rekonstruiert hatte, um das Werk des Florentiner Malers Domenico Ghirlandaio unter dem Gesichtspunkt seiner im- und expliziten Auseinandersetzung mit der Antike aufzuzeigen, sondern zugleich auch das neue Darstellungsverfahren, das er in den letzten Jahren dazu entwickelt und nach und nach ausgebaut hatte. Das klassische Lichtbild selbst in der Variante der durch Juxtaposition Vergleiche ermöglichenden Doppelprojektion reichte angesichts der zu kommentierenden Phänomene nicht aus, die mannigfache Verflochtenheit und Abhängigkeit der künstlerischen Bild- und Weltentwürfe untereinander überzeugend kenntlich zu machen. Was er gesucht und schließlich in dem von ihm und der Bibliothek Warburg über Jahre zunächst für Ausstellungen erprobten Tafelmodell gefunden hatte, war eine multiple, parallel verschiedene Ebenen sichtbar machende Präsentationsform, die historische wie systematische Kreuz- und Querbezüge zu zeigen gestattete und sich daher als eine Hyperlink-Struktur avant la lettre auffassen läßt. Was heute dank digitaler Datenverarbeitung und Reproduktion technisch kaum noch eine Herausforderung ist, mußte Mitte der 1920er Jahre erst noch erdacht und als manuelles Verfahren entwickelt und hernach für die geplante Publikation graphisch adäquat umgesetzt werden.

24 Brief vom 20. Januar 1929, zitiert nach McEwan 2004, S. 194.

25 Siehe dazu u.a. die begeisterten Kommentare der beim Vortrag anwesenden Kollegen Ernst Robert Curtius und Kenneth Clark (Wuttke 1989, S. 239 und 251) oder auch den oben zitierten Brief von Axel von Harnack.

Auf das Medium Bildtafel ist Warburg bereits bald nach der Jahrhundertwende gestoßen, allerdings offenbar ohne deren methodischen und epistemologischen Status sofort in vollem Umfang erkannt zu haben. Als es im Jahr 1905 galt, aus Anlaß der 48. Versammlung deutscher Philologen und Schulmänner in Hamburg einen Vortrag über »Dürer und die italienische Antike«[26] zu halten, überreichte Warburg den Mitgliedern der archäologischen Sektion des Verbandes eine von ihm in Privatdruck aufgelegte Mappe mit drei Großfolio-Tafeln, auf denen in Lichtdrucken (»Nachbildungen«) seine wichtigsten Bildbeispiele zur Erläuterung der in der Hamburger Kunsthalle verwahrten Dürer-Zeichnung *Tod des Orpheus* versammelt sind (Abb. 5). Warburgs erstes Tafelwerk – dem Umfang nach mit sechs Abbildungen ein Atlas en miniature – dient dem Herkunftsnachweis der zentralen Bildformel Dürers und läßt sich als ein übersichtlich und sinnfällig gegliedertes optisch-didaktisches Abstract seines Gedankenganges ansehen. Die drei Orpheus-Tafeln im Format von 33 × 41,5 cm enthalten mit ihren qualitätvollen Wiedergaben[27] bereits in nuce das spätere vergleichende Verfahren visueller Argumentation und Narration, das freilich nach Struktur und Zahl der »Konstellationen«[28] noch ganz andere Dimensionen ermöglichen sollte.[29] So steigert Warburg im Fall des Mnemosyne-Atlas die Abbildungsfülle bis zum Dickicht, wenn er auf einer Einzeltafel bis zu 32 Bildzitate versammelt.[30] Während die vier Bildbelege der Orpheus-Tafel in klarer historischer Abfolge und leicht zu identifizierender Motiv-Ableitung präsentiert werden, ist das Arrangement der Atlastafeln viel-

26 Siehe Warburg 1998, S. 443-449; vgl. auch die reprographische Wiedergabe der 3 Tafeln in Warburg 1979, S. 133-135.

27 Warburg hat die Dürer-Zeichnung nicht nur in originaler Größe, sondern auch der Vorlage entsprechend im Sepiaton drucken lassen (Tafel III), so daß der Eindruck des Originals nach allen Regeln der reprographisch-faksimilierenden Drucktechnik evoziert wird; ähnlich wurde auf der zweiten Tafel mit dem oberitalienischen Kupferstich aus dem Besitz der Hamburger Kunsthalle verfahren.

28 Siehe Hofmann 1995, S. 172 ff.

29 Gombrich 1981, S. 349 und 376 schreibt die Idee der tuchbespannten Tafeln Fritz Saxl zu, der dieses System während der Nachkriegszeit während seiner Tätigkeit bei einer Volksbildungseinheit der österreichischen Armee kennengelernt und Warburg später nahegebracht habe; man schmälert Saxls Verdienst nicht, wenn man darauf hinweist, daß Warburg den Tafel-Modus jedenfalls in der Druckvariante für sich bereits zuvor genutzt hatte.

30 Vgl. die Bilderatlas-Tafel 48.

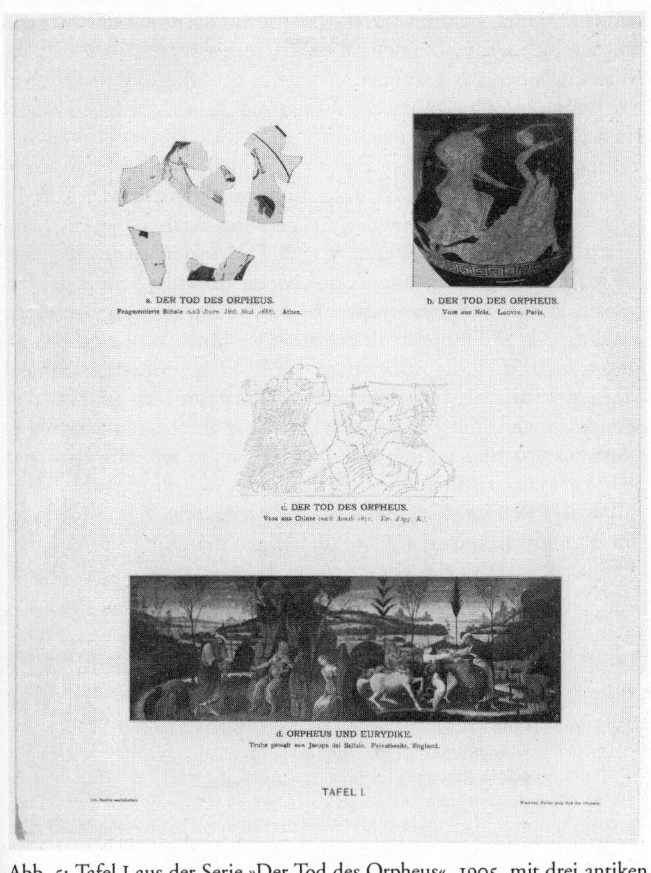

Abb. 5: Tafel I aus der Serie »Der Tod des Orpheus«, 1905, mit drei antiken Vasenbildern und einer Renaissancedarstellung.
Abbildung: The Warburg Institute, London.

fach weitaus schwieriger nachzuvollziehen. Denn es folgt zeitlich nicht unbedingt der Chronologie und dem Schema nach selten der klassischen Leserichtung oder dem Kolumnenprinzip, sondern stellt die Reproduktionen durchaus auch nach anderen als ikonographischen oder typologischen Kategorien und Kriterien in Gruppen zusammen.[31] Eine definitive Maßgabe für die Richtung der Betrachtung zu finden ist nicht immer möglich, zumal es gerade zur strukturellen Offenheit des Präsentationssystems gehört, gelegentlich mehrere Wege der Verknüpfung anzubieten und dadurch beim jeweiligen Nutzer auch eigene Lösungen anzuregen. Der Fragmentstatus des Projektes und insbesondere der bis auf Stichworte fehlende Kommentar zu den einzelnen Tafeln hat die virtuelle Vielfalt der Korrelationen ohne Frage noch einmal gesteigert und dadurch die Auseinandersetzung mit dem Atlas erschwert und erleichtert zugleich.[32] Von einer »Kunstgeschichte ohne Worte«, wie sie in der Rezeption des Bilderatlas gelegentlich hypostasiert wird,[33] ist bei Warburg allerdings nie die Rede. Bildunterschriften sowie Kommentare und Abhandlungen im Textteil des Atlas hätten den Betrachter über Zusammenhänge informiert und orientiert, ohne daß dadurch der von Warburg nachdrücklich betonte Stellenwert der Bilder als autonomer symbolischer Formen und selbständige Wissens- und Gedächtnisspeicher oder auch nur der Rang der Tafel als Erkenntnisinstrument sui generis kassiert worden wäre. Auch für das paritätische Zusammenspiel von Bild und Kommentar kann im übrigen der Dürer-Vortrag, dessen Text den Tafeln ein Jahr später im Aktenband der Tagung nachfolgte, als Muster gelten.[34]

31 Siehe Warnkes Ausführungen zur Vielfalt der Leserichtungen der Tafeln in seinen Vorbemerkungen zur Edition des Bilderatlas Warburg 2003, S. IX.

32 Vgl. aber die den Gehalt aufschließenden Tafel-Explikationen von Warnke in seinem Aufsatz von 1980; hier wird deutlich, daß es durchaus möglich ist, die einzelnen Tafeln aus sich heraus zu erläutern und fachlich zu würdigen; inzwischen hat es im Anschluß an Saxl und Gombrich (wie Anm. 4, S. 375 ff.) zahlreiche weitere Versuche auch zu anderen Tafeln gegeben; hingewiesen sei auf van Huisstede 1992; Fliedl/Geissmar 1992; Blume 1993; Forster/Mazzucco 2002 sowie Zumbusch 2004.

33 So mutmaßend bereits Gombrich 1981, S. 381 (»allein in Bildern«) und später z. B. von Michaud 2004, S. 11 und 251 ff. sowie Michaud 2000, o. S.; vgl. dazu kritisch bereits Fliedl, »Vom Triumph zum Seelendrama. Suchen und Finden oder Die Abenteuer eines Denklustigen«, in: Fliedl/Geissmar 1992, S. 170 (dort Anm. 29); vgl. dazu auch z. B. Warburgs Eintrag in Warburg 2001 vom 8. 4. 1929, S. 434: »Mnemosyne/Das Erwachen der Heidengötter im (Zeitalter der) europaeischen Renaissance als energetische Ausdruckswertbildung. Ein Versuch kunstgeschichtlicher Kulturwissenschaft. *2 Bände Text. Dazu ein Atlas mit etwa 2000 Abbildungen.* Indices von Gertrud Bing/von Aby Warburg« (Hervorhebung M. D.).

34 Wie Saxls Brief an den Verleger Teubner (Warburg 2003, S. XIX) zu entnehmen ist, sollten die Atlastafeln eine vergleichbare Größe haben und waren gleichfalls als

4. In between

Warburg hat die Orpheus-Tafeln ein Vierteljahrhundert später als Ganzsache in seinen Atlas integriert.[35] Die Haupttafel der kleinen Folge fungiert dort als Index der Genese und *mise en abyme* des gesamten Projektes. Anders jedoch als im Fall der gedruckten, ebenso schlicht wie streng aufgebauten älteren Lichtdrucktafel ist die Bildtafelpraxis, die Warburg gemeinsam mit seinem Mitarbeiter und Kollegen Fritz Saxl ab Mitte der 1920er Jahre entwickelt, als ein offenes System konzipiert.[36] Zunächst vermutlich als Arbeitsinstrument im Sinne einer Pinnwand in der Tradition eines Steckbrettes gedacht, wird das Modell schon bald für Ausstellungen genutzt. Bedingt dadurch, daß die KBW seit Sommer 1926 ein eigenes, technisch höchst modern ausgestattetes Gebäude mit einem großen Lesesaal besitzt und durch Veranstaltungen, auch nach außen hin, stärker in Erscheinung treten kann, tritt nachdrücklich die Idee von (Tafel-)Ausstellungen zur Kommunikation von Forschungsergebnissen auf den Plan. Man konzipiert diverse Bilderreihen zu verschiedenen Aspekten des Nachlebens und Einflusses der Antike und läßt die Thesen anhand der Bildertafeln über photographische Reproduktionen (und gelegentlich auch über integrierte Bücher oder Manuskripte)[37] anschaulich werden. In rascher Folge lösen einander Projekte zu Themen wie Ovid, Rembrandt, Festwesen oder Briefmarke ab.[38] Durch

lose Tafeln gedacht: »Den Atlas stelle ich mir vor, aus 300-350 [sic!] Lichtdrucktafeln vom Format 30:40 cm und etwa (hoch gerechnet) 400 Textseiten in kleinem Format bestehend.«

35 Sie finden sich im Bilderatlas auf drei Tafeln verteilt: Warburg 2003, Tfln. 5.12, 41.11 und 57.7.

36 Ein allgemeines Tafel-Layout wurde zu Warburgs Lebzeiten nicht mehr entwickelt; möglicherweise gibt die von G. Bing und E. H. Gombrich 1937 zusammengestellte Auswahlserie des Bilderatlas einen Eindruck von einer möglichen geplanten Publikationsanordnung (vgl. die Wiedergabe einer Tafel in Warburg 2003, S. XIII); gegenüber dem eher ungeordnet erscheinenden Charakter der Warburg-Tafeln wirken diese Tableaus mit ihren Begradigungen und Vereinheitlichungen entschieden geglättet und folglich steriler.

37 So z. B. im Fall der Ovid-Ausstellung von 1927; siehe die Abb. in Warburg 2003.

38 Vgl. die Angaben zu den Vorträgen hier in Anm. 4; zum Ausstellungsprogramm der KBW siehe Fliedl 1992, S. 165-170 sowie Fleckner 1993. – Parallel arbeiteten Warburg und die KBW an größeren Ausstellungsprojekten für das Deutsche Museum in München und das Hamburger Planetarium; vgl. die zahlreichen Eintragungen in Warburg 2001 sowie zur Planetariums-Ausstellung Fleckner u.a. 1993.

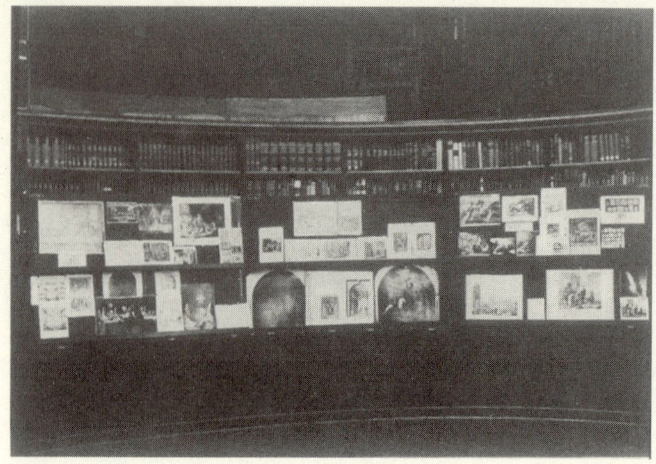

Abb. 6: Blick in den Lesesaal der Kulturwissenschaftlichen Bibliothek Warburg mit Tafeln der Rembrandt-Ausstellung, 1926.
Abbildung aus: Warburg, A.: *Der Bilderatlas Mnemosyne*, 2. Aufl. Hg. von M. Warnke u. C. Brink. Berlin: Akademie Verlag 2003, S. XI.

diese neue Form der Darbietung, Vermittlung und Veröffentlichung von Forschungsresultaten gewinnt die Bibliothek Warburg zusätzliches Profil in der Öffentlichkeit.

Da wegen des ovalen Grundrisses des Lesesaals geeignete Wände zur Hängung der Bildertafeln nicht zur Verfügung stehen, werden die Tableaus auf den Auszugsböden, die oberhalb der Unterschränke der Regalwand, die für die Handbibliothek reserviert ist, beweglich eingelassen sind, in leichter Schrägstellung postiert (Abb. 6). Im Gegensatz zu den Atlastafeln, die im Hochformat genutzt werden, werden die Ausstellungstafeln aus Gründen besserer Einsehbarkeit in der Regel im Querformat gezeigt, teils auch auf blanken Holztafeln ohne die einen raschen Bildwechsel ermöglichende Textilbespannung, weil in diesem Fall die Ordnung festgelegt ist und im Rahmen der jeweiligen Präsentation nicht mehr zur Disposition steht. Das Tafelsystem selbst ist mit seinen einzelnen Panels ähnlich mobil wie das Steck- und Heftsystem der Reproduktionen auf den Atlastafeln und erlaubt daher einen raschen Auf- und Abbau und ist nach Gebrauch einfach und platzsparend unter der Empore der Bibliothek zu verstauen.

Durch diese Installation ging dem Lesesaal, der jetzt zugleich als *Bildersaal* fungiert, keinerlei Platz verloren. Es genügte im übrigen, die einzelnen Tableaus photographisch zu reproduzieren, um die Ausstellungen zu dokumentieren und sie auf diese Weise gegebenenfalls als Block in den Bilderatlas integrieren zu können.

Im Zusammenhang der auffälligen Hinwendung zum Medium der wissenschaftlichen Ausstellung vollziehen Warburg und die KBW einen deutlichen Schritt in Richtung Sichtbarmachung einer Arbeit am und mit dem Bild, in dem sich auch ein *iconic turn* vor der Zeit erkennen läßt: Die Bilder, so scheint es, rücken entschieden in den Vordergrund, und die Bücher treten leicht zurück. Anschaulich wird dieser Schwenk in den *vor* der Handbibliothek aufgestellten Ausstellungstafeln, die den Blick auf die Bücher und auch den unmittelbaren Zugriff zunächst kurzfristig behindern.[39] Wenn der Lesesaal als Ausstellungsort fungiert, verlieren die Bücher die Oberhoheit über den Raum und treten hinter den dunklen Paravents zurück. Das Leitmotiv einer Forschung, die das Wort zum Bild sucht, ist allerdings in den Schautafeln in seiner Geltung nur scheinbar aufgehoben; die Bilder kommen jetzt nur deutlich als der zentrale Gegenstand der Auseinandersetzung vor Augen, und die einseitig als Bibliothek apostrophierte Institution präsentiert sich über ihre Photothek, die Ende der 1920er Jahre rund 25 000 Bildvorlagen umfaßt, jetzt ausdrücklich und eindringlich als eine wissenschaftliche Pinakothek. Die Bilder kommen in formierten Ensembles aus dem Dunkel eines »Kabuffs«[40] ans Licht der Öffentlichkeit, und die Ausstellungen gelangen als eigenständige Vermittlungs- und Publikationsform an der Seite der *Studien* und der *Vorträge der Bibliothek Warburg* ergänzend auf den Plan.

Im Rahmen dieser Wende tritt Warburg immer häufiger als Vortragender auf, der seine Thesen entlang und vor den Bilderreihen entwickelt, eine Form performativen Sprechens und »Demonstrie-

39 Sie lugen aber, wie Photographien (vgl. hier Abb. 6) zeigen, in der Regel immer hinter den Ausstellungstafeln hervor; auch die Atlas-Tafeln wurden vor der großen Bücherwand des Lesesaals gleich neben dem Durchgang photographiert, so daß am Ober- oder Seitenrand oft Bücherreihen im Anschnitt zu sehen sind; darunter häufig übrigens das »Handbuch des Islam«, vgl. Warburg 2003, Tf. 34 und passim.

40 Saxls Bezeichnung für den Lagerraum der KBW-Fotosammlung; vgl. seine und Warburgs Überlegungen im Jahr 1927, die Bildvorlagen sachgemäßer und repräsentativer aufzustellen; siehe Warburg 2001, S. 171f.

rens«,[41] die zum einen Warburgs Temperament und Talent, zum anderen aber auch der Sache entgegenkommt, da der flexible Vortrag, der ebenso offen für Assoziationen wie für Exkurse ist, der Vielfalt und Vielschichtigkeit des Gegenstandes entspricht. Dem Redner dienen die Bilderreihen als Leitfaden, wodurch auch die mnemotechnische Dimension und Funktion der Tafeln deutlich wird. Die Ausstellungstafeln, die anschließend durch Erweiterung oder Verdichtung der Materialien in den Gesamtzusammenhang des Mnemosyne-Programms integriert werden können, repräsentieren nur einen anderen Aggregatzustand des Atlas-Projektes. Um vom Albumformat ins buchtypische Hochformat der Mnemosyne-Tableaus hinüberzuwechseln, ist technisch, verkürzt gesagt, nur eine Drehung um 90 Grad erforderlich.

Will man das Dispositiv Tafel auf das System Buch übertragen, muß man auf das klassische Modell von Text- und Tafelband respektive von Textband und Buchkassette mit losen Tafeln zurückgreifen. Letzteres garantiert die fortdauernde Flexibilität des Systems, indem die einsinnig lineare Ordnung eines gewöhnlichen Buches mit seiner Paginierung nicht aufgegeben, sondern vielmehr ergänzt wird um die Möglichkeit, die Tafeln in wechselnder Reihenfolge untereinander zum Vergleich zu bringen und somit die kombinatorische Struktur auch in der publizierten Form zu erhalten. Die einzelnen Tafeln können auf dem Schreib- oder Lesetisch aufgestellt, nebeneinandergereiht und mit Sinn und Verstand nach Belieben wie übergroße Spielkarten gemischt werden.[42] Der Status der Variabilität, der im Modus des Tafelsystems auf der einen, und jener der Unabgeschlossenheit, der durch den Fragmentcharakter samt deutlich erkennbarem Pinnwandcharakter auf der anderen Seite sichtbar ist, kennzeichnet den Atlas nicht nur, sondern zeichnet ihn als neues Paradigma einer wissenschaftlichen Publikation im allgemeinen und des Kunstbuches

41 Ulrich Raulff zitiert auf Warburgs rhetorisches Temperament bezogen das ursprünglich auf Ludwig Wittgenstein gemünzte Wort vom »Handlungsredner« (Raulff 1991, S. 452); Warburg selber spricht mit Bezug auf seine Bildtafel-Erläuterungen gelegentlich von »Demonstrationen« und im Zusammenhang seines Handelskammer-Vortrages 1928 von seiner »oratorischen Ballistik«, welche, den Erfolg erwogen, nicht fehlgeschlagen habe (Warburg 2001, S. 244).

42 Die Variante einer losen Blatt- resp. Tafelsammlung des Bilderatlas hat die Wiener Arbeitsgruppe Daedalus Mitte der 1990er Jahre mit ihrer Buchkassette erprobt; vgl. Koos u.a. 2006.

im besonderen aus.[43] Das klassische Buch ist als Teil eines größeren Aufschreibesystems auch ein *Fest*schreibungssystem und konzediert in der gewohnten Gestalt nur geringe Eingriffsmöglichkeiten. Gegen diese Starrheit plädiert das Tafelsystem samt der von Warburg geübten Bilderpraxis. Die diversen Wandlungsstufen der Tafeln, die als fundamentales Quellenwerk zur menschlichen Geschichte und Kultur dem Thema ›globaler‹ geographisch-historischer Bilderwanderung gewidmet sind, halten in ihrer jeweiligen Zusammenstellung ein bestimmtes Stadium von Warburgs Nachdenken über die betreffenden Bilder fest und haben daher auch als wissenschaftsgeschichtliche Dokumente ihr eigenes Recht.

Dank der überlieferten photographischen Reproduktion verschiedener Zustände läßt sich im Ansatz nicht nur die Entstehung des Mnemosyne-Projektes in einzelnen Schritten rekonstruieren,[44] sondern darin auch das methodische Konzept repräsentiert finden, das aus epistemologischen Gründen Offenheit vor Geschlossenheit gestellt, weil die Welt – und die der Bilder zumal – sich schwerlich abschließend behandeln, auf Tafeln abziehen und definitiv auf Begriffe bringen läßt. Wort und Bild sind mit ihrer jeweils eigenen Logik nicht unmittelbar ineinander zu überführen, weil sie beide auf der sie kennzeichnenden epistemischen Differenz bestehen. Als zwei grundlegende Modi symbolisch-kulturellen Weltaustauschs wollen sie aber nicht als Konkurrenz aufgefaßt, sondern als komplementäre Systeme verstanden sein. Die Bilder verdrängen selbstverständlich in Warburgs letztem Jahrzehnt nicht die Bücher, sie kommen jetzt nur deutlicher selber »zu Wort«. Das »Gesetz der guten Nachbarschaft«, dem die Bücheraufstellung der KBW folgt, gilt als fruchtbare Idee nicht nur für die Bibliothek, sondern, wie die Montagen des Atlas sinnfällig machen, ebenso für die Bilder und ihre historischen, ikonographischen und formalen Bezüge untereinander; überdies aber als Prinzip wechselseitiger Erhellung auch generell für die Beziehung zwischen Wort und Bild. Die »Ikonologie des Zwischenraums«, eine

43 Vgl. zur Geschichte und zum Dispositiv des illustrierten Kunstbuches die Untersuchung von Krause u.a. 2005; Warburgs Bilderatlas-Projekt ist, dem Zeitrahmen der Darstellung (»von der Entstehung des Fachs bis zur Durchsetzung der Fotografie«) geschuldet, nicht mehr einbezogen, hätte aber als ebenso alternatives wie innovatives Modell im Sinne eines Ausblicks durchaus eine Erwähnung verdient gehabt.

44 Dazu vor allem van Huisstede 1992.

Wendung, die Warburg als einen unter zahlreichen Titeln für den Atlas erwägt,[45] meint nicht nur die auf den Tafeln im Abstand sichtbare faktische Distanz der Bilder untereinander, sondern bezeichnet auch jenen Terrain vague, auf dem die Fragen nach dem Wie und Warum der Übergänge, Transformationen oder Inversionen angesiedelt sind.

5. Anagramm

Wollte man innerhalb des Atlas neben den Orpheus-Tafeln noch einen weiteren immanenten Bezugspunkt ausmachen, der dessen System in nuce repräsentiert und reflektiert, so stößt man auf der Tafel 2 auf die Gestalt des Atlas Farnese, die daran erinnert, daß der Sohn des Titanen Iapetos und Bruder des Prometheus im Westen der Erde das Himmelsgewölbe auf ewig zu schultern hat (Abb. 7). Die von Warburg angeführte antike Marmorskulptur aus Neapel präsentiert eine Kniefigur, welche die schwere Last der Himmelskugel in ihrem Nacken abstützt und mit zwei kräftigen Armen ausbalanciert. Eine Detailaufnahme und ein Kupferstich zeigen gleich nebenan zwei Abschnitte der flachen Sternbilderreliefs des Globus, darunter Perseus und das Kepheusgeschlecht. Die Kugel, die Atlas auf seinen Schultern trägt und wendet, weist auf ihrer Außenseite das illustrierte Gesamtinventar der Sternzeichen auf. Breitet man diese Himmelsdarstellung in der Fläche aus, so entfaltet sich diese Welt mythologischer Gestalten als planimetrisches Panorama.[46] Der Atlas Warburghese ist dem Atlas Farnese in mancher Hinsicht zu vergleichen: Auch dieser stellt einen geordneten visuellen Kosmos vor Augen, in dem sich die Bilder, nicht zuletzt jene der Astrologie, in Konstellationen und Konfrontationen gegenseitig erläutern und darüber den jeweiligen Bewußtseinszustand der Welt kommentieren. Da Warburgs Atlas darüber hinaus im Titel den Namen jener Göttin trägt, die eine

45 Warburg 2001, S. 434f.: »Ikonologie des Zwischenraums. Kunsthistorisches Material zu einer Entwicklungspsychologie des Pendelganges zwischen bildhafter und zeichenmäßiger Ursachensetzung.«

46 Siehe den Kupferstich nach einer stereographischen Projektion des Farnese-Globus von M. Folkes in R. Bentley, M. Manilii Astronomicon, London 1739, den Warburg als Abbildung in die Sternbilder-Ausstellung des Hamburger Planetariums integriert hat; Abb. in Fleckner u.a. 1993, S. 225; vgl. auch die Erläuterungen ebenda S. 227.

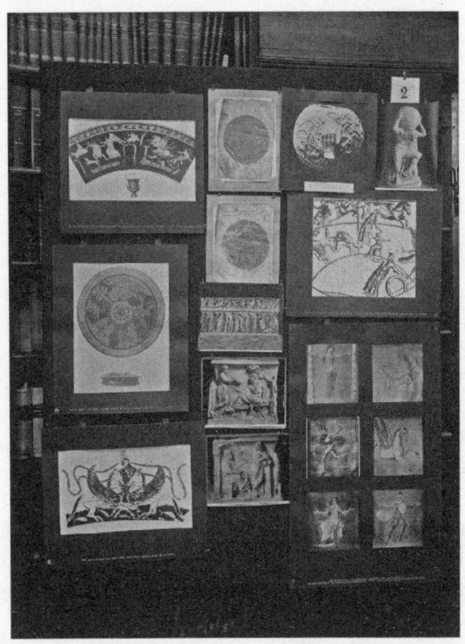

Abb. 7: Tafel 2 des Mnemosyne-Bilderatlas zum Thema Sternbild und Kosmos; rechts oben der Atlas Farnese.
Abbildung aus: Warburg, A.: *Der Bilderatlas Mnemosyne*, 2. Aufl. Hg. von M. Warnke u. C. Brink. Berlin: Akademie Verlag 2003, S. 17.

ältere Verwandte des Titanensohns ist und hier als Schirmherrin vor allem als Instanz der Erinnerung und Mutter der Musen angesprochen wird, treten jetzt beide Funktionen, die der herzeigenden und die der bewahrenden Aufzeichnung, folglich Atlas und Archiv, aufs engste zusammen.[47]

Medientheoretisch formuliert, prozessiert der Atlas die versammelten Bilder, das heißt er speichert, verarbeitet und überträgt und vermittelt sie. Das Modell elektronischer Datenverarbeitung, das durch die zitierte sprachliche Wendung evoziert wird, taugt freilich nur bedingt zur Charakterisierung des Mnemosyne-Projektes, das sich aber dennoch nicht nur metaphorisch als Maschine ansprechen läßt: Auf

47 Auf die genealogische Verwandtschaft von Atlas und Mnemosyne hat von Stockhammer hingewiesen in seinem Aufsatz von 2005.

den 63 von insgesamt 79 geplanten Tafeln der Fassung letzter Hand sind 971 Objekte angeführt, die sämtlich mit Bedacht ausgewählt, in einen Verbund miteinander gebracht worden sind und sich zum Ganzen eines Netzwerkes zusammenfügen. Warburg hat die Gesamtkonstruktion seines Atlas als Architektur bezeichnet und könnte mit diesem Begriff den äußeren Aufbau des Bildcorpus ebenso wie das darin niedergelegte und durch die Anordnung sichtbar gemachte Gedankengebäude, das die Dokumente reflektiert und zur Sprache bringt, gemeint haben.

Elementarer Baustein des Atlas ist das einzelne Bild, das auf einer Tafel zu einer Reihe anderer Bilder hinzutritt, so wie diese wiederum mit anderen Reihen in Korrespondenz tritt: Bild, Bilderreihe/Tafel und Tafelfolge formieren sich zum Atlas-Ensemble. Die wichtigste technische Voraussetzung der äußeren Montage und inhaltlichen Synthese der heterogenen Bilder ist der (repro)photographische Apparat,[48] vor dessen Objektiv alle Gegenstände gleich sind und in Schatten ihrer selbst verwandelt werden. Erst die drei Stufen der Reduktion zum Bild, demnach Maßstab, Farbe und Perspektive, welche das Verfahren der Photographie laut Roland Barthes kennzeichnen,[49] schaffen durch mediale Homogenisierung die ideale Voraussetzung für eine weithin einheitliche Perspektive der Betrachtung so unterschiedlich großer und den Gattungen nach differenter Gegenstände wie Bauten, Skulpturen, Gemälde und Gegenstände des Kunstgewerbes oder auch Zeitungsseiten und Briefmarken. Kunstwerke werden durch photographische Reproduktion zu Wiedergaben umgeformt und lassen sich als Abbildungen neben Dokumentarphotographien stellen und bestens vergleichen.[50] Was den Originalen als sinnliche Qualität genommen wird, wird durch eine neu hinzutretende ästhetische und intellektuelle Dimension sowie das praktische Element der Verfügbarkeit kompensiert. Das Schattenreich der Grisaille, in

48 Im Tagebuch der KBW schwärmt Warburg von der technischen Qualität der offenbar sehr kostspieligen, aber auch entsprechend qualitätvollen Dienstleistung der KBW-Reproanlage »Photo-Clark«; siehe z. B. unter dem Datum vom 21. August 1927 (Warburg 2001, S. 131): »Wir wiesen [Warburgs Brüder] darauf hin, daß wir mit unserem Clark-Apparat eine ganze Ovid-Bibliothek photographiert hätten. Dabei auf die Ersparnisse durch den anscheinend luxuriösen Apparat hingewiesen.«

49 Barthes 1990.

50 Vgl. die Bilderatlas-Tafeln 78 und 79.

welches die (Bild-)Gegenstände durch die Photographie entrückt werden, nimmt ihnen die Unmittelbarkeit und damit einen entscheidenden Teil ihrer Wirkmacht als Kunstwerke, gestattet aber im Gegenzug, sie mit Abstand und unter Gesichtspunkten, die sich nicht ihrem auratischen Charakter verdanken, zu reflektieren. Warburgs häufig zitierter Satz »Du lebst und thust mir nichts«, der den »Grundlegenden Bruchstücken zu einer pragmatischen Ausdruckskunde«[51] entstammt und pointiert die »Bildmacht«[52] des Kunstwerks charakterisiert, findet im Medium der photographischen Reproduktion seine technische Entsprechung. Die photographische Prozedur transformiert ihre Objekte in graphische Blätter und schafft, indem sie sie verkleinert oder in Details vergrößert, Distanz oder Nähe, in jedem Fall aber Zwischenraum, der im Sinne Warburgs als ›Denkraum‹ fungieren und genutzt werden kann. Die neutrale Folie des schwarzen Textiluntergrundes rahmt wie ein untergelegtes Passepartout die jeweilige Bilderansammlung und vereinheitlicht sie ästhetisch, so daß aus der Leinwand ein vielfach unterteilter Bildschirm wird. Darin den Anklang an Layoutstrategien der Bildpublizistik zu sehen liegt nahe, zumal Warburg selbst anhand eines Beispiels ex negativo auf die formale Verwandtschaft beider Modelle in einer kleinen Rede hingewiesen hat, die er am 30. Juli 1929 zu Ehren von drei frisch promovierten Mitarbeitern der KBW gehalten hat.

In seiner humorvollen Ansprache geht Warburg ausführlich auf die aktuelle, tags zuvor erschienene illustrierte Beilage des *Hamburger Fremdenblattes* ein, die er in mehreren Exemplaren an die Umstehenden verteilt hatte. In kurzen Schritten analysiert er die Aufmacherseite des Blattes mit ihrer kunterbunten Reihung von Bildern »aus aller Welt« und moniert die stillose, »rohe Zusammenstellung« (Abb. 8). Berichte vom Sport werden mit Aufnahmen einer Papstprozession willkürlich verschnitten, so daß »ganz unvermittelt das vergnügliche *hoc meum corpus est* (»des gezeigten Preisschwimmers«) neben dem tragischen *hoc est corpus meum* (»der christlichen Eucharistie«) vor Augen geführt« werde, ohne daß jemand gegen die Gedankenlosigkeit protestiere. Es gehe der KBW als »Auffangstelle« historischer »Austauschbewegungen« nicht zuletzt darum, ein »cha-

51 Motto der genannten, bis heute unveröffentlichten Fragmentsammlung, die Warburg zwischen 1888 und 1903 als eine »Psychologie der Kunst« zusammengestellt hat; vgl. Gombrich 1981, S. 93ff. und 458.

52 Bredekamp 1991, S. 3.

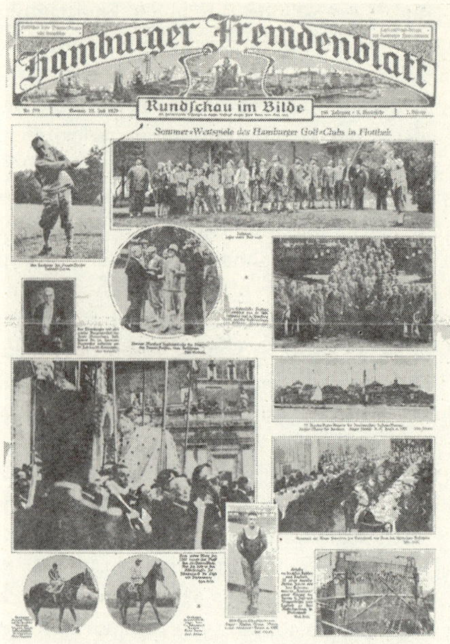

Hamburger Fremdenblatt

Rundschau im Bilde

Sommer-Wettspiele des Hamburger Golf-Clubs in Flottbek.

Abb. 8: *Hamburger Fremdenblatt* Nr. 208 vom 29. Juli 1929, Beilage »Rundschau im Bilde«, Titelseite.
Abbildung: The Warburg Institute, London.

raktervolles, wehrhaftes Verständnis für die Gestaltenwelt des Wortes und des Bildes« zu fördern. Warburgs Kritik des »Bildersalats« kann dafür als Beispiel gelten. Und dies um so mehr, wenn man entdeckt, daß hinter der Buchstabenfolge von Bilder-*Salat* jene des Bilder-*Atlas* zum Vorschein kommt, ein Gegenmodell, das auf den unbedachten oder gar leichtfertigen journalistischen Umgang mit einem reflektierten, analytisch-dokumentarischen Verfahren antwortet und dem »Chaos von Unvernunft ein Filtersystem der retrospektiven Besonnenheit entgegenzusetzen«[53] sucht.

Ohne daß Warburg das Mnemosyne-Projekt ausdrücklich erwähnt, hat er es doch implizit dem Anspruch und der Methode nach in seinem Extempore in Abbreviatur erläutert. Es wundert daher auch

53 Zitiert nach dem Abdruck der Rede in McEwan 2004, S. 205-208, hier S. 207.

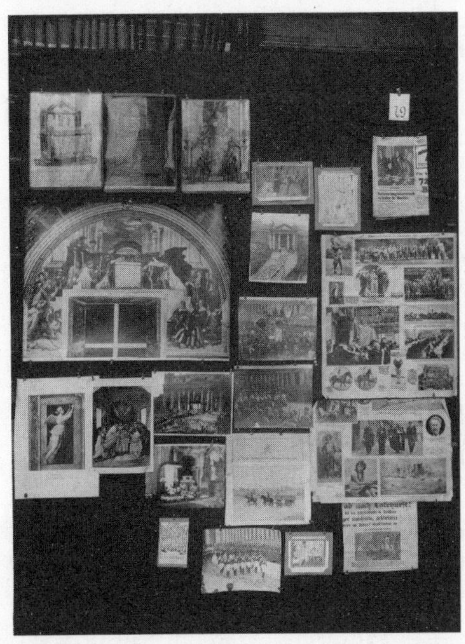

Abb. 9: Tafel 79 des Mnemosyne-Bilderatlas zum Thema Eucharistie, Kirche und Politik.
Abbildung aus: Warburg, A.: *Der Bilderatlas Mnemosyne*, 2. Aufl. Hg. von M. Warnke u. C. Brink. Berlin: Akademie Verlag 2003, S. 133.

nicht, daß die inkriminierte *Fremdenblatt*-Seite zusammen mit der nachfolgenden Ausgabe desselben Blattes, die am Tag der Ansprache erschienen war, als ganze Seite in den Bilderatlas aufgenommen wird und auf der letzten Tafel einen markanten aktuellen Schlußpunkt innerhalb eines Ensembles kulturhistorischer und (kirchen)politischer Ikonographie setzt, das von der Kathedra Petri bis zum Schlußprotokoll des Vertrages von Locarno reicht, der Deutschland damals zurück in den Völkerbund und international zur Entspannung geführt hat (Abb. 9). Als »Bildersalat«-Exempel repräsentiert das Blatt im Atlas die Willkür der *Faits-divers*-Presse und steht folglich als Kontrast dem Vorbild der Orpheus-Tafel gegenüber. So verwandt das Montage- und Layout-Konzept von Bilderatlas-Tafel und Pressebilder-Seite auf den ersten Blick auch sein mag, die Differenzen und Divergenzen werden auf den zweiten Blick, der nach Gehalt und Zusammenhang fragt, deutlich.

6. »manet, manebit!«[54]

Auf einer anderen Photographie der kleinen Hotelzimmer-Serie wird der Arbeitsraum der Palace-Hotel-Suite, den Warburg auch als »Wohnzimmer«[55] tituliert, mitsamt seinen Protagonisten vorgestellt (Abb. 10). Auf dieser Aufnahme, die Warburg mit dem handschriftlichen Zusatz »die Hamburger in Rom / Nov 28-Mai 29 mit herzlichem Pfingstgruß«[56] auch an die KBW geschickt hat und auf der im übrigen an der Bilderwand zwei der drei hellgrundigen Dürer-Tafeln zu erkennen sind, hat sich der Kunsthistoriker hinter den großen Sessel postiert und seinen rechten Unterarm auf die Lehne gestützt. Links sitzt Gertrud Bing, den Oberkörper leicht zur Seite geneigt, so daß sie von dem hinter ihr stehenden Warburg ein wenig abgerückt erscheint, wodurch auf dem weißen Spitzendeckchen des Schonbezuges das in ein Rund eingeschlossene Hotel-Monogramm als ins Bild versteckte Signatur des Ortes sichtbar wird. Rechts hat Alber in Schreibhaltung am Tisch Platz genommen, vor sich einige Papiere und in der Hand einen Stift haltend; als sei er gerade beim Diktat unterbrochen worden, blickt er sehr direkt aus dem Bild, während Bing eher verschämt nach links in den Raum hineinsieht. Die Komposition der drei Gestalten folgt dem klassischen Dreieckschema mit Warburg an der Spitze und den beiden Assistenten flankierend an den Seiten; nimmt man den Zipfel der Tischdecke hinzu, fügt sich das Liniengerüst prägnant zu einer Raute. Programmatisch leuchtet an der Rückwand der von Warburg bei dem Hamburger Künstler Otto Heinrich Strohmeyer in Auftrag gegebene Linolschnitt mit der Devise »Idea vincit« hervor. Die Graphik, 1926 entstanden und als Briefmarkenentwurf gedacht,[57] zeigt in stilisierter Form ein aus dem Hangar aufsteigendes Flugzeug. Als einziger nicht

54 Beischrift des Exlibris von Edouard Manet, die Warburg mit hinzugefügtem Ausrufezeichen im Tagebuch der KBW zustimmend zitiert (Warburg 2001, 2. Februar 1929, S. 402).

55 Warburg 2001, S. 377.

56 Vgl. die Abb. der Photographie samt Widmung bei McEwan 2004, S. 235.

57 Siehe Raulff 2003, S. 79ff. (mit weiterer Literatur).

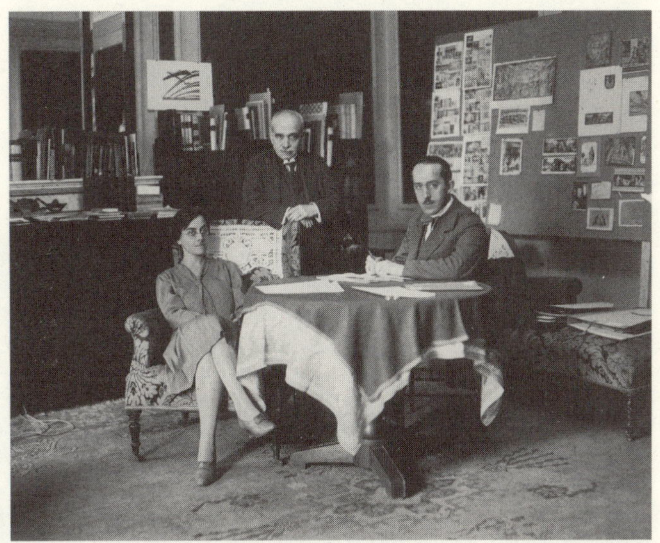

Abb. 10: Aby Warburg zwischen Gertrud Bing und Franz Alber in dem als Arbeitsraum genutzten Hotelzimmer in Rom, Frühjahr 1929; im Hintergrund das Mnemosyne-Bildgestell.
Abbildung: The Warburg Institute, London.

zum Atlas gehöriger bildlicher Wandschmuck scheint Warburg das Blatt als aufmunterndes Emblem erachtet und daher gut sichtbar in seiner »römischen Werkstatt« plaziert zu haben.

Sollte es ein Zufall sein, daß diese Dreifiguren-Konstellation von fern her an Manets *Frühstück im Freien* (vgl. Abb. 3) mit dem im Vordergrund lagernden Figuren-Trio der Städter auf dem Lande erinnert? Manets berühmtes Skandalgemälde war als Schwarzweißphotographie nebst den ikonographischen Vorlagen im Hotelzimmer zugegen, und zwar unmittelbar auf der Stellwand vis-à-vis der in der Aufnahme posierenden kleinen Arbeitsgruppe. Das von links einfallende Licht, das die übereinandergeschlagenen Bingschen nackten ›Beine‹ mit ihren glänzenden Seidenstrümpfen hervorhebt, tut ein übriges, die Analogie zu befördern. Und schließlich paßt auch das florale Dekor von Teppich, Tischdecke, Sessel- und Couchbezug im Sinne einer Übersetzung ins kunstgewerbliche Dessin zur Waldkulisse, die Manet für sein 1863 entstandenes, den Beginn der Moderne signierendes Gemälde als Rahmen gewählt hat. Und selbst das »Idea vincit«-Blatt könnte als Anspielung auf den bei Manet am oberen Bildrand schwebenden Vogel verstanden werden, der, wie es in der Manet-Literatur heißt, an die Stelle der Victoria im Kupferstich der Renaissance gerückt sei.[58] So hätte sich die intensive Befassung mit Manets Schaffen, dem Warburg das Schlußkapitel seines *magnum opus* reserviert hatte,[59] fast beiläufig, zumindest von den Protagonisten unbemerkt, ›formprägend‹ bis in die unmittelbare Gegenwart zur Geltung gebracht. Damit wäre Warburgs These vom Fortleben der antiken Bildsprache nicht nur in der Art eines ›tableau vivant‹ anschaulich exemplifiziert, sondern am eigenen photographischen Gruppenbild zugleich auch augenzwinkernd verifiziert.

Literatur

Barthes, R. (1990). »Die Fotografie als Botschaft«, in: Ders., *Der entgegenkommende und der stumpfe Sinn*, Kritische Essays III. Ders., Frankfurt/M.: Suhrkamp, S. 11-27.

Biester, B. (2005). *Tagebuch der Kulturwissenschaftlichen Bibliothek Warburg 1926-1929. Annotiertes Sach-, Begriffs- und Ortsregister.* Erlangen: filos.

Blume, D. (1993). »Die Bildersammlung [des Hamburger Planetariums] aus heutiger Sicht. Ein kommentierender Gang durch Warburgs Bildersammlung«, in: *Aby M. Warburg – Bildersammlung zur Geschichte von Sternglaube und Sternkunde im Hamburger Planetarium.* Hg. von U. Fleckner, R. Galitz, C. Naber u. H. Nöldeke. Hamburg: Dölling und Galitz, S. 190-200.

Bredekamp, H. (1991). »Du lebst und thust mir nichts. Anmerkungen zur Aktualität Aby Warburgs«, in: *Aby Warburg – Akten des internationalen Symposions* (Hamburg 1990). Hg. von H. Bredekamp, M. Diers u. C. Schoell-Glass. Weinheim: VHC, S. 1-7.

Cassirer, E. (1977). *Individuum und Kosmos in der Philosophie der Renaissance* (1927). Darmstadt: Wissenschaftliche Buchgesellschaft.

58 Vgl. Ausst.-Kat. *Manet 1832-1883*, Réunion des Musées Nationaux, Paris und The Metropolitan Museum of Art, New York, Berlin 1984, S. 168.

59 Vgl. hier den eingangs zitierten Tagebucheintrag Warburgs, der den Bogen des Atlas »von Babylon bis Manet« spannt; an Fritz Saxl schreibt Warburg am 17. April 1929 aus Rom: »Die Arbeit über Manet (der Schluss der *Mnemosyne*) geht rüstig vorwärts.« Zitiert nach Wuttke 1989, S. 245; Hervorhebung M. D.

Didi-Huberman, G. (2002). *L'image survivante. Histoire de l'art et temps des fantômes selon Aby Warburg*. Paris: Les Éditions de Minuit.

Diers, M. (1993). »Stichworte zur Einführung«, in: *Porträt aus Büchern. Bibliothek Warburg und Warburg Institute: Hamburg 1933, London* (= Kleine Schriften des Warburg Archivs im Kunstgeschichtlichen Seminar der Universität Hamburg, Bd. 1). Hg. von M. Diers. London/Hamburg: Dölling und Galitz, S. 9-27.

Fleckner, U. (1993). »Warburg als Erzieher«, in: *Aby M. Warburg – Bildersammlung zur Geschichte von Sternglaube und Sternkunde im Hamburger Planetarium.* Hg. von U. Fleckner, R. Galitz, C. Naber u. H. Nöldeke. Hamburg: Dölling und Galitz, S. 316-341.

Fleckner, U./Galitz, R./Naber, C./Nöldeke, H. (1993) (Hg.). *Aby M. Warburg – Bildersammlung zur Geschichte von Sternglaube und Sternkunde im Hamburger Planetarium.* Hamburg: Dölling und Galitz.

Fliedl, I. B./Geissmar, C. (1992). *Die Beredsamkeit des Leibes. Zur Körpersprache in der Kunst* (= Veröffentlichungen der Albertina 31). Hg. von C. Geissmar. Salzburg/Wien: Residenz.

Forster, K.W. (1976). »Aby Warburg's History of Art: Collective Memory and the Social Mediation of Images«, in: *Daedalus*, Vol. 105, S. 169-176.

Forster, K.W./Mazzucco, K. (2002). *Introduzione ad Aby Warburg e all'Atlante della Memoria*. Mailand: Bruno Mondadori.

Gombrich, E. H. (1981). *Aby Warburg. Eine intellektuelle Biographie*. Frankfurt/M.: Europäische Verlagsanstalt.

Hofmann, W. (1995). »Der Mnemosyne-Atlas. Zu Warburgs Konstellationen«, in: *Aby M. Warburg »Ekstatische Nymphe ... trauernder Flußgott«. Portrait eines Gelehrten.* Hg. von R. Galitz u. B. Reimers. Hamburg: Dölling und Galitz, S. 172-183.

Koos, M./Pichler, W./Rappl, W./Swoboda, G. (2006). *Begleitmaterial zur Ausstellung »Aby M. Warburg, Mnemosyne«*, 2. Aufl. Hamburg: Dölling und Galitz.

Krause, K./Niehr, K./Hanebutt-Benz, E.-M. (2005) (Hg.), *Bilderlust und Lesefrüchte. Das illustrierte Kunstbuch von 1750-1920*. Hg. von E.-M. Hanebutt-Benz. Leipzig: E. A. Seemann.

McEwan, D. (2004). *»Wanderstraßen der Kultur«. Die Aby Warburg – Fritz Saxl Korrespondenz 1920 bis 1929* (= Kleine Schriften des Warburg Institute London und des Warburg Archivs im Warburg Haus Hamburg, Bd. 2). München/Hamburg: Dölling und Galitz.

Michaud, P.-A. (2000). *La persistance des mythes. Mémoire de l'antiquité au cinema* (= Le choix de L'œil). Paris: L'œil.

Michaud, P.-A. (2004). *Aby Warburg and the Image in Motion* (frz. 1998). New York: Zone Books.

Pichler, W./Rappl, W./Swoboda, G. (2006). »Metamorphosen des Flussgottes und der Nymphe: Aby Warburgs Denk-Haltungen und die Psychoanalyse«, in: *Die Couch. Vom Denken im Liegen*. Hg. von L. Marinelli. München/Berlin/London/New York: Prestel, S. 160-186.

Port, U. (2002). »›Transformatio energetica.‹ Aby Warburgs Bild-Text-Atlas Mnemosyne«, in: *1929. Beiträge zur Archäologie der Medien*. Hg. von S. Andriopoulos u. B. J. Dotzler. Frankfurt/M.: Suhrkamp, S. 9-30.

Raulff, U. (1991). »Aby Warburg, unerhört«, in: *Merkur. Deutsche Zeitschrift für europäisches Denken*, Bd. 506, S. 448-454.

Raulff, U. (2003). *Wilde Energien. Vier Versuche zu Aby Warburg*. Göttingen: Wallstein.

Stockhammer, R. (2005). »Bilder im Atlas. Zum Verhältnis von piktorialer und kartographischer Darstellung«, in: *Der Bilderatlas im Wechsel der Künste und Medien*. Hg. von S. Flach, I. Münz-Koenen u. M. Streisand. München: Fink, S. 341-361.

Stockhausen, T. von (1992). *Die Kulturwissenschaftliche Bibliothek Warburg: Architektur, Einrichtung und Organisation*. Hamburg: Dölling und Galitz.

Van Huisstede, P. (1992). De Mnemosyne Beeldatlas van Aby M. Warburg. Een laboratorium voor beeldgeschiedenis, 2 Bde., (Diss.) Universität Leiden.

Van Huisstede, P. (1995). »Der Mnemosyne-Atlas. Ein Laboratorium der Bildgeschichte«, in: *Aby M. Warburg »Ekstatische Nymphe ... trauernder Flußgott«. Portrait eines Gelehrten*. Hg. von R. Galitz u. B. Reimers. Hamburg: Dölling und Galitz, S. 130-171.

Van Huisstede, P. (2000). »Towards an electronic edition of the Mnemosyne-Atlas«, in: *Darstellung und Deutung. Abbilder der Kunstgeschichte*. Hg. von M. Bruhn. Weimar: VDG, S. 145-157.

Warburg, A. M. (1979). *Ausgewählte Schriften und Würdigungen* (= Saecvla Spiritalia 1). Hg. von D. Wuttke. Baden-Baden: Valentin Koerner.

Warburg, A. (1998). *Die Erneuerung der heidnischen Antike. Kulturwissenschaftliche Beiträge zur Geschichte der europäischen Renaissance* (Reprint der von Gertrud Bing unter Mitarbeit von Fritz Rougemont edierten Ausgabe von 1932), (Gesammelte Schriften) Studienausgabe, Bde I(1) und I(2). Hg. von H. Bredekamp u. M. Diers. Berlin: Akademie Verlag.

Warburg, A. (2001). *Tagebuch der Kulturwissenschaftlichen Bibliothek Warburg*, (Gesammelte Schriften) Studienausgabe, Bd. VII. Hg. von K. Michels u. C. Schoell-Glass. Berlin: Akademie Verlag.

Warburg, A. (2003). *Der Bilderatlas MNEMOSYNE*, (Gesammelte Schriften) Studienausgabe, Bd. II(1). Hg. von M. Warnke unter Mitarbeit von C. Brink. Berlin: Akademie Verlag.

Warnke, M. (1980). »Der Leidschatz der Menschheit wird humaner Besitz«, in: W. Hofmann, G. Syamken u. M. Warnke. *Die Menschenrechte des Au-*

ges. Über Aby Warburg. Frankfurt/M.: Europäische Verlagsanstalt, S. 113-186.

Weigel, S. (2004). »Zur Archäologie von Aby Warburgs Bilderatlas ›Mnemosyne‹«, in: *Die Aktualität des Archäologischen in Wissenschaft, Medien und Künsten*. Hg. von K. Ebeling u. S. Altekamp. Frankfurt/M.: Fischer, S. 185-208.

Wuttke, D. (1989). *Kosmopolis der Wissenschaft. E. R. Curtius und das Warburg Institute: Briefe 1928 bis 1953 und andere Dokumente* (= Saecvla Spiritalia 20). Baden-Baden: Valentin Koerner.

Zumbusch, C. (2004). *Wissenschaft in Bildern. Symbol und dialektisches Bild in Aby Warburgs Mnemosyne-Atlas und Walter Benjamins Passagen-Werk* (= Studien aus dem Warburg-Haus Bd. 8). Berlin: Akademie Verlag.

Felix Thürlemann

Ikonographie, Ikonologie, Ikonik

Max Imdahl liest Erwin Panofsky

Der Titel dieses Beitrags ist ein Zitat. *Ikonographie – Ikonologie – Ikonik* lautet der Untertitel des von Max Imdahl (1925-1988) im Jahre 1980 publizierten Buches *Giotto: Arenafresken.*[1] Durch die Wahl der alliterierenden Wortfolge – mit ihr ist auch das Kapitel VIII des Buches überschrieben – bestimmt Imdahl seine eigene Methode der Interpretation, die er »Ikonik« nennt, als Ergänzung zum sogenannten »ikonographisch-ikonologischen Modell« seines Vorgängers Erwin Panofsky (1892-1968).

Im Folgenden soll das Verhältnis zwischen den bildtheoretischen Ansätzen der beiden Kunstwissenschaftler, so wie sie in deren wichtigsten methodologischen Texten greifbar sind, näher bestimmt werden. Die Frage lautet: Ist es berechtigt, die drei Begriffe ›Ikonographie‹, ›Ikonologie‹ und ›Ikonik‹ in einer Art Crescendo, so wie Imdahl es tut, hintereinanderzusetzen? Vertreten die drei Begriffe zusammen einen kohärenten bildtheoretischen Ansatz?

1. Panofsky spricht zur Kieler Kantgesellschaft

Erwin Panofskys Bildtheorie wird heute vor allem indirekt, über seinen Text zur Bild*interpretation*, in dem er das sogenannte ikonographisch-ikonologische Modell erläutert, wahrgenommen. Diese seit längerem für das Fach einflußreichste Methodenreflexion verdankt die Kunstgeschichte den Philosophen. Am 20. Mai 1931 hielt der damals in Hamburg lehrende Erwin Panofsky auf Einladung der Kieler Ortsgruppe der Kantgesellschaft einen Vortrag, der im darauffolgenden Jahr in der Zeitschrift *Logos* unter dem etwas umständlichen Titel »Zum Problem der Beschreibung und Inhaltsdeutung von Wer-

1 Imdahl 1988. Ein Entwurf für die letzten beiden Kapitel des Giotto-Buches erschien bereits 1979 unter dem Titel *Giotto: zur Frage der ikonischen Sinnstruktur* (Reihe Themen der Carl Friedrich von Siemens Stiftung (1979), Bd. 29, München). Darin verwendet Imdahl den Begriff ›Ikonik‹ zum ersten Mal. Die private Publikation von 1979 ist wieder abgedruckt in: Imdahl 1996, S. 424-463.

ken der bildenden Kunst« erschien.[2] Panofsky erwähnt in diesem Text denn auch Kant, jedoch nur indirekt, über das von Martin Heidegger 1929 publizierte Buch *Kant und das Problem der Metaphysik.* Panofsky zitiert daraus eine längere Passage, die seiner Meinung nach »das Problem jeglicher Interpretation« bezeichnet. Sie sei hier – zusammen mit Panofskys Einleitung – vollständig wiedergegeben:

In Heideggers Kantbuch finden sich einige bemerkenswerte Sätze über das Wesen der Interpretation, Sätze, die sich zunächst nur auf die Auslegung philosophischer Schriften beziehen, die aber im Grunde das Problem *jeglicher* Interpretation bezeichnen: »Gibt nun eine Interpretation lediglich das wieder, was Kant ausdrücklich *gesagt* hat, dann ist sie von vornherein keine *Auslegung*, sofern einer solchen die Aufgabe gestellt bleibt, dasjenige eigens sichtbar zu machen, was Kant über die ausdrückliche Formulierung hinaus in seiner Grundlegung ans Licht gebracht hat; dieses aber vermochte Kant selbst nicht mehr zu *sagen*, wie denn überhaupt in jeder philosophischen Erkenntnis nicht das entscheidend werden muß, was sie in den ausgesprochenen Sätzen sagt, sondern was sie als noch Ungesagtes durch das Gesagte vor Augen legt [...]. Um freilich dem, was die Worte sagen, dasjenige abzuringen, was sie sagen *wollen*, muß jede Interpretation notwendig *Gewalt* brauchen.«[3]

Zwei Ideen sind in diesem Heidegger-Zitat für Panofsky, wie er anschließend erläutert, entscheidend: »Auch sie [die Bildbeschreibungen und Inhaltsdeutungen], sogar das scheinbar unproblematische Aufzeigen eines bloßen Phänomensinns, legen ›Ungesagtes vor Augen‹, auch sie brauchen daher, mit Heidegger zu reden, ›Gewalt‹.« Mit der Vorstellung von der interpretativen Gewalt stellt sich für Panofsky jedoch – und hier beginnt seine kritische Auseinandersetzung mit dem Philosophen – »die schicksalsschwere Frage: *wer oder was setzt dieser Gewalt eine Grenze*?«[4]

Das Zitieren Heideggers durch Panofsky ist mehr als rhetorischer Schmuck seines Aufsatzes und sicher auch mehr als ein bloßer Bückling gegenüber der Philosophengruppe, auf deren Einladung hin der Text zustande kam. Panofskys Auseinandersetzung mit Heidegger ist

2 Vgl. *Logos*, Vol. 21, 1932, S. 103-119 mit Hinweis auf den Kieler Vortrag. Der Aufsatz ist auch abgedruckt in: Panofsky 1974, S. 85-97 und in: Kaemmerling 1979, S. 185-206. Zitiert wird im folgenden nach dem Erstdruck in der Zeitschrift *Logos*.

3 Panofsky 1932 (wie Anm. 2), S. 113. Die Stelle findet sich bei Heidegger 1929, S. 192f.

4 Panofsky 1932, S. 113.

eine kritische und prägt seinen Aufsatz in wichtigen Teilen.[5] Dies zeigt Panofskys Kommentar zu einem nachgetragenen Satz aus Heideggers Buch, in dem dieser »die Kraft einer vorausleuchtenden Idee« einführt, die verhindern soll, daß die Gewalt »schweifende Willkür« ist. Dieser Satz wird von Panofsky wie folgt kommentiert: »[...] und Heidegger selbst sagt etwas später: ›Solche Gewalt aber kann nicht schweifende Willkür sein, die Kraft einer vorausleuchtenden *Idee* muß die Auslegung treiben und leiten. Allein auch diese Idee kann, ja sie muß in vielen Fällen, in die Irre führen, da sie derselben Subjektivität entspringt, die die Gewaltanwendung als solche hervortreibt‹.«[6] Während der Philosoph die »Kraft einer vorausleuchtenden Idee« gleichsam als Gegenkraft zur interpretativen Gewalt einführt, sieht der Kunsthistoriker in dieser, die Auslegung leitenden ›Idee‹ ein Prinzip, das eine Interpretation in die Irre führen kann, bisweilen sogar muß. Für den Kunsthistoriker ist durch die Einführung der »vorausleuchtenden Idee« die Frage unbeantwortet: Wie können Fehlinterpretationen vermieden werden? Gerade auf diese Frage aber wollte Panofsky in seinem Vortrag vor der Kieler Kantgesellschaft eine Antwort geben.

2. Der interpretativen Gewalt Grenzen setzen

Der Hauptteil von Panofskys Text ist vom Bemühen geleitet, den »subjektiven Erkenntnisquellen«, wie er sie nennt und zu denen er konsequenterweise auch die »vorausleuchtende Idee« Heideggers zählt, ein »objektives Korrektiv« gegenüberzusetzen.[7] Panofskys Text bekommt durch diese Zielsetzung einen merkwürdig *defensiven* Charakter. So fällt auf, daß sich die praktischen Beispiele fast ausschließlich auf Interpretations*probleme* oder Interpretations*irrtümer* – mögliche und tatsächlich belegte – beziehen.

Der Text beginnt mit einem Hinweis auf Lessing, worin dieser als Leser einer Bildbeschreibung des Griechen Lukian die Schwierigkeiten anspricht, die sich aus der historisch begründeten Stildifferenz

5 Es soll jedoch nicht verschwiegen werden, daß Panofsky bereits 1926, *vor* der Publikation von Heideggers Kant-Buch, einen Vortrag »über Begriff und Methode der Inhalts-Exegese von Kunstwerken« plante. Siehe Panofsky 2001, S. 204-207.

6 Panofsky 1932, S. 114; Heidegger 1929, S. 193f.

7 Panofsky 1932, S. 114.

zwischen Autor und Betrachter ergeben können. Anschließend wird das gleiche Phänomen von Panofsky mit der Gegenüberstellung der Grünewaldschen *Auferstehung Christi* und einer ottonischen Miniatur erläutert, in denen beide Male Bildfiguren im Raum zu ›schweben‹ scheinen, was aber unterschiedlich interpretiert werden muß. Die Rede ist dann von einem Gemälde des Expressionisten Franz Marc, auf dem die Hamburger Bildungsbürger des Jahres 1919 trotz der Titelangabe keinen ›Mandrill‹ erkennen konnten. Verwiesen wird schließlich auf den Schlagschatten, den ein Kunsthistoriker als Frucht, und auf den Elch, den ein anderer fälschlicherweise als Hirsch identifiziert hat.

Eine Wendung ins Positive bekommt Panofskys Text erst dort, wo der »Dokumentsinn«, eine Prägung von Karl Mannheim, erläutert wird, der die dritte Stufe der Bildinterpretation charakterisiert. Dabei ist aber vorerst überraschenderweise nicht von bildender Kunst die Rede, sondern vom Hutziehen, das in der spezifischen Art, wie die Geste vom einzelnen realisiert wird, Aufschluß über sein ›innerstes Wesen‹ geben soll. Gerade jetzt aber bleibt Panofskys Text merkwürdig vage. Wenn zur Erklärung dieser Sinndimension die Rede davon ist, »welches Quantum von ›Weltanschauungs-Energie‹ in die gestaltete Materie hineingeleitet worden ist und aus ihr auf den Betrachter hinüberstrahlt«[8] – ein ziemlich mysteriöser, spiritistisch anmutender Prozeß –, so wird zwar auf ein Stillleben von Cézanne und eine Madonna von Raffael verwiesen, die Frage, *wie* diese Sinndimension in diesen und anderen Werken erkannt werden kann, wird jedoch weder gestellt noch beantwortet.

Daß es Panofsky in seinem Text tatsächlich in erster Linie darum geht, die notwendigen ›objektiven Korrektive‹ zu den ›subjektiven Quellen‹ der Interpretation darzulegen, zeigt deutlich auch das Schema, das – nochmals klingt der Terminus »Gewalt« aus Heideggers Kantbuch an – als Zusammenfassung der »Grenzkämpfe zwischen subjektiver Gewaltanwendung und objektiver Geschichtlichkeit«[9] am Ende des Aufsatzes steht. Die adäquate Lektüre dieses Schemas, eine Synthese des vorangehenden Textes, besteht darin, die dritte Kolonne auf die zweite zurückzubeziehen, der ›subjektiven Quelle der Interpretation‹ auf jeder der drei Ebenen ihr ›objektives Korrektiv‹ gegenüberzustellen.

8 Ebd., S. 116.

9 Ebd., S. 119.

Gegenstand der Interpretation	Subjektive Quelle der Interpretation	Objektives Korrektiv der Interpretation
1. Phänomensinn (zu teilen in Sach- und Ausdruckssinn)	Vitale Daseinserfahrung	Gestaltungsgeschichte (Inbegriff des Darstellungsmöglichen)
2. Bedeutungssinn	Literarisches Wissen	Typengeschichte (Inbegriff des Vorstellungsmöglichen)
3. Dokumentsinn (Wesenssinn)	Weltanschauliches Urverhalten	Allgemeine Geistesgeschichte (Inbegriff des weltanschaulich Möglichen)

Tab. 1: Zusammenfassendes Schema.
Tabelle aus: Panofsky, E.: »Zum Problem der Beschreibung und Inhaltsdeutung von Werken der bildenden Kunst«, in: *Logos*, Vol. 21, 1932, S. 118.

Panofskys Methodenaufsatz enthält nur implizit eine Bildtheorie, und es ist auch falsch, diesen Aufsatz, wie dies häufig geschehen ist, als eine Beschreibung des Prozesses der Interpretation oder – noch unzutreffender – als eine Anleitung für die interpretatorische Praxis zu verstehen. Der eigentliche Gang der Interpretation ist für Panofsky ein Rätsel, »ein völlig einheitliche[s] und in Spannung und Lösung organisch sich entfaltende[s] Gesamtgeschehnis«.[10] Panofsky hatte ein bescheideneres Ziel. Er wollte – getragen von einem auf praktischer Erfahrung beruhenden didaktischen Impetus – aufzeigen, welche *objektiven Kontrollinstanzen* nötig sind, um zu verhindern, daß die Bildinterpretationen der subjektiven Willkür anheimfallen. Diese Intention liegt dem 1932 publizierten Text deutlich zugrunde. Wenn dies heute nicht mehr erkannt wird, so liegt die Schuld zum Teil bei Panofsky selbst. In seiner 1939 und 1955 in englischer Sprache – mit wenigen Abweichungen untereinander – als Teil der Einleitung zu den Sammelbänden *Studies in Iconology* und *Meaning in the Visual Arts* publizierten, vollständig neu überarbeiteten Fassung des deutschen Textes ist der kritische Impetus, der sich in der Auseinandersetzung mit Heideggers Interpretationskonzept geäußert hatte, kaum mehr sichtbar.[11] An die Stelle des zweimal dreiteiligen Schemas, das sich, wie es Panofsky 1932 formuliert hatte, »zum wirklichen Vollzug eines geistigen Prozesses nicht viel anders

10 Ebd., S. 119.

11 Panofsky 1939, S. 3-17 und Panofsky 1955, S. 26-41.

verhält als ein geographisches Gradnetz zur Realität der italienischen Landschaft«,[12] ist 1939/55 ein auf den ersten Blick analog konturiertes Schichtenmodell getreten, in dem »pre-iconographical description«, »iconographical analysis« und »iconographical synthesis« (1939) beziehungsweise »iconological interpretation« (1955) einander sukzessive ablösen. Neu ist die betont sequentielle Interpretation des ursprünglichen Modells von 1932 durch die Repetition der Wurzel »ikono-« zur Benennung der drei Analyseebenen, aber auch durch die Verwendung des Beispiels des Hutziehens auf allen drei Ebenen, das ursprünglich nur dazu gedient hatte, Karl Mannheims Konzept des Dokumentsinns zu erläutern.

Die in Amerika publizierte neue Fassung des Methodentextes hatte ein völlig neues Gesicht und – als Einleitung zweier Sammelbände – eine neue Funktion. Das Schema (Tab. 1), das einst als Zusammenfassung am Schluß der Ausführungen stand, wurde vom Autor implizit an den Anfang gestellt und im Text, wie es die Untertitel verraten, sukzessive ›erläutert‹. Doch mit Hilfe von Panofskys Methodentext, um welche Fassung es sich auch immer handelt, kann kein Kunstgeschichtsstudent das Geschäft der Interpretation erlernen. Er kann höchstens verstehen, wie sich bei der Interpretation aus welchen Gründen welche Fehler einschleichen können.[13]

Erstaunlicherweise hat man sich bisher kaum darüber gewundert, wie wenig das Schichtenmodell von 1939/55 in den Einzelanalysen, die es in den beiden amerikanischen Sammelbänden einleitet, eingelöst ist. Wo etwa ist in den elf Beispielanalysen von »iconographical synthesis« oder von »iconological interpretation« die Rede? Wo wird der Unterschied zwischen »iconography« und »iconology« thematisiert? Der Text taugt auch nach seiner Überarbeitung nicht in der Funktion als methodologische Grundlegung für die interpretatorische Praxis. Panofskys Einzelanalysen in *Studies in Iconology* (1939) und in *Meaning in the Visual Arts* (1955) sind keine Exemplifikationen des ihnen vorangesetzten methodologischen Textes. Es sind höchst gelehrte ikonographische Analysen, die nicht nur einen kunst-

12 Panofsky 1932, S. 118.

13 Daß sich die Auffassung von Panofskys Methodentext von 1932 bzw. 1939/55 als Anleitung zur Bildinterpretation mittlerweile durchgesetzt hat, belegt die Tatsache, daß im Jahre 2006 der DuMont-Verlag, Köln, diesen unter dem fragwürdigen Titel *Ikonographie und Ikonologie: Bildinterpretation nach dem Dreistufenmodell* quasi kommentarlos neu aufgelegt hat.

historischen Neophyten durch die immense Text- und Bildkenntnis des Autors einzuschüchtern vermögen. Als Gegenstände der Untersuchung wählt Panofsky zur Demonstration seiner interpretativen Potenz mit Vorliebe *Bildrätsel.* Die Frage, nach welchen Regeln der Autor sein Wissen jeweils im Dienst der Lösung des von ihm formulierten Bildrätsels einsetzt, bleibt für den Leser weitgehend ebenfalls ein Rätsel.

3. Imdahl liest Panofsky

Wie für die meisten Kunsthistoriker seiner Generation war auch für Max Imdahl der emigrierte Deutsche Erwin Panofsky ein bewundertes Vorbild. Untersucht man jedoch die von Imdahl publizierten Aufsätze, sind es zuerst nur drei Texte Panofskys, die er regelmäßig in Fußnoten zitiert, bisweilen auch, meist in affirmativer Weise, ausführlich kommentiert. Alle stammen aus Panofskys früher Zeit und sind in deutscher Sprache verfaßt: das Buch *Idea: ein Beitrag zur Begriffsgeschichte der älteren Kunsttheorie* von 1924 sowie die beiden kunsttheoretischen Aufsätze »Albrecht Dürers rhythmische Kunst« von 1926[14] und »Die Perspektive als ›symbolische Form‹« von 1927.[15] Der Methodenaufsatz »Zum Problem der Beschreibung und Inhaltsdeutung von Werken der bildenden Kunst« von 1932 und dessen amerikanische Version von 1939/55 spielten für Imdahl vorerst keine Rolle und wurden von ihm zunächst wohl auch nicht wahrgenommen.

Dies änderte sich 1979. In diesem Jahr publizierte Ekkehard Kaemmerling seinen vielbeachteten Sammelband *Ikonographie und Ikonologie: Theorien – Entwicklung – Probleme*, eine gründliche Auseinandersetzung mit der ikonographischen Deutungsmethode anhand zahlreicher Aufsätze von Bätschmann bis Wittkower. Der Band enthält auch einen Nachdruck von Panofskys Aufsatz »Zum Problem der Beschreibung [...]« nach der Erstpublikation von 1932 und eine deutsche Übersetzung der amerikanischen Version in der Fassung von 1955. Die erste, oder erneute, Begegnung mit Panofskys Aufsatz war für Imdahl wichtig. Nicht daß er ihn zu einer Revision seiner kunstwissenschaftlichen Methoden geführt hätte – diese waren beim

14 Panofsky 1926.
15 Panofsky 1927.

54-Jährigen längst festgelegt: Die Auseinandersetzung mit Panofskys Text brachte Imdahl dazu, seine eigenen Deutungsverfahren und seinen eigenen Bildbegriff unter dem von ihm geprägten Schlagwort »Ikonik« in Absetzung von Panofskys »ikonographisch-ikonologischer Interpretationsmethode«, wie Imdahl sie nannte, darzulegen. Dies geschah vor allem im Kapitel VIII »Ikonographie – Ikonologie – Ikonik« des Buches *Giotto – Arenafresken* von 1980.[16] Der Text ist in wesentlichen Teilen kritisch konzipiert. Er zielt darauf ab, den Bildbegriff, der Panofskys Aufsatz zugrunde liegt, als für die Bildinterpretation ungenügend darzustellen und das defizitäre ikonographisch-ikonologische Modell durch die »Ikonik« angeblich zu ergänzen.

Imdahl nimmt Panofsky gegenüber auf den ersten Blick eine ›diplomatische‹ Haltung ein, was schon die Verwendung des gleichen Wortstamms »ikon« vom griechischen *eikon* (»Bild«) für die Benennung seiner für die Giotto-Fresken angewandten Interpretationsmethode anzeigt. Auch betont er, daß »Ikonographie und Ikonologie einerseits und Ikonik andererseits keinen Gegensatz«[17] bilden. Weiter heißt es: »Die Reichweite der ikonologischen Interpretationsmethode steht außer Frage.«[18] Die beiden ›Verständnisebenen‹, die ikonographische und die ikonologische, werden am Beispiel von Giottos Szene mit dem Judaskuß (Abb. 1) ausführlich referiert. Überraschend ist, daß vor allem die ikonologische Verständnisebene, die in Panofskys eigenen Texten merkwürdig unklar bleibt, bei Imdahl, als »geistesgeschichtlich bedingte Geschehensauffassung« charakterisiert, eine sehr viel klarere Darlegung erfährt. Es sieht so aus, wie wenn Imdahl, um die von Schleiermacher geprägte Formel zu verwenden, in diesem Punkt Panofsky besser verstanden hätte, als dieser sich selbst verstanden hat.

Die Ikonik wird von Imdahl als bloße Ergänzung zu Ikonographie und Ikonologie, wenn auch als *notwendige*, dargestellt. Immer wieder aber hebt Imdahl auf die »Schwäche der ikonographisch-ikonologischen Interpretationsmethode«[19] ab. Zum einen kritisiert er, daß Panofskys Form- und Kompositionsbegriff »nicht am besonderen Fall des Kunstwerks orientiert«[20] ist, zum andern, daß für Panofsky

16 Imdahl 1988.

17 Ebd., S. 97, ähnlich S. 13.

18 Ebd., S. 88.

19 Ebd.

20 Ebd., S. 89.

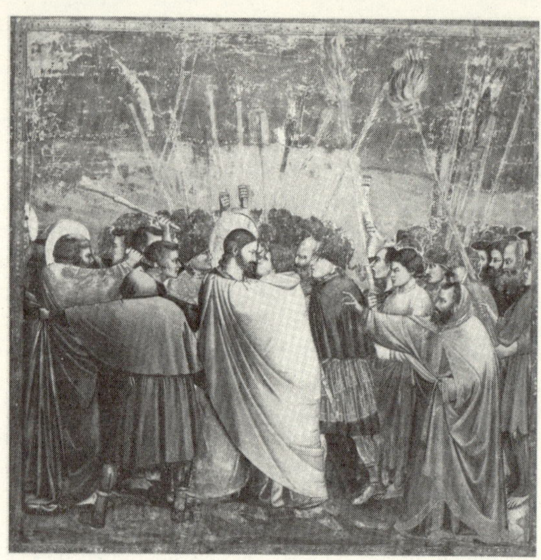

Abb. 1: Giotto: *Gefangennahme Christi* (ca. 1300), Padua, Arena-Kapelle. Abbildung aus: Imdahl, M.: *Giotto: Arenafresken: Ikonographie – Ikonologie – Ikonik*. München: Fink 1980, Abb. 43.

das Bild nichts anderes sei »als die Veranlassung eines wiedererkennenden, Gegenstände identifizierenden Sehens«.[21] Zusammenfassend schreibt Imdahl: »Eine über das mitgebrachte Vorwissen und Identifikationsvermögen hinausführende Perspektive enthält Panofskys Formbegriff (hier jedenfalls) nicht. Entweder man erkennt nichts, oder doch nur schon Bekanntes. Es entfallen sämtliche visuellen Evidenzen, die über das bloß erinnernde, wiedererkennende Gegenstandssehen hinaus sind und, sozusagen als zukunftsoffene Neuerfahrungen, einem sehenden Sehen offenbar werden.«[22] Imdahls Kritik an Panofsky ist trotz der sich anschmiegenden, diplomatischen Wortwahl – »Ikonik« als Ergänzung zu »Ikonographie« und »Ikonologie« – fundamental.

21 Ebd.
22 Ebd., S. 90.

4. Was ist Ikonik?

Mit den Begriffen ›wiedererkennendes‹ und ›sehendes‹ Sehen, die Imdahl dem Kunstphilosophen Konrad Fiedler verdankt, ist die Basis für die von Imdahl eingebrachte dritte Sehweise, die er *erkennendes Sehen* nennt, gelegt. Das »erkennende Sehen«, die Grundlage der Ikonik, vermittelt zwischen Fiedlers »sehendem Sehen«, einer Anschauung, die eine selbständige, »von aller (begrifflichen) Abstraktion unabhängige Bedeutung«[23] hat, und dem »wiedererkennenden«, Gegenstände identifizierenden Sehen. Nach Imdahl sind beide Interpretationen einseitig, da sie die der figurativen Malerei mögliche Bildleistung verfehlen. »Diese besteht«, so Imdahl, »nicht selbstverständlich in jedwedem Bild. Sie besteht aber dann, wenn sich die Erfahrungen eines autonomen, sehenden Sehens und eines heteronomen, wiedererkennenden Gegenstandssehens [...] zu einer durch nichts anderes zu substituierenden Bildidentität ineinander vermitteln.«[24]

Wie sich diese Bildleistung im Einzelwerk konstituiert, erläutert Imdahl exemplarisch am Beispiel der Szene mit dem Judaskuß aus der Arena-Kapelle (Abb. 1). Grundlage für seine Analyse ist die Auffassung, daß es sich bei Giottos Erzählbildern nicht nur um ›Durchblicke‹, sondern um planimetrische Ganzheitsstrukturen, das heißt: Kompositionen, handelt, die auf das Bildformat Bezug nehmen und somit nicht nur als Simulationen von Körpern im Raum, sondern auch flächig gelesen werden müssen.[25] So ist für Imdahl der ›Judaskuß‹ durch eine die ganze Komposition prägende *Schräge* charakterisiert, die der Autor als dicke schwarze Linie in eine photographische Reproduktion des Werkes eingezeichnet hat (Abb. 2).

Diese Schräge, »die von einer Keule zur Linken durch die Köpfe von Jesus und Judas hindurch auf den Zeigegestus des Pharisäers zur Rechten hinführt [...], bezieht die verschiedenen Figuren und Figurengruppen auf sich und damit aufeinander«.[26] In dieser Schräge

23 Ebd.

24 Ebd., S. 91f.

25 Vgl. ebd., S. 21.

26 Ebd., S. 93. Imdahls Beschreibung der Schräge ist insofern nicht ganz präzise, als auf ihr zwei *gegenläufige* Aktionen, der feindliche Keulenschwung von links oben und der feindliche Zeigegestus von rechts unten, die beiden durch den Kuß aufeinander bezogenen Köpfe in der Bildmitte zusätzlich gegeneinander führen.

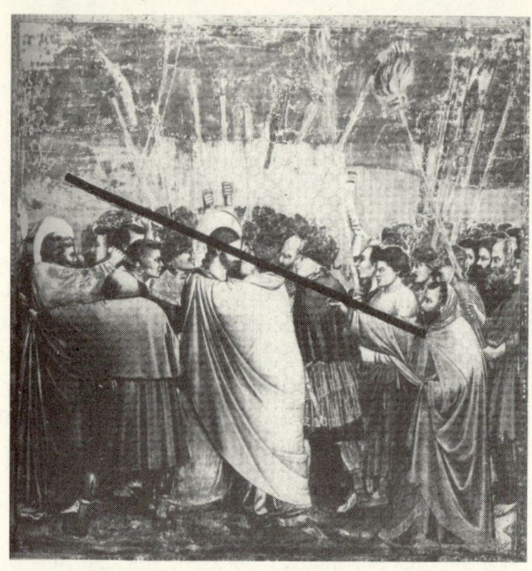

Abb. 2: Giotto: *Gefangennahme Christi* (mit von Max Imdahl eingezeichneter Schräglinie, ca. 1300), Padua, Arena-Kapelle.
Abbildung aus: Imdahl, M.: *Giotto: Arenafresken: Ikonographie – Ikonologie – Ikonik*. München: Fink 1980, Abb. 45.

sind nach Imdahl »offensichtliche Daten der Unterlegenheit und der Überlegenheit Jesu wechselseitig ineinander transformiert«. Jesus erscheint Judas überlegen, obwohl er seine Macht nicht ausspielt. Imdahl sieht in der kondensierten Art, wie das Bild diese Aussage macht, eine »genuin ikonische Leistung«, die mit sprachlichen Mitteln nicht sinnfällig formuliert werden kann. Sie beruht auf einem »Sehangebot, welches eine Synthese von sehendem und wieder erkennendem Sehen ermöglicht, ja erzwingt«.[27] Diese Synthese ist eine Leistung des individuellen Bildes. Der herrliche, mit Bezug auf die Szene mit dem Judaskuß (siehe Abb. 1) formulierte Satz »Alles ist notwendig und sinnvoll so, wie es ist, es sei denn, alles wäre anders« ist zweifellos nicht als Kalauer gedacht,[28] sondern als Bekenntnis zum einzelnen Kunstwerk als individuelle sinngenerierende Ordnung.

27 Ebd.
28 Ebd., S. 95.

Die Deutung von Giottos Judaskuß ist charakteristisch für Imdahls Umgang mit Werken der traditionellen gegenständlichen Kunst. Diese werden als Vermittlungsstrukturen beschrieben, welche Informationen, die vom Betrachter über das Gegenstandssehen eingebracht werden (*wiedererkennendes Sehen*), und spezifischen Bildstrukturen, die vom Betrachter gegenstandsunabhängig wahrgenommen werden (*sehendes Sehen*), in einem dialektischen Prozeß (*erkennendes Sehen*) aufeinander beziehen. In diesem Vermittlungsprozeß spielen die von außen eingeschossenen textbezogenen Sinnangebote, die Panofsky als ikonographisch und ikonologisch bezeichnet, durchaus eine wichtige, den Deutungsprozeß orientierende Rolle. (Imdahls Deutung der Szene mit dem Judaskuß zum Beispiel setzt das aus der Bibel bezogene Wissen voraus, wonach Jesus, der Gottmensch, in dieser Szene freiwillig auf den Einsatz seiner göttlichen Macht verzichtet.) Imdahl entwickelt jedoch kein übergreifendes Modell der Bedeutungskonstitution, welches den Ort auch der ikonographischen und ikonologischen Bedeutungsdimensionen im komplexen Prozeß der Sinnkonstitution gegenständlicher Kunst genau bestimmen würde. Imdahls Text vermittelt den Eindruck, daß die eigentliche interpretatorische Arbeit erst beginnen würde, nachdem eine Analyse des jeweiligen Werkes nach Panofskys Modell abgeschlossen ist.

Imdahls Ikonik muß, da sie auf dem wiedererkennenden Gegenstandssehen aufbaut, auf die Analyse der gegenständlichen Kunst beschränkt bleiben. So gibt es bei Max Imdahl auch keinen Versuch, ein Bildkonzept beziehungsweise eine Bedeutungstheorie zu entwickeln, die gleichzeitig die gegenständliche und die ungegenständliche Kunst umfaßt, obwohl sein Verfahren der Semantisierung von formalen Relationen sich in beiden Bereichen ähnelt. Dies ist um so erstaunlicher, als sich Imdahl, wie kein anderer Kunsthistoriker seiner Generation, für verschiedene Formen der ungegenständlichen Kunst, insbesondere für die konstruktive, stark machte und sich auch intensiv darum bemüht hat, für diese adäquate Analysemittel zu entwickeln.

5. Indirekte Begegnungen

Imdahl vermeidet es, sich mit Panofsky an den gleichen künstlerischen Gegenständen zu messen. Es gibt jedoch eine längere Anmerkung im Giotto-Buch, in der er es indirekt doch tut.[29] Als Beispiel für eine Sinnkonstitution, bei welcher Formanalogien semantische Bedeutung haben, verweist Imdahl in der Fußnote auf die Analyse des Portinari-Altars von Hugo van der Goes (Abb. 3) durch seinen Lehrer Günther Fiensch.[30]

Während Erwin Panofsky in seinem bekannten, aber von Imdahl nirgends zitierten Niederländer-Buch den Umweg über zwei Bibelzitate einschlägt, um die parallel zum neugeborenen Christus im Bildvordergrund liegende Korngarbe mit den Konzepten der Inkarnation und der Eucharistie in Verbindung zu bringen,[31] kommt Imdahl – ohne Buchwissen aufzurufen – mit Verweis auf Fienschs bildimmanente Argumentation zum gleichen Resultat: »Dass [...] die Korngarbe Jesus bedeuten kann, sieht man, bevor man es wissen muß. Oder, wieder anders: Das kompositionsbedingte Bedeuten ist ein primäres im Verhältnis zum lexikalischen Bedeuten als einem sekundären.«[32] Diese Bemerkung stellt die von Imdahl vorgeschlagene Reihung »Ikonographie, Ikonologie, Ikonik« grundsätzlich in Frage. Die Ikonik ist keine Ergänzung des ikonographisch-ikonologischen Modells, sie bildet den umfassenden methodologischen Rahmen, in dem Resultate der ikonographischen und ikonologischen Untersuchung des jeweiligen Werkes eine dienende Rolle spielen können. Dies zeigt auch die von Imdahl zitierte zusammenfassende Aussage Fienschs: »Die Bildform selbst ist eine symbolische Chiffre der Dialektik von verweisendem Sinn und augenscheinlichem Selbst.«[33] Was hier Imdahls Lehrer in einem komplexen philosophierenden Sprachduktus formuliert, entspricht inhaltlich exakt dem Konzept des *erkennenden Sehens* seines Schülers. Zur Erinnerung: Die der Malerei mögliche Bildleistung besteht nach Imdahl dann – in eckigen Klammern ste-

29 Ebd., S. 147, Anm. 167, zu Text S. 92.

30 Fiensch 1961, S. 67ff.

31 Panofsky 1953, S. 333f.: »Its name, Bethlehem (which means ›House of Bread‹), was connected with the ›I am the bread which came down from heaven‹ (John VI, 41) and, therefore, with both the Incarnation and the Eucharist.«

32 Imdahl 1988, S. 147, Anm. 167.

33 Fiensch 1961, S. 71.

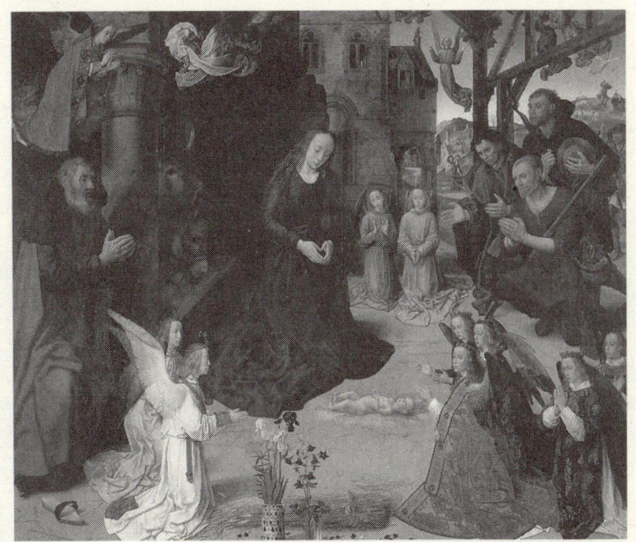

Abb. 3: Hugo van der Goes: *Anbetung der Hirten* (Mitteltafel des Portinari-Altars, um 1477/78), Florenz: Galleria degli Uffizi.

hen die Ausdrücke Fienschs –, »wenn das wiedererkennende Sehen [der verweisende Sinn] und das sehende Sehen [das augenscheinliche Selbst] zu den ungeahnten oder gar unvordenklichen Erfahrungen eines erkennenden Sehens zusammenwirken«.[34]

Eine andere, ebenso aufschlußreiche Begegnung zwischen Max Imdahl und Erwin Panofsky fand im Bereich der ungegenständlichen Malerei statt, wenn auch vermutlich ohne Imdahls Kenntnis von Panofskys früherer Intervention. Gemeinsamer Gegenstand war das 2,42 × 5,41 m messende Gemälde *Vir heroicus sublimis* von Barnett Newman im Besitz des Museum of Modern Art (Abb. 4).

Während Panofsky das 1961 in *ARTnews* wiedergegebene Werk mit dem pathetischen, gelehrt-auftrumpfenden Titel *Vir heroicus sublimis* – er war in der Bildunterschrift grammatikalisch falsch wiedergegeben – in einem Leserbrief zum Anlaß nahm, um dessen Schöpfer und die gegenstandslose Kunst überhaupt ins Lächerliche

34 Imdahl 1988, S. 92.

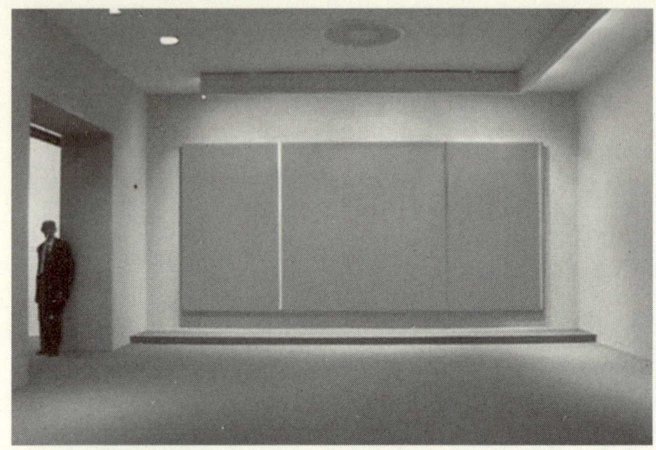

Abb. 4: Barnett, Newman: *Vir heroicus sublimis* (1950/51), New York: Museum of Modern Art (Installationsaufnahme). © VG Bild-Kunst, Bonn 2008.

zu ziehen,[35] entwickelte Imdahl an diesem Gemälde zehn Jahre später eine prägnante, Augen öffnende Bildbeschreibung.[36] Der Unterschied im Zugang ist symptomatisch: Während der Ikonologe Panofsky bei seiner Auseinandersetzung mit Newmans Werk beim Bildtitel ansetzte, analysierte Imdahl das abstrakte Gemälde – ohne den Bildtitel zu berücksichtigen – in seiner spezifischen bildnerischen Form. Er nahm die fünf verschiedenfarbigen und unregelmäßig gesetzten vertikalen Streifen, die das Riesenformat charakterisieren, zum Anlaß für eine Reflexion über deren Funktion beim Prozeß der Bildrezeption.

35 *ARTnews* 60, Vol. 2, 1961, S. 6. Barnett Newman antwortete mit Unterstützung von Panofskys Kollegen Meyer Shapiro auf den Leserbrief des »august don Professor Panofsky« in einem ähnlich ironischen Ton, worauf sich nochmals ein Austausch von Briefen anschloß, der in der September-Nummer mit Newmans Forderung nach einer Entschuldigung Panofskys, den er als »unfeeling toward any work of art since Dürer« abqualifizierte, endete. Die Leserbriefe sind abgedruckt in Newman 1990, S. 214-220. Siehe auch Wyss 1993.

36 Imdahl 1996, Bd. 1, S. 258-60. Der Text *Barnett Newman, Who's Afraid of Red, Yellow and Blue III* wurde zuerst in der Reihe *Werkmonographien zur bildenden Kunst*, Stuttgart 1971, publiziert.

6. Bildtheoretische Ansätze bei Max Imdahl

Max Imdahls »Ikonik« ist ebensowenig wie Erwin Panofskys sogenanntes »ikonographisch-ikonologisches Modell« eine Bildtheorie im vollen Sinne des Wortes. Die Ikonik ist – dies unabhängig von Panofskys Modell – ein Beitrag zu einer Theorie des gegenständlichen Bildes, welche die spezifische Formgebung als Grundlage der Bedeutungskonstitution in Anschlag bringt. Es finden sich aber in Imdahls Schriften zusätzliche Elemente zu einer Bildtheorie, die über die Ikonik hinausgehen. Seine Texte sind reich an Überlegungen zu Phänomenen der visuellen Bedeutungskonstitution. Dazu gehören vor allem Gedanken zur Erzähl- und Zeitstruktur narrativer Bilder und zur Rolle der Komposition im Prozeß der Sinngenese. Ebenso wichtig sind Reflexionen zur ästhetischen Erfahrung, die meist innerhalb der Analyse einzelner Werke ungegenständlicher Kunst gemacht werden. Imdahl hatte jedoch nie die Ambition, diese Elemente im Hinblick auf eine Bildtheorie systematisch zusammenzufassen.

In Imdahls Methodendiskurs gibt es Formulierungen, die sich an der Sprachwissenschaft beziehungsweise der Semiotik orientieren. So wird etwa Giottos Darstellung des Judaskusses als ein »in sich selbst sinnvolles syntaktisches System« bezeichnet, das »zugleich eine inhaltlich komplexe Anschauungseinheit eröffnet«.[37] Diese Sprachregelung verweist auf das von Ferdinand de Saussure entwickelte Modell der sprachlichen Bedeutungskonstitution, in dem diese als Resultat einer Formgebung der sinnlich wahrnehmbaren Materie aufgefaßt wird. De Saussures Modell wurde später von Louis Hjelmslev und Algirdas Julien Greimas zur Semiotik als einer generellen Bedeutungstheorie, die grundsätzlich auch die bildenden Künste umfaßt, entwickelt.[38]

Irritierend aus heutiger Sicht ist Imdahls ›Kult‹ des Einzelbildes. Im Falle der Arena-Kapelle etwa ist Imdahl so gut wie blind für die

37 Imdahl 1988, S. 95. Ähnlich S. 92: »Eine solche Analogie ist syntaktisch bedingt, und sie betrifft, selbstverständlich, die Bildsemantik.«

38 In *Vom Bild zum Raum: Beiträge zu einer semiotischen Kunstwissenschaft*, Köln 1990, hat der Autor versucht, die von Hjelmslev und Greimas entwickelte ›europäische‹, strukturale Semiotik für die Analyse der bildenden Kunst fruchtbar zu machen.

Kontextgebundenheit der biblischen Szenen und den Systemcharakter der Kapellenausmalung. Er behandelt das Werk Giottos so, als ob es sich um eine Serie von Tafelgemälden (oder Diapositiven) handeln würde. Fragen nach möglichen formalen und inhaltlichen Bezügen zwischen den einzelnen Szenen bleiben weitgehend unberücksichtigt.[39] Aufschlußreich ist auch, daß Imdahl – wie viele Giotto-Forscher des frühen 20. Jahrhunderts – die Erzählbilder ohne das Rahmenwerk reproduziert, in das sie eingebettet sind.

Imdahls Interpretationen der Bildfelder der Arena-Kapelle und Günther Fienschs Deutung der Mitteltafel des Portinari-Altars, die Imdahl für sich reklamiert, berufen sich – darin unterscheiden sie sich nicht vom Ansatz Panofskys – auf das Bildkonzept der klassischen Ästhetik, die das Kunstwerk als eine formal und semantisch in sich geschlossene Größe betrachtet. Gerade das Beispiel des Portinari-Altars aber zeigt die Beschränktheit dieses Konzeptes, das erst in jüngerer Zeit, vor allem mit den Beiträgen der Rezeptionsästhetik und der Bildanthropologie, überwunden worden ist. Der Portinari-Altar etwa kann in seinen wichtigsten semantischen Funktionen nicht erfaßt werden, wenn man ihn als ein Museumsstück, als ein in sich geschlossenes Gebilde betrachtet. Das Triptychon ist ein komplexer, die gemalten Szenen übersteigender Bildapparat, der von Tommaso Portinari und seiner Ehefrau Maddalena Baroncelli in Auftrag gegeben worden ist, die auf den Flügeln, in der Form des stellvertretenden Bildnisses von ihren Namenspatronen eingeführt, an dem auf der Mitteltafel repräsentierten heiligen Ereignis teilhaben. Die gemalte Korngarbe, am unteren Bildrand platziert, bezieht sich nicht nur auf den im Bild darüber dargestellten neugeborenen Christus, sie vermittelt – wenn man den Blick über das Gemälde hinaus öffnet – zwischen dem mit Farbe dargestellten Neugeborenen, den die gemalten Bildfiguren ehrfurchtsvoll anbeten, und der realen, aus Korn hergestellten Hostie, die der Priester auf der Altarmensa unterhalb des Gemäldes im Beisein der Gläubigen in der täglichen Messe in Christus verwandelte. Der Portinari-Altar muß – durch entsprechende geistige Operationen – aus den Uffizien wieder in die Florentiner Kirche Sant'Egidio zurückversetzt werden, wo er einst nicht nur als ästhetisch besonders geschätzter Gegenstand der niederländischen Feinmalerei, sondern gleichzeitig als Instrument der Andacht

39 Siehe jedoch die Bemerkungen in Imdahl 1988, S. 82 f.

innerhalb im Kirchenraum absolvierten kirchlichen Riten seine Rolle erfüllte. Es ist überraschend zu sehen, wie Max Imdahl bei seinen Analysen zeitgenössischer ungegenständlicher Kunst regelmäßig den Schritt über das Bild hinaus wagt, bei seinen Untersuchungen traditioneller figürlicher Malerei hingegen im Bildfeld gefangen bleibt.

7. Imdahl und Panofsky lesen Heidegger

Nicht nur in Panofskys Methodentext von 1932 spielt der Philosoph Martin Heidegger eine Rolle, auch Imdahl bezieht sich in seinem Giotto-Buch von 1980 auf Heidegger. Imdahls Buch endet mit einem Heidegger-Zitat, auf das, wie der letzten Fußnote zu entnehmen ist, der Autor von seinem Kollegen Karlheinz Stierle aufmerksam gemacht worden ist. Merkwürdigerweise stammt das Zitat aber nicht nur aus dem gleichen Kant-Buch des Philosophen, es ist dem gleichen Abschnitt über die Interpretation entnommen, aus dem bereits Panofsky zitiert hatte. Bei Imdahl lautet das Heidegger-Zitat, gleichzeitig die letzten Zeilen und damit der Schlußstein seines Giotto-Buches, wie folgt:

> Solche Gewalt aber kann nicht schweifende Willkür sein. Die *Kraft* einer vorausleuchtenden Idee muß die Auslegung treiben und leiten. Nur in Kraft dieser kann eine Interpretation das jederzeit Vermessene wagen, sich der verborgenen inneren Leidenschaft eines Werkes anzuvertrauen, um durch diese in das Ungesagte hineingestellt und zum Sagen desselben gezwungen zu werden. Das aber ist ein Weg, auf dem die leitende Idee selbst *in ihrer Kraft zur Durchleuchtung* an den Tag kommt.[40]

Der Vergleich mit Panofskys Heideggerzitat (siehe oben Kapitel 1) zeigt: Zwei Sätze zitieren Panofsky und Imdahl gemeinsam: »Solche Gewalt aber kann nicht schweifende Willkür sein. Die *Kraft* einer vorausleuchtenden Idee muß die Auslegung treiben und leiten.« Während nun aber Panofsky diese beiden Sätze als Nachtrag zitiert, um Heideggers absolutes Vertrauen in eine »vorausleuchtende Idee« als Subjektivismus zu kritisieren, ist Imdahls Verhältnis zu Heideggers Interpretationskonzept affirmativ. Auch er liebte es, von einer »vorausleuchtenden Idee« geleitet, sich »der verborgenen inneren Leidenschaft eines Werkes anzuvertrauen«.

40 Imdahl 1988, S. 110.

Gemeinsam war den beiden Kunsthistorikern Panofsky und Imdahl die Forderung nach einem methodischen Regulativ, das die hermeneutische Praxis leitet. Panofsky aber hatte – zumindest in dem hier untersuchten Text – ein *defensives*, Imdahl ein *offensives* Verhältnis zur Methode. Panofsky sah in ihr ein Instrument zur Verhinderung interpretatorischer Irrtümer; für Imdahl war Methode Anleitung zu einer aus der Anschauung heraus entwickelten, immer auch gewagten Interpretation.

Weder Max Imdahls Ikonik noch Erwin Panofskys ikonographisch-ikonologisches Modell sind ausgewachsene Bildtheorien. Was Imdahls Verhältnis zu Panofsky betrifft, so kann die Ikonik, trotz entsprechender Beteuerung ihres Autors, nicht wirklich als Ergänzung zu Panofskys Modell betrachtet werden. Die Lage ist komplexer. Man tut Panofsky unrecht, wenn man, wie dies auch Imdahl getan hat, dessen methodenkritischen Aufsatz von 1932 als Beitrag zu einer Bildtheorie oder als Theorie der Bildinterpretation versteht. Panofskys Bildtheorie müßte unter Einbezug seiner übrigen theoretischen Aufsätze und vor allem seiner noch zahlreicheren Bildinterpretationen erst noch rekonstruiert werden. Eine solche Rekonstruktionsarbeit würde meines Erachtens aufzeigen können, daß Panofskys Bildkonzept zwar – auch aufgrund seines primären Interesses am humanistischen Kulturerbe – stark textorientiert ist, daß seine bildtheoretischen Reflexionen aber weit über die methodologischen Überlegungen hinausgehen, die in seinem methodologischen Aufsatz »Zum Problem der Inhaltsdeutung [...]« von 1932 dargestellt sind. Anderseits wäre es eine ebenso fruchtbare Aufgabe, Imdahls Ikonik, eine Theorie des gegenständlichen Bildes, systematisch durch die in seinen zahlreichen Analysen ungegenständlicher Kunst enthaltenen bildtheoretischen Elemente zu ergänzen.

Sowohl Erwin Panofsky wie Max Imdahl haben vor allem Ansätze zu einer Bildtheorie im Sinne einer Theorie der *Bedeutungskonstitution der Bilder* geliefert. Die auf den ersten Blick so unterschiedlichen Autoren haben beide ein emphatisches Verhältnis zur interpretativen Detailarbeit. Für beide ist das eigentliche Ziel der Kunstwissenschaft das Verstehen des einzelnen Kunstwerks als Bedeutungsträger. Deshalb wird ihre jeweils noch zu rekonstruierende Bildtheorie auch einer Theorie der Werkinterpretation gleichkommen. Doch was den Status des im Akt der Interpretation zu fassenden Bildsinns betrifft, tut sich eine entscheidende Differenz zwischen den beiden Kunstwissenschaftlern auf: Für Panofsky ist das Kunstwerk Manifestationsort einer ikonographisch verschlüsselten Aussage und des »Dokumentsinns« einer Epoche, die sich beide nicht nur in den Bildwerken, sondern auch in Texten manifestieren. Für Imdahl hingegen ist das Kunstwerk als eine spezifische Gestaltung der visuellen Materie Ort der Erscheinung eines Sinns, der sich anderweitig nicht fassen läßt. Um die Differenz auf eine Formel zu bringen: Für Erwin Panofsky sind die Bilder *Speicher und Transformatoren* von Bedeutung, für Max Imdahl sind sie *Generatoren* von Bedeutung.

Literatur

Fiensch, G. (1961). *Form und Gegenstand.* Köln/Graz: Böhlau.

Heidegger, M. (1929). *Kant und das Problem der Metaphysik.* Bonn: Cohen.

Imdahl, M. (1988). *Giotto – Arenafresken: Ikonographie – Ikonologie – Ikonik* (1980), 2. Auflage. München: Fink.

Imdahl, M. (1996). *Gesammelte Schriften,* Bd. 1(3). Hg. von G. Boehm, A. Janhsen-Vukićević u. G. Winter. Frankfurt/M.: Suhrkamp.

Kaemmerling, E. (1979). *Ikonographie und Ikonologie: Theorien – Entwicklung – Probleme,* Bd. 1: Bildende Kunst als Zeichensystem. Köln: DuMont.

Newman, B. (1990). *Selected Writings and Interviews.* Hg. von J. P. O'Neill. New York: Alfred A. Knopf.

Panofsky, E. (1924). *Idea: ein Beitrag zur Begriffsgeschichte der älteren Kunsttheorie.* Leipzig/Berlin: B. G. Teubner.

Panofsky, E. (1926). »Albrecht Dürers rhythmische Kunst«, in: *Jahrbuch für Kunstwissenschaft,* Bd. 4. Leipzig: Klinkhardt und Biermann, S. 136-192.

Panofsky, E. (1927). »Die Perspektive als ›symbolische Form‹«, in: *Vorträge der Bibliothek Warburg (1924/1925).* Leipzig/Berlin: B. G. Teubner, S. 258-330.

Panofsky, E. (1939). *Studies in Iconology: Humanistic Themes in the Art of the Renaissance.* New York: Oxford University Press.

Panofsky, E. (1953). *Early Netherlandish Painting: Its Origins and Character.* Cambridge (MA): Harvard University Press.

Panofsky, E. (1955). *Meaning in the Visual Art: Papers in and on Art History.* New York: Doubleday.

Panofsky, E. (1974). *Aufsätze zu Grundfragen der Kunstwissenschaft.* Hg. von H. Oberer u. E. Verheyen. Berlin: Bruno Hessling.

Panofsky, E. (2001). *Korrespondenz 1910 bis 1936*. Hg. von D. Wuttke. Wiesbaden: Harrasowitz.

Wyss, B. (1993). *Panofsky versus Newman – verpasste Chancen eines Dialogs*. Köln: Walther König.

Winfried Nöth

Bildsemiotik

1. Semiotik

Als Wissenschaft von den *Zeichen* (griechisch: »*sēmeīon*«) untersucht die *Semiotik* Zeichenphänomene, -prozesse, -strukturen und -systeme in Kultur und Natur. Die wissenschaftliche Reflexion über Zeichen hat ihre Ursprünge in der Antike. Heute ist die Semiotik eine transdisziplinäre Wissenschaft, die teils für verschiedene Einzelwissenschaften grundlegend ist, teils diese durch ihre spezifische Perspektive ergänzt. Nachbarwissenschaften der Semiotik, zu denen diese Grundlegendes beiträgt oder von denen sie selbst Einsichten in das Wesen der Zeichenprozesse gewinnt, sind Philosophie, Logik, Linguistik, Ästhetik, Medien- und Kognitionswissenschaft sowie die Biologie. Es gibt eine Allgemeine Semiotik, deren Thema die Theorie der Zeichen und ihrer Systeme ist, und eine Angewandte Semiotik, welche die Zeichenprozesse in verschiedenen kulturellen Kontexten und Themenfeldern untersucht.

Über das Wesen der Zeichen gibt es verschiedene Auffassungen, und so gibt es unterschiedliche Ansätze, Modelle, Theorien, Schulen oder Richtungen der Semiotik. Entgegen den Erwartungen von Charles Morris (1938) präsentiert sich die Semiotik heute nicht als eine Einheitswissenschaft, sondern als ein pluralistisches Unterfangen. Interdisziplinäre Schnittflächen zwischen der Semiotik und ihren Nachbarwissenschaften zeigen sich in Zweigen der Angewandten Semiotik wie Biosemiotik, Kultursemiotik, Psycho- und Soziosemiotik, der Semiotik der Sprache, Medien- und Filmsemiotik, der Semiotik der Werbung oder der Malerei.

Die Bildsemiotik ist ein Zweig der Angewandten Semiotik im Rahmen der Kultursemiotik. Ihr Augenmerk liegt auf den Besonderheiten der Bilder im Vergleich zu anderen kulturellen Zeichenphänomenen, insbesondere zu Sprache, Musik und sonstigen Formen der visuellen und nonverbalen Kommunikation. Im Konzert der anderen Bildwissenschaften gibt sie Antworten auf die Frage, ob und inwiefern Bilder Zeichen sind, und sie liefert Instrumente zur Untersuchung von Bildern unter semiotischen Blickwinkeln.

Im folgenden Beitrag zur Theoriegeschichte semiotischer Ansätze in der Wissenschaft vom Bild können nur einige Elemente und Themen der Bildsemiotik exemplarisch vorgestellt werden. Einleitend geht es um den für jede bildsemiotische Reflexion grundlegenden Begriff des *Zeichens* in einigen seiner engeren und weiteren Definitionen. Als Paradigma einer Semiotik, die von einem weit konzipierten Zeichenbegriff ausgeht und eine semiotische Analyse von Bildern aller Art erlaubt, stellt der Beitrag zuerst die Zeichentheorie des Begründers der modernen Semiotik, Charles S. Peirce, mit ihren bildsemiotischen Implikationen vor, um dann auf die Methoden und Ansätze der Bildsemiotik in der strukturalistischen Semiotik einzugehen. – Weiterführende Einblicke in diese und andere Richtungen und Tendenzen der Semiotik des Bildes sowie ergänzende bibliographische Hinweise zu den im folgenden erörterten Themen gibt auch das *Handbuch der Semiotik*.[1]

2. Zeichen und Bild, Bild als Zeichen

Sind Bilder überhaupt Zeichen? Schon auf diese erste Frage einer möglichen Bildsemiotik gibt es unterschiedliche Antworten.[2] Ob und in welcher Hinsicht Bilder Zeichen sind, hängt nämlich davon ab, welcher Zeichenbegriff bei der Beantwortung dieser Frage zugrunde gelegt wird. Es gibt enge und weiter gefaßte Zeichenbegriffe. Nach einigen enger gefaßten Zeichendefinitionen sind nur gegenständliche Bilder Zeichen. Nur solche Bilder können danach als Zeichen gelten, die etwas *abbilden*, die also Gegenstände, Lebewesen, Räume oder Landschaften *repräsentieren*. Abstrakte Bilder, die nach dieser engeren Auffassung nichts repräsentieren, sind demnach keine Zeichen.

Auf den weiter konzipierten Zeichendefinitionen basiert dagegen die Auffassung, daß es keine Bilder gibt, die nicht auch Zeichen wären. Der Begriff der Repräsentation ist auch für diese Zeichenkonzeption grundlegend, aber es gilt, daß Repräsentation nicht nur beschränkt ist auf die ›Re-‹Präsentation sichtbarer Gegenstände. Vielmehr wird Repräsentation auch verstanden als ein kognitiver Prozeß der gegenwärtigen Bezugnahme auf frühere *Kognitionen* jeglicher

1 Nöth 2000.

2 Vgl. Nöth 2005a.

Art, auf Ideen, Gedanken, Farben, Formen, Klänge, Geruchs- oder Geschmacksempfindungen.[3] Abstrakte Bilder repräsentieren somit nicht deshalb, weil sie etwa auf Gegenstände Bezug nehmen, auf die sie womöglich in abstrakter Weise, also unter Abstrahierung von ihren »unwesentlichen« gegenständlichen Farb- und Formeigenschaften verweisen, sondern deshalb, weil sie an frühere Wahrnehmungen von Farben und Formen als solche erinnern, auch wenn die Bilder stets eine Transformation dieser Wahrnehmungen beinhalten.[4]

Wenn die engere Zeichenkonzeption also den Bezug der Zeichen auf das von ihnen Bezeichnete oder Bedeutete in einer Welt jenseits der Zeichen sucht, postuliert sie einen Dualismus von Zeichen und nicht Zeichenhaftem, weil sie die abgebildete Welt als nicht zeichenhaft und nur deren Abbildung als zeichenhaft versteht. Das Bild eines Baumes ist demnach ein Zeichen des Baumes, aber der wahrgenommene Baum selbst ist nicht ein Zeichen von irgend etwas anderem, denn er ist nur ein Baum und sonst nichts, ein Phänomen *sui generis*, aber kein Zeichen.[5]

Die weiter gefaßte Zeichenkonzeption hingegen versteht Repräsentation *auch* (oder sogar *nur*) als einen Prozeß des Verweises von Zeichen auf Zeichen. Das Bezeichnete liegt für sie nicht einfach jenseits der Zeichen in einer noch nicht zeichenhaften Welt. Auch Gedanken und Wahrnehmungen sind als mentale Repräsentationen Zeichen, denn sie sind zeichenhaft verbunden mit all jenen Gedanken und Wahrnehmungen, die im Wissen und in der Erinnerung des Wahrnehmenden mit ihnen assoziiert sind.

Wenn wir einen Baum als einen Baum erkennen, so nur deshalb, weil unsere mentale Repräsentation des Wahrgenommenen auf früher gesehene Bäume verweist, die der Grund dafür sind, daß wir diesen Gegenstand als Baum erkennen. Schon die Wahrnehmung eines Baumes ist somit die Wahrnehmung eines Zeichens. Zeichen sind nach diesen Voraussetzungen nicht dualistisch unterschieden von den Phänomenen einer vermeintlich unmittelbaren und deshalb nicht zeichenhaften Wahrnehmung, sondern es sind notwendige Mittel in jedem Prozeß des Denkens und der Wahrnehmung.

Bilder sind demnach nicht nur Zeichen, weil sie Gegenstände ab-

3 Vgl. Nöth 2006.

4 Vgl. Nöth 2002 und 2003.

5 Hierzu vgl. Nöth 2005b, S. 34ff.

bilden und weil wir diese Gegenstände als abgebildete Gegenstände erkennen. Schon die der Entstehung des Bildes vorausgehende Kognition des abgebildeten Gegenstandes ist eine Kognition von Zeichen.

3. Zeichen und Bilder: semiotische Begriffsgeschichte

Die Geschichte des abendländischen Zeichenbegriffs beginnt im antiken Griechenland mit einer sehr engen Auffassung von dem, was als ein Zeichen zu gelten hat. Zeichen (»*sēmeīon*«) hat bei den Griechen eine Bedeutung, die noch nicht die Bilder mit einschließt, aber ebensowenig gehören selbst Wörter schon zu den Zeichen. Als Zeichen werden in den semiotischen Schriften der Stoiker und der Epikuräer nur solche Phänomene benannt, die heute als Anzeichen oder Indices definiert sind. Beispiele für Zeichen sind danach militärische Signale, Wegmarken, Krankheitssymptome oder Vorzeichen zukünftiger Ereignisse. Antisemiotische Bildwissenschaftler, die heute die Auffassung verteidigen, Bilder seien zumeist oder wenigstens oft *keine* Zeichen,[6] legen ihren Argumenten genau diesen viel zu engen Zeichenbegriff zugrunde. Wenn sie argumentieren, Bilder seien nur dann Zeichen, wenn sie auf Dinge verwiesen, meinen sie damit etwas, dem jeder Semiotiker bei entsprechender Korrektur der Terminologie zustimmen kann, nämlich: Bilder sind nicht immer indexikalische Zeichen (siehe unten).

Der Zeichenbegriff spielt in der Antike auch in der Beschreibung von Prozessen des Denkens und Urteilens eine Rolle. Das Schließen von einer Tatsache auf eine andere – etwa das Schließen einer Wirkung auf ihre Ursache oder einer einzelnen Tatsache auf das Gesetz, dem sie unterliegt – ist etwa für die Epikuräer ein Prozeß der Interpretation von Zeichen.

Erst in der Spätantike erweitert Augustinus den Gegenstand der Zeichenlehre von den natürlichen und anderen indexikalischen zu den konventionellen Zeichen einschließlich der Wörter: »Ein Zeichen ist das, was sich selbst dem Sinn [der Wahrnehmung] und über sich hinaus etwas dem Geist zeigt«, schreibt Augustinus (*De dialec-*

6 Hierzu auch Nöth 2005a; Halawa 2008, S. 109f.

tica 5.9). Diese Definition erlaubt es bereits, Bilder als Zeichen zu definieren, doch auch Augustinus äußert sich noch nicht ausdrücklich zu der Frage, ob Bilder Zeichen seien. In einer von ihm entwikkelten Zeichentypologie unterscheidet der Kirchenvater unter anderem nach dem Kriterium der Intention des Zeichengebers zwischen natürlichen und gegebenen Zeichen (*signa naturalia* vs. *signa data*). Bilder wären danach eher gegebene als natürliche Zeichen, doch unter den Beispielen, die der Klassiker der Antiken Semiotik für ›gegebene‹ Zeichen anführt, finden sich zwar Wörter, Gesten, Flaggen- und Fanfarensignale, aber nicht Bilder.

Die explizite Subsumierung der Bilder unter die Zeichen beginnt in der mittelalterlichen Zeichentheorie der Scholastik. Roger Bacon entwirft in seiner Schrift *De signis* (1267) eine Typologie der Zeichen, in der Bilder (»*imagines*«) und Gemälde (»*picturae*«) zu einer von fünf Hauptklassen der Zeichen gehören. Interessant ist, daß Bacon Bilder nicht etwa wie die Wörter zu den konventionellen, intentionalen und gegebenen Zeichen zählt, sondern zu den natürlichen Zeichen.

Bilder sind deshalb natürliche Zeichen, weil sie »aus ihrem eigenen Wesen und nicht durch eine Absicht der Seele« Zeichen sind.[7] Bilder unterscheiden sich jedoch von anderen natürlichen Zeichen durch das Merkmal der »Übereinstimmung und Gleichförmigkeit in den Teilen und Eigenschaften«[8] zwischen Abbild und Abgebildetem. Zwar können auch Bilder, so Roger Bacon, zum Beispiel das Resultat der Intention eines Malers sein, aber daß Gemälde Produkte der Intention eines Künstlers sind, »ist ihnen als Werk, nicht aber als Zeichen wesentlich. [...] Daß sie nämlich bezeichnen, gründet nicht in der Tatsache ihrer Produktion durch den Künstler, sondern in ihrer Ähnlichkeit gegenüber dem Dargestellten: Ob der Künstler es will oder nicht, stets bezeichnet das Bild dasjenige, zu dem es in einer Ähnlichkeitsbeziehung steht.«[9]

Die aus Sicht der heutigen Terminologie ungewöhnliche Definition der Bilder als natürliche Zeichen wird in der iberischen Spätscholastik des 15. und 16. Jahrhunderts durch die Einführung der Kategorie des *signum artificiale* als einer Unterklasse der natürlichen Zeichen präzisiert. Bilder sind sowohl natürliche als auch ›artifiziel-

7 *De signis* I.4, zitiert nach Meier-Oeser 1997, S. 54.
8 Ebd., S. 55.
9 Ebd., S. 58f.

le‹ Zeichen, nicht weil sie ›künstlich‹, sondern in ihrer Natürlichkeit ›kunstvoll‹ gestaltet sind.[10] Zu dieser Zeit beginnen die Zeichentheoretiker auch darüber nachzudenken, wie Bilder von nicht mehr Existierendem (zum Beispiel einem verstorbenen Kaiser) noch Zeichen sein können. Neu ist auch die Fragestellung nach der Zeichenhaftigkeit der mentalen Bilder.

Im Zeitalter des Rationalismus ist es weiterhin üblich, die Bilder zu den Zeichen zu zählen, auch wenn sich die Semiotik zumeist mehr für die Natur der sprachlichen, konventionellen und natürlichen Zeichen interessierte. In seiner *Semiotik* aus dem Jahr 1764 beschreibt Johann Heinrich Lambert zum Beispiel die Klasse der »Abbilder und Nachahmungen« als eine der Hauptklassen von Zeichen neben den natürlichen und arbiträren Zeichen.[11]

Um 1800 findet sich dann in der Zeichentheorie der französischen Ideologen bei Destutt de Tracy erstmalig die These von der Malerei als einem Zeichensystem,[12] wie sie heute grundlegend für die Semiotik der Malerei als Zweig der Semiotik des Bildes ist.

In manchen kulturphilosophischen Kontexten findet sich allerdings auch eine engere Bestimmung des Zeichenbegriffs, die das Bild ausdrücklich ausschließt, weil dort das *Zeichen* terminologisch dem *Symbol* entgegengesetzt wird. So definiert etwa Susanne K. Langer (1942) unter dem Einfluß von Cassirers *Philosophie der symbolischen Formen* Bilder als Symbole, doch sind Symbole ebenso wie Wörter und gemalte Bilder stets kulturelle Artefakte und in dieser Definition nicht Zeichen, denn der Begriff des Zeichens umfaßt in der Philosophie der symbolischen Formen nur die indexikalischen Zeichen (siehe unten).[13] Diese den Zeichenbegriff eingrenzende Terminologie hat sich jedoch in der Semiotik ansonsten nicht durchgesetzt. Auch Nelson Goodman verwendet stets den Begriff des Symbols an Stelle dessen, was in der Semiotik Zeichen heißt.

Ebenso wie der Begriff des Zeichens im weiteren Sinn mentale Repräsentationen visueller Phänomene mit einschließt, während er im engeren Sinn nur visuell wahrnehmbare Artefakte meint, so hat auch der Bildbegriff eine weitere Definition, welche auch die mentalen Bilder mit umfaßt, und eine engere Definition, die nur visuelle Arte-

10 Ebd., S. 202.

11 Nöth 2000, S. 24.

12 Vgl. Zollna 1990, S. 168.

13 Vgl. Nöth 2000, S. 40f.

fakte als Bilder definiert. Während der *Zeichen*begriff der Antike ein engerer war, hatte deren *Bild*begriff den weiteren Bedeutungsumfang. Unter *eikōn* beziehungsweise *imago* verstanden die Griechen und Römer jegliche bildliche Darstellung, vom Gemälde über das Prägebild eines Siegels bis zu den Schatten- und Spiegelbildern. Erstere galten als natürliche, letztere als künstliche Bilder. Neben diesen visuellen Phänomenen umfaßte der Bildbegriff aber auch das mentale Bild; unter den Bildern gab es die Vorstellungsbilder ebenso wie die sprachlichen Bilder.

4. Elemente einer Bildsemiotik bei Peirce: Das Bild und das Abgebildete

Eine wesentliche Fundierung findet die Semiotik des Bildes in der Zeichentheorie von Charles Sanders Peirce (1839-1914). Ein Zeichen ist für den Begründer der modernen Semiotik ein Drittes in einer triadischen Relation, welches als Mittler oder ›Medium‹ zwischen einem Geist (»*mind*«) steht, an den es sich wendet, und einem Objekt, welches es repräsentiert.[14] Das Objekt, welches ein Bild repräsentiert, kann etwas konkret Gegenständliches sein. Dabei kann der abgebildete Gegenstand auch selbst ein Bild sein, zumal die Klasse der Gegenstände ja die Klasse der Bilder mit einschließt. Aber ein Zeichen kann auch etwas bloß Imaginäres sein, ein Vorstellungsbild, eine reine Chimäre, etwas, das auf nichts verweist, das wirklich existiert.[15]

Anders als ein Spiegel repräsentiert das Bild als Zeichen sein Objekt nicht einfach als ein Stück realer Welt jenseits der Bilder. Um das Wesen des Abgebildeten semiotisch genauer zu erfassen, muß man mit Peirce zwischen zwei Arten von Objekten unterscheiden, nämlich dem sogenannten dynamischen und dem unmittelbaren Objekt. Keines dieser beiden Objekte liegt in einer etwa ›real‹ gegebenen Welt jenseits der Bilder, auch wenn das dynamische Objekt der Konzeption einer abgebildeten Realität nahekommt. Das dynamische Objekt ist nämlich eine Art Annäherungswert an die Realität; es ist zwar ein »Objekt außerhalb des Zeichens«[16] und gehört als solches

14 Peirce 1982-2000, Vol. 6, S. 212.
15 Vgl. Nöth 2007, S. 39ff.
16 Peirce 1977, S. 83.

zu einer »Realität, die auf bestimmte Art und Weise das Zeichen zu seiner Repräsentation zu bestimmen vermag«,[17] aber wir können nur die Wirkungen dieses dynamischen Objektes beobachten, nie das Objekt selbst, denn dieses gehört zu einer Realität, zu der wir nie einen vollständigen empirischen Zugang erlangen können. Das dynamische Objekt kann vom Zeichen nur *angezeigt* werden, wobei das Zeichen es dem Interpreten überläßt, das Wesen dieses Objekts durch »kollaterale Erfahrung«[18] zu ergründen.

Das *unmittelbare* Objekt ist noch weniger mit der Vorstellung von einer objektiven Realität in Einklang zu bringen. Es entspricht dem Vorwissen des Interpreten über das Objekt oder seiner Vertrautheit mit diesem, unabhängig davon, ob ein solches Objekt »in Wirklichkeit« existiert oder nicht.[19] Jedes Bild ist somit in seinem Verweis auf ein unmittelbares Objekt eigentlich ein Bild eines Bildes, denn als Zeichen eines unmittelbaren Objektes bezieht es sich auf Elemente einer früher gebildeten mentalen Repräsentation, die ihrerseits Bildcharakter hat. Wir interpretieren demnach reale Bilder, indem wir sie auf mentale Bilder beziehen, weil das, worauf sich ein Bild bezieht, zuerst (als unmittelbares Objekt) ein mentales Bild ist.

Das auf diese Weise im Bild repräsentierte unmittelbare Objekt, auf welches sich das Zeichen als eine Art Vorwissen von dem bezieht, was das Bild repräsentiert, ist nicht zu verwechseln mit dem der Repräsentation folgenden mentalen Bild, dem sogenannten Interpretanten. Der Interpretant eines Bildes ist das Resultat des Seh- und Interpretationsprozesses, während das Objekt seine Voraussetzung ist; er ist die aus dem Interpretationsprozeß resultierende Vorstellung und Wirkung des Bildes im Geist oder auch im Handeln des Betrachters.

Eine Benettonwerbung des Werbephotographen Olivero Toscani zeigt das Photo der Kleider eines getöteten kroatischen Soldaten. Das unmittelbare Objekt dieses Bildes ist unser Wissen vom Krieg, von Soldaten, von Kleidern, von Werbung, Werbephotos, von Leben und Tod. Dieses Wissen ist erforderlich, um das Photo interpretieren zu können. Das dynamische Objekt dieses Bildes ist das, was der Photograph an der vorgefundenen Realität nicht ändern kann, die Brutalität der Tatsachen, deren Auswirkungen sich als Spuren der

17 Peirce 1931-1958, Vol. 4, § 536.
18 Ebd., Vol. 8, § 313.
19 Ebd., Vol. 4, § 536.

Realität auf dem Film des Werbephotographen und auf den daraus produzierten Bildern zeigen, aber auch die Realität des Marktes und des Marketings, die als Ursache der Veröffentlichung dieses Bildes gelten können. Der Interpretant dieses Bildes ist danach die Summe der Assoziationen und Wirkungen, welche dieses Bild vornehmlich in den Konsumenten hervorruft.

5. Ikonische, indexikalische und symbolische Bilder nach Peirce

Nach dem Kriterium der Relation des Zeichens zu seinem Objekt bestimmt Peirce die drei Zeichenklassen Ikon, Index und Symbol. Das Ikon ist seinem Objekt ähnlich; es hat Eigenschaften mit ihm gemeinsam. Ein Zeichen ist ein Ikon, wenn es aufgrund von Eigenschaften, welche ihm selbst inhärent sind, die Vorstellung von seinem Objekt hervorruft. Ein Index hingegen ist durch eine existentielle bzw. reale oder eine mentale bzw. assoziative Beziehung mit seinem Objekt verbunden. Es verweist auf sein Objekt aufgrund einer zeitlichen, räumlichen oder kausalen Beziehung mit ihm. Ein Symbol schließlich verweist auf sein Objekt, weil es mit ihm durch ein Gesetz, eine Gewohnheit oder eine Konvention verbunden ist.

Nach diesen Prämissen sind Bilder häufig als der Prototyp des ikonischen Zeichens interpretiert und gelegentlich sogar mit dem Ikon überhaupt verwechselt worden, obwohl es gar kein medienspezifisch bestimmtes Zeichen ist, da unter anderem auch Musik, Sprache und Literatur ikonische Zeichen sein können.[20] Charles Morris zum Beispiel postuliert Grade der Ikonizität als Grade der Ähnlichkeit des Objektes mit dem Abgebildeten. Danach gibt es eine Skala von Bildern maximaler bis zu solchen von minimaler Ähnlichkeit zu dem, was sie abbilden, die nach der Quantität der Eigenschaften zu bestimmen wäre, welche das Bild mit seinem Objekt (Morris nennt es »Denotat«) gemeinsam hat.[21] Der komplexen Semiotik der Bilder wird allerdings eine derart eindimensionale Sicht vom Wesen der Relation des Bildes zu seinem Objekt kaum gerecht. Ein Bild ist nämlich zumeist nicht nur ein Ikon, sondern es ist ein komplexes Zeichen, in dem auch Indices und Symbole enthalten sind. Im Gegensatz zu

20 Vgl. Nöth 2002, S. 161.
21 Vgl. Nöth 2000, S. 197.

einem ›reinen‹ Ikon, das in Wirklichkeit nur annähernd ›rein‹ sein kann, nennt Peirce ein derartiges hybrides ikonisches Zeichen auch Hypoikon oder degeneriertes Ikon.[22] Bilder sind hinsichtlich ihrer Ikonizität mithin in der Regel hypoikonische Zeichen.

Es gibt aber Bilder, die in größerem Maße ikonisch, solche, die eher indexikalisch, und andere, die überwiegend symbolisch sind. Das Kriterium des Anteils an ikonischen, indexikalischen und symbolischen Elementen erlaubt es, in der Kulturgeschichte des Bildes drei Prototypen semiotisch zu bestimmen.[23] Prototyp des ikonischen Bildes ist danach nicht die gegenständliche, sondern vielmehr die nichtgegenständliche, die abstrakte Malerei. Prototypen des indexikalischen Bildes sind ebenso die Photographie wie die gegenständliche Malerei, und Prototyp des symbolischen Bildes ist die ikonologisch beziehungsweise ikonographisch kodifizierte Malerei.

Warum die nichtgegenständliche Malerei Prototyp des ikonischen Bildes ist, wird nach der Peirceschen Definition des ›reinen‹ Ikons deutlich. Dieses Ikon ist nach Peirce nämlich als ein Zeichen definiert,[24] das allein aufgrund der ihm selbst inhärenten Eigenschaften Zeichencharakter hat, ohne in seiner Form von seinem Objekt in irgendeiner Weise bestimmt zu sein. Ein nur auf diese Zeichenfunktion beschränktes Zeichen nennt Peirce auch ein *ikonisches Qualizeichen.* Unbeeinflußt von seinem Objekt, ist das reine ikonische Qualizeichen kaum von diesem Objekt zu unterscheiden; es ist gewissermaßen ein selbstreferenzielles oder genauer selbstrepräsentatives Bild, denn die Eigenschaften, auf die es verweist, sind Eigenschaften, die es selbst hat.[25] In ihrer Referenzlosigkeit ist die abstrakte Malerei als ikonisches Qualizeichen charakterisiert. Hinsichtlich seiner Zeichenhaftigkeit ist ein Zeichen, das eigentlich auf nichts anderes verweist als auf sich selbst, ein Grenzfall der Zeichenhaftigkeit. Es ist nach Peirce kein ›genuines‹, sondern ein sogenanntes ›degeneriertes‹ Zeichen.

Auch Photos und gegenständliche Bilder (›Abbilder‹) sind insofern ikonische Zeichen, als sie Farb- und Formqualitäten mit ihren Objekten gemeinsam haben und diesen ähnlich sind. Der Einfluß des Repräsentierten auf das Bild bedeutet in Photos und Abbildern je-

22 Peirce 1931-1958, Vol. 2, § 276.

23 Vgl. Nöth/Santaella 2000, S. 144ff.

24 Peirce 1931-1958, Vol. 2, § 92 und § 276.

25 Vgl. Nöth 2002, S. 159f. und 2003, S. 33; Nöth u.a. 2008, S. 14f.

doch die Dominanz eines indexikalisches Aspektes. Das Bild steht mit seinem Objekt in einer ›existenziellen‹ Beziehung, die sich in dem Einfluß des Abgebildeten auf das Abbild darin zeigt, daß das eine dem anderen zu entsprechen trachtet. Bei den Photos ist dieser Einfluß sogar durch physikalische Kausalität mit bestimmt. Insofern als ein Photo in einem Prozeß optischer Kausalitäten das Ergebnis der Projektion der Lichtstrahlen eines singulären und real existierenden Objektes auf ein Negativ ist, ist es sogar ein genuin indexikalisches Zeichen. Gegenständlich gemalte oder gezeichnete Bilder sind in geringerem Maße indexikalisch, aber auch sie stehen insofern unter dem indexikalischen Regime ihres Objektes, als die Formen und Farben des Abgebildeten die Formen und Farben des Abbildes im Bemühen des Malers bestimmen, ein Abbild zu schaffen, das dem Vorbild möglichst genau entspricht.

Symbole sind Bilder in dem Maße, in dem sie aus Zeichen bestehen, deren Bedeutung nur aufgrund eines Wissens um kulturelle Konventionen interpretiert werden kann. Prototyp eines solchen Bildes ist die ikonographische Malerei, deren Interpretation ein spezielles kulturelles Wissen von den Bedeutungen ihrer Elemente erfordert, weil diese Elemente Bestandteil eines kulturspezifischen Kodes von Symbolen sind. Wie die biblischen Texte nach den Konventionen der mittelalterlichen Hermeneutik neben ihrer wörtlichen Bedeutung immer auch symbolisch kodifizierte tiefere spirituelle Bedeutungen haben, so haben auch die Symbole der ikonographischen Malerei eine Bedeutung, die über das hinausgehen, was die Zeichen auf den ersten Blick repräsentieren. Die Bedeutung dieser Symbole ist kulturell tradiert und muß gelernt werden: eine Taube symbolisiert Frieden, ein Hund bedeutet Treue, eine Kerze den alles sehenden Christus und ein Spiegel symbolisiert die Reinheit. All dies sind Bedeutungen, die zwar nicht völlig arbiträr festgelegt sind und in ihrer jeweiligen Motiviertheit sogar ein gewisses Element des Ikonischen haben können; aber insofern als deren Interpretation das Wissen um eine kulturelle Konvention voraussetzt, sind es Symbole.

6. Themen und Tendenzen der Bildsemiotik des 20. Jahrhunderts

In der Bildwissenschaft finden sich implizit und explizit semiotische Ansätze und Tendenzen. Während erstere Bilder als Zeichen interpretieren, ohne dabei explizit auf die Semiotik Bezug zu nehmen, folgen letztere in ihren Bildanalysen einer bestimmten semiotischen Theorie. Zu den Themen einer impliziten Semiotik des Bildes gehört etwa die von Ernst H. Gombrich thematisierte Frage nach der Natürlichkeit oder Konventionalität der Bilder, Nelson Goodmans nominalistische ›Sprachtheorie des Bildes‹, welche die symbolischen Aspekte der Bilder betont, oder die ökologische Wahrnehmungstheorie des Bildes von James J. Gibson, welche nach der Determination unserer mentalen Bilder durch die Objekte ihrer Zeichen fragt, indem sie den Einfluß der Umwelt auf die Gegebenheiten und Voraussetzungen ihrer Kognition hinterfragt.[26]

Unter den explizit semiotischen Ansätzen der Bildwissenschaft ragen seit den 1960er Jahren verschiedene Ansätze der strukturalistischen Semiotik heraus. In der semiologischen Tradition der Sprachwissenschaftler Ferdinand de Saussure und Louis Hjelmslev thematisierte etwa Roland Barthes semiotische Aspekte der Bilder von Werbung und Presse, der Photographie oder der Text-Bild-Beziehungen,[27] während Umberto Ecos besonderes bildsemiotisches Interesse neben Einzelthemen wie der Semiotik der Werbephotographie oder der Farben insbesondere der Frage nach dem Ikonischen und symbolisch Konventionellen in den Bildern galt.[28] Bei aller Bereicherung der Bildsemiotik durch eine Semiotik, die vom Modell des sprachlichen Zeichens ausging, um das Spezifische nonverbaler und visueller Zeichensysteme zu untersuchen, leiden manche dieser frühen semiologischen Arbeiten doch unter einem gewissen Logozentrismus, zum Beispiel wenn Roland Barthes die »Rhetorik des Bildes« (1964) aus der Dependenz der visuellen von der verbalen Botschaft bestimmt oder wenn Umberto Eco (1972) gegen das Ikonische der Bilder argumentiert, um in Analogie zum sprachlichen Zeichen ihren Aspekt der kulturellen Arbitrarität zu betonen. Ganz im Zeichen eines solchen Logozentrismus stehen auch die frühen bildsemio-

26 Vgl. Nöth 2000, S. 471ff.

27 Vgl. ebd. sowie Nöth 2004, S. 10.

28 Eco 1968, 1972 und 1985.

tischen Arbeiten, welche in strenger Analogie zu Kategorien von Hjelmslevs Glossematik nach Ausdrucks- und Inhaltssubstanz und -form der Photographie fragen (z. B. Lindekens 1976) oder die Semiotik der Malerei als eine Metasprache ihrer Bilder begreifen (Marin 1971) und dabei etwa die »Untrennbarkeit des Visuellen vom Benennbaren«[29] als Ursprung der Bedeutung der Bilder postulieren. Andere Modelle der frühen Semiotik des Bildes gingen von Lévi-Strauss' strukturalistischer Logik des Mythos (Burnham 1971) oder der funktionalen Semiotik der Prager Schule aus (Veltrusky 1976). Noch heute von großem Einfluß auf die Praxis der semiotischen Bildanalysen ist das Modell der systemischen Linguistik M. A. K. Hallidays, von dem Kress und van Leeuwen (1996) in ihren soziosemiotischen Bildanalysen ausgehen.

Charakteristisches Merkmal der semiotischen Ansätze, die in der Tradition des Strukturalismus stehen, ist das Denken und Argumentieren in Form von binären Oppositionen: Das Zeichenhafte wird dem Nichtzeichenhaften gegenübergestellt, das Arbiträre dem Ikonischen, das Natürliche dem Konventionellen, das Figurative dem Abstrakten. Dem entgegengesetzt ist die triadische Semiotik von Charles S. Peirce, die nicht nur jegliche Dualismen meidet, sondern Kategorien und Prozesse postuliert, die, wie oben am Beispiel der Ikon-Index-Symbol-Trichotomie gezeigt, in graduellen Abstufungen zu bestimmen sind.

7. Rhetorik des Bildes und die Theorie der semisymbolischen Systeme

Als exemplarisch für die Methoden der Bildsemiotik im Zeichen des Strukturalismus kann im folgenden nur kurz auf die Ansätze der belgischen Gruppe μ und der Pariser Schule im Gefolge von Algirdas Greimas eingegangen werden, wobei der besondere Augenmerk auf der Frage nach der Semiotik der abstrakten Bilder liegen soll. Auch unter Semiotikern gibt es kein völliges Einvernehmen darüber, ob abstrakte Bilder Zeichen sind. Während die Zeichenhaftigkeit gegenständlicher Bilder aufgrund ihrer darstellenden oder referenziellen Dimension außer Zweifel steht, wird die Zeichenhaftigkeit der nicht

29 Marin 1971, S. 23.

gegenständlichen Bilder gelegentlich mit dem Argument bestritten, daß nichts Zeichen sein könne, was nichts *bezeichne.* Eco[30] zum Beispiel postuliert, daß nur das ein Zeichen sein könne, was auch zur Lüge fähig sei, und folgert daraus, daß zum Beispiel ein Spiegelbild kein Zeichen sei. Ohne Zweifel kann auch ein abstraktes oder gar monochromes Bild weder lügen noch die Wahrheit sagen;[31] nichtsdestoweniger hat aber die Semiotik des Bildes entgegen Ecos Argument auch abstrakte Bilder als Zeichen interpretiert.

In ihrem *Traktat des visuellen Zeichens*[32] gehen die Autoren der Gruppe μ von dem Gedanken aus, daß sich die Besonderheiten von Bildern mit strukturalistisch neu definierten Kategorien der antiken Figurenlehre beschreiben lassen. Ebenso wie die strukturale Stilistik Tropen und Figuren als Abweichung von einer neutralen Stilebene eines eher alltäglichen Sprachgebrauchs beschreibt, versucht der *Traktat des visuellen Zeichens* einen ›normalen‹ kulturellen Erwartungshorizont beim Sehen von Bildern als den ›generischen Nullgrad‹ der Bildinformation zu bestimmen und Abweichungen davon als Tropen und Figuren, die durch logische Operationen wie Konjunktion, Disjunktion oder Koppelung als Transformationen von Bildelementen gegenüber diesem Nullgrad beschreibbar sind. Eine Schlüsselkategorie der Gruppe μ für die Bestimmung des Unterschieds zwischen gegenständlicher und abstrakter Malerei ist die Dichotomie von den ikonischen und den plastischen Zeichen.[33] Ikonische Zeichen sind nach dieser Terminologie solche, die Gegenständliches aufgrund einer Ähnlichkeitsbeziehung abbilden. Plastische Zeichen sind dagegen solche, welche die Form, Farbe oder Textur des Bildes und seiner Elemente betreffen. Abstrakte Bilder haben demnach nur plastische und keine ikonischen Zeichen, gegenständliche Bilder haben beide Arten von Zeichen.

Sowohl die plastischen als auch die ikonischen Zeichen haben ihre eigene Ausdrucks- und Inhaltsseite. Den Unterschied der beiden Semantiken erläutern die Autoren so:[34] »Über einen blauen Fleck kann man entweder urteilen: ›Das ist blau‹, oder man kann sagen: ›Das

30 Eco 1976, S. 6f. und 1984, S. 202ff.
31 Vgl. Nöth 1997, S. 143.
32 Edeline u. a. 1992.
33 Vgl. Nöth 2000, S. 473.
34 Nöth 2000, S. 118.

stellt blau dar.‹ Im ersten Fall [...] handelt es sich um ein plastisches, im zweiten Fall um ein ikonisches Zeichen.«

Auch die Bildsemiotik der Pariser Schule geht von der grundlegenden Unterscheidung zwischen Bildelementen der Ausdrucks- und Inhaltsebene aus und unterscheidet ebenfalls zwischen plastischen (auch »abstrakt« genannten) und ikonischen (oder »figurativen«) Bedeutungsdimensionen im Bild. Weiterhin thematisiert sie die Frage nach den Minimaleinheiten der Bildwahrnehmung und operiert dabei mit semantischen Oppositionen auf verschiedenen Ebenen der Bildinterpretation, die von elementaren zu komplexen thematischen und figurativen Bedeutungen führen. Exemplarische Arbeiten nach diesem Analysemodell sind Floch (1985), Thürlemann (1990) und Fontanille (1995).

Für die Analyse der plastischen (oder abstrakten) Zeichen nicht gegenständlicher Bilder erweist sich nach dieser Semiotik des Bildes die zusätzliche Differenzierung der plastischen Zeichen nach ihren sogenannten chromatischen und eidetischen Kategorien als nützlich. Die einen betreffen die Ebene der Farben, die andere jene der Formen im Bild.

Die Analyse der Bildelemente geschieht nach diesem semiotischen Modell stets in Oppositionen. Sogenannte chromatische Kontraste manifestieren sich etwa in Oppositionen wie ›rot‹ versus ›grün‹, ›gesättigt‹ versus ›ungesättigt‹, während sich eidetische Kategorien in Oppositionen wie ›rund‹ versus ›eckig‹ oder ›konvex‹ versus ›konkav‹ manifestieren.[35] Da die plastischen Zeichen in allen Bildern vorkommen, während die ikonischen Zeichen nur in der gegenständlichen Malerei vorhanden sind, gilt nicht die ikonische, sondern vielmehr gerade die plastische (oder abstrakte) Zeichenebene als die fundamentale Ebene in der semiotischen Analyse der Bilder.

Obwohl die Elemente der plastischen Zeichen eigentlich keine eigene Bedeutung haben außer der, die ihre Farbe oder Form beschreibt (z. B. ›rot‹ und ›rund‹), weil die plastischen Zeichen doch allein die Farben und Formen des Bildes betreffen, postuliert nun die visuelle Semiotik der Pariser Schule doch gewisse Korrespondenzen zwischen Elementen der plastischen Zeichen und Inhalten, die sonst eigentlich nur durch ikonische Zeichen repräsentiert sind. Solche zu-

35 Vgl. Thürlemann 1990, S. 25ff.; Edeline u.a. 1992.

meist vagen und diffusen Inhalte beschreibt sie als eidetische Kategorien, und ein System von losen Korrespondenzen oder Assoziationen zwischen plastischen und eidetischen Kategorien definiert sie als einen semisymbolischen Kode. Sogenannte warme Farben sind zum Beispiel visuelle Eigenschaften von plastischen Zeichen, die durch die eidetische Kategorie ›warm‹ interpretiert sind, was ja keine eigentliche plastische Kategorie sein kann, weil sie sich auf Wärmeempfindungen bezieht. Formeigenschaften wie ›eckig‹ versus ›rund‹ haben semisymbolisch eidetische Korrespondenzen zu taktilen Sinneseindrücken wie ›hart‹ versus ›weich‹, und die Farben ›grün‹ und ›braun‹ können auf ›pflanzlich‹ beziehungsweise ›erdig‹ verweisen. Die Theorie der semisymbolischen Systeme läuft allerdings auf eine völlige oder zumindest weitgehende Semantisierung der abstrakten Malerei hinaus, die dem Gedanken ihrer Abstraktheit und der Ästhetik der reinen Formen widerspricht.

8. Form und Inhalt

Form und Inhalt zählen zu den Grundbegriffen der Bildwissenschaft, deren Definition im Kontext der Semiotik wesentliche Präzisierungen erfahren hat. Verbreitet ist die Auffassung von der Form als dem eigentlichen Gegensatz zum Inhalt. Danach ist die Form eines Bildes seine bloß äußere, an sich bedeutungsleere Gestalt, während der Inhalt seine Bedeutung ausmacht, sei es nun die Bedeutung als Referenz (im Verweis auf das Abgebildete) oder als die ideelle oder gar ideologische Signifikation. Die Form eines Bildes wäre danach eine Sache der Syntax oder auch Morphologie, während ihr Inhalt seine Semantik beträfe.

Entgegen dieser dualistischen Trennung von Form und Inhalt definiert die Semiotik die Form/Inhalt-Dichotomie in sich überschneidenden Kategorien. Die zwei semiotischen Seiten eines Zeichens und somit auch eines Bildes sind nach Saussure und Hjelmslev nicht die Form und ihr Inhalt, sondern ihre Ausdrucks- und ihre Inhaltsseite, und die Form eines Zeichens steht nicht im Gegensatz zu ihrem Inhalt, sondern zu ihrer Substanz, die den noch unstrukturierten Aspekt der Ausdrucks- und Inhaltsebene eines Zeichens betrifft.

Die Form eines Bildes als Zeichen betrifft sowohl seine visuelle Struktur als auch seinen Inhalt, denn es gibt Formen als Strukturen sowohl auf der Ausdrucks- als auch auf der Inhaltsebene des Zeichens. Zur Ausdrucksform eines Bildes gehört demnach das System der Farben, Punkte, Linien, Flächen und Gestalten in ihren gegenseitigen Strukturbeziehungen. Die Ausdruckssubstanz der Bilder ist dabei das noch nicht strukturierte Potential aller Möglichkeiten der Farb- und Formgebung, auch solcher, die womöglich noch nie genutzt worden sind.

Die Inhaltsform der Bilder umfaßt dagegen das System der mit den Bildern verbundenen Bedeutungen, Empfindungen und Gefühle. Während die Inhaltsform das System aller Inhalte betrifft, welche durch Bilder zum Ausdruck gebracht werden können (zum Beispiel nicht Geruchs- oder Geschmacksempfindungen, es sei denn auf dem Wege der Synästhesie), betrifft ihre Inhaltssubstanz das noch nicht strukturierte und somit noch diffuse Potential von möglichen visuellen Wahrnehmungen und Eindrücken, aus dem die Bildkommunikation ihre Elemente bezieht.

Vor diesem Hintergrund zeigt sich als Besonderheit der Bilder gegenüber der Sprache, jedenfalls nach dem Modell der Pariser Schule, daß die Ausdrucksform der Bilder anders als die Ausdrucksform der Sprache ihre eigene, wenn auch nur semisymbolische Semantik hat, während die Ausdrucksform der Sprache, die in der Lautform ihrer Vokale und Konsonanten besteht, ohne eine eigene Semantik ist, da Phoneme nichts selbst bedeuten. Während die Sprache nur eine einzige Semantik hat, die in ihrer Inhaltsebene liegt, haben die Bilder gewissermaßen eine doppelte Semantik, die eine auf ihrer Ausdrucks-, die andere auf der Inhaltsebene, weil schon ihre plastischen Zeichen, die der Ausdrucksebene angehören, semisymbolische Bedeutungen haben, welche sich in der komplexen Semantik des Bildes mit den Bedeutungen der ikonischen Zeichen verbinden, die der Inhaltsebene der Bilder angehören.

In der Peirceschen Semiotik gibt es einen anderen Formbegriff, der hier nicht vertieft werden kann.[36] Daß jedoch auch Peirce mit Form semiotische Struktur meinte, zeigt sein Kommentar zu der Anekdote von einem Engländer, der meinte, den Beweis erbracht zu haben, daß er alles grün sah. Für diesen ungewöhnlichen Mann, so Peirce,[37] konnte Grün keine erfrischende Farbe sein, weil er doch

36 Siehe aber Nöth 2002.

37 Peirce 1982-2000, Vol. 1, S. 50.

Grün von keiner anderen Farbe unterscheiden konnte. Inhalt ohne Form, so die Konklusion, kann kein Inhalt sein, und ebenso kann es keine Bilder ohne Form geben.

Literatur

Barthes, R. (1964). »Rhétorique de l'image«, in: *Communications*, Vol. 4, S. 40-51.

Burnham, J. (1971). *Kunst und Strukturalismus.* Köln: DuMont.

Eco, U. (1968). *La struttura assente.* Milano: Bompiani (dt.: *Einführung in die Semiotik.* München: Fink 1972).

Eco, U. (1972). »Introduction to a semiotics of iconic signs«, in: *Versus*, Vol. 2, S. 1-15.

Eco, U. (1976). *A Theory of Semiotics.* Bloomington: Indiana University Press (dt.: *Semiotik: Entwurf einer Theorie der Zeichen.* München: Fink 1987).

Eco, U. (1984). *Semiotics and the Philosophy of Language.* Bloomington: Indiana University Press (dt.: *Semiotik und Philosophie der Sprache.* München: Fink 1985).

Eco, U. (1985). »How culture conditions the colors we see«, in: *On Signs.* Hg. von M. Blonsky. Baltimore: John Hopkins, S. 157-75.

Edeline, F./Klinkenberg, J.-M./Minguet, P. (Groupe μ). (1992). *Traité du signe visuel.* Paris: Seuil.

Floch, J.-M. (1985). *Petites mythologies de l'œil et de l'esprit: Pour une sémiotique plastique.* Paris/Amsterdam: Hadés/Benjamins.

Fontanille, J. (1995). *Sémiotique du visible.* Paris: Presses Univ. de France.

Halawa, M. A. (2008). *Wie sind Bilder möglich? Argumente für eine semiotische Fundierung des Bildbegriffs.* Köln: von Halem.

Kress, G./van Leeuwen, T. (1996). *Reading Images: The Grammar of Visual Design.* London: Routledge.

Langer, S. K. (1942). *Philosophy in a New Key.* New York: Mentor.

Lindekens, R. (1976). *Essai de sémiotique visuelle.* Paris: Klincksieck.

Marin, L. (1971). »Eléments pour une sémiologie picturale«, in: *Etudes sémiologiques.* Hg. von L. Marin. Paris: Klincksieck, S. 17-43.

Meier-Oeser, S. (1997). *Die Spur des Zeichens: Das Zeichen und seine Funktion in der Philosophie des Mittelalters und der frühen Neuzeit.* Berlin: de Gruyter.

Morris, C.W. (1938). *Foundations of the Theory of Signs* (= Foundations of the Unity of Science: Towards an International Encyclopedia of Unified Science, Vol. 1(2)). Chicago: University Press.

Nöth, W. (1997). »Can pictures lie?«, in: *Semiotics of the Media*. Hg. von W. Nöth. Berlin: Mouton de Gruyter, S. 133-146.

Nöth, W. (2000). *Handbuch der Semiotik*, 2. Aufl. Stuttgart: Metzler.

Nöth, W. (2001). »Semiotic foundations of iconicity in language and literature«, in: *The Motivated Sign*. Hg. von O. Fischer u. M. Nänny. Amsterdam: Benjamins, S. 17-28.

Nöth, W. (2002). »Semiotic form and the semantic paradox of the abstract sign«, in: *Visio*, Vol. 6(4), S. 153-163.

Nöth, W. (2003). »Fotografie zwischen Fremdreferenz und Selbstreferenz«, in: *Narration und neue Reduktion in der Fotografie*. Hg. von R. Horak. Salzburg: Fotohof edition, S. 22-39.

Nöth, W. (2004). »Zur Komplementarität von Sprache und Bild aus semiotischer Sicht«, in: *Mitteilungen des Deutschen Germanistenverbandes*, Bd. 51(1), S. 8-22.

Nöth, W. (2005a). »Warum Bilder Zeichen sind: Bild- und Zeichenwissenschaft«, in: *Bild-Zeichen: Perspektiven einer Wissenschaft vom Bild*. Hg. von S. Majetschak. München: Fink, S. 49-61.

Nöth, W. (2005b). »Zeichentheoretische Grundlagen der Bildwissenschaft«, in: *Bildwissenschaft zwischen Reflexion und Anwendung*. Hg. von K. Sachs-Hombach. Köln: Halem, S. 33-44.

Nöth, W. (2006). »Repräsentation und Referenz bei Peirce«, in: *Theorien und Begriffe der Repräsentation*. Hg. von H. J. Sandkühler. Bremen: Universität, S. 43-61.

Nöth, W. (2007). »Die Karte und ihre Territorien in der Geschichte der Kartographie«, in: *Text – Bild – Karte. Kartographien der Vormoderne*. Hg. von J. Glauser u. C. Kiening. Freiburg: Rombach, S. 39-68.

Nöth, W./Santaella, L. (2000). »Bild, Malerei und Photographie aus der Sicht der peirceschen Semiotik«, in: *Die Welt als Zeichen und Hypothese*. Hg. von U. Wirth. Frankfurt/M.: Suhrkamp, S. 354-374.

Nöth, W./Santaella, L. (2004). *Imagem: Cognição, semiótica, mídia*, 4. Aufl. São Paulo: Iluminuras.

Nöth, W. u.a. (2008). *Mediale Selbstreferenz*. Köln: Halem.

Peirce, C. S. (1931-1958). *Collected Papers*, Vols. 1-6. Hg. von C. Hartshorne u. P. Weiss; Vols. 7-8. Hg. von A.W. Burks. Cambridge (MA): Cambrigde University Press.

Peirce, C. S. (1977). *Semiotics and Significs: The Correspondence between Charles S. Peirce and Victoria Lady Welby*. Hg. von C. S. Hardwick. Bloomington: Indiana University Press.

Peirce, C. S. (1982-2000). *Writings*, Vols. 1-6. Hg. von Peirce Edition Project. Bloomington: Indiana University Press.

Thürlemann, F. (1990). *Vom Bild zum Raum: Beiträge zu einer semiotischen Kunstwissenschaft*. Köln: DuMont.

Veltrusky, J. (1976). »Some aspects of the pictorial sign«, in: *Semiotics of Art: Prague School Contributions*. Hg. von L. Matejka u. I. R. Titunik. Cambridge (MA): MIT Press, S. 245-264.

Zollna, I. (1990). *Einbildungskraft (imagination) und Bild (image) in der Sprachtheorie um 1800*. Tübingen: Narr.

Antje Kapust

Phänomenologische Bildpositionen

1. Einleitung

Die Bildphänomenologie hat sich mittlerweile unbestritten zu einem festen Bestandteil der theoretischen Positionen etabliert. Beeindrukkend ist nicht nur eine ungeheure Vielfalt der Positionen, sondern auch das Ringen um die Erfassung der verschiedenen Sinndimensionen wie Bildtheorie, Bildstatus, Bildkonstitution, Bildkommunikation, Bildwirkmacht, Bild-Sinnerzeugung usw. Bereits die harmlos anmutenden Fragen der frühen Phänomenologie dokumentieren das Ringen um Antworten: »Bild begegnet uns als ein Gegenstand unserer Umwelt, als Kunstwerk und Photographie, als Kinostück und Spiegelung. Ist Bild ein bloß vorhandenes Ding, oder hat es in seinem Sein eine Verweisung auf menschliche Subjektivität? Ist Bild nicht ein ›Kulturgegenstand‹, ein ›Zweckgebilde‹? Steht Bild nicht ständig und immer in Bedeutsamkeitszusammenhängen? Ist also das Bildphänomen nur zu analysieren unter der Leitung eines zureichenden ontologischen Verständnisses der menschlichen Umwelt?«[1] Gleichwohl lassen sich Akzentverschiebungen feststellen: Während die frühe Phänomenologie (Husserl, Fink) noch die Thematik eines Bildbewußtseins in den Vordergrund stellte, verlagerte die Phänomenologie der mittleren Phase (Heidegger, Merleau-Ponty, Sartre usw.) den Akzent auf das Bild als Modus eines In-der-Welt-Seins oder einer Ausdruckskraft oder einer Nichtung, während die nachfolgenden Phänomenologen die methodische Betrachtungsweise von der Frage nach dem Bildstatus (*Was* ist ein Bild?) auf die Frage nach dem *Wie* des Bildes verschieben (Wie sieht man im Medium des Bildes? Wie berührt das Bild, wie verläuft die ikonische Sinnerzeugung? usw.).

1 Fink 1966, S. 72 f.

2. Edmund Husserl: Strukturen eines Bildbewußtseins

Die Einschätzung von Gottfried Boehm, der die Relevanz von Edmund Husserl und Eugen Fink etwas ›unter Wert‹ veranschlagt, wird nicht von allen Theoretikern geteilt.[2] So betont Bernhard Waldenfels zu Recht, daß es ohne die fundamentalen Überlegungen von Edmund Husserl keine nachfolgende Bildphänomenologie hätte geben können.[3] Husserls Leistung für die Bildtheorie kann auf drei Ebenen angesetzt werden. Erstens hat seine Destruktion der erkenntnistheoretischen Bildertheorie einen wesentlichen Beitrag zur nachfolgenden Vielfalt der Bildbegriffe ermöglicht (Bild als imaginäre Projektionsfläche, als Fenster, als Nichtung, als Zug, als ›Sehen gemäß‹, als Darstellung, als Erscheinen von Sichtbarkeit usw.). Zweitens haben seine Studien zum Bildbewußtsein den Weg für die Berücksichtigung produktiver Konstitutionsleistungen geebnet. Drittens hat die Relevanz der Intentionalität den Raum für eine bemerkenswerte Analogisierung von Phänomenologie und Malerei eröffnet (z. B. Kandinsky, Mondrian, Kubismus), insofern sowohl die Malerei als auch die Philosophie den Naturalismus und den Historismus unterlaufen und auf ihre Weise die klassische Auffassung vom Bild als einem Abbild der Wirklichkeit modifizieren.[4] Beide Verfahren vollziehen eine Zäsur in Form der Reduktion und gehen der Frage nach: »Wie erscheinen Dinge im Wie ihres Wahrgenommenseins im Medium des Bildes?«[5] Dabei leistet die Lehre von der Intentionalität einen primordialen Beitrag in der Widerlegung der Bild- beziehungsweise Abbildtheorie.[6] Diese sogenannte Bildtheorie gilt als eine Erkenntnistheorie, die von der Annahme der Reproduktion der äußeren Realität im Bewußtsein ausgeht, insofern als das ›Ding draußen‹ im Bewußtsein in Form des Bildes als seinem Stellvertreter auftaucht.[7] Bereits Hermann von Helmholtz bemühte sich um eine Überwindung der

2 Boehm 1994, S. 17f.

3 Waldenfels 2008a.

4 Sepp 1988, S. 77.

5 Sepp 1995.

6 Husserl 1976, S. 89-91, 110-116 und 206-209.

7 Husserl 1984, S. 436. Varianten der Bildtheorie wurden schon in der scholastischen Philosophie erörtert, avancierten dann im klassischen Empirismus (Hume und Locke) zur zentralen, mentalen Theorie und spielten im nachhegelschen deutschen Psychologismus des 19. Jahrhunderts wieder eine Rolle. Sie folgt einem dualisti-

Bildtheorie, indem er die Empfindungen als *Zeichen* für die äußeren Objekte und gerade nicht als Abbilder gemäß eines Grades von Ähnlichkeit deutet.[8] Jedoch wird in dieser Fassung die tragende Struktur nicht außer Kraft gesetzt, sondern nur das Bild durch ein Zeichen ersetzt, so daß diese Widerlegung als gescheitert betrachtet werden muß. Husserl betont daher ausdrücklich, daß eine bloße *Ähnlichkeit* nicht eine Sache in das Bild einer anderen verwandelt. Er geht vielmehr davon aus, daß erst die »Fähigkeit eines vorstellenden Ich, sich des Ähnlichen als Bildrepräsentanten für ein Ähnliches zu bedienen«, das Bild zum Bild macht.[9] Aus diesem Grunde charakterisiert Bernhard Rang diesen Sachverhalt auch mit den Worten: »Husserl will [...] sagen, daß nichts ein Bild *sein* kann, ohne auch *als* Bild *gewußt* oder *verstanden* zu werden.«[10] Diese Modifikation hat Sartre zu der Einschätzung motiviert, daß die Idee der Intentionalität den Einbildungsbegriff erneuere.[11]

Bildlichkeit entsteht, wenn ein Bildding *als* ein *Bild* aufgefaßt wird und auf diese Weise *im Bild ein* Bildsujet zu sehen ist. Eine Bildlichkeit geht daher nicht auf die Verdoppelung der äußeren Wirklichkeit zurück, die ›re-präsentiert‹ wird. Husserl unterscheidet zwischen dem physischen Ding (das aus einer Leinwand, Papier oder anderen Materialien besteht), dem Bildobjekt (das Erscheinende bzw. der Repräsentant) und dem Bildsujet (das Repräsentierte).[12] Das Bild selbst

schen Schema, was eigentlich ein Kennzeichen für den Cartesianismus ist. Berkeley hat sich ebenso um eine Widerlegung dieser Bildtheorie bemüht.

8 Helmholtz 1884, S. 358. Siehe hierzu auch Volonté 1997, S. 169ff. Siehe auch Därmann 1995, besonders S. 188-235.

9 Husserl 1984, S. 436.

10 Rang 1990, S. 203.

11 Sartre 1971. Sartre präsentiert hier eine implizite Bildtheorie unter dem Stichwort einer Analyse des Bewußtseinsbegriffs im Rahmen einer Studie zur Imagination und rekonstruiert darin u.a. den Vorstellungsbegriff der Philosophiegeschichte als ›schwaches Abbild‹, dem er eine Vorstellung als ›Beziehung‹ und als funktionales Verhältnis entgegensetzt. Zur Familie der Vorstellungen gehören auch das Porträt und die Karikatur sowie das Bewußtsein der Imitationen (S. 48, 61 und 73). Dilthey grenzt den Bildbegriff nicht auf sichtbare und visuell wahrnehmbare Bilder ein, sondern eruiert ihn aus dem weiten Feld der immateriellen Bilder (Metaphern, Erinnerungs- und Vorstellungsbilder, geistige Bilder usw.). Vergleiche von Bonnemann 2007, S. 42-93. Auch der die Phänomenologie beeinflussende französische Wissenschaftstheoretiker Gaston Bachelard bediente sich eines weit gefaßten und immateriellen Bildbegriffs (siehe bspw. Bachelard 2000).

12 Husserl 1980, S. 18ff. und 43f. Husserl expliziert diese Typik anhand von Photo-

ist ›unsichtbar‹, da es nur im Bildhaften der Dinge und des Sehens auftaucht. Dieses Hervortreten als Bild gilt als Leistung des Bildbewußtseins, das Aspekte wie die Fiktivität der Objekte, die Unterscheidung zwischen einem Bild- und einem Zeichenbewußtsein, den Widerstreit, Neutralitätsmodifikationen, mehrfältige Bildlichkeit sowie die Idealität des Subjektes und die höherstufigen Bildvorstellungen umfaßt.

Für die Bildwelt gilt, daß die Vorstellungsinhalte nicht notwendig existieren müssen (z. B. der Zentaur von Böcklin). Dabei spielt die Differenz zwischen der Phantasie- und der Bildwelt eine Rolle. Die Phantasievorstellung gilt als eine besondere Form der *Vergegenwärtigung*, mithin als eine Form der *Verbildlichung*. Ähnliches wird für Ähnliches erst zum Bild durch das Bildlichkeitsbewußtsein, das vom Wahrnehmungs- und Gegenwartsbewußtsein abgesetzt wird.[13] Es umgreift innere und äußere, geistige und physische Bilder und entsteht durch den Widerstreit von Subjekt und Objekt. Die innerliche Repräsentation spielt für die ästhetische Bildbetrachtung eine Rolle, denn mit ihr ›schauen wir uns in das Bild‹ und das Sujet hinein, und dieses Sich-Hineinschauen, Sich-Einleben und Sich-Hineinphantasieren bildet den Grundakt der Husserlschen Ästhetik.[14]

Das Bildbewußtsein beruht auf einer Neutralisierung der Wahrnehmung, die auf den Widerstreit zwischen dem erscheinenden Bildobjekt und dem umgebenden Wahrnehmungsfeld zurückgeht. Ein Stich von Dürer zeigt uns eine Zeichnung, die wir den Intentionen des Malers gemäß nicht als ein System von Strichen und Verschattungen auf einer Papierfläche auffassen. Vielmehr vollzieht sich durch die Andeutungen und Gestalten eine Beziehung auf das Sujet hin, so daß die Bildauffassung die »Papierauffassung«[15] verdrängt oder verdeckt.

graphien und am Beispiel von Dürers Stich *Kaiser Maximilian zu Pferde*. Siehe auch Thiel 2003.

13 Husserl 1980, S. 16.

14 Ebd., S. 36, 467, 489 und Thiel merkt zu diesem Stichwort an, daß dieses Phänomen auch in Reflexionen von Henri Bergson auftaucht. Dieser setzt von der wissenschaftlichen Analyse die metaphysische Intuition ab als eine Form der Sympathie, durch die man sich in das Innere eines Gegenstandes versetzt, »um mit dem, was er Einzigartiges und infolgedessen Unaussprechliches an sich hat, zu koinzidieren« (Thiel 2003, S. 77; Bergson 1948, S. 42 ff., 183 f. und 192 f.).

15 Husserl 1980, S. 45.

3. Eugen Fink: Das Bild als Fenster

Husserls Assistent Eugen Fink knüpft hier an und zählt das Bildbewußtsein zu den medialen Akten, da diese Akte als Medium für das Erscheinen und ›Sich-zeigen-Können‹, einer ›Unwirklichkeit‹ fungieren und eine Unwirklichkeit präsentativ und in anschaulicher Fülle in einem originären Noema zur Darstellung bringen.[16] Obgleich die Bedeutungskomponenten für das Bild zwar wichtig sind, werden sie von einem ›reinen Bildsinn‹ abgesondert, um eine erste Definition zu gewinnen. Beim ›reinen Bildphänomen‹ handelt es sich nicht um eine Irrealität im Sinne einer *idealen* Bedeutungseinheit oder einer idealen Singularität eines Kunstwerkes (z. B. einer Symphonie, die in mannigfachen Wiederholungen dieselbe ist), sondern um ein faktisch-individuell Seiendes. Die noematische Auslegung dieses Bildbewußtseins versteht sich folglich als eine Analyse der Bildfaktizität. Unter Bild wird das einheitliche, sinnzusammengehörige Ganze von realem Träger und von ihm getragener Bildwelt verstanden, wobei die Bildwelt selbst in verschiedene Aspekte dissoziiert wird. Die Bildwelt wird a) getragen von einem ›Hineinsehen‹ in die der Bildwelt zugehörige Nahsphäre von Raum und Zeit. Bei den Bildweltgegenständen handelt es sich b) nicht um wirkliche Gegenstände im wirklichen Raum (und damit Referenten), sondern um Objekte im Bildweltraum und in der Bildweltzeit. Die Bildweltzeit ist c) zunächst nur Gegenwart, die sich erst später in verschiedene Zeitmodi aufstaffelt. Die Anschaulichkeit der Bildwelt entspricht d) nicht den Akten der Vergegenwärtigung, sondern ist eine präsentativ-impressionale Anschaulichkeit, so daß das Bildbewußtsein ein gegenwärtigendes und *urstiftendes* Bewußtsein ist.[17] Auch die Unwirklichkeit der Bildwelt ist von der Unwirklichkeit der Vergegenwärtigung verschieden. Während die Unwirklichkeit der Vergegenwärtigung der Imagination entspricht, liegt die Unwirklichkeit der Bildwelt in einer Wirklichkeit, die im »präsentativ urgestifteten Gehalt einer bestimmten Erlebnisart« liegt, so daß wir nicht zum realen Träger eine Bildwelt hinzuphantasieren, sondern beides in Korrelation erfassen: »Bildwahrnehmung ist eine bestimmte Art von Wahrnehmung, die ihren eigenen

16 Fink 1966, S. 71f. Neben dem Bildbewußtsein fallen auch die Apperzeption von Spiel und Darstellung unter diese Akte.

17 Fink 1966, S. 75. Hier spielt Fink auf Husserls berühmte Beilage 2 und 3 zur Geometrie aus der *Krisis*-Schrift an (Husserl 1962, S. 357-387).

genuinen Erfüllungs- und Bewährungsstil hat [...]. Bildwahrnehmung ist ein medialer Akt, d. h. eine Erfahrungsweise, die in sich selbst ein originäres Worin einer ›Unwirklichkeit‹ konstituiert.«[18] Sie ist Schein nicht im Sinne einer Täuschung, sondern die Potenz einer Kunst als ›Welt des Scheins‹. Ihre Bildwelt ist diejenige Dimension, die das Bild zum Bild macht, wobei das Bild als ›Fenster‹ in die Bildwelt fungiert. Die Bildwelt öffnet sich in die wirkliche Welt hinein, und als Ort dieses Sichöffnens konstituiert sich das Bild. Der Begriff ›Fenster‹ bildet den Grundbegriff dieser intentional-konstitutiven Bildanalyse. Die Fensterstruktur selbst bewirkt die fundamentale ›Ichspaltung‹ des Bildbetrachtenden, der einmal Subjekt der realen Welt ist, der aber das Bild als ein *Ganzes* und nicht bloß als Träger wahrnimmt, sondern als das Korrelat eines medialen Aktes in seiner Bildwelt auffaßt.[19] Dieses Wechselspiel verschiedener Sichtweisen macht sich auch Walter Biemel in seinen diversen Studien zur Bildlichkeit zunutze.[20]

4. Roland Barthes: Das Bild als Ort einer Verletzungskraft

Mit einer bemerkenswerten Differenz gelingt es Roland Barthes, den herkömmlichen Primat der Mimesis zu durchbrechen, und zwar a) durch den Aufweis der Differenz von *punctum* und *studium*, b) den Aufweis nicht-mimetischer Charaktere der Photographie und c) der Darlegung der supplementären Struktur der Sterblichkeit, die im Photo aufscheint und die Barthes im Ausgang vom Photo seiner Mutter beschreibt.[21] Konträr zur opinio communis ist eine Photographie

18 Fink 1966, S. 76.

19 Ebd., S. 78.

20 Biemel 1999. Die Überlegungen Heideggers aus dem *Kunstwerk*-Aufsatz werden hier ausgeklammert, es sei jedoch darauf verwiesen, daß der amerikanische Phänomenologe John Sallis an Platons und Heideggers ›Lichtmetaphorik‹ anknüpft und an drei Malern (Monet, Kandinsky, Paladino) demonstriert, inwiefern das Bild die Verwandlung eines Lichtes ist, das den Dingen ihre Sichtbarkeit verleiht (Sallis 1998).

21 Barthes 1985, S. 86f. Vgl. außerdem S. 33, 36 und 52ff. zum Punctum als Stich, kleinem Loch, als Schnitt oder als Zufälliges, das »mich sticht, verwundet und trifft« (Barthes 1985, S. 36). Siehe zur Thematik von Schnitt und Punkt auch den Text von Richard 1988. Interessant ist die extreme Überdeterminierung der

nicht einfach das mimetische Abbild eines Wahrnehmungsobjektes. Sie läßt vielmehr eine spezifisch ambivalente ›Leiblichkeit‹ des ›Anvisierten‹ aufscheinen. Dabei spielt die Abweichung von anderen Darstellungsmedien eine Rolle, denn im Kontrast zur Malerei eignet dem photographischen Referenten niemals eine vollständige Fiktionalität, denn der Photographierte ist zumindest einmal ›anwesend‹ gewesen, was den Konnex zwischen einer Realität und dem Zeitmodus der Vergangenheit besiegelt.[22] Dieser Konnex ist wesentlich, da er die Modi der Potentialität, die das gemalte Bild auszeichnen, variiert: Das Photo bringt kein ›als ob‹ zum Ausdruck, sondern attestiert ein ›unwiderlegbar gegenwärtig‹. Jenes Charakteristikum, das sich der Mimesis durch den fundamentalen ›*trait inimitable*‹ entzieht, besteht darin, daß der Referent ›leibhaftig‹ wahrnehmbar ist. Allerdings ist diese Leibhaftigkeit mit der Kehrseite einer Abwesenheit ›erkauft‹, denn im Moment der Photographie ist das Dargestellte bereits *entrückt*, in ein ›Anderswo‹ des zeitlichen und topologischen Entzugs verwandelt.[23] Die Photographie zeigt die Einzigartigkeit und Unvertretbarkeit des Anderen, aber diese in seiner Mortalität, wenn auch in einer konstitutiven Unbestimmtheit zwischen ›das ist er‹ und ›ist er nicht‹. Während der ›naive‹ Begriff des Referenten sein reales Vorhandensein meint, entfaltet Barthes einen Begriff, der in die supplementäre Zeitstruktur von Sterblichkeit eingelassen ist und mit seiner irreduziblen Abwesenheit verbunden ist. Die Unbestimmtheit wird, wie wir sehen werden, in anderen phänomenologischen Reflexionen zur Sinnerzeugung von Bildern überhaupt wiederkehren. Was zunächst bleibt, ist die Kraft eines Stichs, die vom (photographischen) Bild ausgeht, der verletzt und aufrührt.

Ausführungen mit einer Tonalität der Stimmen, einer religiösen Aura und auch einer Bildethik der Gerechtigkeit.

22 Auch für digital gefälschte Bilder muß zumindest ›im Ursprung‹ ein ›einmal‹ existiert haben: »Das Bild, sagt die Phänomenologie, ist ein Nicht-Objekt. Nun ist das, was ich von der *Photographie* behaupte, nicht allein die Abwesenheit des Objekts, sondern ich behaupte im selben Zuge und mit dem gleichen Nachdruck, daß dieses Objekt auch sehr wohl existiert hat und dort gewesen ist, wo ich es sehe« (Barthes 1985, S. 126).

23 Waldenfels geht dem Motiv des Entzugs insbesondere nach in *Das Unsichtbare dieser Welt oder: Was sich dem Blick entzieht* (Waldenfels 2008b). Därmann überdeterminiert den Aspekt der Mortalität durch einen manifesten Ausdruck, denn durch die langen Belichtungszeiten der frühen Photographie erschienen die Dargestellten oft als »Leichen« (Därmann 1996, S. 254).

5. Maurice Merleau-Ponty: Das Bild als Realisierung von Ausdruck und als Einrollung von Sichtbarkeit

Gottfried Boehm beschreibt den Übergang von der deutschen Phänomenologie zum Bildbegriff Merleau-Pontys in markanten Worten. Husserls Unterbelichtung des Bildproblems und Finks Modellierung des Bildes als Fenster wird nun durch die revolutionäre Fassung des Bildes als ›imaginäre Projektionsfläche‹ umgestürzt, eine Innovation von »durchschlagendem historischen und theoretischen Erfolg«.[24] Allerdings müßte diese Apostrophierung nuanciert werden, geht es doch Merleau-Ponty vordringlich um zwei Fragen. Erstens: Wesentlich ist nicht so sehr die ontologische Frage, *was* ein Bild sei (z. B. eine imaginäre Projektionsfläche), sondern *wie* Materie in Sinn verwandelt wird und daher das Bild vielmehr als Realisierung eines Ausdrucks verstanden werden muß und, zweitens, mit welchen Kategorien dieses Übergreifen zwischen einer sichtbaren Wirklichkeit mit ihren unsichtbaren Tiefenstrukturen und einer verkörperten Sichtbarkeit im Bild zu fassen sei.

Von zentraler Relevanz für die Reflexionen zur Bildtheorie war Paul Cézanne. Doch auch andere Künstler wie Paul Klee, van Gogh, Renoir, Tintoretto, Matisse und viele mehr standen im Fokus der Reflexionen, welche die kunsttheoretischen Erörterungen zur Bild- und Kunstwerktheorie von Edmund Husserl, Martin Heidegger, Jean-Paul Sartre oder André Malraux hinter sich ließen.[25] Die Malerei eignet sich dabei im vorzüglichen Sinne, weil sie einerseits die außerordentlichen Potentiale und Mehrleistungen des Sehens, die bei der Transformation des Sichtbaren eine ungewöhnliche Rolle spielen, deutlich werden läßt. Sie eignet sich auch, weil diese Bilder den Überschuß der Sichtbarkeit im Bild zum Ausdruck bringen, nicht zuletzt auch durch eine Polydimensionalität des Sinnlichen oder durch die ›Übersetzung von Äquivalenzsystemen‹. Auf diese Weise wird die

24 Boehm 1994, S. 17f.

25 Spuren hat dieses Denken auch in den Theorien zu Film und Kino sowie zur Kinderzeichnung und zur bildnerischen Darstellung von Patienten gefunden. Eine Erprobung dieser Philosophie mit den gegenwärtigen Medien müßte noch genauer ausgearbeitet werden. Ein Echo fanden sie bereits in den Theorien von Didi-Huberman, Nancy, Baudrillard, Virilio, Derrida, Foucault und Deleuze u.a.

Wahrnehmung nicht nur aus ihrem metaphysisch überlieferten klassischen Skelett befreit, sondern extrem in ihrem eigenen *Enigma* freigelegt, denn im Bild »*sehen* [wir] die Tiefe, das Samtene, die Weichheit, die Härte der Gegenstände – Cézanne meinte sogar: ihren Duft«.[26] Diese Transformation vollzieht sich nicht am Leitfaden einer Repräsentation von Prädikaten in ›gemalten Qualitäten‹, sondern als *Befreiung* der Dinge aus ihrer ›Schwerkraft‹ und ihre Verkörperung in sichtbare Bilder. Die klassische Repräsentation wird bereits durch die Doppelseitigkeit von unsichtbaren Tiefenstrukturen und Mehrsichtigkeit des Sehens überschritten: »Gegeben sind Organismen, Objekte oder Fragmente von Objekten, die in ihrer Umgebung fest verankert sind, jedes an seinem Platz, indessen an der Oberfläche von einem Netz von Vektoren durchzogen sind und in der Tiefe durch ein Gewimmel von Kraftlinien verbunden; der Maler aber wirft die Fische fort und behält das Netz zurück. Sein Blick fängt Entsprechungen, Fragen und Antworten ein, die in der Welt nur dumpf angedeutet und stets durch die Stumpfheit der Dinge erstickt sind, er entbindet sie, befreit sie und sucht für sie einen wendigeren Leib [Metensomatose der Kunst: was wird übertragen (Randnotiz)]. Gegeben sind im übrigen Farben und eine Leinwand, die teilhaben an der Welt; er entledigt sie plötzlich ihrer Gebundenheit: die Leinwand und selbst die Farben bleiben, weil sie auf geheimnisvolle Weise ausgewählt und zusammengesetzt worden sind, für unseren Blick nicht mehr dort, wo sie sind; sie bilden ein Loch in der Fülle der Welt, sie werden – wie Quellen oder Wälder – zum Erscheinungsort von Geistern, sie sind nur noch da als ein Minimum an Materie, dessen ein Sinn bedarf, um sich zu offenbaren [...].«[27] Es ist keine zufällige Koinzidenz, welche ungeheure Ähnlichkeit diese Beschreibungen auf seiten der Künstler und der Kunsthistoriker finden: »A. K. Coomaraswamy, ein großer Kunsthistoriker des 20. Jahrhunderts, sagte einmal, daß jede Kunstform vor allem das Unsichtbare abbilde. Aus diesem Grund besitzen Kunstwerke die Fähigkeit, uns über große Entfernungen hinweg im Hier und Jetzt zu berühren.

26 Merleau-Ponty 1994, S. 47. Diese Auslegung steht im Kontrast zu den Interpretationen von Lambert Wiesing, der die Plurisensorialität Merleau-Pontys auf eine reine Sichtbarkeit reduziert und die Bildlichkeit auf eine Reduktion der Sprache zurückführt (Wiesing 2000, S. 61-74). Vergleiche auch Wiesing 2002.

27 Vgl. Maurice Merleau-Ponty: »Das Imaginäre haust in der Welt« (Merleau-Ponty 1984, S. 69).

Die unsichtbare Welt, die uns umgibt, ist wie ein verborgenes Netz aus Verbindungen. Wir leben darin wie Fische im Wasser, und wie das Wasser ist diese Umgebung für uns zwar durchscheinend, fremd und unsichtbar, aber dennoch lebenswichtig.«[28]

Die Abfolge der Werke läßt eine Akzentverschiebung deutlich werden. Hatte die *Phänomenologie der Wahrnehmung* noch die ›Gesetze‹ und Strukturen der Wahrnehmung sowie die Rolle der Leiblichkeit expliziert und angedeutet, wie die Bildkonstitution erfolgt (siehe das Renoir-Beispiel), so öffnen die Überlegungen der mittleren bis späten Phase das Bild für die Transformations- und Ausdrucksproblematik, während das Spätwerk die Bildproblematik in eine Fülle enigmatischer Formulierungen einer nachcartesianischen Ontologie einbettet. Aussagen wie »Das Sichtbare ist aus dem Berührbaren geschnitzt«, »Das Sichtbare sitzt auf dem Fleisch der Dinge wie der Vogel auf dem Ast« oder »Das Sichtbare ist verstreut« verkehren jede herkömmliche Metaphysik und Ontologie. Vier Aspekte spielen hier eine wesentliche Rolle: das Unsichtbare, die Berührung, Fleisch und Tiefe.[29] Das Frühwerk setzte einerseits die gestalttheoretischen Wahrnehmungsgesetze für das Bild als ›imaginierte Projektionsfläche‹ um, folgte aber vor allem dem diakritischen Prinzip, das Ferdinand Saussure als sprachtheoretische Revolution von jeglichem positivistischen Modell von Bedeutungsbildung abgesetzt hatte.[30]

Während sich der programmatische Aufsatz »Auge und Geist« stärker der Revision des Cartesianismus widmet, gehen die Überlegungen aus »Prosa der Welt« der Realisierung eines Bildsinns im Bild nach. Zwei Sachverhalten kommt dabei eine Schlüsselstellung zu, und zwar der Ausdrucksproblematik, aber auch der These von der Erfindung der Perspektive als einer ›beherrschten Welt‹. Beide Themen sind in ihrer Bedeutung für das Spätwerk nicht zu unterschätzen, da hier die jeweiligen ontologischen Dimensionen ausgearbeitet werden (Tiefe als wildes Sein gegenüber der Beherrschung durch die Perspektive). Die Ausführungen zum ›konstruktiven Charakter‹ von Perspektiven verstehen sich dabei nicht als ein kontingentes Glanzstück einer ›Kunstgeschichte‹, welche die Syntaktiken einer Bildkom-

28 Viola 2004, S. 277.

29 Kapust 1999.

30 Merleau-Ponty illustriert diesen Sachverhalt an Beispielen von Bildern Cézannes, und zwar anhand dessen eigener Explikationen (Merleau-Ponty 1966, S. 233). Siehe auch Gombrich u.a. 1977.

position analysiert. Ihr Stellenwert liegt darin, die Singularität eines ›Bildgegenstandes‹ aus dem Untergrund einer ›Polyphonie des Seins‹ hervortreten zu lassen.[31] Bahnbrechend für diese neuartige Ontologie von *Fleisch* und *Tiefenraum* sind auch die kritischen Überlegungen zur Perspektivlehre. Die Perspektive wird als ›Stillstellung des wilden Blicks‹ in einem domestizierten Sein und Sehen ›dekonstruiert‹, in der die Verschiedenen auf einem vereinheitlichenden Blickstrahl gleichgesetzt werden. Merleau-Ponty verknüpft dabei nicht nur die klassische Philosophie mit der Kunst, sondern setzt gleichzeitig eine ganze Schulphilosophie mit ihren Paradebeispielen zur Perspektivlehre und Wahrnehmungslehre außer Kraft: »Anfangs machten sich die Dinge meinen Blick streitig, und während meine Augen an einem von ihnen haften blieben, spürte ich den Anspruch, den die anderen meinem Blick entgegenbrachten und der sie alle mit ersterem koexistieren ließ. Ich war jeden Augenblick beschäftigt mit der Welt der Dinge und überflutet von einem Horizont sichtbarer Dinge, die inkompossibel waren mit dem, was ich aktuell ins Auge fasste, die aber gerade dadurch mit diesem gleichzeitig waren. Nun aber konstruiere ich eine Darstellung, in der jedes aufhört, die ganze Schicht für sich zu beanspruchen, in der ein jedes den anderen Zugeständnisse macht und darin einwilligt, nicht mehr Raum auf dem Papier einzunehmen, als ihm von den anderen überlassen wird.«[32] Damit erweist sich die Perspektive als ›stillgesetzter Blick‹, als Konstruktion einer Wirklichkeit und als ›Erfindung einer beherrschten Welt‹, wo alles in einem System seinen Platz gefunden hat.

Der Ausdruck ist keine *pure Innovation*, aber auch keine *bloße Nachschöpfung*. Während eine reine Kreation als ein ›Sagen ohne Gesagtes‹ zu klassifizieren wäre, wäre eine bloße Nachschöpfung ein ›Gesagtes ohne Sagen‹: »Die rein kreative Rede hätte *nichts* zu sagen, die rein repetitive Rede hätte nichts zu *sagen*.«[33] Die Übergangssynthesis, die Merleau-Ponty im Auge hat, entspricht einem »Faktum der Vernunft« bzw. dem »Urfaktum« des »Es gibt Sinn«.[34] Mit diesem

31 Bernhard Waldenfels untersucht das Phänomen der Inkompossibilität (Waldenfels 1986). Nicht unerwähnt bleiben sollte, inwiefern dieses Motiv ganze Philosophien geprägt hat, so das Denken von Maurice Blanchot, von François Lyotard, von Jacques Derrida oder von Emmanuel Levinas.

32 Merleau-Ponty 1984, S. 74. Vgl. auch Gombrich 2002.

33 Waldenfels 1995, S. 110. Vgl. auch Arnheim 2000.

34 Merleau-Ponty 1966, S. 344. Vgl. abweichend Böhme 2001.

Urfaktum wendet sich Merleau-Ponty gegen empiristische wie auch gegen intellektualistische Interpretationen eines Bildsinnes. Während die empiristischen Erklärungsversuche im Rekurs auf ein Kausaldenken den Sinn in die Dualität einer Grundschicht von Elementardaten und einer Abfolge von Tatsachen aufspalten, begnügt sich der intellektualistische Ansatz noch im Zuge einer ontologisch-logischen Implikatur auf die Ausfaltung dessen, was bereits in ›eingerollter Form‹ angelegt war (Sinn als aristotelischer Bauplan, platonisch-cartesianische innere Idee, subjektive Intention oder Wille usw.). Zu dieser Form von Sinn gehören daher Elemente wie die Abweichung (im Kontrast zur traditionellen Dominanz von Ähnlichkeit oder Mimesis), die Übersetzung, die Nachträglichkeit und der Überschuß. Auf diese Polarität von Explikationen antwortet Merleau-Ponty mit einem Paradox, das er Proust entlehnt. Dieser hatte die Ausdruckskraft des literarischen Schreibens mit folgenden Worten charakterisiert: »Reden und Schreiben bedeutet, eine Erfahrung zu *übersetzen*, die doch erst zum Text wird durch das Wort, das sie selbst wachruft.«[35]

Der kreative Aspekt beruht darin, daß es weder einen ›Urtext‹ gibt, der von der Lektüre einfach vorgefunden und entfaltet wird, noch einen Text, der lediglich durch die Lektüre hervorgebracht wird: »Ein Ausdruck, der dem Auszudrückenden alles verdankt, wäre kein *schöpferischer* Ausdruck mehr, während Schöpfung, die dem Auszudrückenden gar nichts verdankt, kein schöpferischer *Ausdruck* mehr wäre.«[36] Bei dieser Form der schöpferischen Sinnproduktion liegt keine Kurzschließung zwischen einer Ausgangs- und einer Zielsprache vor, sondern eine Koinzidenz, die es ermöglicht, daß Neues und Fremdes Eingang finden kann. Es gibt einen Ursprung von Sinn vor der intelligiblen Welt in den Bezügen der Tiefe, die als »wildes und amorphes Sein«[37] jenseits einer Fixierung in Identifizierung und Vergleich betrachtet wird.

Hier bekundet sich in aller Deutlichkeit die Relevanz des Unsichtbaren. Dieses Unsichtbare ist nicht einfach die Kehrseite eines Sichtbaren, sondern wird in vier verschiedenen Dimensionen erörtert,

35 Merleau-Ponty 1973, S. 66; Waldenfels 1995, S. 115.

36 Merleau-Ponty 1967, S. 73; Waldenfels 1995, S. 115. Edward S. Casey knüpft an Merleau-Ponty an und verbindet dessen Philosophie mit der pikturalen Darstellung von Raum und Ort (Casey 2006).

37 Merleau-Ponty 1984, S. 70ff.; Kapust 1999, S. 229-278.

die Jacques Derrida in seinen Reflexionen zu einer transzendentalen und sakrifiziellen Bildlichkeit entwickelt.

6. Jacques Derrida: Transzendentale und sakrifizielle Bildlichkeit

Die bekannteste Form des Unsichtbaren bildet die Figur des Überschusses. Mit ihrer Hilfe wagt Derrida das Projekt einer Verschiebung der Mimesis zur Restitution der Gabe, das er am berühmt gewordenen Beispiel der ›Schuhe‹ von van Gogh vornimmt.[38] Eine ›Theorie der Bildlichkeit‹ erfolgt jedoch vielmehr durch die Dekonstruktion der ikonographischen Tradition, in der Plinius die Urszene der Malerei entdeckt, nämlich der Geschichte der korinthischen Töpferstochter Dibutades.[39] Dibutades »musste sich einmal für kurze Zeit von ihrem Geliebten trennen. Da bemerkte sie an der Wand den Schatten des jungen Mannes, gezeichnet vom Licht einer Lampe. Die Liebe brachte sie auf den Gedanken, dieses für sie so teure Bild festzuhalten, indem sie eine Linie zog, die exakt dem Umriss des Schattens folgte.«[40] Die Rahmung dieser exemplarischen Geschichte unterstreicht zunächst die mimetischen Momente der Platonischen Speläologie, verschiebt diese jedoch durch differentielle und supplementäre Charaktere, und zwar durch den Rekurs auf die Überkreuzung von Wahrnehmung und Gedächtnis (Baudelaire) und von Schrift und Laut (Rousseau).[41] Die Bild-Zeichnung liest sich wie eine ›Schattenschrift‹, eine *skiagraphia*: »Was für Laute hätte sie ver-

38 Derrida 1990. Dieses Bild erörterte zuvor Martin Heidegger im Rahmen des Aufsatzes »Der Ursprung des Kunstwerkes«, wo die Kunst als ein »Ins-Werk-Setzen der Wahrheit« (Heidegger 1980, S. 57) bestimmt wird und das später zum intensiven Disput mit Shapiro geführt hat. Kathrin Busch geht auf diesen Disput ein (Busch 2004). Siehe zu Heidegger, der aufgrund seiner extensiven Besprechungen hier nicht eigens erörtert wird, den Text von Sepp 2002.

39 Plinius Secundus der Ältere 1978, S. 108; Gombrich 1995, S. 30. Vgl. auch die sorgfältige Studie von Krewani 2003, S. 17.

40 Derrida 1997, S. 56. Derrida bezieht sich hier auf Merleau-Pontys Theorie einer radikalen Unsichtbarkeit und ihr Verhältnis einer Imperzeption in der Perzeption.

41 Eine Kritik am Begriff der Schrift präsentiert Mersch in *Was sich zeigt. Materialität, Präsenz, Ereignis* (Mersch 2002). Eine Revision des Supplementären und die Hinwendung zu Themen der Präsenz und des Diaphanen finden sich auch in Gumbrecht/Schulte 2004.

wenden können, um diese Bewegung eines Stabs wiederzugeben?«[42] Das Bild trägt keinen *ontologischen* Charakter (es *ist* die Darstellung des Geliebten, obgleich es als solche erscheint) und keinen *deontologischen* Charakter (es *soll* die Darstellung des Geliebten sein, um über die Abwesenheit hinwegzutrösten). Vielmehr liegt im Kern der Bildkonstitution ein doppelter *Entzug* in Form einer *sakrifiziellen* und einer *transzendentalen* Blindheit. Die Genealogie des Bildes verdankt sich einer Abwendung vom Bildgegenstand als Hinwendung zur *Markierung* (Strich, Zug), die als Anamnese von einer Amnesie bedroht ist. Die Abwendung von der außerbildlichen Sichtbarkeit inauguriert eine sakrifizielle Blindheit, die jedoch nicht einer Logik des Tausches folgt. Eine Abwendung besteht darin, die Gegenstände des Sehens ›auszutauschen‹. Der im Bild produzierte Bruch mit dem Sichtbaren der Welt wird jedoch nicht als Moment eines Tausches aufgefaßt, sondern folgt einer anderen Logik: Mit dem Sehen von Bildern wird das Sehen eines Außerbildlichen überhaupt aufgegeben und nicht nur das kontingente Sehen eines partikularen und besonderen Elements ›geopfert‹. Daher kann das Sehen eines Bildes auch nicht als bildliche Aneignung aufgefaßt werden. Den Bruch mit dem Sichtbaren der Welt bezeichnet Derrida als ›Opferereignis‹. Signum eines Opfers ist es, daß es von keiner Gegengabe oder keiner Gegengabe der gleichen Ordnung belohnt wird.[43] An dieser Stelle interferiert Derrida den wichtigen Begriff des Unsichtbaren, den er aus dem Spätwerk von Merleau-Ponty aufgreift. Das Unsichtbare als das Nicht-Sichtbare ist nicht ein »anderswo präsentes, latentes, imaginäres, unbewusstes, verborgenes oder vergangenes Phänomen, sondern ist ein ›Phänomen‹, dessen Nichterscheinen von anderer Art ist; und was wir hier mit dem Namen ›Transzendentalität‹ belegen, ist nicht ohne Bezug zu der ›reinen Transzendentalität ohne ontische Maske‹,

42 Derrida zitiert Jean-Jacques Rousseau aus *Versuch über den Ursprung der Sprache* (Derrida 1997, S. 54). Man beachte erneut die implizite Überdeterminierung der Bedeutungen, so einerseits die Anspielung auf das taktile Sehmodell des Descartes, in dem das Auge vom ›Blindenstab‹ geleitet wird, andererseits die Erwähnung eines ›Schleiers‹ als möglichem Bildträger, der die Tradition des ›*vera icon*‹ verschiebt.

43 Dieses Motiv erörtert Jacques Derrida (auch in Anlehnung an Emmanuel Levinas) explizit in *Falschgeld* (Derrida 1993). Das Motiv sowie die Überdeterminierung mit dem Opfermotiv tauchen auch in den Bildreflexionen bei Merleau-Ponty und bei Nancy auf.

von der Merleau-Ponty spricht«.[44] Die vier Schichten des Unsichtbaren werden aufgeschlüsselt in 1. das, »was nicht aktuell sichtbar ist, aber es sein könnte« (das potentiell Unsichtliche bei Husserl), 2. der »Gliederbau der nicht sichtbaren Existentialien des Sichtbaren« (das Scharnier bei Merleau-Ponty), 3. das Taktile oder Kinästhetische, 4. das Sagbare, die ›lekta‹, die das Verhältnis des *logos prophorikos* und des *logos endiathetos* betreffen.[45] Derrida hat insbesondere die Spur des ›absolut Unsichtbaren‹ im Auge: »Obgleich diese Unsichtbarkeit dem Sichtbaren und selbst dem nur potentiell Sichtbaren, der Möglichkeit des Sichtbaren, absolut fremd ist, bewohnt sie doch noch das Sichtbare, ja sucht es heim, bis sie sich mit ihm vermischt, mit ihm eins wird, um sich so [...] ihrer eigensten Ressource zu vergewissern. Das Sichtbare *als solches* wäre demnach unsichtbar, nicht etwa als Sicht*barkeit*, *Phänomenalität oder Wesen* des Sichtbaren, sondern als der singuläre Körper des Sichtbaren selbst.«[46] Doch wie generieren diese Ordnungen das Sichtbare, und worin bestehen ihre Formationsstrukturen?

7. Michel Foucault: Die Dispositive des Bildes

Für die Bildtheorie sind zwei Erörterungen Foucaults relevant, und zwar zum einen die berühmte Interpretation von Velázquez' *Las Meninas*,[47] zum anderen die Auseinandersetzung mit den Wörterbildern von René Magritte.[48] Während die Analysen des Gemäldes von Veláz-

44 Derrida 1997, S. 56.

45 Derrida 1997, S. 56. Die Rede von einem ›Logos‹ und den ›lekta‹ impliziert damit keinesfalls die Festlegung des Bildes auf diskursive Ordnungen.

46 Derrida 1997, S. 54.

47 Foucault 1971, S. 31-45. Da die Ausführungen von Michel Foucault beinahe zum Gemeingut gehören, soll aus Platzgründen auf weitere Anmerkungen verzichtet werden. Vergleiche zum Streit zwischen Foucaults These gegen den Repräsentationsgedanken und zur Anfechtung durch Searle auch die Ausführungen von Alpers 2001.

48 Foucault 1997. Barthes zufolge ist eine Pfeife im Photo immer eine Pfeife, die jedoch in eine »maßlose Unordnung der Dinge treibt« (Barthes 1985, S. 13f.). Hinsichtlich der Bildwelt der Reklame schreibt Gernot Böhme: »Es gibt jenseits der Pfeife, wie man sie in der Reklame sieht, keine Pfeife mehr, wie wir sie wirklich sehen.« (Böhme 1999, S. 74)

quez im Rahmen der Diskurstheorie und der verschiedenen Repräsentationsformen erfolgt, greift die zweite Interpretation das Anliegen von René Magritte auf, das Mysterium wachzuhalten.[49] Diese bildtheoretischen Reflexionen greifen daher die beiden Begriffe von Überschuß und Kraft auf und verweisen auf ein ›Außerhalb des Diskurses‹. Bereits die Velázquez-Interpretation aus *Ordnung des Diskurses* hatte das herkömmliche Modell der Repräsentation unterlaufen.

Die Auseinandersetzung mit Magritte ließe sich in dreifacher Weise als Revision der Überlegungen zum Bildstatus und zum Bildpotential deuten. Die erste Interpretationsmöglichkeit würde auf die zeichentheoretische Differenz rekurrieren, daß das Bild der Pfeife nicht der reale Gegenstand ist: Die reale Pfeife kann abbrennen, der noematische Sinn der Bild-Pfeife in der Bildwelt hingegen kann dies nicht. Bereits in dieser Differenz bekunden sich die Leistungen eines Bildbewußtseins, die nun durch die Differenz zwischen Bild- und Wortzeichen vertieft wird. Der klassische Primat der Ähnlichkeit, der das Denken von Mimesis und Repräsentation leitete, wird gestört durch die Dissoziationen von figürlicher Darstellung und sprachlicher Referenz, so daß nichtsprachliche Aussagen und Bildbotschaften in einem Raum ohne Stabilität, ohne Anhaltspunkte und ohne Koordinaten mit einem nicht entzifferbaren Bedeutungsüberschuß einhergehen. Diese Instabilitäten eröffnen die dritte Möglichkeit der Störung hermeneutischer Decodierungspraktiken. Hatten im klassischen Denken Bildanhaltspunkte als semiotische Marker zur Bildcodierung gedient (z. B. Wappen, Flaggen, Signaturen), so evoziert Magritte in seinen Bildern Brüche zwischen den verschiedenen Bildelementen und Bildebenen. Die Pointe dieser Brüche besteht aber nicht in einem kognitiv relevanten oder epistemisch verwertbaren Effekt (z. B. der Einsicht, daß das Bild mit einer Differenz operiert). Sie besteht aber auch nicht in einem motivierenden Akt, der zu einer Reflexion über den Bildstatus und die Bildlichkeit von Wirklichkeit herausfordern würde. Die Pointe liegt vielmehr in einer anderen Kraft: Dem Bild eignet die unsichtbare Kraft, gewohnte Ordnungen, Normalisierungen und ihre affirmativen Repräsentationen durchbre-

49 Dieses Motiv von René Magritte (»Das Surreale ist die Realität, die nicht von ihrem Mysterium getrennt worden ist.«) ist auch für Merleau-Ponty leitend, so René Magritte in einem Interview mit Jan Walravens aus dem Jahr 1962 (Magritte 1985, S. 444).

chen zu können und jenseits einer ›Aura des Kunstwerkes‹ ein ›Außerhalb des Diskurses‹ in Form von Rändern des Ungesagten aufsteigen zu lassen.[50] Ließe sich dieses ›Außerhalb‹ als ›Grund der Bilder‹ deuten?

8. Jean-Luc Nancy: Der Grund der Bilder

Jean-Luc Nancy überbordet den klassischen Repräsentationsbegriff, insofern a) mit der Bezugnahme auf Momente der Alterität, des Unergreifbaren und des Überschusses die herkömmliche dualistische Operationalisierung unterlaufen wird, b) die Fixierung von Sinn auf diskursive Prozesse durch die Charaktere von Präsenz und Monstranz widerrufen wird und c) die mimetische Praxis in eine ›Bildarbeit durch Kraft‹ transformiert wird. Er eröffnet seine Reflexionen zum Bildbegriff mit einer semantischen Bestimmung im Rahmen einer von der Tradition abweichenden Kontextualisierung: Das Bild ist das Distinkte und »ist immer heilig«.[51] Das Heilige, das nicht gleichbedeutend mit ›Religion‹ als einem ›Glaubenssystem‹ ist, bedeutet das Entfernte und Unberührbare. Es bleibt daher im Abstand und ist das Distinkte.[52] Gemäß der Etymologie ist »das *Distinkte* das, was durch Markierungen getrennt ist (das Wort verweist auf Stigma, Brandmarkung, Stich, Einschreibung, Tätowierung): das, was man mit einem Zug entzieht, im Abstand hält und es somit auch mit diesem Entzug markiert«.[53] Dabei knüpft Nancy durchaus an die dreifache Typik des Bildbegriffs an, die Husserl entwickelt hatte, transformiert diese aber in die Doppelung von ›Grund‹ und ›Präsenz von Kraft‹, die auf der Gegenseite ein ›produktives Sehen‹ erfordert, denn das Bild »muß abgenommen, nach außen und vor Augen geführt werden, es ist daher von einer verborgenen, unabnehmbaren Seite untrennbar: die dunkle Seite des Bildes, dessen Unterseite, Tex-

50 Waldenfels 1995 und 1998.

51 Nancy 2006, S. 9.

52 Unverkennbar sind die zentralen Motive von Alterität, wie Emmanuel Levinas sie entwickelt (Levinas 1987).

53 Nancy 2006, S. 10. Zum Stigma und seiner Relevanz vergleiche den bereits erwähnten Text von Bill Viola: »Das Empfangen der Stigmata gehört zu den erschütterndsten und tiefgreifendsten Erfahrungen des auf sich selbst gestellten Menschen. Künstler haben uns mit ihren Bildern einen privilegierten Einblick in diese seltenen Erfahrungen gegeben.« (Viola 2004, S. 263; Menke/Vinken 2004.)

tur oder Subjektil [...]. Das Bild ist ein Ding, das dieses Ding nicht ist [...].«[54] Die mimetischen Potentiale werden nicht durch einen Paradigmenwechsel durchbrochen, der den klassischen Erkenntnisprimat des Ähnlichen durch eine Abweichung oder Diakrisis ablöst, sondern durch die Subversion des formalen Primats der Form durch den *Kraftbegriff.* Wurde das Bild herkömmlich durch die Rekonstruktion seiner ›Forminhalte‹ decodiert und gelesen, so gilt das Bild nun als »Bild von etwas«, das sich vom Ding durch seine »Kraft oder Energie«, den Stoß und die Intensität unterscheidet.[55] Der Alternativbegriff für *Mimesis* ist dementsprechend der Abdruck, der als Modell des Bildes gilt und der die beiden Aspekte von Berührung und Kraft durch Druck vereinigt, eine Trennung und Verbindung aufrechterhält und durch den Überschuß der Methexis eine ›Anstekkung‹ durch das Bild bewirkt.[56] Von hier aus entwickelt Nancy seinen Bildbegriff, den er diakritisch gewinnt: Ein Bild ist ein ›Porträt‹, insofern es sich diesen Markierungen verdankt. In seinem Zeigen ›berührt‹ es, denn sonst wäre es nur ein Anzeichen oder ein Paßphoto (als technisches Abbild), aber eben kein Bild.[57] Das Bild *repräsentiert* diese Kraft aber nicht, sondern es berührt uns mit dieser Kraft, die sich einerseits transzendental einem pikturalen Licht verdankt (*lux* als transzendentale Quelle) und die andererseits in einem fungierenden *lumen* als der diakritischen Grundoperationen (Abschattungen usw.) zum Wirken kommt.[58] Ähnlich der transzendentalen Quelle ist das Bild »von einem Grund abgehoben und aus einem Grund herausgeschnitten«, wobei anlog zum *lumen* sich ein Bild herausbildet und zu sehen gibt. In dieser Bewegung ist das Bild Abdruck und Präsenz. Da ist einerseits »dieser Druck, diese Beseelung und diese Bewegung. Sie gibt dafür keine Bedeutung an, sie hat kein Objekt

54 Nancy 2006, S. 10. Derrida beschreibt mit dem ›Projektil‹ eine Kraft, die aus dem Bild ›herausschießt‹ und trifft (vgl. Thévenin/Derrida 1986).

55 Nancy 2006, S. 11. ›Form und Sinn‹ sowie eine Ikonographie im klassischen Sinne (Warburg, Panofsky usw.) werden hier unterlaufen.

56 Der Phänomenologe erkennt sofort die ungeheuer intensive Aufladung und Überdeterminierung dieses Begriffs, dessen zahlreiche Implikationen der *Berührung* hier nicht dargelegt werden können (Didi-Huberman 1999a).

57 Nancy präsentiert hier eine etymologische Ableitung des Porträts von *trahere* (»ziehen«).

58 Man könnte sich in diesem Kontext die Tatsache in Erinnerung rufen, daß Jesus Christus nicht nur als Topos des Schmerzensmannes figuriert, sondern auch als der Lichtbringer des ›ewigen Lichtes‹ gilt.

(und kein Subjekt im Sinne des Sujets eines Gemäldes), und ebensowenig besitzt sie eine Intention. Statt einer Repräsentation ist das Bild ein Abdruck des Intimen und dessen Passion (dessen Bewegung, Aufregung, Spannung und Passivität). Es ist kein Abdruck, verstanden als Typus oder festgelegtes, fixes Schema, sondern eher die Bewegung des Abdrückens, des Prägens der Oberfläche [...].«[59] Auf der anderen Seite ist das Bild »das nichtsprachliche Sagen oder das Zeigen der Sache in ihrer Selbstheit [...]. Sie ist eine andere Selbstheit als die der Sprache und des Begriffs, eine Selbstheit, die weder einer Identität noch einer Bedeutung (etwa ›einer Pfeife‹) zugehörig ist, sondern sich nur selbst im Bild und als Bild erhält.«[60] Das Bild ist die Evidenz dieses Unsichtbaren und eines ›Sinns ohne Bedeutung‹, denn wäre es dies nicht, wäre es nichts weiter als eine Verzierung oder eine Illustration, das heißt, hätte eine bloß unterstützende Bedeutung. In diesem Sinne ist es eine Art der ›Realpräsenz‹, und zwar keine alltägliche Gegenwart des Wirklichen, sondern Materie, die »als ansteckende, teilhabende und teilgehabte, in der Unterscheidung ihrer Intimität kommunizierende und kommunizierte Präsenz«[61] ist. Jedes Bild ist eine singuläre Variation auf die Ganzheit des distinkten Sinns, des Sinns, der nicht an die Bedeutungsordnung anschließbar ist, sondern den Sinndiskurs, den ›Sinn als Geläufiges‹ und ›Laufendes‹, in Gang hält.

9. Bernhard Waldenfels: Das Bild als Rätsel der Sichtbarkeit

Die beiden Grundfragen von Bernhard Waldenfels lauten: Wo befindet sich der Ort des Bildes in der Erfahrung? und: Wie fungiert das Bild in der Erfahrung? Zentral ist daher nicht so sehr die Frage nach dem Bildstatus (Was ist ein Bild?), da diese Fokussierung bereits eine Thematisierung und Spezialisierung impliziert. Relevant wird vielmehr ein ›Sehen im Bilde‹ als eine Art und Weise, wie die Dinge der Welt gesehen werden. An diese Ausgangskonstellation knüpfen

59 Nancy 2006, S. 16 und 18.

60 Ebd., S. 21. Nancy bezeichnet sie auch in Abweichung von Heidegger als »sich versammelnde Präsenz«.

61 Ebd., S. 24 und 26.

sich verschiedene weitere Einzelfragen an, so die Fragen nach einer ›Syntax des Bildes‹ (wie sich Bild und Bildlichkeit formen), die Fragen nach der Verkörperung im Bild und den Wirkweisen in Bildern (nicht von Bildern), die Frage nach der Medialität von Bildern als Frage nach dem Medium, ›worin man sieht‹ usw. An den anthropologischen und semiotischen Bildansätzen bemängelt er daher eine spezifische Form der Unterbelichtung dieser Erfahrungsdimension. Grundlegend ist eine ikonische Differenz, die auf eine minimale Weise zwischen einem Bildnis und einem Bildding unterscheidet. Dieser Unterschied wird durch die pikturale Differenz vertieft, die in allen drei Dimensionen der Bildlichkeit auftaucht und die zwischen dem Bildenden und dem Abgebildeten unterscheidet und der Differenz zwischen dem, was ins Bild kommt, und dem, was das Bild selbst ausmacht, nachgeht.

Die Überlegungen zum ›Rätsel der Sichtbarkeit‹ gehen konsequent von der Frage nach dem Ort des Bildes in der Erfahrung aus. Bernhard Waldenfels knüpft hier an der These von der Präformierung der Wirklichkeit durch eine Bildlichkeit an: »Bild und Zeichen sind laut Husserl keine Zutaten, die eine Außenwelt der Dinge verdoppeln, sondern Medien, in denen die Wirklichkeit selber sich auf spezifische Weise darstellt [...].«[62] Der Ausgang liegt folglich nicht bei Bilddingen, sondern bei einer Bildhaftigkeit der Dinge, so daß man *im* Bild sieht und nicht ein Bild sieht. Es handelt sich hier um ein Medium *quo* und nicht um ein Medium *quid*. Das Bild gilt nicht als Verdoppelung der Wirklichkeit, sondern als eine Art und (Erfahrungs-)Weise, im Bild zu sehen. Das Medium fungiert als eine Zwischensphäre, das nicht eine normale von einer ästhetischen Welt separiert, sondern das *Wie* des Sehens transformiert.

Die Überlegungen zu den ›Ordnungen des Sichtbaren‹ unternehmen in gewisser Analogie zum Kommunikationsmodell von Bühler den Versuch, eine Art ›Grammatik des Sehens‹ zu entwickeln und zwischen verschiedenen Dimensionen unterscheiden zu können (Darstellungs- oder Appellcharakter von Bildern usw.), ohne diese damit auf eine sprachliche Form zurückzuführen.[63] Kernpunkt bildet die These, daß der Künstler im Bild nicht nur eine Sichtbarkeit aufzeigt, sondern auch ›sehend macht‹ und potenzierte Sichtbarkeiten ins Bild

62 Waldenfels 1990, S. 208.

63 Waldenfels 1999a.

bringt.[64] Dieses grundlegende Axiom knüpft nicht nur an die von Max Imdahl thematisierte Differenz zwischen einem *wiedererkennenden* und einem *sehenden* Sehen an, sondern steht vor allem in der Tradition der Differenz zwischen einer *Parole parlante* und einer *Parole parlé*. Der Begriff der Ordnung evoziert weniger Assoziationen an Michel Foucault, sondern greift hauptsächlich die Problematik der Ordnung auf, wie sie im Werk *Ordnung im Zwielicht* entwickelt wurde.[65] Erstens haben wir es nicht nur mit dem Phänomen zu tun, daß ›es Ordnung gibt‹, sondern daß Ordnungen immer im Plural auftreten, die zwangsläufig auch »eine eigentümliche Zerstreuung der Sichtbarkeit zur Folge« haben. Zweitens ergibt sich aus dieser Konstellation der Sachverhalt, daß eine ›Selektion‹ von oder innerhalb einer Ordnung immer auch eine Exklusion bedeutet. Drittens aber geht die Ordnungsproblematik mit dem Phänomen einher, daß es einen autochthonen ›Logos der ästhetischen Welt‹ gibt, »daß also die sinnliche Erfahrung als solche bereits strukturiert, artikuliert, gestaltet und organisiert« ist.

Das ›wiedererkennende Sehen‹ wird auf den inhaltlichen Bildsinn als Semantik des Bildes bezogen. Es veranschaulicht, *was* gemeint und gezeigt wird. Das sehende Sehen hingegen berücksichtigt den »formalen Bildsinn, die *Syntaktik* des Bildes: die Art und Weise, *wie* etwas dargestellt ist. Dieses Sehen kann man als autonom betrachten, weil hier die Gesetze des Sichtbaren dem Bild selbst entstammen. Dem entspricht die formale Interpretationsweise, wie sie etwa von Konrad Fiedler nahe gelegt wird. Die Phänomenologie setzt das wiedererkennende Sehen mit dem reproduktiven Wiedererkennen gleich, das sehende Sehen mit dem schöpferischen Ausdruck.«[66] Diese Bilddynamik bewirkt in der Sprache Merleau-Pontys eine andere Einstellung zur Welt, in der die Welt ›als andere‹ erscheint, und zwar nicht mehr als ›fertige Welt‹, die schon konstituiert ist und die nur noch abgerufen und wiedererkannt wird, sondern ›als eine Welt im Entstehen‹.

Die Analysen zum ›beunruhigten Blick‹ rücken sogenannte pathische Dimensionen in den Fokus der Erörterungen, und zwar im Ausgang von dem Befund, daß mich aus dem Bild heraus etwas anblickt, beunruhigt und antreibt.[67] Die Reflexionen aus *Spiegel, Spur und*

64 Ebd., S. 102.
65 Waldenfels 1987.
66 Waldenfels 1999a, S. 104.
67 Waldenfels 1999b. Eine Kontrastierung mit den Überlegungen von Georges Didi-

Blick. Zur Genese des Bildes gehen drei wesentlichen Erfahrungsdimensionen nach, und zwar der Ähnlichkeit im Spiegelbild, den Spuren des Bildes und dem Blick als einem Seh-Ereignis, das nicht vergegenwärtigt werden kann und das sich daher entzieht, das aber auch nicht in eine Ähnlichkeit überführt werden kann, da ihm ein konstitutiver Überschuß eignet.[68]

Der Text »Verkörperung im Bild« geht von der These aus, daß es sich beim Bild nicht um eine ›schlechte Verkörperung‹ handele, ›weil es an der Wand hängt‹, sondern daß das Bild in einem ›medialen Zwischen‹ sein Leben zu entfalten beginnt.[69] Die Vielfalt der Bilder wird drei verschiedenen Ebenen zugeordnet, und zwar a) einer *originären* Bildlichkeit, die b) zu einer *pervasiven* Bildlichkeit führt, die sich durch alle Erfahrungsregister hindurchzieht und die c) in einer *pluralen* Bildlichkeit aufgipfelt, die eine Mannigfaltigkeit von kulturhistorischen, kulturgeographischen und Typiken umfaßt. Die Nivellierung zu einem ›irgendwie ist alles Bild‹ wird durch Schlüsselbilder und Schwellenbilder (z. B. der brennende Dornbusch) sowie durch spezifische Akzentuierungen (z. B. durch Stile) unterlaufen, die verschiedene Gewichtungen und Reliefbildungen ermöglichen. Diesen drei Ebenen werden drei Aspekte einer Bilderfahrung zur Seite gestellt, und zwar a) der *mediale*, b) der *szenische* und c) der *pathische* Charakter von Bildlichkeit. Das Mediale kann in drei Bedeutungsvarianten auftreten, und zwar als Mittel (z. B. Trägerfunktion), als Zwischencharakter (Sehender oder Gesehenes; Bildding oder Dingbild) oder als Drittes.[70] Diese Medialität unterstützt ebenfalls die Überwindung einer zweigliedrigen Ontologie des Bildes. Wenn wir im Medium von Bildern sehen, bedeutet das nicht nur, daß sich ›etwas in uns sieht‹, wie ›es in uns denkt‹, sondern es bedeutet auch, daß wir in uns durch Bilder wahrnehmen. Dazu gehören Typiken, Stile, Horizonte, das kontextuell gebundene Unsichtliche, Vor- und Nachzeichnungen, die auch bei Erinnerungs-, Erwartungs- und Wunschbildern auftauchen, Wiederholungen, die Bilder verkörpern, sowie kinästhetische Motivationen. Außerdem spielen hier auch Wirkmächte wie libidinöse Tendenzen und ›mündliche Formen‹ der Kommu-

Huberman wäre unter diesem Stichwort durchaus lohnenswert (Didi-Huberman 1999b).

68 Waldenfels 2001.

69 Waldenfels 2004.

70 Ebd., S. 208.

nikation eine Rolle. Dabei ist wichtig, daß eine Attention über die bloße ›als-Struktur‹ der Intentionalität (etwas erscheint als etwas) hinausgeht und Sinn und Bedeutungsbildung von einem untergründigen Kräftespiel bestimmt wird.

Der Text »Die Wirkmacht der Bilder« erörtert die These, daß nicht Bilder eine Wirkung haben oder erzielen, sondern daß vielmehr in einer differenzierten Theorie der Wirkweisen die Wirkungen *im* Bild untersucht werden müßten, zum Beispiel das Erschrecken, das Erwachen von Aufmerksamkeit.[71] In diesem Feld eignet dem Bild eine eigentliche Macht, die an die bereits entwickelten Überschußpotentiale gebunden ist. Überschuß besagt nicht nur, daß Möglichkeiten vorhanden sind. Ohne diesen Überschuß würde die Bildwelt zu einer ›Normalkunst‹ herabsinken. Dieser Überschuß bildet auch das Scharnier zur Thematik der Bildlichkeit unter dem Stichwort einer ›Phänomenologie des Fremden‹. So wie die phänomenologische Epochè auch als eine Verfremdung des Blickes gilt, so kann die ›Phänomenologie des Fremden‹ umgewendet werden: »Fremd ist erstens, was außerhalb des eigenen Bereichs vorkommt (vgl. *externum, extraneum, peregrinum; ζένον; étranger; foreign*) und was in der Form von ›Fremdling‹ und ›Fremdlingin‹ (so noch bei Schiller) personifiziert wird. Fremd ist zweitens, was einem Anderen gehört (vgl. *ἀλλότριον; alienum; alien*). Als fremd erscheint drittens, was von fremder Art ist und als fremdartig gilt (vgl. *insolitum; ζένον; étrange; strange*). Es sind also die drei Aspekte des Ortes, des Besitzes und der Art, die das Fremde gegenüber dem Eigenen auszeichnen.«[72] Konstitutiv ist nicht eine bloße Figur der Inkongruenz, sondern einerseits ein Überschuß und andererseits evasive Formen eines Entzugs durch Fremdheiten.[73] Diese Formen könnten in weiteren Studien auf die Frage nach den Verarbeitungen pathischer Ereignisse und den Transfor-

71 Waldenfels 2008c.

72 Waldenfels 1997, S. 17ff.

73 Es kann unterschieden werden zwischen a) einer ekstatischen Fremdheit, die als Fremdaffektion im ›Herzen des Selbst aufbricht‹, b) einer duplikativen Fremdheit, die in Form einer Selbstspaltung auftritt und die Fremdes im Eigenen freisetzt, c) einer extraordinären Fremdheit, die mit dem *Jenseits* von Ordnungsgrenzen zu tun hat, d) einer invasiv-evasiven Fremdheit und e) einer liminalen Fremdheit. Der Fremdkörper selbst kann nicht *angeeignet* werden. Das Sinnwidrige und Sinnlose eines Pathos kann somit nicht restlos in einen Sinn verwandelt werden (siehe Waldenfels 2002, S. 182, 205, 212ff. und 241ff.). Siehe zur Explikation dieser Philosophie auch Kapust 2007.

mationen in Bilddinge ausgearbeitet werden (z. B. Beuys, Fontana, Kahlo).

10. Gottfried Boehm: Ikonische Sinnerzeugung

Symptomatisch wird auch bei Gottfried Boehm ein Übergang von der frühen Frage nach dem Bildstatus zur Frage nach den Sinnprozessen von Bildern.[74] Ziel einer Arbeit am Projekt einer ›Bildwissenschaft‹ ist der Aufweis der Prozesse ikonischer Sinnerzeugung, die aus den diskursiven Strategien, wie sie seit Platons *Kratylos* grundgelegt sind, ausbrechen. Die Bildmacht besteht darin, ›stets auch etwas Anderes‹ zu zeigen, nämlich eine *Sicht*, einen *Anblick* und einen *Sinn* in Form des Bildes, das deiktisch operiert. Die Macht des Bildes besteht auf der einen Seite in einer *transzendentalen* Kraft, nämlich ›Zugang zu etwas zu eröffnen, was tot oder was anderswo ist‹. Gleichzeitig besteht sie in der konstitutiven *pikturalen* Kraft einer doppelten ›Mantik‹, die aus einer Hintergründigkeit und Apodeixis ›spricht‹. Traditionell wurde das Ikonische als ›verschlüsselte Umformung‹ eines Gesagten aufgefaßt, nun wird dem Ikonischen ein Eigensinn zugesprochen, der sich von einer diskursiven Sinnerzeugung unterscheidet. Während die Logik der Prädikation zumeist einer zweiwertigen Logik gehorcht, folgt die Logik des Bildes anderen Prinzipien. Zentral werden dabei *ikonoklastische* Momente, denn das Bild bezieht seine Kraft aus der Beziehung mit dem Unbestimmten und einer gewissen ›Leere‹, die einen Überschuß des Imaginären erfordert.[75] In Anlehnung an Husserl lebt das Bild von der *Reaktivierung* des Aktes des Sehens als *Sagen* des Bildes.[76] Das Rätsel des Sichtbaren beruht darin, wie aus Materie Sinn wird, während die

74 Dieser Übergang spiegelt sich in der Verschiebung der ursprünglichen Frage *Was ist ein Bild?* (Boehm 1994) zu *Wie Bilder Sinn erzeugen*; Boehm 2007a und 2007b.

75 Boehm 2007a, S. 40. Dies impliziert auch die Bezugnahme auf vorstrukturierte Horizonte und Kontexte.

76 Dieses Vokabular ruft die Dialektik von Passivität des Vergessens und Reaktivierung eines ursprünglich gestifteten Sinnes aus Husserls berühmter Beilage zur Geometrie aus der *Krisis*-Abhandlung in Erinnerung (Edmund Husserl: *Die Krisis der europäischen Wissenschaften und die transzendentale Phänomenologie* (Husserl 1962, S. 357-387)).

Kraft des Bildes auf der Transformation und dem Überschuß beruht, das ›Faktische als das, was es ist, anders zu sehen‹. Boehm zufolge offenbart sich in diesem Übergang vom Faktum zum *agens* durch ein ›anders sehen‹ die ikonische Urszene, wobei sich das Bild selbst einer spezifischen ›Negation‹ im Potentialis verdankt: alles, was sich zeigt, könnte sich auch anders gezeigt haben.[77] An sehr eingängigen Interpretationen (z. B. Malewitsch, Rainer) zeigt Boehm, wie das Unsichtbare in Form einer Leere oder einer Negation eine maßgebliche Rolle spielt. Bilder gehen über in ›liquide Strukturen‹ des Sichtbaren (z. B. *vaghezza, sfumato*), die nicht nach dem ›mehr‹ oder ›weniger‹ an Klarheit und Referentialität fragen, sondern nach dem entscheidenden Konstituens, das kennzeichnend für eine ›liquide Struktur‹ der Bilder ist. Diese liquide Struktur durchbricht eine repräsentationalistische Matrix, insofern sie nicht mehr diverse Bedeutungen den ›abgebildeten Dingen‹ zuordnet, sondern aus Strukturen entstehen läßt.

Als Paradigma gilt auch hier Cézanne, dessen Farbformen die farbgebenden Empfindungen übersetzt und der auf diese Weise einen ›offenen Spielraum‹ im Bild aufsteigen läßt.[78] Eine Atmosphäre verknüpft sich mit Zeitcharakteren (z. B. als Akzentuierung des Augenblicklichen).[79] Diese denotative Unbenennbarkeit, die sich auch in anderen Beispielen findet, wird durch die visuellen Erfahrungen des Entzuges unterstützt, die dem Auge das identifizierende Bemühen des Scharfstellens verweigern. Statt dessen evoziert ein ungeteilter Strom winziger Farbkontraste eine Unbestimmtheit. Diese bewirkt eine Erfahrung des Eintauchens, die Boehm analytisch mit Hilfe von Leibniz' *petites perceptions* zu fassen versucht.[80] An diesem Punkt operiert die Logik der Bilder: »In ihr wandelt sich das Faktische ins Imaginäre, entsteht jener Überschuß an Sinn, der bloßes Material (Farbe, Mörtel, Leinwand, Glas usw.) als eine bedeutungsvolle Absicht erscheinen läßt. Diese Inversion ist das eigentliche Zentrum des Bildes und seiner Theorie. Unbestimmtheit ist dafür unverzichtbar, denn sie schafft erst jene Spielräume und Potentialitäten, die

77 Boehm 2007a, S. 55 und 69f.

78 Gilles Deleuze spricht daher von einem aufsteigenden Grund, ein Vokabular, das bei Jean-Luc Nancy deutlich wurde.

79 Hier würde sich ein Vergleich mit den Überlegungen von Böhme 1995 anbieten.

80 Boehm 2007a, S. 210. Damit grenzt er sich von aktuellen Theorien zur Immersion ab.

das Faktische in die Lage versetzen, sich zu zeigen und etwas zu zeigen.«[81]

Literatur

Alpers, S. (2001). »Interpretation ohne Darstellung – oder: Das Sehen von *Las Meninas*«, in: *New Historicism. Literaturgeschichte als Poetik der Kultur*, 2. Aufl. Hg. von M. Baßler. Frankfurt/M.: Fischer, S. 209-228.

Arnheim, R. (2000). *Kunst und Sehen. Eine Psychologie des schöpferischen Auges*, 3. Aufl. Berlin: de Gruyter.

Bachelard, G. (2000). *Psychoanalyse des Feuers*. Frankfurt/M.: Fischer.

Barthes, R. (1985). *Die helle Kammer. Bemerkungen zur Photographie*. Frankfurt/M.: Suhrkamp.

Bergson, H. (1948). *Denken und schöpferisches Werden. Aufsätze und Vorträge*. Meisenheim am Glan: Westkulturverlag.

Biemel, W. (1999). *Gesammelte Schriften: Schriften zur Kunst*, Bd. 2. Stuttgart/Bad Cannstatt: Frommann Holzboog.

Boehm, G. (1994). »Die Wiederkehr der Bilder«, in: *Was ist ein Bild?* Hg. von G. Boehm. München: Fink, S. 11-38.

Boehm, G. (2007a). *Wie die Bilder Sinn erzeugen. Die Macht des Zeigens*. Berlin: Berlin University Press.

Boehm, G. (2007b). *Figur und Figuration. Studien zu Wahrnehmung und Wissen*. Hg. von G. Boehm, G. Brandstetter u. A. von Müller. München: Fink.

Böhme, G. (1995). *Atmosphäre. Essays zur neuen Ästhetik*. Frankfurt/M.: Suhrkamp.

Böhme, G. (1999). *Theorie des Bildes*. München: Fink.

Böhme, G. (2001). *Aisthetik. Vorlesungen über Ästhetik als allgemeine Wahrnehmungslehre*. München: Fink.

Bonnemann, J. (2007). *Der Spielraum des Imaginären. Sartres Theorie der Imagination und ihre Bedeutung für seine phänomenologische Ontologie, Ästhetik und Intersubjektivitätskonzeption*. Hamburg: Meiner.

Busch, K. (2004). *Geschicktes Geben. Aporien der Gabe bei Jacques Derrida*. München: Fink.

Casey, E. S. (2006). *Ortsbeschreibungen. Landschaftsmalerei und Kartographie*. München: Fink.

Därmann, I. (1995). *Tod und Bild. Eine phänomenologische Mediengeschichte*. München: Fink.

81 Ebd., S. 211.

Därmann, I. (1996). »Mehr als ein Abbild/kein Abbild mehr: Derridas Bilder«, in: *Phänomenologische Forschungen*. Hg. von E.W. Orth u. K.H. Lembeck. Hamburg: Meiner, S. 239-268.

Derrida, J. (1990). *Die Wahrheit in der Malerei*. Wien: Passagen.

Derrida, J. (1993). *Falschgeld: Zeit geben I*. München: Fink.

Derrida, J. (1997). *Aufzeichnungen eines Blinden. Das Selbstportrait und andere Ruinen*. München: Fink.

Didi-Huberman, G. (1999a). *Ähnlichkeit und Berührung*. Köln: DuMont.

Didi-Huberman, G. (1999b). *Was wir sehen blickt uns an. Zur Metapsychologie des Bildes*. München: Fink.

Fink, E. (1966). »Vergegenwärtigung und Bild. Beiträge zur Phänomenologie der Unwirklichkeit«, in: *Studien zur Phänomenologie 1930-1939*. Hg. von E. Fink. Den Haag: Nijhoff, S. 71-79.

Foucault, M. (1971). *Die Ordnung der Dinge*. Frankfurt/M.: Suhrkamp.

Foucault, M. (1997). *Dies ist keine Pfeife*. München: Hauser.

Gombrich, E.H. (1995). *Shadows. The depiction of Cast Shadows in Western Art*. London: National Gallery Company Ltd.

Gombrich, E.H. (2002). *Kunst und Illusion. Zur Psychologie der bildlichen Darstellung*. Berlin: Phaidon.

Gombrich, E.H./Hochberg, J./Black, M. (1977). *Kunst, Wahrnehmung, Wirklichkeit*, 8. Aufl. Frankfurt/M.: Suhrkamp.

Gumbrecht, H.U./Schulte, J. (2004). *Diesseits der Hermeneutik. Über die Produktion von Präsenz*. Frankfurt/M.: Suhrkamp.

Heidegger, M. (1980). *Holzwege*, 6. Aufl. Frankfurt/M.: Klostermann.

Helmholtz, H. von (1884). *Vorträge und Reden*, Bd. 1. Braunschweig: Vieweg.

Husserl, E. (1962). *Die Krisis der europäischen Wissenschaften und die transzendentale Phänomenologie* (Hua VI), 2. Aufl. Den Haag: Nijhoff.

Husserl, E. (1976). *Ideen zu einer reinen Phänomenologie und phänomenologischen Philosophie. Erstes Buch: Allgemeine Einführung in die reine Phänomenologie* (Hua III/1). Neu hg. von K. Schuhmann. Den Haag/Dordrecht: Nijhoff.

Husserl, E. (1980). *Phantasie, Bildbewusstsein, Erinnerung. Zur Phänomenologie der anschaulichen Vergegenwärtigungen* (Hua XXIII). Hg. von E. Marbach. Den Haag/Dordrecht: Nijhoff.

Husserl, E. (1984). *Logische Untersuchungen. Zweiter Band: Untersuchungen zur Phänomenologie und Theorie der Erkenntnis* (Hua XIX/1). Hg. von U. Panzer. Den Haag: Nijhoff.

Kapust, A. (1999). *Berührung ohne Berührung. Ethik und Ontologie bei Emmanuel Levinas und Maurice Merleau-Ponty*. München: Fink.

Kapust, A. (2007). »Responsive Philosophie. Darlegung der Grundzüge«, in: *Philosophie der Responsivität*. Hg. von A. Kapust, K. Busch u. I. Därmann. München: Fink, S. 15-34.

Krewani, A. M. (2003). *Philosophie der Malerei bei Jacques Derrida*. Bochum: CD/online/Manuskript Universität Bochum.

Levinas, E. (1987). *Totalität und Unendlichkeit. Versuch über die Exteriorität*. Freiburg/München: Alber.

Magritte, R. (1985). *Sämtliche Schriften*. Hg. von A. Blavier. Berlin: Ullstein.

Menke, B./Vinken, B. (2004). *Stigmata. Poetiken der Körperinschrift*. München: Fink.

Merleau-Ponty, M. (1966). *Phänomenologie der Wahrnehmung*. Berlin: de Gruyter.

Merleau-Ponty, M. (1967). *Das Auge und der Geist*. Reinbek: Meiner.

Merleau-Ponty, M. (1973). *Vorlesungen I*. Berlin: de Gruyter.

Merleau-Ponty, M. (1984). »Die indirekte Sprache«, in: *Die Prosa der Welt*. München: Fink, S. 69-131.

Merleau-Ponty, M. (1994). »Der Zweifel Cézannes«, in: *Was ist ein Bild?* Hg. von G. Boehm. München: Fink, S. 39-59.

Mersch, D. (2002). *Was sich zeigt. Materialität, Präsenz, Ereignis*. München: Fink.

Nancy, J. L. (2006). *Am Grund der Bilder*. Zürich/Berlin: Diaphanes.

Plinius Secundus der Ältere (1978). *Naturkunde*, XXXV. Hg. von R. König u. G. Winkler. München: Artemis & Winkler.

Rang, B. (1990). *Husserls Phänomenologie der materiellen Natur*. Frankfurt/M.: Klostermann.

Richard, J.-P. (1988). »Decke, Nahtstelle, Zwischenraum, Punkt«, in: *Roland Barthes*. Hg. von H.-H. Henschen. München: Boer, S. 75-92.

Sallis, J. (1998). *Shades. Of Painting at the Limit*. Indiana: Indiana University Press.

Sartre, J.-P. (1971). *Das Imaginäre. Phänomenologische Psychologie der Einbildungskraft*. Hamburg: Rowohlt.

Sepp, R. (1988). »Annäherungen an die Wirklichkeit. Phänomenologie und Malerei nach 1990«, in: *Edmund Husserl und die phänomenologische Bewegung. Zeugnisse in Text und Bild*. Hg. von R. Sepp. Freiburg/München: Alber, S. 77-93.

Sepp, R. (1995). »Der Kubismus als phänomenologisches Problem«, in: *Facetten der Wahrheit. Festschrift für Meinolf Wewel*. Hg. von E. G. Valdés u. R. Zimmerling. Freiburg/München: Alber, S. 128-145.

Sepp, H. R. (2002). »Heideggers Bildbegriff«, in: *Festschrift für Yoshihiro Nitta*. Hg. von I. K. Yamaguchi. Tokio: Springer, S. 48-74.

Thévenin, P./Derrida, J. (1986). *Antonin Artaud. Zeichnungen und Portraits*. München: Schirmer/Mosel.

Thiel, D. (2003). »Der Phänomenologe in der Galerie. Husserl und die Malerei«, in: *Phänomenologische Forschungen*. Hg. von E.W. Orth u. K.H. Lembeck. Hamburg: Meiner, S. 61-103.

Viola, B. (2004). »Das Bild in mir – Videokunst stellt die Welt des Verborgenen dar«, in: *Iconic Turn. Die neue Macht der Bilder.* Hg. von C. Maar u. H. Burda. Köln: DuMont.

Volonté, P. (1997). *Husserls Phänomenologie der Imagination. Zur Funktion der Phantasie bei der Konstitution von Erkenntnis.* Freiburg/München: Alber.

Waldenfels, B. (1986). »Das Zerspringen des Seins. Ontologische Auslegung der Erfahrung am Leitfaden der Malerei«, in: *Leibhaftige Vernunft.* Hg. von A. Métraux u. B. Waldenfels. München: Fink, S. 144-161.

Waldenfels, B. (1987). *Ordnung im Zwielicht.* Frankfurt/M.: Suhrkamp.

Waldenfels, B. (1990). »Das Rätsel der Sichtbarkeit. Kunstphänomenologische Betrachtungen im Hinblick auf den Status der modernen Malerei«, in: *Der Stachel des Fremden.* Frankfurt/M.: Suhrkamp, S. 204-224.

Waldenfels, B. (1995). »Das Paradox des Ausdrucks«, in: *Deutsch-Französische Gedankengänge.* Frankfurt/M.: Suhrkamp, S. 105-123.

Waldenfels, B. (1997). *Topographie des Fremden. Studien zur Phänomenologie des Fremden,* Bd. 1. Frankfurt/M.: Suhrkamp.

Waldenfels, B. (1998). *Grenzen der Normalisierung. Studien zur Phänomenologie des Fremden,* Bd. 2. Frankfurt/M.: Suhrkamp.

Waldenfels, B. (1999a). »Ordnungen des Sichtbaren«, in: *Sinnesschwellen.* Frankfurt/M.: Suhrkamp, S. 102-123.

Waldenfels, B. (1999b). »Der beunruhigte Blick«, in: *Sinnesschwellen.* Frankfurt/M.: Suhrkamp, S. 124-147.

Waldenfels, B. (2001). »Spiegel, Spur und Blick. Zur Genese des Bildes«, in: *Homo Pictor.* Hg. von G. Boehm. München/Leipzig: Saur, S. 14-29.

Waldenfels, B. (2002). *Bruchlinien der Erfahrung. Phänomenologie, Psychoanalyse, Phänomenotechnik.* Frankfurt/M.: Suhrkamp.

Waldenfels, B. (2004). »Verkörperung im Bild«, in: *Phänomenologie der Aufmerksamkeit.* Frankfurt/M.: Suhrkamp, S. 205-227.

Waldenfels, B. (2008a). »Bildhaftes Sehen. Merleau-Ponty auf den Spuren der Malerei«, in: *Kunst. Bild. Wahrnehmung. Blick. Merleau-Ponty zum Hundertsten.* Hg. von A. Kapust u. B. Waldenfels. München/Paderborn: Fink (in Bearbeitung).

Waldenfels, B. (2008b). »Das Unsichtbare dieser Welt oder: Was sich dem Blick entzieht«, in: *Die Sichtbarkeit des Unsichtbaren.* Hg. von R. Bernet u. A. Kapust. München/Paderborn: Fink, S. 5-20 (im Erscheinen).

Waldenfels, B. (2008c). »Von der Wirkmacht und Wirkkraft der Bilder«, in: *Movens Bild. Zwischen Evidenz und Affekt.* Hg. von G. Boehm. München: Fink (im Erscheinen).

Wiesing, L. (2000). *Phänomene im Bild.* München: Fink.

Wiesing, L. (2002). *Artifizielle Präsenz. Studien zur Philosophie des Bildes,* 2. Aufl. Frankfurt/M.: Suhrkamp.

Jakob Steinbrenner

Bildtheorien der analytischen Tradition

Auf den ersten Blick scheint die Bilderfeindlichkeit geradezu ein Merkmal der analytischen Philosophie zumindest in ihren Anfängen zu sein. Daß die späteren Klassiker der analytischen Bild- und Kunsttheoretiker mit ihren Werken geradezu eine Schockwirkung erzielten, spricht hierfür. Erinnert sei nur an Arthur Dantos Aufsatz »Artworld« (1964) und Nelson Goodmans *Languages of Art* (1968). Wie konnte es zu dieser Wirkung kommen? Ein Grund hierfür war sicherlich die damalige Dominanz der Anhänger von formalsprachlichen Analysen (z. B. Rudolf Carnap, Noam Chomsky und Richard Montague). Für Anhänger dieser Richtung der analytischen Philosophie schien es klar, daß Bildtheorien als Teil der Ästhetik strengeren wissenschaftlichen Standards nicht genügen können. Diese Bedenken wurden durch Nelson Goodman, einen in der Logik und theoretischen Philosophie hochgeschätzten Philosophen, entschärft. Zur gleichen Zeit führte die Auseinandersetzung mit Wittgensteins Spätphilosophie teilweise zu einer skeptischeren Einschätzung gegenüber rein formalsprachlichen Ansätzen und zu einer Hinwendung zu pragmatischen Überlegungen. Gerade pragmatische Überlegungen erlaubten einen tieferen Einblick in ästhetische Fragestellungen, und vor diesem Hintergrund ist die starke Wirkung des genannten Aufsatzes von Danto zu sehen. Kunstwerke und damit eine große Anzahl von Bildern sind nach Danto Zeichen, die durch ihren Gebrauch ihre Bedeutung erhalten. Die interessante Frage dabei ist, wie dies nichtsprachlichen Kunstwerken gelingen kann, obwohl sie keinen propositionalen Gehalt besitzen. Bezogen auf Bilder, führt das wiederum zu folgenden drei grundlegenden Fragen: (1) Was ist ein Bild? (2) Was heißt es, ein Bild zu verstehen?[1] (3) Worin besteht das Besondere der Bildwahrnehmung?

Diesen Fragen möchte ich im folgenden aus der Perspektive der analytischen Philosophie nachgehen. Dazu werde ich aufzeigen, wie sich aus den analytischen Wurzeln als klassisch zu bezeichnende ana-

1 Woraus sich weitergehende Fragen ergeben: Wie unterscheiden sich Bilder von sprachlichen Ausdrücken, gibt es so etwas wie Bildsyntax, -semantik oder -pragmatik und, wenn ja, wie unterscheiden sie sich von ihren sprachlichen Gegenstücken?

lytische Bildtheorien entwickelt haben. Hierzu zählen die Theorien von Ernst Gombrich, Nelson Goodman, Richard Wollheim und Kendall Walton. Im Anschluß soll ein Überblick über die aktuelle Diskussion gegeben werden. Hervorgehoben sei, daß ich mich nur mit Überlegungen zu zweidimensionalen Bildern auseinandersetze und nicht mit mentalen Bilder, Menschenbildern usw.[2]

1. Analytische Wurzeln

Als ein Urvater der analytischen Philosophie kann Gottlob Frege gelten. In seiner Sprachphilosophie hat er die Struktur von bedeutungsvollen Sätzen analysiert. Seine Analyse ist für unseren Zusammenhang deshalb von Interesse, weil sie der Sprache Merkmale zuschreibt, von denen es (sehr) fraglich ist, ob sie von Bildern geteilt werden. Hierzu zählen: (a) Sätze nehmen Bezug. (b) Sätze besitzen eine kompositionale Struktur, das heißt sie setzen sich aus einem gesättigten Teil (Subjekt) und einem ungesättigten Teil (Prädikat) zusammen. (c) Sätze drücken einen Sinn oder Gedanken aus. (d) Sätze sind Wahrheitsträger, das heißt sie können wahr oder falsch sein. (e) Sätze können verneint werden. (f) Zwischen Sätzen besteht untereinander (gegebenenfalls) eine logische Struktur.

Zu (a): Nach Auffassung mancher Sprachphilosophen trifft der Ausdruck »Bezug nehmen« oder »denotieren« nur auf sprachliche Zeichen zu, und eine Anwendung auf Bilder führt – nicht zuletzt aufgrund der Punkte (b)-(f) – zu einer nicht gewünschten Analogie. Zu (b): Niemand bezweifelt, daß Teile von Bildern zur Gesamtbedeutung des Bildes beitragen und daß sie als Teile etwas darstellen können. Was aber nicht existiert, sind allgemein akzeptierte Methoden, die erlauben, Bilder in bedeutungstragende Einheiten zu zerlegen.

2 Vgl. Steinbrenner/Winko 1997. Ich werde mich zudem im wesentlichen auf statische zweidimensionale Bilder beschränken und auch die umfassende Literatur zur analytischen Filmtheorie aussparen. Im weiteren soll, wenn im folgenden von der Bedeutung oder dem Inhalt von Bildern gesprochen wird, weniger die ikonologische oder ikonographische Bedeutung im Sinne Panofskys im Mittelpunkt stehen, sondern die vorikonographische, d. h. das Erkennen von natürlichen Gegenständen und Ereignissen (vgl. hierzu Hymans Begriff der ›basic representation‹ (Hyman 2006, S. 63)). Gerade letztere Einschränkung führt dazu, daß ästhetische oder kunsttheoretische Aspekte im folgenden nur eine nebengeordnete Rolle spielen.

Ein Grund hierfür ist, daß auf Bilder die Typ-Vorkommnis-Unterscheidung nicht anwendbar ist.[3] Zu (c): Der Sinn, Gedanke oder die Proposition eines Satzes entsteht nach Frege dadurch, daß ein Gegenstand unter ein Prädikat fällt, aber dies trifft für Bilder (siehe (b)) nicht zu. Daher können Bilder (d) auch nicht wahr oder falsch sein, weil die Prädikate »ist wahr« und »ist falsch« nur auf Aussagen anwendbar sind. Daraus folgt zudem, daß auf Bilder nicht die üblichen logischen Operationen angewendet werden können. Keiner von diesen Punkten ist in der aktuellen analytischen Bilddebatte unwidersprochen. Gleichwohl verhinderte Freges Erbe lange Zeit eine weitergehende Auseinandersetzung mit Bildern in der analytischen Philosophie.[4]

Eine Ausnahme hierzu bildet Wittgenstein, und zwar gleichermaßen der frühe wie der späte Wittgenstein. Bekanntermaßen entwikkelt Wittgenstein in seinem *Tractatus* eine Bildtheorie der Sprache. Die Frage, die sich stellt, lautet, ob Wittgenstein tatsächlich glaubte, daß Bilder all die Merkmale besitzen, die er im *Tractatus* Sätzen zuschreibt. Wäre dem so, könnten wir mehr oder minder alle Merkmale, die Frege Sätzen zugeschrieben hat, auf Bilder übertragen.[5] Dies erscheint aber zweifelhaft. Es scheint daher geraten zu sein, die Behauptung, daß Sätze Bilder sind, als Metapher aufzufassen. Damit soll nicht geleugnet werden, daß nach Wittgenstein Sätze wie Bilder interne Strukturen besitzen, die es uns erlauben, sie an die Wirklichkeit anzulegen. Diese Auffassung wird von Wittgenstein später jedoch im Sinne einer kontextualistischen Bildtheorie modifiziert. Nicht mehr die interne Struktur bestimmt im wesentlichen die Bedeutung eines Bildes, sondern sein Gebrauch. Gleichwohl beruht der Gebrauch selbst wiederum auf einer komplexen Struktur. Hierzu gehört auch die Art und Weise, wie wir über Bilder reden, wozu wir sie benutzen usw. Der späte Wittgenstein war in dieser Hinsicht Ausgangspunkt der Theorien Wollheims und Waltons.

Während also der späte Wittgenstein großen und direkten Einfluß auf die Bilddebatte hat, gilt dies für den frühen nur bedingt. Indirekt war sein Einfluß dagegen eminent, und zwar durch den Wiener Kreis. Das gilt für Ernst Gombrich, der immer wieder die Bedeutung

3 Anderer Auffassung in diesem wie auch in den folgenden Punkten ist Westerhoff 2005.

4 Eine explizit neofregeanische Bildtheorie bietet Peacocke 1987.

5 Vgl. Mersch 2006 und Schneider 2006.

von Karl Popper[6] für seine Arbeit betont, und für Nelson Goodman, der wesentliche seiner Positionen in Auseinandersetzung mit Rudolf Carnap gewonnen hat.[7] Auf einen ersten Nenner gebracht, heißt dies, daß Gombrich und Goodman, gleich den Anhängern des Wiener Kreises, ein explizit antimetaphysisches Wissenschaftsideal vertreten, das auf klarer Sprache und Überprüfbarkeit der Hypothesen beruht.

2. Analytische Klassiker

2.1 Gombrich

Gombrich[8] sagte einmal über sich, in all seinen Anstrengungen stekke der Wille, eine kunstgeschichtliche Betrachtungsweise zu entwikkeln, die rationaler als frühere Ansätze sei.[9] Kunst und damit auch Bilder sind für Gombrich keine metaphysischen Objekte, sondern sind Ergebnis komplexer Verknüpfungen von menschlichen Ideen, Erfindungen, handwerklichem Können und genialen schöpferischen Leistungen. Darin versucht er, Poppers Überlegungen auf sein Werk zu übertragen.[10]

Ungeachtet dieser methodologischen Vorgaben hat Gombrichs Theorie zwei Seiten, die dem ersten Anschein nach nur bedingt zusammenpassen. Die eine Seite besteht in seiner Illusionstheorie, die auf wahrnehmungstheoretischen Arbeiten beruht, und die andere

6 Wenn auch Popper selbst nicht Mitglied des Wiener Kreises war, stand er diesem doch sehr nahe.

7 Vgl. Cohnitz/Rossberg 2006.

8 Ob Gombrich als analytischer Philosoph zählen kann, ist zugegebenermaßen fragwürdig. Wie ich aber zeigen werde, ist seine Geisteshaltung auf das engste mit der analytischen Philosophie verknüpft. Die weiteren von mir vorgestellten Philosophen sind fraglos der analytischen Philosophie zuzurechnen. Auffallend ist allerdings, daß sie bis auf Goodman so gut wie gar nicht in der deutschsprachigen Philosophie diskutiert werden, das gilt insbesondere für Kendall Walton.

9 Vgl. Gombrich-Archive (www.gombrich.co.uk).

10 So sagt er: »Alles, was ich über Probleme der Methodologie und Philosophie der Naturwissenschaften weiß, verdanke ich seiner [Poppers] dauernden Freundschaft« (Gombrich 1978, S. 10); so auch Gombrich 1994, S. 25.; vgl. auch Bryson 2001, der die Auffassung vertritt, daß ein tieferes Verständnis Gombrichs voraussetzt, die »höchste Aufmerksamkeit« auf das Verhältnis Popper-Gombrich zu richten (Bryson 2001, S. 45). Zu diesem Verhältnis vgl. Richmond 1994.

ist eine pluralistische Auffassung, die auf kulturphilosophischen und kunsthistorischen Überlegungen beruht. Wenden wir uns der ersten, der Illusionstheorie, zu.

Grundgedanke der Illusionstheorie ist, daß uns Bilder die Illusion vermitteln, den dargestellten Gegenstand selbst zu sehen. Auf den Einwand, daß wir uns doch fast immer bewußt sind, ein Bild zu sehen, und nicht die Illusion haben, tatsächlich den Gegenstand zu sehen, antwortet Gombrich, daß das Auge vom Bild ›betrogen‹ wird, in dem Sinne, daß es einen dreidimensionalen Gegenstand vermeintlich sieht, aber der Geist des Betrachters diesen Irrtum korrigiert.[11] Der Geist ist hierzu fähig, weil er ein bestimmtes Wissen besitzt. Wie sich Gombrich diesen Vorgang im Detail denkt, ist nicht immer klar, was zum Teil daran liegt, daß es nicht einfach ist, die Leistungen des Auges, des Gehirns und des Geistes bei der Bildbetrachtung klar voneinander zu trennen.[12] Sieht man etwa die Leistung des Auges allein darin, als Linse die einfallenden Lichtstrahlen zu bündeln, dann scheint eine klare Abgrenzung gegenüber dem Gehirn und dem Geist möglich zu sein. Eine Linse kann jedoch nicht ›betrogen‹ werden. Was eher schon betrogen werden kann, ist unsere Wahrnehmung, die uns fälschlicherweise zum ›unbewußten‹ Schluß[13] führt, den wirklichen Gegenstand und nicht sein Abbild zu sehen. Hierin besteht dann die Illusion. Diese Illusion wird zudem dadurch genährt, daß wir bestimmte Erwartungen und Vorstellungen über die Welt haben, die wir in die Bilder projizieren. So sind wir gewohnt, daß »das Licht in unserer Welt in der Regel von oben kommt«,[14] und schließen daraus, daß bestimmte dunkle Stellen Schatten darstellen. Wären diese

11 Wir wissen, daß wir in Wirklichkeit einen zweidimensionalen Gegenstand sehen, auch wenn wir die *Illusion* haben, einen dreidimensionalen zu sehen. Gombrich vergleicht dieses Phänomen mit dem Aspektwechsel beim Hasen-Enten-Kopf. Wollheim weist in diesem Zusammenhang zu Recht darauf hin, daß dieser Vergleich hinkt: Beim H-E-Kopf wechseln wir nicht zwischen dem Sehen des H-E-Kopfs und dem Bildträger, sondern zwischen zwei Bildinhalten (Wollheim 1982, S. 199).

12 Vgl. Kastner/Pinsk 2004.

13 Für Gombrich ist Schließen zuerst einmal ein Bewußtseinsvorgang, und dies widerspricht der Vorstellung eines unbewußten Schließens. Jedoch können Schlüsse soweit automatisiert werden, daß sie unbewußt geschehen. Sein Beispiel hierfür ist der Funker, der die Morsezeichen direkt als Wörter wahrnimmt (Gombrich 1994, S. 17).

14 Gombrich 1994, S. 73.

Erwartungen und Vorstellungen andere, würden wir auch anderes in den Bildern sehen. In diesem Sinne schreibt Gombrich, »dass wir immer selbst so viel zum Bild hinbringen müssen, als wir daraus ›entnehmen‹ wollen«.[15] Diese Relativierung schließt aber explizit keine Relativierung der Zentralperspektive, wie sie bei Panofsky zu finden ist, ein. Die Zentralperspektive ist für Gombrich vielmehr die beste zur Zeit zur Verfügung stehende Methode, Bilder mit hohem Illusionspotential anzufertigen. Er leugnet als Popperianer dabei nicht, daß Flugsimulatoren oder andere computergesteuerte Maschinen zu anderen und besseren Methoden führen könnten.[16] Kern aller darstellenden Bilder bleibt für Gombrich gleichwohl das Augenzeugenprinzip. Hinter diesem Prinzip steht der Gedanke, »dass wir vor dem Bild tatsächlich den entsprechenden Standpunkt einnehmen«,[17] das heißt den Betrachterstandpunkt, den der Künstler gewählt hat. Dies hat zur Folge, daß wir Dinge aus einem bestimmten Winkel sehen und dadurch andere Dinge verdeckt werden.[18] Eine aktuell diskutierte Frage in diesem Zusammenhang lautet, ob es ein besonderes Kennzeichen von Bildern ist, daß jedes Bild explizit bestimmte Dinge zeigt respektive nicht zeigt.[19]

2.2 *Goodman*

Zumindest zwei Beweggründe führten Goodman zu seiner Theorie der Bilder. Zum einen galt sein Interesse bereits in jungen Jahren der bildenden Kunst (er besaß sogar eine Zeitlang eine Galerie),[20] und zum anderen brachten ihn seine Auseinandersetzung mit Carnap und dessen durch den frühen Wittgenstein beeinflußte Philosophie zur Bildproblematik. So kritisiert Goodman in »The Way the World is« (1960) die Auffassung, nach der eine Strukturgleichheit zwischen der Sprache und der Welt bestehe, eine Auffassung, wie sie unter anderem explizit vom frühen Wittgenstein in seinem *Trac-*

15 Ebd., S. 12. – Lopes formuliert diesen Gedanken Gombrichs folgendermaßen: »The eye is not innocent, because depiction cannot be explained by perception alone; sight is informed by the cultural and the cognitive.« (Lopes 1996, S. 32.)

16 Gombrich 1994, S. 90f.

17 Ebd., S. 113.

18 Vgl. zur Verteidigung dieses Prinzips Derksen 2005.

19 Vgl. Lopes 1996, Kap. 6, sowie kritisch Kulvicki 2006, Kap. 7.

20 Vgl. Scholz 2005, S. 12.

tatus vertreten wird.[21] Nun könnte man, wie bereits oben angedeutet, meinen, Wittgenstein behauptet nicht ernstlich, daß Sätze Bilder sind, und daher zumindest für darstellende Bilder solch eine Strukturgleichheit anzunehmen sei. Aber auch letzteres wird von Goodman bestritten. Seine Argumente hierfür sind denen von Gombrich ähnlich: Es gibt kein unschuldiges Auge, daß das Gegebene (»*the given*«) einfach wahrnimmt. Wahrnehmen ist genau wie Abbilden vielmehr immer von Vorwissen und Interessen geleitet. Im Gegensatz zu Gombrich vertritt Goodman allerdings eine konventionalistische[22] Bildtheorie, da seiner Auffassung nach weder eine *externalistische* noch *internalistische Ähnlichkeitstheorie* haltbar sei. Unter externalistischen Ähnlichkeitstheorien sind solche zu verstehen, in denen davon ausgegangen wird, daß zwischen Bild und dargestelltem Gegenstand substantielle Ähnlichkeiten bestehen. Eine klassische Theorie in diesem Sinne ist die von Alberti entwickelte Theorie der Zentralperspektive: Bild wie Gegenstand erzeugen von einem bestimmten Standpunkt aus betrachtet auf einer transparenten Fläche, die den Sehkegel schneidet, die gleichen Umrisse. Bilder, die diese Theorie am besten erfüllen, sind Fotografien. Gegen Albertis Theorie spricht, daß wir Bilder so gut wie nie mit einem fixierten Auge betrachten und daß nach Albertis Methode produzierte Bilder uns zuweilen unnatürlich vorkommen (z. B. erscheinen große Berge als Maulwurfshügel).[23]

Interne Ähnlichkeitstheorien (ihr prominentester Vertreter ist Descartes) gehen dagegen davon aus, daß zwischen Bild und Gegenstand überhaupt keine signifikante Ähnlichkeit besteht, sondern nur zwischen unserem Eindruck von Bild und Gegenstand. Gombrich ist, wie gesehen, Anhänger letzterer Auffassung. Ein Problem für interne Ähnlichkeitstheoretiker ist der nicht nur in diesem Zusammen-

21 »No theory [...] seems more wrong than the picture theory of language.« (Goodman 1972, S. 24 f.)

22 »Konventionalistisch« darf hier nicht im Sinne David Lewis' verstanden werden, sondern in dem Sinne, daß Bilder gleich Texten denotieren und Denotation weder im Fall von Texten noch von Bildern von Ähnlichkeit abhängig ist (vgl. Lopes 1996, S. 131 f.). Hyman 2006 nennt dagegen als wesentliches Merkmal von konventionalistischen Theorien ihre Ablehnung von Illusions- und Umrißtheorien.

23 Hinter dem ersten Kritikpunkt steht das sogenannte Kompensationsproblem (selbst aus einem spitzen Winkel können wir noch ein Bild erkennen) und hinter dem zweiten Punkt das Konstanzproblem (so erscheint uns eine Person gleich groß, egal ob sie etwa zwei oder vier Meter von uns entfernt ist).

hang notorisch schwierige Begriff der Empfindung (»*experience*«). Was etwa sind unsere Kriterien dafür, daß zwei Eindrücke gleich oder zumindest ähnlich sind? Gegen beide Formen der Ähnlichkeitstheorie sprechen zudem Bilder von fiktionalen (nicht existierenden) Gegenständen und gegenstandslose Bilder, die nichts abbilden. Bei beiden kann keine Ähnlichkeitsbeziehung im Sinne des Ähnlichkeitstheoretikers zu einem Gegenstand beziehungsweise zu einer Erfahrung eines Gegenstandes vorliegen. Wie läßt sich dann aber erklären, was Bilder sind?

Goodmans Vorschlag lautet: Bilder sind Zeichen, das heißt sie stehen für etwas. Sie erhalten ihren Status nicht aufgrund interner Strukturen,[24] sondern dadurch, daß sie Zeichen in *syntaktisch dichten* Symbolsystemen sind. Daraus folgt, etwas ist nur dann ein Bild, wenn es Zeichen eines syntaktisch dichten Systems ist.[25] Syntaktisch dichte Systeme zeichnen sich dadurch aus, daß sie aus potentiell unendlich vielen Zeichen bestehen und es nicht möglich ist, zwei Zeichenvorkommnisse einem bestimmten Zeichentyp zuzuordnen. Beispielsweise ist ein dreistelliges digitales Fieberthermometer *syntaktisch disjunkt* (d.h. nicht dicht), weil wir von jedem Vorkommnis auf der Anzeige wissen, zu welchem Typ es gehört, während ein herkömmliches Quecksilberthermometer syntaktisch dicht ist, da zwischen zwei Markierungen immer eine weitere liegen kann und wir daher zwei Markierungen nicht als typidentisch bestimmen können. Das bedeutet: ein Zeichen ist *repräsentational*, nur wenn es zu einem durchgehend dichten oder zu einem dichten Teil eines partiell[26] dichten Systems gehört[27] und es uns daher nicht möglich ist, das Bild eindeutig als ein Vorkommnis eines bestimmten Zeichentyps zu identifizieren. Gleiche Schwierigkeiten haben wir dagegen bei Buchstabenvorkommnissen für gewöhnlich nicht. Wir erkennen zumeist gleich, ob ein Buchstabenvorkommnis Vorkommnis eines bestimmten Typs ist. Ein weiterer Begriff, mit dem Bilder von sprachlichen Ausdrücken wie auch Diagrammen oder Karten, wenn auch nur gra-

24 Vgl. Goodman 1995, S. 213ff.

25 Scholz schlägt daher vor – in Anlehnung an Goodmans Vorschlag, die Frage »Was ist Kunst?« durch die Frage »Wann ist Kunst?« zu ersetzen –, nicht zu fragen: »Was ist ein Bild?«, sondern: »Wann ist ein Bild?« (Scholz 1993).

26 »Partiell« heißt hier, daß ein System an manchen Stellen dicht und an anderen Stellen endlich differenziert ist.

27 Vgl. Goodman 1995, S. 209f.

duell, unterschieden werden können, ist die *Fülle*. Beispielsweise be sitzt eine Zeichnung, die durch eine Linie einen Bergrücken darstellt mehr Fülle als ein Graph, der die Herzfrequenz darstellt. Grund hier für ist, daß bei der Zeichnung jedes noch so kleine visuelle Merkma eine Rolle spielen kann, während bei dem Graphen nur der Abstand zur X- und Y-Achse von Bedeutung ist. Bilder besitzen somit meh Fülle als Diagramme oder Karten.[28]

Gegen Goodmans Auffassung sind zahlreiche Vorwürfe erhoben worden. Die beiden wichtigsten, wenn auch eng miteinander verwo ben, sind folgende: Erstens können Goodmans Argumente gegen die Ähnlichkeitstheorie nur zum Teil überzeugen, das heißt modifizierte Ähnlichkeitstheorien sind ihnen gegenüber immun. Zweitens wird Goodman dem phänomenologischen Aspekt der Bildwahrnehmung nicht gerecht; so kann er nicht erklären, warum wir in Bildern tat sächlich oder vermeintlich die Gegenstände selbst oder zumindes wichtige Eigenschaften von ihnen sehen.

2.3 Wollheim

Der letztgenannte Vorwurf wird unter anderem von Richard Wol heim erhoben.[29] Für ihn muß jede brauchbare Bildtheorie folgende Minimalbedingungen erfüllen:

> (1) Wenn ein Bild etwas repräsentiert, dann wird eine visuelle Erfahrung vor liegen, die dies festlegt. Diese Erfahrung nenne ich ›geeignete Erfahrung‹ de Bildes. (2) Wenn ein angemessener Betrachter das Bild betrachtet, wird er – wenn andere Dinge gleich bleiben – eine geeignete Erfahrung haben.[30]

Diese Erfahrung kommt aber nicht dadurch zustande, daß wir ein Bild analog zu einem sprachlichen Zeichen interpretieren, sondern dadurch, daß wir sehen, was das Bild darstellt. Daher muß uns in unserer Erfahrung dasjenige, was das Bild darstellt, bewußt sein.[31] Dieses Bewußtsein kann aber durch keine wie auch immer gearte te Ähnlichkeitstheorie erklärt werden. Erforderlich ist vielmehr eine

28 Vgl. ebd., S. 213 und 217. Entgegengesetzter Meinung ist Schier: »[...] Fülle kann nicht das Kennzeichen von Bildlichkeit sein. [...] Fülle ist nicht der Schlüssel zu Bildlichkeit.« (Schier 1986, S. 31.)

29 Wollheim 2001, S. 14f.

30 Ebd., S. 13 (diese wie die folgenden Übersetzungen sind von J. Steinbrenner).

31 Ebd., S. 16.

besondere Wahrnehmungsfähigkeit, nämlich das Sehen-in, auf dem die Phänomenologie des Bildersehens beruht. Hierzu gehört, daß wir beim Bildbetrachten gleichzeitig (»*visual aware at once*«)[32] die Bildoberfläche und den Bildinhalt sehen. Diese Zweiheit der wahrgenommenen Aspekte innerhalb einer Erfahrung bildet den Kern der Bildwahrnehmung.[33] Dabei wird dasjenige, was wir im Bild sehen, nicht durch die Ähnlichkeit zum dargestellten Gegenstand bestimmt, sondern durch die Absicht des Künstlers. Hierbei gilt, daß der Künstler seine Absicht auf geeignete Weise im Bild ausdrücken muß, damit der angemessene Betrachter die geeignete Erfahrung erlangt.[34] Zu klären, was »geeignete Weise« heißt, ist kein leichtes Unterfangen. Einerseits ist sicher, daß jeder Künstler in seinen Absichten durch seine Zeit und sein stilistisches Repertoire begrenzt bleibt,[35] aber andererseits gilt hier Gleiches wie für die Sprache: Dafür, daß ich meine Absichten sprachlich ausdrücken kann, muß es bestimmte, zuvor zumindest implizit festgelegte Bedeutungen der Ausdrücke geben, sonst wäre es mir gar nicht möglich, meine Absichten sprachlich auszudrücken. Und Gleiches läßt sich für Bilder annehmen. Weder kann die Bedeutung der Bilder allein von den Absichten des Künstlers abhängen, noch allein von den Imaginationen des Betrachters. Letzteres betont Wollheim auch immer wieder (insbesondere in seiner Auseinandersetzung mit Walton).[36] Hervorzuheben ist hier erneut, daß sich Wollheim zwei Möglichkeiten zur Lösung dieses Konflikts verschließt, die üblicherweise herangezogen werden, nämlich eine konventionalistische und eine ähnlichkeitstheoretische Auffassung. Vor einem ähnlichen Problem steht Kendall Walton, wenn auch nicht von der Produzenten-, sondern von der Betrachterseite her.

32 Ebd., S. 19.

33 Das Sehen-in ist von dem Sehen-als zu unterscheiden. Letzteres findet z. B. dann statt, wenn man in fleckigen Mauerwänden Schlachten sieht. Hier genießt der Betrachter aber »eine ganz besondere Indifferenz oder Unbestimmtheit« (Wollheim 1998, S. 203), wie sie im Fall des Sehens-in nicht vorliegt. Eine Frage, die uns im weiteren noch beschäftigen wird, ist, ob die Zweiheitsthese hinreichende oder notwendige Bedingung für das Sehen von Bildern ist (vgl. Lopes 1996, S. 42; Millar 2006; Nanay 2005 und Niederée 2003).

34 Wollheim 2001, S. 27.

35 Vgl. hierzu Wollheims Antwort auf Hopkins Kritik in van Gerwen 2001, S. 258ff.

36 Vgl. Wollheim 2001, S. 24f., und kritisch Levinson 1998, S. 36.

Für Walton ist es – und hier schließt er sich Gombrichs Überlegungen an – in gewissen Grenzen unsere Imagination, die unseren Umgang mit Bildern bestimmt. Wir tun gegenüber Bildern so, als ob wir vor dem Gegenstand selbst stünden. Walton knüpft dabei an Gedanken Wittgensteins an, daß die Bedeutung von Zeichen durch unseren Umgang mit ihnen bestimmt wird, und zu unserem Umgang mit Bildern gehört es eben, daß wir beispielsweise auf die Leinwand deuten und sagen: »Karl V. hat ein typisches Habsburger Kinn.« »Karl V.« bezeichnet hier aber nicht den großen Gegenreformator, sondern eine Person, die wir sehen, wenn wir auf die Leinwand schauen. Dieses Sehen aber im Wesentlichen als ein Wahrnehmungsphänomen zu bezeichnen, wie Wollheim dies im Sinne eines Sehen-als oder Sehen-in vorschlägt, hilft nach Walton nicht weiter.[37] Auffallend ist vielmehr, daß wir bei der Person auf der Leinwand so tun, als ob sie beispielsweise reiten könnte. Bilder haben daher – im Gegensatz zu den meisten sprachlichen Äußerungen – keinen Bezug, sondern sind Attrappen, bei denen wir so tun, als ob wir glaubten, daß sie die dargestellten Dinge selbst seien. Hierin ist der Unterschied zu fiktionalen Texten zu sehen. Beispielweise würden wir nicht von dem jungen Werther behaupten, daß er uns aus dem Roman heraus anblickt. Bei unserem Umgang mit Bildern kommt es dagegen häufig vor, daß wir von uns anblickenden Personen sprechen. Walton bezeichnet diesen Vorgang als Spiel, in dem wir so tun, als ob wir glaubten, vor den mimetisch dargestellten Gegenständen, Personen usw. selbst zu stehen.[38] Dieser Unterschied führt Walton zur These, daß es sich bei Bildern genau umgekehrt zur Sprache verhält, bei der der fiktionale Diskurs parasitär zum gewöhnlichen bezugnehmenden Diskurs ist. Das heißt, unser Umgang mit Bildern ist erst einmal dadurch geprägt, daß wir so tun, als ob wir vor tatsächlichen Personen usw. stünden, während unser Umgang mit Bildern, die wir zur Abbil-

37 Walton 1973, Fn. 4 und 1990, S. 302.

38 *Mimesis as Make-Believe* (1990) ist daher auch der Titel seines gleichnamigen Schlüsselwerks, das leider bis heute keine Übersetzung ins Deutsche gefunden hat. Ob dies der alleinige Grund dafür ist, daß Walton und sein Werk im deutschsprachigen Raum gar nicht oder bestenfalls nur in einigen wenigen Fußnoten erwähnt wird, weiß ich nicht.

dung von Merkmalen existierender Personen usw. benutzen, ein Sonderfall gegenüber dem gewöhnlichen fiktionalen Umgang ist.[39]

Der Clou von Waltons Überlegungen besteht darin, in unserem Umgang – und das heißt insbesondere: in unserer Rede über Bilder – die ›Essenz‹ von Bildern zu sehen. Dieser Umgang ist vergleichbar mit Kinderspielen, bei denen so getan wird, als ob der Sandkuchen ein tatsächlicher Kuchen sei (aber nicht etwa auf einen echten Kuchen Bezug genommen wird). Diese Spiele sind regelgeleitet, und Gleiches gilt für unseren Umgang mit Bildern. Je nach Kontext kann zwar ein und dasselbe Bild in unterschiedlicher Weise gebraucht werden, aber innerhalb eines Kontextes herrschen mehr oder minder feste Regeln.[40] In dieser Hinsicht können wir nicht wahllos imaginieren, was wir in Bildern sehen, sondern werden je nach Kontext auf bestimmte ›Spiele‹ festgelegt. Wie ist es aber dann möglich, daß wir aus Bildern Informationen über die Welt beziehen? Hier ist erst einmal zu bemerken, daß Walton einen grundlegenden Unterschied zwischen Photographien und gewöhnlichen Bildern macht. Der Grund hierfür ist, daß Photographien ›transparent‹ sind, das heißt, wir sehen durch sie Dinge selbst (vergleichbar mit Spiegeln, Mikroskopen etc.).[41] Will aber Walton tatsächlich behaupten, daß uns ein gelungenes gemaltes Porträt von zum Beispiel Pelé nicht Merkmale Pelés zeigt? Nein, aber Grund dafür, daß das Bild Pelés den realen Pelé darstellt, ist nach Walton nicht die Ähnlichkeit zwischen Bild und Pelé oder die Ähnlichkeit zwischen unserer Wahrnehmung des Bildes von Pelé und unserer tatsächlichen Wahrnehmung von Pelé. Die Ähnlichkeit besteht vielmehr nur zwischen unserem Umgang mit dem Bild-Pelé und dem wirklichen Pelé. Wir können eben vor dem Bild Pelés in vielerlei Hinsicht so tun, als ob wir vor Pelé selbst und nicht dem fiktiven Bild-Pelé stünden.

Versucht man vor dem Hintergrund der vier vorgestellten Theorien so etwas wie ein Merkmal analytischer Bildtheorien herauszustreichen, bleibt außer einigen stilistischen Gemeinsamkeiten nicht viel übrig. Dies sei an dieser Stelle betont, da hierzulande die analy-

39 Walton 1973, S. 310 und 1990, S. 126f. Walton kritisiert daher auch vehement Goodmans These, in der Denotation den Kern der Repräsentation zu sehen (Walton 1990, S. 125). An dieser wie auch zahlreichen anderen Stellen überschneiden sich seine Überlegungen mit Hyman 2006.

40 Walton 1990, S. 292.

41 Vgl. Walton 1984.

tische Bildtheorie gerne mit der Goodmans gleichgesetzt wird beziehungsweise außer dieser kaum weitere zur Kenntnis genommen werden.[42]

Gleichwohl läßt sich eine gewisse dialektische Bewegung in der Geschichte der analytischen Bildtheorie nachzeichnen: Panofskys Kritik (1924/25) an der Zentralperspektive und damit der Ähnlichkeitstheorie schlechthin;[43] Gombrichs Verteidigung (1960/1978)[44] der Ähnlichkeitstheorie in Form seiner Illusionstheorie innerhalb eines popperschen Wissenschaftsrahmens; Goodmans strikte Ablehnung (1968/1995) einer Ähnlichkeitstheorie in jeder Form und Entwicklung einer ›konventionalistischen‹ Zeichentheorie; Wollheims (1980/1982) phänomenologischer Ansatz, der eine Kritik der Ähnlichkeitstheorie einschließt; in diesem Punkt ebenso Walton (1990) in seinem ›normalsprachlichen‹ Ansatz. Wir können also festhalten, daß bis auf Gombrich die Autoren mehr oder minder Panofskys Kritik an der Zentralperspektive und Goodmans Kritik an Ähnlichkeitstheorien teilen. Zudem sind sich alle (einschließlich Gombrich) darin einig, daß sich Bilder nicht allein wahrnehmungstheoretisch in dem Sinne erklären lassen, daß Vorwissen, sprachliche Kompetenz usw. ausgeschlossen werden können.

3. Der aktuelle Stand der Debatte

In der »postklassischen« Phase lassen sich nun zwei Strömungen ausmachen: auf der einen Seite der Versuch, die klassischen analytischen Positionen zu verfeinern und auszubauen (z. B. Scholz 1991/2004, Lopes 1996, Kulvicki 2006), und auf der anderen Seite die prinzipielle Kritik an der klassischen Position und Reanimationsversuche der Ähnlichkeitstheorie (z. B. Hopkins 1998, Sachs-Hombach 2003, Hyman 2006). Einig sind sich dabei beide Parteien in ihrer Antwort auf die Frage »Was sind Bilder?« insoweit, daß Bilder Zeichen sind.

42 Man vergleiche hierzu nur die Schriften der großen deutschen Bs der Bildtheorie: Hans Belting, Gottfried Boehm, Gernot Boehme, Reinhardt Brandt und Horst Bredekamp, aber auch von jüngeren Autoren wie z. B. Martin Schulz 2005, Klaus Rehkämper 2002 und Lambert Wiesing 2000.

43 Vgl. Hyman 2006, Kap. 10.

44 Die erste Jahreszahl bezieht sich jeweils auf die Erstveröffentlichung, die zweite auf das Literaturverzeichnis.

Unstrittig scheint ferner zu sein, daß wir in Bildern etwas sehen. Wie aber läßt sich diese Tatsache erklären? Ähnlichkeitstheorien versuchen mit Hilfe des Begriffs der Ähnlichkeit das Wesentliche von Bildern zu fassen, während kognitivistische Bildtheorien die Erfahrung, in einem Bild etwas zu sehen, als eine bestimmte Form von Erkenntnis betrachten. Aufgrund dieser verschiedenen Ausgangspositionen unterscheiden sich die Antworten auf die Fragen (1)-(3). Die unterschiedlichen Antworten seien im folgenden insbesondere hinsichtlich der zweiten Frage skizziert: Was heißt es, ein Bild zu verstehen?

3.1 Scholz

Oliver Scholz' Verdienst ist es, gezeigt zu haben, daß die Frage »Was heißt es, ein Bild zu verstehen?« je nach Kontext ganz unterschiedlich lauten kann. Sie kann analog zur Sprache heißen, ob ein Bild als Gegenstand überhaupt wahrgenommen wird, oder ob zum Beispiel ein abstraktes Bild als Zeichen beziehungsweise Bild wahrgenommen wird. Des weiteren kann die Frage darauf zielen, ob jemand ein Bild als einen bestimmten Bildtyp erkennt (z. B. Herrscherporträt) und zudem als ein Bild einer fiktiven Person, einer Klasse von Personen oder einer bestimmten Person. Neben diesen basalen Verstehensstufen gibt Scholz noch weitere an, die sich auf das Verstehen des Ausdrucks, der Exemplifikation, des Modus und des indirekten Mitteilens beziehen.[45] Dabei schließt sich Scholz Goodmans Auffassung an, daß ein Zeichen nur dann ein Bild sein kann, solange es Zeichen eines pikturalen Systems im Sinne von Goodman ist.[46] Ein Bild als Bild (und nicht nur als Zeichen oder Gegenstand) zu verstehen setzt demnach zumindest voraus, ein Bild als Zeichen eines solchen Systems zu verstehen. Für alle Bildverstehensstufen gilt dabei, daß das Verstehen der Bilder das Wissen beinhaltet, wofür sie gebraucht werden (z. B. zu wissen, daß ein Gegenstand ein Zeichen ist, setzt das Wissen voraus, daß der Gegenstand für etwas steht). In dieser Hinsicht erweitert Scholz Goodmans Ansatz im Sinne einer Gebrauchstheorie im Stile von Austin und Grice.[47] Bildverstehen ist somit für

45 Nach Scholz bauen die Verstehensstufen in der genannten Reihenfolge aufeinander auf (Scholz 2004, Kap. 5.4).

46 Wer Goodmans Argumente gegen die Ähnlichkeitstheorie im Detail und übersichtlich dargestellt kennenlernen möchte, sollte Scholz 2004, Kap. 2 lesen.

47 Scholz 2004, Kap. 5.

Scholz ein höchst differenzierter Vorgang, der von der Wahrnehmung des Bildes bis hin zu subtilen kontextabhängigen Bezugnahmeformen reichen kann.

3.2 Lopes I

Nach Dominic Lopes muß man dagegen, wenn man ebenjene Frage (2) beantworten will, eine Theorie entwickeln, die folgenden Bedingungen genügt: Erstens die an Wollheim angelehnte *Zweiheitsbedingung*, die besagt, daß für gewöhnlich zum Verstehen eines Bildes sowohl der Bildträger wie der Bildinhalt erkannt werden muß. Wie diese Bedingung im Detail genau auszuformulieren ist, ist sicherlich ein Problem, gerade wenn man an Trompe-l'œil-Bilder auf der einen Seite des Spektrums und an gegenstandslose Malerei auf der anderen Seite denkt. Lopes insistiert daher im Gegensatz zu Wollheim darauf,[48] daß das zweiheitliche Sehen eine Frage des Grades sei[49] und nicht prinzipiell bei jeder Art von Bildbetrachten vorliegen muß (so liegt weder bei Trompe-l'œil-Bildern noch bei gegenstandslosen Bildern notwendig zweiheitliches Sehen vor).[50]

Eng verwandt mit der Zweiheitsbedingung ist die *Phänomenologiebedingung*.[51] Dahinter steht der Gedanke, daß uns Bilder erlauben, von Dingen Erfahrung zu haben, die nicht gegenwärtig sind, respektive daß Bilder ›so aussehen wie‹ die dargestellten Gegenstände usw. Gerade letztere Bedingung wird nach Lopes von Goodmans Theorie nicht erfüllt.

Im engen Zusammenhang zur Phänomenologiebedingung steht die *Kompetenzbedingung*, die besagt, daß eine plausible Bildtheorie der Tatsache gerecht werden muß, daß ein Betrachter, der anhand eines oder mehrerer Bilder eines Bildsystems erlernt hat, die Denotate oder Sujets zu erkennen, mehr oder minder auch bei jedem weiteren Bild sogleich das Denotat oder Sujet erkennt (also Scholz' Stufen fünf und sechs meistert).[52] Beispielsweise kann ich jemandem ein

48 Lopes 1996, S. 50f.

49 Ebd., S. 51.

50 Zur Diskussion, was »twofoldness« bei Wollheim heißt und was für und was gegen sie spricht, vgl. van Gerwen 2001, Teil I.

51 Lopes 1996, Kap. 1.6.

52 Eine interessante Frage, der ich hier nicht nachgehen kann, lautet, wie Scholz' Stufen und Lopes' Bedingungen miteinander zusammenhängen.

Bild eines Tieres einer ihm unbekannten Tierart zeigen und ihn anschließend darum bitten, das Tier im Zoo zu suchen.

Die Kompetenzbedingung setzt sich daher für Lopes aus zwei Aspekten zusammen: Erstens, eine Bildtheorie muß erklären, wie es dazu kommt, daß unbekannte Bilder nicht auf die Weise erlernt werden müssen wie unbekannte Wörter oder Ausdrücke. Wenn wir einmal ein bildliches Darstellungssystem verstanden haben, dann können wir jedes weitere Bild, das in dieser Weise hergestellt ist, verstehen, das heißt soweit uns das Sujet vertraut ist. In diesem Sinne sind Bilder *generativ.*[53] Zweitens, wenn jemand mit einem bildlichen Darstellungssystem vertraut ist, dann kann er mit Hilfe von Bildern Dinge in der Welt erkennen. Das heißt, er kann sein Bildwissen *transferieren.*[54] Während die Generativität also voraussetzt, daß uns die Sujets bekannt sind, erlaubt uns die Transferenz, neue Sujets der Bilder zu erlernen. Ähnlichkeitstheorien scheinen nun genau die Stärke zu besitzen, diese beiden Fähigkeiten zu erklären, während die Arbitrarität, wie sie Symboltheorien (z. B. Goodmans) eigen ist, die Fähigkeiten der Transferenz und Generativität im Umgang mit Bildern eher verhindert. Die letzte Bedingung, die Lopes an Bildtheorien stellt, ist die der *Unterschiedlichkeit,*[55] die fordert, daß eine brauchbare Bildtheorie auf ganz unterschiedliche Bildsysteme anwendbar sein soll.[56]

Für Lopes muß eine brauchbare Bildtheorie allen vier Bedingungen genügen. Dies kann ihm zufolge, wie bereits angedeutet, eine Symboltheorie im Stile Goodmans nicht leisten. Wie sieht es aber mit Ähnlichkeitstheorien aus? Will man diese Frage beantworten, muß man zuvorderst erläutern, was hier »Ähnlichkeit« heißen soll. Lopes unterscheidet dazu zwischen repräsentationsunabhängiger und repräsentationsabhängiger Ähnlichkeit. *Repräsentationsunabhängige Ähnlichkeit* liegt dann vor, wenn wir die Ähnlichkeit zwischen Bild und Denotat unabhängig von unserem Wissen, daß das Bild Abbild des Denotats ist, erkennen. *Repräsentationsabhängige Ähnlichkeit* liegt dagegen in dem Fall vor, daß wir die Ähnlichkeit erst dann erken-

53 Lopes 1996, S. 70.

54 Ebd., S. 71; den Ausdruck »transfer« in diesem Zusammenhang hat erstmals Schier 1986, Kap. 3, verwendet.

55 Lopes 1996, Kap. 1.4.

56 Vgl. zu unterschiedlichen Darstellungsmethoden Hagen 1986.

nen, wenn wir wissen, daß es sich um ein Bild mit einem bestimmten Sujet handelt. Offensichtlich kann die repräsentationsabhängige Ähnlichkeit keine Erklärung dafür sein, daß das Bild Abbild des Denotats ist. Ähnlichkeitstheoretiker müssen daher auf den Begriff der repräsentationsabhängigen Ähnlichkeit rekurrieren.[57]

Bevor ich im folgenden Lopes' Wiedererkennungs-Aspekt-Theorie vorstellen werde, seien drei ähnlichkeitstheoretische Ansätze von Robert Hopkins, Klaus Sachs-Hombach und John Hyman vorgestellt und überprüft, inwieweit sie Lopes' Bedingungen genügen, gegen Goodmans Einwände immun sind und zudem eine plausible Antwort auf die Frage »Was heißt es, ein Bild zu verstehen?« geben.

3.3 Hopkins

Ausgangspunkt der Theorie von Hopkins ist seine Kritik am symboltheoretischen Ansatz, der seiner Auffassung nach die spezielle Seherfahrung beim Betrachten von Bildern zu wenig berücksichtigt.[58] Er teilt Wollheims Auffassung, daß der Kern der Bilderfahrung im Sehen-in liegt und somit der Zweiheitsbedingung genügen muß. Bildverstehen besteht daher darin, durch die Wahrnehmung von Linien und Flächen auf der Bildoberfläche etwas Abwesendes zu erkennen. Das Sehen-in umfaßt insbesondere zwei Merkmale: Erstens unterscheidet sich das Sehen-in vom bloßen Imaginieren (ich sehe eine Wolke und stelle sie mir *als* ein Schaf vor versus ich sehe *in* einem Bild ein Schaf).[59] Zweitens beinhaltet diese Erfahrung *irgendwie* (»*somehow*«) das Bildobjekt.[60] Wie aber kommt es dazu, daß ich in einem Bild etwas sehe? Hopkins zufolge gibt Wollheim auf diese Frage keine überzeugende Antwort. Grund hierfür ist, daß nach Hopkins eine Antwort die folgenden sechs Explananda erfüllen muß:

Erstens ist es im Unterschied zu der sprachlichen Repräsentation bei der bildlichen unmöglich, ein Einzelding eigenschaftslos darzu-

57 Lopes 1996, S. 17.

58 Hopkins 1998, S. 15.

59 Vgl. Wollheims Unterscheidung zwischen Sehen-in und Sehen-als (Wollheim 1982, Essay 5) und Fn. 34.

60 Hopkins 1998, S. 16.

stellen.[61] Zweitens wird alles von einem Punkt aus dargestellt (erinnert sei an Gombrichs Augenzeugenprinzip). Drittens kann alles, was abgebildet werden kann, auch gesehen werden. Das soll heißen, was abgebildet werden kann, muß als sichtbar abgebildet werden. In Frage kommen somit Eigenschaften[62] und Einzeldinge, die, wenn sie existieren, ›sichtbar‹ sind (wenn Pegasus existieren würde, wäre er sichtbar).[63] Viertens ist bildliche Entstellung möglich, hat aber ihre Grenzen. Wir können zwar Dinge entstellt darstellen, aber Entstellung ist begrenzt. Dieser Punkt ist aus zwei Gründen von Interesse: (a) rein konventionelle Theorien können ihm nicht gerecht werden,[64] und (b) ist es ein schwieriges Unterfangen, die Grenzen von Entstellungen festzulegen (dies zeigt die Diskussion zu Karikaturen, doch hierzu später). Fünftens genügen allgemeine Bildkompetenz und Kenntnis der Erscheinung von O zur Interpretation einer Abbildung von O. Und sechstens, allgemeine Bildkompetenz und Kenntnis der Erscheinung von O sind notwendig zur Interpretation einer Abbildung von O.[65] Die letzten beiden Explananda eröffnen Hopkins die Möglichkeit, Einsichten von kognitivistischen Bildtheorien anzuerkennen und sie in seine eigene aufzunehmen.

Goodmans Kritik, daß fiktionale Bilder mit dem dargestellten Gegenstand nicht ähnlich sein können, versucht Hopkins durch eine Modifikation des Begriffs ›Ähnlichkeit‹ zu entgehen. Nicht mehr tatsächliche Ähnlichkeit soll zählen, sondern erfahrene und als solche empfundene Ähnlichkeit (»*experienced resemblance*«):

> Empfundene Ähnlichkeit muß nicht zwischen zwei Einzeldingen vorliegen, sondern stattdessen zwischen zwei bestimmten Arten; und ebenso ist es notwendig, daß dort tatsächlich eine vorhanden ist, oder das Subjekt glaubt, daß dort eine vorhanden ist. Egal welchen Fall wir auch im Sinn haben, die grundlegenden phänomenologischen Tatsachen sind dieselben.[66]

61 Ebd., S. 24; vgl. dazu Dretskes Unterscheidung zwischen »digital« und »analog« (Dretske 1981, S. 135-141).

62 Für Platonisten können Eigenschaften im strikten Sinn nicht wahrgenommen werden, da sie raum- und zeitlos existieren. Was wir dagegen nur wahrnehmen können, sind Instanzierungen der Eigenschaften.

63 Eigenschaften wie »ist inflationär« oder »ist magnetisch« können dagegen durch ein Bild repräsentiert, nicht aber dargestellt werden.

64 Vgl. Steinbrenner 2001.

65 Siehe oben Lopes' Kompetenzbedingung.

66 Hopkins 1998, S. 50.

Das Problem der empfundenen Ähnlichkeit besteht darin, Kriterien anzugeben, die festlegen, wann wir zu Recht empfinden, daß das Bild zum dargestellten Gegenstand ähnlich ist.[67] Hopkins schlägt vor, in der Umrißgestalt den relevanten Aspekt zu sehen. Für ihn ist die Umrißgestalt eine Eigenschaft, die wir zuerst wahrnehmen müssen, um sie anschließend auf Ähnlichkeit prüfen zu können. Wenn auch den meisten Menschen die Definition der Umrißgestalt nicht bekannt ist, können sie diese dennoch wahrnehmen. Hopkins stützt darauf die Vermutung, daß die Bilderfahrung, das heißt das Sehen-in, nicht notwendigerweise begrifflich sein muß.[68] Gleichwohl braucht man, um ›richtig‹ wahrnehmen zu können, Kenntnis von der Welt. Er beruft sich hierbei auf Gombrich:

> [Der Künstler] kann nicht einfach ›die äußere Form eines Gegenstandes nachahmen‹, wenn er zuvor nicht gelernt hat, wie man eine solche Form konstruiert [...]. Vielleicht hängt das damit zusammen, daß das ›unschuldige Auge‹ die Welt nicht wirklich neu sehen würde, wie so viele Künstler hoffen, sondern sie überhaupt nicht aufnehmen könnte. Es würde von einer schmerzenden Vielheit chaotischer Formen und Farben überwältigt werden.[69]

3.4 Sachs-Hombach

Gleich Gombrich und Hopkins ist auch Klaus Sachs-Hombach (2003) Anhänger einer internalistischen Ähnlichkeitstheorie, »ähnlich ist, was wir als ähnlich wahrnehmen«.[70] Gleichwohl ist für ihn Ähnlichkeit ein kulturelles Phänomen, das durch Interessen, kulturelle Vorgaben, Kontexte usw. bestimmt wird. Dies hindert ihn aber nicht, Ähnlichkeit als notwendige Eigenschaft abbildender Darstellung aufzufassen:

> [1] Ein Gegenstand G_1 ist einem Gegenstand G_2 ähnlich, wenn G_1 in relevanten Eigenschaftsdimensionen [im Fall von Bildern und ihren abgebildeten Gegenständen Farben und Formen] die für G_2 typischen Ausprägungen aufweist. Welche Dimensionen als relevant gelten, hängt dabei vom Kontext und von unseren Intentionen ab. Was im Einzelnen als typisch gilt, ist Gegenstand der Protosemantik.

67 Vgl. Lopes' (1996, S. 23) Diskussion zu Millikans ›internalisiertem Inhalt‹ und Hymans Kritik (Hyman 2006, Kap. 7) an subjektivistischen Theorien.

68 Zur gleichen Auffassung kommt Lopes, wenn auch von einem kognitivistischen Ausgangspunkt aus (s. u.).

69 Gombrich 1973, S. 27f.

70 Sachs-Hombach 2003, S. 141.

[2] Ein Gegenstand G_1 weist hinsichtlich der relevanten Eigenschaftsdimensionen die für G_2 typischen Ausprägungen auf, wenn die Wahrnehmungen der entsprechenden Eigenschaften von G_1 und G_2 (abhängig von Perspektive, Lichtverhältnissen etc.) gleichartig sind. Danach ist ähnlich, was wir als ähnlich wahrnehmen.

[3] Ein Zeichen Z ist eine Abbildung von Gegenstand G, sofern der Zeichenträger von Z hinsichtlich relevanter Eigenschaftsdimensionen die für G typischen Ausprägungen aufweist (wenn er G ähnlich ist) und sofern dies für seine Interpretation konstitutiv ist.[71]

Mit dem ersten Absatz will Sachs-Hombach sicherstellen, daß Ähnlichkeit sich immer nur auf ausgewählte Eigenschaften bezieht und nie alle Eigenschaften umfassen kann (sonst wären sich die Gegenstände nicht ähnlich, sondern sie wären identisch). Gleichwohl ist [1] mit einer konventionalistischen Theorie etwa im Stile Waltons vereinbar. Die Ähnlichkeit zwischen Bild und dargestelltem Gegenstand besteht in unserem ›ähnlichen‹ Umgang mit beiden. Der zweite Absatz soll dagegen die internalistische These stützen und sichern, daß es sich um eine repräsentationsunabhängige Ähnlichkeit im Sinne von Lopes handelt. Entscheidend in [2] ist die Formulierung »wenn die Wahrnehmungen der entsprechenden Eigenschaften [...] gleichartig sind«. Der Ausdruck, an dem alles hängt, ist »gleichartig«. Wenige Seiten zuvor lesen wir dazu »Gleichartigkeit meint hierbei natürlich mehr als Ähnlichkeit«.[72] »Mehr« heißt hier, wie ich Sachs-Hombach verstehe, daß zwei Gegenstände dieselbe Eigenschaft besitzen und das Wahrnehmen dieser Eigenschaft an den zwei Gegenständen daher als ›gleichartig‹ erlebt wird. Was heißt aber »dieselbe Eigenschaft«? Vermutlich, daß Bild und Gegenstand dieselbe Farbe oder Form besitzen. Hiermit aber beginnen spätestens die altbekannten Probleme. Selbst wenn wir annehmen, daß das Bild nur hinsichtlich bestimmter Eigenschaften gleichartig zum dargestellten Gegenstand ist, läßt sich fragen, wieweit die Gleichartigkeit reichen muß. Denn klar ist, daß das Bild weder exakt (!) die gleiche Umrißform noch Farbe mit dem Gegenstand teilen kann. Wie groß aber dürfen die Abweichungen sein? Selbst wenn wir relativ großzügig gegenüber Abweichungen sind, ist es nicht ausgeschlossen, daß das Bild dennoch hinsichtlich keiner Farb- oder Umrißformeigenschaft gleichar-

71 Ebd., S. 144.
72 Ebd., S. 141.

tig zum Gegenstand sein muß.[73] Dies zeigt, daß [3] keine notwendige Bedingung für die abbildende Darstellung ist.

3.5 Hyman

Gegen interne Ähnlichkeitstheorien, aber auch gegen alle anderen Theorien, die versuchen, Bilder über ihre psychologische Wirkung zu erklären, argumentiert John Hyman.[74] Ausgangspunkt seiner Argumentation ist Wittgenstein, und dies in zweifacher Hinsicht: Erstens führt er mit Wittgensteins Privatsprachenargument ins Feld, daß die Bedeutung von Ausdrücken – hierzu gehört auch der Ausdruck »Bild« – nicht vermittels privater Empfindungen erklärt werden kann (und dies tun in mehr oder minder verdeckter Form alle Anhänger einer internen Ähnlichkeitstheorie). Zweitens geht Hyman (mit Wittgenstein?) davon aus, daß das Sehen von etwas in einem Bild intersubjektiv überprüfbaren Kriterien genügen muß. Voraussetzung dafür ist nach Hyman, daß der dargestellte Gegenstand von einem bestimmten Standpunkt aus einen bestimmten Umriß hat und diese Linie auf dem Bild zu sehen ist. Beide Linien sind aber Linien in der Welt, und ihre Gleichheit ist als solche überprüfbar. Umrißidentität ist für Hyman notwendige Bedingung dafür, daß Bilder darstellen können.

Anstatt Hymans Verteidigungsstrategie auf Goodmans Argumente gegen die Ähnlichkeitstheorie vorzustellen, was an dieser Stelle schlicht unmöglich ist, möchte ich exemplarisch auf drei Probleme hinweisen, nämlich auf Bilder von fiktionalen Gegenständen, Karikaturen und gegenstandslose Bilder. Während das letztgenannte ein

73 Erinnert sei in diesem Zusammenhang an Wittgensteins Begriff der Familienähnlichkeit: Familienangehörige sind sich familienähnlich, ohne daß sie eine kennzeichnende Eigenschaft miteinander teilen müssen. Das heißt, wir können sie als ähnlich empfinden, ohne deshalb auf eine Eigenschaft hinweisen zu können. In ähnliche Richtung geht Wollheims Bemerkung, daß die Lokalitätsbedingung für das Sehen-in im Gegensatz zum Sehen-als nicht gilt (Wollheim 1982, S. 197). Grund hierfür ist, daß wir in einem Bild ein Sujet erkennen können, ohne deshalb ein Detail im Gemälde als ähnlich zum dargestellten Gegenstand empfinden zu müssen (z. B. müssen wir in einem Gemälde von Cézanne weder Form noch Farbe gleichartig zum dargestellten Gegenstand wahrnehmen), auch wenn wir das ganze Bild als gelungene Abbildung akzeptieren.

74 Er schließt dabei auch Lopes' Wiederkennungs-Aspekt-Theorie ein (Hyman 2006, S. 255).

Problem sowohl für interne wie auch für externe Umrißtheorien ist, ist das erste zumindest dem ersten Anschein nach keines für interne Umrißtheoretiker (da die Umrißidentität nur eine in meiner Vorstellung ist).

Hyman vertritt ähnlich wie Walton die These, daß bei Bildern im Gegensatz zu sprachlichen Ausdrücken die fiktionale Bezugnahme der gewöhnlichen vorausgehen muß.[75] Grund hierfür ist, daß sprachliche Ausdrücke aufgrund von Konventionen ihre Bedeutung erhalten. Die gewöhnliche Bedeutung wird im fiktionalen Diskurs im nachhinein, abhängig von pragmatischen Umständen, umgedeutet.[76] Die Bedeutung von Bildern dagegen beruht in ihren Wurzeln auf imaginativen Handlungen.[77] Wenn wir also annehmen, daß Fiktionales in Bildern zu sehen tatsächlich von Anfang an bei unserer Beschäftigung mit Bildern im Vordergrund stand, stellt sich gleichwohl die Frage, welche Rolle hierbei Umrißformen spielen können. Klar ist ja, daß Bilder ihre Umrißformen nicht mit fiktionalen Figuren teilen können, da diese keine wahrnehmbaren Umrißformen besitzen. Hymans Lösung für dieses Problem sieht folgendermaßen aus: er unterscheidet Abbilden von Porträtieren.[78] Während das *Porträtieren* eine Relation zwischen einem Bild und einer Person herstellt, ist *Abbilden* keine Relation. Wir sehen im Bild dessen Inhalt, aber dieser Inhalt ist vom Bild nicht verschieden.[79] Es besteht also keine Relation zwischen Bild und Inhalt, da der Inhalt unablösbarer Teil des Bildes ist. Weil dem so ist, ist die Umrißform, die auf dem Bildträger zu sehen ist, identisch mit der Umrißform der abgebildeten Figur. Der Clou der Hymanschen Überlegung besteht also in der Objektivierung, das heißt der Sichtbarkeit des Bildinhalts. Folgt daraus aber nicht, daß ich fiktive Gestalten nicht falsch abbilden kann, da jede fiktive Figur, die ich abbilde, diejenige ist, die sie im Bild

75 Hyman 2006, S. 189; hiergegen läßt sich einwenden, daß zumindest historisch unklar ist, ob dem so war.

76 Ebd., S. 190.

77 Ebd., S. 190. Dieser Punkt ist für Hyman wichtig, da er den fundamentalen Unterschied zwischen Bildern und Texten belegt. Während Texte aufgrund von Konventionen ihre Bedeutung erhalten, sehen wir in Bildern ihren Inhalt.

78 Ebd., S. 66f.

79 Statt von Inhalt spricht Hyman auch von dritter Entität (Hyman 2006, S. 63) oder internalem Gegenstand (Hyman 1999). Wenn der Inhalt eines Bildes nichts Eigenständiges ist, dann stellt sich die Frage, ob zwei Bilder denselben Inhalt besitzen können.

ist?[80] Zeichne ich zum Beispiel Asterix nicht klein, sondern lang und dünn, dann ist es entweder eine andere Figur oder eine Karikatur von Asterix.[81]

Nehmen wir fürs erste an, sie wäre eine Karikatur. Diese zeichnen sich bekanntermaßen häufig dadurch aus, daß die Umrisse der dargestellten Personen verschieden von den tatsächlichen sind. Wie aber können Karikaturen dann eine tatsächlich existierende Person darstellen? Hymans Anmerkung zu Karikaturen bietet hier nur bedingt Klärung:

> Zu bemerken ist, daß Karikaturen keine Ausnahme des Umrißprinzips darstellen, da dieses Prinzip sich auf die Beziehung zwischen Merkmalen (»*marks*«) der Bildoberfläche und den Gegenständen, die wir im Bild sehen, bezieht, d.h. den Gegenständen, die es abbildet. Es ist kein [Prinzip] über die Beziehung der Merkmale der Bildoberfläche und der Personen oder Ereignisse, die portraitiert werden. Wenn wir diese Unterscheidung aus den Augen verlieren, scheinen Karikaturen das Prinzip zu widerlegen, da die Merkmale der Gegenstände in der Zeichnung verzerrt dargestellt werden. Wir werden gewiß feststellen, daß die Umrißform seiner Nase nicht den gleichen Umriß besitzt wie der entsprechende Teil auf der Zeichnung. Oder auch nicht. Aber auch wenn das, wie eine Ausnahme des Umrißprinzips aussieht, liegt es daran, daß wir das abgebildete Gesicht und das portraitierte Gesicht durcheinanderbringen. Das erste ist eine verzerrte Version des zweiten, aber die durch das Umrißprinzip vorgeschriebene Korrespondenz zwischen der Oberfläche des Bildes und dem in dem Bild abgebildeten Gesicht bleibt bestehen.[82]

Auch in diesem Fall bleibt allerdings die Schwierigkeit bestehen, wie man feststellt, wen die Karikatur ›porträtiert‹. Die Umrißform kann uns hier offensichtlich nicht weiterhelfen. Beispielsweise kann eine Karikatur von Toni Blair eine Umrißform besitzen, die näher an Bill Clintons Umrißform ist. Wie aber können wir dann entscheiden, von wem sie eine Karikatur ist?[83] Hyman bietet hierauf ebensowenig

80 Vgl. Steinbrenner 2006.

81 Der Fall, daß Asterix aufgrund eines Zaubertranks plötzlich lang und dünn wird, sei natürlich außer acht gelassen.

82 Hyman 2006, S. 252.

83 Das gleiche Problem stellt sich für Hopkins' Theorie (Hopkins 1998, S. 105-115). Dabei ist das Karikaturenproblem für Hyman wie Hopkins deshalb von großer Wichtigkeit, weil hinter ihm die zentrale Frage steht, inwieweit Umrißlinientheorien selbst mit nur leichten Verzerrungen in Porträts zurechtkommen können. (Vertritt man zudem, wie Hyman das tut, eine Farbähnlichkeitstheorie (Hyman

eine Antwort wie auf unsere Frage hinsichtlich des verzerrten Bildes von Asterix. Wir können also festhalten, daß Hymans externalistische Umrißtheorie weder eine befriedigende Erklärung für Karikaturen noch für fiktionale Bilder gibt (und Gleiches gilt, ohne das im Detail an dieser Stelle zeigen zu können, für alle anderen Ähnlichkeitstheorien).

Schließlich seien gegenstandslose Bilder erwähnt. Zu diesen haben Umrißtheoretiker meines Wissens gar nichts oder bestenfalls sehr wenig zu sagen. Das läßt sich zwar dadurch entschuldigen, daß Umrißtheoretiker sich nur mit dem harten Kern oder der großen Masse von Bildern beschäftigen – und das sind nun einmal abbildende Bilder. Selbst wenn man dieser These zustimmt, sollte man jedoch erwarten können, daß sich die Umrißtheorie in gewisser Weise auf gegenstandlose Bilder erweitern läßt. Doch das ist ein schwieriges Unterfangen, das bisher nicht einmal ansatzweise in Ähnlichkeitstheorien verwirklicht wurde. Die Theorien von Goodman, Scholz und Wollheim bieten dagegen eine solche Erweiterung an.[84]

Wir können also festhalten, daß bei zahllosen Bildern die Umrißtheorie keine Anwendung finden kann und diese daher der Unterschiedlichkeitsbedingung von Lopes nicht im entferntesten gerecht wird. Interne wie auch externe Umrißtheorien sind daher als allgemeine Bildtheorien unbrauchbar.

2006, S. 101-112), führt dies zu noch größeren Problemen, da sich Farben im Gegensatz zu Umrißformen ungleich schwerer messen lassen.)

84 Weitere Probleme der Ähnlichkeitstheorie, auf die ich hier nicht eingehen kann, sind: anamorphosische Bilder (vgl. Lopes 1996, S. 24f.; Hyman 2006, S. 93-95; Kebeck 2006, S. 159-162 und Kulvicki 2006, S. 185-190), Farben (so gibt es z.B. beim späten Tizian oder im Impressionismus keine klaren Umrißlinien; vgl. Lopes 1996, S. 27ff.; Lee 2005; Hyman 2006; kritisch zu Hyman Newall 2006 und Kebeck 2006, Kap. 10); Größenkonstanzproblem (Berge erscheinen als Maulwurfshügel; vgl. Kebeck 2006, S. 215ff.); Invarianz (die Umrißlinie allein kann nicht zeigen, was für ein Körper abgebildet wird; Niederée 2006); Kompensationsproblem und der damit verwandte sogenannte Pozzoeffekt (Polanyi 1994; Kebeck 2006, S. 141-145). Angesichts dieser Probleme bleibt bestenfalls Gombrichs Augenzeugenprinzip (s.o.).

Ich möchte nun wie angekündigt auf Lopes' kognitivistische Theorie zu sprechen kommen. Lopes selbst nennt seine Theorie *hybrid*, weil sie weder eine rein konventionalistische Theorie noch eine Wahrnehmungstheorie im Sinne der Ähnlichkeitstheorie ist. Wie gezeigt, ist Lopes der Auffassung, daß weder Ähnlichkeitstheorien noch konventionalistische Theorien seinen Anforderungen an eine Bildtheorie genügen. Dabei kranken letztere Theorien daran, daß sie der Phänomenologiebedingung nicht gerecht werden. Gleichwohl können nach Lopes Bilder im gewissen Sinne mit Demonstrativausdrücken, die an Wahrnehmungsfähigkeiten gebunden sind, verglichen werden.[85] Lopes beruft sich dabei auf Gareth Evans, der in seiner Theorie erklären will,[86] warum bestimmte Ausdrücke von Sprachverwendern *informationsbasierte Identifikation* über die Bezugnahmeobjekte der von ihnen verwendeten Ausdrücke erfordern. Eine solche informationsbasierte Identifikation beruht auf einem Informationssystem, mit dessen Hilfe Informationszustände auf subpersonaler Stufe erklärt werden können. Informationszustände sind von Überzeugungen unabhängig, da ihre Inhalte durch Überzeugungen oder Wünsche nicht verändert werden. Zudem sind sie nichtbegrifflich, das heißt ihr Inhalt muß nicht Eigenschaften aufweisen, für die das Subjekt Begriffe besitzt.[87] Informationszustände geben Informationen über eine Quelle, wobei Eigenschaften des Zustandes Eigenschaften der Quelle entsprechen können.

Lopes überträgt Evans' Model auf die perzeptualistische Komponente des Bildverständnisses,[88] das heißt, Bilder sind Teil eines Informationssystems und geben, soweit sie ›wohlfundiert‹ sind, Wahrnehmungsinformationen über ihre Sujets. Ein Bild repräsentiert ein Objekt nur dann, wenn es Informationen vom Objekt vermittelt, auf deren Basis das Objekt identifiziert werden kann. Um Bilder zu verstehen, muß dem Rezipienten ein bestimmter bildlicher Modus der Identifikation zugänglich sein, der auf Basis des Bildinhalts die Quelle der Bilder bestimmt. Dies legt nahe, daß ein Objekt nur dann

85 Lopes 1996, Kap. 5.3; vgl. Peirce, für den indexikalische Ausdrücke wie »hier« kausale Zeichen sind (Peirce 1960, Bd. 2, 2.305).

86 Vgl. Evans 1982.

87 Lopes 1996, S. 102.

88 Ebd., Kap. 5.4.

das Sujet eines Bildes sein kann, wenn es als Quelle die Informationen des Bildes beinhaltet. Der Bildinhalt jedoch ist (im Gegensatz zu konventionalistischen Theorien)[89] von Bedeutung, weil er das Sujet zu identifizieren erlaubt. Diese beiden Bedingungen sind in der Forderung beinhaltet, daß die Identifikation wohlfundiert ist.[90] Dies führt Lopes zu folgender These: Wenn Bilder Symbole sind, dann müssen es solche sein, deren Bezugnahme von der Einübung von Fähigkeiten der Wahrnehmung abhängen.[91] Dabei ist wichtig, daß ein Bild eine Repräsentation ist, deren Inhalt einen räumlich vereinheitlichten (»*saptially unified*«) Aspekt des Sujets zeigt. In dem Sinne ist ein kubistisches Gemälde ein Bild, während eine Postkarte Londons mit vier Ansichten Londons vier Bilder auf einer Postkarte sind.[92] Welche räumlich vereinheitlichten Aspekte Bilder zeigen können, ist für Lopes eine empirische Frage.

Lopes leugnet nicht, daß das Erkennen von Bildinhalten vermittels Umrißformen geschehen kann. Der Fehler von Umrißtheoretikern besteht jedoch darin, daß sie bestimmte Aspekte, die durch Bilder gezeigt werden können, auf alle Bilder übertragen wollen. Sie übersehen dabei allerdings, daß es auch Bilder gibt, die auf andere Weise Aspekte eines Gegenstandes zeigen.[93] Bildkompetenz ist daher für Lopes systemrelativ.[94] Einzelne Bildsysteme zeichnen sich dadurch aus, daß sie Aspekte zeigen, die zur selben Dimension von Variationen gehören. Generativität ist systemgebunden, und dies auch hinsichtlich bestimmter Dimensionen von Variationen.[95] Die Bildkompetenz hinsichtlich eines Systems zeigt sich dabei in der Genera-

89 Goodman (1995, S. 38) gibt als Beispiel dafür, daß der Bildinhalt keine Rolle für den Bildbezug spielt, eine Photographie eines Rappens, auf der kein Rappe zu erkennen ist, die aber trotzdem nach Goodman Bild eines Rappens ist (zu einem Versuch, die Phänomenologiebedingung in einem konventionalistischen System einzubetten, vgl. Steinbrenner 2001).

90 Vgl. Evans 1982, Kap. 5.4.

91 Lopes 1996, S. 107. Hiermit glaubt Lopes seiner Phänomenologiebedingung Genüge zu tun.

92 Ebd., S. 126.

93 Ebd., S. 147.

94 Welche Systeme zur Darstellung gewählt werden, ist, wie das System selbst, unter Umständen konventionsabhängig. Wenn ich aber innerhalb eines Systems etwas darstellen möchte, dann wird die Darstellung vom System mehr oder minder präzise vorgegeben.

95 Lopes 1996, S. 148.

tivität und Transferenz. Generativität ist die Fähigkeit, in neuen Bildern vertraute Gegenstände zu erkennen, und Transferenz die Fähigkeit, unbekannte Objekte durch Bilder zu identifizieren. Die Rolle, die das Wiedererkennen dabei spielt, gründet zum einen darauf, daß wir vertraute Eigenschaften in Bildern wiedererkennen, und zum anderen, daß wir das Objekt in der Wirklichkeit gegebenenfalls wiedererkennen können.[96] Dabei gilt:

(1) Ein Bild *porträtiert* ein Objekt *grundlegend* (»*basically portrays*«) genau dann, wenn es Aspektinformationen beinhaltet, auf deren Basis der geeignete Betrachter es wiedererkennen kann.[97]

(2) Ein Bild *stellt* eine Eigenschaft oder einen Typ von Objekt F *grundlegend dar* (»*basically depicts*«) genau dann, wenn es Aspektinformationen von F abgeleitet beinhaltet, auf deren Basis der geeignete Betrachter es als F wiedererkennen kann.[98]

Hier stellt sich die Frage, was Lopes unter »geeignetem Betrachter« versteht. Für Lopes muß dieser zumindest die geeigneten Wiedererkennungsfähigkeiten mit sich bringen, den Bildinhalt erkennen und Systemerfahrung besitzen.[99] Der Begriff des geeigneten Betrachters ist nach Lopes gleichwohl in mancher Hinsicht normativ, da bestimmte Fähigkeiten normativ gesetzt werden.[100]

Voraussetzung für das Verstehen eines Bildes ist somit, daß es visuelle Informationen enthält, aufgrund derer seine Bedeutung zu verstehen ist. Zum Bildverstehen gehört daher das Erfassen des Bildsinns.[101] Gleichwohl versteht ein Betrachter ein Bild als Bild nur dann, wenn sein Versuch, die Quelle zu identifizieren, wohlfundiert ist, das heißt es ihm gelingt, die tatsächliche Quelle zu identifizieren. Nach Lopes erfüllt seine Wiedererkennungs-Aspekt-Theorie am besten die von ihm gestellten Bedingungen an eine Bildtheorie, nämlich Unterschiedlichkeitsbedingung (an ihr scheitern Ähnlich-

96 Ebd., S. 149. Evans' Verdienst war es nach Lopes, die psychologischen Voraussetzungen der Bezugnahme aufgezeigt zu haben (ebd.).

97 Ebd., S. 151. Diese Porträtleistung kann auch dann vorliegen, wenn sie nicht aktual von jemandem geleistet wird.

98 Ebd., S. 152. Lopes schließt dabei nicht aus, daß es zu Fehlidentifizierungen kommen kann.

99 Ebd., S. 152.

100 Ebd., S. 155.

101 Ebd., S. 158. Unter dem Bildsinn versteht Lopes in Anlehnung an Frege dasjenige, was ungeachtet der jeweiligen kommunikativen Rolle des Bildes konstant bleibt (Lopes 1996, S. 88f.).

keitstheorien), Kompetenzbedingung, Phänomenologiebedingung (diese wird von konventionalistischen Theorien nicht erfüllt) und Zweiheitsbedingung.[102]

Betrachten wir zum Schluß noch Lopes' Überlegungen zu fiktionalen Bildern und Karikaturen. Letztere gehören je nach Art zu Bildsystemen, in denen andere Projektionsregeln gelten, wie im Fall der zentralperspektivischen Bilder. Haben wir aber diese neuen Regeln erlernt, unterscheiden sie sich nicht von zentralperspektivischen Bildern. Wir können bei ihnen ebenso Aspekte von Personen wiedererkennen wie bei gewöhnlichen Bildern.[103]

Für fiktionale Bilder gilt, daß sie nicht existierende Sujets haben.[104] Der Unterschied bei fiktionalen zu nichtfiktionalen Bildern ist nach Lopes nicht einer der Bezugnahme, sondern eher der Prädikation, was soviel heißt wie des Inhalts. Wie kommt es aber zu dem Anschein, daß fiktionale Bilder doch auf etwas Bezug nehmen, und wie dazu, daß zwei von ihnen dasselbe Sujet haben können, wenn sie es auch völlig unterschiedlich darstellen? Voraussetzung dafür ist die *Moore-Bedingung*, die besagt, daß, wenn das Objekt existierte, beide fiktionalen Bilder dieses denotieren würden.[105] Wie aber können mögliche Objekte eine Quelle für fiktionale Bilder sein? Lopes schlägt hier eine Lösung im Sinne Waltons vor. Bei einem fiktionalen Bild tun wir so, als ob wir glaubten, daß ein ganz bestimmtes Objekt existieren würde.[106] Innerhalb dieser Glauben-als-ob-Spiele wird dann festgelegt, ob zwei fiktionale Bilder Bilder vom selben fiktiven Gegenstand sind.[107]

Will man Lopes' Theorie bewerten, steht man zuvorderst vor dem Problem, seine Adaption von Evans zu überprüfen und im Anschluß Evans' eigene Theorie. Dies ist an dieser Stelle nicht zu leisten. Daher möchte ich nur auf einige problematische Begriffe hinweisen: Lopes geht davon aus, daß Bildverstehen im wesentlichen auf einem Aspekt des Wiedererkennens beruht. Dieses Wiedererkennen wird mit Evans' Informationstheorie der Wahrnehmung erklärt. Eine Fra-

102 Auf Lopes' höchst interessante Theorie der Photographie (Lopes 1996, § 9.4) kann ich an dieser Stelle leider nicht eingehen.

103 Lopes 1996, S. 129 und 147.

104 Ebd., S. 197.

105 Ebd., S. 198.

106 Ebd., S. 202.

107 Ebd., S. 201f.

ge in diesem Zusammenhang ist, ob sich Lopes nicht selbst eines internalistischen Fehlschlusses im Sinne Millikans schuldig macht[108] oder zumindest dem Bildverstehen implizit subjektivistische Züge unterstellt.[109] Zudem beruht Lopes' Theorie auf dem notorisch schwierigen Begriff *Inhalt*. Dieser führt zur Frage der Identität und der Bestimmung von Inhalten. Ähnliche Fragen wirft zudem der Begriff *System* auf. Das heißt: Wann sind zwei Bildsysteme gleich und inwieweit können Bilder unterschiedlichen Bildsystemen angehören?

Ungeachtet dieser und zahlreicher anderer Schwierigkeiten ist Lopes' Theorie höchst anregend, und man kann sich nur wünschen, daß sie im deutschsprachigen Raum die längst fällige Resonanz erhält.[110] Gleiches gilt für die analytische Bildtheorie im allgemeinen. Wenn die eine Leserin oder der andere Leser durch diesen Aufsatz zu einer Auseinandersetzung mit diesen Theorien geführt würde, wäre nach guter pragmatischer Maxime sein Sinn und Zweck erfüllt.

Literatur

Bryson, N. (2001). *Das Sehen und die Malerei: Die Logik des Blicks*. München: Fink.

Cohnitz, D./Rossberg, M. (2006). *Nelson Goodman*. Chesham: Acumen.

Danto, A. (1964). »The Artworld«, in: *Journal of Philosophy*, Vol. 61, S. 571-584.

Derksen, A. A. (2005). »Linear Perspective as a Realist Constraint«, in: *Journal of Philosophy*, Vol. 102, S. 235-258.

Dretske, F. (1981). *Knowledge and the Flow of Information*. Cambridge (MA): Cambridge University Press.

Evans, G. (1982). *The Varieties of Reference*. Oxford: Oxford University Press.

Gombrich, E. (1973). *Meditation über ein Steckenpferd*. Frankfurt/M.: Suhrkamp.

Gombrich, E. (1978). *Kunst und Illusion*. Stuttgart: Belser.

Gombrich, E. (1994). *Das forschende Auge*. Berlin: Campus.

Goodman, N. (1972). *Problems and Projects*. Indianapolis: Bobbs-Merrill.

108 Vgl. Fn. 68.

109 Vgl. Hyman 2006, Kap. 7 und S. 255.

110 Eine interessante Weiterführung des Ansatzes von Lopes wie auch den von Goodman bietet Kulvicki 2006.

Goodman, N. (1995). *Sprachen der Kunst.* Frankfurt/M.: Suhrkamp.

Hagen, M. A. (1986). *Varieties of Realism: Geometries of Representational Art.* Cambridge (MA): Cambridge University Press.

Hopkins, R. (1998). *Picture, Image and Experience.* Cambridge (MA): Cambridge University Press.

Hyman, J. (1999). »Pictorial Art and Visual Experience«, in: *British Journal of Aesthetics,* Vol. 40, S. 21-45.

Hyman, J. (2006). *The Objective Eye: Color, Form, and Reality in the Theory of Art.* Chicago: Chicago University Press.

Kastner, S./Pinks, M. A. (2004). »Visual attention as a multilevel selection process«, in: *Cognitive, Affective, and Behavioral Neuroscience,* Vol. 4, S. 483-500.

Kebeck, G. (2006). *Bild und Betrachter: Auf der Suche nach der Eindeutigkeit.* Regensburg: Schnell und Steiner.

Kulvicki, J. V. (2006). *On Images: Their Structure and Content.* Oxford: Oxford University Press.

Lee, A. (2005). »Colour and Pictorial Representation«, in: *British Journal of Aesthetics,* Vol. 45, S. 49-63.

Levinson, J. (1998). »Wollheim On Pictorial Representation«, in: *Journal of Aesthetics and Art Criticism,* Vol. 56, S. 227-233. Neuabdruck in: *Richard Wollheim on the Art of Painting: Art as Representation and Expression.* Hg. von R. van Gerwen. Cambridge (MA): Cambridge University Press 2001, S. 28-38.

Lopes, D. (1996). *Understanding Pictures.* Oxford: Oxford University Press.

Mersch, D. (2006). »Wittgensteins Bilddenken«, in: *Deutsche Zeitschrift für Philosophie,* Bd. 6, S. 925-942.

Millar, B. (2006). »The conflicted Character of Picture perception«, in: *Journal of Aesthetics and Art Criticism,* Vol. 64, S. 471-478.

Millikan, R. G. (1991). »Perceptual Content and Fregean Myth«, in: *Mind,* Vol. 100, S. 439-459.

Nanay, B. (2005). »Is Twofoldness Necessary for Representational Seeing?«, in: *British Journal of Aesthetics,* Vol. 45, S. 248-257.

Newall, M. (2006). »Pictures, Colour and Resemblance«, in: *Philosophical Quarterly,* Vol. 56, S. 586-595.

Niederée, R./Heyer, D. (2003). »The Dual Nature of Picture Perception: A Challenge to Current General Accounts of Visual Perception«, in: *Looking into Pictures: An Interdisciplinary Approach to Pictorial Space.* Hg. von H. Hecht, R. Schwartz u. M. Atherton. Cambridge (MA): MIT Press, S. 77-98.

Panofsky, E. (1924/5). »Die Perspektive als ›symbolische Form‹«, in: *Aufsätze zu Grundfragen der Kunstwissenschaft.* Hg. von E. Panofsky. Berlin: Wissenschaftsverlag Volker Spiess 1985, S. 90-167.

Peacocke, C. (1987). »Depiction«, in: *Philosophical Review*, Vol. 86, S. 383-410.

Peirce, C. S. (1960). *Collected Papers*, Bd. 8. Hg. von C. Hartshorne u. P. Weiss. Cambridge (MA): Harvard University Press.

Polanyi, M. (1994). »Was ist ein Bild?«, in: *Was ist ein Bild?* Hg. von G. Boehm. München: Fink, S. 148-162.

Rehkämper, K. (2002). *Bilder, Ähnlichkeit und Perspektive: Auf dem Weg zu einer neuen Theorie der bildhaften Repräsentation.* Wiesbaden: Deutscher Universitätsverlag.

Richmond, S. (1994). *Aesthetic Criteria: Gombrich and the Philosophies of Science of Popper and Polanyi.* Amsterdam: Rodopi.

Sachs-Hombach, K. (2003). *Das Bild als kommunikatives Medium: Elemente einer allgemeinen Bildwissenschaft.* Köln: Halem.

Schier, F. (1986). *Deeper into pictures: An essay on pictorial representation.* Cambridge (MA): Cambridge University Press.

Schneider, H. J. (2006). »Satz – Bild – Wirklichkeit: Vom Notationssystem zur Autonomie der Grammatik im Big Typescript«, in: *Wittgensteins ›große Maschinenschrift‹: Untersuchungen zum philosophischen Ort des Big Typescripts (TS 213) im Werk Ludwig Wittgensteins.* Hg. von S. Majetschak. Frankfurt/M.: Peter Lang, S. 79-98.

Scholz, R. O. (1993). »When is a Picture?«, in: *Synthese*, Vol. 95, S. 95-106.

Scholz, R. O. (2004). *Bild, Darstellung, Zeichen: Philosophische Theorien bildlicher Darstellung.* Frankfurt/M.: Klostermann Verlag.

Scholz, R. O. (2005). »In memoriam Nelson Goodman«, in: *Systeme, Symbole, Welten. Studien zu Nelson Goodmans Kunst- und Zeichentheorie.* Hg. von J. Steinbrenner, O. R. Scholz u. G. Ernst. Heidelberg: Synchron Wissenschaftsverlag der Autoren, S. 9-32.

Schulz, M. (2005). *Ordnungen der Bilder. Eine Einführung in die Bildwissenschaft.* München: Fink.

Steinbrenner, J./Winko, U. (1997). »Die Philosophie der Bilder«, in: *Bilder in der Philosophie & in anderen Künsten & Wissenschaften.* Hg. von J. Steinbrenner u. U. Winko. Paderborn: Schöningh, S. 13-40.

Steinbrenner, J. (2001). »Abbilder, Darstellungen und Teile«, in: *Vom Realismus der Bilder: Interdisziplinäre Forschungen zur Semantik bildhafter Darstellungsformen.* Hg. von K. Rehkämper u. K. Sachs-Hombach. Magdeburg: Scriptum Verlag, S. 57-69.

Steinbrenner, J. (2006). »Bilder von Vorstellungen und Vorstellungen von Bildern: Zur Kritik Wittgensteins an Freges Vorstellungsbegriff«, in: *Deutsche Zeitschrift für Philosophie*, Bd. 6, S. 907-924.

Van Gerwen, R. (2001) (Hg.). *Richard Wollheim on the Art of Painting: Art as Representation and Expression.* Cambridge (MA): Cambridge University Press.

Walton, K. L. (1973). »Pictures and Make-Believe«, in: *Philosophical Review*, Vol. 82, S. 283-310.

Walton, K. L. (1984). »Transparent Pictures: On the Nature of Photographic Realism«, in: *Critical Inquiry*, Vol. 11, S. 246-277.

Walton, K. L. (1990). *Mimesis as Make-Believe: On the Foundations of the Representational Arts*. Cambridge (MA): Cambridge University Press.

Westerhoff, J. (2005). »Logical Relations Between Pictures«, in: *Journal of Philosophy*, Vol. 102, S. 603-623.

Wiesing, L. (2000). *Phänomene im Bild*. München: Fink.

Wollheim, R. (1982). *Objekte der Kunst*. Frankfurt/M.: Suhrkamp.

Wollheim, R. (2001). »On Pictorial Representation« (1998), in: *Journal of Aesthetics and Art Criticism*, Vol. 56, S. 215-226. Neuabdruck in: *Richard Wollheim on the Art of Painting: Art as Representation and Expression*. Hg. von R. van Gerwen. Cambridge (MA): Cambridge University Press 2001, S. 13-27.

III. Visual Culture

W. J. T. Mitchell

Vier Grundbegriffe der Bildwissenschaft

Als ich vor 20 Jahren mein Buch *Iconology* veröffentlichte, wußte ich noch nicht, daß es sich um den ersten Band einer künftigen Trilogie[1] handeln würde. Wenn Mitte der 1980er Jahre von ›*Visual Culture*‹ oder ›*New Art History*‹ die Rede war, dann waren das nichts als Gerüchte. Kaum, daß man von einem Konzept namens ›Word and Image‹ oder gar von einer *International Association for the Study of Word and Image* (IAWIS) auch nur träumt, und die Idee der ›Ikonologie‹ selbst schien damals nicht mehr zu sein als etwas wie eine veraltete Teildisziplin der Kunstgeschichte, die man mit den Gründervätern des 20. Jahrhunderts assoziierte – Aby Warburg, Alois Riegl und Erwin Panofsky.

Heute sieht das Terrain natürlich ganz anders aus. Es gibt akademische Departments für *Visual Studies* und *Visual Culture*. Die *New Art History* – jedenfalls die von der Semiotik inspirierte – ist eine Neuigkeit von gestern. Das interdisziplinäre Studium von verbalen und visuellen Medien ist zu einem zentralen Zug der modernen Geisteswissenschaft geworden. Und auf dem Gebiet der Geistes-, der Sozial- und sogar der Naturwissenschaft sind, in der Gestalt von *Bildwissenschaft* oder *Image Science*, neue Formen einer kritischen Ikonologie entstanden.

Meine *Iconology* hatte an diesen Entwicklungen einen gewissen Anteil. Worin er genau bestand, ist für mich schwer einzuschätzen. Ich kann gegenwärtig nicht mehr tun, als auf die Ideen, zu denen das Buch den Anstoß gab, im Kontext ihrer weiteren Entwicklung in meiner eigenen Arbeit zurückzublicken. In meiner 20jährigen Beschäftigung mit den Problemen von *Visual Culture*, visueller Kompetenz, Bildwissenschaft und Ikonologie haben sich vier Grundideen immer wieder bestätigt. Einige davon waren latent schon in *Iconology* vorhanden, aber benannt wurden sie erst in späteren Arbeiten. Ich hoffe, daß der folgende kurze Essay dem Leser hilft, einen Überblick über die wiederkehrenden Themen und Probleme zu gewinnen, die sich aus *Iconology* entwickelt haben und die jetzt zu dem geworden

1 Daneben bestehend aus *Picture Theory* (1994) und *What Do Pictures Want* (2005).

sind, was ich für die vier Grundbegriffe der Bildwissenschaft halte. Ich nenne sie den »*pictorial turn*«, den »*image/picture*-Unterschied«, das »Metabild« und das »Biobild«. Im folgenden gebe ich in schematischer Form die Umrisse dieser Begriffe.

1. Der *pictorial turn*

Der Ausdruck »pictorial turn«, der gelegentlich mit Gottfried Boehms späterem Begriff eines *iconic turn* und mit dem Aufkommen von *Visual Studies* und *Visual Culture* als akademische Disziplinen verglichen wird, wird oft mißverstanden als ein bloßes Etikett für die sogenannten ›visuellen Medien‹ wie Fernsehen, Video und Kino. Eine solche Formulierung der Dinge enthält mehrere Probleme. Erstens ist bereits der Begriff von rein visuellen Medien ausgesprochen inkohärent, und jeder Kurs über visuelle Kultur hat als erstes die Aufgabe, ihn zu zerstreuen. Medien sind immer Mischungen von sensorischen und semiotischen Elementen, und alle sogenannten visuellen Medien sind *gemischte* oder hybride Bildungen, die Ton und Sehen, Text und Bild miteinander kombinieren. Sogar das Sehen selbst ist nicht rein optisch, denn es verlangt für seine Operationen eine Koordination von optischen und taktilen Eindrücken.

Zweitens ist die Vorstellung eines ›*turn*‹, einer Wendung zum Bildlichen, weder auf die Moderne noch auf die zeitgenössische visuelle Kultur beschränkt. Sie ist eine *Trope* oder Denkfigur, die viele Male in der Geschichte der Kultur auftritt, gewöhnlich dann, wenn irgendeine neue Reproduktionstechnologie oder eine Reihe von Bildern, die mit neuen sozialen, politischen oder ästhetischen Bewegungen assoziiert werden, die Bühne betritt. So wurden die Erfindung der künstlichen Perspektive, das Aufkommen der Tafelmalerei und die Erfindung der Photographie allesamt als ›*pictorial turns*‹ begrüßt und entweder als wundervoll oder bedrohlich empfunden, beides oft gleichzeitig. Als eine Version des *pictorial turn* in der antiken Welt ließe es sich zum Beispiel verstehen, wenn sich die Israeliten von dem Gesetz, das ihnen Moses vom Berg Sinai bringt, abwenden und ein Goldenes Kalb als ihr Idol aufrichten. Die Wendung zur Idolatrie ist von den Versionen des *pictorial turn* diejenige, die die meiste Angst auslöst; diese Angst ist oft in der Furcht begründet, die Massen könnten von einem falschen Bild, sei es in Gestalt eines ideologischen Begriffs oder eines charismatischen Führers, auf Irrwege gebracht werden.

Drittens sind, wie dieses Beispiel andeutet, *pictorial turns* oft mit der Furcht vor der ›neuen Dominanz‹ des Bildes verbunden, als einer Bedrohung, die sich gegen alles richtet, vom Wort Gottes bis zur verbalen Kompetenz. Gewöhnlich beschwören *pictorial turns* in irgendeiner Weise die Unterscheidung *zwischen* Worten *und* Bildern herauf, wobei das Wort mit Gesetz, Lesekompetenz und Elitenherrschaft, das Bild dagegen mit volkstümlichem Aberglauben, Unbildung und Ausschweifung assoziiert wird. Der *pictorial turn* ist also gewöhnlich einer von Worten zu Bildern, und er gehört nicht bloß unserer Zeit an. Das heißt allerdings nicht, daß die *pictorial turns* alle gleich sind: Jeder bezieht sich auf ein spezifisches Bild, das in einer besonderen historischen Situation auftritt.

Viertens und letztens gibt es eine Bedeutung des *pictorial turn*, die einzig unserer Zeit angehört und die – in der Nachfolge dessen, was Richard Rorty den »*linguistic turn*« genannt hat – mit fachspezifischen Entwicklungen und vielleicht sogar der Philosophie selbst zu tun hat. Nach Rorty hat sich die westliche Philosophie von einer Befassung mit Dingen oder Objekten hin zu einer mit Ideen und Begriffen und schließlich, im 20. Jahrhundert, zu einer mit der Sprache entwickelt. Meine Vermutung war, daß das Bild – nicht nur visuelle Bilder, sondern auch verbale Metaphern – in unserer Zeit zu einem besonders aktuellen Topos geworden ist, nicht bloß in Politik und Massenkultur – hier ist es ein vertrautes Thema –, sondern auch in den allgemeinsten Reflexionen zur menschlichen Psychologie und zum menschlichen Sozialverhalten ebenso wie in der Struktur des Wissens selbst. Die von Frederic Jameson beschriebene Wendung von ›Philosophie‹ zu etwas namens ›Theorie‹ in den Humanwissenschaften hat, glaube ich, nicht nur mit der Anerkennung dessen zu tun, daß Philosophie sprachlich vermittelt ist, sondern mit der gesamten Bandbreite repräsentierender Praktiken einschließlich der Bilder. Aus diesem Grund haben die Theorien über Bildlichkeit und visuelle Kultur sich in den letzten Jahrzehnten um eine Reihe von weit allgemeineren Problemen vermehrt, angefangen von den spezifischen Anliegen der Kunstgeschichte und einem ›erweiterten Feld‹, das Psychologie und Neurowissenschaft, Epistemologie, Ethik und Theorien der Politik- und Medienästhetik umfaßt, bis hin zu etwas, was nur als eine neue ›Metaphysik des Bildes‹ beschrieben werden kann. Diese Entwicklung generiert, wie Rortys *linguistic turn*, eine neue Lektüre der Philosophie selbst, eine, die man zurückverfolgen könnte bis zu Derridas Kritik des Logozentrismus, zugunsten eines *graphischen* oder *spatialen* Modells der Schrift oder Gilles Deleuzes These, die Philosophie sei seit je vom Problem des Bildes besessen und mithin immer schon eine Art Ikonologie gewesen. Im 20. Jahrhundert hat die Philosophie nicht bloß einen *linguistic turn* gemacht. »Ein Bild hielt uns gefangen«, sagte Wittgenstein, und die Philosophie hat mit einer Vielzahl von Ausbruchsversuchen reagiert: Semiotik, Strukturalismus, Dekonstruktion, Systemtheorie, Sprechakttheorie, Philosophie der Umgangssprache und jetzt Bildwissenschaft oder kritische Ikonologie.

2. *Image/Picture*

Wenn der *pictorial turn* eine Wort/Bild-Relation ist, dann ist die Image/Picture-Relation eine Rückwendung zur Gegenständlichkeit. Was ist der Unterschied zwischen *picture* und *image*? Beginnen wir mit der englischen Umgangssprache, mit einer Wendung, die ins Deutsche nicht übersetzbar ist: »You can hang a picture, you can't hang an image« – ein ›picture‹ kann man aufhängen, ein ›image‹ nicht. Das *picture* ist ein materielles Objekt, etwas, das man verbrennen oder zerbrechen kann. Ein *image* ist etwas, das in einem *picture* erscheint und dessen Zerstörung überlebt – im Gedächtnis, im Narrativ, in Kopien und als Spur in anderen Medien. Das Goldene Kalb kann vernichtet und eingeschmolzen werden, aber als Bild lebt es fort in Geschichten und zahllosen Schilderungen. Das *picture* ist also das *image*, wenn es auf einem materiellen Träger oder einer bestimmten Fläche erscheint. Dazu gehört auch das mentale Bild, das, wie Hans Belting bemerkt hat, in einem Körper, im Gedächtnis oder in der Vorstellungskraft auftritt. Das *image* erscheint nie anders, denn in irgendeinem Medium ist aber auch das, was die Medien transzendiert, was von einem Medium zum anderen übertragen werden kann. Das Goldene Kalb erscheint zuerst als Skulptur, aber es kehrt wieder als ein Objekt der Beschreibung in einem verbalen Narrativ und als ein *image* in der Malerei. Es ist das, was vom Gemälde in ein anderes Medium kopiert werden kann, in eine Photographie, eine Dia-Projektion oder eine Datei.

Das *image* ist also eine sehr abstrakte und ziemlich minimale Entität, die sich mit einem einzigen Wort evozieren läßt. Um ein *image* im Geist hervorzurufen – das heißt, es in einem wahrnehmenden oder erinnernden Körper ins Bewußtsein zu holen –, genügt es, es zu nennen. An dieser Stelle ist Panofskys Begriff des ›Motivs‹ relevant, als das Element in einem *picture*, das Erkennen und insbesondere *Wiedererkennen* hervorruft, das Bewußtsein des ›das ist es‹, die Wahrnehmung des benennbaren identifizierbaren Objekts, das als eine virtuelle Präsenz erscheint, als die paradoxe ›abwesende Präsenz‹, die für alle repräsentierenden Entitäten wesentlich ist.

Man braucht, was den Bildbegriff betrifft, kein Platoniker zu sein, der ein transzendentales Reich von Archetypen postuliert, wo Formen und Ideen wohnen und darauf warten, in den materiellen Objekten und den Schatten der sinnlichen Wahrnehmung inkarniert zu werden. Aristoteles bot einen nicht weniger soliden Ausgangspunkt, *images* wären dann etwas wie die Klassen von *pictures*, ausgestattet mit generischen Merkmalen, die eine Anzahl spezifischer Entitäten durch eine Familienähnlichkeit verbinden. »Es gibt«, würde Nelson Goodman sagen, »viele Bilder von Winston Churchill« – nämlich *pictures*, die Churchills *image* enthalten. Wir könnten sie »Churchill-Pictures« nennen – ein Ausdruck, der eine Mitgliedschaft in einer Klasse oder einer Reihe bedeutet, in welchem Fall wir sagen können, daß *images* das sind, was uns die Gattung eines *picture* zu identifizieren erlaubt, manchmal sehr spezifisch (das Churchill-Picture), manchmal sehr allgemein (das Porträt). Es gibt auch Karikaturen, zum Beispiel *pictures* von Winston Churchill als Bulldogge. In diesem Fall erscheinen zwei *images* simultan und werden zu einer einzigen Figur oder Form verschmolzen, ein klassisches Beispiel für eine visuelle Metapher. Aber alle Verbildlichungen gründen in einer Metapher, im »Sehen als«. Einen Tintenklecks als Landschaft zu sehen heißt, eine Gleichung oder eine Übertragung herzustellen zwischen zwei visuellen Wahrnehmungen, so sicher wie der Satz, daß »kein Mensch eine Insel« ist, einen Vergleich oder eine Analogie zwischen dem menschlichen Körper und einer geographischen Figur impliziert.

Ein *image* kann also als eine immaterielle Entität gedacht werden, eine geisterhafte, phantasmatische Erscheinung, die in einem materiellen Träger ans Licht kommt oder, was dasselbe sein könnte, ins Leben tritt. Aber wir brauchen kein metaphysisches Reich immaterieller Entitäten zu postulieren. Das Werfen eines Schattens ist die

Projektion eines Bildes, ebenso wie der Abdruck eines Blattes auf einer Seite oder die Spiegelung eines Baums im Wasser oder der Abdruck eines Fossils im Stein. Das *image* ist mithin die Wahrnehmung einer Beziehung einer Ähnlichkeit oder einer analogen Form – dessen also, was C. S. Peirce als das ›ikonische Zeichen‹ definierte, ein Zeichen, dessen eigentümliche sinnliche Qualitäten uns an ein anderes Objekt erinnern. Abstrakte und ornamentale Formen sind also eine Art ›Nullpunkt‹ des *image*, und identifizierbar sind sie durch sehr schematische Beschreibungen etwa als Arabesken oder geometrische Figuren.

Das Verhältnis zwischen *image* und *picture* läßt sich illustrieren an der Doppelbedeutung des Worts »Klon«, das sowohl auf das individuelle Exemplar eines lebenden Organismus, der das Duplikat seiner Eltern oder seines Spenderorganismus ist, als auch auf die gesamte Reihe von Exemplaren referiert, der es angehört. Und ein *image* des berühmtesten Klons der Welt, des Schafs Dolly, kann als graphisches *image* in Photographien, von denen jedes ein *picture* ist, verdoppelt werden. Aber das *image*, das in all diesen *pictures* verdoppelt wird und sie als Reihe verbindet, ist ganz strikt analog zu dem biologischen *image*, das alle Ahnen und Abkömmlinge des einzelnen Klons in einer kollektiven Reihe vereint, die auch ›der Klon‹ genannt wird. Wenn wir sagen, daß ein Kind ganz das Bild seiner Eltern oder ein Zwilling das Bild des anderen ist, bedienen wir uns beim Erkennen der Familienähnlichkeit, die das Bild nicht als Entität oder Substanz, sondern als Relation konstituiert, einer ähnlichen Logik.

3. Metabilder

Manchmal stoßen wir auf ein *picture*, in dem das *image* eines anderen *picture* erscheint, eine Art ›Verschachtelung‹ eines *images* innerhalb eines anderen, so wenn Velázquez sich selbst dabei malt, wie er *Las Meniñas* malt, oder wenn Steinberg in *New World* die Figur eines zeichnenden Manns zeichnet. In Poussins *Anbetung des Goldenen Kalbs* sehen wir das *image* einer Wüstenlandschaft mit den das Kalb umtanzenden Israeliten, dem Hohepriester Aaron, der darauf deutet, und Moses, wie er vom Sinai herabkommt und angesichts dieses Rückfalls in den Götzendienst sich anschickt, vor Zorn die Tafeln zu zerschmettern. Dies ist ein Metabild, in dem ein *image* in einem

Medium (der Malerei) ein *image* in einem anderen (der Skulptur) umrahmt. Es ist auch ein Metabild eines *pictorial turn* von Worten zu *images*, einer Wendung vom *geschriebenen* Gesetz der Zehn Gebote, insbesondere vom Gesetz gegen das Machen von Götzenbildern, hin zur Autorität eines Idols.

Metabilder sind keineswegs besonders selten. Sie erscheinen, wenn ein *image* innerhalb eines anderen *images* erscheint, wenn ein *picture* eine Verbildlichungsszene oder das Erscheinen eines *image* präsentiert, wenn also zum Beispiel ein Film ein Gemälde an einer Wand zeigt oder wenn eine Fernsehausrüstung als Requisit in einer Fernsehshow fungiert. Das Medium selbst braucht nicht verdoppelt zu werden (z. B. Gemälde, die Gemälde darstellen; Photographien, die Photographien zeigen). Ein Medium kann in ein anderes eingeschachtelt sein, wenn zum Beispiel das Goldene Kalb in einem Ölbild erscheint oder in einer Zeichnung ein Schatten geworfen wird.

In einem gewissen Sinn kann auch jedes Bild zum Metabild werden, nämlich dann, wenn es als Mittel benutzt wird, um über das Wesen von Bildern zu reflektieren. Die einfachste lineare Zeichnung wird im Zusammenhang eines Diskurses über Bilder zum Metabild. Weil sie in Wittgensteins *Philosophischen Untersuchungen* als ein Beispiel für das »Sehen als« und die Doppeltheit des Sehens überhaupt erscheint, ist das dürftige Kippbild der Kaninchenente vielleicht das berühmteste Metabild in der modernen Philosophie. Platos Höhlenallegorie ist ein hochdifferenziertes philosophisches Metabild, das ein Modell für das Wesen des Wissens als komplexes Zusammenspiel von Schatten, Artefakten, Beleuchtung und wahrnehmenden Körpern liefert. In *Iconology* habe ich diese Art von verbalen, diskursiven Metaphern als »Hyperikons« oder »theoretische Bilder« bezeichnet; sie treten oft als illustrierende Analogien in philosophischen Texten auf, in denen den Bildern in den Modellen von Geist, Wahrnehmung und Gedächtnis eine zentrale Rolle zugewiesen wird. Das ›Metabild‹ kann demnach als eine visuell, imaginativ oder materiell realisierte Form des Hyperikons gedacht werden.

Das Höhlengleichnis zeigt, daß ein Metabild als eine Gründungsmetapher oder Analogie für einen ganzen Diskurs dienen kann. Die Metapher der ›Körperpolitik‹ zum Beispiel involviert, daß das soziale Kollektiv, wie die Figur auf dem Frontispiz von Hobbes' *Leviathan*, als ein einziger gigantischer Körper gesehen oder vorgestellt wird. Die gängige Metapher des ›Staatsoberhaupts‹ erweitert diese Analogie stillschweigend. Diese Metapher kehrt sich um im Diskurs der modernen Biomedizin, in dem der Körper nicht als Maschine oder Organismus gesehen wird, sondern als eine soziale Totalität oder ein »Zellstaat«, der einerseits wimmelt von Parasiten, Invasoren und Fremdorganismen, aber andererseits nicht nur eine Arbeitsteilung besitzt zwischen exekutiven, judikativen und deliberativen Funktionen, sondern auch ein Immunsystem, das den Körper gegen Außenstehende verteidigt, und ein Nervensystem, das zwischen seinen Teilen oder ›Mitgliedern‹ Kommunikation herstellt. Wird in der Metapher ›Mitglied‹ der soziale Körper auf den organischen kartographiert oder umgekehrt? Welche Art Körper stellt man sich vor bei dem Wort Korporation? Diese Art von reversiblen und gründenden Metaphern ist das, was Lakoff und Johnson die »Metaphern, durch die wir leben«, nennen. Es sind nicht bloß Ornamente des Diskurses, sondern strukturierende Analogien, die eine ganze Episteme prägen können.

4. Biobilder

Eine neue Form des *pictorial turn* hat in unserer Zeit stattgefunden, höchst lebhaft veranschaulicht durch den biologischen Prozeß des Klonens, der ebenso zu einer machtvollen Metapher wie zu einer biologischen Realität mit tiefen ethischen und politischen Implikationen geworden ist. Selbstverständlich ist das Klonen ein ganz natürlicher Vorgang bei Pflanzen und einfachen Tieren, wo es den Prozeß der asexuellen Reproduktion von genetisch identischen Zellen bezeichnet. Ursprünglich bedeutet »Klon« (im Griechischen) ›Zweig‹ oder ›Sprößling‹, und es bezog sich auf den botanischen Prozeß des Pfropfens oder Verpflanzens. Mit der Entdeckung der Mikroorganismen und der Zellreproduktion dehnte sich der Begriff des Klons auch auf das Tierreich aus. In den letzten Jahren aber hat mit der (partiellen) Entzifferung des Humangenoms und dem Klonen des ersten Säugetiers eine Revolution in der Biologie stattgefunden. Am technischen Horizont steht jetzt die Möglichkeit des reproduktiven Klonens beim Menschen, und diese Möglichkeit hat viele traditionelle Tabus, die das Bildermachen in seiner stärksten und beunruhigendsten Form, der Schaffung künstlichen Lebens betreffen, wieder erweckt. Die Vorstellung, Lebensformen zu verdoppeln und lebende Organismen ›nach unserem Bilde‹ zu schaffen, hat eine Möglichkeit beim Wort genommen, die in Mythen und Legenden vorausgeahnt worden war – vom Cyborg des Science-fiction über den Roboter, das Frankenstein-Narrativ, den Golem bis hin zur biblischen Schöpfungsgeschichte selbst, in der Adam »nach dem Bilde Gottes« aus rotem Ton geformt wird und den Atem des Lebens empfängt.

Natürlich gibt es in *Iconology* zahlreiche andere Ideen, die in den 20 Jahren, seit der Veröffentlichung, weiterentwickelt worden sind. Die Idee, ›Wort und Bild‹ als ein eigenes theoretisches Problem zu behandeln, das nicht nur eine semiotische, formale Analyse, sondern auch eine historische und ideologische Kontextualisierung verlangt, hat sich auf mehreren Feldern als sehr produktiv erwiesen. Der ganze Komplex der Ängste, die das Bild umgeben (Ikonophobie, Ikonoklasmus, Idolatrie, Fetischismus sowie das Verbot von Götzenbildern im Judentum, dem Christentum und dem Islam), ist in einem Zeitalter, das von der in den 1980er Jahren noch kaum geahnten ›Rückkehr der Religion‹ geprägt ist, zu einem zentralen Anliegen des Bildstudiums geworden. Und die Kritik, die an der ›Ideologiekritik‹ als ›rhetorischem Ikonoklasmus‹ geübt wurde, hat, so hoffe ich, die Ambitionen eines entmystifizierenden Kritizismus, der sich regelmäßig auf seine eigene Unfehlbarkeit beruft, zurechtgewiesen. Im Gegensatz dazu war es mein Wunsch, mich den bescheideneren Zielen jener ›säkularen Divination‹ und Dekonstruktion anzuschließen, die ich mit dem Beispiel von Edward Said und Jacques Derrida assoziiere, den beiden kritischen Theoretikern, welche in dem Zeitabschnitt, den ich noch immer für das Goldene Zeitalter der Theorie halte, die Anregendsten waren.

Aus dem Amerikanischen übersetzt von Heinz Jatho

Tom Holert

Regimewechsel. Visual Studies, Politik, Kritik

1. Ein Fan im *Situation Room*

Ich möchte diesen Beitrag mit einem Geständnis beginnen. Mit Blick auf das Thema ›Visual Culture‹ ist dieses Geständnis zugleich ein symptomatischer performativer Akt: Ich bin ein Fan der Fernsehserie *The West Wing*. Die zwischen 1999 und 2006 in sieben Staffeln mit je 22 Episoden à circa 45 Minuten ausgestrahlte Serie, die in vollem Umfang im DVD-Format veröffentlicht wurde, erzählt parallel zur Amtszeit George W. Bushs eine alternative Geschichte der US-Präsidentschaft. Hier regiert kein evangelikaler, von neokonservativen *think tanks* und texanischen Ölindustriellen beratener Republikaner unter dem Einfluß einer skrupellosen Machtclique, sondern ein liberaler Politiker mit einem Nobelpreis in Wirtschaftswissenschaften. Der von Martin Sheen gespielte »leader of the free world« umgibt sich mit einem Mitarbeiterstab brillanter Redenschreiber, Wahlkampfberater und politischer Analysten, der – unter Anleitung des fiktiven Präsidenten – eine kontrafaktische politische Kultur des rationalen Argumentierens und der menschlichen Integrität zelebriert.

Meine Begeisterung für *The West Wing* beruht nicht zuletzt auf dieser beherzten und umfassenden Apologie des Arguments. Dazu kommen viele andere Aspekte, die diese – von Aaron Sorkin und Tom Schlamme erdachte und realisierte – TV-Serie auszeichnen: ihre komödiantischen ebenso wie ihre melodramatischen Momente, die Pointen und das Pathos. In atemberaubendem Dialogtempo durchqueren die Protagonisten (allesamt hervorragende Schauspieler, die mir in Hunderten von Stunden ans Herz gewachsen sind, so daß ich nicht nur über slapstickhafte Szenen und effektvoll plazierte Pointen lachen konnte, sondern bei schicksalhaften Wendungen auch mit den Tränen zu kämpfen hatte) die Büros, Sitzungsräume, Vorzimmer, Foyers, Archive und Flure des Westflügels des Weißen Hauses in Washington, dem Ort also, wo der Präsident der Vereinigten Staaten mit seinen engsten Mitarbeitern residiert. *The West Wing* bietet Unterhaltung und Unterrichtung auf hohem intellektuellen Niveau (auch wenn dies ein durchaus fragwürdiges Beurteilungskriterium sein mag). Fast scheint es, als hätten sich mit den kompliziert verwobenen ›Storylines‹ und Dialogen vor allem die Drehbuchautoren der Serie ein Denkmal setzen wollen. In den brillanten Elite-Universitätsabsolventen, die hier ihren 20-Stunden-Jobs nachgehen, findet das Team von Aaron Sorkin ganz offensichtlich seine Doppelgänger.

Eine spezifische kinematographische Virtuosität und Raffinesse zeichnet die Serie zudem aus, die sich unter anderem in den endlos mäandernden Walk'n'Talk-Kamerafahrten zeigen. Überhaupt imponiert die scheinbar unerschöpfliche Inszenierung der immergleichen architektonischen Innenräume der Macht. Daß die Repräsentation dieser Machtinnenräume und ihrer Bewohner, bei aller Passion für die Debatte und das Vertrauen in die Kraft des überlegenen Arguments, auch Momente einer unerträglichen Selbstgerechtigkeit und der irritierend unverblümten Inszenierungen von patriotischem Pathos aufweisen, verkompliziert mein individuelles Fan-Verhältnis, verunmöglicht es aber – offenbar – nicht.

Das Bekenntnis zum eigenen Fantum gehört zu den Phänomenen der Massenkultur seit ihren Anfängen im 19. Jahrhundert. Die (private oder öffentlich gemachte) Verehrung für eine Operndiva oder einen Filmstar, für einen Regisseur oder eine Popgruppe, für einen Musikstil oder ein Kinogenre lenkt die Aufmerksamkeit auf die Konsumentin, den Rezipienten der massenkulturellen Programmierungen und Produktionen. Lange bevor sich *Audience Studies*, Medienwirkungs- und Rezeptionsforschung dem Verhalten und der Erfahrung der Adressaten der Massenkultur zuwandten, hatten die Unterhaltungskonzerne die Bedeutung ihrer Kunden und Klienten erkannt. Die Rolle des Fans, mit all den Subjektivierungsfolgen, die für sie typisch sind, basiert auf dem Kalkül der Hollywood-Studios der 1920er Jahre. Mit spezialisierten Zeitschriften und Informationsveranstaltungen, mit Radiosendungen und Preisausschreiben wurde ein Nahverhältnis zu den Stars suggeriert. Dieses Management von Aufmerksamkeit und Verehrung richtete sich vor allem an Frauen, einem neu entdeckten Kontinent der Kaufkraft. Die Konsumentinnen nahmen die *images* und *stories* über die Stars auf vielfältige, oft durchaus selbstermächtigende Weise in Anspruch. Stars waren (und sind) Projektionsflächen, aber auch handlungsleitende Rollenmodelle.[1]

Ein knappes Jahrhundert später haben sich die Fankulturen in einer

1 Vgl. Thorp 1946.

Weise vervielfacht und ausdifferenziert, die kaum vorauszusehen war.[2] Eine Serie wie *The West Wing* ist heute ein mehrdimensionaler kultureller Text, dessen Rezeption sich auf einer Vielzahl von Ebenen ereignet und organisiert. Wie Spielfilmproduktionen und andere Fernsehserien auch ist *The West Wing* in den DVD-Versionen mit allerlei Metatexten, Kommentaren, Extras bestückt. Im World Wide Web lassen sich Wissen und Kennerschaft durch Foren und Portale erweitern. Alle möglichen Kommunikationsformate stellen aktualisierte Informationen bereit – bis hin zu Computerspielen, die auf der Grundlage von Fernsehserien kollaborativ in Wiki-Foren entwickelt werden. Direkt oder indirekt werden die Fans einer Serie aufgefordert, sich an der Diskussion und der Fortschreibung des televisuellen Textes zu beteiligen, sie werden als potentielle Koautoren angerufen. Sukzessiv wird der passive Konsum zu Interaktivität und Koproduktivität umgewandelt, zumindest ist das die Leitphantasie der kommunikationstechnologischen Entwicklung im Web-2.0-Zeitalter von Medienkonvergenz und *social networking*.

Inzwischen ist überdies der Diskurs über die Wandlung des Fernsehens, wie er sich unter dem Einfluß des Erfolgs der Serienproduktion von privaten Fernsehsendern wie HBO oder NBC vollzieht, ebenso in den Stand akademischen Wissens erhoben worden wie die Analyse einzelner Serien. Vor allem an US-amerikanischen Universitäten, aber auch anderswo widmet man sich im Rahmen von *TV Studies*, *Communication Studies*, *Media Studies*, *Film Studies*, *Popular Culture Studies* ebenso wie von *Political Sciences* vermehrt der Erforschung der neuen Entwicklungen im Fernsehbereich und auf dem DVD-Markt.[3]

Insofern enthält die Eingangsaussage, ich sei ein Fan von *The West Wing*, bereits eine Reihe von Hinweisen darauf, wie ich mich in dieser Landschaft der visuellen Industrie verorte. Ich gebe mich zu erkennen als Teilnehmer eines globalen Diskurses über diese Fernsehserie. Zugleich lasse ich durchblicken, daß ich ihr in gewisser Weise verfallen bin, indem ich ein Fan-Verhältnis zu diesem TV-Produkt eingehe. Die Serie spricht mich dabei in einer Reihe von professio-

2 Vgl. z. B. Jenkins 1992 und 2006; Lewis 1992; Hills 2002; Gray u.a. 2007.

3 Um nur einige medienwissenschaftliche und politologische Veröffentlichungen zu nennen, die sich mit *The West Wing* auseinandersetzen: Beavers 2002a und 2002b; Holbert u.a. 2003; Gans-Boriskin/Tisinger 2005; Holbert u.a. 2005; Rollins/O'Connor 2003; Parry-Giles/Parry-Giles 2006.

nellen Funktionen, vermeintlich privater ästhetischer Vorlieben und politischer Neigungen an. Als Akademiker mit einem besonderen Interesse für Phänomene der visuellen Gegenwartskultur bin ich zugleich Mitglied einer Zielgruppe, die die Produzenten und Autoren von *The West Wing*, aber auch die Marketingabteilung von Warner Brothers und NBC sowohl voraussetzen als auch durch die Serie herstellen. Überdies bin ich als männlicher, weißer, westeuropäischer Stadtbewohner, in Deutschland lebend, an einem spezifischen kulturellen und geographischen Ort in der transatlantischen, global-kulturellen Infrastruktur des kulturellen Kapitalismus angesiedelt. Es ist für mein Rezeptionsverhalten zum Beispiel keineswegs irrelevant, daß *The West Wing* im deutschen Fernsehen nie gezeigt worden ist. Es existiert (im Unterschied etwa zu Frankreich) keine synchronisierte Fassung. Um die dialogstarke Serie, die einige Anforderungen an Fremdsprachenkenntnisse stellt, zu schauen, ist man auf den Kauf oder das Ausleihen der englischsprachigen Import-DVDs angewiesen, die man bei Bedarf mit englischen Untertiteln verfolgen kann. In vielfacher Hinsicht wird mit mir und meiner Begeisterungsfähigkeit gerechnet – vor allem ökonomisch. Ich entspreche einem Konsumentenprofil, das *The West Wing* einerseits voraussetzt, andererseits auszuformulieren hilft. Meine Situiertheit in einem bestimmten (aktuellen und virtuellen) sozialen Milieu tut ihr übriges. Ich stoße mit dem Interesse an der Serie auf ein Gegeninteresse von Menschen aus meinem Bekannten- und Freundeskreis, die die Serie bereits kennen oder durch mich kennenlernen. Indem ich über *The West Wing* spreche und schreibe, partizipiere ich an Diskursen, die kritisieren und legitimieren (oder legitimieren, indem sie kritisieren). Ich trage diskursiv zur Bekanntheit dieser Serie bei, zugleich stelle ich mich selber dar und her – in einer Fan-Performance, die Zeichen eines akademischen Habitus aufweist.

Die multiplen Verstrickungen in die Textualitäten und Performativitäten der globalen visuellen Kultur sind unausweichlich. Dies zu erkennen und theoretisch zu bearbeiten ist – das wäre eine erste These – eine der zentralen Voraussetzungen dafür, ein politisches, also kritisch-transformatives Verhältnis zu den Phänomenen und Prozessen der visuellen Kultur entwickeln zu können. Ohne eine Reflexion auf die eigene Situiertheit bleiben Resonanz, Faszination, Kontextualität und Potentialität einer Fernsehserie wie *The West Wing* auf die zweifelhaften Objektivitätsbehauptungen von Inhaltsanalysen, formaler Kritik und Medienhistoriographie angewiesen. Die gegenseitige Bedingtheit von Zuschauerschaft (»*spectatorship*«), Subjektivität, Medienprodukt, Formatentwicklung, Distribution, Zielgruppenmarketing, Para-, Meta- und Interdiskursen bildet den Stoff für eine Analyse und Kritik spezifischer Ereignisse der visuellen Kultur und deren Relationalität, die Aufschlüsse über deren ästhetische wie materielle Ökonomie und Dynamik geben kann.

Um die inhärente Politizität dieser immer wieder neu zu begründenden Relationalität zu untersuchen, kann man beispielsweise von expliziten audiovisuellen Inszenierungen des Politischen ausgehen. Als eine epische Fiktionalisierung der Vorgänge in einer der unbestrittenen Machtzentralen der westlichen Welt bietet *The West Wing* naturgemäß eine Fülle solcher Bilder an. Diese geben wiederum Einblick in die Produktion von Phantasien über politische Macht. Anders ausgedrückt: Die Macht der Fernseherzählung scheint sich im Verlauf der Serie immer wieder in Bildern der politischen Macht selbst zu spiegeln.

Im Fall von *The West Wing* ist die Frage der Macht schon durch die Protagonisten und den Ort der Handlung gestellt. Periodisch laufen die Fluchtlinien von Ereignissen nationalen und globalen Ausmaßes im Westflügel des Weißen Hauses zusammen. In besonderen Krisen- und Konfliktsituationen wird von den Autoren und Regisseuren der Serie eine der Schaltzentralen der US-amerikanischen Regierung ins Bild gesetzt, der sogenannte ›*Situation Room*‹. Hier, im Erdgeschoß des Westflügels des Weißen Hauses, ließ John F. Kennedy im Mai 1961 eine Nachrichten- und Kommunikationszentrale einrichten, in der sämtliche Daten zur Weltlage dem Nationalen Sicherheitsrat ohne Umweg zugeleitet werden. Kennedy zog damit die Konsequenz aus dem geheimdienstlichen Debakel der Schweinebucht-Krise. Fortan gehörte der *Situation Room* fest zum Raumgefüge der Macht im Weißen Haus, auch wenn ihn nicht alle Präsidenten auf gleiche Weise nutzten. In Spielfilmen und Fernsehserien wurde dieser Knotenpunkt der Verarbeitung und Interpretation sensibelster Daten zur Weltpolitik zu einem ikonischen Ort, der sich in die Tradition von Überwachungszentralen und Kontrollräumen einreihte, die massenkulturell etwa durch die Mabuse-Filme von Fritz Lang oder durch Stanley Kubricks *Dr. Strangelove or: How I Learned to Stop Worrying and Love the Bomb* (1964), mit seinem von Ken Adam entworfenen ›*war room*‹, in das kollektive Imaginäre eingetragen worden sind; aber auch die Live-Berichterstattung über die ersten Raumfahrten aus dem NASA-Kontrollzentrum in Houston oder die viel publizierten Bilder von Kontrollräumen für Videoüberwachung haben ihren Teil zur Präsenz dieses emblematischen Raumtyps der Macht beigetragen. »Situation Room« nennt sich überdies seit einigen Jahren ein News-Format des Kabelsenders CNN. Deutlich orientiert sich das Studiodesign hier an den Vorbildern aus den politischen und militärischen Kommandozentralen.

Einrichtung und Ausstattung des *Situation Room* in der Fernsehserie *The West Wing* entsprechen nicht exakt dem Zustand des ›echten‹ *Situation Room* im Weißen Haus. Während die Regierenden und ihre geheimdienstlichen und militärischen Sicherheitsberater in *The West Wing* offenbar über modernste Informationstechnologie und Datenvisualisierung verfügen, wurde das Original erst im Dezember 2006 entscheidend modernisiert. Es ist nicht auszuschließen, daß der *state of the art* eines Kontrollzentrums, wie er in *The West Wing* (oder vielleicht noch viel mehr in der Kommunikationszentrale der fiktiven Anti-Terror-Agentur CTU in der etwa zeitgleich ausgestrahlten TV-Serie *24*) in Szene gesetzt wurde, auf die Planung und Einrichtung des ›realen‹ *Situation Room* zurückgewirkt hat. So oder so wird in den Fernsehbildern eine visuelle Vorstellung davon vermittelt, unter welchen Bedingungen von Visualisierung, Datenverarbeitung, Symbolanalyse, Telefonie und Televisualität in der *chain of command* des Weißen Hauses Entscheidungen von globaler Komplexität und Konsequenz getroffen werden. Repräsentiert wird die Arbeit einer *bestimmten* politischen Regierung als Arbeit im Rahmen eines *bestimmten* Regimes der Visualität. Im *Situation Room* bedeutet Regieren vor allem auch: Überwachen und Strafen. Vermeintliche Stützpunkte von Terroristen werden in netzwerkbasierten Militärschlägen, deren Befehlskette letztlich unmittelbar mit dem Gehirn des leibhaftigen Präsidenten verschaltet ist, ausgelöscht. Das Bild der Waffenhandlung wird den Befehlsträgern im *Situation Room* in Echtzeit zugespielt und handlungsführend ausgewertet. So entsteht das emblematische Bild eines panoptischen globalen Weltinnenraums, dem in *The West Wing* (in einer bisweilen desperat anmutenden Weise) die Skrupel, Bedenken und Entscheidungszwänge des *commander in chief* als Verzögerungsmomente beigegeben sind. Der Glauben an die Handlungsmächtigkeit des einzelnen wird hier gegen alle diesbezüglichen Zweifel aufrechterhalten. Macht erweist sich einerseits weiterhin als personalisierbar und andererseits gestützt von technologischem Vorsprung.

2. Visual Culture

Wie ideologisch ist diese Vision einer panoptischen Weltschaltzentrale mit einem auf seine Willensfreiheit pochenden Präsidenten in all ihren Facetten? Und welche Rolle spiele ich, als einer von Millionen Fans von *The West Wing*, bei der Konstruktion und Dekonstruktion einer solchen Vision von Machtbündelung? Solche Fragen kennzeichnen einen besonderen Blick, eine besondere Forschungsperspektive. Und sie wären undenkbar ohne die Existenz der *Cultural Studies. Visual Culture*, so wie ich die produktivste Konzeption von Bildkulturwissenschaften begreife, ist eine Erweiterung und Vertiefung der *Cultural Studies*. Womöglich sehr viel mehr als die Kritik der Kunstgeschichte und anderer traditioneller Wissenschaften vom Bild ist es der *visual turn*, den die *Cultural Studies* schon in ihren Anfängen auf unterschiedliche Weise vollzogen haben, indem sie sich auf subjektivierende Praktiken des Sehens und des Zu-sehen-Gebens konzentrierten, auf Mode, Lebensstile, Teilhabe an den (audiovisuellen) Popkulturen, der den genealogischen Ursprung der heutigen *Visual Studies* und *Visual Culture* (bzw. *Visual Culture Studies*) markiert. »Der Klarheit halber könnte man sagen, daß Visual Culture der Untersuchungsgegenstand von Visual Studies sei, die wiederum ein Teilgebiet von Cultural Studies bilden.«[4] So formuliert es der Kunsthistoriker und politische Aktivist Douglas Crimp in einem Essay von 1999.[5] Bei dieser Definition von *Visual Culture*, so machte Crimp deutlich, gehe es nicht um Vereindeutigung als solche, sondern darum, den unmittelbaren Zusammenhang zwischen dem Projekt der *Visual Studies* und dem umfassenderen Projekt der *Cultural Studies* zu betonen. *Cultural Studies*, so wie Crimp diese verstanden wissen will, produzieren ein Wissen, das auf Neutralitätsansprüche verzich-

4 Crimp 1999, S. 47.

5 Crimp setzte sich in diesem Text mit dem Buch *The Return of the Real* des Kunsthistorikers Hal Foster (Cambridge, MA: MIT Press 1996) und einem – inzwischen legendär zu nennenden – Themenheft zu *Visual Culture* der New Yorker Zeitschrift *October* aus dem Jahr 1996 auseinander, auf das weiter unten noch näher eingegangen wird.

tet. Statt dessen thematisieren und problematisieren *Cultural Studies*, wie die Akteure und Produkte in einer bestimmten Kultur sozial und epistemisch *situiert* sind. Zudem fragen sie, wie diese Situiertheit auch die Subjekte der Wissensproduktion im institutionellen und methodologischen Rahmen der *Cultural Studies* selbst betrifft.

Cultural Studies zeichnen sich insofern vor allem dadurch aus, daß sie keinen Zweifel daran lassen, ›politisch‹ zu sein, »insbesondere in ihrer Anerkennung der Tatsache, daß das Politische selbst der Raum der Anfechtung ist«. Ein solches Verständnis des Politischen steht freilich quer zu jeder Verpflichtung auf eine »bestimmte Politik«.[6] Ein entsprechendes Verständnis von *Visual Studies*, als einer Spezialisierung innerhalb der *Cultural Studies*, verpflichtet diese auf eine anhaltende kritische Reflexion der Prämissen und Bedingungen einer Forschung, deren Gegenstand die ›visuelle Kultur‹ ist (um die im deutschsprachigen Raum geläufig gewordene Übersetzung von *Visual Culture* zu verwenden). Politisch ist demnach die Kritik der hergebrachten und normativen Rollenverteilung von Forschern und deren Gegenständen. Das forschende Selbst wird methodisch einbezogen in den Prozeß der kritischen Untersuchung, der ›*studies*‹. Es spielt mit, schreibt um, eignet an. Zwischen Gegenstand und Gegenstandsbearbeitung können die Grenzziehungen deshalb als perforiert oder fließend verstanden werden. Weshalb sich noch einmal die Frage der Methodologie stellt. Ein 1998 veröffentlichter Essay von Irit Rogoff, einer weiteren profilierten Theoretikerin der visuellen Kultur, argumentiert in diese Richtung. Zwischen Produktion, Theorie und Historisierung von Bildern sieht Rogoff die Unterscheidbarkeit zunehmend verunmöglicht. Visuelle Repräsentationen werden produziert, indem sie rezipiert, und rezipiert, indem sie produziert werden. Diese Entdifferenzierung und Enthierarchisierung des visuellen Feldes, diese Verwerfungen und Umkehrungen traditioneller Subjekt/Objekt-Relationen finden ständig statt. Aber sie müssen erst, gegen viele Widerstände, als solche erkannt werden können. Denn die Erzählungen von der Trennung der Praktiken und Disziplinen tragen zu einem Macht-Wissen bei, welches ein solides epistemologisches Hindernis darstellt. Aus diesem Grund sei zu fragen, »wie Wissensbestände einen Begriff des Sehens und Sichtens im Dienst einer partikularen Politik oder Ideologie produzierten und dieses Verständnis

6 Crimp 1999, S. 53.

mit einer Auswahl von Bildern bevölkerten, welche wiederum mit Hilfe besonderer Apparate betrachtet wurden und den Bedürfnissen bestimmter Subjektivitäten dienten«.[7] Rogoff fordert dazu auf, nicht länger ›über‹ die Phänomene, Prozesse und Produkte visueller Kultur zu schreiben, sondern das Mit- und Umschreiben der visuellen Kultur zu üben. Die kritische Analyse der visuellen Kultur, so Rogoff an anderer Stelle, »will alles tun, um einen Diskurs zu vermeiden, der sich selbst als ein ›Sprechen-Über‹ wahrnimmt, und sich in Richtung auf einen Diskurs des ›Sprechens-Zu‹ bewegen«.[8] Damit würde sich der vermeintliche Gegenstand wiederum in seine Bearbeitung *ein*schreiben. Als *Visual Culture* könne die Theorie zu neuen und widerständigen, antihegemonialen kulturellen Erzählungen beitragen. »In einer kritischen Kultur, in der wir versucht hätten, die Repräsentation von der Herrschaft patriarchaler, eurozentristischer und heterosexistischer Normativierung abzulösen, gibt *Visual Culture* unerhörte Gelegenheiten, Kultur durch unsere Anliegen und unsere Reisen umzuschreiben.«[9]

Crimps und Rogoffs Essays sind nur zwei – zudem inzwischen historische – Beispiele dafür, mit welcher Dringlichkeit und Vehemenz sich die Fragen des Was und Wozu von *Visual Culture* stellen. Zugleich handelt es sich um beredte Reaktionen auf die Kritik, der sich *Visual Culture* früh ausgesetzt sah.

Als im Sommer 1996 der inzwischen berühmt-berüchtigte Fragebogen zu *Visual Culture* erschien, den die Redaktion der New Yorker Theoriezeitschrift *October* an eine Reihe von in den USA lehrenden Wissenschaftlern der Kunstgeschichte, Filmwissenschaft, Architekturgeschichte und Literaturgeschichte (sowie eine Künstlerin/Theoretikerin) verschickt hatte, war der Terminus »Visual Culture« noch recht neu. Obwohl der Begriff der visuellen Kultur schon in den

7 »[...] how bodies of thought produced a notion of vision in the service of a particular politics or ideology and populated it with a select set of images, viewed through specific apparatuses and serving the needs of distinct subjectivities.« (Rogoff 1998, S. 21)

8 »[...] would want to do everything to avoid a discourse which perceives itself as ›speaking about‹ and shift towards a discourse of ›speaking to‹.« (Rogoff 2000, S. 32)

9 »In a critical culture in which we have been trying to wrest representations away from the dominance of patriarchal, Eurocentric and heterosexist normativization, visual culture provides immense opportunities for rewriting culture through our concerns and our journeys.« (Rogoff 1998, S. 16)

1920er und 1930er Jahren vereinzelt in Texten etwa von František Kalivoda oder Béla Bálazs[10] auftaucht, dauerte es bis in die 1990er Jahre, daß seine bis heute anhaltende Konjunktur beginnt. 1995 erschien eine von Chris Jenks herausgegebene Essaysammlung mit dem Titel *Visual Culture*. Das *October*-Anschreiben, das dem 1996 veröffentlichten Fragebogen voranstand, bezieht sich bereits auf ein »interdisciplinary project of ›visual culture‹« in der englischsprachigen Universitätslandschaft. Zu diesem Zeitpunkt hatte sich *Visual Culture* also schon soweit bemerkbar gemacht, daß die Notwendigkeit, sich über dessen In-Erscheinung-Treten auseinanderzusetzen, von keinem der Respondenten in Zweifel gezogen wurde.

Es mußte freilich noch etwas Zeit vergehen, bevor die akademischen Verlage endgültig reagierten und erste Einführungen und Überblicksreader auf den Markt brachten. Der von Nicholas Mirzoeff herausgegebene Band *The Visual Culture Reader* erschien 1998, Mirzoeffs *An Introduction to Visual Culture* folgte 1999, im selben Jahr gaben Jessica Evans und Stuart Hall *Visual Culture: the Reader* heraus, ebenso Ian Heywood und Barry Sandwell ihr *Interpreting Visual Culture*; Marita Sturken und Lisa Cartwright legten 2001 mit ihrem gemeinsam verfaßten Buch *Practices of Looking. An Introduction to Visual Culture* nach. In seiner polemischen Replik auf diese Einführungen und *textbooks* konstatierte James Elkins in *Visual Studies. A Skeptical Introduction* (2003), daß bei aller Unterschiedlichkeit im Ansatz all diese Bände ein Mangel eine: das fehlende Interesse an so unterschiedlichen Forschungsgegenständen wie »älteren Kulturen, Formalismus und kanonischen Kunstwerken«.[11] Etwas früher, im April 2002, war die erste Ausgabe des *Journal of Visual Culture* erschienen.

10 Der Architekt František Kalivoda war Herausgeber der seit 1936 in Brno erscheinenden Zeitschrift *Telehor*, die im Untertitel *Internationale Zeitschrift für visuelle Kultur* hieß; Béla Balázs schreibt z. B. in seinem *Der sichtbare Mensch oder die Kultur des Films* 1924, Frankfurt am Main 2001, S. 16: »[D]ie Erfindung der Buchdruckerkunst hat mit der Zeit das Gesicht der Menschen unleserlich gemacht. Sie haben so viel vom Papier lesen können, daß sie die andere Mitteilungsform vernachlässigen konnten. [...] So wurde aus dem sichtbaren Geist ein lesbarer Geist und aus der visuellen Kultur eine begriffliche. [...] Nun ist eine andere Maschine an der Arbeit, der Kultur eine neue Wendung zum Visuellen und dem Menschen ein neues Gesicht zu geben. Sie heißt Kinematograph. Sie ist eine Technik zur Vervielfältigung und Verbreitung geistiger Produktion, genau wie die Buchpresse, und ihre Wirkung auf die menschliche Kultur wird nicht geringer sein.«

11 Elkins 2003, S. 17.

Redaktionell zunächst an der University of London verortet, verfügte es über einen großen, vor allem auf Großbritannien und die USA verteilten Beirat. In diesem Gremium waren unter anderem Mirzoeff, Cartwright, Evans und Hall sowie eine Reihe von Teilnehmern des *Visual Culture Questionnaire* von *October* anzutreffen (u.a. Susan Buck-Morss, Tom Conley, Jonathan Crary und Martin Jay). Bald gesellten sich weitere prominente Vertreter einer bildkulturwissenschaftlichen Wende dazu, etwa W. J. T. Mitchell, Autor der einflußreichen Bücher *Picture Theory* (1994) und *What Do Pictures Want?* (2005). Nach seiner Gründung im Jahr 2002 widmeten sich die ersten Ausgaben des *Journal of Visual Culture* der Diskussion der Legitimität und der Perspektive des Projekts *Visual Culture*. Insbesondere ein Essay der Literatur- und Kulturwissenschaftlerin Mieke Bal führte 2003 zu einigen heftigen Reaktionen. Bal hatte sich gegen einen vermeintlichen ›visuellen Essentialismus‹ in den Texten mancher diskursbegründender Figuren wie Nicholas Mirzoeff gewandt. Statt den synästhetischen Charakter kultureller Phänomene und Erfahrungen anzuerkennen, hätte sich in den *Visual-Culture*-Kreisen ein willkürliches Primat des Visuellen etabliert. Zudem würde ein fragwürdiges, weil diffuses Objekt interdisziplinärer Forschung konstruiert: das Sichtbare oder Visuelle als solches. Über diese Konstruktion eines genuinen Gegenstands von *Visual Culture* sei zudem der Aspekt der Subjektivität in den Hintergrund gedrängt worden. »Der Akt des Schauens ist zutiefst ›unrein‹«, unterstreicht Bal. »Erstens, so sehr es auch durch die Sinne geleitet und somit biologisch begründet sein mag (wenn auch nicht mehr als alle anderen menschlichen Akte), ist Schauen doch inhärent gerahmt, rahmend, interpretierend, affektgeladen, kognitiv und intellektuell. Zweitens ist diese Eigenart der Unreinheit ebenso anwendbar auf andere sinnesbasierte Aktivitäten: Hören, Lesen, Schmecken, Riechen. Ihre Unreinheit macht diese Aktivitäten wechselseitig durchlässig, so daß das Hören und Lesen durchaus auch Visualität enthalten kann.«[12] Jedoch

12 »The act of looking is profoundly ›impure‹. First, sense-directed as it may be, hence, grounded in biology (but no more than all acts performed by humans), looking is inherently framed, framing, interpreting, affect-laden, cognitive and intellectual. Second, this impure quality is also likely to be applicable to other sense-based activities: listening, reading, tasting, smelling. This impurity makes such activities mutually permeable, so that listening and reading can also have visuality to them.« (Bal 2003a, S. 9)

würde diese Dimension synästhetischer, ›unreiner‹ Subjektivität von den führenden Vertretern der *Visual Culture* ebenso verworfen wie die historisch präzise Detailanalyse einzelner visueller Ereignisse.

Ein grundlegender Verdacht drückt sich hier aus, der auch schon den Ton des *October*-Fragebogens geprägt hatte. Denn *Visual Culture* wird – bis heute – dafür kritisiert, sowohl die historische Dimension der Bildkulturen zu vernachlässigen als auch die gegenwärtige visuelle Kultur allzu affirmativ zu begleiten. So lautet der Vorwurf, *Visual Culture* würde die materielle Historizität seiner Gegenstände ebenso unterschlagen wie dazu beitragen, Subjekte hervorzubringen, die durch die Dispositive der kommerziellen und polizeilichen Visualität problemlos regiert werden könnten. Informatisierung und Digitalisierung würden die Bilder entkörperlichen und entmaterialisieren. Und die idealen Rezipienten und Benutzer dieser entkörperlichten Information würden durch das transdisziplinäre Projekt *Visual Culture* gewissermaßen ausgebildet und trainiert.

Die Notwendigkeit, die massenkulturellen audiovisuellen Umgebungen und ihre Veränderungen im globalen Maßstab wissenschaftlich zu erforschen und zu analysieren, wird immer wieder mit einer Verblendung identifiziert, einer grundsätzlichen unkritischen Zustimmung den Gegenständen der Forschung gegenüber. Die von den *Cultural Studies* eingeforderte politische Positionierung und Parteinahme, oder auch die ethnographische Partizipation an den beobachteten Praktiken der visuellen Kultur, werden polemisch abgewertet: zu einer opportunistischen, bloß oberflächlich politisch korrekten Einwilligung in die Verhältnisse von Kontrolle, Überwachung, Imagineering usw. Dieser Opportunismus gilt seinerseits als charakteristisch für das gegenwärtige ›Regime‹ des Visuellen und der Bilder.

In der folgenden Ausgabe des *Journal of Visual Culture* gab es, insbesondere von Nicholas Mirzoeff, recht wütende Zurückweisungen der Kritik Mieke Bals. Der Kollegin wurde nicht zuletzt angekreidet, sie schmücke sich mit fremden Federn, ein Großteil ihrer Argumente sei den von ihr angegriffenen Autoren entlehnt. Mirzoeff nimmt für sich in Anspruch, in seinen Texten gerade keine Isolierung und Essentialisierung des Visuellen zu betreiben, sondern im Gegenteil den modernistischen und postmodernistischen Imperativ der Visualisierung zu kritisieren. Er resümiert seine Entgegnung mit dem theoretischen Ultimatum: »Den Leuten bleibt überlassen zu entscheiden, ob sie an einem Formalismus der Gegenstände interessiert sind oder an einer politischen Kritik des visuellen Subjekts, wie es die westliche Modernität konstruiert.«[13]

Bal bestritt daraufhin, Mirzoeff und andere mutwillig fehlinterpretiert zu haben. Ihre Argumente sollen hier nicht im einzelnen angeführt werden. Aber Bal sei mit einer typischen Formulierung zitiert, die noch einmal die wesentlichen Punkte der seit dem *October*-Fragebogen im Raum stehenden Kritik an *Visual Culture* versammelt: »Wenn der Imperativ zu historisieren für *Visual Culture* so wichtig ist wie für das Fach Kunstgeschichte, liegt dies daran, daß es – wie ich finde – produktiver ist, nicht Bilder als solche zu studieren, sondern visuelle Regime, einschließlich der herrschenden, jener, die uns beherrschen. Sollten wir daran scheitern, wird das gegenwärtig herrschende Regime uns gefangen halten, während es selbst unsichtbar und unangreifbar bleibt. Diese Gefahr, die ich in der Arbeit der *Visual Culture Studies* aufscheinen sehe, habe ich in meinem Artikel zu kritisieren unternommen.«[14]

Daß ausgerechnet *Visual Culture*, so wie dieses Projekt aus Bals Sicht operiert, durch einen ihm vermeintlich inhärenten visuellen Essentialismus die Sichtbarkeit des herrschenden ›visuellen Regimes‹ unterdrückt, ist eine Argumentationsfigur, der sich auch T. J. Clark anschließt. Im Rahmen eines langen Essays über einen Selbstversuch, der darin bestand, über Wochen täglich ein Gemälde von Poussin im Getty Museum in Malibu aufzusuchen, formuliert der Kunsthistoriker im Jahr 2006, also etwa zehn Jahre nach dem *October*-»Questionnaire«: »Der Feind ist heute nicht die alte Vorstellung visuellen Bildermachens, die wie in einem Zustand der tranceförmigen Entfernung von menschlichen Interessen verfolgt wird, sondern die Parodie dieses Begriffs, mit der wir uns zu leben angewöhnt haben: Danach gehört das visuelle Bildermachen zur Welt, ist von ihr inkorporiert, ist ›völlig Teil‹ eines bestimmten Bildregimes. ›Völlig Teil‹ bedeutet, wie

13 »What remains for people to decide is whether they are interested in an object-based formalism or a politicized critique of the visual subject as constructed by Western modernity.« (Mirzoeff 2003, S. 247)

14 »Indeed, if the imperative to historicize [...] is as important to visual culture studies as it is to art history, it is because what I consider worth studying, more than images per se, is visual regimes, including the dominating one – the one that dominates us. If we fail to do this, the currently dominant regime will hold us imprisoned while remaining invisible and resistant to critique. This is the danger I saw looming large in the work of visual culture studies that I endeavoured to criticize in my article.« (Bal 2003b, S. 262)

sich in der Praxis herausstellt, jeder erdenklichen geschmacklosen Ideologie dienstbar zu sein. Und das wird gefeiert.«[15]

Clark, der seine Kritik am Spektakel des ›militärischen Neoliberalismus‹ auch als Mitglied der Gruppe Retort übt,[16] stellt in seinem Poussin-Buch unterschiedliche Auffassungen von Bild und Bildlichkeit, von Distanz und Immersion einander gegenüber. Den politischen Einsatz der Kritik, die sich gegen die Feier der Immersion und der Einbettung in die Bildkulturen der Gegenwart richtet, sieht er darin, auf einem Verhältnis zum Bild zu beharren, in dem dieses gerade nicht als Erfüllungsgehilfe einer bestimmten visuellen Ordnung, sondern in seiner Eigengesetzlichkeit und Widerständigkeit erkannt und anerkannt wird. Wie Mieke Bal benutzt auch T. J. Clark den Begriff des ›Regimes‹, hier in der Wendung »a certain image regime«, um die Macht einer vereinnahmenden und einverleibenden Visualität zu kennzeichnen, welche die von Nicholas Mirzoeff sogenannten ›visuellen Subjekte‹ in sich integriert.

3. Der »Regime«-Diskurs

Der Ausdruck »being ›fully part‹« erinnert nicht von ungefähr an die während der ersten Monate des Irakkriegs lancierte Sprachregelung der US-Regierung und der Nachrichtenmedien vom ›*embedded journalism*‹. Diese buchstäbliche Einlagerung oder Assimilation der berichterstattenden Wort- und Bildmedien und ihrer individuellen Akteure in das Bildregime des Militärs kann als paradigmatisch dafür gelten, was es heute heißt, in eine herrschende Logik der Bildlichkeit integriert, von einem politisch-technologisch-ökonomischen Dispositiv subjektiviert zu sein. Eine Variante solcher intensiven ›Einbettung‹ ist die Fan-Position, von der ich eingangs gesprochen habe. Auch hier geht es ja um ein mehr oder weniger rückhaltloses Involviertsein in die visuellen Texte und Images, um ein mehr oder weni-

15 »The enemy now is not the old picture of visual imaging as pursued in a state of trance-like removal from human concerns, but the parody notion we have come to live with of its belonging to the world, its incorporation into it, its being ›fully part‹ of a certain image regime. Being ›fully part‹ means, it turns out in practice, being at any tawdry ideology's service. And this is celebrated.« (Clark 2006, S. 122)

16 Vgl. Retort Collective 2005.

ger lustvoll empfundenes Regiertwerden durch die Logik des Starsystems und der globalen Unterhaltungsindustrie. Vor allem aber adaptiert man durch die Rezeption von epischen Fernsehserien wie *The West Wing* eine spezifische Ökonomie der Zeit. Die intensive Rekonfiguration der Tage und Nächte, die mit dem potentiell stundenlangen Schauen von DVD-Boxen einhergeht, bindet die eigene Existenz, den eigenen *bios*, nicht nur an die diegetische Welt der Serie, sondern auch an ein neuartiges Chronotop, an einen neuen Typ der Dauer. Die Lebenszeit, die ich mit *The West Wing* verbringe, scheint unabschließbar. Die Suche nach der verlorenen Zeit erweist sich hier als die Suche nach den intensiven Erfahrungsmomenten, in denen sich Lebenszeit und Serienzeit ineinandergeschraubt haben. Die Länge der Serie und ihre informatorische Dichte, ganz abgesehen von der Sekundärliteratur, den Metatexten oder Audiokommentaren, die sie hervorbringt, bildet ein unerschöpfliches Reservoir. Am Ende der siebten Staffel ist die Erinnerung an die erste Staffel so schwach, von so vielen narrativen und affektiven Schichten überlagert, daß ein nochmaliges Ansehen, ein ›Auffrischen‹ folgerichtig wäre. So wird die Serie, nicht zuletzt durch ihre bloße zeitliche Ausdehnung, in der Rezeption zum Loop. Die Linearität des Dramas wird durch die Synchronisierung mit den historischen Ereignissen in der ›realen‹ Welt der Bush-Administration noch betont. Trotzdem krümmt sie sich, gibt ihre virtuelle Non-Linearität zu erkennen.

Wesentlich verantwortlich dafür ist der Bildträger, das Medium der DVD (Digital Versatile Disc). »Mit der DVD wird das Schauen und Lesen zwischen Fotogramm und Film unendlich modulierbar«, schreibt Emmauel Burdeau, ein Redakteur der Zeitschrift *Cahiers du cinéma*, und er ergänzt: »[Die DVD] begründet eine neue Form der Unschuld oder des Vergnügens, eine multiple Beziehung zu etwas, was nunmehr griffbereit ist.«[17] Darüber hinaus bietet die DVD, weil im Unterschied zur Videokassette mit ihr die Daten im digitalen Code geschrieben vorliegen und damit prinzipiell endlos reproduzierbar und modifizierbar sind, beträchtliche Demokratisierungspotentiale. Per Datenpiraterie und Bit-Torrent läßt sich die auf ihr gespeicherte Information vergesellschaften; zugleich liefert sie das

17 »Avec le DVD, les modalités de vision et lecture se modulent infinemenent, du photogramme au film [...] il institue une nouvelle forme d'innocence ou de plaisir, un rapport multiple à ce qui es désormais à portée de la main.« (Burdeau 2003, S. 63)

Ausgangsmaterial für unabsehbare Verwendungsweisen, virtuelle Montagen, für einen ›radikalen Empirismus‹. Der Philosoph Jérôme Cornette folgert: »Die DVD eröffnet Verwendungsformen, sowohl vom Standpunkt des Produzenten wie des Zuschauers. Sie zeichnet eine Linie, in die ein Künstler-Werden eingeschrieben ist, wodurch der DVD-Konsument der Verdinglichung im Sinne der Entfremdungstheorien entgeht.«[18]

Deutlich gegen einen bestimmten Modus technophober Kulturkritik gewendet, die mit der Durchsetzung eines neuen Medienformats stets eine Verlustbilanz aufmacht, beschränkt sich dieser DVD-Optimismus freilich auf eine techno-formalistische Lektüre des Mediums. Unerklärt bleibt dabei, wie die technologischen Voraussetzungen meiner *The West Wing*-Obsession (man verzeihe die Psychologisierung) mit den Bildern und Erzählungen, mit der Rhetorik und Ästhetik der Serie zusammenhängen, wie die Erfahrung der Serie nicht nur durch das Format der DVD, sondern ebenso durch deren ökonomisches wie diskursives Marketing bestimmt ist.

Das Dispositiv der Fernsehserie kann als eine Technologie des Regierens betrachtet werden, die Lebenszeit kontrolliert, Aufmerksamkeit steuert, Affektivität reguliert, Arbeit macht und Produktivität auslöst. Die Moderation des eigenen Fantums, des Hingezogenseins zu einem Produkt der US-amerikanischen Unterhaltungsindustrie, übernehmen unterschiedliche Agenturen – eine davon ist die akademische Analyse des Phänomens. Man kann, mit Maurizio Lazzarato, in einer Tradition des Bergsonismus von der »›Automatisierung‹ der Wahrnehmung, des Gedächtnisses und der Vorstellungskraft«[19] durch die Entwicklung der elektronischen und digitalen Technologien sprechen. Aber vor (oder quer) zu einer »Politik des Virtuellen« (Lazzarato), die jenseits des Signifikanten eine Subjektivität einer »neuen Fühl- und Denkbarkeit«[20] erschafft, beharren die vertrauten Bilder und Vorstellungen von Macht.

Eine Facette des Regiertwerdens durch Visualität und Visualisierung wäre das *Regime der Überwachung*, wie es sich positiv im Bild

18 »Le DVD ouvre à des usages, tant du point de vue de créateur que celui du spectateur. Il trace une ligne dans laquelle s'inscrit un devenir-artiste, par quoi le consommateur de DVD échappe à la reification des théories de l'aliénation.« (Cornette 2005, S. 298)

19 Lazzarato 2002, S. 58.

20 Vgl. ebd., S. 177.

des *Situation Room* zur Schau stellt. Politische und visuelle Macht verschränken sich hier – symbolisch wie performativ. Strategien der *governance*, des politischen, juridischen und polizeilichen Regierens, verknüpfen sich immer wieder aufs engste mit Merkmalen einer spezifischen *gouvernementalité*. Michel Foucault hat im Namen der ›Gouvernementalität‹ eine Form der Organisation von Gesellschaft theoretisiert, die auf einem neuartigen, von traditionellen Modellen der Herrschaft unterschiedenen Ineinander von Fremd- und Selbstherrschaft beruht. Seit dem 18. Jahrhundert wurde in Europa die zentrale Instanz der strafenden und alle Privilegien auf sich beziehenden monarchischen Macht zunehmend in Frage gestellt. Unter Kategorien wie ›Sicherheit‹, ›Territorium‹ oder auch ›Rasse‹ entwickelte sich eine dezentrierte, verstreute Verwaltung der Bevölkerung – und zwar zunehmend auf der Ebene der Körper und der Seele der Individuen. Das ›Leben‹ bot sich nun als Stoff des politischen Regierens und ökonomischen Planens dar. Die biopolitische Steuerung von industrieller Produktion, Alltag, Hygiene, Arbeitskraft, Wehrtüchtigkeit, Reproduktion und vielfältigen Prozessen der Subjektivierung (die von den Individuen zunehmend selbstverantwortlich betrieben wurden) gehorchte dabei Kriterien der Nützlichkeit und der Effizienz.

Welche Rolle bei dieser folgenreichen Umstellung der gesellschaftlichen Ordnung und ökonomischen Subjektivität Kommunikationsmedien (und hier insbesondere die Medien der Visualisierung) spielten und spielen, ist eine bislang noch wenig erforschte Frage. Sie reicht in das Feld der politischen Ikonographie und Ikonologie hinein, in die Geschichte der Funktionen von Bildern und Bildlichkeit. Sie müßte sich aber auch befassen mit den gesellschaftlichen Bedürfnissen und Erwartungen in Hinsicht auf Bilder, mit den Subjektivierungseffekten visueller Ereignisse und der Veränderung dieser Ereignisse selbst. Sehr grundsätzlich ausgedrückt, geht es um die Entzifferung oder Rekonstruktion der normativ wirksamen »Sprache der Sichtbarkeit«[21] oder eines »kulturellen Bild-Repertoires«[22] – zu einem bestimmten Zeitpunkt, an einem bestimmten Ort.

Ein Schritt hierzu könnte eine Archäologie des Begriffs ›Regime‹ sein. Denjenigen, die ihn aktuell – auch und gerade im Zusammenhang mit visueller Kultur – verwenden, verleiht er einen kämpferi-

21 Vgl. Faßler 2002, S. 94.

22 Vgl. Silverman 1995, S. 195ff.

schen Gestus. Das ›Regime‹ ist immer dominant und fordert deshalb zum Widerstand heraus. Sobald von ›Regime‹ die Rede ist, deutet sich eine Politisierung des kulturwissenschaftlichen Diskurses an.

Der Begriff taucht in dieser Verwendung an den unterschiedlichsten Stellen auf, und es zeigt sich, daß sein Ursprung wohl in der französischen Theorie der 1960er, 1970er Jahre liegt. Wahrscheinlich handelt es sich um eine terminologische Konsequenz aus bestimmten Schwächen der marxistischen und freudianischen Vokabulare des Überbaus oder des Unbewußten. Man könnte zudem den Einfluß Antonio Gramscis und Guy Debords und ihrer Begriffe der Hegemonie und des Spektakels vermuten. Michel Foucault spricht vom »Wahrheitsregime« (»*régime du verité*«), Gilles Deleuze vom ›Kontrollregime‹ (»*régime de contrôle*«) ebenso wie vom ›Gefängnisregime‹ (»*régime des prisons*«), ›Schulregime‹ (»*régime des écoles*«), ›Krankenhausregime‹ (»*régime des hôpitaux*«) und ›Unternehmensregime‹ (»*régime d'entreprise*«).[23] Auch Jacques Rancière arbeitet ausgiebig mit dem Begriff des ›régime‹, etwa, wenn er drei Regime der Kunst (oder der Sichtbarkeit) unterscheidet: das ethische, das poetisch-repräsentative und das ästhetische. Mit diesem Dreischritt wird die allmähliche Ausdifferenzierung des Ästhetischen in der abendländischen Geschichte seit Platon als historische Sequenz von Bild-Begriffen beschrieben.[24]

Der niederländische Kunsthistoriker Camiel van Winkel veröffentlichte 2005, ohne direkt auf Rancière zu verweisen, den Band *The Regime of Visibility*, den er mit der These einleitet: »Das Leben inmitten visueller Medien ist beherrscht von einem permanenten Druck, fehlende Bildlichkeit zu kompensieren, nicht-visuelle Praktiken und Prozesse zu visualisieren. Dies ist das Regime der Sichtbarkeit. Bilder mögen überall sein, aber als gesellschaftliche Kraft sind sie weniger mächtig als der Imperativ zu visualisieren.«[25] Van Winkel betont, daß sich dieses ›Regime der Sichtbarkeit‹ von jenem Regime unterscheide, das der Filmtheoretiker Christian Metz und der Historiker Martin Jay als ›skopisches Regime‹ bezeichnet hätten. Das Modell

23 Vgl. Deleuze 1990, S. 237 und 246f.

24 Vgl. Rancière 2001.

25 »Life amidst visual media is dominated by a permanent pressure to compensate for missing imagery, to visualise non-visual practices and processes. This is the regime of visibility. Images may be present everywhere, but as a social force they are less powerful than the imperative to visualise.« (van Winkel 2005, S. 15)

des aktiven, panoptischen Sehens sei verdrängt worden durch das ›Gesehen-Werden‹. Nicht der Blick, sondern das Objekt des Blicks dominiere heute das visuelle Feld.

Ich will auf die Begründung dieser These von einer Umkehrung des klassischen Blickregimes hier nicht näher eingehen. In Zusammenhang dieses Textes bin ich weniger an der Frage der Plausibilität einer solchen Behauptung interessiert als an der diskursiven Funktion des Regime-Begriffs. Denn ›Regime‹ ist das ausgesprochene oder unausgesprochene Thema, der heimliche oder zumindest prekäre, aber weitgehend im Vagen gehandelte Gegenstand der Praktiker und Kritiker von *Visual Culture*. Martin Jay warf in seinem kurzen Essay »The Scopic Regimes of Modernity« von 1988 die Frage auf, ob man von einem einheitlichen ›skopischen Regime‹, das etwa durch die Zentralperspektive und einen entkörperlichten Blick gekennzeichnet sei, überhaupt ausgehen solle. Ausgesprochen tastend, im Konditionalis spekuliert Jay über die Konstitution dieses Regimes: »[...] könnte es sein, daß es verschiedene solcher, voneinander unterscheidbarer Momente gibt, wenn auch oft in unterdrückter Form [...]? Wenn dem so wäre, verstünde man das skopische Regime der Moderne vielleicht am besten als ein umstrittenes Terrain und nicht so sehr als harmonisch integrierten Komplex visueller Theorien und Praktiken. Es könnte tatsächlich als eine Ausdifferenzierung visueller Subkulturen charakterisiert werden, deren Trennung uns erlaubt hat, die vielfältigen Implikationen des Sehens auf eine Weise zu begreifen, die man jetzt erst zu verstehen beginnt. Dieses neue Verständnis [...] könnte gut und gerne das Produkt einer radikalen Umkehrung der Hierarchie der visuellen Subkulturen im skopischen Regime der Moderne sein.«[26] So stark die These einer »radikalen Umkehrung« der Hierarchie des Visuellen anmutet: Der vielversprechende Plural ›skopische Regime‹ im Titel von Jays Aufsatz wird in dieser Passage wieder zurückgenommen oder zumindest relativiert. Weiter-

26 »[...] may there possibly be several such moments, which can be discerned, if often in repressed form [...]? If so, the scopic regime of modernity may best be understood as a contested terrain, rather than a harmoniously integrated complex of visual theories and practices. It may, in fact, be characterized by a differentiation of visual subcultures, whose separation has allowed us to understand the multiple implications of sight in ways that are now only beginning to be appreciated. That new understanding [...] may well be the product of a radical reversal in the hierarchy of visual subcultures in the modern scopic regime.« (Jay 1988, S. 4)

hin ist von dem einen, cartesianisch-okularzentrischen ›skopischen Regime‹ der Moderne die Rede, allerdings verstanden als ein in sich widersprüchliches und von einer Vielzahl ›visueller Subkulturen‹ umkämpftes Feld.

Das Buch, auf den sich Jays Begriff des ›skopischen Regimes‹ bezieht, ist Christian Metz' *Le signifiant imaginaire. Psychanalyse et cinéma*, erschienen 1977. Metz handelt hier keineswegs von ›der Moderne‹ und ihrer Ordnung des Sehens und der Sichtbarkeit im allgemeinen, sondern vom ›skopischen Regime‹ des Kinos im besonderen. Anders als im Theater sei das Erlebnis eines Films im Kino von der unbestreitbaren Tatsache geprägt, daß die Bilder und Figuren, die auf die Leinwand projiziert werden, abwesend, das heißt: nicht körperlich-materiell anwesend sind. Aus diesem Umstand leitet sich eine spezifische voyeuristische Einstellung ab.[27] Metz arbeitet mit psychoanalytischen Konzepten wie Sadismus, Ödipalismus oder *scène primitive*, um eine typologische Beschreibung dieser Ordnung des Sehens zu geben. Danach erlebe der Kinozuschauer immer wieder aufs neue den tabuisierten und lustvollen Anblick seiner Eltern, die seine Anwesenheit beharrlich ignorieren. Das Kino umgebe mithin eine Aura des Verbots, der Scham und der Schuld – »das Kino gründet sich auf der Legalisierung oder Generalisierung der verbotenen Übung«.[28]

Das Regime, von dem Metz handelt, ist demnach nicht zuletzt eine proto-politische, gouvernementale Regulierung der Erfahrung des Kinos (das heißt: einer zentralen Praxis und Institution der visuellen Kultur) in den psychischen Dimensionen des Imaginären und Symbolischen. Der Regimebegriff bescheinigt dem Kino und dem Kinoerlebnis deren moralisch-ideologische Ambivalenz, ihren doppelten Status als legitime wie illegitime Aktivität (bzw. Passivität). Metz hatte sich selbst die Aufgabe gestellt, über den »kinematografischen Traum in Begriffen des Code: als Code dieses Traums«[29] zu sprechen. Und so wie der Begriff des »Code« nicht nur einen semiologischen, sondern auch einen kybernetischen oder politisch-juridischen Bedeutungshof hat,[30] ist auch der Begriff des ›Regimes‹ glei-

27 Vgl. Metz 1977, S. 85ff.

28 »[...] le cinéma se fonde sur la légalisation et la généralisation de l'exercice interdit.« (Metz 1977, S. 91)

29 Metz 1977, S. 13: »[...] rêve cinématographique en termes de de code: du code de ce rêve.«

30 Vgl. Metz 1971, S. 63ff. und 97ff.

chermaßen politisch wie technisch und psychoökonomisch auslegbar und anwendbar.

Was folgt, ist eine der ausführlichsten Darlegungen des Regime-Begriffs, der sich in der Literatur finden läßt: »Man spricht von politischen ›Regimen‹, von ökonomischen Regimen; man sagt über ein Auto, je nach der Art seines Getriebes, daß dieses drei, vier oder fünf Gänge habe. Das Begehren hat ebenfalls seine Regime, seine mehr oder weniger dauerhaften Achslager zur ökonomischen Stabilisierung, seine Positionen des Gleichgewichts bezogen auf seine Verteidigung, seine es begünstigenden Formationen (zum Beispiel die ›Geschichte‹, das heißt, das Erzählte ohne Erzähler, ein wenig wie im Traum oder in der Fantasie): Einstellungen, Regelungen, die nicht einfach auf den Punkt zu bringen sind, die zuerst lange eingefahren und eingeschliffen werden müssen (das Kino hat seit 1895 lange herumgesucht, bevor es seine heute herrschende Formel fand); Regelungen, die die gesellschaftliche Entwicklung produziert hat und die sie für andere übernommen hat, aber die sie (wie noch bei den politischen Gleichgewichten) nicht bei jeden Moment verändert hat, weil es von ihnen nicht Tausende gibt, die man nach Gutdünken einrichtet. Und jede dieser Regelungen, die wirklich funktionierten, ist eine gut verarbeitete Maschine für sich selbst, die dazu neigt, sich weiter zu entwickeln und die eigene Reproduktion zu übernehmen (die Erinnerung jeder filmischen Befriedigung wird zur Repräsentation des Ziels im Verhältnis zur nächsten). So war es mit der Art von Filmen, die heute die ›Leinwände‹ besetzen, die äußeren Leinwände der Kinosäle und die inneren Leinwände der Fiktion, das heißt, jenes Imaginären, das durch die ›Diegese‹ zugleich geschützt und erlaubt wird.«[31]

31 »On parle des ›régimes‹ politiques, des régimes économiques; on dit d'une automobile, selon la constitution de sa boîte de vitesse, qu'elle autorise trois, ou quatre, ou cinq régimes. Le désir a également ses régimes, ses paliers plus ou moins durables de stabilisation économique, ses positions d'équilibre par rapport à la défense, ses formations bénéficiares (l'›histoire‹, par exemple, c'est-à-dire le narré sans narrateur, un peu comme dans le rêve ou le fantasme): réglages qui ne sont pas faciles à mettre au point, qui doivent d'abord être longuement rodés (le cinéma a beaucoup tâtonné, depuis 1895, avant de trouver sa formule aujourd'hui dominante) réglages que l'évolution sociale a produits et qu'elle défera pour d'autres, mais que (comme pour les équilibres politiques, encore) elle ne modifie pas à chaque instant, car il n'en existe pas des milliers que l'on instaurerait à volonté, et que chacun de ceux qui fonctionnent vraiment est une machine bien nouée sur elle-même,

Die Funktionen und Wirkungen der Steuerung und Regelung, die Metz hier mit dem ›Regime‹ in Verbindung bringt, definieren wiederum auf symptomatische Weise seine eigene Position als Beobachter und Analytiker dieser herrschaftsförmigen Operationen und Reproduktionen. Als Theoretiker der Regime-Macht nimmt er ein strukturell paranoides Verhältnis zu seinem Gegenstand ein. Zudem zeigt sich eine auffällige Tendenz, die Erfahrung, Praxis und Institution des Kinos in Begriffe der Fiktion, ja des Phantastischen zu kleiden. Die Vorstellung vom Wirken der Filmerzählung (der Diegese) auf den ›inneren Leinwänden/Bildschirmen‹ (»*écrans intérieurs*«) bedient sich an einem futuristischen, science-fictionhaften Bild. Im ersten Kapitel von *Le signifiant imaginaire* spekuliert Metz über die Beziehung zwischen der ›Psychologie des Zuschauers‹ und den ›finanziellen Mechanismen des Kinos‹. Schließlich ergeht er sich freimütig in einer paranoiden Phantasie: »[W]ir müssen (nichts weniger als) die Existenz einer Sondereinheit der Polizei annehmen, oder irgendeines nachträglichen reglementierenden Kontrolldispositivs (Stempel in Personalausweisen oder auf Eintrittskarten), um die Leute zu zwingen, ins Kino zu gehen: ein bißchen Science-fiction, das ich hier absurderweise verwende, was aber immerhin den – paradox bilateralen – Vorzug hat, sowohl mit einer Situation zu korrespondieren, die, abgemildert und lokalisiert, nicht ohne reale Beispiele ist (wie in den politischen Regimen, in denen bestimmte Propagandafilme für die Mitglieder der Bewegung oder die Jugendvereinigungen praktisch ›obligatorisch‹ sind), als auch nichtsdestoweniger offensichtlich eine Modalität des kinematografischen *Besuchs* entwerfen, die sich stark von jener unterscheidet, auf der die Institution im Großteil der Fälle beruht, das heißt auf den Fällen, die man (nur aus diesem Grunde) ›normal‹ genannt hat.«[32]

tendant à se perpétuer et prenant en charge les mécanismes de sa propre reproduction (le souvenir de chaque satisfaction filmique deviant représentation de but par rapport à la suivante). Il en va ainsi du genre de films qui occupe aujourd'hui les ›écrans‹, écrans extérieurs des salles de spectacle, écrans intérieurs du fictionnel, c'est-à-dire de cet imaginaire à la fois protégé et consenti que nous offre la ›diégèse‹.« (Metz 1977, S. 114)

32 »[...] nous devrions supposer (rien de moins) l'existence de quelque corps spécial de police, ou de quelque dispositif réglementaire de contrôle ›a posteriori‹ (= tampon apposé sur les cartes d'identité, à l'entrée des salles), pour forcer les gens à aller au cinéma: petit morceau de science-fiction dont je n'use ici que par l'absurde mais qui a du moins l'avantage, paradoxalement duplice, de correspondre à la fois

Daß die Menschen ins Kino gezwungen werden und die Erfahrung der Filme und der Institution des Kinos *nachgewiesen* werden müssen, um abgestempelt werden zu können, ist einerseits totalitäre Zukunftsmusik und andererseits die Normalität in den westlichen, liberalen kapitalistischen Gesellschaften. Inzwischen haben neue Dispositive der Verbreitung und ›Einbettung‹ von Bildern das Kino weitgehend ersetzt beziehungsweise überformt. Die Digitalisierung des Bildes hat seinen Status radikal verändert, es in ungekannter Weise mobilisiert und flexibilisiert. Der Verdacht, daß die Ordnung der Bildlichkeit eine eigene Macht-Form konstituiert, hat sich dadurch noch weiter verfestigt. Die Kategorie des Bild-Regimes ist, wie wir gesehen haben, bis heute ein Ausgangspunkt und eine Triebfeder der Kritik an der visuellen Kultur. Der Begriff des Regimes erlaubt es, diese Kritik als Machtkritik anzulegen. Seit dem Erscheinen von Metz' Buch sind theoretische Konzepte in Umlauf geraten, die es ermöglichen könnten, seine Regime-Phantasie zu präzisieren und zu subtilisieren – etwa Foucaults (bereits erwähnte) ›Gouvernementalität‹ oder Deleuzes ›Kontrollgesellschaft‹.

Wenn ich an meine eigene Begeisterung für die Fernsehserie *The West Wing* denke und versuche zu analysieren, was sie eigentlich auslöst und aufrechterhält, sehe ich mich in ein komplexes »dispositif réglementaire de contrôle« eingespannt. Die neuartigen Mischungen aus Autorschaft und Koautorschaft, aus veränderten Modi des Kennertums und neuartigem Mediengebrauch wären zu untersuchen. Oder der Umstand, daß das Bewußtsein, in einer virtuellen Gemeinschaft von Experten und Fans vernetzt zu sein, gleichzeitig das Bewußtsein einer gesteigerten (und in dieser Steigerung womöglich lustvollen) Form von Konformität ist. Welche Räume der Handlungsfähigkeit und Ermächtigung, welche *Politik* hier aktuell oder virtuell gegeben sind, macht ein Denken in Kategorien des Regimes erst möglich. Gleichzeitig bleibt man befangen in einer Hermeneutik des Verdachts. Auf beunruhigende Weise insistiert die Imago des

à une situation qui, sous forme atténuée et localisée, n'est pas tout à fait sans exemples réels (comme dans les régimes politiques où certains films de propagande directe sont pratiquement ›obligatoires‹ pour les membres du mouvement ou les associations de jeunesse), et de désigner néanmoins, à l'évidence, une modalité de la *fréquentation* cinématographique fort différente de celle sur laquelle repose l'institution dans la grande majorité des cas, c'est-à-dire dans ses formes que l'on appellera (pour cette seule raison) ›normales‹.« (Metz 1977, S. 15f.)

›*Situation Room*‹. Warum ist das so? Welche Funktion hat dieses Bild einer kybernetischen Weltmacht-Souveränität, die sich am Ausgangspunkt aller Entscheidungen wähnt? Wie anachronistisch ist es in Zeiten der dezentralen Netzwerke? Für eine Praxis der *Visual Culture*, die sich der Faszinationskraft dieser Ikone politischer Macht bewußt ist, aber den Referenzpunkt der visuellen Ereignisse im Subjekt und seinem Alltag verortet,[33] ist die Ikonographie des *Situation Room* so lange nicht obsolet, solange angenommen werden muß, daß sie ein Bild von politischer Macht kommunizieren kann und schon deshalb kritisiert gehört, weil sie andere Bildräume des Politischen verdeckt.

Literatur

Bal, M. (2003a). »Visual Essentialism and the Object of Visual Culture«, in: *Journal of Visual Culture*, Vol. 2(1), S. 5-32.

Bal, M. (2003b). »Reply to the responses«, in: *Journal of Visual Culture*, Vol. 2(2), S. 260-268.

Beavers, S. L. (2002a). »The West Wing as a Pedagogical Tool«, in: *PS. Political Science & Politics*, Vol. 35, S. 213-216.

Beavers, S. L. (2002b). »The West Wing's Prime-Time Presidentiality: Mimesis and Catharsis in a Postmodern Romance«, in: *The Quarterly Journal of Speech*, Vol. 88(2), S. 209-227.

Burdeau, E. (2003). »Nouvelle économie, nouvelle critique«, in: *Cahiers du cinema*, Nr. 585, S. 63.

Clark, T. J. (2006). *The Sight of Death. An Experiment in Art Writing*. New Haven/London: Yale University Press.

Cornette, J. (2005). »D/V, ou comment philosopher à coups de disque versatile«, in: *Fresh Théorie*. Hg. von M. Alizart u. C. Kihm. Paris: Editions Léo Scheer, S. 287-301.

Crimp, D. (1999). »Getting the Warhol We Deserve«, in: *Social Text*, Vol. 17(2), zitiert nach der Übersetzung von B. Hess, in: *Texte zur Kunst*, Bd. 9(35), S. 45-65.

Deleuze, G. (1990). *Pourparlers*. Paris: Minuit.

Elkins, J. (2003). *Visual Studies. A Skeptical Introduction*. New York/London: Routledge.

33 Mirzoeff hat dafür den treffenden Ausdruck »vernacular watching« gefunden (Mirzoeff 2005, S. 12).

Faßler, M. (2002). *Bildlichkeit. Navigationen durch das Repertoire der Sichtbarkeit.* Wien u.a.: Böhlau.

Gans-Boriskin, R./Tisinger, R. (2005). »The Bushlet Administration: Terrorism and War on The West Wing«, in: *The Journal of American Culture*, Vol. 28(1), S. 100-113.

Gray, J./Sandvoss, C./Harrington, C. L. (2007) (Hg.). *Fandom: Identities and Communities in a Mediated World.* New York: New York University Press.

Hills, M. (2002). *Fan Cultures.* London/New York: Routledge.

Holbert, R. L./Pillion, O./Tschida, D. A./Armfield, G. G./Kinder, K./Cherry, K. L./Daulton, A. R. (2003). »The West Wing as Endorsement of the U. S. Presidency. Expanding the Bounds of Priming in Political Communication«, in: *Journal of Communication*, Vol. 53(3), S. 427-443.

Holbert, R. L./Tschida, D. A./Dixon, M./Cherry, K./Steuber, K./Airne, D. (2005). »The West Wing and Depictions of the American Presidency: Expanding the Domains of Framing in Political Communication«, in: *Communication Quarterly*, Vol. 53(4), S. 505-522.

Jay, M. (1988). »The Scopic Regimes of Modernity«, in: *Vision and Visuality.* Hg. von H. Foster. Seattle: Bay Press, S. 3-23.

Jenkins, H. (1992). *Textual Poachers: Television Fans and Participatory Culture.* London/New York: Routledge.

Jenkins, H. (2006). *Fans, Bloggers, and Gamers: Media Consumers in a Digital Age.* New York: New York University Press.

Lazzarato, M. (2002). *Videophilosophie. Zeitwahrnehmung im Postfordismus* (Aus dem Französischen übersetzt von S. Geene u. E. Stein). Berlin: b_books.

Lewis, L. A. (1992). The Adoring Audience: Fan Culture and Popular Media. London/New York: Routledge.

Metz, C. (1971). *Langage et cinéma.* Paris: Larousse.

Metz, C. (1977). *Le signifiant imaginaire. Psychanalyse et cinéma.* Paris: UEG (10/18).

Mirzoeff, N. (2003). »Stuff and Nonsense«, in: *Journal of Visual Culture*, Vol. 2(2), S. 247-249.

Mirzoeff, N. (2005). *Watching Babylon. The War in Iraq and Global Visual Culture.* New York: Routledge.

Parry-Giles, T./Parry-Giles, S. J. (2006). *The Prime-Time Presidency: The West Wing and US Nationalism.* Chicago: University of Illinois Press.

Rancière, J. (2001). *L'inconscient esthétique.* Paris: Galilée.

Retort Collective (2005). *Afflicted Powers. Capital and Spectacle in a New Age of War.* London/New York: Verso.

Rogoff, I. (1998). »Studying Visual Culture«, in: *The Visual Culture Reader.* Hg. von N. Mirzoeff. London/New York: Routledge, S. 14-26.

Rogoff, I. (2000). *Terra Infirma. Geography's Visual Culture*. London/New York: Routledge.
Rollins, P. C./O'Connor, J. E. (2003) (Hg.). *The West Wing: The American Presidency as Television Drama*. New York: Syracuse University Press.
Silverman, K. (1995). *The Threshold of the Visible World*. New York/London: Routledge.
Thorp, M. F. (1946). *America at the Movies* (1939; mit einer Einleitung von J. P. Mayer). London: Faber & Faber.
Van Winkel, C. (2005). *The Regime of Visibility*. Rotterdam: NAi Publishers.

Gustav Frank
Literaturtheorie und Visuelle Kultur

»Der Pictorial Turn ist keine Antwort auf irgend etwas. Er ist nur eine Art und Weise, die Frage zu formulieren.«

W. J. T. Mitchell[1]

1. Das Wort als Problem

Die Verächter von Sprache und Text führen in der entstehenden Bildwissenschaft das lauteste Wort.[2] Das ist nicht verwunderlich, waren doch in den 1990er Jahren vor allem die Literaturwissenschaften, ermutigt von der Entdeckung der Textualität, Rhetorizität und Narrativität anderer Geisteswissenschaften wie der Historie, angetreten, um im Zuge einer massiven Erweiterung ihrer Gegenstände die gesamte ›Kultur als Text‹ ihren ›Lektüren‹ zu erschließen.[3] Damit war der *linguistic turn*, der sich in der Philosophie des 20. Jahrhunderts vollzogen hatte, an sein Ziel gekommen. Widerstand gegen eine Literaturwissenschaft, die ihre theoretisch-methodischen Schwierigkeiten mit der eigenen Gegenstandserweiterung um die sozialen Umwelten der Werke, also mit der *Kultur im Text*, dadurch überspringen wollte, alle Kultur selbst zum Text zu erklären,[4] konnte nicht ausbleiben. Er hat sich vom Bild her formiert und zunächst dessen Sprachförmigkeit in Zweifel gezogen. Nicht immer werden jedoch die Vorbehalte gegen Sprache, Text und Lektüre als gegenstandskonstitutive und methodische Vorbilder für die Kulturstudien so differenziert vorgetragen wie die Kritik, die der Anglist W. J. T. Mitchell an einer Semiotik des Bildes äußert, wie sie Mieke Bal und Norman Bryson auf dem Höhepunkt dieser Tendenz vorgeschlagen haben. Bal und Bryson entwickeln ihre semiotische Intervention gegen einen Positivismus des Wissens und einen Realismus des Bildes in der Kunstge-

1 Mitchell 2008, S. 120.

2 Vgl. Belting 2005.

3 Stellvertretend Bachmann-Medick 1996; vgl. dazu Frank 2006.

4 So zuletzt sehr differenziert Baßler 2005.

schichte als eine Möglichkeit, dem entgegen das Studium der Bilder zu politisieren und es für Fragen der Geschlechterforschung und der Machttheorie zu öffnen.[5] Mitchell begrüßt dieses Bestreben einer Öffnung, kann der vorgeblichen Neutralität der Semiotik als wissenschaftlicher Metasprache jedoch wenig abgewinnen; denn er hält sie für kaum tauglich als transdisziplinäre Grundlagentheorie, solange ihre linguistischen Bilder vom Bild nicht kritisch revidiert würden.[6]

Roland Barthes hat schon 1964 auf genau diejenigen Gegensätze hingewiesen, über denen sich Sprach- und Bildforscher gerne entzweien und die heute noch immer die Diskussion bestimmen und sie in engen Grenzen halten:

Die Linguisten sind nicht die einzigen, die die sprachliche Natur des Bildes in Zweifel ziehen; auch die gängige Meinung hält das Bild aufgrund einer gewissen mythischen Vorstellung des Lebens dunkel für einen Ort des Widerstands gegen den Sinn: Das Bild ist Darstellung, das heißt letztlich Wiederaufleben, und bekanntlich verträgt sich das Intelligible schlecht mit dem Erlebten. So wird die Analogie von beiden Seiten als verarmter Sinn empfunden: Die einen denken, das Bild sei ein im Vergleich zur Sprache sehr rudimentäres System, und die anderen, die Bedeutung könne den unsäglichen Reichtum des Bildes nicht ausschöpfen. Doch sogar und vor allem wenn das Bild in gewisser Weise eine *Grenze* des Sinns ist, erlaubt es, auf eine richtige Ontologie der Bedeutung zurückzukommen.[7]

Der »unsägliche [!] Reichtum des Bildes« – angesichts der »neuen Macht der Bilder«[8] einmal anerkannt – wirft damit die theoretische Grundfrage auf, wie dieser Schatz wissenschaftlich zu heben ist, wenn die Bildwissenschaft gänzlich darauf verzichten will, sich auf die Heuristik der Bilder *auch als Zeichen*, als Repräsentationen im weitesten Sinne, wenigstens versuchshalber einzulassen.

Hierzulande beruhen die Vorbehalte gegen das Sprachdenken, das die »Bilder in die Schutzhaft [d]er begrifflichen Regelwerke« genommen hätte, auf einem schwer durchdringlichen Geflecht von polemischen Attacken und ideologischen Vorentscheidungen, die selbst wiederum den Bildbegriff hoch selektiv zu kontrollieren suchen.[9] Daß

5 Vgl. Bal/Bryson 1991.

6 Vgl. Mitchell 2008, S. 136-171.

7 Barthes 1990, S. 28.

8 So im Untertitel Maar/Burda 2004.

9 Bredekamp 2004a, S. 15: »[...] die linguistisch geprägten Spielarten der Semiologie [...], welche die Bilder in die Schutzhaft ihrer begrifflichen Regelwerke nahmen.«

die Faszination (Verhexung, Verblendung) vom Gegenstand in den Topos von der Unsagbarkeit der Bilder und in einen Aktionismus umschlägt, sie von der Befleckung durch begriffliche Interpretationen zu reinigen, ist selbst alles andere als selbstverständlich. Erklärtermaßen geht es dabei um den Schutz der Bilder vor der Hegemonie der Sprache, der zudem als Schutz der Interpreten vor den Begriffen zu fungieren und damit eine ihrer tiefsitzenden Ängste zu reflektieren scheint. Diese Angst verkörpert vor allem das strukturale Paradigma, weil dieses droht, das Faszinationsobjekt Bild nicht länger als Essenz anzuerkennen, sondern als Effekt von Relationalität zu entzaubern. Diese Entzauberung betrifft den kanonischen Charakter der Kunst, ihre »Eminenz«,[10] die sich mit Relationalität nicht verträgt, wenn diese ausschließlich als Relativität verstanden wird. Der Gegensatz von Kunst und Populärkultur, der auch als einer von Elite und Kennerschaft auf der einen und der Masse der Nutzer auf der anderen Seite präzisiert werden kann, kreuzt sich hier mit dem Gegensatz von Bild und Sprache. Beim Gadamer-Schüler Gottfried Boehm hat das Plädoyer für eine eigene »Logik der Bilder«[11] jenseits ›propositionaler Gehalte‹ deshalb zu einer Allianz mit der Hermeneutik als Methode der Auslegung von Kultur geführt, weil die Kunstgeschichte die Zweifel am historischen Relativismus im Zeitalter mechanischer Reproduzierbarkeit mit der Hermeneutik in der Tradition von Husserl und Heidegger teilt.[12] Doch auch Gadamer konfrontiert dieses Plädoyer in seiner Grundschrift *Wahrheit und Methode* wiederum mit der seit dem Humanismus so erfolgreich wie unermüdlich wiederholten Verachtung aller Traditionsträgermedien außerhalb der Schrift:

Keine sonstige Überlieferung, die aus der Vergangenheit auf uns kommt, ist dem gleich. Die Überreste vergangenen Lebens, Reste von Bauten, Werkzeuge, der Inhalt der Gräber, sind verwittert durch die Stürme der Zeit, die über sie hingebraust sind – schriftliche Überlieferung dagegen, sowie sie ent-

10 Boehm 2007, S. 32.

11 Boehm 2004.

12 Gar nicht von den Bildern, sondern nur von den Künsten spricht Gadamer 1994 auch in seinem Beitrag zu Boehms Sammelband zur Bildfrage (hier S. 90): »Wir verfolgen deshalb gerade nicht die Absicht, Bildkunst und Wortkunst auf ihre Unterschiede hin zu untersuchen, sondern daraufhin, wie sie an einer Wirklichkeit teilhaben, die wir mit dem jungen Begriff ›die Kunst‹ zu kennzeichnen gewohnt sind. Sie fordert zu einem Tun heraus, das wir ›Lesen‹ nennen wollen.«

ziffert und gelesen ist, ist so sehr reiner Geist, daß sie wie gegenwärtig zu uns spricht.[13]

Durch das Bündnis mit der kunstsinnigen Hermeneutik ist in die theoretisch-methodische Sozialisation der Kunstgeschichte auf diesem Wege wiederum eine Ambivalenz eingetragen, die sich in Ausbrüchen gegen die Schrift eruptiv entladen muß, weil eine Umkehrung der Perspektive – der bildgeschulte Blick auf die Sprache als Element der visuellen Kultur – blockiert bleibt. Was damit der deutschen Bildwissenschaft, auf der Jagd nach dem Sinn und nicht nach dem sozialen Funktionieren der Bilder, anders als der Erweiterung der *domain of images* weit in das Gebiet der Sprache als Schrift und Bild hinein noch gänzlich fehlt,[14] ist die Nutzung des Potentials dessen, was Mitchell differenziert Bildtext, Bild/Text und Bild-Text nennt.[15] Er will damit auf die komplexe Anwesenheit von *Bild im Text* und *Text im Bild* aufmerksam machen, die sich sowohl in kompositen Formen, Bildtexten im engeren Sinn, in Bindestrich-Beziehungen von Textualität und Visualität und nicht zuletzt dem Bruch zwischen den Repräsentationspraktiken niederschlägt.

Unter diesen Voraussetzungen sind Unternehmen, welche die Unvermeidlichkeit des Bildes im Bereich des ›reinen Geistes‹, in den Wissenschaften und der Philosophie im klassischen Zeitalter vor ihrer institutionellen Trennung, nachweisen, bereits als subversiv anzusprechen.[16] Statt jedoch nur die Lektüren der Bilder zu ertragen, gilt es für die Bildwissenschaft, selbst weit in das vermeintlich geschlossene Gebiet der Textualität vorzudringen, um zum Betrachten und Sehen der Texte zu ermutigen.[17] Bislang bleibt es dagegen bei einem fast schon kleinlich anmutenden Grenzkrieg, den Burkhard Müller

13 Vgl. Gadamer 1960, S. 156.

14 James Elkins' Interesse an den Bildern, die nicht den Schönen Künsten zugerechnet werden, treibt die kunstgeschichtliche Sonde weit in die Bereiche der Diagramme, Bildzeichen und Schriften vor, wenn er sich mit Allographen, Semasiographen, nur partiell funktionierenden Schriftsystemen (Pseudoschriften), Sub- und Hypographemen, Emblemen und Schemata auseinandersetzt (Elkins 1999).

15 Vgl. Mitchell 2008, Kap. 5.

16 Vgl. Jones/Galison 1998; Bredekamp 1999, 2004b, 2007; Holländer 2000. Hinzu kommen die neueren Interessen für Diagramme und Karten wie etwa in Patschovsky 2003; Glauser/Kiening 2007.

17 Das schlägt vor dem *pictorial turn* bereits Claude Gandelmann vor (Gandelmann 1991).

jüngst in der *Süddeutschen Zeitung* anläßlich einer Tagung der Berlin-Brandenburgischen Akademie der Wissenschaften zum Thema *Der Mensch ist nur Mensch durch Sprache* (Wilhelm von Humboldt) mit dem mittelalterlichen Bestürmen einer Trutzburg gleichsetzen konnte.[18]

Hinter den leicht einzusehenden Vorbehalten gegen Ansätze, die Bilder *wie eine Sprache* linguistisch zu denken versuchen, verbirgt sich der sehr viel radikalere Einwand, daß die Bilder überhaupt nicht *in der Sprache* zu verstehen und semiotisch-zeichenhaft zu repräsentieren sind. Dabei geht es schon nicht mehr nur um Grenzen einer Semiotik des Bildes, sondern viel grundsätzlicher um die Möglichkeit jeglicher Rede, besonders natürlich der intersubjektiven wissenschaftlichen Rede, vom Bild. Insofern das Interesse am Bild nicht vorrangig in stummen Praxisformen ausagiert wird, sondern zu einem Gutteil sprachlich artikuliert ist, trifft dieser grundsätzliche Einwand nicht zuletzt das »schriftlich überlieferte Interesse [...] am konkreten visuellen Artefakt«[19] als wichtiges Zeugnis für die kunstwissenschaftlichen und kunstgeschichtlichen Diskurse selbst, die sich gegen eine feindliche Übernahme durch die Semiotik schützen wollen.[20]

Doch kann die kunstwissenschaftliche Seite dieser Schwierigkeit hier nur benannt, nicht geklärt werden.[21] Vielmehr ist ihre literaturwissenschaftliche Seite zu entfalten, die im Schatten der gegenwärtigen Bilddebatten noch implizit bleibt, aber für die Literaturtheorie nicht ohne weitreichende Folgen sein kann. Insofern die Begründung der Bildwissenschaft vom Bild-Text-Verhältnis als dem vorrangig zu regelnden ausgeht,[22] ist die Literaturtheorie als Theorie eines sprach-

18 Müller 2007.

19 Locher 2007, S. 7.

20 Die Vorbehalte gegen die wissenschaftlichen Begriffe, im Gegensatz zur Anschauung, und gegen die historische Relativierung, im Gegensatz zu einem überzeitlichen Kunstbegriff, reichen offenbar tief in die Gründungsurkunden der Kunstgeschichte als Wissenschaft aus dem Geist der Romantik zurück und sind deshalb langfristig habitualisiert; vgl. dazu Prange 2004. Daß die Vorbehalte gegen Hegel und die Anlehnung an Schelling und vor allem die Ranke-Schule sich aus den je aktuellen ästhetischen Debatten mit zeitgemäßen Argumenten versorgen und so im aktuellen Gewand präsentieren, ist gegenwärtig schwer zu übersehen; vgl. etwa Wyss 1997.

21 Vgl. dazu vertiefend Reck 2006.

22 So Mitchell 2008, S. 9; Boehm 1994, S. 11.

basierten ›modellbildenden sekundären semiotischen Systems‹[23] immer mitbetroffen. Konzepte des Bildes, die vor dem Hintergrund eines antisemiotischen Affekts ihr Profil zu gewinnen versuchen, haben immer auch literaturtheoretische Implikationen, wo immer auch die Literatur dabei lokalisiert wird, ob auf der Seite der Wort-Texte oder der Künste. Was zunächst bislang als eine Schwierigkeit im wissenschaftlichen Umgang mit den Bildern diskutiert wird, beinhaltet deshalb genauer besehen auch ein veritables Problem der Sprache.

Denn einerseits wird durch die Arbeit am Bild die Begrenztheit der Sprache vorgeführt, weil ihr ein transpropositionaler Bereich des Denkens und Wissens verschlossen bleibt. Diese Limitierung betrifft die Verbalsprache auch insoweit, als sie die bevorzugte Metasprache der Wissenschaft über alle möglichen Arten von Gegenständen darstellt. Eine solche, (meta)sprachlich verfaßte Wissenschaft vom Bild steht damit grundsätzlich in Frage: Die Berührung von Bild und es auslegender Rede wird damit gerne aus dem Bereich der Wissenschaft in den der Kunst verschoben.

Andererseits wird durch die Erfahrungen am Bild implizit auch die Reinheit der Sprache als ein isolierbarer Gegenstand der Forschung zweifelhaft, weil sie immer nur in kompositen Formen des Sprachlich-Auditiven und des Schriftlich-Visuellen gegeben ist, wovon nur heuristisch vorübergehend, nicht jedoch endgültig abgesehen werden kann. Auch wenn sich Sprachwissenschaft also auf ihre eigentlichen Gegenstände beschränkt, begegnen ihr somit im Kern ihres Gegenstandes Schrift und Stimme. Insofern die Literaturwissenschaft als ihren Gegenstand spezifische Formen der Sprachnutzung reklamiert, ist sie mit denselben grundsätzlichen Schwierigkeiten geschlagen, noch bevor sie unter ihren spezifischen Sprachgebilden solche Sonderformen ausmacht, die an und über Grenzen der Sprachlichkeit hinaus operieren. Diese Sonderformen ließen allenfalls die Argumentation zu, daß Literatur auch solche Sprachformen beheimatet, die ihre Auditivität und Visualität nicht verleugnen, sondern sie bewußt ausstellen und zu besonderen kulturellen Leistungen nutzen.

Oralität setzt entweder vielfältige (gestisch, mimisch, proxemisch usw.), differenzierte (z.T. multimedial theatrale) Aufführungssituationen voraus und/oder aber die soziosemiotischen Praktiken technischer Medien der Übertragung, der Speicherung und Reproduktion.

23 Lotman (1986, S. 22) geht sogar noch weiter: »Die Kunst ist ein sekundäres modellbildendes System.« (I. O. kursiv.)

Oralität ist also eine zutiefst auf Sichtbarkeit angewiesene Seite der Literatur.

Visualisierung von Sprache geschieht nicht im *ut pictura poesis* des anschaulichen Darstellens, sondern buchstäblich nur im Fall des Buchstabens. *Schrift* als nicht-klassisches Thema literaturtheoretischer Wort-Bild-Reflexion berührt die Materialität und Medialität von Sprache und Literatur jedoch gerade durch die sichtbare Präsenz ihrer Texturen, ihrer Gewebe, ihrer Bleiwüsten. Angemahnt von bildschirmorientierten Publikationsweisen, die viel stärker auf Sichtbarkeit von Sprache achten müssen, wendet sich auch die Literaturwissenschaft vermehrt dieser *domain of images* zu. Zwar ist sich gerade auch die Literatursemiotik sowohl der Relevanz der nicht-sprachlichen Anteile an literarischen Texten als auch der Bedeutung der nur sprachlich vermittelten nicht-sprachlichen Zeichensysteme in diesen Texten bewußt.[24] Doch das graphemische System drängt grundsätzlich, nicht nur im Sonderfall, über seine Funktion als Notationssystem für die phonetische Dimension der Sprache hinaus – im Gegenteil bedarf es erst gezielt herbeigeführter Effekte, damit die eigensinnigen materialen Qualitäten der Schrift domestiziert oder ›übersehen‹ werden können. Im tendenziell immer multimedialen Text gehen skriptorale und auditive Äußerungen auch Verbindungen mit selbst bereits multimedialen Systemen in den theatralen Formen und den kompositen Formen vor allem der AV-Medien Film und Fernsehen ein, die wiederum vor den verstärkt multisensorischen Neuen Medien nur als »Zwischenspiele«[25] erscheinen.

Auch in der Literatursemiotik jedoch, wie sonst in der Literaturtheorie überhaupt, haben diese Aspekte allenfalls als Grenzbedingungen und Sonderformen Erwähnung gefunden – daß Literatur gar nicht jenseits oral-performativer, skriptoraler und/oder multimedialer Zusammenhänge existiert, wird damit natürlich aus disziplinkonstitutiven und -reproduktiven Rücksichten gerne vergessen. Es ist aber unausgesprochen die Voraussetzung wie die Kehrseite aller hegemonialen Erweiterungen, die eine Zuständigkeit für die ›Textualität der Kultur‹ reklamieren: daß diese literarische Textualität selbst per se eine weitgehend nicht-sprachliche ist.

Ergebnis der neuen Bildtheorien (wie im übrigen schon der ersten Welle bildtheoretischer Reflexionen nach der Wende zum 20. Jahr-

24 Titzmann 2003, S. 3032-3034.

25 So schon Zielinski 1989.

hundert) ist somit, daß das Wort zum Problem wird und deshalb auch Literatur und Literaturtheorie vom Bild her neu bedacht werden müssen. Dieses Bedenken scheint unumgänglich, weil jede Verschiebung in der Konzeption von Status und Funktion des Bildes automatisch auch das Feld von Sprache und Literatur, von Verschiebungen in den offensichtlich kompositen Formen ausgehend, neu konturiert. Dieses Problematischwerden des Wortes trifft eine Literaturwissenschaft nach zwei Jahrzehnten ihrer Erweiterung zur Grundlagendisziplin einer neuen Medienkulturwissenschaft im Moment der Euphorie, in dem sie eine theoretisch-methodische Vorreiterrolle auf dem Interfeld der Medienkultur beansprucht. Mit gutem Recht bestreitet ihr die Bildwissenschaft diese Rolle, wenn sie auf die dominante Visualität gerade der neuen medialen Bildwelten aufmerksam macht. Es ist sicher auch ein Rationale der Forschung, einen solchermaßen komplexen Gegenstand wie die Medienkultur nicht durch analogisierende Übertragung von Verfahrensweisen aus einer ihrer Regionen auf das gesamte Feld begreifen zu wollen. Die Anerkennung und Einforderung von Bildkompetenzen führt dann dazu, daß sich die Analyse auf eine Regionalisierung, eine Partikularisierung und eine ›Unreinheit‹ der sprachlich-literarischen Gegenstände und auf eine gleichberechtigte Zusammenarbeit einzustellen hat.

Die Literaturtheorie ist angesichts dieser Situation zudem in der mißlichen Lage zwischen den Stühlen, da sie sich zwar kaum je als Agenten der Semiotik verstanden hat, aber andererseits ihren Gegenstand in unbestritten semiotischen Objekten und kommunikativen Zeichenpraktiken auf sprachlicher Basis findet. Insofern sich die Vorbehalte gegen eine ungerechtfertigte Dominanz der Sprache richten, stehen Literatur, Literaturwissenschaft und -theorie somit bislang notwendig auf der Seite des ›Anderen‹ der Bilder. Der *iconic turn*, hierbei in der Nachfolge von Positionen der Dekonstruktion, stellt die Rolle der Sprache selbst grundlegend in Frage, wenn er den epistemischen Reichtum jenseits der Linguistik beschwört. Der *iconic turn*, so wie er bislang vorgetragen wird, ist deshalb eine Herausforderung auch der Literaturwissenschaften, den blinden Fleck in ihren hegemonialen Gesten gegenüber dem Bild zu entdecken und zu rekonstruieren, wie er entstehen konnte. Diese Herausforderung stellt sich um so mehr, als beide Seiten sich in der jeweiligen Ausweitung ihrer Gegenstandsbereiche das zugehörige Interfeld der Medienkultur streitig machen. Allerdings können es sich beide Seiten eigentlich nicht leisten, die Visualität oder die Textualität der Kultur noch die Vielzahl kompositer Formen ohne Schaden zu marginalisieren oder gar auszublenden. Als Korrektiv kann Nelson Goodmans am Diagramm gewonnene Einsicht dienen, daß der »oft betonte Unterschied zwischen ikonischen und anderen Zeichen [...] transitorisch und trivial«[26] sei. Damit wird der »ontologisch oft zu geradezu unerträglicher Schwere aufgeladene Unterschied«[27] von Bild und Text wieder entsubstanzialisiert und das Feld für historische Untersuchungen geöffnet. In diese Richtung gehen auch Klaus Sachs-Hombachs Vorschläge zur Synthese von wahrnehmungsbasierter Phänomenologie und zeichenorientierter analytischer Philosophie, die das »Bild als wahrnehmungsnahes Zeichen«[28] entwerfen. Zwar gelingt es damit, Gegensätze auf der Seite der philosophischen Ästhetik des Bildes auszugleichen, die traditionelle Kunstgeschichtsschreibung und beider »gefährliches Supplement«,[29] der *Visual Studies*-Ansatz, dürften jedoch ihre Skepsis gegenüber linguistischen Modellen durch semiotische Leitkategorien wie ›Grammatik‹, ›Semantik‹ und ›Pragmatik‹ des Bildes nur neuerlich bestätigt sehen.

2. Instabile Trennungen

Die Linien des Konflikts sind allerdings nicht eindeutig gezogen, sondern überkreuzen sich. So geht es etwa den Protagonisten des *iconic turn* nicht nur um die Bilder schlechthin, sondern ebensosehr um die Unterscheidung der »Eminenz ästhetischer Erfahrung [von] der Banalität einer am Gebrauch orientierten Bildproduktion«[30] – also von Kunst und massenhaft verbreiteten Bildern in den Medien der populären Kultur. Zwar ist es ihnen gleichfalls um das technische Bild als Produkt bildgebender Verfahren zu tun, denen allerdings ein Eigenrecht eingeräumt wird, weil sie aus dem renommierten Feld der Naturwissenschaften oder deren erfolgreichen Anwendungsgebieten stammen.

26 Goodman 1995, S. 214.
27 Reck 2006, S. 51.
28 Sachs-Hombach 2003.
29 Vgl. Mitchell 2008, S. 314-321.
30 Boehm 2007, S. 32.

Im Gegensatz von Bildwissenschaft und Semiotik können Mechanismen der Argumentation beobachtet werden, die wie eine Kippfigur funktionieren: Roland Barthes' Gegenstand in der »Rhetorik des Bildes«[31] ist die Werbung, in der sich die Semiotik mit dem wirksamen, manipulativen Massenbild verknüpft, während die Hermeneutik der Kunst mit einer zur Schau getragenen Verachtung der kommerziellen Kultur einhergeht. Da sie sich einerseits und ebenso wie die Kunstwissenschaft und die Kunstgeschichte ästhetischen Artefakten im historischen Prozeß widmen möchte, andererseits aber mit der Allgegenwart zunächst in Schrift- und Print-, später AV-Medien zirkulierender Literatur konfrontiert ist, sind damit auch Problemlagen aus der Literaturtheorie berührt, die ihren Gegenstand vor dem Hintergrund eines umfassenden Kulturbegriffs unterscheidbar halten möchte.

In einer bereits antisemiotisch entworfenen Bildwissenschaft bleibt wenig Platz für den kulturfundierenden Wechselbezug von Bild und Sprache, Kunst und Literatur. Aber auch diejenigen Bildtheorien, die Gebrauch, Kommunikation und Zeichen einen großen Anteil einräumen, konzentrieren sich auf darstellende Bildtypen (siehe Sachs-Hombach[32]), also auf Artefakte wie Gemälde, Zeichnungen, Plastiken und Verwandtes (siehe Scholz[33]). Neben den ›künstlichen‹ finden hierbei nur noch die ›natürlichen‹ optischen Bilder, wie Spiegelungen, Schatten und Abdrücke, und zudem die inneren, geistigen Bilder als Wahrnehmungen oder Ergebnisse von Wahrnehmung Berücksichtigung.

Der Rahmen, in dem beide, Bilder und Texte, einen Platz finden könnten, ist deshalb weiter zu fassen als eine bislang wenig erkenntnisträchtige Komparatistik der Schwesterkünste und um die Kontraste und Gegensätze wie die Kombinatoriken von Bild und Text zu erweitern. In diesem *weiten Rahmen* sind jedoch die *Beziehungen enger* als unvermeidliche, notwendige Verknüpfungen auszuweisen. Sprache und Literatur liefern für die Erforschung dieses *Interfeldes* nicht die einzig zulänglichen Instrumente, sind jedoch von ihrer Einbindung in eine *visuelle* Kultur her neu zu sehen, statt sie weiterhin als Antipoden, als das Andere der Bilder in einer großen ikonokla-

31 Vgl. Barthes 1990.
32 Vgl. Sachs-Hombach 2003, S. 191f.
33 Scholz 2004, S. 5-8 und 13.

stischen Verschwörung des westlichen Denkens auszuweisen.[34] Es ist nicht zuletzt auch die mehr als kurzatmige und einseitige Festlegung der bildtheoretischen Perspektive auf die großen Erzählungen der wenigen Theoretiker auf dem Höhenkamm der Geistesgeschichte, welche einer nachhaltigen Historisierung bislang entgegenstand. So nehmen die großen Theorien noch im Moment ihrer Kritik das letzte Wort in Anspruch, statt den Blick freizugeben auf die Vielzahl der alltäglichen Wort-Bild-Berührungen und -Mischungen, die den Bodensatz der Kultur der piktoralen und textuellen Formen in den Medien der verschiedenen Jahrhunderte gebildet haben. Es ist gerade der unübersehbare Erfolg der Bilder, der darauf hindeutet, daß eine solche Erfolgsgeschichte sich in einer visuellen *Kultur* abgespielt haben muß, die in einem längst nicht genugsam erschlossenen, komplexen historischen Zusammenspiel von Wort und Bild ihren Grund hat. Ohne Not ist dieses Zusammenspiel zumeist in Form homologer oder komplementär sich ergänzender Entwicklungen gedacht worden, die in ebenfalls große Erzählungen von den Künsten münden konnten. Dagegen verbessert ein gleichermaßen bild- und literaturtheoretisch informierter Zugriff die Chancen für eine nicht-reduktive Medienkulturwissenschaft.

Das setzt allerdings voraus, daß die Wechselbeziehungen nicht ausschließlich so wenig riskant wie der Vergleich der Schwesterkünste modelliert werden. Dem steht jedoch die Mehrzahl der Ordnungsversuche des so heterogenen wie umfänglichen Feldes derjenigen Gegenstände, die als Bilder bezeichnet werden, entgegen. Denn diese drängen zumindest auf eine grundlegende, binäre und stabile Unterscheidung, wie sie ›innere‹ und ›äußere‹, ›reale‹ und ›imaginäre‹ oder ›materielle‹ und ›immaterielle‹ Bilder, Gegenstand und Wahrnehmung, Vorstellung und Darstellung, *picture* und *image* oder auch *tableau* und *image* zu liefern scheinen. Doch genauer besehen ist es gerade diese elementare Trennung, die sich immer wieder als instabil und nicht konsensfähig erweist.[35] Indem er die Extension des Bildbegriffs als eine Reihe zwar familienähnlicher, doch heterogener Elemente analysiert – von »Begriffsfamilie«[36] spricht etwa auch Scholz – und kritisch nach den Zusammenhängen der einzelnen Mitglieder dieser

34 Vgl. Jay 1994.

35 Zu den wenig überzeugenden Versuchen, das ›Problem‹ Bild derart zu entschärfen, vgl. auch Böhme 2004.

36 Scholz 2004, S. 13.

weitverzweigten Familie fragt, rückt Mitchell gerade die Problematik solcher Trennungen in den Fokus der Bildtheorie.[37] In seiner Rekonstruktion scheinen die Debatten alle auf eine buchstäbliche Kernbedeutung und davon zu unterscheidende, weil nur uneigentliche, Randbedeutungen im übertragenen Sinn hinzudeuten. Der Wahrnehmung kommt dabei offenbar eine bedeutsame Mittel- und Mittlerstellung zu, indem sie entweder die innere Realität der äußeren Bilder projiziert oder die äußere Realität der inneren Bilder produziert.

Zunächst kollabiert die Grenze zwischen realen und imaginären Bildern von der Seite der realen Bilder her, wenn ihrer beider Wahrnehmungsabhängigkeit akzeptiert und sie dabei als die beiden Korrelate in verbreiteten schematischen Modellen der Wahrnehmung ›gesehen‹ werden. Bilder sind darin einerseits zunächst Gegenstände der Wahrnehmung wie alle anderen Gegenstände auch, sie sind zudem der Modus, in dem Wahrnehmung schematisch (ob ausgesprochen oder nicht) konzipiert/vorgestellt wird, und darüber hinaus liegen sie als Konzept auch voraus, wann immer solche Schemata betrachtet und diskutiert werden, die selbst wiederum als Wahrnehmungsgegenstände zu problematisieren sind. Mit diesem letztlich wohl kantischen Argument im Sinne eines zwingenden Apriori der Anschauungsformen immer dann, wenn die Theorie Modellvorstellung dafür entwickelt, wie äußere Gegenstände ›in den Kopf‹ kommen, kritisiert Mitchell den Empirismus und die Abbildtheorien. Somit sind auch alle Versuche problematisch, den Bildbegriff auf einen Vertreter der Familie einzugrenzen, wie es Scholz, aber auch Sachs-Hombach versuchen, um ein stabiles Musterbeispiel zu gewinnen, dessen Beschränkungen durch das Versprechen gerechtfertigt werden, seine Regulative könnten verallgemeinert und später auf die verwandten Phänomene ausgedehnt werden.

Eine Grenztilgung ist aber auch von der anderen Seite her möglich, von den ›eingebildeten‹ Bildern bis zu den sprachlichen Bildern. Wenn die geistigen Bilder als solche selbst der Wahrnehmung entzogen und privat sind, auch der Hirnforschung allenfalls aus Anzeichen ableitbar, dann sind die Worte der intersubjektive Modus, diese inneren Bilder wiederum öffentlich zu machen, wie es die Gegenstände und unter ihnen die Bilder sind. Dazu ist es jedoch erfor-

37 Vgl. Mitchell 2008, S. 15-77.

derlich, eine ebensolche Relation zwischen inneren Bildern und Sprache wie zwischen Wahrnehmungsgegenständen und inneren Bildern anzunehmen. Der Zusammenhang kann nun ganz verschieden, ja konträr interpretiert werden. So läßt sich daraus einerseits die Position gewinnen, daß die äußeren Gegenstände durch eine doppelte Mittelbarkeit – nämlich der optischen Differenz in der Wahrnehmung selbst und zudem der arbiträr-kontingenten sprachlichen Repräsentation dieser quasi-visuellen Wahrnehmungsbilder – sehr weit von der Sprache getrennt sind. Die Sprache hat demnach kaum noch Anteil an der sinnlichen, statt dessen nur an der geistigen Welt und ist selbst maximal unsinnlich und abstrakt, was sie besonders in den Begriffen der Philosophien bewährt, die ja wiederum die Wertschätzung der Sprache begründen. Andererseits ist die Sprache jedoch nur zu haben, wenn sie laut wird und sichtbar Gestalt gewinnt, oral und skriptoral; während ihre Existenz nur performativ – stumm – zu leugnen ist.

Doch die ›Verinnerung‹ der Sprache hat ganz offenbar schon begonnen, als der Empirismus der Aufklärung sie in seinen Wahrnehmungsmodellen den inneren Bildern äußerer Gegenstände zu- und nachgeordnet hat. Bevor sie in den Zusammenhang der *aisthesis* und schließlich der philosophischen Ästhetik gerückt wurde, war die Sprache als Rede auf die Öffentlichkeit verwiesen. Erst mit der Ächtung der Rhetorik verliert sie zunehmend ihre öffentliche Sichtbarkeit als performativer Vollzug der Beredsamkeit, die durchaus niemals nur oral, sondern multisensorisch publik war. Die ›Verinnerung‹ der Sprache gehört der Durchsetzung einer neuen, oppositionellen Öffentlichkeit an, die jeder Art äußerer Schaustellung orthodoxer theologischer und politischer Macht mit Skepsis begegnet. Mit einer neuerlichen ›Veräußerung‹ der Sprache, einer Rückgewinnung ihrer Rhetorizität als impliziter Kritik der dreihundertjährigen Erkenntnistheorie, wird Erkenntnis und Wissen als eine Angelegenheit öffentlicher Debatten, Verhandlungen, Entscheidungen und Übereinkünfte einsichtig.

Damit ist zunächst einmal zwar die sinnliche Qualität, nicht zuletzt auch die Sichtbarkeit, längst nicht die Bildlichkeit der Sprache erwiesen. Einen engen Bildbegriff stellen denn in der Tat auch nur die Grenzformen der Skripturalität zufrieden, die sich wie barocke oder moderne Bildlyrik den äußeren Bildern graphisch angleichen. Damit ist jedoch wiederum bereits signalisiert, daß Bildlichkeit der Sprache in engen Grenzen gehalten werden soll. Wenn Bildlichkeit der Sprache schon nicht nur selbst metaphorisch-uneigentlich gemeint sein und damit nur als ein ›täuschender‹ Effekt sprachlicher Mittel, als eine Art verbal produzierter Anschaulichkeit, eingeräumt werden soll, dann ist allenfalls die literarische Sprache und die Literatur der Ort, an dem der Ausnahmefall bildlicher Sprache möglich wird; ein Grenzfall, dessen Aufgabe eben einzig darin besteht, eine Grenze zu markieren. Es sind solche Grenzfälle, an denen wiederum die Literaturwissenschaft bevorzugt arbeitet, wenn sie nach der Bildlichkeit der Sprache fragt. Im folgenden soll gezeigt werden, wie die Grenze zwischen Bildern und Texten jedoch auch von der Textseite her kollabiert, sobald die Literaturtheorie diese vermeintlich sowohl historisch wie phänomenal marginalen Fälle elaboriert.

3. Literaturtheorien und ihre ›Bilder‹ der Bilder

In der Auseinandersetzung mit den erfolgreichen und in der gesellschaftlichen Wertschätzung aufsteigenden Naturwissenschaften und der diese begleitenden philosophischen Erkenntnis- und Wissenschaftstheorien hatten auch die Philologien am Ende des 19. Jahrhunderts begonnen, ihre Methoden zu reflektieren und auf ein System theoretisierender Aussagen zu begründen.[38] Daß es seitdem theoretisierende Äußerungen zur Literatur innerhalb der wissenschaftlichen Institution Literaturwissenschaft gibt, ist also offensichtlich. Was eine Literaturtheorie ausmacht, was sie umfassen und leisten muß, ist dagegen höchst strittig geblieben. Seit es solche theoretisierenden Äußerungen gibt, läßt sich zudem ohne Schwierigkeit nachweisen, daß selbst ihre Verächter und die Verfechter einer reinen philologischen Praxis der Arbeit am Text gerade dabei eine geordnete Menge von Annahmen voraussetzen, die ähnlich kohärent und umfassend ausfällt wie diejenigen Aussagesysteme, die sich ausdrücklich als Theorien selbst kennzeichnen.[39]

In der Konsequenz haben sich nicht nur in historischen Schüben *nacheinander* jeweils neue Literaturtheorien herausgebildet, wie es etwa Beobachtungen des sogenannten wissenschaftlichen Fortschritts im Bereich des naturwissenschaftlichen Wissens nahelegen könn-

38 Vgl. dazu etwa Dainat 1994; Weimar 2000; Hermann 2004.

39 Vgl. Erhart 2004.

ten, sondern ältere Theoriebestände werden weiterhin als praxisanleitende sogenannte Methoden akzeptiert, und neuere Theorien entund bestehen synchron *nebeneinander*. Literaturtheorien koexistieren, konkurrieren, koalieren aber auch und assimilieren einander oder zumindest einige ihrer Bausteine, auch wechselseitig. Man kann dieses Bild mit dem Blick der Wissenschaftsforschung machttheoretisch als eine Konkurrenz um knappe Ressourcen, bei der sich immer wieder neue Gleichgewichte einstellen,[40] zeichnen oder als einen notwendigen Pluralismus der komplementären Ergänzungen des Wissens um den gemeinsamen Gegenstand, »als sich ergänzende Bemühungen um die eine Sache«[41] feiern.

Eine Prüfung des Verhältnisses von Literaturtheorie und visuellem Feld kann in dieser Situation drei Wege gehen: 1) Den wissenschaftshistorischen Weg, eine größere Anzahl von kurrenten ›Methoden‹ zu befragen: »Wie hältst du's mit dem Bilde?« 2) Sich ohne Umschweife zu einer dieser Theorieoptionen zu bekennen und von dieser aus das Titelversprechen dieses Bandes einzulösen. 3) Klassische Orte der Bilder in der Literaturtheorie aufzusuchen und deren Rolle und Funktion zu überdenken. Ersteres ist aus Umfangsgründen hier nicht systematisch und vollständig zu leisten.

Auf dem gegenwärtigen Stand der Theoriediskussion ist der zweite Weg der Entscheidung für eines der vorgetragenen Theoriedesigns, dessen Begrenzungen längst verdeutlicht worden sind, ebenfalls problematisch. Einen derartigen Vorschlag unterbreitet etwa Brigitte Weingart mit der Option für die ›Lektüre‹ – als einer Kombination der Ansätze von Roland Barthes und Jacques Lacan –, die um das Begehren des Bildes kreist.[42] Zum einen ist in diesem Angebot, einen »Theorietransfer: Vom Text zum Bild«[43] durchzuführen, die Schule der Dekonstruktion zu erkennen, aber auch die Selektivität dieser Auswahl aus dem französischen Theoriesample, wobei Althusser einen kurzen, Foucault gar keinen Auftritt hat. Zum anderen mag man darin eine einläßliche Kritik an W. J. T. Mitchells verwandtem Versuch vermissen, durch Erprobung von Animismus und Totemismus am Bild dessen Vitalität zu erweisen und diese Lebendigkeit neben dem Rekurs auf Freud natürlich auch mit Marx machttheoretisch zu

40 Vgl. Frank 2000.

41 Geisenhanslücke 2006, S. 143.

42 Vgl. Weingart 2001.

43 Weingart 2001, S. 136.

unterfüttern.[44] Damit verbirgt sich hinter Weingarts weitgehendem, aber offensichtlich nicht durchzuhaltendem Verzicht auf Foucault, Althusser und etwa Goodman ein ganzer Kontinent an machttheoretischen Erörterungen, die keineswegs in einer platten Ideologiekritik an der Kulturindustrie aufgehen.

Dieser Einwand gilt nicht einer bestimmten Position, und das Beispiel wurde hier auch nur gewählt, um auf einen der hoffnungsvolleren Diskussionsbeiträge hinzuweisen. Er sollte vor allem verdeutlichen, wie selektiv auch neuere, dekonstruktivistisch informierte Bildtheorien sein können und wie wenig die Fragerichtungen und theoretischen Interessen am Bild bislang konvergieren. Dem antisemiotischen Affekt der Bildwissenschaft des *iconic turn* spielt zudem in die Hände, daß das Angebot eines ›Theorietransfers vom Bild zum Text‹ dabei nicht einmal erwogen wird. Angesichts der anwachsenden theoretischen Nachweise, aber auch historischen Belege für die Leistungsfähigkeit der Bilder kann an der Fruchtbarkeit einer Öffnung des Transfers in beide Richtungen jedoch kaum noch gezweifelt werden.[45]

Wie weit die Debatten wirklich auseinanderliegen, zeigt sich, wenn man gegen Weingarts Vorschlag das Bemühen von Sachs-Hombach blendet, einen theoretischen Minimalkonsens auszuhandeln, in dem neben phänomenologischem Ansetzen bei der Wahrnehmungsnähe und sprachanalytischem Ansetzen bei der Zeichenhaftigkeit der Bilder für die französische Theorie im Umkreis von Wissenschaftsforschung (Latour), Poststrukturalismus und Dekonstruktion (Lacan, Derrida, Foucault, Barthes, Kristeva, Mulvey, Culler, de Man usw.) wiederum kein Platz ist. Das ist nicht nur deshalb problematisch, weil sein Theorieangebot damit für all diejenigen Forscher ›unlesbar‹ und ›unsichtbar‹ wird, deren theoretische Heimat die Inspiration dieser Texte ist, sondern auch deshalb, weil sein Ansetzen den eigenen wissenschaftstheoretischen Appellcharakter verkennt. Verkennt in dem doppelten Sinn, daß er die Fragen dieser Ansätze nach Macht und Begehren aus seinen grundsätzlichen Überlegungen als ihnen nachgelagerte gerne ausschließen möchte, obwohl sie seinen eigenen Vorentscheidungen zugrunde liegen, sowie daß dann intratheoretisch neben der zentralen Syntax und Semantik die Pragmatik bereits wieder den ›Rand‹ bezeichnet. Kurz gesagt: Was als eine die

44 Vgl. Mitchell 2008, S. 396-411.

45 Vgl. etwa Voss 2007; Bredekamp 1999, 2004b, 2005 und 2007.

Streitsache Bild pazifizierende Gebärde der Bescheidenheit daherkommt, erscheint dem machttheoretisch geschulten Auge natürlich sofort als nichts anderes als hegemoniale Geste der metatheoretischen Verpflichtung auf ein vermeintlich transdisziplinäres Ensemble von Vorentscheidungen, Selektionen und Restriktionen.

Angesichts der Selektivität von Theorieoptionen besteht der hier favorisierte Weg darin, die traditionellen Orte der Bilder in der Literaturtheorie, zu einem Gutteil ererbt aus den ihr vorgängigen Debatten der Rhetorik, der frühneuzeitlichen Hermeneutik, der philosophischen Ästhetiken, der Literaturkritik und der literaturinternen Poetologie, aufzusuchen. Damit werden natürlich auch Aspekte der Theoriegeschichte (1) und einzelne Theorieoptionen (2) unsystematisch und unvollständig eingebunden.[46] Die Frage an die literarturtheoretischen Bilder der Bilder kehrt sich dabei jedoch um und verläßt die sonst übliche Bahn, den Beitrag der Literaturtheorie zur Bildtheorie einzuschätzen. Über die neue Fragerichtung hinaus, was das Bildbewußtsein für die Schwierigkeiten der Literaturtheorie an Einsichten erbringt, ergibt sich eine Perspektive, die *Bilder und Literaturen zur visuellen Kultur verschränkt* zeigt.

Die Literaturwissenschaft hat lange Zeit nur wenige, eingefahrene und vorherrschend historisch-konkrete Beziehungen zum Bild unterhalten: Einmal zum Bild *außerhalb der Literatur*, zu dem diese sich in ein Verhältnis selbst setzt oder doch setzen läßt, sei es in das der Schwesterkünste (bildende Künste, Leitgattung Ekphrasis), sei es in das der Medienkonkurrenz (Photographie und Realismus, Film und Moderne).[47] Dann auch zum Bild als einem *Binnenphänomen*

46 Die Theorieimplikationen von Bildlichkeit und Visualität haben weder die Textsammlungen (vgl. Kimmich u.a. 1996) noch die Überblicksdarstellungen zur Literaturtheorie des letzten Jahrzehnts (vgl. Böhme/Scherpe 1996; Bogdal 1997; Benthien/Velten 2002) interessiert. Erst eine Protagonistin des überzogenen hegemonialen Anspruchs des »Kultur als Text«-Paradigmas (Bachmann-Medick 1996) kommt bei ihrer die internationalen Debatten einbeziehenden Revision nach zehn Jahren auf eine Reihe von *cultural turns* zu sprechen, unter denen sie einen, der deutschen Debatte um das Bild den Vorzug gebenden *iconic turn* ausmacht (Bachmann-Medick 2006, S. 329-380); zur Differenz von *iconic* und *pictorial turn* vgl. mein Nachwort in Mitchell 2008, S. 445-487.

47 Eine rein medienwissenschaftliche Lösung des Bild-Text-Problems greift ebenfalls zu kurz und kann die Schwierigkeiten der Literaturtheorie mit dem Bild nicht klären. Das liegt in der Geschichte der Medienwissenschaft selbst begründet. Zwar gelingt es ihr, die Künste über ihre eigene Medialität aufzuklären, doch geht etwa

der Literatur selbst, sei es in Gestalt der literarischen Sprache und ihrer uneigentlichen Redeformen (Paradigma Metapher, Leitgattung Lyrik), sei es in Gestalt von Mischklassen, welche die verbal-geistige *und* visuell-materiale Gestalt ganz spezifischer Gattungen und Subgattungen (Paradigma Emblem, Exempel Bildgedicht[48]) offenbar werden lassen. All dies zielte auf eine enge Eingrenzung des Wort-Bild-Verhältnisses auf wenige und vorrangig marginalisierte literarische Phänomene. Damit kombiniert wurde eine Begrenzung auf spezifische historische Epochen, die nicht im Mittelpunkt der Aufmerksamkeit des Faches standen. Bevorzugt wurden dabei Epochen *vor* der prägenden goethezeitlichen Begründung einer Autonomieästhetik sowie instabile Phasen des Umbruchs oder Übergangs wie diejenige zu einer von der Romantik verkörperten Moderne um 1800[49] oder diejenige zwischen Realismus und früher Moderne in den 1880/90er Jahren.[50]

Die Verteilung der Bilder von den Bildern auf differente poetologische, ästhetische und literaturtheoretische Interessen erweist sich damit selbst als historisch signifikant. Das Potential historisch oder gattungsgeschichtlich abgewerteter oder randständiger Phänomenkomplexe gilt es aus dieser Begrenzung zu lösen und für die Theorie fruchtbar zu machen. An einigen klassischen Beispielen wie *Ekphrasis, Emblem* und *Metapher* kann gezeigt werden, daß sie bislang zwar vorrangig dazu benutzt wurden, um Spezialfälle der Geschichte und/oder Gattung zu bezeichnen, während sie darüber hinaus durchaus geeignet scheinen, allgemeine Grundprobleme der literarischen Repräsentation zu verhandeln.

Wo die Kunstbeschreibung zur Beschreibungskunst gerät, ist Ek-

die Visualität der Literatur nicht in der *hardware* ihrer Medien auf, sie manifestiert sich ebenso in den textgenetischen Verfahrensweisen der Darstellung. Der Medienbegriff wird theoretisch als überhistorischer Metabegriff der Beschreibungssprache eingeführt, geschärft wird er jedoch am Verständnis der aktuellen technischen Medien, die Publika massenhaft adressieren, der neuen Medien, die mit dem Ende der Gutenberg-Galaxis vermeintlich auch eines der letterngebundenen Literatur heraufführen sollen; vgl. Kittler 1986. Auch die Ansätze zur Intermedialität wollen nur zu den Medien-Beziehungen, den ›äußeren‹ Bild-Text-Verhältnissen beitragen.

48 Vgl. Kranz 1981-87.

49 Schneider u.a. 2001.

50 Pfotenhauer u.a. 2005.

phrasis[51] eine *Visualisierungsstrategie* im Kontext des *Illusionismus*, die den Zuhörer oder Leser zum Betrachter machen will. Sie ist zudem kaum je reine Visualisierung, sondern ein synästhetisches Unternehmen, das darum kreist, nicht nur die Textualität der Bildbeschreibung, sondern auch die Artifizialität eines Gemäldes oder Bildwerks vergessen zu machen zugunsten einer anschaulichen Verlebendigung des ›ins Bild gesetzten‹ Lebens. Die Grenze dieser Art genuin nicht sachlich-prosaischer, sondern literarisch-poetischer Vergegenwärtigung markieren die selbst nicht illusionistischen Bilder – etwa solche des Mittelalters oder der Abstraktion. Sie lassen eine Kritik des Begriffs nötig werden beziehungsweise sie schärfen in der historischen Retrospektive den Blick für die Schwierigkeiten mit der Ekphrasis, wenn sie außerhalb des illusionistischen Paradigmas als »verbal representation of visual representation«,[52] als Repräsentation zweiten Grades erkennbar wird. Innerhalb des illusionistischen Paradigmas, einer konsensuellen Einwilligung in die Täuschung durch den Sinnenschein,[53] ist die Ekphrasis, die Bild*darstellung* im engeren Sinn, die jedoch niemals als Bild*beschreibung* kenntlich werden darf, damit nur ein Grenzfall für eine allgemein gültige Norm der Anschaulichkeit.[54]

Jenseits, also vor und nach dem Regime des Illusionismus im Sinne der Laokoon-Ästhetik, meint Ekphrasis eine *Verbalisierungsstrategie* des Sichtbaren, deren Problem und Grenze dann im *Nur-Sichtbaren* liegt, in denjenigen Zügen des Visuellen, welche dem Bild seine genuine Position der Unersetzbarkeit/Unsagbarkeit sichern, weil es traditionell mehr sagt ›als tausend Worte‹. Löst man die Ekphrasis aus der engen historischen und gattungsmäßigen Klammer, dann wird vor allem an der Vielzahl fiktionaler Bilder in literarischen Texten deutlich, daß ihre Funktion nicht in Normierung oder Verdoppelung zeitgenössischer bildender Kunst besteht, sondern daß sie eine Verhandlung von ikonischen Repräsentationsweisen ermöglicht. Und dies geschieht im Hinblick auf den Status literarischer Repräsentation, also etwa im 19. Jahrhundert im Abgleich mit Oralität und

51 Ratkowitsch 2006; Wagner 1996; Boehm/Pfotenhauer 1995; Krieger 1992.

52 Heffernan 1993, S. 3; vgl. auch Brosch 2002.

53 Lessing 1996, S. 9: Malerei und Poesie »stellen uns abwesende Dinge als gegenwärtig, den Schein als Wirklichkeit vor; beide täuschen, und beider Täuschung gefällt«.

54 Vgl. Willems 1989.

unterschiedlich dauerhaften Akten der Verschriftung (Zeitung, Buch; Handschrift, Druck). Ekphrasis ist hierbei nur ein, wenn auch prominenter Grenzfall der Thematisierung von Repräsentationsdifferenzen und dient der kulturellen Verhandlung über die jeweiligen Potentiale und Gefahren der unterschiedlichen Modi und Medien. Topoi der Unbeschreiblichkeit konkreter Bilder sind also ernst zu nehmen und in diesem Rahmen zu rekonstruieren, in dem es um Grenzüberschreitungen zwischen Präsenz und Repräsentation, anwesendem Gegenwärtigen und abwesendem Vergangenen sowie um die Gefährdung durch/der Supplemente geht. Hierher gehören die belebten Statuen und Porträtgemälde, deren sterbende Modelle, Künstler und Beschauer, aber auch alle Schwierigkeiten mit den Artefakten der Vergangenheit und dem Historismus.

Theoretisch bedeutsam an der Ekphrasis als *Verbalisierungsstrategie* sind jedoch nicht nur die Grenzen der Vertextung von Bildern, die außerhalb der Texte gar nicht existieren, die also rein fiktional sind, sondern vielmehr derjenigen Bilder, die außerhalb des Textes nicht *mehr* existieren, weil sie verloren, untergegangen sind, während sich das Vervielfältigungsmedium der Schrift *sensu* Gadamer als durabler Überlieferungsträger erwiesen hat. Dieser Fall ist auch deshalb ein zentraler, weil er anzeigt, wie weit die Bereitschaft der Bildwissenschaft, insbesondere der Kunstgeschichte, zu Konzessionen an die Verbal- und Schriftsprache geht. Der Ausfall der visuellen Überlieferung setzt nicht automatisch den Rekurs auf die Schriftquellen ins Recht; denn alles, was vom Bild gesagt worden ist, bleibt dem genuin Visuellen am Bild äußerlich, besagt allenfalls etwas über das Sagbare, wenig über das Sichtbare. Der Eigensinn des verlorenen Bildes ist für eine Bildwissenschaft der strengen Observanz verloren. Einem Interesse an der visuellen Kultur wird die historisch blind gewordene Ekphrasis jedoch zumindest Auskunft darüber geben, daß die Bilder eine Rede vom Bild erzwungen und welche Form sie ihr abverlangt haben.

Ekphrasis, verstanden im weiten Sinne als *Verbalisierungsstrategie* des Visuellen, ist thematisch auch überall dort, wo die Kultur über die bisherigen Grenzen des ihr Sichtbaren hinaus neue Wirklichkeiten postuliert oder durch neue Verfahren der Wahrnehmung erschließt. Wo sich die Grenzen der Wahrnehmung, die bislang Sichtbares von bislang Unsichtbarem trennen, verschieben, treffen die Verfahren von Verbalisierung und Visualisierung aufeinander. Wenn bislang Sichtbares unsichtbar wird, wie etwa im 19. Jahrhundert, welches das Ende der Anschaulichkeit in der Wissenschaftskultur heraufführt, indem es statt in sinnlich wahrnehmbaren Körpern in mathematisch zusammenhängenden Funktionen zu denken beginnt, kann von diesem ehemals Sichtbaren nur mehr in uneigentlicher zeichenhafter Repräsentation die Rede sein. Wenn dagegen bislang Unsichtbares, nur zeichenhaft verbal oder mathematisch oder theoretisch Postuliertes, sichtbar wird, wie die Strahlung des Radiums oder die Tiefen der individuellen Psyche im Körper, dann läßt es diese Sprachen hinter sich und ›erscheint‹ etwa auf photochemisch empfindlichen Platten.[55] An dieser Grenze von Visualität und Verbalisierung siedeln jedoch auch alle ephemeren Wahrnehmungsphänomene etwa der niederen Sinne sowie einmaliger Ereignishaftigkeit und Unwiederholbarkeit wie der Ausdruckstanz, für die sich die Moderne am Ende des 19. Jahrhunderts so beredt zu interessieren beginnt.

Noch enger in historische Schranken verwiesen ist das *Emblem.*[56] Die Zusammenstellung von *Inscriptio, Pictura, Subscriptio,* letztere oft als *Epigramm* realisiert, ist jedoch nur ein Sonderfall des 16./17. Jahrhunderts für ein wiederkehrendes Phänomen und Problem: das der ›Beschriftung‹ von Bildern (Benjamin). Denn die Dreigliedrigkeit des Emblems (im Unterschied etwa zu den ›nur‹ zweigliedrigen Impresen) figuriert zunächst ganz buchstäblich: als Verfahren der Einklammerung und Rahmung der Bilder durch das Wort, nicht selten der Einschreibung der Worte in das Bild. Als solches Verfahren verstanden, ist der emblematische Umgang mit dem Bild nicht länger historisch begrenzt. Ganz bewußt kommt das historische Erzählen des 19. Jahrhunderts etwa auf das Augsburg zu sprechen, in dem Andreas Alciatis *Emblematum liber* 1531 entsteht, um hier für die eigenen Literaturverhältnisse, die vom Umbruch zum illustrierten Familienblatt geprägt sind, ein Modell der sozialen und politischen Domestizierung der Bilder zu finden.[57] Ähnlich bewegt sind die Grenzverschiebungen zwischen Sprache, Schrift und Bildern beim Film: Während Titelei und Inserts zunächst die Bilder des Stummfilms erklärend rahmen und seine Illusionierung beständig unterbrechen, ist in den letzten Jahren vor der Durchsetzung der gesprochenen Sprache im Tonfilm sowohl ein Hereinnehmen der Schrift in

55 Vgl. Frank 2002.

56 Vgl. Henkel/Schöne 1967 und Heckscher/Wirth 1967.

57 Vgl. Frank 2001.

den dreidimensionalen Bildraum der dargestellten Welt zu beobachten (Robert Wiene, *Das Cabinett des Doctor Caligari*, 1919) als auch ein Verzicht auf unterbrechende Inserts (außer wenn sie funktionalisiert werden können, um z. B. ›realistischen‹ von ›märchenhaftem‹ Illusionismus zu trennen wie in G.W. Pabsts *Der letzte Mann*, 1925).

Während die Ekphrasis Substitutionsbeziehungen auf einer paradigmatischen Ebene zu beobachten erlaubt, gibt die Zusammenstellung des Emblems Auskunft über Kontakte zwischen Bildern und Texten auf einer syntagmatischen Ebene. Man kann vermuten, daß die speziellen Beziehungen der Kontiguität, welche die Emblematik der Frühen Neuzeit als Mnemotechnik erst herstellt, etabliert und im Bewußtsein verankert, dann die Voraussetzung für Substitutionen in Verbalisierungs- und Visualisierungsprozessen liefern und also auch das wechselseitige Zum-Verschwinden-Bringen der jeweils anderen Kunst im Illusionismus, in den ihm zugehörigen Bildern, Texten und seiner Ekphrasis als Beschreibungskunst, immer grundierten. Ekphrasis und Emblem, *Substitution* und *Komposit* sind also auch dann immer aufeinander bezogen, wenn sie zu Alternativen stilisiert werden, wie das schon seit Winckelmanns *Gedanken von der Nachahmung der griechischen Werke in der Malerey und Bildhauerkunst* (1756) der Fall ist.[58] Im Zuge der Ermächtigung der Sinne durch die Aufklärung, die mit diesem Plädoyer für die *aisthesis* zunächst physikalische, physiologische, anthropologische, soziologische und psychologische, also empirische Erkenntnisse theoretisch zu vereinheitlichen versucht, dann eine Emanzipation der philosophischen Disziplin der Ästhetik begründet und schließlich den Gedanken einer autonomen Kunst des Sinnenscheins vorantreibt, werden Substitut und Komposit für die zwei Seiten einer Opposition repräsentativ, die Natur von Artifizialität, antike Größe und Einfachheit von mittelalterlich-barbarischer Geschmacksverirrung, empfindsame Bürgerkultur von *ancien régime* unterscheiden lehren sollte.

58 Vgl. Haverkamp 2002.

4. Metaphern und darüber hinaus

Jegliche Koexistenz von Bild und Schrift – sei es im mittelalterlichen Spruchband, das Rede in die Bilder einträgt, sei es in der Verselbständigung der Buch-Illustration zur Eigenständigkeit oder der Karikatur zur Bildgeschichte wie seit dem noch von Goethe goutierten Werk Rodolphe Töpffers (Faust-Parodie *Voyages et aventures du Dr Festus*, 1829, Druck 1840),[59] sei es in den Bildunterschriften in Zeitungen und Illustrierten –, jegliche Koexistenz in *einem* Artefakt als kontingent zusammengeführt und mithin ›auflöslich‹ empfunden, stellt die autonomieästhetische Idee vom in sich geschlossenen und erfolgreich illusionierenden, sich selbst als ›organisch‹ und ›vollkommene Natur‹ gerierenden ›großen‹ Kunstwerk fundamental in Frage. Solange diese regulative Idee die Wahrnehmung steuert, tragen Bild-Texte, weil sie die Gemachtheit jeglicher Illusion und Naturalisierung vor Augen führen, einen Störungshorizont in Werke ein, deren Zugehörigkeit doch eineindeutig bestimmt sein soll. Das bedeutet immer aber auch, daß zu den elaborierten Verfahren der Bild- wie der Sprachkünste die Domestizierung gerade nicht durch Ausschluß, sondern durch die Vorführung der jeweils anderen im eigenen Werk gehört: die Anwesenheit von Manuskripten, Büchern, ja ganzen Bibliotheken auf der einen, der Auftritt von Malern, Bildhauern und ihren Werken auf der anderen Seite, aber sogar die Präsenz von an sich kompositen Formen wie beschrifteten Karten, Atlanten oder Globen werden als Leistungsbeweise der Anverwandlungsfähigkeit ausgestellt.

In den Problemkreis des Emblems gehört mit dem beständigen Zeigen auf die Nahtstelle kompositer Formen auch der Hinweis nicht nur auf die Grenze, sondern auch umgekehrt auf die unauflösliche Übergänglichkeit. Solcher Hinweis betrifft etwa die Bildwerdung der Schrift, wie sie wiederum die räumlich angeordnete Schrift im Figurengedicht des Barock mit visueller Poesie seit der frühen Moderne (Stéphane Mallarmés *Un coup de dés*) verbindet, wie sie in der Leucht- und Fließreklame jedoch auch außerhalb der Kunst in der populären Konsumkultur anzutreffen ist, die die Schrift dynamisiert und aus ihrer ›Niederlage‹ im Buch in die Vertikale erhebt.[60]

59 Wie sehr die Umstellung von der Schrift auf Bild-Texturen in die zeitgenössische Theoriebildung über Wahrnehmung eingreift, zeigt Töpffer 1980.

60 So Benjamin 1972a, S. 103: »Wenn vor Jahrhunderten sie allmählich sich niederzu-

Der vernichtenden Kritik, welcher die zu starren konventionellen Begriffen versteinerte Sprache an der Wende zum 20. Jahrhundert unterzogen wurde, stehen seit den 1920er Jahren deshalb Versuche gegenüber, über die Annahme eines ursprünglichen Bewegungs- und Bildcharakters der Schrift, Sprache als vollkommen neu konzipierte wieder zu ermächtigen;[61] zu ermächtigen in einem historischen Augenblick, in dem die fortgeschrittene kapitalistische Gesellschaftsverfassung nicht mehr transparent ist für Verfahren des Abbildens, auch nicht mehr für Abbildungstechniken wie die dokumentarische Photographie.[62] Diese sozioökonomischen Zusammenhänge kann nur mehr das montierte und das beschriftete Bild erhellen, während die Porträtaufnahme aus der Frühzeit der Photographie noch die Gleichzeitigkeit von Bildmedientechnik und Gesellschaftsverfassung, von ›Objekt und Technik‹ anzeigt, so daß sie ohne Beschriftung »durchgesengt«[63] zu werden vermag von der Wirklichkeit. Schon die Emblematik kam von der Materialität der Impressen her und war auf die Technik des Holzschnitts und das Medium des Einblattdrucks/Flugblatts bezogene Form. Die Beschriftung der Bildwerke geht also nicht nur über die schönen Künste hinaus, auch über die Unikate der frühen Photographie, sie verweist vielmehr auf die seriellen und die massenhaft verbreiteten Bilder der Print-, später auch der AV- und neuen Medien. Benjamin handelt die Photographie in seinem Aufsatz zu ihrer Geschichte in der *Literarischen Welt* im Kontext der illustrierten Presse ab. Wie den Bildern des Films ist ihr die Aura abhanden gekommen, ist sie also weder selbst transparent für den historischen Moment, noch gehört sie überhaupt einer Periode an, die ihren eigentlichen Charakter abzubilden in der Lage wäre. Dennoch ist die ›reine‹ Reproduktion im Illustrierten- und Filmbild auf neuartige Weise auf der Höhe der Zeit, jedoch nicht länger

legen begann, von der aufrechten Inschrift zur schräg auf Pulten ruhenden Handschrift ward, um endlich sich im Buchdruck zu betten, beginnt sie nun ebenso langsam sich wieder vom Boden zu heben.«

61 Etwa Benjamin 1972b; Benjamin 1972c, S. 452-480; vgl. dazu Frank/Schneider 2003.

62 Benjamin 1972d, S. 384: »Die eigentliche Realität ist in die Funktionale gerutscht. Die Verdinglichung der menschlichen Beziehungen, also etwa die Fabrik, gibt die letzteren nicht mehr heraus.« Dies folgt einem Argument von Bertolt Brecht 1967, S. 161: »Eine Photographie der Kruppwerke oder der AEG ergibt beinahe nichts über diese Institute.«

63 Benjamin 1972d, S. 376 und 371.

durch den Gegenstand, den sie darstellt, als vielmehr durch die Medientechnik, die Beschleunigungs- und Intensitätserfahrungen der Moderne repräsentiert. Das Stadium dieser Bilder, die auf nichts mehr verweisen können als auf sich selbst – das ist der Moment der Beschriftung, die zu ihnen in kontige, gleichsam allegorische Beziehung tritt.

Selbstverständigung der Moderne und neuartige Wahrnehmung des Barock verschränken sich in Benjamins literatur- und bildtheoretischen Arbeiten also nicht zufällig. Als signifikanter Einschnitt, der auch nachhaltig die Theoriebildung beeinflußt hat, erscheint die Begründung und Durchsetzung eines emphatischen Literaturbegriffs als Komplement eines autonomen Literatursystems, der sich seit der Mitte des 18. Jahrhunderts vollzieht. Die ›Literatur‹ der Mittelalter- und der Frühneuzeit-Forschung ist dagegen immer schon eine auch ›unliterarische‹, eine ›ungetrennte‹ und eine ›gemischte‹ oder ›komposite‹ Literatur, und die Zuständigkeit dieser Forschung gilt nicht nur einer Vielzahl von Genres und Texttypen, sondern auch einer Vielzahl von Medien und nicht zuletzt medialen Gemengelagen. Oralität, (schrift- und druck)technische Medialität und Materialität von Literatur waren anhand mittelalterlicher Praxen und frühneuzeitlicher Umbrüche deshalb auch leichter einsichtig zu machen und haben der Rekonstruktion zugehöriger visueller Kulturen vorgearbeitet.[64] Es nimmt also nicht wunder, daß gerade die Literaturwissenschaft, die sich mit diesen Epochen beschäftigt, deshalb einen weiten, eben Oralität und Performativität, visuelle Schrift-, Manuskript- und Buchgestaltung, die Materialität der Überlieferung sowie para- und transliterarische Texte einschließenden Literaturbegriff ausgebildet hat.

Dennoch war auch hierbei die Trennung von bildbearbeitender Kunstgeschichte und textbearbeitender Literaturwissenschaft sowie im Zweifelsfall auch der thematisch zuständigen Geschichtswissenschaft und Theologie grundlegend. Diese Trennung ist ganz offenbar eher literaturtheoretisch, das heißt abgeleitet von einer Wissenschaft, die sich auf dem emphatischen Literaturbegriff seit Goethezeit und Frühromantik aufbaut und davon herkommend disziplinorganisatorisch denn jemals praktisch begründet gewesen. Vielmehr war es die Praxis, in der die theoretische Trennung beiseite gelassen wurde

64 Vgl. etwa Wenzel 1995; Starkey/Wenzel 2005.

Somit hat sich aus der theoriegeschichtlichen ›Rückständigkeit‹ der Mediävistik und Frühneuzeitforschung, welche nur die Unbrauchbarkeit ästhetisch und poetologisch auf dem Stand der Autonomieästhetik begründeter Literaturkonzepte spiegelt, unbemerkt eine Avantgarderolle entwickeln können. Denn alle ihre Fragen nach den Wechselverweisen von Texten und Kontexten ebenso wie nach der Materialität und Medialität von Literatur (Wissen, Schrift, Performanz) und nach den kompositen Formen kultureller Artefakte (Bild-Texte) stehen jetzt im Mittelpunkt des Interesses. Von dieser Praxis, die auch seit jeher die engsten Beziehungen zum Bild unterhält, hat die Literaturtheorie, die sich auf philosophische Ästhetik, romantische Poetik und Diltheysche Hermeneutik stützte, lange jedoch kaum profitiert, ja Kenntnis genommen.

Erst die neuere Literaturtheorie seit dem letzten Drittel des 20. Jahrhunderts beschäftigt sich mit den theoretischen Implikationen der Genese eines emphatischen Literaturbegriffs im Zuge der Aufklärung, wobei die Parteinahme etwa für ein voraufklärerisch-allegorisches Literaturkonzept gegen ein sich durchsetzendes goethezeitlich-symbolisches etwa bei Paul de Man zunächst noch eine genauere Rekonstruktion ersetzt hat. Mit Blick auf Walter Benjamins Habilitationsschrift zum barocken Trauerspiel, erschienen bei Rowohlt 1928,[65] ist zudem anzumerken, daß sowohl eine erste Aufwertung der frühneuzeitlichen Literatur als auch der Allegorie als Denkfigur, die nicht nur als eine rhetorische Form, sondern als Signatur eines epochalen Denkstils begriffen wird, bereits ein Projekt der Moderne der 1920er Jahre darstellt. Die 1920er Jahre sind es im übrigen auch, welchen der Begriff der visuellen Kultur seinen erstmaligen theoretisierenden Gebrauch verdankt.[66] Benjamins Entdeckung des Barock wird damit erst in einer Konstellation der Moderne möglich, die bereits das Laokoon-Regime des schönen Scheins zu verabschieden begonnen hat und der Allegorie nicht mit aufklärerischem Impetus als der »Allegoristerei«[67] der theologischen Orthodoxie und des politischen Absolutismus begegnet. Damit werden Wort-Bild-Interaktionen denkbar, weil es auf die Illusionsstörung durch komposite Formen, die immer auf die Vernähungsstelle hindeuten, gar nicht mehr

65 Vgl. Benjamin 1928.

66 Vgl. Balázs 2001; Frank 2003; Frank 2005.

67 Lessing 1996, S. 10; vgl. auch S. 73: »Der Aberglaube überladete die Götter mit Sinnbildern.«

ankommt, vielmehr diese jetzt erwünscht ist, um Intensitäten des Erlebens der Aktualität zu erschaffen.

Erst vor diesem historischen Hintergrund kann auch die geläufige diffuse Vorstellung vom Bildcharakter der Sprache und von der Bildlichkeit von Redeweisen einer Klärung nähergebracht werden. Die *Metapher* ist dabei diejenige der rhetorischen Figuren, die aufgrund der goethezeitlich-idealistischen Bevorzugung symbolisch-paradigmatischer Repräsentationsbeziehung die Abwertung der Rhetorik überdauert hat und damit erst spät in jene Vorrangstellung gerückt ist, die sie heute einnimmt und in der sie den Blick auf alle anderen Redefiguren verstellt hat.[68] So erscheint sie heute vermeintlich als der genuine Ort der literaturtheoretischen Verhandlungen des Themas Bild. Ein literaturtheoretisches Bild-Text-Verständnis zu etablieren steht vor dem Problem, daß die Metapher selbst eine ungeklärte und extrem heterogen behandelte Streitsache ist. Alle Indizien deuten darauf hin, daß sich *mutatis mutandis* dieselben Probleme, die das Bemühen um eine abschließende Klärung des Bild-Begriffs der neueren Bildwissenschaft bereitet, hier in der Literaturtheorie wiederfinden. Ist die Metapher daher erst einmal in den Zusammenhang der verschiedenen rhetorischen Figuren zurückgestellt, kann die Fokussierung der literaturwissenschaftlichen Diskussion auf sie historisch relativiert und gezeigt werden, wie diese Wahl der Metapher Aufschluß über Präokkupationen und Voraussetzungen der jeweiligen Theorie gibt.

So läßt sich verdeutlichen, daß die literaturtheoretische Diskussion um die Bildlichkeit von Redeweisen, wenn sie sich wie bislang um die Streitsache ›Metapher‹ zentriert, nur alle die Schwierigkeiten verdoppelt, die den antisemiotischen Kampf der Bildwissenschaft um das Bild bereits prägen.[69] Hierher gehören insbesondere die Einwände dagegen, Metaphern könnten paraphrasiert oder – wie dies seit der Antike oft vertreten wurde – als verkürzte Vergleiche verdeutlicht werden. In dieser Absolutstellung der Metapher, für die es keinen Weg mehr zurück in die Sprache gibt, findet die Absolutstellung des Bildes ihr sprach- und literaturwissenschaftliches Äquivalent. Die unabgeschlossene Kontroverse um die Metapher ist ein gutes Beispiel dafür, wie Bild-Wort-Verhältnisse allein vom Bild oder der Metapher her klären zu wollen ganz offensichtlich in eine Sackgasse führt.

68 Vgl. Hecken 2005.

69 Zum Überblick über die Streitsache Metapher vgl. jetzt Rolf 2005.

Die Konjunktur der Metapher ist indes im Zusammenhang des deutschen *iconic turn* leicht erklärlich. Die Metapher macht sich mit der Similarität ein Grundprinzip visueller Repräsentation[70] zunutze und setzt sich damit dem grundsätzlich auf Differenz (Saussure) gestellten System der Buchstaben-Sprachen entgegen. Sie kann deshalb als Parasit im differenzbasierten System verstanden werden, als Fremdkörper, als das Andere der Sprache in der Sprache selbst. In der Metapher kulminiert bei dieser Betrachtungsweise die subversive Funktion der Poesie in der Sprache, insofern sich die Literatur in Gestalt der similaren Rede den Agenten der konkurrierenden Repräsentationsform zunutze macht, um das lautlose Spiel der Signifikanten zu stören, um die funktionalen Grenzen der Sprache, ihr Defizit gegenüber der visuellen Repräsentation offensichtlich zu machen. Die Metapher fungiert somit als weiteres Memento der Unvollständigkeit und Begrenztheit sprachlicher Repräsentation parallel zur Materialität und Visualität der Schrift, als Memento dafür, daß begriffliche, propositionale (Meta-)Sprache nicht das letzte Wort hat, nicht einzig und allein das Funktionieren der kulturellen Selbstverständigung gewährleistet.

Die Metapher, in der allein die Literaturwissenschaft ein sowohl historisches als auch theoretisches Objekt mit weitreichenden Implikationen erkennen wollte, ist in den historischen Kontext zurückzustellen. Sie steht in denselben Begriffsreihen, mit deren Hilfe die Schwierigkeiten der unterschiedlichen Repräsentationspraxen bis in die Gegenwart diskutiert werden. Als Figur der Rhetorik gehört sie in eine Reihe mit den substituierenden Verfahren von Ekphrasis und Symbol und steht mittelbar den kontigen Verfahren Emblem und Allegorie sowie unmittelbar der Metonymie gegenüber.[71] Zu rekonstruieren sind also die je historisch wandelbare Gewichtsverteilung zwischen den Bild-Text-Relationen, die semantische Anreicherung der Kontrastpaare sowie die jeweiligen Anschlüsse an die Themen der zeitgenössischen Episteme.

Wie sehr es im kulturellen Gebrauch um die Prozesse der Abgrenzung und Verschiebung geht und wie wenig isolierte Phänomene Auskunft über diese Episteme zu geben vermögen, zeigt das gern als zentraler Sündenfall der Abtrennung und Abwertung der Bilder reklamierte Beispiel von Lessings *Laokoon*-Abhandlung. Darin wird

70 Vgl. Mitchell 1994, S. 114: »Similitude is the central notion of iconology.«

71 Vgl. Berndt/Brecht 2005.

zwar bekanntermaßen auf dem Boden des Illusionismus für eine Trennung von Künsten, die wie die Bildhauerei mittels natürlicher Körper-Zeichen ein Nebeneinander im Raum darzustellen vermögen, von denjenigen plädiert, die wie die Literatur vermittels künstlicher Zeichen für die Darstellung eines Nacheinander in der Zeit prädestiniert sind. Daß Lessings taktische Trennung der Darstellungsverfahren eine ganze Reihe von Folgeproblemen inauguriert, wird jedoch nur deutlich, wenn ihr Autor nicht ausschließlich als Protagonist der philosophischen Ästhetik, sondern als führender Theaterautor seiner Zeit betrachtet wird, der auf der Bühne sowohl die Lizenzen der mit natürlichen Körperzeichen operierenden visuellen Künste als auch diejenigen der Literatur, nämlich vermöge der Darstellung von dynamischen Prozessen in der Zeit weiter in die empirische Wirklichkeit vorzudringen, sich zunutze macht. Darüber hinaus ist es gerade Lessings Begründung der Literatur auf die erzählende Darstellung von Handlungen in der Zeit, die den Aufstieg des Romans bis zur Leitgattung im 19. Jahrhundert vorantreibt. Nun sind es aber diese erzählten temporalen Prozesse, die Serien syntagmatisch aneinandergereihter Ereignisse, welche wiederum die Präferenz für symbolisch-metaphorische Sinnstiftung konterkarieren. Das Bestreben, widersprüchliche ideologische Ziele zu vereinigen, führt also dazu, daß die sie repräsentierenden labilen Wort-Bild-Verhältnisse seither beständig ausbalanciert werden müssen, und die aufeinander folgenden epochalen Literaturen versuchen, das auf je neuartige Weise zu bewältigen.

Die Literaturtheorie hat ihre Bild-Probleme bei der Auseinandersetzung mit dem von Saussure herkommenden Strukturalismus in sich aufgenommen. Roman Jakobson hat *Metapher* und *Metonymie*, die *Überlagerung* der Achse der paradigmatischen Ersetzungen und der syntagmatischen Kontiguitäten zum bestimmenden Kennzeichen von Literatur erhoben.[72] Seither sind beide Tropen nicht nur als Einzelphänomene konkreter Texte beobachtet worden, sondern als entscheidende Kriterien für Literarizität oder charakteristisch für Sprachlichkeit überhaupt, etwa in der Psychoanalyse Lacans, in der alle Sprachlichkeit gleichermaßen durch das Gleiten der Signifikanten ausgezeichnet ist. Zu einer Historisierung der ahistorischen Metapher/Metonymie-Opposition hat dann vor allem Paul de Man

72 Vgl. Jakobson 1979 und 1983.

mit den Begriffen von Allegorie und Symbol beigetragen.[73] De Man bestimmt die Aufklärung des 18. Jahrhunderts durch den Prozeß des Übergangs einer von der Allegorie geprägten Phase der Rhetorik zu einer von der Einheitsstiftung des Symbols bestimmten Poetik. Während nach dem Barock also eine neuartige Ästhetik die Rhetorik abgelöst hat, plädiert de Man für eine Restitution der Rhetorik im Zeichen der Allegorie. Damit schließt er an die Aufwertung von Barock und Allegorie, wie sie mit Benjamin bereits die Moderne theoretisch und etwa mit Musils komplexen Prosatexturen um 1910 auch praktisch vollzogen hat.[74] Ob allerdings die Rhetorik-Ästhetik-Opposition mit der Verteilung von zeitlichem Nacheinander und räumlichem Nebeneinander und derjenigen von Symbol/Synekdoche und Allegorie/Metonymie historisch zur Deckung gebracht werden kann, bleibt schon mit Blick auf Lessings komplexe Taktik fraglich. Umstritten dürfte sowohl sein, wie der offensichtliche Umbruch des 18. Jahrhunderts im Detail zu modellieren ist, allerdings auch, ob nicht schon die Moderne wiederum mit dem Laokoon-Konsens des 19. Jahrhunderts gebrochen hat, somit die Theorie des Poststrukturalismus und der *Visual Studies* an den Stand schon der 1910er und 1920er Jahre erst wieder anknüpften.

5. Literaturgeschichte der Visuellen Kultur

Literatur, intraliterarische Poetik, aber auch die Literaturtheorien selbst sind tief in die Tradition des Wort-Bild-Verhältnisses sowie die gesellschaftliche Auseinandersetzung um die angemessenen Repräsentationsweisen, ja um die Zulässigkeit, die Chancen und Gefahren von Repräsentation anstelle von Präsenz eingelassen. Literaturgeschichte ist ohne diese beständigen Auseinandersetzungen und damit ohne die Geschichte der Bilder, Bild- und Repräsentationsdebatte als begründeter Prozeß überhaupt nicht vollständig zu rekonstruieren. Aber ohne die Einbindung der Literatur- und Textgeschichte in eine gemeinsame visuelle Kultur bleibt auch der Prozeß der Bildgeschichte als Erfolgsgeschichte auf weite Strecken unmotiviert.

Die Verschränkung von Bild- und Wortformen zu je historisch spe-

73 Vgl. de Man 1993.

74 Vgl. Frank 2002.

zifischen visuellen Kulturen ist indessen nur ein Aspekt derselben. Denn offensichtlich spielen die Debatten über Repräsentationsweisen, also Fragen der *Darstellung*, ihre bedeutende Rolle erst im Kontext der zeitgenössischen *Episteme*, die sie eng an ihre Regularien für *Wahrnehmung*, Erkenntnis, Produktion, Speicherung und Verteilung von *Wissen* knüpft. So gehören literarische Texte zusammen mit den vielen nicht-literarischen Prosazweckformen zu denjenigen Alltagspraktiken, die sich dem Aushandeln, Austarieren, Anwenden, der Entdifferenzierung sowie der Rekombination und lebensweltlichen Folgenabschätzung der Modelle von Wahrnehmung und Darstellung widmen.

Aufgabe der Literaturtheorie ist es demzufolge, die spezifische und damit Literatur als unersetzbar ausweisende Funktionalität innerhalb einer visuellen Kultur zu erweisen. Anders gewendet: Kein Anlaß neuen literatur*theoretischen* Nachdenkens sind alle diejenigen Forschungsergebnisse, die *nur* nachweisen, daß Literatur *nachvollzieht*, was an Veränderungen in einer ihr vorgängigen Wandlung der visuellen Kultur längst Standard ist.[75] Vielversprechend ist es dagegen, Literatur nicht als von der visuellen Kultur determinierte Größe außerhalb, sondern als Einflußgröße innerhalb der visuellen Kultur zu konzipieren. Im Ergebnis kann es so zu einem wechselseitigen Anwachsen der Erklärungskraft kommen: Es wird einerseits erkennbar, warum Literatur als spezifische soziokulturelle Praxis unabdinglich in den historischen Prozeß der visuellen Kultur verflochten ist und wo darin ihre genuinen Orte des Sprechens sind, es wird andererseits deutlich, inwieweit bildwissenschaftlich informierte Philologie zu präziseren Beschreibungen literarischer Formen vordringen kann.

Als Beispiel können neuere Arbeiten dienen, die über die engeren Bild-Schrift-Verhältnisse hinaus die Relation von Literatur zu anderen, selbst kompositen, ja hybriden Formen wie dem Diagramm und der Kartographie untersuchen.[76] Als eigenständige Formen erlauben sie, mehrstellige Relationen zu beobachten: wie sie ihre eigene Funktionsstelle im Gefüge kulturellen Ver-Zeichnens konstituieren, sich unter dem Eindruck der Künste behaupten und transformieren, etwa hinsichtlich der Landschaftsmalerei oder hinsichtlich der (Reise-)Erzählung von der Bewegung im Raum und über Grenzen hinweg; und, aufmerksam auf das Wechselverhältnis, wie sich umge-

75 Vgl. Brosch 2000.

76 Vgl. Stockhammer 2005 und 2007; Glauser/Kiening 2007.

kehrt die Künste mit dem Geltungsanspruch von deren Indexikalität und Referentialisierung auseinandersetzen, indem sie visuelle oder erzählte Umsemantisierung und Dekonstruktion etwa von Karten vorführen. Damit wird jedoch nicht nur eine präzisere Rekonstruktion der erzählten Geschichte mit Blick auf den doppelten Kontrast zu Kartographie und graphisch-malerischen Genres anschließbar. Auch in Engführung zu den Textoberflächen organisierenden narrativen Verfahrensweisen trägt dieses Vorgehen zu einer Differenzierung der Kategorien bei. So werden einerseits intratextuelle, intertextuelle und deiktische Verweissysteme unterscheidbar, andererseits gewinnt die Rekonstruktion einer nicht-anthropozentrischen Modellierung von Raum, Perspektivierung und Fokalisierung einen neuen Anhalt, während sie bislang immer an den individuellen Blick einer Person gebunden gedacht werden mußte. Der Rekurs auf solche abstrakteren kulturellen Modelle erweitert die Unterscheidungsfähigkeit der Narratologie bei der Bestimmung, wie Wahrnehmung auf allen Ebenen der Erzählhierarchie funktioniert. Benjamin weist angesichts der (Film-)Kamera wiederum um 1930 auf einen ähnlichen Medieneffekt hin: »Es ist ja eine andere Natur, welche zur Kamera als welche zum Auge spricht.«[77] Dasselbe kann von der Kartographie als Medientechnik gesagt werden. Dem ist als wichtiger Anstoß eine größere Aufmerksamkeit für Wahrnehmung, Perspektive, Fokalisierung zu entnehmen, die in der Erzählforschung bislang überwiegend der/den Stimme/n und Sprechinstanz/en galt.

Literatur kann aus diesem Zusammenhang als ein sozialer Ort verstanden werden, den Kulturen erzeugen, um eine Schnittstelle zu haben, an der sowohl neue Leitunterscheidungen des Wahrnehmens und Darstellens erst ausgehandelt und ausprobiert werden können als auch eine Folgenabschätzung durch Simulation der lebensweltlichen Konsequenzen vollzogen, als auch zur allgemeinen Anschauung gebracht werden kann, was sich in den Spezialdiskursen der Wissenschaften isoliert hat. Literatur kann solcherart eine konstitutive Rolle bei der Installierung neuer Formen des Wahrnehmens und Darstellens zuwachsen, sie vermag die (Re-)Kontextualisierung durch Anwendung und die Einübung in den Umgang mit diesen Formen zu leisten. Auch und nachgerade die Umstellungen des optischen Sektors der Episteme sind als Verschränkung der Bildpraxen mit wis-

77 Benjamin 1972d, S. 371.

senschaftlichen Leistungen, wirtschaftlich auswertbaren Apparaten, öffentlichen Debatten und literarischen Simulationen zu beschreiben.

Das kann nicht unabhängig vom Selbstverständnis dieser Simulationsinstitutionsliteratur geschehen; deren Repräsentations-›Krisen‹ sowie deren Selbstverständigung über ihre Voraussetzungen, ihre Mittel und Verfahren, speziell ihre Zeichen, ihren Zeichengebrauch und ihre Medialität, prägen diesen Verhandlungen ebenfalls ihren Stempel auf. Literarische Simulationen anderer, etwa visueller Repräsentationsweisen können wiederum nicht unabhängig davon ausfallen, wie das Selbstverständnis der literarischen Simulation ausgestaltet ist. Anzunehmen, daß Repräsentationen gänzlich ohne gesellschaftliche Debatten, ohne sie einschließende diskursive Formationen, in denen sich Sprache mit nonverbalen Praktiken verschränkt, ausgebildet und verändert werden, scheint allenfalls als Grenzfall möglich.

Das besagt nicht, daß diese zeitgenössischen Debatten und Begleitdiskurse mit ihren selbstreflexiven Anteilen die Repräsentationen sowie die Gründe für ihre Konstitution und Transformationen ohne blinde Flecken erschöpfen würden. Vieles von dem, was Genese und Wandel antreibt, ist zeitgenössisch jeweils nicht verhandelbar und bleibt unthematisiert. Vieles, wovon nicht gesprochen werden kann oder darf, ist aber den visuellen Artefakten inhärent. Visuelle Kultur ist mithin wohl nur zu heuristischen Zwecken in einem Grenzfall als isolierte, ›rein‹ visuell-optische Kultur zu denken. Es steht allerdings außer Zweifel, daß die visuellen Repräsentationen sowohl eigenständig sind als auch ihrem Eigensinn folgen, was sie wiederum kulturell ›unersetzbar‹ macht. Wie die Literatur oder noch mehr als diese sind die Bildkünste als die ornamentale Oberfläche luxurierender Gesellschaften betrachtet worden, entweder in solcher außenseitigen Losgelöstheit als Schmuckform oder – anderes Extrem – in autonomer kritischer bis subversiver Entgegensetzung aufgegangen: das Ästhetische als Gegenraum des Sozialen. Damit ist die funktionale Vielfalt einer soziokulturell eingebundenen Bildproduktion notwendig aus dem Blick geraten; sie ist erst wieder zu erschließen in den Bereichen des speziellen Wissens wie der sozialen Identitätsbildung und Integration. Sie wieder in den Blick zu rükken, kann eine bildtheoretisch informierte Literaturgeschichte der visuellen Kultur beitragen.

Bachmann-Medick, D. (1996) (Hg.). *Kultur als Text. Die anthropologische Wende in der Literaturwissenschaft*. Frankfurt/M.: Fischer.

Bachmann-Medick, D. (2006). *Cultural Turns. Neuorientierung in den Kulturwissenschaften*. Reinbek bei Hamburg: Rowohlt.

Bal, M./Bryson, N. (1991). »Semiotics and Art History«, in: *Art Bulletin*, Vol. 73(2), S. 174-208.

Balázs, B. (2001). *Der sichtbare Mensch oder die Kultur des Films* (1924). Frankfurt/M.: Suhrkamp.

Barthes, R. (1990). »Rhetorik des Bildes« (Communications 1964), in: *Der stumpfe und der entgegenkommende Sinn*. Frankfurt/M.: Suhrkamp, S. 28-46.

Baßler, M. (2005). *Die kulturpoetische Funktion und das Archiv. Eine literaturwissenschaftliche Text-Kontext-Theorie*. Tübingen: Francke.

Belting, H. (2005). »Nieder mit den Bildern. Alle Macht den Zeichen. Aus der Vorgeschichte der Semiotik«, in: *Bild-Zeichen*. Hg. von S. Majetschak. München: Fink, S. 31-48.

Benthien, C./Velten, H. R. (2002) (Hg.). *Germanistik als Kulturwissenschaft. Eine Einführung in neue Theoriekonzepte*. Reinbek bei Hamburg: Rowohlt.

Benjamin, W. (1928). *Ursprung des deutschen Trauerspiels*. Berlin: Rowohlt.

Benjamin, W. (1972a). »Vereidigter Bücherrevisor«, in: *Einbahnstraße* (1928), *Gesammelte Schriften*, Bd. IV(1). Frankfurt/M.: Suhrkamp, S. 102-104.

Benjamin, W. (1972b). »Lehre vom Ähnlichen«, in: *Gesammelte Schriften*, Bd. II(1). Frankfurt/M.: Suhrkamp, S. 204-210.

Benjamin, W. (1972c). »Probleme der Sprachsoziologie. Ein Sammelreferat« (1935), in: *Gesammelte Schriften*, Bd. III. Frankfurt/M.: Suhrkamp, S. 452-480.

Benjamin, W. (1972d). »Kleine Geschichte der Photographie« (1931), in: *Gesammelte Schriften*, Bd. II(1). Frankfurt/M.: Suhrkamp.

Berndt, F./Brecht, C. (2005) (Hg.). *Aktualität des Symbols*. Freiburg/Br.: Rombach.

Boehm, G. (1994). »Die Wiederkehr der Bilder«, in: *Was ist ein Bild?* Hg. von G. Boehm. München: Fink, S. 11-38.

Boehm, G. (2004). »Jenseits der Sprache? Anmerkungen zur Logik der Bilder«, in: *Iconic Turn*. Hg. von C. Maar u. H. Burda. Köln: DuMont, S. 28-43.

Boehm, G. (2007). »Iconic Turn. Ein Brief«, in: *Bilderfragen. Die Bildwissenschaften im Aufbruch*. Hg. von H. Belting. München: Fink, S. 27-36.

Boehm, G./Pfotenhauer, H. (1995) (Hg.). *Beschreibungskunst – Kunstbeschreibung. Ekphrasis von der Antike bis zur Gegenwart*. München: Fink.

Böhme, G. (2004). *Theorie des Bildes*, 2. Aufl. München: Fink.
Böhme, H./Scherpe, K. R. (1996) (Hg.). *Literatur und Kulturwissenschaften. Positionen, Theorien, Modelle.* Reinbek: Rowohlt.
Bogdal, K.-M. (1997) (Hg.). *Neure Literaturtheorien. Eine Einführung*, 2. Aufl. Opladen: Westdeutscher Verlag.
Brecht, B. (1967). »Der Dreigroschenprozeß« (1931), in: *Gesammelte Werke in 20 Bänden*, Bd. 18. Hg. von B. Brecht. Frankfurt/M.: Suhrkamp.
Bredekamp, H. (1999). *Thomas Hobbes' Visuelle Strategien. Der Leviathan: Das Urbild des modernen Staates. Werkillustrationen und Portraits.* Berlin: Akademie. (Jetzt als: Thomas Hobbes. *Der Leviathan. Das Urbild des modernen Staates und seine Gegenbilder* (1651-2001). Berlin: Akademie 2003.)
Bredekamp, H. (2004a). »Drehmomente. Merkmale und Ansprüche des Iconic Turn«, in: *Iconic Turn. Die neue Macht der Bilder.* Hg. von. C. Maar u. H. Burda. Köln: DuMont, S. 15-26.
Bredekamp, H. (2004b). *Die Fenster der Monade. Gottfried Wilhelm Leibniz' Theater der Natur und Kunst.* Berlin: Akademie.
Bredekamp, H. (2005). *Darwins Korallen.* Berlin: Wagenbach.
Bredekamp, H. (2007). *Galilei der Künstler. Der Mond, die Sonne, die Hand.* Berlin: Akademie.
Brosch, R. (2000). *Krisen des Sehens. Henry James und die Veränderung der Wahrnehmung im 19. Jahrhundert.* Tübingen: Stauffenburg.
Brosch, R. (2002). »Verbalizing the Visual: Ekphrasis as a Commentary on Modes of Representation«, in: *Mediale Performanzen: Historische Konzepte und Perspektiven.* Hg. von J. Eming, A. J. Lehmann u. I. Maassen. Freiburg/Br.: Rombach, S. 103-123.
Dainat, H. (1994). »Von der Neueren deutschen Literaturgeschichte zur Literaturwissenschaft. Die Fachentwicklung von 1890 bis 1913/14«, in: *Wissenschaftsgeschichte der Germanistik im 19. Jahrhundert.* Hg. von J. Fohrmann u. W. Voßkamp. Stuttgart/Weimar: Metzler, S. 494-537.
De Man, P. (1993). »Die Rhetorik der Zeitlichkeit« (1969), in: *Die Ideologie des Ästhetischen.* Hg. von C. Menke, aus dem Amerikanischen von J. Blasius, Frankfurt/M.: Suhrkamp, S. 83-130.
Elkins, J. (1999). *The Domain of Images.* Ithaka/New York: Cornell University Press.
Erhart, W. (2004). »Vorbemerkung«, in: *Grenzen der Germanistik. Rephilologisierung oder Erweiterung? Germanistische Symposien*, Berichtsbde. XXVI. Hg. von W. Erhart. Stuttgart/Weimar: Metzler, S. IX-XXIV.
Frank, G. (2000). »Problemlösen und Dissens: Beschreibungsmodelle und Bewertungskriterien für Disziplinen im Wandel«, in: *Literaturwissenschaft und Wissenschaftsforschung. Germanistische Symposien*, Berichtsbde. XXI. Hg. von J. Schönert. Stuttgart/Weimar: Metzler, S. 57-76.

Frank, G. (2001). »Der ›Krystallseher‹ und des ›unsterblichen Alciati Emblemata‹: Literatur, Geschichte und die Macht der Bilder in Gutzkows *Hohenschwangau*« (1867/68), in: *Gutzkow lesen!* Hg. von G. Frank u. D. Kopp. Bielefeld: Aisthesis, S. 325-361.

Frank, G. (2002). »Probleme der Sichtbarkeit. Die visuelle Kultur des 19. Jahrhunderts und Okkult-Fantastisches in Literatur und Film um 1910: *Afgrunden* (Gad/Nielsen), *Die Versuchung der stillen Veronika* (Musil), *Der Student von Prag* (Rye/Ewers/Wegener/Seeber)«, in: *Recherches Germaniques*, Vol. 1, S. 59-101.

Frank, G. (2003). »Zwischen ›stummen Künsten‹ (Hofmannsthal) und ›sichtbarem Menschen‹ (Balázs): Zur Triangulation des ›Neuen Tanzes‹ durch Literatur und Film«, in: *Tanz-Zeichen. Semiotik des Tanzes in Literatur und Medien.* Hg. von E.W. B. Hess-Lüttich (= *Kodikas/Code. Ars Semeiotica*, Vol. 26(3/4)), S. 217-234.

Frank, G. (2005). »Musil contra Balázs. Ansichten einer ›visuellen Kultur‹ um 1925«, in: *Musil-Forum 28: Studien zur Literatur der klassischen Moderne* (2003/2004), S. 105-152.

Frank, G. (2006). »Textparadigma kontra visueller Imperativ: 20 Jahre Visual Culture Studies als Herausforderung der Literaturwissenschaft. Ein Forschungsbericht«, in: *Internationales Archiv für Sozialgeschichte der Literatur*, Vol. 31(2), S. 26-89.

Frank, G./Schneider, K. (2003). »Tanz-Technik: Körper-Dispositive in der Massenkommunikation der Zwischenkriegszeit«, in: *Maschinen und Geschichte/Machines and History.* Hg. von W. Schmitz u. E.W. B. Hess-Lüttich. Dresden: w. e. b., S. 345-366.

Gadamer, H. G. (1960). *Wahrheit und Methode. Grundzüge einer philosophischen Hermeneutik.* Tübingen: Mohr.

Gadamer, H. G. (1994). »Bildkunst und Wortkunst«, in: *Was ist ein Bild?* Hg. von G. Boehm. München: Fink, S. 90-104.

Gandelmann, C. (1991). *Reading Pictures, Viewing Text.* Bloomington/Indiana: Indiana University Press.

Geisenhanslücke, A. (2006). *Einführung in die Literaturtheorie*, 3. Aufl. Darmstadt: CoBG.

Glauser, J./Kiening, C. (2007) (Hg.). *Text – Bild – Karte. Kartographien der Vormoderne.* Freiburg/Br.: Rombach.

Goodman, N. (1995). *Sprachen der Kunst. Entwurf einer Symboltheorie.* Frankfurt/M.: Suhrkamp.

Haverkamp, A. (2002) (Hg.). »Metaphora dis/continua. Allegorie als Vorgeschichte der Ästhetik«, in: *Figura cryptica. Theorie der literarischen Latenz.* Frankfurt/M.: Suhrkamp, S. 73-88.

Hecken, T. (2005). *Witz als Metapher. Der Witz-Begriff in der Poetik und Literaturkritik des 18. Jahrhunderts.* Tübingen: Francke.

Heckscher, W. S./Wirth, K.-A. (1967). »Emblem, Emblembuch«, in: *Reallexikon zur deutschen Kunstgeschichte*, 5. Bd. Stuttgart: Druckenmüller, S. 85-228.

Heffernan, J. (1993). *The Museum of Words. The Poetics of Ekphrasis from Homer to Ashbery.* Chicago: Chicago University Press.

Henkel, A./Schöne, A. (1967) (Hg.). *Emblemata. Handbuch zur Sinnbildkunst des XVI. und XVII. Jahrhunderts.* Stuttgart: Metzler.

Hermann, B. (2004). »Germanistik und oder als Kulturwissenschaft(en)? Zur Historizität fachlicher Selbstbestimmung«, in: *Grenzen der Germanistik. Rephilologisierung oder Erweiterung? Germanistische Symposien.* Berichtsbde. XXVI. Hg. von W. Erhart. Stuttgart/Weimar: Metzler, S. 61-83.

Holländer, H. (2000) (Hg.). *Erkenntnis, Erfindung, Konstruktion. Studien zur Bildgeschichte von Naturwissenschaften und Technik vom 16. bis zum 19. Jahrhundert.* Berlin: Gebrüder Mann.

Jakobson, R. (1979). »Was ist Poesie?«, in: *Poetik. Ausgewählte Aufsätze 1921-1971.* Hg. von E. Holenstein u. T. Schelbert. Frankfurt/M.: Suhrkamp, S. 67-82.

Jakobson, R. (1983). »Der Doppelcharakter der Sprache und die Polarität zwischen Metaphorik und Metonymik«, in: *Theorie der Metapher.* Hg. von A. Haverkamp. Darmstadt: WBG, S. 163-174.

Jay, M. (1994). *Downcast Eyes: The Denigration of Vision in Twentieth-century French Thought.* Berkeley/Los Angeles: University of California Press.

Jones, C. A./Galison, P. (1998) (Hg.). *Picturing Science, Producing Art.* New York/London: Routledge.

Kimmich, D./Renner, R. G./Stiegler, B. (1996) (Hg.). *Texte zur Literaturtheorie der Gegenwart.* Stuttgart: Reclam.

Kittler, F. (1986). *Grammophon, Film, Typewriter.* Berlin: Brinkmann & Bose.

Kranz, G. (1981-87). *Das Bildgedicht: Theorie, Lexikon, Bibliographie*, 3 Bde. Köln: Böhlau.

Krieger, M. (1992). *Ekphrasis. The Illusion of the Natural Sign.* Baltimore: John Hopkins University Press.

Lessing, G. E. (1996). »Laokoon: oder über die Grenzen der Malerei und Poesie«, in: *Werke*, 6. Bd. Hg. von H. G. Göpfert. Darmstadt: WBG.

Locher, H. (2007) (Hg.). »Vorwort«, in: *Kunstgeschichte im 20. Jahrhundert. Eine kommentierte Anthologie.* Darmstadt: WBG, S. 7f.

Lotman, S. J. M. (1986). *Die Struktur literarischer Texte*, 2. Aufl. München: UTB.

Maar, C./Burda, H. (2004) (Hg.). *Iconic Turn. Die neue Macht der Bilder.* Köln: DuMont.

Mitchell, W. J. T. (1994). *Picture Theory. Essays on Verbal and Visual Representation.* Chicago/London: University of Chicago Press.

Mitchell, W. J. T. (2008). *Bildtheorie*. Hg. von G. Frank. Frankfurt/M.: Suhrkamp.

Müller, B. (2007). »Mensch ist nur Mensch durch Sprache«, in: *Süddeutsche Zeitung* vom 30. 10. 2007.

Patschovsky, A. (2003) (Hg.). *Die Bildwelt der Diagramme Joachims von Fiore. Zur Medialität religiös-politischer Programme im Mittelalter*. Ostfildern: Thorbecke.

Pfotenhauer, H./Riedel, W./Schneider, S. (2005) (Hg.). *Poetik der Evidenz. Die literarische Verheißung der Bilder um 1900*. Würzburg: Königshausen & Neumann.

Prange, R. (2004). *Die Geburt der Kunstgeschichte. Philosophische Ästhetik und empirische Wissenschaft*. Köln: Deubner.

Ratkowitsch, C. (2006). *Die poetische Ekphrasis von Kunstwerken: eine literarische Tradition der Grossdichtung in Antike, Mittelalter und früher Neuzeit*. Wien: Verlag der österreichischen Akademie.

Reck, H. U. (2006). »Kunstgeschichte und Epistemologie der Bilder – Eine sondierende Skizze«, in: *Bild und Medium. Kunstgeschichtliche und philosophische Grundlagen der interdisziplinären Bildwissenschaft*. Hg. von K. Sachs-Hombach. Köln: Halem, S. 27-69.

Rolf, E. (2005). *Metaphertheorien. Typologie – Darstellung – Bibliographie*. Berlin/New York: de Gruyter.

Sachs-Hombach, K. (2003). *Das Bild als kommunikatives Medium. Elemente einer allgemeinen Bildwissenschaft*. Köln: Halem.

Scholz, O. R. (2004). *Bild, Darstellung, Zeichen. Philosophische Theorien bildlicher Darstellung*, 2. Aufl. Frankfurt/M.: Klostermann.

Schneider, H. J./Simon, R./Wirtz, T. (2001) (Hg.). *Bildersturm und Bilderflut um 1800. Zur schwierigen Anschaulichkeit der Moderne*. Bielefeld: Aisthesis.

Starkey, K./Wenzel, H. (2005) (Hg.). *Visual Culture and the German Middle Ages*. New York/Basingstoke: Palgrave Macmillan.

Stockhammer, R. (2005) (Hg.). *TopoGraphien der Moderne. Medien zur Repräsentation und Konstruktion von Räumen*. München: Fink.

Stockhammer, R. (2007). *Kartierung der Erde. Macht und Lust in Karten und Literatur*. München: Fink.

Titzmann, M. (2003). »Semiotische Aspekte der Literaturwissenschaft: Literatursemiotik«, in: *Semiotik, Semiotics. Ein Handbuch zu den zeichentheoretischen Grundlagen von Natur und Kultur. A Handbook on Sign-Theoretic Foundations of Nature and Culture*, 3. Teilbd. Hg. von R. Posner, K. Robering u. T. A. Sebeok. Berlin/New York: de Gruyter, S. 3028-3103.

Töpffer, R. (1980). *Essai de Physiognomie. Essay zur Physiognomie* (mit einem Nachwort von W. Drost und Karl Riha). Siegen: Machwerk Verlag.

Voss, J. (2007). *Darwins Bilder. Ansichten der Evolutionstheorie 1837-1874.* Frankfurt/M.: Fischer.

Wagner, P. (1996) (Hg.). *Icons – Texts – Iconotext. Essays on Ekphrasis and Intermediality.* Berlin/New York: de Gruyter.

Weingart, B. (2001). »Where is your rupture? Zum Transfer zwischen Text- und Bildtheorie«, in: *Die Adresse des Mediums.* Hg. von S. Andriopoulos, G. Schabacher u. E. Schumacher. Köln: DuMont, S. 136-157.

Weimar, K. (2000). »Die Begründung der Literaturwissenschaft«, in: *Literaturwissenschaft und Wissenschaftsforschung. Germanistische Symposien.* Berichtsbde. XXI. Hg. von J. Schönert. Stuttgart/Weimar: Metzler, S. 135-149.

Wenzel, H. (1995). *Hören und Sehen – Schrift und Bild. Kultur und Gedächtnis im Mittelalter.* München: Beck.

Willems, G. (1989). *Anschaulichkeit. Zu Theorie und Geschichte der Wort-Bild-Beziehungen und des literarischen Darstellungsstils.* Tübingen: Niemeyer.

Wyss, B. (1997). *Trauer der Vollendung. Zur Geburt der Kulturkritik*, 3. Aufl. Köln: DuMont.

Zielinski, S. (1989). *Audiovisionen. Kino und Fernsehen als Zwischenspiele der Geschichte.* Reinbek bei Hamburg: Rowohlt.

Klaus Sachs-Hombach und
Jörg R. J. Schirra

Medientheorie, visuelle Kultur und Bildanthropologie

Die gegenwärtig zu beobachtende Betonung des Visuellen ist kein zufälliges Produkt der modernen Informationsgesellschaften, sondern ihnen zutiefst inhärent, weil erstens die Informationsgesellschaften schon von ihrem Begriff her Mediengesellschaften sind (insofern Information immer nur medial zugänglich ist) und weil zweitens insbesondere die technischen Massenmedien ganz wesentlich als Bildmedien Bedeutung erlangen. Die erste These ist als begriffliche These vermutlich unproblematisch. Die zweite, empirisch gemeinte These unterstellt, daß die Printmedien ihren dominanten Einfluß nur so lange geltend machen konnten, wie Hindernisse insbesondere technischer Art die Entwicklung der Bildmedien verzögert haben. Mit der Erfindung von Fotografie, Film und Fernsehen wurden diese Hindernisse aber zunehmend überwunden. Da der ungebremst rasante Fortschritt sowohl im Hard- wie im Softwarebereich die für das Bearbeiten digitaler Bilder bisher bestehenden Probleme der Verfügbarkeit hoher Speicher- und Rechenkapazitäten wohl in naher Zukunft beseitigt haben wird, könnten Informationen immer stärker visualisiert und zunehmend durch bildhafte Medien vermittelt werden.

Neben diesem technischen Aspekt gibt es einen sachlichen Grund für die zweite These, die einen inneren Zusammenhang von Bildverwendung und Mediengesellschaft behauptet. Hochgradig vernetzte Mediengesellschaften tendieren dazu, die Organisation und Steuerung aller gesellschaftlich relevanten Abläufe visuell zu vermitteln, weil graphischen Darstellungen eine größere Übersichtlichkeit zugesprochen wird. Darüber hinaus sollen Bilder sich durch eine (freilich nur scheinbar) unmittelbare Verständlichkeit auszeichnen, die eine Reduktion oder Kompensation der durch Vernetzung gewachsenen sozialen Komplexität in Aussicht stellt und sowohl die innergesellschaftlichen Prozesse wie auch den Verkehr zwischen den verschiedenen Gesellschaften zu verbessern verspricht. Ein solches Bedürfnis nach visuell vermittelter Steuerung und Organisation besitzt in der

Erfindung und Ausdifferenzierung der verschiedenen Diagrammsysteme eine lange Vorgeschichte, kann sich in ungehinderter Weise jedoch erst entfalten mit dem informationstechnologischen Fortschritt und den damit geschaffenen technischen Voraussetzungen einer besseren Verfügbarkeit und leichteren Handhabbarkeit auch bildhafter Darstellungen.

Die gerade unterstellte Unmittelbarkeit der Bildverständlichkeit geht natürlich oft nicht über den bloßen Anschein von Verständlichkeit hinaus. Daß Bilder so leicht verständlich scheinen, ohne es in vielen Fällen doch wirklich zu sein, macht die manipulative und ideologische Qualität ihres Gebrauchs aus. Die für den Laien nicht immer offensichtliche Komplexität von Bildverwendungen schließt aber nicht aus, daß zumindest einige Aspekte von Bildern in einem sehr viel höheren Maße als etwa die natürlichen Sprachen eine kulturübergreifende Rezeption erlauben. Dies hängt nach unserer Ansicht mit den perzeptuellen Besonderheiten der Bildrezeption zusammen, die teilweise sogar anthropologisch verankert sein könnten.

Festzuhalten ist als Ausgangsdiagnose auf jeden Fall, daß sich gegenwärtig und im beschleunigten Maße in allen Bereichen der Gesellschaft eine technisch ermöglichte oder bedingte Verschiebung zur Medialisierung und Visualisierung vollzieht. In der Folge dieser Entwicklung dürfte ganz allgemein die Erzeugung von Sinn zunehmend im Zusammenhang von Zeige- statt (nur) von Sprechhandlungen auftreten. Dem steht bisher eine mangelnde Bildkompetenz gegenüber sowohl seitens der Forschung wie auch der Laien. Der Mangel, der seitens der Laien besteht, ist das prominente Thema der *Visual Culture Studies*, deren Vertreter den bisher unzureichend bemerkten ideologischen Charakter der visuellen Kommunikation innerhalb unserer Gesellschaft bewußt machen und neutralisieren wollen. Dabei legen sie ihre Tätigkeit bewußt auf politische Wirksamkeit hin an.[1] In Reaktion auf den Mangel hinsichtlich der wissenschaftlichen Reflexion hat sich über die letzten beiden Dekaden hingegen der breit angelegte Versuch einer interdisziplinären Bildwissenschaft entwickelt.

Bevor wir nun die inneren Beziehungen zwischen Medien und Bildern genauer diskutieren, wollen wir in einem ersten Schritt kurz das Verhältnis von *Visual Culture Studies* und Bildwissenschaft beleuch-

1 Siehe Mirzoeff 1999. Vgl. auch Frank/Sachs-Hombach 2006 und Holert 2005.

ten und uns in einem zweiten Schritt der eigenen historischen und theoretischen Annahmen versichern bzw. diese explizieren. In dem ausführlicheren dritten Abschnitt werden wir auf den Medienbegriff näher eingehen und dabei exemplarisch die Medientheorie von McLuhan skizzieren. In einem vierten Abschnitt möchten wir unsere Bildtheorie gewissermaßen im Kontrast zu den Annahmen der *Visual Culture Studies* skizzieren. Dies zusammengenommen wird uns den theoretischen Hintergrund für unsere zentrale These in Abschnitt fünf liefern, daß die Fähigkeit der Bildverwendung als ein anthropologisches Grundprinzip verstanden werden sollte, von dem auch die Herausbildung der Sprachfähigkeit abhängt.

1. Bilder als kulturelle Phänomene

Eine Bildtheorie, die mit dem Anspruch auftritt, eine adäquate Beschreibung der grundlegenden Strukturen und Wirkungszusammenhänge von Bildern zu liefern, wird nicht darauf verzichten können, die gegenseitigen Einflüsse von Bildverwendungen und kulturellen Traditionen und Entwicklungen zu reflektieren. Dabei widersprechen sich systematische und kulturell-historische Ansätze nicht; vielmehr können sie – wie unter anderem das Beispiel der Sprachwissenschaft gezeigt hat – durchaus als sich ergänzende und einander befruchtende Perspektiven gelten. Denn daß die Sprache immer nur in der Gestalt einer bestimmten natürlichen Sprache auftritt, schließt allgemeine Sprachstrukturen genausowenig aus, wie umgekehrt mit der Annahme allgemeiner Strukturen auch die historisch-kulturellen Besonderheiten der natürlichen Sprachen nicht bestritten werden.[2]

Die Analogie zur Sprache und die Anlehnung an die Sprachwissenschaft und Sprachphilosophie sollte allerdings nicht zu weit geführt werden, da Bilder etliche markante Unterschiede aufweisen, deren Auswirkungen noch längst nicht hinreichend reflektiert worden sind. Dies betrifft insbesondere den oft hervorgehobenen engen Zu-

2 Dabei kann außer acht bleiben, ob es darüber hinaus sogar eine allen natürlichen Sprachen zugrundeliegende, das Sprachvermögen strukturierende Universalgrammatik im Sinne Chomskys gibt. Gleiches mag – *mutatis mutandis* – für das Bildvermögen gelten: Ein Universalvermögen für Bildverwendung müßte dann ebenfalls als ein wesentliches Bestimmungsstück im anthropologischen Konzept »universal people« verstanden werden, vgl. Brown 1991.

sammenhang von Bild und (visueller) Wahrnehmung. Bildern wurden (und werden) aufgrund dieses Zusammenhanges, beispielsweise im Rahmen der traditionellen Ähnlichkeitstheorie, kulturunabhängige (anthropologische) Aspekte zugeschrieben: Die Darstellungsformen ›realistischer‹, insbesondere nach den Prinzipien der Zentralperspektive hergestellter Bilder sollen eine Art ›natürliche‹ Interpretation erlauben, weil sie die Gegenstände so darzubieten in der Lage sind, daß wir sie im Bild unmittelbar erkennen können, daß wir also keinen Code benötigen, den wir zuvor lernen müßten und der natürlich immer konventionell, d. h. allein durch kulturelle Übereinkunft, festgelegt wäre.[3]

Seit Mitte des 20. Jahrhunderts wurde dann als Folge der Arbeiten von Wittgenstein und Goodman auch in der Bildtheorie die Annahme von kulturunabhängigen Aspekten der Bilder zunehmend in Frage gestellt.[4] Kulturvergleichende empirische Untersuchungen bestätigten die Kritik an perzeptuell oder gar anthropologisch verankerten Interpretationsmechanismen zumindest teilweise. Angehörige sogenannter ›primitiver‹ Kulturen schienen beispielsweise Schwierigkeiten zu haben, die Tiefenhinweise eines Bildes korrekt zu deuten.[5] Inzwischen wurden die Ergebnisse solcher Untersuchungen allerdings wieder relativiert. Bereits einer frühen Studie von Hochberg & Brooks zufolge sind Bildwahrnehmung und Gegenstandswahrnehmung in etlichen Hinsichten aufeinander bezogen, so daß die Bildwahrnehmung zumindest im Hinblick auf das Erkennen einfacher Objekte keine zusätzlichen Lernprozesse benötigt.[6] Die Fragestellungen psychologischer Forschungen zielen in Folge vor allem auf eine empirische Bestimmung derjenigen Aspekte, die in besonderer Weise einer kulturellen Prägung unterstehen.[7]

Die bildtheoretische Diskussion der letzten fünf Dekaden hat also verstärkt einen kulturellen Blickwinkel eingenommen und damit die

3 Entsprechend hat es immer Versuche gegeben, Bilder in Form von Piktogrammsystemen für die internationale Kommunikation nutzbar zu machen. Allerdings sind Piktogramme sehr spezielle Bildformen, und trotz der Allgegenwart von Piktogrammen in den modernen Kommunikationsmedien haben sich die Hoffnungen, Sprachbarrieren mit ihrer Hilfe zu überwinden, nur sehr eingeschränkt erfüllt.

4 Vgl. Scholz 2004.

5 Vgl. Deregowski 1973.

6 Vgl. Hochberg/Brooks 1962.

7 Vgl. Deregowski 1989. Hierzu gehört etwa die Gewichtung konkurrierender Indikatoren für Räumlichkeit und Flächigkeit (vgl. etwa Messaris 1994).

Formen des Sagens und des Zeigens in gleicher Weise als kulturspezifische Darstellungskonventionen zu erfassen versucht. Wie sich das Sprachsystem in die natürlichen Sprachen, in Dialekte und schließlich in individuelle Sprachidiosynkrasien differenziert, bestehen auch für die Bildsysteme vergleichbare Darstellungskonventionen. Das war der kunsthistorischen Stilgeschichte natürlich immer schon genauso selbstverständlich, wie es dem Blick in die außereuropäischen Kulturen offensichtlich ist. Insofern hat der sogenannte *cultural turn* völlig zu Recht auch bildwissenschaftliche Fragestellungen erfaßt.

Während die bildwissenschaftliche Diskussion die kulturellen Aspekte von Bildern aber vor allem in begrifflichem Hinblick auf die semiotischen und perzeptuellen Voraussetzungen der Produktions- und Rezeptionsbedingungen bedacht hat, konzentrierten sich die kulturtheoretisch ausgerichteten Disziplinen auf empirische Untersuchungen der Wirkungsaspekte von Bildern. Die augenfällige Zunahme von Bildern in der Massenkommunikation wurde in den *Visual Culture Studies* zum Anlaß genommen, um über die Art und Weise nachzudenken, wie die kulturell geprägten Bildverwendungen ihrerseits auf die kulturellen Prozesse zurückwirken und sie beeinflussen. Als Habitus des Bildwissenschaftlers wird damit berechtigterweise nicht länger das Verharren »vor einem Bild«,[8] sondern die Zuwendung zum gesamten Reich der Bilder oder gar aller visueller Phänomene gefordert, was als Akt der Demokratisierung und Pluralisierung des Gegenstandes empfunden werden mag.[9]

Allerdings tendieren die Vertreter der *Visual Culture Studies* dazu, die Vorherrschaft eines akademischen Denkens anzunehmen, das nach dem *linguistic turn* alle Gegenstände wissenschaftlichen Forschens in Analogie zur Sprache auffasse. Das wiederum habe als eine der Hauptursachen der gesellschaftlichen Unwissenheit angesichts der Bilderflut zu gelten. In Reaktion hierauf wollen sie die sozialen und akademischen Bedingungen der Fachentstehung selbst der Reflexion unterwerfen.[10] Aus Sicht ihrer Protagonisten trennen die *Visual Culture Studies* von der Bildwissenschaft deshalb mehr als zu vernachlässigende Unterschiede des Sprachgebrauchs: Ein Fokus auf

8 Vgl. Didi-Hubermann 1990.

9 Vgl. Elkins 1999.

10 Vgl. Elkins 2003. Darin unterscheiden sich die *Visual Culture Studies* allerdings nicht wesentlich von anderen Versuchen disziplinärer Neugründungen, die regelmäßig von institutionskritischen Reflexionen begleitet werden.

das Bild aus theoretischem Interesse statt eines kulturkritischen Blicks auf die Gesamtheit der visuellen Kulturphänomene schaffe vielmehr ganz verschiedene Forschungsgegenstände und Forschungslandschaften.

Die faktischen Unterschiede in Duktus, Inhalt und vor allem Methode zwischen den Herangehensweisen der Bildwissenschaft einerseits und den *Visual Culture Studies* andererseits werden auch dem interessierten Laien offensichtlich sein und vielfach als unvereinbar erscheinen. Die sich damit ergebenden Schwierigkeiten des interdisziplinären Gesprächs sollten aber nicht zur Begründung für eine prinzipielle Unverträglichkeit beider Unternehmungen dienen. Jedenfalls stehen auch dem akademisch-wissenschaftlichen Zugang sowohl die methodologische wie die institutionelle Selbstreflexion offen. Auch die vergleichende Betrachtung von Bildern sowie deren kulturelle Analyse werden als ein ganz selbstverständlicher Teil der bildwissenschaftlichen Forschung gelten können. Lediglich die Orientierung auf politische Wirksamkeit wird in der akademischen Forschung nicht unmittelbar Teil der wissenschaftlichen Tätigkeit, aber ihr doch auch nicht entgegengesetzt sein.

Anders als in den *Visual Culture Studies* verdankt sich der Antrieb unserer Bildtheorie einem systematischen Interesse, dem es letztlich um die philosophisch-anthropologische Frage nach der Bedeutung der Bilder für den Begriff des Menschen und ihrem Verhältnis der Sprache gegenüber geht. Bevor wir sie im folgenden skizzieren, möchten wir noch kurz einige unserer theoretischen Voraussetzungen verdeutlichen.

2. Geschichtliche Hintergründe

Für die eigenen Bemühungen zur Bildthematik hatte insbesondere die sprachanalytische Philosophie, wie sie etwa Tugendhat[11] vorgestellt hat, und etwas spezieller die Sprechakttheorie,[12] einen entscheidenden Einfluß. Hintergrund des hiermit verbundenen theoretischen Ansatzes ist die im 19. Jhd. sich verfestigende Überzeugung bzw. Einsicht, daß das menschliche Selbst- und Weltverständnis und insbesondere die Bezugnahme auf Gegenstände von sprachlich vermittel-

11 Vgl. Tugendhat 1976.
12 Vgl. Searle 1969.

ten Unterscheidungsfähigkeiten abhängen. Anders als viele der gegenwärtigen bildtheoretischen Ansätze sehen wir diese Überzeugung, die dann schließlich im *linguistic turn* kulminierte, nicht im Gegensatz zur Beschäftigung mit dem Bild. Zwar bestand in der abendländischen Geschichte seitens der Philosophie sicherlich eine Bevorzugung der Sprache als dem wesentlichen Merkmal des Menschen und dem primären Ausdrucksmittel der Wissenschaft; diese führt jedoch zumindest nicht zwangsläufig dazu, Bild und Sprache als völlig distinkte Ausdruckformen aufzufassen. Vielmehr können Bild und Wort als einander ergänzend verstanden werden: zwei Fähigkeiten, die vielleicht nur in Verbindung ihrer jeweils spezifischen Stärken den medialen Zugang zu den zahlreichen symbolischen Welten ermöglicht haben, der unsere moderne Gesellschaft mehr denn je auszeichnet.

Werden Bild und Wort als sich ergänzende Ausdrucksformen behandelt, dann bietet es sich an, auch das Verständnis des *linguistic turn* etwas zu relativieren und in Verbindung zur Bildthematik zu setzen. Denn gemeinsam ist sowohl der Hinwendung zur Sprache wie derjenigen zur Bildverwendung, daß wir es mit einem Vermittlungsphänomen zu tun haben, über das unser Welt- und Selbstverständnis kommunikativ geprägt wird. Sowohl Bild wie Wort können, anders gesagt, als Medien begriffen werden. Nur wurde historisch gesehen zunächst vor allem die Sprache als das entscheidende Medium für die Verhandlungen des Welt- und Selbstverständnisses betrachtet, während der Wert der großen Vielfalt weiterer Medien hierfür (insbesondere der nicht-arbiträren, wahrnehmungsgestützten Medien) erst gegenwärtig thematisch wird. Mit dem *visualistic turn* verbinden wir daher keine grundsätzlich neue Einsicht, sondern verstehen ihn als Erweiterung der ursprünglichen Einsicht des *linguistic turn* im Sinne eines *medial turn*: Um die unterschiedlichen medialen Formen ergänzt, können die Auswirkungen dieser Einsicht nun sehr viel differenzierter und reflektierter verfolgt werden.

Als eine der wichtigen Folgen der sprachanalytischen Theorien bzw. des *linguistic turn* kann der weiter fortschreitende Verlust zuvor als gesichert angenommener Fundamente gelten. Hatte die Neuzeit von Descartes bis Kant noch gehofft, im menschlichen Bewußtsein gesicherte Ausgangspunkte für unsere theoretischen wie praktischen Bemühungen zu finden, ist spätestens mit dem Scheitern der Versuche, das Mediale etwa in einer Idealsprache zu bändigen, also mit dem späten Wittgenstein, klargeworden, daß alle begrifflichen Festlegungen nur relativ zur sozialen Lebenspraxis erfolgen. Sie beruhen auf kommunikativen Handlungen und hängen entsprechend von den jeweils verfügbaren Kommunikationsmitteln ab. Selbst unsere theoretischen Überzeugungen verdanken sich daher solchen medial ermöglichten Unterscheidungsgewohnheiten. Das betont einerseits die Autonomie des Menschen, begünstigt andererseits aber zugleich Relativismus und Skeptizismus, die – wie sehr sie auch theoretisch widerlegt worden sind – naheliegende und attraktive Positionen geblieben sind.[13]

Argumentationstheoretisch bedeutet der skizzierte Verlust eine Abschwächung der traditionellen Ansprüche an begriffsbestimmende Bemühungen, wie schon Wittgensteins Betrachtung zur Familienähnlichkeit dokumentiert. Wie für alle unsere Begriffe gilt auch für den Bildbegriff, daß wir ihn weder als ein für allemal gesichert voraussetzen dürfen, noch daß Grund zur Hoffnung besteht, überhaupt eine für alle Bildphänomene gleicherweise gültige Definition finden oder formulieren zu können. Das philosophische Nachdenken wird sich deshalb damit begnügen müssen, sich der jeweils verschiedenen Bedeutungsaspekte relativ zu ihren Verwendungskontexten reflektierend zu versichern. Entsprechend besteht das primäre Ziel der philosophischen Bemühungen aus unserer Sicht ganz allgemein in der Verbesserung eines kohärenten Selbstverständnisses, indem rational nachvollziehbare Vorschläge angeboten werden, wie die jeweils relevanten Begriffsfelder sinnvollerweise intern strukturiert und zueinander in Beziehung gesetzt werden könnten.

Eine zweite entscheidende Auswirkung zeigt sich in der faktischen Dominanz von »Medien« genannten Institutionen in allen Bereichen der modernen Informationsgesellschaften. Hier ist auf die unterschiedlichen Fassungen des Medienbegriffs hinzuweisen. In einer elementaren Bedeutung haben wir den Ausdruck »Medien« oben zunächst verwendet, um verschiedene Arten von Kommunikationsmittel anzusprechen. In dem Maße, in dem diese Mittel systematisch organisiert und institutionell verankert werden, haben sich historisch gesehen Medien im Sinne spezifischer sozioökonomischer Einrichtungen herausgebildet. Das betrifft insbesondere die sogenannten Massenmedien, die nicht nur der Vermittlung einer Kommunikation dienen,

13 Die Vehemenz, mit der derzeit etwa religiöse Angelegenheiten in die Öffentlichkeit treten, ist nur die Kehrseite dieser Abhängigkeit und insofern eine Bestätigung unserer Annahme.

sondern die »vermittelten« Nachrichten in der Regel auch selbst erzeugen.[14]

Da inzwischen deutlich geworden ist, wie entscheidend die jeweilige Präsentation eines Inhaltes gerade auch für seine Rezeption in einer Millionen Individuen umfassenden Gesellschaft ist, werden gesellschaftliche Angelegenheiten zunehmend für die Massenrezeption aufbereitet, und das heißt zunehmend visuell. Als Folge hiervon wird beispielsweise die traditionelle Vorstellung von Politik und Öffentlichkeit, wie sie Habermas für die bundesdeutsche Nachkriegsgeschichte geprägt hat, fraglich. In systemtheoretischer Diktion ist entsprechend die reduktive Sicht von Politik als rationale Rede nicht mehr sinnvoll zu denken. Das Bemühen um ›offene‹ Interaktionsformen tritt in den Blick, die keine Entscheidungen zugunsten der üblichen binären Optionen (rechts-links, arm-reich, Mann-Frau) verlangen und argumentative Klarheit tendenziell ersetzen durch integrative (vermutlich affektiv gestützte) visuelle Formeln. Dieser Aspekt rückt die Bildverwendung also verstärkt in politische Zusammenhänge, worauf insbesondere die *Visual Culture Studies* reagiert haben, indem sie seit ihrem Entstehen eine praktisch-politische Orientierung favorisieren. Eine solche kritische Position ist aus unserer Sicht natürlich zu begrüßen. Für problematisch halten wir jedoch, wenn postuliert wird, sie sei mit theoretisch-systematischen Bemühungen unvereinbar. Wir können uns langfristig einen Erfolg bildkritischer Unternehmungen nicht ohne begrifflich reflektierte und an wissenschaftlichen Standards gemessene Theorien vorstellen.

14 Es versteht sich von selbst, daß die Massenmedien gegenüber der nur kommunikationsvermittelnd begriffenen Art von Medium eigene Formen der wissenschaftlichen Untersuchung erfordern. Für die wissenschaftliche Verständigung ist es mitunter mühsam, daß derselbe Ausdruck »Medien« für diese (und zahlreiche andere) zwar miteinander verbundenen, aber doch ganz eigenständigen Phänomene verwendet wird. Wir möchten daher im nächsten Abschnitt einige Differenzierungen zum Medienbegriff diskutieren, um hier eine bessere Grundlage zu schaffen.

3. Medienbegriffe und Medientheorien

3.1. Eine erste Begriffsbestimmung

Der Medienbegriff zählt sicherlich zu den umstrittensten und auch terminologisch unklarsten Begriffen gegenwärtiger Diskussionen. Es gibt kaum etwas, was nicht schon als Medium angesprochen worden ist.[15] Etymologisch geht der Ausdruck »Medium« auf das lateinische Wort »medium« zurück, das die räumliche Position in der Mitte von zwei Polen kennzeichnet und in diesem Sinn auch ins Englische übernommen wurde, etwa zur Bezeichnung von Kleidergrößen zwischen *large* und *small.* Als Substantiv bezeichnet man mit »medium« im Lateinischen den mittleren Bereich oder das, was sich in der Mitte zwischen den mitgedachten Extremen befindet, kurz, das Mittlere.[16] Da das Mittlere oft auch das ist, was zwischen den Extremen vermittelt, durch das also eine Verbindung zwischen zwei Polen hergestellt wird, ergibt sich eine erste abgeleitete Bedeutung von »medium«: das Vermittelnde. Ein typisches Beispiel für diesen Gebrauch liefert das spiritistische Medium, das (angeblich) zwischen der Welt der Lebenden und der Welt der Geister vermittelt. Die Bedeutungsvariante »das Vermittelnde« ist besonders interessant, verbergen sich doch zwei einander widerstrebende Tendenzen in ihr: Das Medium in diesem Sinn stellt nämlich nicht nur eine Verbindung zwischen zwei Bereichen her, es separiert diese Bereiche doch zugleich auch voneinander, trennt sie gegeneinander ab. Denn von der einen Seite zur anderen kann man in dieser Vorstellung ja nicht direkt gelangen, sondern immer nur über das vermittelnde/begrenzende Medium. Je nach Zusammenhang wird daher manchmal eher der verbindende, manchmal eher der trennende Aspekt betont.

Eine Sonderform der Vermittlung tritt auf, wenn ein Medium die Verbindung zwischen einem (wie auch immer gearteten) System und

15 »Was ist nicht alles schon ›Medium‹ genannt worden: ein Stuhl, ein Rad, ein Spiegel (McLuhan), eine Schulklasse, ein Fußball, ein Wartezimmer (Flusser), das Wahlsystem, der Generalstreik, die Straße (Baudrillard), ein Pferd, das Dromedar, der Elefant (Virilio), Grammophon, Film, Typewriter (Kittler), Geld, Macht und Einfluß (Parsons), Kunst, Glaube und Liebe (Luhmann).« (Roesler 2003, S. 34)

16 Der Plural des lateinischen Wortes ist dann »*media*« – eine Form dieses Ausdrucks, der, wenngleich mit anderer Bedeutung, über den Umweg des Englischen ja auch Eingang in das zeitgenössische Deutsch gefunden hat.

seiner Umgebung betrifft. Die Formulierung, daß das Medium der Vögel die Luft, das der Fische das Wasser sei, kann als ein Beispiel dafür dienen. Wichtig ist hierbei, daß wiederum zwei antagonistische Aspekte wirken: Denn in diesem Sinn wird der Umgang des Systems mit der Umgebung durch das Medium zuallererst ermöglicht, zugleich aber auch in gewisser Weise strukturiert und damit eingeschränkt. Als Mittel des Zugangs erlaubt jedes Medium nur bestimmte, für es charakteristische Wechselwirkungen; andere bleiben ausgeschlossen. Dort, wo das Medium den Zugang zur Umgebung öffnet, wird es selbst sozusagen unsichtbar und geht völlig in dieser Funktion auf. Oft wird dann auch davon gesprochen, daß das Medium in einiger Hinsicht transparent (oder durchsichtig) sei, während es in anderer Hinsicht opak (undurchsichtig) bliebe. Medium in diesem Sinn ist also das, was Austausch ermöglicht.

Ein Sonderfall des Austausches liegt mit dem Informationsaustausch (d. h. der Kommunikation) vor, womit wir schließlich die Bedeutung erreicht haben, die für unseren Zusammenhang die relevante ist und in vielen aktuellen Lexika mehr oder weniger einzig ausführlich betrachtet wird.[17] Über den engen technischen Sinn hinaus sind Medien für uns also das, was Informationsaustausch ermöglicht und strukturiert (und so zugleich auf bestimmte Weise einschränkt). Dazu gehören neben den technischen Apparaten, über die Kommunikation ablaufen kann, auch die sozialen Institutionen, die etwa für den Betrieb jener Technik unerläßlich sind, primär jedoch nicht jene Instanzen, die durch das Medium miteinander kommunizieren.[18]

Aus diesem allgemein gehaltenen Medienbegriff lassen sich verschiedene eingeschränkte Fassungen ableiten, etwa ein rein technischer Medienbegriff oder eine Version, die – auf syntaktische Aspekte der vermittelten Zeichenhandlungen eingeschränkt – nur die physischen Gesichtspunkte der verwendbaren Zeichenträger ins Auge faßt.

17 Entsprechend liefert etwa Encarta (2003) für »Medien« die folgende Erläuterung: »Allgemein Mittel zur Übertragung und Verbreitung von Information (Nachrichten, Bildung und Unterhaltung) durch Sprache, Schrift, Bild, Musik oder nonverbale (gestische, mimische) Verständigungsweisen; im engeren Sinn technisch bestimmte Kommunikationskanäle wie Druck (Buch, Zeitungen, Zeitschriften), Photographie, Film, Hörfunk und Fernsehen, Schallplatte, Tonband und elektronische Medien.«

18 Vgl. auch Burkart 1998, S. 40f.

3.2. Exkurs 1: McLuhans Medientheorie

Als Beispiel für einen auf die technischen Aspekte eingeschränkten Medienbegriff möchten wir nun kurz auf einen einflußreichen Autor, der die Diskussion um die Medien überhaupt erst ins allgemeine Bewußtsein gehoben hat, eingehen: Marshall McLuhan zufolge liegt die Bedeutung von Medien nicht im jeweiligen Inhalt, sondern in ihrer medialen Form, kurz gesagt: »The medium is the message.« Interpretiert man diesen zwar gerne und viel zitierten, nichtsdestotrotz aber ziemlich kryptischen Satz wohlwollend, ließe sich sagen, daß »Bedeutung« hier zunächst als Wirksamkeit zu verstehen ist und daß diese insbesondere aus der technischen Verfaßtheit der jeweiligen Medien resultiert.[19] Als technische Artefakte formten Medien unsere gesellschaftliche und soziale Wirklichkeit; indem nämlich eine Anpassung unserer Verhaltensabläufe und -präferenzen an die jeweiligen technischen Vorgaben erzwungen werde, die sich unmittelbar auf die Strukturen unserer Arbeits- und Freizeitwelten insgesamt auswirke. Medientheorie sei demzufolge wesentlich Techniktheorie. Dabei sind für McLuhan die Geschicke von Kultur und Gesellschaft über einen technologischen Determinismus weitgehend festgelegt.[20]

Die vermutlich wichtigste These, von der viele Folgerungen McLuhans abhängen, ergibt sich aus der Annahme, daß das Wirkungspotential der Medien bzw. Medientechnologien sich vor allem ihrer Rückwirkungen auf unsere Sinne verdankt. Das Argument scheint hier das folgende zu sein: (P1) Das Verhältnis der einzelnen Sinne

19 Hierfür gibt es durchaus sinnvolle Beispiele. Innerhalb der maschinellen Serienproduktion ergab sich etwa mit der Einführung von Fließbändern (die McLuhans Medienbegriffs zufolge, wie Straßen, Häuser, Werkzeuge, Geld, Zeit oder auch Licht, ebenfalls zu den Medien gezählt werden sollen) als wichtiger Effekt eine Fragmentierung der Fabrikarbeit. Für die Arbeitsprozesse spielte es nun eine nur noch untergeordnete Rolle, was im einzelnen hergestellt wurde. Wichtig wurde statt dessen die Koppelung des Arbeiters an die Maschine: »[W]hat one did with the machine, that was its meaning or message« (McLuhan 1964, S. 7). Der Nachrichtenbegriff hier ist allerdings ebenfalls mindestens gewöhnungsbedürftig.

20 Vieles, was McLuhan schreibt, besitzt eine gewisse Plausibilität, wenn es auf Technologien, insbesondere auf Maschinen und Werkzeuge, angewandt wird. Fraglich scheint dagegen, ob seine Thesen in gleicher Weise für die kommunikativen Medien zutreffen. Vgl. kritisch zum technologischen Determinismus, den McLuhans Medienbegriff auszeichnet, Smith/Marx 1994, zur Diskussion um McLuhan insgesamt z. B. Stearn 1967.

zueinander ist die entscheidende Grundlage des menschlichen (sozialen wie individuellen) Selbstverständnisses. (P2) Das jeweilige Selbstverständnis ist die wesentliche Ursache für soziale Veränderungen. (P3) (Medien-)Technologie ist Sinnesprothetik mit massiven Rückwirkungen auf das Verhältnis der einzelnen Sinne zueinander. Daraus folgt dann einerseits, daß (K1 aufgrund P1 und P3) (Medien-)Technologie die entscheidende Grundlage unseres Selbstverständnisses wäre. Andererseits folgt (K2 aufgrund P2 und K1), daß die Entwicklung von (Medien-)Technologie die wesentliche Ursache für soziale Veränderungen darstelle.

Ein Beispiel, an dem McLuhans Gedanke zunächst einmal verständlich werden kann, ist der in der Regel hoch differenzierte Hörsinn von Blinden. Früh Erblindete sind besser in der Lage, akustische Signale etwa hinsichtlich Lokalisation zu interpretieren. Wie in der Wahrnehmungspsychologie weitgehend anerkannt, ist das menschliche Wahrnehmungssystem überaus plastisch. Insbesondere im frühen Alter kann der Ausfall bestimmter Sinnesorgane durch die Schulung der übrigen Sinnesfähigkeiten zumindest teilweise kompensiert werden. Es wäre sicherlich auch denkbar, daß ganze Kulturen durch die jeweiligen Umweltbedingungen bestimmte Sinne ihrer Mitglieder in besonderer Weise differenzieren: Für Dschungelvölker mag beispielsweise der Hörsinn, für Wüstennomaden dagegen der Sehsinn dem Überleben dienlicher sein. Diese Sachlage berechtigt aber wohl kaum zu McLuhans weiterführenden Thesen, daß es erstens ein begrenztes Maß an Wahrnehmungsfähigkeit gebe, das sich auf die verschiedenen Sinne verteile; und daß zweitens die Erhöhung der Fähigkeit eines Sinnes zwangsläufig eine Verminderung der Fähigkeiten der anderen Sinne zur Folge habe.

McLuhan begründet diese Thesen mit der zusätzlichen Annahme, daß Medien als Organverstärkungen dienten. Den entsprechenden Vorgang bezeichnet er als Externalisierung von Organfunktionen: Jede Technologie ist nach McLuhan wesentlich eine Auslagerung von Sinnes-, Körper- oder Geistesfunktionen, die zunächst einen erhöhten Reizinput und damit eine übermäßige Anregung des zentralen Nervensystems nach sich ziehe. Dies wiederum führe dann zu einer ausgleichenden Betäubung anderer Funktionen – zu einer »Autoamputation«.[21]

21 Vgl. McLuhan 1964, S. 42f.

Das zentrale Problem der Thesen, die McLuhan vorschlägt, besteht vor allem in der kausal gedachten Beziehung von Medien und Wahrnehmungsfähigkeiten, der zufolge sich die Verwendung von medialen Technologien unmittelbar auf die Qualität unserer Sinnesorgane auswirkt. Die Annahme einer Organverstärkung durch Technik mag für viele konkrete Beispiele durchaus einsichtig sein, sie erzwingt aber keinen kausalen Zusammenhang zwischen Organverstärkung und Sinnessystem. Und selbst wenn es eine biologische Grundlage für die Annahme gibt, daß eine erhöhte Reizung eines Sinnes eine Minderung der Reizempfindlichkeit eines anderen Sinnes bedingt, dann bleibt es doch fraglich, ob sie sich in der von McLuhan beschriebenen extremen Weise für alle Medien und Medienwirkungen generalisieren läßt.

Im Bereich der kommunikativen Medien führt McLuhan verschiedene Aspekte an, die den Buchdruck interessanterweise zur idealtypischen Verkörperung visueller Medien machten, nämlich Linearität der Schrift, ihre relative Genormtheit sowie ihre Informationsdichte.[22] Diese Eigenschaften erzwängen eine Separierung des Sehsinnes von den übrigen Sinnen. Als Beleg hierfür zitiert er verschiedene vergleichende Studien, die schriftlosen Kulturen eine weniger ausgeprägte Visualität attestieren.[23] Belegbar scheinen aber lediglich kulturspezifische Unterschiede solcher visuellen Fähigkeiten zu sein (etwa das Interpretieren von Tiefenhinweisen in perspektivischen Bildern), die auf eine entsprechende kulturelle Schulung zurückgeführt werden können und sich nicht notwendig der Qualität des visuellen Sinnes selbst verdanken. Zudem gibt es empirische Belege, daß auch Mitglieder schriftloser Kulturen ein mitunter hohes Maß an visuellen Fähigkeiten aufweisen.

Nicht weniger problematisch sind die Definitionen, die McLuhan zu der Differenzierung in kalte und heiße Medien angibt.[24] Entspre-

22 Vgl. McLuhan 1962 oder 1964, S. 84ff. oder 157ff.

23 Diese empirischen Belege sind allerdings vielfach kritisiert worden, und zwar sowohl das experimentelle Design der entsprechenden Versuche wie auch McLuhans Interpretationen ihrer Ergebnisse. Vgl. etwa Miller 1971, S. 86ff.

24 Als Unterscheidungsmerkmal nennt McLuhan (1) Informationsdichte oder Intensität: Das Medium Film zeichne sich etwa durch »*high definition*«, das Medium Fernsehen durch »*low definition*« aus. (2) Heiße Medien sprechen einen Sinn an, kalte Medien viele Sinne. (3) Kalte Medien weisen einen höheren Grad an Interaktivität bei der Rezeption (Partizipation) auf, heiße Medien erzwingen bestimmte Rezeptionsformen.

chend unplausibel ist seine Einschätzung des Fernsehens, das ihm als kaltes Medium gilt, weil es eine höhere ›Partizipation‹ vom Zuschauer verlange: Durch die schnellen Folgen elektrischer Impulse aufgebaut, besitze es mehr die taktilen Qualitäten von Skulpturen als von Bildern, so daß »the viewer [...] unconsciously reconfigures the dots into an abstract work of art«.[25]

3.3. Medien und die Situiertheit der Kommunikation

Gegenüber der recht unklaren Art der Gliederung des Medienbegriffs von McLuhan erscheint uns die folgende häufig zitierte Differenzierung in Primärmedien, Sekundärmedien und Tertiärmedien sinnvoll, die manchmal auch als Medien der Klassen 1, 2 oder 3 bezeichnet werden.[26] Dabei erfolgt die Unterscheidung in der Regel danach, in welchem Ausmaß technische Hilfsmittel verwendet werden.

Folgt man den üblichen Erklärungen, dann handelt es sich um ein Primärmedium genau in den Fällen, wenn keinerlei technische Hilfsmittel bei der Vermittlung von Information eingesetzt werden. Gespräche von Angesicht zu Angesicht finden demnach mit einem Medium der Klasse 1 statt.[27] Wenn nur der Absender der Information technische Hilfsmittel in Anspruch nimmt, wird von einem Sekundärmedium gesprochen: Da z. B. Zeitungen mit einer Druckerpresse oder einem vergleichbaren technischen Gerät hergestellt werden müssen, aber üblicherweise ohne technische Hilfe gelesen werden können, erfolgt hier der Informationsfluß über ein Medium der Klasse 2. Ein Tertiärmedium liegt schließlich vor, wenn sowohl Sender wie auch Empfänger beim Informationsaustausch auf technische Geräte angewiesen sind. Das ist etwa der Fall beim Telefonieren. Aber auch der Rundfunk erfüllt diese Bedingung für ein Medium der Klasse 3. Rein formal wäre in dem Schema der drei Medienklassen

25 McLuhan 1964, S. 313. Allgemeiner formuliert schreibt McLuhan: »TV will not work as background. It engages you. You have to be with it.« (McLuhan 1964, S. 312)

26 Vgl. Pross 1972.

27 Die körpereigene Ausstattung zählt hier also ebensowenig unter technische Hilfen, wie das ›Medium‹ Luft mit seinen Eigenschaften, Schall und Licht zu übertragen.

natürlich auch noch der Fall zu betrachten, wenn nur der Empfänger auf technische Unterstützung angewiesen ist.[28]

Die Unklarheit der Zuordnung für diesen Fall ist ein Indiz dafür, daß die Unterscheidung der Medienklassen inhaltlich weniger an dem Vorhandensein technischer Geräte hängt: Das ist lediglich ein Symptom für eine tieferliegende Differenzierung, das zwar in der Regel gut funktioniert, aber nicht unmittelbar den Witz der Unterscheidung trifft. Als Kriterium möchten wir nun die Situiertheit der vermittelten Kommunikation vorschlagen.[29]

Etwas genauer betrachtet, fällt nämlich auf, daß die technischen Hilfsmittel ganz allgemein dazu dienen, Beschränkungen der Kommunikation in Raum und Zeit zu überwinden. Primärmedien liegen nämlich genau dann vor, wenn Sender und Empfänger der vom Medium vermittelten Kommunikation immer zur gleichen Zeit am gleichen Ort sein müssen. Denn ohne technische Hilfsmittel vermitteln ihre Sinnesorgane ihnen natürlich immer nur das jeweilige Hier und Jetzt. Eine Kommunikation mit einem anderen kann daher auch ohne Hilfsmittel immer nur in einer von beiden geteilten, d.h. in der je aktuellen Situation stattfinden. Der wesentliche Unterschied zwischen Sekundär- und Tertiärmedien liegt nun daran, wie sie die Beschränkung der Situiertheit bei den Primärmedien jeweils erweitern: Für Sekundärmedien ist die zeitliche Dimension die entscheidende, für Tertiärmedien hingegen die räumliche. Der Einsatz eines technischen Geräts hat bei den typischen Medien der Klasse 2 nämlich insbesondere die Funktion, ein die Zeit überdauerndes Nachrichtenartefakt zu schaffen, so daß ein anderer lange Zeit nach der Herstellung durch den Sender als ein Empfänger dieser Nachricht auftreten kann. Daß diese persistenten Zeichenträger in der

28 Man stelle sich etwa folgende Situation dazu vor: Einer spricht mit einem deutlich außerhalb der natürlichen Hörweite befindlichen anderen, indem der Empfänger ein empfindliches Richtmikrophon benutzt. Praktisch taucht ein solcher Fall selten auf. Das mag der Grund dafür sein, daß er üblicherweise nicht gesondert erwähnt wird. Doch ist tatsächlich schon offensichtlich, um welche Medienklasse es sich dabei handelt?

29 Daß z. B. viele Menschen eine Brille – durchaus eine Form von technischem Hilfsmittel – nutzen müssen, um Zeitungen oder Bücher zu lesen, macht solche Verwendungen dieser Publikationsformen noch lange nicht zu Medien der Klasse 3, ebensowenig wie der Gebrauch eines Tonerzeugers, den jemand nach einer Kehlkopfentfernung zum Sprechen benutzen muß, seine Unterhaltung mit einem anderen Anwesenden in einem Sekundärmedium stattfinden läßt.

Zwischenzeit auch den Ort gewechselt haben können, ist dabei eher zweitrangig, denn vorrangig dafür ist, daß Sender und Empfänger in zeitlicher Distanz situiert sind.

Demgegenüber hat der Einsatz technischer Hilfsmittel auf beiden Seiten des Informationsflusses vor allem den Zweck, räumlich weit voneinander getrennte Kommunikationspartner mehr oder weniger gleichzeitig miteinander zu verbinden. Bei zeitlicher Distanzierung ist hingegen ein echter Dialog offenbar unmöglich: Sekundäre Medien funktionieren daher immer nur in eine Richtung.[30]

3.4. Medien und Zeichensysteme

Medien als Kommunikationsmittel zu bestimmen stellt sie in einen engen Zusammenhang mit Zeichensystemen. Hinsichtlich des Verhältnisses von Medien und Zeichensystemen ist sicher auffällig, daß wir sagen, Zeichen würden *in* einem Medium, aber *aus* einem Zeichensystem verwendet. In der Tat artikulieren wir mit der Rede vom Medium bzw. vom Zeichensystem nicht zwei verschiedene *Dinge*, die bei kommunikativen Interaktionen eine Rolle spielen, sondern zwei unterschiedliche *Perspektiven* auf unsere Fähigkeit, Zeichen verwendend zu kommunizieren: Wir haben nicht Medien und Zeichensysteme und potentielle Interaktionspartner vor uns, die sich, wenn sie auf bestimmte Art zusammentreffen, zu einer Zeichenhandlung arrangieren. Vielmehr sind es einzelne konkrete Zeichenhandlungen, die wir zunächst betrachten. Diese fassen wir auf verschiedene Weise zusammen, um uns Gemeinsamkeiten und Unterschiede deutlich vor Augen zu führen. Dabei treten Zusammenhänge zwischen jenen Eigenschaften auf, die wir uns begrifflich gruppieren und mit den prädikativen Ausdrücken, wie beispielsweise »ein Zeichensystem sein, aus dem verschiedene Zeichen gewählt werden« oder »ein Medium sein, in dem Zeichen verwendet werden«, in meta-kommunikativen Zeichenhandlungen übersichtlich zur Sprache bringen.

30 Wegen der notwendigen Nachrichtenlaufzeit in jedem Medium gehen bei dieser Bestimmung übrigens Tertiärmedien beim Überbrücken sehr großer Entfernungen schließlich mehr oder weniger fließend in Sekundärmedien über, obwohl beide Seiten technische Hilfen einsetzen mögen: Wenn die Übertragungsdauer zu groß wird, kann die zeitliche Synchronisation zwischen Sender und Empfänger nicht mehr aufrechterhalten werden, was zu entsprechenden Auswirkungen auf die Zeichenhandlungen führt.

Medium und Zeichensystem sind generelle Betrachtungsweisen, mit denen wir uns unterschiedliche Aspekte von Zeichenhandlungen herausgreifen: Während das Zeichensystem die *Relationen zu alternativen Zeichenhandlungen* betont, lenkt das Medium unsere Aufmerksamkeit gewissermaßen auf den *Mechanismus*, der all diese Zeichenhandlungen trägt. Gegenüber einer bestimmten Zeichenhandlung stehen die dazu alternativen Zeichenhandlungen nur als nichtrealisierte Möglichkeiten im Raum; pragmatische, semantische und syntaktische Betrachtungen helfen dabei, die Sach-, Selbst- und Interaktionsbezüge der tatsächlichen Zeichenhandlung in unterschiedlich weit gefaßten Fragestellungen zu bestimmen.

Der Mechanismus aber ist stets notwendig aktiv zugegen, durchdringt jede einzelne Zeichenhandlung und prägt so auch dem ganzen jeweiligen Zeichensystem – also allen alternativen Zeichenhandlungen zugleich – seinen besonderen Stempel auf. Ein Zeichensystem, in dem etwa die Verwendung von bildhaften Zeichen reguliert wird, hängt insgesamt an den Möglichkeiten, entsprechende Zeichenträger herzustellen, zu transportieren und in Beziehungen zu den verschiedenen Teilhandlungen, die den Zeichengebrauch bestimmen, zu setzen. Die Frage nach den Medien ist daher immer auch die Frage nach dem besonderen Abdruck, den der die Zeichenhandlung tragende technische und institutionelle Apparat in den einzelnen Zeichenhandlungen und in den verschiedenen Zeichensystemen insgesamt hinterläßt.

4. Bilder: Kommunikationsmittel und wahrnehmungsnahe Zeichen

4.1. Spezifische Charakteristika von Bildmedien

Um sich die kommunikativen Auswirkungen von Bildmedien genauer vor Augen zu führen, ist es hilfreich, sich zunächst die Vor- und Nachteile der Verwendung von Bildern zu vergegenwärtigen. Als Vorteil der Bilder gilt in der Regel, daß sie konkret und spezifisch sind und damit eine große Unmittelbarkeit besitzen. Daher eignen sich Bilder besonders zur schnellen Erfassung komplexer Sachverhalte, zur Erzeugung erlebnisnaher Illusionen sowie zur emphatischen/affektbetonten Rezeption. Zudem besitzen Bilder zahlreiche Darstellungsdimensionen (etwa Farbe, Form, Größe, Position der Einzelelemente, Liniendicke etc.), die im Regelfall für sprachliche Darstellungen irrelevant sind. Diese visuellen Variablen ermöglichen die simultane Präsentation von erheblich größeren Informationsmengen. Aufgrund der genannten Eigenschaft lassen sich Bilder in sehr effizienter Weise zur (insbesondere räumlichen) Orientierung, zur übersichtlichen Strukturierung oder zur modellhaften Darstellung verwenden.

Der mit der Simultanität sich ergebenden Effizienz der Bilder steht als Nachteil eine eingeschränkte Ausdrucksmächtigkeit gegenüber. Mit Bildern ist es – im Vergleich zur Sprache – nur eingeschränkt möglich, komplizierte Bedingungsverhältnisse wie Zeitverhältnisse oder Konditionale auszudrücken. Es ist zudem zumindest umstritten, ob Bilder Wahrheitsbedingungen und nicht nur Adäquatheitsbedingungen besitzen. Vor allem aber lassen sich metakommunikative Elemente erheblich schwieriger in Bilder integrieren, so daß die jeweiligen illokutionären Funktionen, und damit die Bildbotschaft, oft erst über den pragmatischen Kontext verständlich werden. Genau hierauf hat Wittgenstein in seiner berühmten Anmerkung zu § 22 der Philosophischen Untersuchungen hingewiesen, in der er schreibt, daß ein Bild, das einen Boxer darstellt, zu vielerlei gebraucht werden kann: etwa »um jemanden mitzuteilen, wie er stehen soll, sich halten soll; oder, wie er sich nicht halten soll; oder wie ein bestimmter Mann dort gestanden hat; oder etc.«[31] Aufgrund dieser Unbestimmtheit läßt sich ableiten, daß Bilder weniger gut zur reflexiven Kommunikation geeignet sind. Die Tatsache, daß Bilder immer konkret sind, erweist sich damit zugleich als Nachteil, wenn es um die Darstellung abstrakter Sachverhalte oder um die Explikation bzw. Definition von Begriffen geht.

Anders als bei den allgemein anerkannten Vorteilen sind die aufgeführten Nachteile strittig, da sich einige Gegenbeispiele finden lassen. Bilder können sicherlich reflexive Elemente zur Steuerung ihrer Rezeption enthalten. Natürlich übernehmen sie in etlichen Fällen auch epistemische wie normative Funktionen. Und unter bestimmten Bedingungen tragen sie ebenfalls zum Verständnis abstrakter Sachverhalte bei. Dies ist aber nicht der Regelfall und erfordert im Vergleich zur Sprache eine sehr viel kompliziertere Interpretation. Es

31 Wittgenstein 1953, S. 249.

gelingt oft nur, nachdem sich spezielle Interpretationskontexte mit den nötigen impliziten Regeln herausgebildet haben. Mehr noch als die sprachliche Kommunikation ist die Bildkommunikation daher implizite Kommunikation, die es erforderlich macht, die jeweils verfolgte Absicht einer Bildverwendung zu erschließen.

4.2. Bilder als wahrnehmungsnahe Zeichen

Der Vorschlag, den wir nun zur angemessen theoretischen Erfassung der beschriebenen Sachverhalte vorstellen möchten, läßt sich in der These zusammenfassen, daß Bilder wahrnehmungsnahe Zeichen sind.[32] Diese Formel hebt zwei Aspekte als konstitutiv hervor: (i) den Zeichencharakter, dem zufolge ein wie auch immer gearteter kommunikativer Inhalt für die Zeichenverwender an eine kommunikative Trägersubstanz gebunden ist; und (ii) den Wahrnehmungsbezug, durch den diese Beziehung motiviert wird. Ein Zeichen sollte demnach nur dann als Bild gelten, wenn ihm irgendein Inhalt zugewiesen worden ist, der sich zumindest teilweise dem Wahrnehmungsbezug verdankt. Beide Aspekte können für sich durchaus in bildunabhängigen Kontexten auftreten. Es ist also ihre Kombination, mit der sich der Bildstatus konstituiert und für die ein konkretes Medium erforderlich ist. Entsprechend ergibt sich als eine wichtige Aufgabe der Bildwissenschaft, die unterschiedlichen Typen, Funktionen und Verwendungen von Bildern hinsichtlich der jeweils variierenden Verknüpfung dieser beiden Aspekte zu analysieren. Der Unterschied zwischen sprachlichen und visuellen Zeichen ergibt sich dann aus der Art und Weise der Inhaltszuschreibung.[33]

Entscheidend für den Begriff der Wahrnehmungsnähe ist, daß der Rekurs auf Wahrnehmungskompetenzen auch für die Interpretation bildhafter Zeichen, mit der ihnen ein Inhalt zugewiesen wird, konstitutiv bleibt und die Struktur der Bildträger damit – im Unterschied zu arbiträren Zeichen – zumindest Hinweise auf die Bildbedeutung enthält. Diese Besonderheit der wahrnehmungsnahen Interpretation liegt am stärksten bei illusionistischen oder allgemein bei immersi-

32 Vgl. Sachs-Hombach 2003.

33 Insofern hierbei nur der Zeichenaspekt eine Orientierung an die Semiotik nahelegt, der spezifische Unterschied von Bildern sich aber aus dem Wahrnehmungsaspekt ergibt, ist es eher mißverständlich, unseren Explikationsvorschlag als ›semiotische Bildtheorie‹ zu bezeichnen.

ven Bildern vor, für die also eine stärkere perzeptuelle Interpretationsbasis anzunehmen ist.[34] Zwar müssen wir auch hier bereits verstanden haben, daß es sich um ein Bild handelt, und damit eine allgemeine Medienkompetenz besitzen, die auch konventionelle Vorgaben enthält; aber um zu bestimmen, was uns im Bild dargestellt wird, können wir im wesentlichen auf die Prozesse zurückgreifen, die wir mit der Fähigkeit zur Gegenstandswahrnehmung bereits besitzen.

Für eine genauere Bestimmung des Begriffs der wahrnehmungsnahen Zeichen aus handlungstheoretischer Perspektive betrachten wir zunächst die einfachere Situation einer Wahrnehmungstäuschung. Dabei wird der (potentielle) Bildträger mit dem Abgebildeten spontan verwechselt, so wie etwa in der berühmten Anekdote die Vögel des Zeuxis gemalte Früchte verwechseln und sich entsprechend inadäquat verhalten. Wir sprechen vom *dezeptiven Modus*. Erkennt jemand andererseits einen (potentiellen) Bildträger als wesentlichen Teil einer kommunikativen Situation, so handelt es sich um den *symbolischen Modus*. Derjenige begreift dann, daß da ein Gegenstand anwesend ist, mit dessen Hilfe ein Sender intendiert, die Aufmerksamkeit eines Empfängers auf etwas (in der Regel nicht zugleich Anwesendes) zu richten. Der symbolische Modus zeichnet sich dadurch aus, daß man auf das Repräsentierte, etwa einen Tiger, nicht so zu reagieren braucht wie auf seine tatsächliche Anwesenheit: Es ist ja nur symbolisch gegenwärtig.

Beim Gebrauch wahrnehmungsnaher Zeichen spielt nun eine Täuschung systematisch mit einem Zeichengebrauch zusammen: Der Zeichenträger wird dem Repräsentierten als ähnlich erkannt. Er sollte daher – dem dezeptiven Modus entsprechend – eine mehr oder weniger starke spontane Verwechslungsreaktion auslösen können. Die inadäquate Reaktion tritt allerdings – wegen der Einbettung in den symbolischen Modus – in der Regel nicht nach außen. Sie wird nur wirksam in dem, was mit der Zeichenhandlung (vermutlich) intendiert wird. Das ist der *immersive Modus*, bei dem man die Täuschung sowohl erlebt als auch durchschaut – d.h. als Ähnlichkeit begreift – und so als Basis für eine Zeichenverwendung nehmen kann.

Die so bestimmten Zeichen erfüllen das Kriterium der Kontext-

34 In McLuhans Sprachgebrauch gehören sie damit zu den »heißen Medien«.

bildung: Insofern nämlich die Zeichenhandlung so verstanden wird, daß mit ihr auf die Situation aufmerksam gemacht werden soll, in der die in der Täuschung inadäquate Reaktion adäquat wäre (im Falle eines Bildes also auf eine Situation, in der das Abgebildete anwesend wäre). Es liegt daher nahe, die Kontextbildung generell als eine grundlegende kommunikative Funktion des Bildgebrauchs zu betrachten.[35]

4.3. Kommunikationstheoretische Implikationen

Im Rahmen der kontextbildenden Funktion besteht eine elementare Aufgabe des Bildeinsatzes im Veranschaulichen, d.h. in einer Art und Weise der visuellen Charakterisierung. Wir verwenden Bilder demnach, um im Bildraum einzelne Aspekte realer oder fiktiver Gegenstände bzw. Sachverhalte visuell auszuzeichnen, d.h. sichtbar zu machen. Eine solche visuelle Charakterisierung kann durchaus mehr oder auch anderes sein als das Präsentieren von perspektivisch gebundenen Oberflächenansichten. Aber das realistische Bild, das uns das Aussehen eines konkreten Gegenstandes unter spezifischen Bedingungen zeigt, ist hierfür ein besonders markantes Beispiel.

Innerhalb der kommunikativen Verwendung von Bildern lassen sich vier grundsätzliche Komplexitätsgrade unterscheiden. Auf elementarer Ebene veranschaulicht ein Bild lediglich Eigenschaften. Hierbei werden, genauer betrachtet, zunächst nur die als wesentlich erachteten Merkmale eines Begriffs ins Spiel gebracht: Wie man sich etwa den Begriff des Parallelogramms durch vier entsprechend gezeichnete Linien veranschaulichen kann.

Ein bereits etwas komplexer gelagerter Fall liegt vor, wenn visuelle Eigenschaften so zur Darstellung gebracht werden, daß die Darstellung als visuelles Muster bestimmter Gegenstandsklassen dient. Diese prädikative Verwendung von Bildern findet etwa in botanischen

35 Es gibt noch einen vierten Modus: Neben seinem direkten (»wörtlichen«) Gebrauch kann ein Zeichen nämlich prinzipiell auch exemplarisch benutzt werden. Es wird dann dazu verwendet, den Kommunikationspartner (oder sich selbst in der Rolle eines anderen) am Beispiel auf Aspekte der entsprechenden Zeichenverwendung aufmerksam zu machen. Auf diese Weise kann insbesondere auf defiziente Gebrauchsweisen eingegangen werden. Dieser reflexive Modus soll uns hier nicht weiter interessieren. Auf Bilder bezogen spielt er vor allem eine Rolle bei Bildzitaten, wie sie z.B. in bildwissenschaftlichen Diskursen aufzutreten pflegen, und in der Kunst.

Bestimmungsbüchern Anwendung, in denen typische visuelle Eigenschaften einer bestimmten Pflanzenart anhand eines Exemplars illustriert werden, um konkrete Mitglieder dieser Art besser auffinden und identifizieren zu können.

Auf einer dritten Komplexitätsebene kann mit einem Bild auch zu verstehen gegeben werden, daß es sich bei der Veranschaulichung um einen ganz bestimmten individuellen Gegenstand handelt, auf den Bezug genommen oder dem bestimmte Eigenschaften zugeschrieben werden sollen. Dies kann durch eine explizite Bildunterschrift erfolgen oder auch indem bei der Darstellung die visuellen Eigenschaften so geschickt gewählt werden, daß der Betrachter unwillkürlich auf einen individuellen Gegenstand verwiesen ist. Dieser zweite Fall ist natürlich prinzipiell irrtumsanfällig (man denke etwa an zwei Zwillinge).

Ein letzter Komplexitätsgrad liegt schließlich vor, wenn die bildhaften Darstellungen in einem komplexeren illokutionären Akt verwendet werden. Mit dem Präsentieren eines Bildes läßt sich beispielsweise eine Behauptung oder auch ein Appell verbinden, also allgemein eine Einstellung einem Gegenstand gegenüber vermitteln. Zu vermuten ist, daß auch bei Bildern diese illokutionäre Rolle nicht schon durch das Bild selbst festgelegt wird, auch wenn passende illokutionäre Marker eine entsprechende Verwendung nahelegen können.

Bezogen auf den Doppelaspekt Zeichenhaftigkeit und Wahrnehmungsnähe der Bilder lassen sich zudem verschiedene Bedeutungsebenen unterscheiden, nämlich Inhalt, Referenz, symbolische Bedeutung und kommunikative Bedeutung. Der Bildinhalt ist hierbei dasjenige, was jemand im Bildraum sieht. Dieser Bedeutungsaspekt beruht wesentlich auf den visuellen Eigenschaften des Bildträgers, ist also vor allem perzeptueller Natur und der Ausgangspunkt für die übrigen Bedeutungsebenen. Wie fiktionale Bilder illustrieren, fällt der Bildinhalt weder mit der Bildreferenz zusammen, noch erfordert er einen realen Bildreferenten. Zur Bestimmung der Referenz liefert der Bildinhalt eine notwendige, aber keine hinreichende Bedingung, die durch den Verwendungskontext spezifiziert werden muß. Die dritte Bedeutungsebene, die symbolische Bedeutung, entspricht dem, worauf mit dem Bild angespielt wird. Ein Verständnis des symbolischen Gehalts eines Bildes oder Bildelementes setzt voraus, daß wir zunächst den Bildinhalt erkannt haben, verlangt darüber hinaus aber eine Kenntnis des jeweiligen soziokulturellen Kontextes. Schließlich sollte von den erläuterten Bedeutungsebenen die kommunikative Bedeutung unterschieden werden. Sie besteht in der ›Botschaft‹, die mit dem Bild vermittelt werden soll, bzw. in dem, was die Bildverwendung bezweckt. Der Bildinhalt liefert hier eine der notwendigen Prämissen, um auf den kommunikativen Gehalt eines Bildes zu schließen, ist aber wie bei der Bestimmung der Referenz nicht hinreichend. Ein Verständnis des kommunikativen Gehaltes einer Bildverwendung schließt notwendig den Präsentationszusammenhang sowie den Rekurs auf kommunikative Maximen ein, die als Prämissen dienen, um die kommunikativen Intentionen zu erschließen.

4.4. Exkurs 2: Der Bildraum und die abgebildeten Gegenstände

Daß wir Gegenstände im Bildraum erkennen können, hängt auch ganz wesentlich von der besonderen Art von Gegenstand ab, oder besser: von der besonderen Weise, wie wir damit umgehen. Wir nehmen es üblicherweise als gegeben hin, daß unsere Welt (neben anderem) vor allem aus individuellen materiellen Gegenständen besteht: aus Weinfässern und Betten, Schmetterlingen, Haselnüssen, Radios und Wäscheleinen etc. – Dinge, denen wir zu ganz verschiedenen Zeiten und teilweise auch an ganz unterschiedlichen Orten als denselben Dingen begegnen, selbst wenn sie sich in der Zwischenzeit verändert haben. Doch ist weder für sehr kleine Kinder noch für selbst relativ hoch entwickelte Tiere nachweisbar, daß sie in der Lage sind, sich einem Objekt als etwas zu nähern, dem sie zu unterschiedlichen Zeiten als ein und demselben Individuum gegenübertreten könnten.[36]

Solche »sortalen Gegenstände« kommen nie isoliert vor, denn es macht immer nur Sinn, von ihnen als etwas zu reden, was, da es prinzipiell in mehr als einem Verhaltenskontext existiert, als Figur vor einem jeweiligen, prinzipiell variablen Hintergrund in Erscheinung tritt. Ein Kontext entspricht dem, was man umgangssprachlich als das ›Hier und Jetzt‹ bezeichnet. Genau betrachtet kann es sich dabei nicht um einen einzelnen, quasi ausdehnungslosen (physikalischen) Zeitpunkt handeln, denn die Aufmerksamkeitsspanne der Wahrnehmung überdeckt stets mehr oder weniger ausgedehnte Zeitintervalle. Kontexte kann man sich als zusammenhängende, mehr oder weniger

36 In der Philosophie nennt man solche individuierten Gegenstände auch *sortale* Gegenstände (genauer: Gegenstände, die unter einen sortalen Begriff fallen).

ausgedehnte Raum-Zeit-Blasen um ein Wesen herum vorstellen: soweit die aktuelle Aufmerksamkeit jenes Lebewesens – sein ›Merk-‹ und ›Wirknetz‹ in den Worten von Uexkülls – eben reicht.[37]

Damit bleibt für gewöhnlich die Aufmerksamkeit eines Lebewesens innerhalb seiner aktuellen Verhaltenssituation, also auf *einen* Kontext beschränkt. Für den Umgang mit sortalen Gegenständen spielt hingegen die Fähigkeit eine zentrale Rolle, die Aufmerksamkeit *frei* auf *beliebige* Kontexte richten zu können. Denn sortale Objekte erfordern, daß man sich vom jeweiligen Hier und Jetzt distanzieren und auch auf andere Gegebenheitsweisen eines Gegenstands orientieren kann.

Auch im Bildraum erscheinen uns immer wieder Gegenstände, die wir als momentane Erscheinungen sortaler Objekte interpretieren, welche die Situation des Bildraums aufspannen. Der Bildraum ist folglich ebenfalls als Kontext zu begreifen. Daß jemand die abgebildeten Gegenstände als sortal erkennt, ließe sich gleichwohl nur zuschreiben, wenn wir wüßten, ob derjenige zu einer entsprechenden Distanzierung von der aktuellen Situation fähig ist. Nach allem, was wir wissen, läßt sich prinzipiell nur kommunikativ bestimmen, ob jemand mit sortalen Gegenständen umgehen kann, da es nur so, nämlich gemeinsam und durch wechselseitige Kontrolle, möglich ist, stabilen Zugang zu einem nicht-anwesenden Kontext zu erreichen. Der Verweis auf eine solche nicht-aktuelle Situation erfolgt, indem ein Kommunikationspartner sich dem andern gegenüber darstellt als jemand, der seine Aufmerksamkeit auf jenen Kontext (und nicht nur auf die tatsächliche Situation) gerichtet hat. Sich darstellen als jemand, der seine Aufmerksamkeit auf einen bestimmten Kontext richtet (oder kurz: die Kontextbildung), ist daher eine kommunikative Handlung, die zentral ist für das Umgehen mit sortalen Gegenständen wie für das Bildvermögen.

37 Vgl. Uexküll 1909.

5. Der *visualistic turn* in anthropologischer Lesart

5.1. Ein bildanthropologisches Forschungsprogramm

Ausführliche Ausarbeitungen unserer Bildtheorie zeigen, daß die wahrnehmungstheoretischen und die zeichentheoretischen Aspekte bei der Bildverwendung nicht unabhängig voneinander bestehen.[38] Zeichengebrauch bei Wesen anzunehmen, die nicht in einem relativ anspruchsvollen Sinn wahrnehmen können, ist nicht sinnvoll. Der Gebrauch propositionaler Sprache und der Gebrauch von Bildern dürften wesentlich enger miteinander zusammenhängen, als gemeinhin angenommen wird.

Die damit aufgeworfene Frage führt ganz zwanglos zu dem wesentlich weiter gefaßten Ansatz einer begriffsgenetischen Begründung, der hier – gleichsam als bildanthropologisches Forschungsprogramm – nur kurz umrissen sei. Einerseits muß sich der Bildanthropologe einlassen auf verschiedene Stufen der Komplexität der Begriffe von Wesen, die Zeichen gebrauchen können. Andererseits soll Wahrnehmungsnähe als Ziel einer spezifischen Differenz verwendet werden: Bildanthropologen müssen sich demnach auch verschieden komplexen Begriffsfeldern um die Begriffe ›Aktivitätsträger, die in einem mehr oder weniger anspruchsvollen Sinn wahrnehmen können‹ zuwenden. Ausgangspunkt einer solchen begriffsgenetischen Untersuchung sollten jeweils die Begriffsfelder für Wesen sein, bei denen noch nicht von Wahrnehmung bzw. von Zeichengebrauch im elementarsten Sinn gesprochen werden kann.[39]

Ziel der Betrachtungen soll es sein, aus den beiden Abfolgen – der semiotischen und der wahrnehmungstheoretischen – die (minimale) Stufe zu bestimmen, bei der die eigentümliche Kombination von Zeichengebrauch und Wahrnehmungsnähe auftritt, die uns zumindest für darstellende Bilder als charakteristisch gilt. Ferner sollte damit die Beziehung zu jener Stufe geklärt werden können, auf welcher der Gebrauch propositionaler Sprache möglich wird. So wäre klar, ob das Sprachvermögen eine unumgängliche Voraussetzung des Bildvermögens ist oder umgekehrt; oder ob beide sich wechselseitig bedingen, so daß von Wesen, die nur über eines der beiden Vermögen

38 Vgl. Schirra/Sachs-Hombach 2006; Schirra 2006.

39 Derartige Stufentheorien sind in der Ethologie und der Sprachphilosophie vorzufinden, vgl. etwa Ros 2005.

verfügen, prinzipiell nicht die (vernünftige) Rede sein kann. Ein Primat der Bildverwendung vor dem Sprachvermögen wirkt dabei auf den ersten Blick durchaus plausibel, gilt propositionale Sprache doch zu Recht als das mächtigere und komplexere Kommunikationswerkzeug.[40]

Ein Gegenargument ergibt sich allerdings daraus, daß Ähnlichkeit nur erkennen kann, wer frei beliebige Kontexte zum Vergleich evozieren kann – eine Fähigkeit, die auf eindeutige Weise nur mittels propositionaler Sprache nachzuweisen ist. Damit wäre also umgekehrt das Sprachvermögen eine Voraussetzung für Bildvermögen. Solche wechselseitigen Abhängigkeiten sprechen sehr dafür, daß es sich tatsächlich um Fähigkeiten handelt, die in ganz engem begrifflichen Zusammenhang stehen und nicht unabhängig voneinander gedacht werden sollten. Im folgenden möchten wir kurz eine weitere Überlegung umreißen, die für eine enge wechselseitige Abhängigkeit der beiden medialen Fähigkeiten spricht. Dazu vergegenwärtigen wir uns zunächst kurz eine Besonderheit des menschlichen Sprachvermögens.

5.2. Exkurs 3: Das Sprachvermögen und der Situationsbezug

Im Fokus des Interesses stehen hier solche Zeichenhandlungen, die neben der illokutionären Funktion einen propositionalen Gehalt aufweisen, d.h. insbesondere Aussagen. Aussagen sind *situationsunabhängig*: Man kann von jedem beliebigen situativen Kontext aus Aussagen vollziehen, die sich auf irgendeine andere Situation beziehen. Aussagen sind aber auch *kontextrelativ*, denn der den Sachbezug vermittelnde propositionale Gehalt wird als aus zwei Arten von unselbständigen Teilhandlungen zusammengesetzt verstanden: einer Prädikation und mindestens einer Nomination. Mit einer Nomination versucht ein Sprecher verständlich zu machen, daß er sich im Zusammenhang mit der aktuellen Gesamtzeichenhandlung auf einen bestimmten einzelnen Gegenstand beziehen möchte. Und dieser sollte beiden Kommunikationspartnern bereits bekannt – im gemeinsa-

40 Man darf den in dieser Hinsicht programmatischen Aufsatz von Jonas wohl so verstehen, daß er eher der Bildverwendung das Primat vor dem Sprachvermögen zuordnet. Siehe etwa: »Die *adequatio imaginis ad rem*, die der *adequatio intellectus ad rem* vorangeht, ist die erste Form theoretischer Wahrheit.« (Jonas 1961, S. 40)

men ›Diskursuniversum‹ vorhanden – sein. Wenn das zugehörige Diskursuniversum unbekannt ist, bleibt ein Aussagesatz daher wesentlich unverständlich. Aussagen bedürfen, mit anderen Worten, notwendigerweise eines Aktes der Kontextbildung, durch den dem Gesprächspartner klargemacht wird, auf welche Situation sich eine Behauptung eigentlich beziehen soll.[41]

Während Wesen mit nur einfacher Zeichensprachkompetenz sich immer auf Aspekte der Äußerungssituation beziehen,[42] zeigt sich eine Differenzierung in Prädikation und Nomination, wie sie Aussagen charakterisiert, überhaupt nur dann nützlich, wenn man auf Sachverhalte zu sprechen kommen möchte, die nicht ohnehin in der aktuellen Verhaltenssituation (oder als Ziel aktueller Absichten) gegenwärtig sind. Um das in der Aussage behauptete Zutreffen bestimmter Begriffe auf die angegebenen Einzelgegenstände in einer anderen Situation empirisch einlösen zu können, müßte man die aktuelle Verhaltenssituation verlassen und sich in den spezifizierten Kontext begeben. Will oder kann ich den erwähnten Kontext nicht zum aktuellen Kontext machen (etwa bei fiktiven Kontexten), bleibt nur übrig, durch logische Schlüsse weitere Aussagen abzuleiten und auf Konsistenz mit dem bereits über jene Situation Gewußten zu untersuchen. Empirisch kann das Gelten der Behauptung so jedoch nicht nachgeprüft werden.

Stellen wir uns in einem Gedankenexperiment Wesen vor, die zwar Aussagen machen können, aber prinzipiell keine wahrnehmungsnahen Zeichen kennen. Auch zu Gegenständen, die sie als durch die Zeit bestehende Individuen auffassen, hätten jene Wesen lediglich sprachlich Zugang: Die Wahrnehmung kann ihnen nur jeweils die Erscheinungen in *einem*, dem aktuellen Kontext bieten, die sie bloß durch Sprache mit Erscheinungen in anderen Verhaltenssituationen

41 Die aktuelle Verhaltenssituation spielt sicher eine ausgezeichnete Rolle, denn nur bei den Aussagen, die sich darauf beziehen, greift die referentielle Verankerung von Nomination und Prädikation unmittelbar, und die senso-motorischen Komponenten der verwendeten Begriffe – also die zugehörigen Unterscheidungsgewohnheiten – können ausgespielt werden. Kontextbildungen, die wie das Satzadverbial »in Prag« auf Orte verweisen, geben implizit eine Methode an, wie der gemeinte Kontext in die aktuelle Verhaltenssituation überführt werden könnte, um dann die referentielle Verankerung des propositionalen Gehalts der Äußerung durchzuführen.

42 Vgl. etwa Tugendhat 1976, S. 208ff.

in Beziehung zu setzen imstande wären, also auf eine Art, die empirische Überprüfung nicht zuläßt.

Auf welche Weise sind diese hypothetischen Wesen wohl dazu gekommen, sich überhaupt auf nicht-aktuelle Kontexte zu beziehen? Beziehungsweise: mit welcher Überlegung können wir auf rationale Weise zum Begriff eines solchen Wesens kommen? Denn zum Übergang vom Begriffsfeld der Wesen, die sich lediglich über Sachverhalte in der je aktuellen Situation – empirisch gegenwärtig – verständigen können, zu dem Begriffsfeld der Wesen im Gedankenexperiment – mit einer Kontextbildung, die empirische Prüfung nicht zuläßt – klafft uns eine ausgesprochen breite Lücke.

Wird nun aber die Kontextbildung durch das Präsentieren eines Bildes ausgeführt, so wird eine zusätzliche Verhaltenssituation heraufbeschworen, die als Täuschung wahrgenommen, d.h. auf die spontan reagiert werden kann (dezeptiver Anteil des immersiven Modus): Die entsprechenden senso-motorischen Testroutinen der angesprochenen Unterscheidungsgewohnheiten sind (zumindest partiell) direkt anwendbar.

5.3. Die initiale Kontextbildung und der visualistic turn

Wäre es denkbar, daß das Vermögen, situationsunabhängig – mit Aussagen – zu kommunizieren, von den durch Bilder vermittelten Kontexten nicht nur ›unter anderem‹ Gebrauch macht, sondern überhaupt erst durch das täuschende Potential bildartiger Vorläufer entstehen konnte? Die Frage zielt ab auf die *initiale Kontextbildung*, dem ursprünglichen das ›Hier und Jetzt‹ transzendierenden Akt, der damit als eigentlicher *visualistic turn* verstanden werden könnte. Zwar bleibt die Verwendung eines wahrnehmungsnahen Zeichens mehrdeutig. Man kann ihm ja auch bloß im dezeptiven Modus gegenübertreten und nicht merken, daß es um einen *anderen* Kontext gehen soll. Aber dieser Mangel mag sich bei der Einführung der Kontextbildung als ein Vorteil entpuppen.

Gehen wir aus von Wesen, die nur auf ihren je aktuellen Verhaltenskontext *a* Zugriff haben und daher einem (potentiellen) Bildträger *B* höchstens im dezeptiven Modus – Verwechslung von Situation *a* mit einer Situation *b* – gegenübertreten können. Dieses Verhalten – etwa ein Balzverhalten angesichts einer Attrappe – ist noch nicht ohne weiteres kommunikativ zu gebrauchen. Der symbolische Modus läge erst vor, wenn das Wesen (i) in der Lage wäre, anderen jenes Verhalten auch *vorzuführen*: also einem anderen »körperlich zu zeigen, daß es dabei ist, etwas zu verwechseln (ohne das selbst zu merken)«;[43] wenn es (ii) auf dieses eigene Vorführverhalten auch selbst so reagieren würde wie ein Empfänger, da seine Bedeutung ansonsten für Sender und Empfänger verschieden bleibt; und wenn (iii) das Vorführen von Verhaltensweisen, wie es für den Vollzug einfacher zeichensprachlicher Handlungen wesentlich ist, samt der dazugehörigen Antwortreaktionen *verinnerlicht* werden könnte: Dann genügt eine sehr schwache Aktivierung der entsprechenden Nervenbahnen, eine fast unmerkliche Änderung des zugehörigen Muskeltonus, die zwar kaum zu einer von außen noch unterscheidbaren Aktivität führen, doch über das propriozeptorisch vermittelte Körperbewußtsein innerlich wirksam bleiben.[44]

Die Besonderheit des kommunikativ eingesetzten dezeptiven Verhaltens ist nun, daß die Antwortreaktion zweigeteilt ausfallen kann, je nachdem, ob der Empfänger ebenfalls der Täuschung erliegt oder nicht. Praktisch kann man sich durchaus vorstellen, daß etwa bestimmte natürliche Felsformationen immer wieder zu Verwechslungen mit einem Freßfeind Anlaß geben. Signalsprachlich miteinander kommunizierende Gruppen könnten sich dort daran gewöhnen, entsprechende Warnsignale eines Artgenossen in diesem Kontext zu ignorieren oder gar prompt Entwarnsignale zu äußern. Damit wäre ein Komplex aus einem Vorführverhalten (im dezeptiven Modus) und *zweierlei* Reaktionen darauf gegeben: Der Sender reagiert mit seinem Signal auf den für ihn aktuellen Kontext *b*, auf den auch das Verhalten eines Empfängers, der auf das Warnsignal normal rea-

43 Als konkretes Beispiel aus der ethologischen Forschung mag Folgendes dienen: Manche Affen verwenden akustische Warnsignale, wenn bestimmte Feinde wahrgenommen, also als aktuell anwesend erkannt werden, etwa große Greifvögel oder Würgeschlangen. Nun ist es plausibel, daß ein Individuum einer dieser Affenarten das Warnsignal ausstößt, wenn es auf eine (etwa von einem Ethologen entsprechend plazierte) Schlangenattrappe aus Gummi stößt, und so seine Gruppe zur Flucht veranlaßt, obwohl tatsächlich keine Schlange anwesend ist.

44 Präziser gesagt geht es darum, daß diese Verhalten »sich hier aus den kommunikativen Zusammenhängen, in die sie auf der Stufe des Vollzugs zeichensprachlicher Handlungen normalerweise eingebettet sind, herauslösen und zur Fähigkeit einer allein für sich zu vollziehenden leiblichen Selbstvergegenwärtigung entwickeln« können. Vgl. Ros 2005, S. 591; siehe insbesondere auch Mead 1934 und Tugendhat 1976, Kap. 13.

giert, gerichtet ist, während schließlich für einen Empfänger, der das Signal auf die erlernte Weise ignoriert, Kontext *a* der aktuelle ist. Das Verinnerlichen des ursprünglich externen Zeichenverhaltens in einer solchen potentiellen Täuschungssituation kann dann entsprechend *beide* Reaktionsoptionen bei dem reflexiven Sender innerlich auslösen und so das Fundament für eine Relation zwischen den beiden beteiligten Kontexten für dieses Wesen bilden. Dann können wir auch davon sprechen, daß sich dieses Wesen anderen und sich selbst gegenüber darstellt als ein Wesen, das etwas wahrnimmt, was so gar nicht anwesend ist.[45]

Die Überlegung führt zum Begriff eines Wesens, dem eine Vorform der piktorialen Kontextbildung gelingt: Es hat den Bildträger im immersiven Modus gebraucht. Die damit knapp skizzierte Ableitung der initialen Kontextbildung im Gefolge der begriffsgenetischen Kopplung von dezeptivem und symbolischem Modus zum immersiven Modus hinsichtlich eines potentiellen Bildträgers *B* ist allerdings noch nicht stabil, denn kein Mechanismus verhindert den Rückfall in den rein dezeptiven Modus. Für eine solche Stabilisierung ist letztlich das Etablieren sprachlicher Kontextbildungen notwendig.

5.4. *Folgen für den* linguistic turn

Wir sollten also von einer gegenseitigen logischen Abhängigkeit von Sprach- und Bildfähigkeit ausgehen – beide gehören zum gleichen Begriffsfeld und können prinzipiell nur wechselseitig bestimmt werden. Das hat unmittelbar Auswirkungen auf den *linguistic turn*. Darunter verstehen wir hier insbesondere die Antwort auf eine fatale Konsequenz des im wesentlichen von den Philosophen des 17. bis 19. Jahrhunderts ausgearbeiteten bewußtseinstheoretischen Paradigmas, die zu Beginn des 20. Jahrhunderts ausgesprochen virulent geworden war: nämlich die Unmöglichkeit, solipsistische Konsequenzen zu umgehen, wenn mit den Begriffen gleichsam die Prüfkriterien für die Geltung prädikativer Äußerungen in einem – jeweils von an-

45 Dabei bleibt dieses Verhalten abhängig von der wirklichen Anwesenheit des Gegenstands *B* im aktuellen Kontext, einem Gegenstand, der also tatsächlich gerade wahrgenommen werden kann und dabei leicht mit etwas anderem (*D*) zu verwechseln (d. h. ihm ähnlich) ist. Zur Ablösung von dieser Bedingung vgl. Schirra/Sachs-Hombach 2006.

deren unzugänglich gedachten – Einzelbewußtsein eingeschlossen bleiben und so ihre eigentliche kommunikative Funktion gar nicht erfüllen können. War zuvor angenommen worden, Begriffe seien rein mentale Entitäten und völlig unabhängig von der Fähigkeit zu sprechen, so daß also die sprachliche Artikulation von Begriffen etwas hinsichtlich ihrer Funktion ganz Sekundäres wäre und der Gebrauch von Begriffen (das Denken) auch ganz ohne Sprachvermögen möglich bliebe, so geht man nach dem *linguistic turn* davon aus, daß sich der Begriff des Begriffs nur dann sinnvoll konzipieren läßt, wenn man Begriffe als etwas auffaßt, was prinzipiell sprachlich (genauer: kommunikativ) konstituiert wird. Wenn Begriffe wesentlich sprachlich vermittelt und bestimmt sind, dann hängt alles, was am Gebrauch von Begriffen hängt, davon ab, daß das entsprechende Sprachvermögen vorhanden ist. Insofern führt der *linguistic turn* auch dazu, daß Sprachvermögen nicht nur irgendein Symptom des Menschseins (im anthropologischen Sinn) ist, sondern sein ganz zentrales Kriterium.

Steht der *linguistic turn* für die Erkenntnis, daß sich Begriffe (als die intersubjektiven Bezugspunkte für das Überprüfen der Geltung prädikativer Äußerungen) nicht unabhängig von Sprache bestimmen lassen, so kann der Ausdruck »*visualistic turn*«, der zunächst häufig nur zum Ausdruck bringen sollte, daß Umfang und Einfluß der Bildverwendung sich im Laufe der letzten Dekaden drastisch verstärkt hat, wie oben gezeigt ebenfalls argumentationstheoretisch verstanden werden: Die enge Verzahnung von Sprach- und Bildvermögen deutet nämlich darauf hin, daß Begriffe ebensowenig unabhängig von kommunikativ genutzten Verwechslungen vorkommen, d. h. allgemeiner: daß sie auch von der Verfügbarkeit nicht-arbiträrer, wahrnehmungsgestützter Medien abhängen. Erst auf diese Weise kann eine Anbindung an vorbegriffliche Unterscheidungsgewohnheiten etabliert werden, die einer rein sprachtheoretischen Betrachtung stets arbiträr erscheinen mußten. Daher kann der *linguistic turn* letztlich nur als ein *medial turn* sinnvoll konzipiert werden.[46]

46 Vgl. auch Vogel 2003.

Brown, D. E. (1991). *Human Universals*. New York: McGraw-Hill.

Burkart, R. (1998). *Kommunikationswissenschaft. Grundlagen und Problemfelder. Umrisse einer Interdisziplinären Sozialwissenschaft*, 3., überarbeitete und aktualisierte Auflage. Wien/Köln/Weimar: Böhlau.

Deregowski, J. (1973). »Illusion and Culture«, in: *Illusion in Art and Nature*. Hg. von R. L. Gregory & E. H. Gombrich. London: Duckworth, S. 161-191.

Deregowski, J. (1989). »Real Space and represented space: Cross cultural perspectives«, in: *Behavioral and Brain Sciences*, Vol. 12, S. 206-236.

Didi-Huberman, G. (1990). *Devant l'image. Question posée aux fins d'une histoire de l'art*. Paris: Minuit, dt.: Vor einem Bild. München/Wien: Hanser 2000.

Frank, G./Sachs-Hombach, K. (2006). »Bildwissenschaft und Visual Culture Studies«, in: *Bild und Medium. Kunstgeschichtliche und philosophische Grundlagen der interdisziplinären Bildwissenschaft*. Hg. von K. Sachs-Hombach. Köln: Halem, S. 183-195.

Elkins, J. (1999). *The Domain of Images*. Ithaka/London: Cornell University Press.

Elkins, J. (2003). *Visual Studies. A Skeptical Introduction*. New York/London: Routledge.

Hochberg, J./Brooks, V. (1962). »Pictorial recognition as an unlearned ability: A study of one child's performance«, in: *American Journal of Psychology*, Vol. 75, S. 624-628.

Holert, T. (2005). »Kulturwissenschaft/Visual Culture«, in: *Bildwissenschaft. Disziplinen, Themen, Methoden*. Hg. von K. Sachs-Hombach. Frankfurt/M.: Suhrkamp, S. 226-235.

Jonas, H. (1961): »Die Freiheit des Bildens – *Homo pictor* und die *differentia* des Menschen«, in: *Zeitschrift für Philosophische Forschung*, Bd. 15, S. 161-176 (zitiert nach dem Wiederabdruck in *ders.*: *Zwischen Nichts und Ewigkeit. Zur Lehre vom Menschen*. Göttingen: Vandenhoeck & Ruprecht 1987, 26-43).

McLuhan, M. (1962). *The Gutenberg Galaxy. The Making of Typographic Man*. London/Torronto: Torronto University Press.

McLuhan, M. (1964). *Understanding Media: The Extensions of Man*. London/New York: McGraw-Hill.

Mead, G. H. (1934): *Mind, Self, and Society*. Chicago: University Press.

Messaris, P. (1994). *Visual Literacy. Image, Mind & Reality*. Boulder: Westview Press.

Miller, J. (1971). *Marshall McLuhan*. München: dtv.

Mirzoeff, N. (1999) (Hg.). *An Introduction to Visual Culture*. London/New York: Routledge.

Pross, H. (1972). *Medienforschung. Film, Funk, Presse, Fernsehen*. Darmstadt: Habel.

Roesler, A. (2003). »Medienphilosophie und Zeichentheorie«, in: *Medienphilosophie: Beiträge zur Klärung eines Begriffs*. Hg. von S. Münker, A. Roesler & M. Sandbothe. Frankfurt/M.: Fischer, S. 34-52.

Ros, A. (2005). *Materie und Geist. Eine philosophische Untersuchung*. Paderborn: Mentis.

Sachs-Hombach, K. (2003). *Das Bild als kommunikatives Medium. Elemente einer allgemeinen Bildwissenschaft*. Köln: Halem.

Schirra, J. R. J. (2006). »Begriffsgenetische Betrachtungen in der Bildwissenschaft – Fünf Thesen«, in: *Bild und Medium. Kunstgeschichtliche und philosophische Grundlagen der interdisziplinären Bildwissenschaft*. Hg. von K. Sachs-Hombach. Köln: Halem, S. 197-213.

Schirra, J. R. J./Sachs-Hombach, K. (2006). »Fähigkeiten zum Bild- und Sprachgebrauch«, in: *Deutsche Zeitschrift für Philosophie*, Bd. 54(6), S. 887-905.

Schirra, J. R. J./Sachs-Hombach, K. (2008). »Anthropologie in der systematischen Bildwissenschaft: Auf der Spur des homo pictor«, in: *Disziplinen der Anthropologie*. Hg. von S. Meyer & A. Owzar. Münster: Waxmann (im Erscheinen).

Scholz, O. R. (2004). *Bild, Darstellung, Zeichen. Philosophische Theorien bildhafter Darstellung*, 2. Aufl. Frankfurt/M.: Klostermann.

Searle, J. R. (1969). *Speech Acts*. Cambrigde: Cambridge University Press.

Smith, M. R./Marx, L. (1994) (Hg.). *Does Technology Drive History? The Dilemma of Technological Determinism*. Cambridge (MA): MIT Press.

Stearn, G. E. (1967) (Hg.). *Hot & Cool*. New York: The Dial Press.

Tugendhat, E. (1976). *Vorlesungen zur Einführung in die sprachanalytische Philosophie*. Frankfurt/M.: Suhrkamp.

Uexküll, Jacob v. (1909): *Umwelt und Innenwelt der Tiere*. Berlin: Springer.

Vogel, M. (2003). »Medien als Voraussetzungen für Gedanken«, in: *Medienphilosophie. Beiträge zur Klärung eines Begriffs*. Hg. von S. Münke & A. Roesler & M. Sandbothe. Frankfurt/M.: Fischer.

Wittgenstein, L. (1953). *Philosophische Untersuchungen*, Bd. 1 der Werkausgabe in 8 Bänden. Frankfurt/M.: Suhrkamp.

Abbildungsverzeichnis

versunkene Bilderhöhle, Speläo 2. Sigmaringen: Thorbecke Verlag 1995, S. 58.

Abb. 19: Bosinski, G.: Homo sapiens. L'histoire des chasseurs du Paléolithique supérieur en Europe (40 000-10 000 avant J.-C.). Paris: Editions Errance 1990, S. 72 und 76.

Abb. 20: eigenes Photo

Abb. 21: Leroi-Gourhan, A.: Préhistoire de l'art occidental. Nouvelle édition revue et augmentée par B. et G. Delluc. Paris: Verlag Citadelles & Mazenod 1995, S. 492.

Abb. 22: Piette, E.: *L'Art pendant l'Age du renne. Album de cent planches.* Paris: Masson et Cie 1907, Taf. VI.

Abb. 23: Piette, E.: *L'Art pendant l'Age du renne. Album de cent planches.* Paris: Masson et Cie 1907, Taf. IX.

Abb. 24: Piette, E.: *L'Art pendant l'Age du renne. Album de cent planches.* Paris: Masson et Cie 1907, Taf. LI.

Abb. 25: Piette, E.: *L'Art pendant l'Age du renne. Album de cent planches.* Paris: Masson et Cie 1907, Taf. XCI.

Abb. 26: Leroi-Gourhan, A.: Préhistoire de l'art occidental. Nouvelle édition revue et augmentée par B. et G. Delluc. Paris: Verlag Citadelles & Mazenod 1995, S. 86.

Abb. 27: Leroi-Gourhan, A.: Préhistoire de l'art occidental. Nouvelle édition revue et augmentée par B. et G. Delluc. Paris: Verlag Citadelles & Mazenod 1995, S. 332.

Abb. 28: Piette, E.: *L'Art pendant l'Age du renne. Album de cent planches.* Paris: Masson et Cie 1907, Taf. V.

Abb. 29: Piette, E.: *L'Art pendant l'Age du renne. Album de cent planches.* Paris: Masson et Cie 1907, Taf. LXVII.

Abb. 30: eigene Photos

Abb. 31: eigene Vorlage

Abb. 32: eigene Vorlage

Abb. 33: Begouen, H./Breuil, H.: *Les cavernes du Volp. Trois-Frères, Tuc d'Audoubert.* Paris: Arts et Métiers graphiques 1958, S. 40.

Abb. 34: eigene Vorlage

Abb. 35: eigene Vorlage

Abb. 36: eigene Vorlage

Abb. 37: eigene Vorlage

Abb. 38: eigenes Photo

Abb. 39: eigenes Photo

Abb. 40: Riemer, P.: »Das kleine Pferd von Laugerie Basse (Dordogne) – Odyssee und Analyse eines Kunstwerks des Magdalénien«, in: *Jahrbuch des Römisch-Germanischen Zentralmuseums Mainz*, Vol. 49, 2002, diverse Seiten.

Abb. 41: Bosinski, G.: Homo sapiens. L'histoire des chasseurs du Paléolithique supérieur en Europe (40 000-10 000 avant J.-C.). Paris: Editions Errance 1990, S. 241 (a,b); Ipsien, A./Salgues, T.: Faycelles, Abri de Lagrave. DRAC Midi-Pyrénées, Service Régional de l'Archéologie, Bilan scientifique de la Région Midi-Pyrénées 2000, 2001, S. 107 (c).

Abb. 42: eigene Vorlage

Wolf Singer (S. 104-126)

Abb. 1: Wallerant Vaillants: *Letter Rack with Letters* (1658), in: *Die Geschichte des Stillebens*. Hg. von S. Ebert-Schifferer. München: Hirmer Verlag 1998, S. 228, Abb. 167.

Abb. 2: René Magritte: *La condition humaine.* (1933), in: *The Pastoral Landscape.* Hg. von J. D. Hunt. Hannover/London: University Press of New England 1992, S. 203. © VG Bild-Kunst, Bonn 2008.

Abb. 3: Kandel, E. R./Schwatz, J. H./Jessell, T. M: *Neurowissenschaften: Eine Einführung.* Heidelberg/Berlin/Oxford: Spektrum Akademischer Verlag 1996, S. 399, Abb. 21.9.

Abb. 4: Kandel, E. R./Schwatz, J. H./Jessell, T. M.: *Neurowissenschaften: Eine Einführung.* Heidelberg/Berlin/Oxford: Spektrum Akademischer Verlag 1996, S. 398, Abb. 21.7.

Michael Diers (S. 181-213)

Abb. 1: The Warburg Institute, London.

Abb. 2: The Warburg Institute, London.

Abb. 3: Warburg, A.: *Der Bilderatlas Mnemosyne*, 2. Aufl. Hg. von M. Warnke u. C. Brink. Berlin: Akademie Verlag 2003, S. 101.

Abb. 4: Warburg, A.: *Der Bilderatlas Mnemosyne*, 2. Aufl. Hg. von M. Warnke u. C. Brink. Berlin: Akademie Verlag 2003, S. 21.

Abb. 5: The Warburg Institute, London.

Abb. 6: Warburg, A.: *Der Bilderatlas Mnemosyne*, 2. Aufl. Hg. von M. Warnke u. C. Brink. Berlin: Akademie Verlag 2003, S. XI.

Abb. 7: Warburg, A.: *Der Bilderatlas Mnemosyne*, 2. Aufl. Hg. von M. Warnke u. C. Brink. Berlin: Akademie Verlag 2003, S. 17.

Abb. 8: The Warburg Institute, London.

Abb. 9: Warburg, A.: *Der Bilderatlas Mnemosyne*, 2. Aufl. Hg. von M. Warnke u. C. Brink. Berlin: Akademie Verlag 2003, S. 133.

Abb. 10: The Warburg Institute, London.

Felix Thürlemann (S. 214-234)

Tab. 1: Panofsky, E.: »Zum Problem der Beschreibung und Inhaltsdeutung von Werken der bildenden Kunst«, in: *Logos*, Vol. 21, 1932, S. 118.

Abb. 1: Imdahl, M.: Giotto: Arenafresken: Ikonographie – Ikonologie – Ikonik. München: Fink 1980, Abb. 43.

Abb. 2: Imdahl, M.: Giotto: Arenafresken: Ikonographie – Ikonologie – Ikonik. München: Fink 1980, Abb. 45.

Abb. 3: Hugo van der Goes: *Anbetung der Hirten* (Mitteltafel des Portinari-Altars, um 1477/78), Florenz: Galleria degli Uffizi. Internet: ⟨http://www.reproarte.com/files/images/G/goes_hugo_van_der/0319-0204_anbetung_der_hirten_portinari-altar.jpg⟩

Abb. 4: Barnett, Newman: *Vir heroicus sublimis* (1950/51), New York: Museum of Modern Art (Installationsaufnahme). © VG Bild-Kunst, Bonn 2008. Internet: Google Bild, Eingabe: newman vir heroicus sublimis

Hans-Jörg Rheinberger (S. 127-145)

Abb. 1: Palade, G. E.: »A small particulate component of the cytoplasm«, in: *Journal of Biophysical and Biochemical Cytology*, Vol. 1, 1955, S. 59-68, Abb. 1.

Abb. 2: Nomura, M./Held, W. A.: »Reconstitution of ribosomes: Studies of ribosome structure, function and assembly«, in: *Ribosomes*. Hg. von M. Nomura, A. Tissières u. P. Lengyel. New York: Cold Spring Harbor 1974, S. 193-223, Abb. 1.

Abb. 3: Gros, F./Hiatt, H./Gilbert, W./Kurland, C. G./Risebrough, R.W./Watson, J. D.: »Unstable ribonucleic acid revealed by pulse labelling of E. coli«, in: *Nature*, Vol. 190, 1961, S. 581-585, Abb. 8.

Abb. 4: Prescott, D. M.: »Cellular sites of RNA synthesis«, in: *Progress in Nucleic Acid Research and Molecular Biology*, Vol. 3. Hg. von J. N. Davidson u. W. Cohn. New York/London: Academic Press 1964, S. 33-57, Abb. 1.

Abb. 5: Kleinschmidt, A. K./Lang, D./Jachters, D./Zahn, R. K.: »Darstellung und Längenmessung des gesamten Desoxyribonucleinsäure-Inhaltes von T_2-Bakteriophagen«, in: *Biochimica et Biophyisca Acta*, Vol. 61, 1962, S. 857-864, Abb. 1.

Abb. 6: Kaltschmidt, E./Wittmann, H. G.: »Ribosomal proteins. XII. Number of proteins in small and large ribosomal subunits of Escherichia coli as determined by two-dimensional gel electrophoresis«, in: *Proceedings of the National Academy of Sciences of the United States of America*, Vol. 67, 1970, S. 1276-1282, Abb. 4.

Abb. 7: Traut, R. R./Monro, R. E.: »The puromycin reaction and its relation to protein synthesis«, in: *Journal of Molecular Biology*, Vol. 10, 1964, S. 63-72, hier S. 71.

Abb. 8: Watson, J. D.: »The synthesis of proteins upon ribosomes«, in: *Bulletin de la société de chimie biologique*, Vol. 46, 1964, S. 1399-1425, Abb. 20.

Abb. 9: Nierhaus, K. H.: »The elongation cycle«, in: *Protein Synthesis and*

Ribosome Structure. Translating the Genome. Hg. von K. H. Nierhaus u. D. N. Wilson. Weinheim: Wiley-VCH Verlag 2004, S. 323-366, Abb. 8(2).

Abb. 10: Spirin, A. S.: »A model of the functioning ribosome: Locking and unlocking of the ribosome subparticles«, in: *The Mechanism of Protein Synthesis. Cold Spring Harbor Symposia on Quantitative Biology*, Vol. XXIV. New York: Cold Spring Harbor Laboratory 1969, S. 197-207, Abb. 4.

Über die Autorin und die Autoren

Jan Assmann, geb. 1938, studierte Ägyptologie, Klassische Archäologie und Gräzistik in München, Heidelberg, Paris und Göttingen, habilitierte sich 1971 und ist gegenwärtig Honorarprofessor für Kulturwissenschaft und Religionstheorie in Konstanz. Seine Forschungsschwerpunkte sind, neben archäologischer Feldarbeit (Thebanische Nekropolen, Gräber der Ramessidenzeit) ägyptische Religion und Literatur, Kulturtheorie (besonders das kulturelle Gedächtnis), allgemeine Religionswissenschaft (Polytheismus und Monotheismus) sowie die Rezeption Ägyptens in der europäischen Geistesgeschichte. Ausgewählte Publikationen: *Das kulturelle Gedächtnis* (1992); *Ägypten. Eine Sinngeschichte* (1996); *Moses der Ägypter. Entzifferung einer Gedächtnisspur* (1998); *Die Mosaische Unterscheidung oder Der Preis des Monotheismus* (2003); *Die Zauberflöte. Oper und Mysterium* (2005); *Thomas Mann und Ägypten. Mythos und Monotheismus in den Josephsromanen* (2006); *Of God and Gods. Egypt, Israel, and the Rise of Monotheism* (2008).

Gerhard Bosinski, geb. 1937, ist Professor für Ur- und Frühgeschichte an der Universität Köln. Sein Forschungsschwerpunkt ist das Paläolithikum; Ausgrabungen im Rheinland (u.a. Gönnersdorf), in Georgien (Dmanisi) und am Kuban (Il'skaja, Bogatyri). Ausgewählte Publikationen: *Homo sapiens. L'histoire des chasseurs du Paléolithique supérieur en Europe (40 000-10 000 avant J.-C.)* (1990); *Altamira* (1998); *Rouffignac* (1999, Hg.); *Tierdarstellungen von Gönnersdorf. Nachträge zu Mammut und Pferd sowie die übrigen Tierdarstellungen. Der Magdalénien-Fundplatz Gönnersdorf 9* (2008); *Urgeschichte am Rhein* (2008).

Michael Diers, geb. 1950, studierte Philosophie, Kunst- und Literaturgeschichte in Münster und Hamburg, promovierte 1990 und habilitierte sich 1994 in Kunstgeschichte. Gegenwärtig ist er Professor für Kunst- und Bildgeschichte an der Hochschule für bildende Künste in Hamburg und außerplanmäßiger Professor für Kunstgeschichte an der Humboldt-Universität zu Berlin. Seine Forschungsschwerpunkte sind die Kunst der Renaissance, der Moderne, des 20. Jahrhunderts und der Gegenwart, Photographie und neue Medien, politische Ikonographie, Kunst- und Medientheorie, Wissenschaftsgeschichte. Er ist Mitherausgeber der Studienausgabe der *Gesammelten Schriften Aby Warburgs* (1999ff.) sowie langjähriger Herausgeber der Taschenbuchreihe *kunststück* und der Reihe *Fundus-Bücher*. Er veröffentlichte zahlreiche Aufsätze und Bücher zu den genannten Themen, darunter *Warburg aus Briefen* (1991); *Mo(nu)mente* (1995, Hg.); *Schlagbilder* (1997); *Der Bevölkerung* (2000, Hg. mit K. König); *Fotografie Film Video. Beiträge zu einer kritischen Theorie des*

Bildes (2006); demnächst *Edouard Manet: Le chemin de fer/La Gare Saint Lazare.*

Gustav Frank, geb. 1964, studierte Germanistik, Geschichte, Philosophie und Wissenschaftsforschung in Passau und Wien. Er arbeitet als Special Lecturer in German Literature and Media Studies an der University of Nottingham. Seine Arbeitsschwerpunkte liegen in der Literaturgeschichte der visuellen und populären Kultur. Ausgewählte Publikationen: *Krise und Experiment. Komplexe Erzähltexte im literarischen Umbruch des 19. Jahrhunderts* (1998); *Emancipation des Fleisches* (1999, Hg. mit D. Kopp); *Gutzkow lesen!* (2001, Hg. mit D. Kopp); *Norm – Grenze – Abweichung. Semiotische Studien* (2004, Hg. mit W. Lukas und S. Landshuter); *Modern times? German Literature and Arts Beyond Political Chronologies/Kontinuitäten der Kultur: 1925-1955* (2005, Hg. mit R. Palfreyman und S. Scherer); *W. J. T. Mitchell: Bildtheorie* (2008, Hg.). In Vorbereitung sind Bücher zu den historischen und theoretischen Konturen einer Visuellen Kultur der Moderne und zur Einführung in die Bildwissenschaft.

Tom Holert, geb. 1962, studierte Kunstgeschichte, Neuere deutsche Literaturwissenschaften und Philosophie in Hamburg und Paris und wurde 1995 in Kunstgeschichte promoviert. Gegenwärtig ist er Professor am Institut für Kunst- und Kulturwissenschaften der Akademie der bildenden Künste in Wien. Zwischen 1992 und 1996 war er Redakteur der Zeitschrift *Texte zur Kunst*, später Mitherausgeber von *Spex. Das Magazin für Popkultur*. Im Jahr 2000 gründete er mit Mark Terkessidis in Köln das Institute for Studies in Visual Culture. Ausgewählte Publikationen: *Künstlerwissen* (1998); *Imagineering. Visuelle Kultur und Politik der Sichtbarkeit* (2000, Hg.); *Entsichert. Krieg als Massenkultur im 21. Jahrhundert* (2002, mit Mark Terkessidis); *Fliehkraft* (2006, mit Mark Terkessidis); *Regieren im Bildraum* (2008).

Antje Kapust, geb. 1962, studierte Rechtswissenschaften, Germanistik, Linguistik, Politik, Philosophie, Romanistik und Komparatistik in Bochum, Paris, Tours, Memphis und Stony Brook/USA, promovierte 1995 und habilitierte sich in Philosophie 2002 in Bochum. Sie wurde für eine Gastprofessur an der Universität Tübingen nominiert (2008) und vertrat die Professur für Praktische Philosophie an der Universität Heidelberg (2008). Gegenwärtig ist sie Professorin für Praktische Philosophie an der Universität Bochum. Ihre Forschungsschwerpunkte sind Ethik, Politische Philosophie, Sozialphilosophie, Ästhetik, Bildtheorie, Bio- und Medizinethik. Ausgewählte Publikationen: *Berührung ohne Berührung. Ethik und Ontologie bei Maurice Merleau-Ponty und Emmanuel Levinas* (1999); *Gewalt. Strukturen, Formen, Repräsentationen* (2000, Hg. mit M. Dabag und B. Waldenfels); *Der Krieg und der Ausfall der Sprache* (2004); *Addressing Levinas. Ethics, Phenomenology and the Judaic Tradition* (2005, Hg. mit E. Nelson und K. Still); *Kunst, Bild, Wahrnehmung, Blick. Merleau-Ponty zum Hundertsten* (2008, Hg. mit B. Waldenfels); *Die Sichtbarkeit des Unsichtbaren* (im Erscheinen mit R. Bernet).

Stefan Majetschak, geb. 1960, studierte Philosophie, Kunstgeschichte und Vergleichende Literaturwissenschaft, promovierte 1989 und habilitierte sich 1998 an der Universität Bonn. Seit 2000 ist er Professor für Philosophie an der Universität Kassel. Seine Forschungsschwerpunkte liegen im Bereich der Ästhetik und der Kunsttheorie. Ausgewählte Publikationen: *Die Logik des Absoluten. Spekulation und Zeitlichkeit in der Philosophie Hegels* (1992); *Ludwig Wittgensteins Denkweg* (2000); *Bild-Zeichen. Perspektiven einer Wissenschaft vom Bild* (2005, Hg.); *Klassiker der Kunstphilosophie. Von Platon bis Lyotard* (2005, Hg.); *Wittgensteins ›große Maschinenschrift‹. Untersuchungen zum philosophischen Ort des Big Typescripts (TS 213) im Werk Ludwig Wittgensteins* (2006, Hg.); *Ästhetik zur Einführung* (2007).

W. J. T. Mitchell promovierte und habilitierte sich 1968 an der Johns-Hopkins-Universität und arbeitet gegenwärtig als Professor für Englisch und Kunstgeschichte an der Universität Chicago. Einer seiner zahlreichen Forschungsschwerpunkte ist die Interaktion zwischen Sehen und Sprechen in bildender Kunst, Literatur und Medien. Ausgewählte Publikationen: *The Language of Images* (1980); *On Narrative* (1981); *The Politics of Interpretation* (1984); *Iconology* (1987); *Landscape and Power* (1992); *The Pictoral Turn* (1992); *Art and the Public Sphere* (1993); *Picture Theory* (1994); *What Do Pictures Want?* (1997); *The Last Dinosaur Book: The Life and Times of a Cultural Icon* (1998). Bei Suhrkamp sind 2008 zahlreiche seiner Aufsätze unter dem Titel *Bildtheorie* erschienen.

Winfried Nöth, geb. 1944, studierte Anglistik-Linguistik und Semiotik, habilitierte sich 1976 an der Ruhr-Universität Bochum. Er arbeitet gegenwärtig als Professor für Anglistik/Linguistik und Semiotik, ist Sprecher der IAG Kulturforschung der Universität Kassel, Gastprofessor im Postgraduiertenprogramm für Kommunikation und Semiotik an der Katholischen Universität São Paulo und Ehrenmitglied der International Association for Visual Semiotics. Ausgewählte Publikationen: *Semiotics of the Media* (1997); *Medientheorie und die digitalen Medien* (1998, Hg. mit K. Wenz); *Handbuch der Semiotik* (2000); *Semiotics of Nature* (2001, Hg. mit K. Kull); *The Crisis of Representation* (2003, Hg. mit C. Ljungberg); *Comunicação e semiótica* (2004, mit L. Santaella); *Imagem: Cognição, semiótica, mídia* (2005, mit L. Santaella); *Körper – Verkörperung – Entkörperung* (2005, Hg. mit A. Hertling); *Semiotic Bodies, Aesthetic Embodiments, and Cyberbodies* (2006); *Self-*

Reference in the Media (2007, Hg. mit N. Bishara) und *Mediale Selbstreferenz: Grundlagen und Fallstudien* (2008, mit N. Bishara und B. Neitzel).

Hans-Jörg Rheinberger, geb. 1946, studierte Philosophie und Biologie in Tübingen und Berlin, promovierte 1982 und habilitierte sich 1987 im Fach Molekularbiologie. Gegenwärtig ist er Direktor am Max-Planck-Institut für Wissenschaftsgeschichte in Berlin. Seine Forschungsschwerpunkte sind Molekularbiologie und Wissenschaftsgeschichte mit den Schwerpunkten Proteinbiosynthese, Geschichte und Epistemologie des Experiments und Geschichte der Molekularbiologie. Ausgewählte Publikationen: *Reworking the Bench* (2003, Hg. mit F. L. Holmes und J. Renn); *Iterationen* (2005); *Epistemologie des Konkreten. Studien zur Geschichte der modernen Biologie* (2006); *Heredity Produced. At The Crossroads of Biology, Politics, and Culture, 1500-1870* (2007, Hg. mit S. Müller-Wille); *Historische Epistemologie. Zur Einführung* (2007).

Klaus Sachs-Hombach, geb. 1957, studierte Philosophie, Psychologie und Germanistik in Münster, promovierte 1990 und habilitierte sich 2003. Gegenwärtig hat er die Professur für Philosophie mit Schwerpunkt Kognitionswissenschaften an der TU Chemnitz inne. Seine Forschungsschwerpunkte sind Bild-, Zeichen-, Kommunikations- und Medientheorien, philosophische Probleme der Psychologie, Psychologiegeschichte und Kognitionswissenschaft. Ausgewählte Publikationen: *Philosophische Psychologie im 19. Jahrhundert* (1993); *Das Bild als kommunikatives Medium. Elemente einer allgemeinen Bildwissenschaft* (2003); *Was ist Bildkompetenz?* (2003, Hg.); *Wege zur Bildwissenschaft. Interviews* (2004); *Bildwissenschaft zwischen Reflexion und Anwendung* (2005, Hg.); *Bildwissenschaft. Disziplinen, Themen und Methoden* (2005, Hg.); *Bild und Medium* (2006, Hg.).

Jörg R. J Schirra, geb. 1960, studierte Informatik, Physik, Psychologie und Philosophie an der Universität des Saarlandes, Saarbrücken, promovierte 1994 im Bereich Informatik an der Universität Saarbrücken und habilitierte sich 2005. Gegenwärtig ist er Privatdozent in Magdeburg. Seine Forschungsschwerpunkte sind Computervisualistik und Medieninformatik, insbesondere ihre philosophischen Grundlagen, philosophische Bildtheorie, Bildanthropologie. Ausgewählte Publikationen: *Bildbeschreibung als Verbindung von visuellem und sprachlichem Raum – Eine interdisziplinäre Untersuchung von Bildvorstellungen in einem Hörermodell* (1994); *Foundation of Computational Visualistics* (2005); *To Show and To Say: Comparing the Uses of Pictures and Language* (2007, mit K. Sachs-Hombach, in: *Studies in Communication Science*, Vol. 7 (2), S. 35-62); *Computational Visualistics and Picture Morphology* (2007, Hg.).

Oliver R. Scholz, geb. 1960, Promotion 1988 und Habilitation 1997 in Philosophie. Professor für Theoretische Philosophie am Philosophischen Seminar der Westfälischen Wilhelms-Universität Münster. Seine Forschungsschwerpunkte sind Theoretische Philosophie der Neuzeit und der Gegenwart. Ausgewählte Publikationen: *Wittgenstein über die Seele* (1995, Hg. mit E. von Savigny); *Verstehen und Rationalität* (1999); *Bild, Darstellung, Zeichen* (1991); *Symbole, Systeme, Welten* (2005, Hg. mit J. Steinbrenner und G. Ernst).

Wolf Singer, geb. 1943, studierte Medizin in München und Paris, promovierte 1968 an der Ludwig-Maximilians-Universität in München, habilitierte sich 1975 an der TU München und ist seit 1981 Direktor am Max-Planck-Institut für Hirnforschung in Frankfurt/M. 2005 gründete er das Frankfurt Institute for Advanced Studies (FIAS). Seine Forschung ist der Aufklärung der neuronalen Grundlagen kognitiver Funktionen gewidmet. Ausgewählte Publikationen: *Der Beobachter im Gehirn* (2002); *Ein neues Menschenbild? Gespräche über Hirnforschung* (2003); *Verschaltungen legen uns fest. Wir sollten aufhören, von Freiheit zu sprechen* (2004); *Hirnforschung und Meditation: Ein Dialog* (2008, Hg. mit M. Ricard).

Jakob Steinbrenner, geb. 1959, studierte Philosophie, Germanistik und Kunstgeschichte in Frankfurt/M. und München, promovierte 1994 und habilitierte sich 2002 in München mit der Arbeit *Zeichen über Zeichen. Zum Zitat und anderen Formen der Metabezugnahme*. Seit 2008 ist er apl. Professor an der LMU München. Seine Forschungsschwerpunkte liegen in der Sprachphilosophie, Ontologie, Bild- und Kulturwissenschaft sowie Kunst- und Zeichentheorie. Ausgewählte Publikationen: *Kognitivismus in der Ästhetik* (1996); *Bilder in der Philosophie und in anderen Künsten und Wissenschaften* (1999); *Zeichen über Zeichen. Grundlagen einer Theorie der Metabezugnahme* (2005); *Farben: Betrachtungen aus Philosophie und Naturwissenschaften* (2007, Hg. mit S. Glasauer); *From Logic to Art* (2007, Hg. mit G. Ernst und O. R. Scholz).

Felix Thürlemann, geb. 1946, studierte an den Universitäten Zürich und Besançon sowie an der Pariser Ecole des Hautes Etudes, promovierte 1979 an der Pariser Sorbonne mit einer Studie zu Paul Klee, habilitierte sich 1985 an der Universität Zürich für das Fach Kunstgeschichte. Seit 1987 hat er die Professur für Kunstwissenschaft und Kunstgeschichte an der Universität Konstanz inne. Seine Forschungsschwerpunkte sind visuelle Semiotik als Bedeutungsanalyse der bildenden Kunst, frühniederländische Malerei, Theorie und Geschichte des ›hyperimage‹. Ausgewählte Publikationen: *Kandinsky über Kandinsky. Der Künstler als Interpret eigener Werke* (1986); *Vom Bild zum Raum. Beiträge zu einer semiotischen Kunstwissenschaft* (1990); *Francesco Bor-*

romini, Opus Architectonicum. Erzählte und dargestellte Architektur (1999, Hg. mit M. Küble); *Robert Campin. Eine Monographie mit Werkkatalog* (2002); *Rogier van der Weyden. Leben und Werk* (2002); *Dürers doppelter Blick* (2008).

Franz M. Wuketits, geb. 1955, studierte Zoologie, Paläontologie, Philosophie und Wissenschaftstheorie an der Universität Wien, promovierte 1978 und habilitierte sich 1980. Gegenwärtig lehrt er Wissenschaftstheorie mit besonderer Berücksichtigung der Biowissenschaften an der Universität Wien. Seit 2002 ist er stellvertretender Vorstandsvorsitzender des Konrad-Lorenz-Instituts für Evolutions- und Kognitionsforschung in Altenberg (Niederösterreich). Seine Forschungsschwerpunkte sind Geschichte und Theorie der Biowissenschaften, Evolutionstheorie, Evolutionäre Ethik, Evolutionäre Erkenntnistheorie und Soziobiologie. Ausgewählte Publikationen: *Ausgerottet – ausgestorben* (2003); *Darwin und der Darwinismus* (2005); *Bioethik – eine kritische Einführung* (2006); *Der freie Wille – die Evolution einer Illusion* (2007); *Lob der Feigheit* (2008).

Theoretische Texte zu Kunst und Ästhetik im Suhrkamp Verlag Eine Auswahl

Rudolf Arnheim
- Film als Kunst. Mit einem Nachwort von Karl Prümm und zeitgenössischen Rezensionen. stw 1553. 336 Seiten
- Rundfunk als Hörkunst. Mit einem Nachwort von Helmut H. Diederichs und zeitgenössischen Rezensionen. stw 1554. 224 Seiten
- Die Seele in der Silberschicht. Medientheoretische Texte. Photographie – Film – Rundfunk. Mit einem Nachwort von Helmut H. Diederichs und zeitgenössischen Rezensionen. stw 1654. 434 Seiten

Mieke Bal. Kulturanalyse. Herausgegeben von Thomas Fechner-Smarsly und Sonja Neef. Übersetzt von Joachim Schulte. Mit zahlreichen Abbildungen. Gebunden und st 1801. 372 Seiten

Béla Balázs
- Der Geist des Films. Mit einem Nachwort von Hanno Loewy. stw 1537. 237 Seiten
- Der sichtbare Mensch. Mit einem Nachwort von Helmut H. Diederichs. stw 1536. 177 Seiten

Wolfgang Beilenhoff (Hg.). Poetika Kino. stw 1733. 465 Seiten

Walter Benjamin. Medienästhetische Schriften. Mit einem Nachwort von Detlev Schöttker. stw 1601. 443 Seiten

Hans Blumenberg. Ästhetische und metaphorologische Schriften. Herausgegeben von Anselm Haverkamp. stw 1513. 462 Seiten

NF 109/1/6.06

Pierre Bourdieu
- Die Regeln der Kunst. Genese und Struktur des literarischen Feldes. Übersetzt von Bernd Schwibs und Achim Russer. stw 1539. 552 Seiten
- Über das Fernsehen. es 2054. 114 Seiten

Peter Bürger
- Das Altern der Moderne. Schriften zur bildenden Kunst. stw 1548. 218 Seiten
- Theorie der Avantgarde. Mit einem Vorwort zur zweiten Auflage. es 727. 147 Seiten

Arthur C. Danto. Die Verklärung des Gewöhnlichen. Eine Philosophie der Kunst. Übersetzt von Max Looser. stw 957. 321 Seiten

Gilles Deleuze
- Das Bewegungsbild-Bild. Kino I. Übersetzt von Ulrich Christians und Ulrike Bokelmann. stw 1288. 332 Seiten
- Das Zeit-Bild. Kino 2. Übersetzt von Klaus Englert. stw 1289. 454 Seiten

John Dewey
- Erfahrung, Erkenntnis und Wert. Herausgegeben und übersetzt von Martin Suhr. stw 1647. 480 Seiten
- Kunst als Erfahrung. Übersetzt von Christa Velten, Gerhard vom Hofe und Dieter Sulzer. stw 703. 411 Seiten

Georges Duby. Die Zeit der Kathedralen. Kunst und Gesellschaft 980-1420. Übersetzt von Grete Osterwald. Mit Abbildungen. stw 1011. 561 Seiten

Umberto Eco. Das offene Kunstwerk. Übersetzt von Günter Memmert. stw 222. 442 Seiten

NF 109/2/6.06

Christine Eichel. Vom Ermatten der Avantgarde zur Vernetzung der Künste. Perspektiven einer interdisziplinären Ästhetik im Spätwerk Theodor W. Adornos. 340 Seiten. Gebunden

Sergej Eisenstein. Jenseits der Einstellung. stw 1766. 455 Seiten

Michel Foucault. Schriften zur Literatur. Übersetzt von Michael Bischoff, Hans-Dieter Gondek und Hermann Kocyba. Auswahl und Nachwort von Martin Stingelein. stw 1675. 416 Seiten

Foucault und die Künste. Herausgegeben im Auftrag des Zentrums für Kunst- und Medientechnologie von Peter Gente. stw 1667. 338 Seiten

Manfred Frank. Einführung in die frühromantische Ästhetik. Vorlesungen. es 1563. 466 Seiten

Josef Früchtl. Das unverschämte Ich. Eine Heldengeschichte der Moderne. stw 1693. 422 Seiten

Josef Früchtl/Jörg Zimmermann (Hg.). Ästhetik der Inszenierung. es 2196. 300 Seiten

Alexander García Düttmann. Kunstende. Drei ästhetische Studien. 168 Seiten. Broschiert

Peter Geimer (Hg.). Ordnungen der Sichtbarkeit. Fotografie in Wissenschaft, Kunst und Technologie. stw 1538. 448 Seiten

Peter Gendolla/Thomas Kamphusmann (Hg.). Die Künste des Zufalls. stw 1432. 304 Seiten

Peter Gendolla/Norbert M. Schmitz/Irmela Schneider/

NF 109/3/6.06

Peter M. Spangenberg (Hg.). Formen interaktiver Medienkunst. stw 1544. 428 Seiten

Gérard Genette
- Mimologiken. Eine Reise nach Kratylien. Übersetzt von Michael von Killisch-Horn. stw 1511. 516 Seiten
- Palimpseste. Die Literatur auf zweiter Stufe. Aesthetica. Übersetzt von Wolfram Bayer und Dieter Hornig. es 1683. 535 Seiten
- Paratexte. Das Buch zum Beiwerk des Buches. Übersetzt von Dieter Hornig. stw 1510. 408 Seiten

Eva Geulen. Das Ende der Kunst. Lesarten eines Gerüchts nach Hegel. stw 1577. 208 Seiten

Carlo Ginzburg. Das Schwert und die Glühbirne. Picassos ›Guernica‹. Übersetzt von Reinhard Kaiser. Mit Abbildungen. es 2103. 108 Seiten

Luca Giuliani. Bildnis und Botschaft. Hermeneutische Untersuchungen zur Bildniskunst der römischen Republik. Leinen und kartoniert. 335 Seiten

Ernst H. Gombrich/Julian Hochberg/Max Black. Kunst, Wahrnehmung, Wirklichkeit. Übersetzt von Max Looser. es 860. 156 Seiten

Nelson Goodman. Sprachen der Kunst. Entwurf einer Symboltheorie. Übersetzt von Bernd Philippi. stw 1304. 254 Seiten

Nelson Goodman/Catherine Z. Elgin. Revisionen. Philosophie und andere Künste und Wissenschaften. Übersetzt von Bernd Philippi. Mit Abbildungen. 225 Seiten. Gebunden

NF 109/4/6.06

Götz Großklaus. Medien-Bilder. Inszenierungen der Sichtbarkeit. es 2319. 249 Seiten

Boris Groys/Michael Hagemeister (Hg.). Die neue Menschheit. Biopolitische Utopien in Russland zu Beginn des 20. Jahrhunderts. stw 1763. 640 Seiten

Boris Groys/Aage Hausen-Löve (Hg.). Am Nullpunkt. Positionen der russischen Avantgarde. stw 1764. 550 Seiten

G. W. F. Hegel. Philosophie der Kunst. Vorlesung von 1826. Herausgegeben von Annemarie Gethmann-Siefert, Jeong-Im Kwon und Karsten Berr. stw 1722. 298 Seiten

Dieter Henrich. Fixpunkte. Aufsätze und Essays zur Theorie der Kunst. stw 1610. 302 Seiten

Dieter Henrich/Wolfgang Iser (Hg.). Theorien der Kunst. stw 1012. 637 Seiten

Max Imdahl. Gesammelte Schriften. Drei Bände.
- Band 2: Zur Kunst der Tradition. Herausgegeben und eingeleitet von Gundolf Winter. Mit zahlreichen Abbildungen. 503 Seiten. Leinen
- Band 3: Reflexion – Theorie – Methode. Herausgegeben und eingeleitet von Gottfried Boehm. Mit einem Beitrag von Hans Robert Jauß. Mit zahlreichen Abbildungen. 732 Seiten. Leinen

Wolfgang Iser. Das Fiktive und das Imaginäre. Perspektiven literarischer Anthropologie. stw 1101. 522 Seiten

Hans Robert Jauß. Ästhetische Erfahrung und literarische Hermeneutik. Gebunden und stw 955. 877 Seiten

NF 109/5/6.06

Andrea Kern. Schöne Lust. Eine Theorie der ästhetischen Erfahrung nach Kant. stw 1474. 336 Seiten

Andrea Kern/Ruth Sonderegger (Hg.). Falsche Gegensätze. Zeitgenössische Positionen zur philosophischen Ästhetik. stw 1576. 345 Seiten

Franz Koppe (Hg.). Perspektiven der Kunstphilosophie. Texte und Diskussionen. stw 951. 412 Seiten

Ernst Kris/Otto Kurz. Die Legende vom Künstler. Ein geschichtlicher Versuch. stw 1202. 188 Seiten

Richard Kuhns. Psychoanalytische Theorie der Kunst. Übersetzt von Klaus Laermann. 195 Seiten. Kartoniert

Claude Lévi-Strauss. Sehen, Hören, Lesen. Übersetzt von Hans-Horst Henschen. stw 1661. 184 Seiten

Paul de Man. Die Ideologie des Ästhetischen. Herausgegeben von Christoph Menke. Übersetzt von Jürgen Blasius. es 1682. 300 Seiten

Christoph Menke
- Die Souveränität der Kunst. Ästhetische Erfahrung nach Adorno und Derrida. stw 958. 311 Seiten
- Die Gegenwart der Tragödie. stw 1649. 300 Seiten

Dieter Mersch. Ereignis und Aura. Untersuchungen zu einer »performativen Ästhetik«. es 2219. 312 Seiten

Erwin Panofsky. Die Renaissancen der europäischen Kunst. Übersetzt von Horst Günther. stw 883. 436 Seiten

NF 109/6/6.06

K. Ludwig Pfeiffer. Das Mediale und das Imaginäre. Dimensionen kulturanthropologischer Medientheorie.
624 Seiten. Gebunden

Hermann Pfütze. Form, Ursprung und Gegenwart der Kunst. stw 1417. 260 Seiten

Max Raphael. Werkausgabe. Herausgegeben von Hans-Jürgen Heinrichs. 11 Bände in Kassette. stw 831-841. 3448 Seiten. Auch einzeln lieferbar

Martin Seel
- Eine Ästhetik der Natur. stw 1231. 389 Seiten
- Die Kunst der Entzweiung. Zum Begriff der ästhetischen Rationalität. stw 1337. 373 Seiten
- Ästhetik des Erscheinens. stw 1641. 328 Seiten

Georg Simmel. Goethe. Deutschlands innere Wandlung. Das Problem der historischen Zeit. Rembrandt.Herausgegeben von Uta Kösser, Hans-Martin Kruckis und Otthein Rammstedt. Gesamtausgabe Band 15. Gebunden und stw 815. 678 Seiten

Ruth Sonderegger. Für eine Ästhetik des Spiels. Hermeneutik, Dekonstruktion und der Eigensinn der Kunst. stw 1493. 391 Seiten

Bernd Stiegler. Bilder der Photographie. es 2461. 276 Seiten

Robert Stockhammer (Hg.). Grenzwerte des Ästhetischen. stw 1602. 240 Seiten

Dieter Thomä. Totalität und Mitleid. stw 1765. 278 Seiten

Edgar Wind. Kunst und Anarchie. Die Reith Lectures 1960. Mit Abbildungen. stw 1163. 219 Seiten

NF 109/7/6.06

Uwe Wirth. Performanz. Von der Sprachphilosophie zur Kulturwissenschaft. stw 1575. 435 Seiten

Herta Wolf (Hg.)

- Paradigma Fotografie. Fotokritik am Ende des fotografischen Zeitalters. Band 1. Mit zahlreichen Abbildungen. stw 1598. 467 Seiten
- Diskurse der Fotografie. Fotokritik am Ende des fotografischen Zeitalters. Band 2. Mit zahlreichen Abbildungen. stw 1599. 496 Seiten

NF 109/8/6.06